이사야서 주석(Ⅲ)
[40-66장]

에드워드 J. 영 지음
장 도 선 공역
정 일 오

기독교문서선교회

기독교문서선교회(Christian Literature Crusade: 약칭 CLC)는
1941년 영국 콜체스터에서 켄 아담스에 의해 시작되었으며
국제 본부는 영국의 쉐필드에 있습니다.
현재 약 650여명의 선교사들이 59개 나라에서 180개의 본부를 두고,
이동도서차량 40대를 이용하여 문서 보급에 힘쓰고 있으며
이메일 주문을 통해 130여국으로 책을 공급하고 있습니다.
CLC는 청교도적 복음주의 신학과 신앙을 선포하는
국제적, 초교파적, 비영리 문서선교기관으로서, 하나님의 뜻에 합당한 책을 만들고
이 책을 통해 단 한 영혼이라도 구원되길 소망하며
이를 위해 주님이 오시는 그날까지 최선을 다할 것입니다.

The Book of Isaiah
Volume III

The English Text, with Introduction, Exposition, and Notes
(Chapters 40 through 66)

By
Edward J. Young

Translated by
Do-Sun Jang • Il-Oh Jung

Copyright © 1972 by Wm. B. Eerdmands Publishing Co.

Originally published in English under the title
as *The Book of Isaiah* (3 Vol. set) by Edward J. Young
published by Wm. B. Eerdmands Publishing Co.
2140 Oak Industrial Drive NE, Grand Rapids, Michigan 49505
All rights reserved.

Translated and used by the permission of Wm. B. Eerdmans Publishing Co.,
through the arrangement of KCBS Literary Agency, Seoul, Korea.

본 저작물의 한국어판 저작권은 KCBS Literary Agency를 통하여 Wm. B. Eerdmans Publishing Co.와 독점 계약한 기독교문서선교회에 있습니다. 신 저작권법에 의하여 한국 내에서 보호받는 저작물이므로 무단전재와 무단복제를 금합니다.

Korean Edition
Copyright © 2008 by Christian Literature Crusade
Seoul, Korea

추천사 1

손 석 태 박사
개신대학원대학교 총장, 구약학

에드워드 J. 영(E. J. Young) 박사의 3권으로 된 『이사야서 주석』(The Book of Isaiah, 3 vols)이 한국어로 번역 출판되어 구약 교수로서 무엇보다 기쁘다. 영 박사는 미국 웨스트민스터신학교의 창립 주역 중의 한 분으로 보수 개혁주의 구약신학의 대부이다. 그는 미국 필라델피아에 있는 드롭시대학(Dropsie College)의 사이러스 고든(Cyrus Gordon) 교수 밑에서 폭넓은 고대 근동 세계의 언어와 문화를 공부하였으며, 자유주의자들의 성경비평으로부터 성경을 확고하게 지키고 변증하였다. 그는 성경의 영감과 무오의 교리를 확고하게 지키고 변증하며, 역사적이고 전통적인 구약성경의 저작성과 통일성을 일관성 있게 주장하였다. 특히 이사야서의 경우 비평학자들은 이사야서의 통일성을 부인하며, 이사야서를 제1이사야, 제2이사야, 제3이사야로 나눈다. 그리고 이사야서에 나타난 그리스도의 동정녀 탄생, 그리스도의 대속적 사역, 나아가서 이스라엘의 회복 등을 예언하는 해석을 부인한다.

그러나 영 박사는 철저하게 이러한 고등비평에 대항하여 하나님을 지키고, 하나님의 말씀을 지킨 시대의 선지자였다. 그의 해박한 고대 근동 원어 풀이와 예리한 주석, 그리고 성서신학적인 강해는 비록 처음 출판된 지 40여 년이 지난 지금에도 이사야서를 공부하고 연구하고자 하는 신학도나 목회자는 반드시 참고하고 읽어야 할 귀중한 책이다.

이 귀한 『이사야서 주석』을 출판한 「기독교문서선교회」(CLC)에 감사를 드리고 번역에 수고하신 장도선, 정일오 교수님들께 경의를 표하는 바이다. 이 책이 한국의 목회자나 신학도는 물론 평신도들에게도 성경을 볼 수 있는 눈을 길러주는 길잡이가 되리라고 확신하며, 적극 추천한다.

추천사 2

류 호 준 박사
백석정신 아카데미 사무총장, 구약학

20세기가 낳은 위대한 보수주의 구약학자이자 주석가를 꼽으라면 에드워드 J. 영 (E. J. Young) 박사가 빠지지 않는다. 미국 필라델피아의 웨스트민스터신학교의 초창기 교수 멤버이기도 한 그는 드랍시대학 출신답게 탁월한 어학 실력을 바탕으로 성경의 무오성과 탁월성을 드러내는 일에 많은 노력을 기울인 학자이다. 그의 대표적인 저작으로는 『구약총론』(개혁주의신행협회), 『선지자 연구』(CLC), 『다니엘서 주석』(CLC) 그리고 금번에 출판되는 3권으로 된 『이사야서 주석』을 꼽을 수 있다. 이 주석의 원서명은 *The Book of Isaiah*, 3 vols.(Grand Rapids: Eerdmans, 1965, 1969, 1972)로, 원래 미국 어드만 출판사에서 기획하고 출간하는 『신국제구약주석총서』(NICOT, *New International Commentary on Old Testament*)에 속해 있었으나 이제는 독자적 단행본으로 출판되는 주석이다. 세 권으로 된 이 이사야서 주석은 그가 만들어낸 최대의 걸작으로 그의 신학적, 해석학적 입장에 찬성하든 반대하든 상관없이 모든 이사야서 학자들에게 많은 통찰력과 논쟁거리를 제공한다.

독자들은 그의 『이사야서 주석』을 잡는 순간 질식할 정도의 위압감을 느낄지도 모른다. 원서로만 1700페이지에 달하는 방대한 분량 때문만은 아니다. 본문의 의미를 추적하는 그의 박식함과 집요함과 섬세함과 철저함에 탄복하지 않을 수 없기 때문이다. 각주를 빼놓고 본다면 본서는 길고 긴 강해 설교라 할 수 있다. 그렇다고 경건서적이나 설교집을 읽는 방식으로 읽을 책은 아니다. 본문 안에서도 그는 종종 음역한 히브리어 단어들을 사용하여 자신의 논조를 이끌어가거나 강화시키고 있기 때문이다. 이 점에 있어서 독자들은 어느 정도의 원어 지식을 요구받기도 한다. 또한 각주에서는 고대 근동 문헌들의 자유로운 인용과 여러 현대어로 된 참고 자료들이 제공되고 있어서 관심 있는 독자들에게 많은 유익을 준다. 그러나 오래 전에 저술된 주석이라서 최근의 자료들에 대한 기대는 접어 두어야 할 것이다. 저자에 따르면 본 주석서는 목사들과 주일학교 성경교사를 염두에 두고 집필하였다고 한다. 독자의 입장에서 상당한 인내와 끈기를 필요로 한다. 그러나 본문의 의미를 찾고 싶어 하는 성실한 성경학도들에게는 이보다 더 좋은 주석은 그리 많지 않을 것이다. 특별히 이사야서를 강해하거나 학문적으로 연구하려는 젊은 목회자들이나 신학생들에게 본서는 끝없는 도전이 될 것이며 그 결과는 매우 달콤하고 지속적일 것이다.

물론 영 박사는 지금 우리 시대 성서학계에서 많이 사용되는 수사비평이나 신문학비평과 같은 방법론을 사용한다는 의미에서 문헌학자(literary scholar)도 아니고 그렇다고 전형적인 성경신학자도 아니다. 그는 오히려 철저한 언어학자로서 이사야서 주석을 쓰고 있다. 이 주석은 매우 보수적인 입장을 취하며 주전 8세기의 예루살렘의 이사야가 그의 예언서 전체의 저자라는 결론을 내린다.

이처럼 방대한 『이사야서 주석』이 탁월한 번역가의 손에 의해 새로운 모습으로 출간됨을 기쁘게 생각한다. 현대어로 된 여러 인용문들을 그대로 둔 것에 아쉬움은 남지만 그래도 원문의 뜻을 잘 살려 꼼꼼하게 번역하신 장도선, 정일오 교수의 노고는 한국교회의 많은 목회자들의 강단에서 풍성한 열매들로 꽃피우리라 믿는다.

✠ 추천사 3

한 정 건 박사
고려신학대학원 교수, 구약학

　에드워드 J. 영(E. J. Young)의 이 책은 이사야서 주석에 관해서는 대표적인 것으로 꼽힌다. 세 권의 책으로 엮어진 그의 이 방대한 주석은 1965년에 제1권의 초판이 나온 이후 오랜 세월이 흐른 오늘날까지 계속 그 위치와 명성을 잃지 않고 있다. 그의 책이 귀한 이유는 다음과 같은 특징들을 갖추고 있기 때문이다.

　첫째로, 그는 보수적인 입장에서 이 책을 쓰고 있다. 이사야서에 관한 논쟁에서는 항상 비평학자들의 목소리가 컸다. 특히 이사야서의 단일 저자에 관한 문제에서는 비평학자들뿐만 아니라 복음주의적인 신학자들조차도 이사야의 단일작품으로 받아들이지 않는다. 왜냐하면 이사야서 40장 이후는 바벨론 포로와 그 이후의 상황을 배경으로 하여 쓰고 있기 때문이다. 그러나 영은 하나님은 미래에 대하여 예언할 수 있다는 확실한 믿음 위에 이사야를 이사야서 전체의 단일 저자로 믿고, 이사야서 전체를 예언적인 글로 해석해 나간다. 또 영은 이사야의 많은 구절을 미래의 메시아적인 예언으로 보고 주석을 한다. 예를 들어 이사야 7:14의 구절을 메시아의 동정녀 탄생의 예언으로 믿는다. 이것은 대부분의 복음주 학자들조차도 받아들이지 못하는 입장이다. 영의 이러한 이사야의 시각에서 이사야서를 볼 때에 이사야서는 메시아의 예언으로 가득 찬 책이 된다. 다른 주석들이 그러한 구절들에 대하여 메시아 예언으로 보는 것을 애써 외면하려는 태도와 대조적이다.

　둘째로, 영은 본문 해석에 충실한 주석을 하였다. 주석이라고 하면 이 말은 너무나 당연한 것으로 들릴지 모르나, 오늘날의 상황은 그렇지 않다는 것이다. 현대의 대부분의 주석들이 고등 비평학에 근거하여 본문을 단편으로 나누고 그 기원을 따지는 데에 많은 지면을 할애하고, 또 본문비평에 근거하여 히브리어 본문이 원본의 것인지 아니면 변화되었는지를 논하는 것에 많은 시간을 투자한다. 그러다 보면 자연히 본문의 의미 파악에는 소홀해질 수밖에 없다. 그러나 영의 주석은 그런 비평학적인 논쟁을 배격하고 본문 해석에 충실하고 있다.

셋째로, 영의 책은 학적인 우수성을 지니고 있다. 그는 본문에 대하여 단순하게 의미의 해석만으로 일관하지 않고, 그는 중요한 구절에서는 충분하게 신학적인 토론을 벌인다. 또 히브리어의 의미를 잘 고찰한 깊은 해석을 한다. 오늘날 이사야서에 관련된 다수의 논문들에서 영의 책이 중요한 참고문헌으로 인용되고 있음을 보아도 이 책의 신학적인 무게를 알 수 있다.

영의 『이사야서 주석』은 불후의 명작이라고 할 수 있다. 본문들을 너무 깊이 다루어서 때로는 지루하게 여겨질 수도 있겠지만, 그것은 오히려 의미를 충분하게 파악하려고 노력하고 있다는 장점이 될 수도 있다. 이러한 점에서 본서는 이사야서를 연구하려는 학도나, 이사야서의 어떤 본문의 의미를 파악해 보려고 하는 성도들에게 꼭 있어야 할 참고도서이다.

이사야서 주석(Ⅲ)

제3권 저자 서문

본 주석에 대해 앞의 두 권에서도 그러하였듯이, 본서의 목적은 선지자 자신으로 하여금 말씀하게 하려는 데 있다. 또한 다른 그 무엇보다도 이사야의 메시지를 드러내려고 노력하였으며, 이러한 목적을 실현하기 위하여 그 밖의 많은 논의들은 생략하였다. 본 장들 가운데 기록된 모든 기록들을 다 취급한다는 것은 불가능하다.

주전 제8세기의 이사야가 자기 이름을 담고 있는 본서의 다른 부분과 함께 40-66장의 저자였다는 견해를 채택함에 있어서 필자는 가볍게 행동하였다고 믿지 않는다. 거의 35년간에 걸쳐서 필자는 이 예언에 대한 내가 구할 수 있는 모든 자료들을 읽어보았고, 이사야 저작권을 부인하는 사람들에 의하여 제출된 논증들을 철저하게 통달하였다고 믿는다. 솔직히 말해서 나는 그들의 논증에 대해 만족을 느끼지 못하는데 이는 그들이 성경 자체의 분명한 증거를 짓밟아 버렸기 때문이며 그러한 그들의 처리 방식은 합리주의의 한 형태이기 때문이다. 본 주석 전체를 통하여 필자는 본서의 저작권의 단일성에 대한 증거를 지적하려고 노력하였으며, 짤막한 부록 1에서 그 통일성의 옹호 중에 인용될 수 있는 주요 논증들을 열거하였다.

어떤 사람은 본인이 지난 수백 년 동안 이루어진 소위 학문의 이기들을 이용하지 않고 있다고 불평할 것이다. 필자는 적절한 곳에서 역사적 언어학적 자료들을 이용하려고 노력하였다. 그러나 이것들이 통상적으로 사용되고 있는 것과 같은 양식비평의 원리들을 채택하지는 않았는데, 이는 이것이 반드시 유익을 준다고 믿지 않기 때문이다. 실질적인 이익들 중에서 어떤 것이, 예를 들면, 법정소송양식 모티프 주 (riv motif)가 본 예언의 어떤 곳에서 발견된다고 말해야 하는가? 필자는 양식 비평이 실제로 예언들 해석에 도움을 주어 왔다고 인정하지 않는다.

비록 이 특별한 장들에 대해 기록된 모든 작품들을 언급하는 것은 불가능하지만, 필자는 그럼에도 불구하고 다음의 저서들에 주의를 상기시키는 바이다.

Paul Volz: *Jesaja II*.
Charles C. Torrey: *The Second Isaiah*.
Franz Feldmann: *Das Buch Isaias*.
Christopher North: *The Second Isaiah*, Oxford, 1964.
Rachel Margalioth: *The Indivisible Isaiah*, New York, 1964.
Janes D. Smart: *History and Theology in Second Isaiah*, Philadelphia, 1965.
George A. F. Knight: *Deutero-Isaiah*, New York, 1965.
Karl Elliger: *Deuterojesaja in seinem Verhaltnis zu Tritojesaja*, Stuttgart, 1933.
Karl Elliger: *Die Einheit des Tritojesaja*, Stuttgart, 1928.
Aug. Pieper: *Jesaias II*, Milwaukee, 1919.

이 마지막에 열거된 작품은 특별히 선지자의 메시지를 이해하는 데 큰 도움을 주었다. 주석 전체를 통하여 다른 작품들도 참고하였다.

주의 깊게 원고를 타이프해 준 칼 스팩맨(Carl Spackman) 부인에게 진심으로 감사를 표하는 바이다. 로버트 믹커(Robert Meeker) 부인은 원고 전체를 읽고 많은 유익한 제안들을 해 주었다. 그녀에게 깊이 감사를 드린다.

필자는 오늘날 성경의 내용에 강조를 두기보다는 기록의 양식에 강조를 두는 경향이 널리 유행하고 있음을 충분히 깨닫고 있다. 그럼에도 불구하고 교회에 정말 필요한 것은 하나님이 무엇을 말씀하셨는가를 이해하는 것이지, 우선적으로 성경 가운데서 발견되는 모든 말씀에 명칭을 붙이고 분류하는 것이 아니라는 것을 확신한다. 유행하는 양식 비평적 연구들에 대하여 퍼부어질 수 있는 많은 비난들 중 하나는 성경의 메시지에 대한 직접적인 연구로부터 주의를 돌이켜서 그 양식만을 지나치게 강조했다는 사실이다.

이 전체 작품은 한 분, 살아 계시고 참되신 하나님께서 모든 성경과 이 이사야서의 본 저자이시라는 사실에 근거하고 있다. 그런 까닭에 필자는 이사야서 전체를 하나님의 계시된 말씀으로 간주하고 그것을 해석하려고 노력하였다. 이 일에 주의를 집중하여 연구에 몰두하는 자는 누구나 자신이 부족하다는 사실을 분명히 깨달을 것이다. 그는 장엄함과 위엄, 진리의 하나님의 거룩한 말씀의 현존 가운데 있다. 이 주석을 읽는 모든 분들이 "땅 끝의 모든 백성아 나를 앙망하라 그리하면 구원을 얻으리라 나는 하나님이라 다른 이가 없음이니라"고 명령하신 그분을 더 많이 사랑하고 경배하게 되기를 바란다.

에드워드 J. 영

역자 서문

본서는 에드워드 J. 영 박사가 심혈을 기울여 쓴 방대한 이사야서 주석의 3권 중 제3권을 번역한 것이다. 역자는 본서를 번역하는 동안 저자의 박학다식한 점, 경건하고도 통찰력있는 식견에 놀랐다. 그뿐 아니라 그는 철저한 개혁주의 입장에서 주석을 가하였다. 그러므로 본서는 개혁주의자가 쓴 이사야 주석 중에서 가장 좋은 주석서 가운데 하나라고 감히 말할 수 있다.

다만 본서를 읽는 독자들에게 양해를 구할 것이 있다. 우선 영 박사는 여호와의 성호인 테트라그람마톤(יהוה)을 야웨나 혹은 야훼로 간혹 읽는 경우가 있지만 주님(Lord)으로 지칭하는 경우가 많다. 이는 그가 드랍시대학원을 졸업한 연유이기도 하다. 그러나 역자는 자유롭게 여호와 혹은 야훼 혹은 주님으로 혼합하여 번역하였음을 알아두시기 바라며, "Lord" 역시 주님 혹은 여호와로 번역하였음을 유념하기 바란다. 또 본래 주석 본문에는 히브리어를 사용하지 않고 히브리어를 영어로 음역하여 기록하였으나, 역자는 히브리어를 BHS와 대조해 가면서 그대로 썼다. 간혹 BHS에 없는 히브리어 음역에 대해서는 역자가 나름대로 히브리어로 옮겼으므로 히브리 원문과 약간의 차이가 있을 수 있다. 만일 그것이 발견된다면 넓은 아량을 베풀어 주시기를 바란다. 아카디아어, 아람어, 아랍어 등은 한국말로 음역하여야 하겠으므로 그대로 음역을 하였다. 저자가 인용하고 있는 라틴어, 프랑스어, 독일어 일부분 등의 언어들은 역자가 그 언어들을 마스터하지 못하였으므로 그대로 두었다. 이 점 역시 양해 바란다.

영 박사는 고대 근동학과 히브리어에 정통하셨던 분이었으므로 각주 부분에서 히브리 문법과 고대 근동의 자료들에 관한 전문적인 언급들을 해 놓았다. 그러므로 각 주는 히브리어 본문을 보다 세밀히 연구하고자 하는 독자께서 살펴보시고 더욱 깊은 연구를 하시기 바란다. 일반 목회자와 독자들은 본문 내의 주석 부분을 참고만 하여도 유익할 것이다.

설교자들이나 원문과 비교하며 이사야서의 본 내용을 이해하려는 연구자들에게 이 주석은 굉장히 큰 도움이 될 것이다. 역자 역시 아주 큰 도움을 받았다. 저자는 본서에서 학문적 지식을 나타내기보다는 하나님의 말씀의 뜻이 무엇인가를 밝히려고 노력하였다. 여호와의 싹에 대한 그의 해석은 현대 학자들의 의견들을 참고하면서 읽는다면 아주 좋은 결론에 도달할 것이라고 믿는다. 이사야서를 본문으로 설교한다는 것은 쉽지 않다. 그러나 만일 본 주석서를 세밀히 검토하고 연구하여 설교한다면 성도들은 커다란 은혜를 받을 것임에 틀림없다.

우리가 책을 읽는다는 것은 세계적인 위인들과 대화하고 그들의 말을 직접 들어볼 기회를 갖는다는 점에서 대단히 중요한 일이다. 아무쪼록 본 주석서를 천천히 저자의 마음을 읽어 가면서, 이사야의 마음을 읽어 가면서, 그리고 특별히 하나님의 심장을 느껴 가면서 읽어 나가시기를 바란다.

끝으로 이 책은 방대하고도 학문적인 서적이므로 재정적인 출자를 많이 해야 함에도 불구하고 한국의 신학적 발전을 위하여 이 책을 번역 출간하신 「기독교문서선교회」(CLC) 박영호 목사님께 구약을 공부하는 한 사람으로서 심심한 감사의 마음을 드린다. 이사야서를 이해하기 위하여 본 주석서를 읽는 독자 여러분에게 하나님의 큰 은총이 있기를 바란다.

역자 정일오

약어표

acc.	대격, 직접 목적격
Akk.	아카드어
ANEP	Pritchard, *Ancient Near East in Pictures*, Princeton, 1954
ANET	Pritchard, *Ancient Near Eastern Texts*, Princeton, 1950
AOTB	Gressmann, *Altorientalische Texte und Bilder zum Alten Testament*, Tübingen, 1909
Aq	아퀼라 역
Ar.	아랍어
BASOR	Bulletin American Schools of Oriental Research
B	바티칸 사본(Codex Vaticanus)
BDB	Brown, Driver, Briggs, *Hebrew Lexicon*, Oxford, 1907
BH	*Biblia Hebraica*
CBQ	Catholic Biblical Quarterly
CMAL	Driver, *Canaanite Myths and Legends*, Edinburgh, 1956
com.	주석
col.	난, 단(column)
COT	E. W. Hengstenberg, *Christology of the Old Testament*
DOTT	D. Winton Thomas, ed., *Documents from Old Testament Times*, London, 1958
Egy.	애굽인, 애굽어
E. T.	영역(英譯)
ExT	*Expository Times*

f.	여성형
GKC	Gesenius, Kautzsch, Cowley, *Hebrew Grammar*, Oxford, 1910
GTT	*Gereformeerd Theologisch Tijdschrift*
Heb.	히브리어
HS	Brockelmann, *Hebäische Syntax*, Neukirchen, 1956
HTR	*Harvard Theological Review*
IB	*The Interpreter's Bible*
ILCH	Sidney Smith, *Isaiah Chapters xl-lv; Literary Criticism and History*, 1944
imp.	미완료형
inf.	부정사
1Q	제1이사야서 쿰란 사본
JAOS	*Journal of the American Oriental Society*
JBL	*Journal of Biblical Literature*
JNES	*Journal of Near Eastern Studies*
KAT	Schrader, *Die Keilschriften und das Alte Testament*
KJV	킹 제임스 혹은 흠정역
M	맛소라 사본
m.	남성형
mss.	필사본
MSTP	Young, *My Servants The Prophets*, Grand Rapids, 1952
ND	A. Haldar, *Notion of the Desert in Sumero-Accadian and West Semitic Religions*, Uppsala, 1950
NT	신약
OS	*Oudtestamentische Studien*
OT	구약
part.	분사
perf.	완료
PIAI	J. Lindblom, *Prophecy in Ancient Israel*, Oxford, 1962
PL	Migne, *Patrologia Latina*

pl.	복수
RB	*Revue Biblique*
RSV	개역 표준 성경
S	심마커스
s.	단수
SII	Young, *Studies In Isaiah*, Grand Rapids, 1954
Syr.	수리아 역
SZD	Begrich, *Studien zu Deuterojesaja*, München, 1963
Targ.	탈굼
T	데오도숀
TII	Rachel Margalioth, *The Indivisible Isaiah*, New York, 1964
TT	Driver, *A Treatise on the Usage of the Tenses in Hebrew*, Oxford, 1892
Ug.	우가릿어
UH	Cyrus Gordon, *Ugaritic Handbook*, 1947
VAB	*Vorderasiatische Bibliotek*
VBW	*Views of the Biblical World*
VT	*Vetus Testamentum*
Vulg.	벌겟역
WThJ	*Westminster Theological Juornal*
ZAW	*Zeitschrift für die alttestamentliche Wissenschaft*

목차

이사야서 주석(Ⅲ)

추천사 1 (손석태 박사)	5
추천사 2 (류호준 박사)	6
추천사 3 (한정건 박사)	8
제3권 저자 서문	11
역자 서문	14
약어표	16

제 5 부
하나님의 참 이스라엘의 구원과 미래 축복(40-66장)

제1장 머리말(40:1-11)	**23**
1. 삼중적 위로(40:1-2)	23
2. 여호와의 영광의 계시(40:3-5)	31
3. 영원한 하나님의 말씀(40:6-8)	38
4. 여호와 하나님의 오심(40:9-11)	42
제2장 예루살렘의 전쟁이 끝나다(40:12-48:22)	**49**
제3장 예루살렘의 죄가 용서받다(49:1-57:21)	**297**
제4장 예루살렘이 그 모든 죄를 인하여 여호와의 손에서 배나 받다 (58:1-66:24)	**457**
부록 1: 이사야서의 저작권	587
부록 2: "너의 하나님이 다스리신다"	601
참고문헌	605

이사야서 주석(Ⅲ)

제5부

하나님의 참 이스라엘의 구원과 미래 축복
(40-66장)

이사야서 주석 (Ⅲ)

제 1 장
머리말 (40:1-11)

1. 삼중적 위로(40:1-2)

1절, 너희 하나님이 가라사대 너희는 위로하라 내 백성을 위로하라
2절, 너희는 정다이 예루살렘에 말하며 그것에게 외쳐 고하라 그 복역의 때가 끝났고 그 죄악의 사함을 입었느니라 그 모든 죄를 인하여 여호와의 손에서 배나 받았느니라 할지니라

39장으로부터 40장으로 눈을 돌릴 때, 마치 심판의 어두움을 빠져 나와서 구원의 빛으로 한 발자국 나오는 것과 같다. 대조가 크지만 그러나 39장은 40장을 위한 준비임에 분명하다. 39장은 바벨론이 하나님의 백성을 포로로 받아들일 나라로서 전면에 부각되는 비극적인 기록으로 끝을 맺는다. 히스기야 당시에(앗수르 패권의 시기) 평안과 견고함이 있을 것이지만, 그러나 히스기야의 자손들은 포로로 끌려갈 것이다. 바벨론이 신정국가를 대적하는 세력이 될 것이라는 암시가 이사야서의 앞부분에 이미 나타나 있었고(14장), 이후의 역사에서는 앗수르와 함께 시작되었던 메소보다미아 지역에 대한 지배가 바벨론의 느부갓네살 왕에 이르러 절정에 달하고 극에 도달하였다는 것을 명백히 해 준다. 그러므로 다니엘서에서 바벨론은 금 머리요, 독수리 날개를 단 사자요, 하나님의 백성을 멸망시키고자 의도하였던 인간 왕국의 첫 번째 큰 부분이었다.

40장 이하는 39장에서 생성되었던 어두운 모습에 대한 답변을 제공한다. 그것들

은 인간의 노예가 된 하나님의 백성을 바라본다. 그러나 훨씬 더 깊이 나아가서 그 백성을 영적으로 엄한 주인인 죄의 지배를 받는 노예 상태에 있는 것으로 바라본다. 이러한 노예 상태로부터 구원자 곧 여호와의 종이 나타날 것이다. 그 백성들의 앞으로 미래에는 하나님께서 그들의 존재의 변화 통해 가운데서 그들과 함께 계실 것이라는 말씀을 듣는다. 그러나 40장과 그 다음 장들이 포로 가운데 있는 백성들을 대상으로 하고 있다는 말은 정확한 것이 아니며, 이는 그들이 아직 바벨론에 있지 않기 때문이다. 그보다는 이사야가 예언의 영을 통하여 자기 백성이 노예 신세가 될 때를 바라보고 있는 것이고, 이것은 본 장에서 발견되는 인내와 믿음에 대한 권고들이 그 약속의 최종적인 성취가 미래에 있었다는 것을 보여 주기 때문이다.

    본 예언의 이 두 번째 부분에 선지자의 본래적 소명과 유사한 어떤 부르심이 들어 있다. 이전에 선지자가 "가서 이 백성에게 말하라"는 위엄 있는 주님의 선언을 들었던 것처럼, 또다시 선지자는 하나님의 백성에게 일어날 변화를 바라보고, 지상 삶과 지각으로 부터 취해 온 언어로 자기 백성에게 문안하며 명령하시는 동일한 여호와의 음성을 듣는다. 첫 번째 위임에서 선지자는 포로가 일어나기까지 지속될 심판을 선언하라는 임무를 받았었다. 그러나 이제 그는 "내 백성"에게 가서 그들에게 위로와 위안의 메시지를, 그들의 하나님 여호와를 그들의 유일한 소망과 구원자시라고 높이면서 전해야 한다.

    또 다른 대조가 나타나 있다. 본 예언의 첫 부분이 하나의 명령으로 시작하였듯이(1:2), 이 부분도 역시 그러하다. 더 나아가서 1:2과 본 절에서 명령이 여호와의 말씀과 연결되어 있다. 1:2에서는 하늘과 땅이 들으라고 명령을 받고 있다. 이는 야웨께서 말씀하셨기 때문이다. 그리고 여기서 그 명령을 그 백성의 하나님이 말한 것으로 개진한다. 또한 예언의 시작 부분(1:3)과 여기서(40:1) 이스라엘을 "내 백성"으로 소개하고 있다. 이 백성들은 심판 선지자로서의 이사야의 메시지를 들어야 했었고 이제는 위로의 메신저로서의 그의 말씀을 들어야 하는 것이다.

    40:1 선지자는 곧바로 "너희는 위로하라"는 명령으로 시작한다. 자기의 목적을 이루도록 말씀하시고 명령하시는 분은 하나님이시다. 그분께서는 "내가 내 백성을 위로하리라"고 말씀하지 않으시고 "너희는 내 백성을 위로하라"고 말씀하신다. 이 위로의 사역은 이 명령을 받은 사람들이 시행해야 한다. 그들 가운데 이사야 자신이 포함되어 있겠지만 그러나 하나님의 말씀을 말하도록 임무를 부여받은 다른 선지자들도

포함하고 있다. 이 명령이 일반 선지자들에게 주어진 것으로 보이지만 아마도 특별히 이사야를 염두에 둔 것으로 보이는데, 이는 다음 장들 가운데서 실제로 위로 구원선포를 하는 사람이 바로 이 사람이기 때문이다.[1]

이 반복은 그 명령의 큰 중요성과 제공된 위로의 충만함과 풍요성을 전면에 부각시키는 역할을 한다. 이러한 반복들은 이사야서 전체에 통상적으로 나타나 있다(참고. 24:16; 26:3; 29:1; 38:11, 17, 19; 43:11, 25; 48:11-15; 51:8, 12, 17; 52:1, 11; 57:6, 14, 19; 62:10; 65:1). 이 명령은 선하고 위로를 주는 말씀의 선포를 통하여 이루어질 것이었다(참고. 슥 1:13). 이어지는 장들이 보여 주고 있듯이 진정한 위로는 그 백성들의 비극적인 상태에 관한 모든 진리를 앞으로 보여주어, 백성들로 하여금 하나님을 자기들의 유일한 소망이 되시는 분으로 바라보도록 하는 것으로 구성된다. 죄의 흉악성을 직면할 때가 구원의 선포가 발표되는 때이다. 백성들은 이미 다가올 심판의 선포를 들음으로 이 은혜본문 말씀을 수령하기에 준비되었다. 심판의 선포와 위협(예를 들면, 39:7)은 뒤따라오는 위로의 말씀에 대한 전제요건이다. 진실로 앞선 심판의 선포가 없이는 위로의 말씀도 의미가 없다.

이사야는 위로의 대상을 "내 백성"이라고 지칭한다. 그러므로 이 단어는 동사의 목적격, 즉 대격으로 이해되어야 하고, 벌겟 역이 해석하는 것처럼 그것들을 호격으로 이해해서는 안 된다.[2]

하나님이 그들을 택하셨기 때문에 그들은 하나님께 속하는 것이다. 비록 그들이 그분을 저버렸을지라도, 그분께서는 그들을 버리지 않을 것이다. 하나님이 포로 심판을 통하여 그들을 징벌하실 필요가 있었던 이유는 바로 이스라엘이 겸손을 반드시 배워야 하기 때문이다. 동시에 하나님께서는 자기 소유된 자들을 버리지 않으신

---

1) 그러나 Volz와 다른 사람들은 이 복수형(너희는)이 논리적으로 이해되어야 할 것이 아니고 분위기에 따라(Stimmungsmässig)이해되어야 할 것이라고 생각한다. 따라서 여러사람을 가리키는 것이 아니고 단순히 위로의 풍성함을 가리킨다고 말한다. 탈굼은 '선지자들이 위로를 예언한다' 고 덧붙이고 있으나, B는 2절 초두에 ἱερεῖς를 첨부한다. 참고. 왕하 21:10; 대하 33:18, 19. 이사야서에 있는 위로의 개념에 대해서는 12:1; 22:4; 49:13; 51:3, 12, 19; 52:9; 54:11; 61:2; 66:11,13을 참고하라.
2) *popule meus* — B는 τὸν λαόν(무리들을)으로 되어 있다. "내 백성"은 1-39장에서 12회 출현하고 40-55장에서 9회, 그리고 56-66장에서 6회 출현하는, 이사야가 애호하는 호칭이다. 만일 그것이 여기서 하나님과 포로민들 사이의 완전한 화해를 암시하고 있다면(Penna), 그것은 다른 곳, 즉 1:3에서도 같은 의미를 가져야 할 것이다.

다. 여기에 있는 내용은, 일찍이 6장에서 진술했던 내용과의 상충하지 않는다. 그 장에서 묘사된 자들은, 즉 아하스와 같은 종류의 타락한 자들이었다. 그러나 나라 전체가 그 죄로 인하여 징벌을 받아 포로로 끌려가야 했다. 그럼에도 그 옛날의 약속들은 잊혀지지 않을 것이고, 하나님께서는 현재 자기 선지자를 통하여 그 나라에 일어날 심판에 대해 위로의 말씀하신다.

우리는, 이 동사를 미래보다는 현재로 해석해야 하는데, 이는 하나님께서 그때, 거기서 선지자의 입을 통하여 말씀하시는 메시지를 나타내기 때문이다. 이와 동시에 이 단어의 습관적 의미가 자주 지적되어 왔다. 단 한 번만이 아니고 계속 반복하여 하나님께서는 이 은혜로운 말씀들을 하신다. 동사의 특별한 철자법은 이사야서의 특징을 나타내는 면이고 그것의 통일성에 대한 증거이다.[3]

부드러운 언약적 어조로 말하는 자는 "너희 하나님"과 동일시되고 있다.[4] 소유를 나타내는 두 개의 접미사들은 관계의 두 면들을 나타낸다. 하나의 두드러진 대조가 나타나 있는데, 즉 **내** 백성과 **너희** 하나님이다. 그러나 이 소유를 나타내는 "너희"는 누구를 가리키는가? 그것은 위로를 해야 하는 자들을 가리킬 수도 있다. '그들의' 하나님께서 '내' 백성을 위로하라고 그들에게 명령하신다. 그러나 이 소유를 나타내는 단어가 백성을 가리킨다고 말하는 것이 더 낫다. 이 구문 가운데서 이사야는 "너희 하나님께서 너희, 즉 그분의 백성을 위로하라고 우리에게 명령하셨다"고 말하고 있다.

---

3) 가라사대 - 칼빈이 말한 것처럼 미래형이 아니고, 현재형이다. 미완료형은 지금 시행되고 있고 미래에까지 계속될 하나의 행위를 나타낸다. 염두에 두고있는 것은 과거에 있었던 행동의 시작이 아니고(Kennedy는 잘못되게 그것을 완료형으로 읽도록 제안한다), 미래에로의 확장이다. 그러므로 그 행동은 단회적인 것이나 혹은 일시적인 것으로 간주되어서는 안 되고 반복되는 것으로 간주되어야 한다. 하나님의 말씀은 시작되었다. 그러나 끝나지 않았다. 그러한 의미로 אמר가 한 연설의 중간에 나타나는데, 이는 이사야의 특징을 나타내는 용법이며 실제로 이 용례는 이사야서 밖에서 출현하지 않는다. Dillmann은 이 단어가 이사야 저작권의 증거가 아니라고 생각하고, "그리고 그 후에 하나님께서 말씀하실 것이다"라는 문구가 필요하다고 생각한다. 이사야서에 나타나 있는 본 장들의 구성을 감안하면 그러한 논리는 무게가 없다.

4) 너희 하나님 - 이 문구는 이사야서 내에 네 번밖에 나타나지 않는다-35:4; 40:1, 9; 59:2.

40:2 본 절은 1절의 위로가 어떻게 제시되고 있는가, 다시말해 선포의 형태로 제시되고 있는 것을 보여주고 있다. 이사야와 다른 선지자들은 위로가 필요한 자들에게 하나님의 진리를 선포함으로써 위로의 말씀을 전하고 있다. 본 절과 앞 절의 명령형들은 새 시대의 풍성한 축복들을 그분의 뜻대로 나누어 주시는 주님의 전능하신 능력을 강조한다. 우리가 이 위로의 메시지의 근거와 위로를 발견하는 것은 하나님의 놀라운 사죄와 구원에 대한 그분의 계획 속에서이다. 선포의 방법이 "정다이 예루살렘에"라는 문구에 묘사되어 있다.[5] 전치사 알(עַל, 에게, 위에)은 그 위로가 예루살렘의 심장(마음) 가운데 내려올 것임을 암시하는 것처럼 보인다. 이 위로는 땅에 떨어지는 부드러운 비와 같이(참고. 호 2:14) 마음을 북돋아 주고 격려하기 위하여, 마음에 기쁨, 위로, 원기 회복을 주는 말씀이다. 여기서는 말하는 방법보다 마음에 나타난 효과를 더욱 강조한다. 사사기 19:3과 창세기 34:3에서 이 표현이 어떤 사람을 설득하려는 목적으로 사용되었고, 창세기 50:21에서는 자기 형제들에게 확신을 심어 주기 위하여 요셉에 의하여 사용되었다. 그러므로 '마음에 말한다는 것'은 마음이 듣기를 바라는 것을 말하는 것이고 또한 위로의 메시지를 전달함으로써 그 마음을 감동시키도록 말하는 것이다. 성경 가운데서 통상 그러하듯이 인간의 심장은 감정의 중심으로 여긴다.

예루살렘안에서 말하는 그 선지자는 지리적 이름을 거주민들에 적용하면서 그 거민을 염두에 두고 있다.[6] 실제로 그 성읍은 그 안에 거주하는 자들을 대표하며 이들은 하나님의 백성이다. 이러한 의미에서 칼빈과 다른 사람들이, 예루살렘이 하나님의 선택을 받은 교회를 나타낸다고 주장한 것은 옳은 것이다. 초기부터 예루살렘은 주목의 대상이었고, 존재하는 것으로 간주했다. 40-66장의 핵심은 바벨론이 아니라

---

5) 정다이 – 영(young)의 사역은 upon heart로 하였고, '…마음에'로 번역되는 것이 옳다-역자주) – 연계형 상태의 **체레**를 주시하라. 참고 창 34:3; 50:21; 삿 19:3; 룻 2:13; 삼하 19:7; 대하 30:22; 호 2:14.

6) 하나의 장소로 보다는 하나의 개념으로써 예루살렘에 대한 개념은 이미 28:16에서 시작하였다. 그러나 Volz가 "제2이사야서" 전체에서 예루살렘, 시온, 이스라엘, 그리고 야곱이란 단어들은 그것들의 세속적 지칭. (aus ihrem festumrissenen irdischen Boden)으로부터 발전된 것이며 '하나님의 백성'과 '하나님의 나라'에 대한 상징어로 전환하였다고 말하였을 때, 그는 사실보다 그 이상 나간 것이다. 이 단어들의 용법은 각각의 용례에 따라서 결정되어야 할 것이다. Volz는 지리적 의미가 완전히 잃어진 것이 아니라고 인정한다.

예루살렘이다. 이것은 또한 이사야의 환상을 유다와 (특별히) 예루살렘에 대한 것 (1:1 주석을 보라)으로 말하고 있는 본 예언의 머리말과 일치한다(1:1).

만일 누군가 본 장들이 포로시기에 주어진 것이라고 가정한다면, 그는 예루살렘을 바벨론에 있는 포로들에게만 적용되는 상징적 의미로 해석해야 할 것이다. 그러나 어찌하여 선지자가 실제 성읍이 파괴되었을 때 이 포로민들을 그렇게 지칭하였을까? 어떻게 그들을 그렇게 소개할 수 있었는지는 그 성읍이 계속해서 존재하고 있고, 신정국가의 중심으로 위치해 있다는 사실이 전제 될 때 이해할 수 있다. 그러나 신정 국가에 대한 이해를 하고 있는 한 선지자가 그 성읍이 파괴되어 더 이상 신정국가의 중심이 되지 못하였던 때에 바벨론에 있는 포로민들을 예루살렘으로 소개하였을 것이라는 것은 믿기가 어렵다. 이렇게 하는 것은 가장 중대한 신정국가의 커다란 실수가 된다. 한 번 성전이 파괴되고 인간들 가운데 있는 하나님의 거처가 사라지면, 그 백성은 더 이상 예루살렘이라고 지칭되기에는 적절하지 못하다.

'정다이 말한다'는 것은 조용하게 모호한 방식으로 말한다는 것을 의미하는 것이 아니라 열정적인 선포 방식으로 말한다는 것을 의미한다. 명령을 받은 사람들은 담대하고 단호한 태도로 예루살렘을 향해 말씀을 선포하여 메시지에 불확실함이 없도록 해야 한다.[7] 이러한 커다란 부르짖음을 통하여 모든 의심들이 사라지고 모든 사람이 선포된 위로의 확실성을 알 것이다. 키(כִּי)로 도입된 세 개의 문장들을 통하여, 이사야는 메시지의 삼중적인 내용을 제시한다. 그러나 그러한 구문에서 우리는 메시지 자체의 내용을 얻지 못하고, 메시지 선포 이유들의 삼중적인 진술만을 얻게 된다. 그런 까닭에 키(כִּי)를 각기 간접 화법을 도입하는 것으로, 그리고 예루살렘의 중심부에 떨어지는 위로의 말씀을 시작하는 것으로 해석하는 것이 더 좋다.

이사야는 먼저 예루살렘의 전쟁이 그치고 완료되었다고 선포한다. 그에게 더 이상의 어떤 전쟁이 있지 않을 것이다. 이 말은 군사적 복무를 가리키지만, 그러나 선지자는 여기서 그것을 일반적으로 고난과 곤궁의 시기를 가리키는 상징적 의미로 사용한다(참고, 민 4:23; 욥 7:1; 14:14; 단 10:1).[8] 이스라엘이 고통을 당해야 했던 시기는

---

7) קְרָא אֶל – '에게 부르짖다.' 이러한 의미의 예증에 대해서는 6:3; 슥 1:4; 렘 7:27을 참고하라.
8) צָבָא는 구약에 자주 나타나며 어떤 문맥들 가운데서는 곤궁 혹은 고통의 시기를 가리킨다. 일반적으로 그것은 남성이지만, 그러나 여기서는 여성형이다. 하나의 흥미 있는 용

찼고 이제 그 끝이 이른 것이다. 그러므로 바울도 역시 '때가 차매' 라고 말하고 있다 (갈 4:4). 이 문구를 바벨론 포로에 제한시키는 것은 타당성이 없다. 이 말씀이 포로 시대에 살고 있는 한 선지자에 의해 직접적으로 그 포로민에게 전달되었다라고 믿는 사람들은 그 포로기가 지났을 때(동사의 의미를 주목하라)말했다고 억지로 주장하던가, 그 포로기라는 제한된 시기가 완전히 끝이 났을 때 그 포로기의 결론을 맺기전 짧막하게 말했다고 무리하게 주장해야한다. 그러나 만일 그러한 경우라면 오류가 없는 (그래서 하나님의 계시된) 지식을 가졌었던 한 진실한 선지자가 포로시기가 이제 끝이 나려고 한다는 의미로 말한 것일 수 밖에 없다. 이 말씀이 하나님의 특별한 계시에 의한 도움이 없이 한 사람의 단순한 어림짐작의 추정이 아니다. 심지어 최대한 넓은 마음으로 생각한다손 치더라도 그러한 추정은 하나님이 제시한 위로의 메시지가 될 수 없다. 이사야가 말하고자 하는 것은 죄와 배교로 말미암아 그 나라에 닥쳐온 노예상태와 처참의 시기가 오랫 동안 지속될 것이며, 결국 이스라엘이 바벨론의 포로로 알려진 진노와 분노의 시기에서 그 절정을 이룰 것임을 가리킨다. 이 시기가 끝났을 때 참된 신정 국가가 나타나게 될 것이었다. 그리고 나서 하나님의 나라가 올 것이었다. 무거운 짐을 진 죄인들에게는 그 무거운 짐을 지는 시기가 끝났다는 선언보다도 더 위로가 되는 것은 없다.

 처참의 시기가 끝났을 뿐만 아니라 더 나아가서 예루살렘의 죄가 사함을 입었다. 사용된 동사는 '호의적으로 받아들이다, 호의적으로 간주되다, 만족한 것으로 간주되다' 를 의미한다. 죄가 호의를 가지고 받아들였다고 말하는 것은 그 죄악으로 인하여 퍼부어진 징벌이 흡족하다고 말하거나 그 죄악을 위하여 드려진 희생 제사가 호의적으로 받아들였다고 말하는 것이다. 본 구절 가운데 들어 있는 사상은 그 죄악에 대한 보상을 위하여 충분한 희생 제사를 받아들였거나, 아니면 그 죄악으로 인한 그 나라의 고통이 충분한 것으로 간주되었다는 것이다. 이 후자의 해석의 경우 그 뜻은 이스라엘이 그 고통으로 인하여 실제로 그 죄를 보상하였다는 것이 아니라, 다만 하나님께서 그 나라를 충분히 고통을 받은 자로 간주하신다는 것이다. 그러나 오경의

법이 Marti, *Archives Royales de Mari*, Paris, 1950, Vol. III, Text 18:20에서 발견된다. *a-di ṣa-ba-am šu-nu-ti be-li [a u-s] a-an-ni-qu-ma* (나의 주인이 목졸라 죽이지 않은 한). 여기서 그 단어는 단순히 어떤 한 시기, 곧 군대 복역 기간을 가리키는 것으로 보인다. 가장 깊은 의미에서 "전쟁"은 알렉산더가 말하는 바와 같이 구약시대, 즉 구속과 압박의 시기로 이해한다.

구절들에 비추어 볼 때(참고. 레 1:4; 7:18; 19:7; 22:23, 25, 27), 첫 번째 해석이 더 나은 것 같다. 그 죄는 호의로 받아들여졌으니, 이는 그 죄악을 대신하는 한 희생 제물이 드려졌기 때문이고, 그 드려진 희생 제사가 받아들여졌기 때문이다. 이 해석은 특별히 레위기 26:41, 43에 의하여 입증된다. 그런 까닭에 '너희 죄악의 빚이 지불되었다'고 번역하는 것이 가장 좋다. 여기에 본서의 53장에서 보다 충분히 계시된 진리의 첫 번째 암시가 나타나 있다.

위로의 세 번째 내용 가운데서 선지자는 앞의 두 진술의 두 배가 긴 선언을 내린다. 또다시 그는 과거형으로 되어 있는 동사를 사용한다. 실제로 이사야가 말하고 있었을 때는 이 축복들이 실현되지 않았으니, 이는 그가 여호와의 종으로 말미암아 다가올 축복과 구원의 시기를 예고하는 예언의 영을 통하여 미래를 바라보고 있었기 때문이었다. 그러나 알렉산더가 지혜롭게 논평한 바와 같이, "동사들은 예언적 과거(preterita prophetica)이지만, 그러나 그러한 이유로 인하여 미래형들로 바꾸어서는 안 될 것이다. 왜냐하면 이 예언을 설명하시는 성신을 기쁘시게 하는 설명적인 형태로부터 불필요하게 떠나갈 권리가 우리에게는 없기 때문이다."

예루살렘은 쏟아졌던 진노의 잔을 주님의 손으로부터 받았다. 이제 그는 같은 손길로부터 두 배의 축복을 받았다.[9] 배(倍)라는 단어는 독립되어 있으며, 그런 이유로 해석학적 문제를 야기시킨다. 즉 이 '배'가 징벌과 고통을 가리키느냐 아니면 그것이 주님으로부터 받은 축복과 은혜를 가리키느냐는 것이다. 어쨌든 어느 해석이든 배(倍)의 정확한 역활을 강요해서는 안 될 것이다. 그보다는 욥기 42:10이하와 스가랴 9:12에 있는 미쉬네(מִשְׁנֶה) 처럼 그것은 단순히 풍부를 가리킨다. 만일 이 단어가 고통과 징벌을 가리킨다면, 그것은 하나님의 목전에서 예루살렘이 그 죄들로 인하여 충분히 고통을 받았다는 것을 암시한다. 비록 그 나라가 그에 해당하는 만큼의 징벌을 받지는 않았을지라도 그가 받은 징벌은 그 목적을 이루기에 충분하였다. 그러나 이와는 대조적으로, 그 고통 후에 배나 받았다는 개념은 주로 축복을 받음을 가리킨다(참고. 사 61:7; 욥 11:6). 동시에 후자의 해석은 예루살렘이 받은 징벌과 곤궁을 가리

---

9) כפלים — 비록 그것이 엄밀한 숫자적 의미로 취급될 수는 없을지라도, 독특한 동양적인 과장이 아니다(Muilenburg). 그러나 W. Tom(*GTT*, Vol. 59, 1959, pp. 122-123)은 '함께 접다' 즉 '이중으로 접다'는 의미로 시작하고 있으며, 그리하여 그 단어는 여기서 죄가 완전히 덮여진 것을 암시하였을 것이라고 생각한다. Von Rad(*ZAW*, Vol. 79, No. 1, 1967, pp. 80-82)는 이 단어를 '등가'(等價)의 의미로 취급한다. 참조, 계18:6.

키기 보다는 축복의 내용을 표현하는 본 절의 사상과 보다 잘 어울린다. 그의 고난이 매우 컸음에도 그가 범하였었던 율법을 만족시키기에 충분하지 않았다. 진실로, 인간의 어떤 고통이나 곤궁도 그 율법을 만족시킬 수가 없었다. 그럼에도 불구하고 축복과 구원의 때가 왔다. 때리는 막대기는 떠나갈 것이고 구원의 빛이 밝아 올 것이다.

그러나 예루살렘의 고통은 제멋대로 가해진 것이 아니라 그의 죄 때문에 왔었다. 그러므로 전치사는 징벌을 가하시기 위하여 하나님께서 사용하셨던 도구들을 나타내는 역할을 한다. 그 전치사를 대가를 표현하는 것으로 해석하여, "그의 모든 죄로 말미암아" 즉 "그 대가로" 혹은 "그의 모든 죄에 대한 보상으로"로 번역하는 것이 가능하다. 이 구문 가운데서 그 뜻은 예루살렘의 죄가 그의 고통을 가져오게 하였다는 것이다. 그가 그의 죄에 대해 지불해야 했던 대가는 두 배의 징벌을 받는 것이었다. 이사야가 '모든'이란 단어를 사용한 것은 의미가 없는 것이 아닌 것은, 예루살렘에 의하여 저질러진 모든 죄를 가리키고 있기 때문이다. 그 죄악들은 많았고 극악하여서 예루살렘에 수다한 징벌을 가져다줄 것이었다.

📖 특주

본 절에서 너무나 간결하게 진술된 삼중적 위로의 메시지가 실제로는 다음 장들 가운데 나타나 있는 위로에 대한 삼중적 위로의 선포 혹은 설교와 관련해 있다고 지적되어 왔다. 그래서 40:2-48:22에서 선지자는 예루살렘에 대하여 심판으로부터의 구속과 구원을 선포하고 있다. 49:1-57:21에서 이사야는 하나님께서 그 죄 대신에 이스라엘에게 가져다주시는 구원을 설교하고 있고, 그리고 마지막으로 58:1-66:24에는 이스라엘에게 다가올 풍성하고도 기이한 구원이 그려져 있다. 역시 61:7에 있는 미쉬네(מִשְׁנֶה)라는 단어가 40:2 하반절의 키플라임(כִּפְלַיִם)과 일치한다는 점을 주시하라.

2. 여호와의 영광의 계시(40:3-5)

3절, 외치는 자의 소리여 가로되 너희는 광야에서 여호와의 길을 예비하라 사막에서 우

리 하나님의 대로를 평탄케 하라
4절, 골짜기마다 돋우어지며 산마다, 작은 산마다 낮아지며 고르지 않은 곳이 평탄케
되며 험한 곳이 평지가 될 것이요
5절, 여호와의 영광이 나타나고 모든 육체가 그것을 함께 보리라 대저 여호와의 입이
말씀하셨느니라

처음 두 절(40:1-2)들은 자주 머릿말(40:1-11)의 서문으로 간주되어 왔다. 그것들은 부정적 관점에서부터의 위로를 나타냈다. 그러나 구원의 적극적인 면은 무엇인가? 다음의 아홉 절들이 그 문제를 답해 준다. 이 아홉 구절들은 또다시 각기 세 구절씩 세 부분으로 나뉘어지며, 이제 우리는 이 세 단락들 가운데 그 첫 번째 것을 살펴보고 있는 것이다. 3-5절에서 선지자는 주님의 오심이 세상에 가져다줄 기이하고도 전포괄적인 변화에 관심을 두고 있다.

40:3 첫 번째와 두 번째 단락을 이끌고 있는 것(3, 6절)은 콜(음성)이란 단어이며, 이 같은 단어가 세 번째 단락에서도 비록 구절의 앞부분에 나타나지는 않지만 나타난다(9절). 3절에 있는 도입부는 마치 선지자가 "한 목소리를 들으라"고 외치듯이 급작스럽게 말한다. 그 음성(콜이라는 단어는 '음성'이나 '소리'로 번역될 수 있으나 여기서 '소리'〈개역〉보다는 '음성'으로 번역하였다 - 역자)은 하나님의 음성이 아니니, 이는 그 메시지 자체가 "우리 하나님"에 관하여 말하고 있기 때문이다. 그러므로 그 음성은 피조물에 속하는 것임에 틀림없다. 그렇지만 그것은 천사의 음성이나 하늘 궁정에 속한 어떤 존재가 아니고, 하나님의 명령들을 선포하는 그분의 한 인간 사자의 음성이다.[10] 더욱 우리는 본 구절에서 그 음성의 정체를 파악할 수 없으니, 이는 선지자가 의도적으로 그 음성의 정체를 모호하게 만들어 놓고 있기 때문이다. 문법적으로 다음에 뒤따라오는 코레(קוֹרֵא, 외치는)라는 단어는 하나의 술어일 수도 있고 혹은 소유격일 수도 있다. 우리는 "하나의 외치는 음성" 혹은 "한 외치는 자의 음성"으로 번역할 수도 있다. 헬라어 역본들은 신약이 그러했던 것처럼 이

---

10) Volz는 그 음성을 보이지 않는 존재 세력의 음성과 동일시한다. 그는 선지자들이 하나님의 회의에 참석하여 지상의 사건에 대한 준비 사항을 알았다고 생각한다. 그러나 우리는 어떤 방식으로 이 계시의 내용이 이사야에게 알려졌는지는 듣지 못한다.

후자의 구문을 채택하였다(마 3:3; 막 1:3; 눅 3:4; 요 1:23). 이것은 또한 음성 자체 보다는 외치는 자에게 강조를 더 두고 있어서 2절의 "외쳐 고하라"는 명령과 잘 어울린다.

화자의 정체가 드러나지 않은 데는 이유가 있다. 그의 정체는 그가 선포하는 영광스러운 메시지 배후에 숨어 있어야 한다. 진술의 방식은 "그는 흥하여야 하겠고 나는 쇠하여야 하리라"는 진리의 예증이다.

우리는 오직 신약성경을 통해서만 그것이 세례자 요한을 가리킨다는 사실을 배운다.

이사야의 어투 가운데는 말하는 자가 배후에 숨어 있고 오직 그의 장엄한 메시지만 전면에서 울려 퍼지는 하나의 특이한 신비함이 내포되어 있다. 그럼에도 불구하고 그것은, 마치 하나님의 백성들이 있는 모든 나라에 울려 퍼지는 것과 같이 하나의 효과적인 음성이다. 이 음성에 모든 인간들은 귀를 기울여 들어야 한다.

만일 우리가 이러한 평행절로 인해 맛소라 엑센트 부호를 따른다면 우리는 "광야에서"를 이어지는 내용과 함께 해석해야 하고 앞선 내용과 함께 해석해서는 안 된다.[11] 그렇다면 평행절은 교차적인(chiastic) 배열을 나타낸다.

   광야에서   예비하라   여호와의 길을
   평탄케 하라   사막에서   우리 하나님의 길을

그러나 이 단어를 앞의 단어들과 함께 해석함에 있어서 신약 성경이 오류를 범한다고 할 수 없다. 이것은 구약의 언어를, 세례자 요한이 광야에서 외치고 있던 그때, 즉 신약시대에 적용하고 있기 때문이다. 평행법에도 불구하고, 이 말씀들이 처음부터 유대인들에 의하여 이해되었던 방식이 아니었을 수도 있다는 질문이 생긴다.[12]

첫 번째 명령형은 질서나 배열을 성립할 뿐 아니라 길에서 장애물을 치워 버린다는 개념을 암시하며, 두 번째 것은 길을 곧게 하여 실용성이 있게 만들 필요성을 상기시켜 준다.[13] 선지자는 "길"과 "대로"라는 두 개의 단어를 사용한다. 후자는 땅을

---

11) 외치는 - 이접 엑센트 자케프 카톤을 가지고 있으며, 그래서 그 단어를 뒤따라오는 단어와 함께 해석하기보다는 앞에 나오는 단어와 함께 해석해야 할 것이다

12) φωνὴ βοῶντος ἐν τῇ ἐρήμῳ; 벌겟 역, *vox clamantis in deserto*.(모두 신약의 이해를 지지한다-역자주)

13) Penna는 이러한 사상이 한 지역의 거민들이 필요한 때에 군인들과 전차들이 지나갈

쌓아올리는 방법으로 인위적으로 건설된 길을 가리킨다.[14] 다른 곳에서 이사야는 이와 유사한 언급들을 한다(45:2; 57:14; 62:10). 그러나 선지자의 명령의 의도가 무엇이며 이것들이 누구에게 발표되었는가? 가끔 여기서 여호와는, 자기 백성의 머리로 포로로부터 사막을 가로질러 돌아오게 하시는 자로 묘사되어 있다고 말한다. 혹은 선지자가 사막을 가로질러 본국으로 돌아오고 있는 포로민들을 묘사하고 있다고 주장하기도 한다. 칼빈까지도 그 명령이 고레스에게, 그 백성을 포로로 붙잡고 있는 페르시아인들에게 발표되었다고 주장하였다. 그러나 그러한 해석은 본문의 어투와 어울리지 않는다.

이스라엘이 애굽에 있었을 때, 하나님께서는 그를 구원하시기 위하여 사막을 가

수 있도록 길을 준비하기 위하여 소집을 받았던 고대의 습관을 반영할 수도 있다고 생각한다. 에살핫돈의 어투(Wiseman, *The Vassal Treaties of Esarhaddon*, London, 1958, line 54)를 유의하라, *kaskal sig₅ina GIR.II-šú la ta-šá-kan-a-ni*, "너희는 진실로 그의 발에 한 곧은 길을 두어야 할 것이다."

14) 대로 — Smith(*ILCH*)는 이것을 앗수르 군대들이 따라 내려왔던 천연적 간선 도로를 암시하는, 하나의 움푹한 땅을 따라서 인위적으로 세워졌던 도로들을 가리키는 것으로, 이사야서의 특징적인 한 단어로 간주한다. 그러나 그는 여기 40:3이 평지들 위에 세워지고 언덕들을 깎아서 개통된 페르시아의 간선 도로들을 최초로 암시할 수도 있다고 결론 짓는다. 어캐머니드(Achaemenid, 주전 7세기의 페르시아 왕으로 한 왕조의 설립자임—역자주) 왕들의 시기까지 이런 길들은 알려져 있지 않았다. 그러나 Smith는 이러한 해석을 40장을 후기 연대로 돌리는 데서 이끌어 낸다. 어찌하여 מְסִלָּה가 11:16; 19:23; 33:8에 나오는 מְסִלָּה와 다른 개념을 가져야 하는가? 또한 49:11; 59:7 혹은 62:10에서도 그것은 당연히 다른 것을 가리키지 않는다. 이 단어는 또한 모압인의 비문 56행(참고. Francis Anderson, "Moabite Syntax," *Orientalia*, Vol. 35, Fasc. 2, 1966, p. 95)에서도 나타난다: *hmslt. b'rnn*. Martin Noth, *The Old Testament World*, E.T., Philadelphia, 1966, p. 85에 있는 훌륭한 논의를 참고하라. 사 40:3-5의 설형문자 "평행문들"(Marduk의 엘람으로부터 바벨론으로의 귀환)에 대해서는 Friedrich Stummer, "Einige Keilschriftliche Parallelen zu Jes. 40-66," *JBL*, Vol. 45, 1926, pp. 172-172을 참고하라. 그러나 단순한 한 Marduk의 동상이 바벨론으로 옮겨온 데 반하여, 이사야서에서는 주권자 여호와께서, 축제 행렬 가운데 한 성읍으로부터 다른 성읍으로 오시는 것이 아니라, 그분 앞에 있는 모든 자연을 변화시키면서, 모든 육체가 바라보도록 자기 영광을 나타내시면서 종말론적으로 그리고 구속을 가지고 오신다. 설형문자 "평행문들"은 기껏해야 외관상의 것일 뿐이다. 그 유사점의 차이는 너무나 엄청나다.

로질러 가셨었다(신 33:2; 시 68:7). 또다시 필요 적절한 때에 하나님께서 시나이로부터 자기 백성과 함께 하시기 위하여 오셨었다(삿 5:5). 이사야의 명령은 1절에 언급된 "내 백성"에게 준 것이다. 그들은 여호와를 위하여 길을 준비해야 하고, 그들은 이 일을 회개를 통하여 해야 한다. 그들로부터 하나님을 가로막고 바벨론의 포로가 되게 하여 신정 국가의 종말을 가져오게 한 것은 곧 그들의 죄악이었다. 그런 까닭에 바벨론 포로는 여호와의 분노가 자기 백성에 대하여 나타났을 때인 진노의 시기로 알려지게 되었다. 그러나 이제 그분께서 자기 백성에게로 다시 오실 것이다. 그러나 그들은 그 길을 준비해야 한다. 만일 그것이 백성의 여행을 가리켰다면, 하나님 자신이 그 길을 밝혀서 준비하실 것이었다. 그러나 이 묘사가 하나님께서 자기 백성에게 오시는 것이므로 준비해야 하는 쪽은 백성들인 것이다. 그러므로 사막은 하나님께서 자기 백성에게 오시는 것을 가로막는 곤란한 점들 곧 장애물과 방해물의 표상이다.[15] 과거에 그분께서 그들을 돕기 위하여 사막을 가로질러 오셨던 것처럼, 이번에도 그분은 그렇게 오실 것이다.[16] 세례자 요한은 그의 외침 가운데서 이 예언의 근본적인 의미를 드러내었다, "그러므로 회개에 합당한 열매를 맺고"(마 3:8).

40:4 선지자는 이제 앞 절의 일반적인 명령을 시행해야 할 방법을 세부적으로

---

15) '사막'이 백성의 비극적인 상태에 대한 탁월한 표상이라는 사실은 그것이 물이 없고 (41:18; 43:19, 20; 48:21), 비옥하지 못하고(41:19; 51:3; 55:13; 60:13), 길들이 없으며(43:19), 사람들이 살지 않는 곳(64:10)이라는 사실 가운데 나타나 있다. '사막'이란 단어는 바벨론 사막을 가리킬 수 없다. 이 단락 가운데 포로들이 바벨론으로부터 팔레스틴으로 돌아온다는 사실에 관해서 한마디도 없기 때문이다.

16) ערבה – 이 단어는 스텝(나무가 자라지 않는 초원 지대), 즉 메마른 땅을 상징한다. 그것을 사해 서쪽 유다 남방(예를 들면 삼상 23:24)에 적용하며, 그 강의 요르단 계곡(예를 들면 삼하 2:29)에 적용하며, 그 동쪽(삼하 4:7)에 적용한다. 그곳은 또한 요르단 계곡의 동쪽과 고르(Ghor) 자체(즉 요르단 계곡 전체)를 가리킬 수도 있다. 그곳이 여기서 바벨론 혹은 북 아라비아 사막을 가리킨다는 증거는 없다. 현대 해석학자들은 바벨론의 행차 길, 곧 대 *masdahu*, 즉 축제 동안 그 길을 따라서 바벨론 신들이 운반되던 길에 적용시켰다. Smith는 ערבה가 수리아 사막에 놓여 있다는 견해를 바르게 거절하고, 그 길이 본질적으로 Nabonidus가 에돔과 요단 동쪽을 지날때 취하였던 그 길이었다고 생각한다. 그러나 이 단어는 מדבר와 병행관계의 단어이며 이 둘 다 하나님을 위한 길이 적대감, 거민이 살지 않는 곳, 사람을 받아들이지 않는 지역 가운데서 예비되어야 할 것을 암시한다.

설명한다. 4절에 나타나 있는 것은 미래에 일어날 일에 대한 단순한 묘사이다. 본 절을 계속되는 명령으로 간주한다는 것은 문법적 입장에서는 가능하지만 그럼에도 불구하고 본 절의 단순한 형식은 미래에 일어날 일을 표현하고 있는 것으로 취급해야 한다는 것을 암시한다. 자연계에서의 놀라운 변화는 여호와께서 자기 백성에게로 오시는 길의 준비에 대한 비유이다.

가로막는 깊은 골짜기를 만날 때마다 그것이 평평한 땅이 되도록 돋우어져서 더 이상 장애물이 되지 않을 것이다.[17] 이와 같이 그 길이 만나는 산들과 언덕들까지도 역시 여행하는 데 더 이상 방해가 되지 않도록 깎아지고 평평해져서 낮아져야 될 것이다. 본 절의 상반절에서는 변화를 동사에 의해서 나타낸다. 그러나 하반절에서는 그 행을 "그리고 그것이 있을 것이다"(and it shall be)에 통해 도입하고 있으며, 이것 다음에 전치사 '에게로(to)'가 두 번 나온다. 그래서 비뚤어진 것은 바르게 펴질 것이고 거친 장소들이 평평하게 되리라는 사실을 진술한다.

본 절의 하반절에 있는 단어들의 정확한 의미에 대해서는 의견의 차이가 있다. 첫 번째 명사는 일반적으로 '구부러진' 혹은 '들쑥날쑥한', '평평하지 못한'으로 번역된다. 그것은 '평평한'과 '매끄러운'을 의미하는 미소르(מִישׁוֹר)의 반대말이다. 그 뜻은 평평하지 못한, 들쑥날쑥한, 바위가 많은 장소들이 그곳으로 여행할 수 있게 되도록 매끄럽게 될 것이라는 뜻이거나, 혹은 구부러진 길이 똑바르게 되도록 펴질 것이라는 뜻이다. 마지막으로, 또다시 레카심(רְכָסִים)의 정확한 의미에 대한 문제가 있다. 아마도 그것은 여행에 장애를 이루는 가파른 장소들 혹은 좁은 골짜기를 가리킬 것이다. 어쨌든 이 레카심(רְכָסִים)은 그것이 무엇이든 그 반대 상태로 변할 것이다. 즉 그것들은 평지가 될 것이다.

이사야는 여호와의 오심을 위한 준비가 완성될 것이라는 진리를 나타내기 위하여 풍부하고도 다양한 표상을 사용한다. 내적으로나 외적으로 모두 그분을 맞을 준비이다. 그 장애가 무엇이든 완전히 없어진다. 진노의 시기를 가져다주고 하나님으로 하여금 자기 백성에게로 오는 것을 가로막았던 그 나라의 죄악들이 사라져서 더 이상 자기 백성 가운데 거주하시러 나타나시는 길에 서 있지 못할 것이다. 그 길은 여

---

17) גַּיְא – 한 가파른, 좁은 골짜기, 구두점대로, 정상적인 가이(גַּיְא) 〉 게이(גֵּיְא)에 반대되는 것처럼, 그 단어는 아이(-ay')를 반영한다. 이 인나세(יִנָּשֵׂא)란 동사는 서술문이고, 명령을 의미할 수도 있다. '돋우어지라'는 가능한 번역이다.

행하는 데 그 어떤 장애가 없도록 분명하고도 바르게 될 것이다.

40 : 5 그 길이 완전히 준비되었을 때, 여호와의 영광이 인간들 가운데 그분이 나타나심으로 계시될 것이다. 그리고 이 영광은 우주적으로 증거될 것이다. 그것은 모두가 볼 수 있도록 명백할 것이다. 그것은 오랫동안 감추어져 있었다. 느부갓네살에 의한 성전의 파괴와 함께, 그 영광은 예루살렘으로부터 떠나가고, 신정 국가는 종말을 고할 것이었다. 예루살렘은 더 이상 거룩한 성읍이 되지 못할 것이었으니, 이는 백성들의 죄악이 하나님과 그들 자신 사이를 가로막을 것이기 때문이다. 그러나 이제 정반대의 상태가 이루어질 것이다. 하나님께서 다시 인간들 가운데 나타나실 것이다. 그러나 이번에는 그것이 종말론적인 오심, 그분의 구원 가운데서 나타나실 하나님의 영광의 계시가 될 것이다(참고. 벧전 4:13하). 하나님께서는 자신의 모든 능력과 은혜 중에 자기 백성 가운데 나타나실 것이다.[18]

이 계시는 한 모퉁이에 일어나지 않을 것이며 모든 사람들에게 보일 것이다.[19] 만일 한 사람이 하나님을 본다면 죽을 것은 사실이며, 이것은 인간이 죄악된 존재이기 때문이다. 그러나 하나님의 영광의 계시와 함께 특이한 일이 일어난다. 육체를 가진 그가, 진실로 육체를 가진 모든 사람 그들이 상상치도 못할 일을 경험할 것이다. 그들이 하나님을 볼 것이고, 그들은 살 것이다. 성육신하신 그리스도께서 지상에 계셨을 때, 그분은 "나를 본 자는 아버지를 보았다"고 말씀하셨었다. 이사야가 모든 사람들이라고 말하지 않고 모든 육체라고 말하고 있음을 눈여겨보는 것은 흥미 있는 일이다. 그리고 또한 그의 예언의 특성을 나타내는 단어인 '함께'라는 단어를 그가 사용하고 있는 사실을 유의해 본다는 것 역시 흥미 있는 일이

---

18) 여호와의 영광이라는 개념에 대해서는 6장의 주석 각주 23을 참고하라. 시편에서 이 단어는 창조의 광휘와 장엄을 묘사한다(참고. 시 19:1; 57:5; 79:9; 96:3). 출애굽시에도, 하나님의 영광이 현현하였다(출16:10 ; 24:16이하; 33:18; 40:34). 그리스도의 구속은 하나님의 영광이 드러나게 될 새로운 출애굽이다. 그것은 메소보다미아로부터의 탈출을 가리키지 않는다(Penna는 그 당시에 영광의 나타남이 있었다고 생각한다). 다른 이유들 가운데서도, 그때에 모든 육체가 하나님의 영광을 보지 못하였기 때문이다.

19) וראו – 그리고 볼 것이다. B는 τὸ σωτήριον τοῦ θεοῦ 가 덧붙여 있는데, 이것이 눅 3:6에 나타나 있다. 히브리어에서 이러한 목적격이 표현되어 있지 않고 단지 여호와의 영광으로 이해된 것 같다. '그들이 볼 것이다'를 '여호와 입'과 함께 해석하는 것을 옳지 못하다.

다.[20] 모두 함께, 하나로서 모든 육체가 여호와의 영광을 볼 것이다.

이 비상하고도 축복된 메시지의 진리성과 미쁘심에 대해서는 의심할 여지가 없으니, 이는 여호와 자신의 입이 그것을 말씀하셨기 때문이다. 이 결론적 문구는 이사야의 특성을 나타내는 문구이다(1:20을 참고하고 21:17; 22:25; 24:3; 25:8; 58:14 등을 주시하라). 그것은 말로 나타난 계시, 하나님이 감동하셨고, 하나님의 입으로 말씀하신 메시지였다. 예루살렘의 곤궁의 시기 대신 여호와의 영광의 계시가 있을 것이다. 그러므로 3-5절의 내용은 2절에 있는 위로의 선포에 상응한다.

3. 영원한 하나님의 말씀(40:6-8)

6절, 말하는 자의 소리여 가로되 외치라 대답하되 내가 무엇이라 외치리이이까 가로되
    모든 육체는 풀이요 그 모든 아름다움은 들의 꽃 같으니
7절, 풀은 마르고 꽃은 시듦은 여호와의 기운이 그 위에 붊이라 이 백성은 실로 풀이
    로다
8절, 풀은 마르고 꽃은 시드나 우리 하나님의 말씀은 영영히 서리라 하라

40:6 두 번째 위로의 선포, 즉 예루살렘의 죄악이 사함을 받았다는 사실에 일치하는 것은 인간이 풀과 같이 약하고(6-8절), 또한 하나님의 말씀만이 영원히 존재한다는 뜻이다. 첫 단어는 히브리어에서 무관사이고 그런 까닭에 정해지지 않은 자료로 해석해야 할 것이다. 말하는 자가 누구냐에 대해서 우리는 듣지 못한다. 드렉슬러는, "가로되"라는 단어가 1절의 "가라사대"를 반영하고 있으므로(정확한 관찰임) 말하는 자는 여호와 자신이라고 논증한다. 그러나 이러한 결론을 반드시 따를 필요는 없다. 다른 사람들은 거기에 대화가 있다고, 말하자면 천사와 선지자 사이에 대화가 있다고 말하였다. 이것 역시 증명될 수 없다. 힛지히(Hitzig)는 말하는 자들

---

20) '함께'는 1-39장에서 10회나 나타나고 40-66장에서는 17회 나타난다. 모든 육체-인류에게만 한정되어 있다(참고. 요 17:2; 롬 3:20; 창 7:21). 모든 육체는 그리스도를 보내신 가운데서 나타난 하나님의 영광을 볼 수 있을 것이지만, 그러나 오직 자기 백성들만 참으로 그 안에서 즐거워할 것이다.

사이의 대화 속에서 재미있는 신비가 있는데 사람이 그들의 정체를 너무나 가까이에서 밝히려고 노력할 때 잃어버린다는 것이다라고 주장한다. 말하는 자들의 정체를 밝히는 것은 불필요하다. 중요한 것은 외치는 자들의 인격이 아니라 그들의 메시지의 내용이다.

우리가 첫 단어(לֹק, 즉 '음성'이란 단어임—역자주)를 연계형으로 해석하여 2절에서 요구하는 것으로 보이는 번역과 일관성 있게 "한 말하는 자의 소리"로 번역하든, 혹은 단순히 "한 음성이 말하기를"이라고 번역하든 그 의미에 있어서는 거의 차이가 없다. 한 경우에는 강조가 음성에 주어지고, 다른 경우에는 말하는 자에게 주어진다.

메시지의 선포가 명령형으로 나타나 있다. 한 단어가 특징적이다. 즉, 외치라! 그것은 2절의 외치라는 복수 명령형을 반영한다. 2절의 명령형은 예루살렘에 말해야 하는 모든 자들에게 주어졌다. 반면에 본 절의 명령은 단수이며, 여호와의 말씀을 가져다 줄 제1화자(principal speaker) 혹은 메신저, 즉 이사야 자신에게 주어져 있다. 외치라는 명령은 일반적으로 표현되어 있을 뿐만 아니라 특별히 그 선지자에게 주어졌다.

그 명령에 반응함에 있어서 하나의 질문이 나타난다. 우리는 그 질문하는 사람이 누구인지를 듣지 못한다. 그러나 그가 메시지를 선포해야 하는 사람임에는 틀림없다.[21] 이 질문은 이사야의 소명 환상에서 그가 자기 임무를 완수하기 전에 자기 임무에 대해서 주님께 질문하였던 장면(6장)을 생각나게 한다. 그 부정확성이 "그리고 그가 대답하되"라는 3인칭의 사용으로 말미암아 유지되고 있음이 의미심장하다. 이것은 3절에 있는 "외치는 자의 소리"에 표현된 객관성과 일치한다.[22] 이는 두 무명의 음성들 사이에 오고간 비밀스러운 대화이다. 그리고 화자들의 정체의 모호성은 메시지 자체를 더욱 두드러지게 강조하게 만든다.

---

21) 외치라 – 필자는 모하메드의 소명이 생각난다. "그리고 그가(즉 가브리엘) 말했다. 읽어라"('iq-ra). 내가 말했다, 내가 무엇을 읽으리이까(mâ a'q-ra-'u)?"(Ibn Hisham, *The Life of Mohammed*). 그러나 이러한 유사성은 표현의 형태에만 있을 뿐이다.

22) (그리고 그가) 대답하되 – B, Vulg., 1Q는 1인칭으로 읽는다. Saadia는 흥미롭게도 מאמור (알 마무르, 명령을 받았던 자)라는 주어를 삽입한다. 음성과 말함, אמר의 결합이 이곳과 6:8에서 발견되고 구약의 다른 곳에서는 발견되지 않는다. 이러한 유사성은 40:6에서 1인칭으로 읽혀진다면 더욱 강해진다.

본 절의 하반절의 언어에 대한 상이한 구조를 제안하였으나, 난점이 가장 적고 일반적인 문맥에 가장 적합할 것으로 보이는 것은 이 단어들을 메시지 자체의 내용으로 간주하는 것이다. 말하는 자가 외쳐야 하는 것은 모든 육체가 풀과 같다는 등의 말씀이다. 그는 또한 하나님 말씀의 불멸성을 선포해야 한다.

"모든 육체"라는 문구는 5절에 있는 유사한 문구를 상기시켜 주지만, 그러나 여기서는 이 문구에 관사가 붙어 있다.[23] 만일 이 관사에 어떤 특별한 의미가 있다면(이것이 미짐찍기는 하지만) 그것은 "육체를 가진 인간"이라는 사상을 드러낼 것이다. 육체를 가진 인간들은 약하고 사멸한다. 그들의 생명은 짧고 그 종말이 순간적으로 온다. 이러한 면에서 그것은 풀과 같으니, 이는 태양의 타는 듯한 광선 아래서 풀은 곧 말라지기 때문이다. 성경에서 풀과의 비교가 상당히 자주 나타난다(참고. 사 37:27; 51:12; 시 37:2; 90:5; 103:15; 129:6; 욥 8:12).

그러나 이사야는 인간 존재의 유약성만을 말하고 있지 않다. 그의 생각들은 인간의 내면적 삶까지 꿰뚫는다. 선지자의 생각 가운데는 인간의 모든 기질들과 속성들을 가진 마음뿐만 아니라 영적 삶까지 포함되어 있다. 그는 이것을 그 아름다움(its strength)이라고 지칭한다.[24] 인간의 영광을 구성하고 있는 모든 것은 잠깐동안만 존재하였다가 사라지는 들의 꽃에 비교될 수 있을 뿐이다. 헬라어 역본을 따라 베드로는 이 구절을 복음에 적용 해석하여 그 참 의미를 올바르게 드러낸다, "그러므로 모든 육체는 풀과 같고 그 모든 영광이 풀의 꽃과 같으니"(벧전 1:24).

40:7 자신의 비유에 강세를 더하기 위하여 이사야는 먼저 풀과 꽃들의 특성에 관한 일반적 진술을 한다. 그는 완료형으로 된 두 개의 동사들을 사용하여, 일반적이고도 널리 퍼진 관찰을 통하여 진리인 것으로 인정된 내용을 표현한다. 우리는 이러한 사상을 다음과 같이 바꾸어 쓸 수도 있다. "풀이 마르고 꽃은 시든다는 것은

---

23) 육체 — 본문과 5절에서의 이 단어의 출현은 두 연들을 함께 묶어 준다.
24) חסדו — 그 아름다움(그 힘). L. J. Kuyper("The Meaning of Isa. XL 6," *VT*, Vol. 13, No. 4, 1963, pp. 489-492)는 그 힘(아름다움)이란 번역에 좋은 실례를 제공하고 있다. 시 59:10, 11; 69:16; 143:12; 욘 2:8 그리고 대하 32:32와 비교된 왕하 20:20을 참고하라. 이것은 "그들의 힘" 즉 חפםהו으로 읽고 있는 탈굼에 의하여 입증된다. 또한 Snaith, "The Exegesis of Isaiah xl. 5, 6," *ExT*, Vol. 52, 1941, pp. 394-96을 참고하라.

잘 알려진 사실이다."²⁵⁾ 선지자는 풀과 꽃을 무관사로 사용하고 있다. 이는 그가 일반적인 풀들과 꽃들을 말하고 있기 때문이다. 이사야는 일찍이 니므림의 물에 대해 말하면서 그러한 비유를 사용한 바 있다, "풀이 시들었으며 연한 풀이 말라 청청한 것이 없음이로다"(사 15:6). 이처럼 그는 에브라임의 술취한 자들을 시들어 가는 꽃으로 묘사하였었다(28:1).

이러한 널리 관찰된 사실들을 나열한 이유는, 곧 여호와의 기운(숨결)이 풀과 꽃에 분다는 것이다. 그러므로 이끔말 키(כִּי)는 본 절의 상반절에 묘사된 내용의 이유를 나타내는 것으로 원인을 나타내는 단어이다. '때'나 혹은 '하자마자' 같은 다른 번역들은 비록 사실인 것을 나타내기는 하지만 그럼에도 불구하고 문법적으로 충분히 정확한 것으로는 보이지 않는다. 이사야는 풀과 꽃들 위에 어떤 것이 불어서 그 결과로 모든 습기가 그것들로부터 사라지고 그래서 그것들은 말라 시들어진다는 표상을 사용한다.²⁶⁾ 비의 계절이 오기 전 오월에 아라비아의 뜨겁고도 메마른 지역으로부터 오는 함신(Hamsin) 혹은 시로코(Sirocco)가 팔레스틴에 불어온다. 그것은 치명적인 바람이며 자주 여러 달 동안 끊임없이 불어서, 환경을 미세한 먼지로 채우며 무덥고도 답답하게 만든다. 아마도 선지자가 여호와의 기운(루아흐)에 대해서 말하면서 생각하고 있는 것이 이 바람일 것이며, 그 이유는 바람이 여호와의 숨결의 기본적인 표명이기 때문이다.

풀과 꽃들의 덧없고도 일시적인 성격은 선지자로 하여금 그것들에게 나타나는 사실이 인간들에게도 나타난다는 사실을 선포하도록 이끈다. '그 백성'이라고 하는 정관사를 사용하면서 이사야는 특별히 1절에 언급된 그 백성을 가리키는 것으로 보여진다. 그러나 이 점에서 주석가들은 서로 다른데 독단적이 될 이유는 없다.²⁷⁾

40:8 이사야는 이제 백성을 풀과 비교하는 것을 빼고 앞 절의 첫 부분을 취급한다. 그리하여 그는 하나님의 말씀의 영원성 및 영속성과의 대조를 보다 날카롭게 드

---

25) נבל - 시들다. 참고. 28:1. 엑센트가 퍼널트로 밀려 나갔으나, 메텍(וֹ)은 여전히 울티마에 머물러 있다.
26) וּ - 앞의 단어가 하나의 모음 문자를 포함하였으므로, 다게쉬는 아마도 접속사적인 다게쉬 포르테일 것이다.
27) 마지막 세 단어들은 하나의 서기관의 삽입이 아니다. 그것들은, 첫 번째 단어가 הכן으로 기록되기는 하였지만, 1Q에 나타난다. 그러나 1Q에서 헤(ה)와 알렙(א)의 구별은 매우 훌륭하다.

러내기 위하여 덧없음과 연약함의 성격들을 전면에 내세운다.[28] 선지자는 하나님의 말씀을 언급함으로써 하나님의 입으로부터 나오는 모든 말씀을 염두에 둔다(참고. 신 8:3; 마 4:4). 2절의 약속에 대한 특별한 강조가 있다는 것은 가능한 해석이고, 신약은 이 구절을 올바르게 복음 그 자체에 적용한다(벧전 1:25). 그러나 본 절에서 강조하는 바는 하나님 말씀의 영원성과 인간 육체의 덧없음의 성격 사이의 생생한 대조이다.

하나님의 말씀에는 영속적 성격이 있다. 시들고 사라지는 인간의 육체와는 달리 그것은 영원히 서 있다. 말씀은 생겨나고, 성취되고, 지속한다. 사멸하는 성격을 가진 모든 육체와 대조되어 하나님의 말씀은 사멸하지 않고 영원히 존속한다. 이러한 사상은 우리 주님이 하신 "성경은 폐하지 못하나니"라는 말씀과 유사하다. 하나님께서 말씀하실 때, 그분의 말씀은 진리를 나타내며 또한 그 진리는 취소되거나 변할 수 없다.

4. 여호와 하나님의 오심(40:9-11)

9절, 아름다운 소식을 시온에 전하는 자여 너는 높은 산에 오르라 아름다운 소식을 예루살렘에 전하는 자여 너는 힘써 소리를 높이라 두려워 말고 소리를 높여 유다의 성읍들에 이르기를 너희 하나님을 보라 하라
10절, 보라 주 여호와께서 장차 강한 자로 임하실 것이요 친히 그 팔로 다스리실 것이라 보라 상급이 그에게 있고 보응이 그 앞에 있으며
11절, 그는 목자같이 양 무리를 먹이시며 어린양을 그 팔로 모아 품에 안으시며 젖 먹이는 암컷들은 온순히 인도하시리로다

40:9 하나님의 오심(presence)에 대한 선포는 모든 사람들이 그것을 알도록 멀리 그리고 널리 알려져야 한다. 그런 까닭에 올라가되 단순한 하나의 산으로 올라갈 것이 아니라 높은 산으로 올라가라는 명령을 내린다. "높은 산에 오르라"는 문구는 강조의 위치가 되는 이 문장 초두에 나타난다. 좋은 소식을 가져다주는 시온은 자기

---

28) 우리 하나님 – 전달자는 자기 백성의 대표로서 말하고 있으며, 그러므로 '우리'라는 접미사는 하나님과 그 백성과 사이의 언약적 관계를 가리킨다.

제1장 머리말 *43*

의 유익을 위하여 이 산으로 오르라는 명령을 받는다.²⁹⁾

이어지는 문구에 대해 생각할 수 있는 세 개의 구문이 있다. 우리는 '시온에 좋은 소식을 가져다주는 것'을 말할 수도 있고, 혹은 '좋은 소식을 가져다주는 자, 시온'을 말할 수도 있고, 혹은 '좋은 소식을 가져오는 시온의 어떤 자(Zion's bringer)'로 말할 수도 있다.³⁰⁾ 첫 번째 견해는 하반절에 언급된 유다의 성읍들과 대조를 고려에 넣지 않고 있다.³¹⁾ 그것은 "아름다운 소식을 전하는 자"라는 여성형에 대한 만족한 설명을 제공하지 못한다. 이렇게 반대하는 이유는 '좋은 소식을 가져오는 시온의 어떤자'라고 한 세 번째 의견에도 합당하다.³²⁾ 아마도 대다수가 두 번째 견해를 추천하는 것 같다.³³⁾ 그렇다면 시온과 예루살렘은 주님의 오심을 선포하는 평화의 사자들과 동일시된다. 이것은 여호와의 율법이 시온으로부터 그리고 그분의 말씀이 예루살렘으로부터 나올 것이라고 하는 2:3의 사상과 일치한다. 하나님의 모든 계획

---

29) 여기에 사막으로부터 장면의 이전이 나타나 있지 않다. 이러한 사상에 대해서는 삿 9:7; 마 5:1을 참고하라. 너는(너 자신을 위하여)—유익을 나타내는 또는 심성적 여격(ethical dative: 감정을 강조하기 위하여 덧붙이는 'me' 또는 'you'-편집주)

30) מבשרת – '선포하는 자', 주로 승리 구원 등에 대해 בשר(선포하다)로부터 파생됨. 참고. 삼상 31:9; 삼하 18:19; 시 68:11. B는 εὐαγγελιζόμενος로 번역하고 있으며 신약의 εὐαγγέλιον과 비교된다. 참고. 41:27; 52:7; 60:6; 61:1. 참고. Ug. bšr 와 bšrt, 예를 들면 Driver, *CMAL*, 1956, p. 164; Gordon, *UH*, 1947, p. 220; 그리고 라기스의 문서들에 대해서는 *ANET*, p. 332.

31) 참고. KJV "오 너 시온에 좋은 소식을 가져오는 자여"(한글 개역성경도 이와 유사하게 번역하고 있다-역자주). Vulgate, *tu qui evangelizas Zion*, etc.

32) Gesenius는 이 여성형을 남성 복수를 의미하는 집합명사로 간주하고, '시온에 선포하는 선지자들'이라는 탈굼의 해석을 채택한다. Hahn은 *Verkünderin Zions*라고 번역한다.

33) 이러한 입장은 Aq, T, S, Syr.에 의하여 지지를 받는다. 이 견해에 대한 반대는 일반적으로 다음과 같다. (1) 1절과 2절에서 예루살렘을 그 선포를 받는 자로 표현하고, 3-9절은 그 명령의 수행에 관해 언급한다. 그런 까닭에 예루살렘은 여기서 그 자체가 선포하는 자가 될 수가 없다. 그러나 6-9절이 선포의 일부분이라는 것은 확실치 않다. 예루살렘은 위로를 받아야 하지만, 또한 동시에 아름다운 소식을 선포해야 하는 자기의 임무를 수행해야 한다. 사실상 전파하라는 명령은 위로의 일부분이다. (2) 예루살렘은 유다 성읍들 중 그 한 성읍에 해당하므로, 예루살렘을 유다 성읍들에게 전파하는 위치에 두는 것은 적절하지 못하다고 주장되고 있다. 그러나 1:1에서와 다른 곳에서 그러한 선언(選言)명제(논리학에서 쓰이는 명제로서 둘 또는 둘 이상의 명제가 선언의 기호로 결부된 명제-편집주)로 되어있다. 유다의 성읍들은 그들 가운데 있는 예루살렘으로부터 아름다운 소식을 받는다. 이러한 사상은 2:2-4와 같다. 거룩한 성은 참 종교의 좌소로 나타날 뿐만 아니라, 교회의 중심으로도 나타난다. (3) 미래의 구원을 선포한다는 것은 예루살렘의 임무가 아니라, 선지자의 임무로 말했다. 그 공동체는 경

(counsel)을 선포하는 것이 교회의 임무이며, 하나님께서 자기 백성에게 오실 때는 언제나 그러한 사실을 선포해야 하는 것은 시온과 예루살렘이다. 이 특별한 오심은 종말론적인 오심이다. 그것은 그분의 백성에게 구원을 가져다주심을 의미하는 오심이다. 그것은 가장 위엄스런 선포를 할 만한 가치가 있는 메시지이며, 그 선포는 교회의 손에 놓여 있다.

두 번째 명령형은 이루어져야 할 선포의 방법을 나타낸다. "높은 산에 오르라"는 명령은 "높이라"는 명령과 상관성을 갖는다. "높은"이란 형용사는 "힘써"라는 문구와 상통한다(참고, 13:2; 37:23; 58:1). 주목할 만한 이 어투는 이사야적 어투이다. 시온과 예루살렘을 한층 더 격려하기 위하여, 두 번째에는 그 대상이 언급되어 있지는 않지만 "높이라"는 명령을 반복하고 있다. 이 단어들은 하나님의 말씀이 세상에 선포되는 방식에 대한 실상을 보여주고 있다.[34] 사자(messenger)는 담대해야 한다. 그는 모든 사람이 들을 수 있도록 목소리를 높여야 한다. 교회는 이 메시지를 스스로 간직하고 있어서는 안 되고 거룩한 담대성을 가지고 유다의 성읍들에 제시해야 한다. 그는 메시지를 확신하지 못하고 진리를 추구하는 자의 자세를 취해서는 안 되며, 자기의 메시지가 참이라는 것을 분명하고 확고하고도 적극적인 음성으로 선포해야 한다. 그는 열정적이고도 투쟁적인 복음 전도자여야 한다. 망설임, 소심함, 떨림은 어울리지 않는다. 하나님의 말씀이 성취되지 않거나 그 메시지가 참되지 못하고 결과가 당황하게 될 것처럼 생각하여 두려워할 필요가 없다.

이사야는 "너희 하나님을 보라!"라는 간단한 말로 메시지의 내용을 전한다. 감탄사는 주의를 집중케 하고 메시지 자체에 주의를 기울이게 한다. 유다의 성읍들은 그들의 모든 행위를 멈추고 그들 앞에 있는 하나님을 바라보아야 한다. 죄와 전쟁의 긴 밤 후에, 어두움의 때가 백성들의 죄들로 말미암아 닥쳐온 그 후에 드디어 하나님 자

험된 구원만을 선포할 수 있을 뿐이다. 그러나 그러한 추리는 지나치게 세별된 것이다. 예루살렘이 "하나님을 보라!"라고 선포할 때, 그는 사실상 그분의 구원을 받게 될 것을 말하는 것이다. 이는 이사야가 시온과 예루살렘을 주전 8세기나 아니면 6세기의 예루살렘을 가리켜 말한 것이 아니고 메시아의 오심을 바라보는 하나님의 백성을 가리켜 말하고 있기 때문이다.

34) Alexander는 적절하게 시이저(*Bellum Gallicum* vii. 3)에게 있었던 다음과 같은 사상의 예증에 호소한다. "*Celeriter ad omnes Galliae civitates fama perfertur; nam ubi maior atque illustrior incidit res, clamore per agros regionesque significant; hunc alii deinceps excipiunt et proximis tradunt.*"

신이 자기 백성에게 다시 찾아오신다. 이 단어들 가운데 복음의 핵심이 나타나 있으니, 곧 칼빈이 개진한 바와 같이 "오직 하나님의 존전에서만 우리의 모든 행복이 존재한다"이다. 이것이 본 예언의 남은 부분의 대 주제이다. 그것은 복음 핵심이다. 만약 우리에게 하나님이 계시지 않는다면, 우리는 아무것도 가지지 못한 것이다. 그리고 우리가 만일 그분을 소유하고 있다면, 우리는 모든 것을 갖는 것이다.

40:10 본 절의 표현은 "너희 하나님을 보라!"에 대한 설명이며 그 자체가 그 메시지의 한 부분을 이루지는 않는다. 시온과 예루살렘은 유다 성읍들을 불러 그들의 하나님을 바라보도록 해야 하는데, 이는 그분께서 자기 백성에게 오시고 있기 때문이다. 두 개의 문장은 "보라!"로 이끌리며 이 부르짖는 듯한 말은 하나님께서 어떻게 오시며 우리가 어떻게 그분을 뵈어야 할지를 드러낸다. 하나님에 대한 첫 번째 칭호는 이사야가 즐겨 쓰는 것이다. 이것은 그것이 하나님을 주권주로서, 능력의 하나님으로서 그 특징을 설명해 주기 때문이다. 그분은 주, 그 백성들의 언약의 하나님 여호와이기도 하다. 전치사는 아마도 Beth essentiae로 가장 잘 이해될 것이며, 그리하여 선지자는 하나님의 오심의 성격이 능력이 주된 특징일 것임을 나타내고 있다.[35] 애굽으로부터의 구원이 반영되어 있는데, 그때 하나님께서 노예 상태에 있었던 자기 백성들을 구원하시려는 목적을 가지고 그들에게 오셨었다. 그는 다시 오시는 데 이번에도 역시 구원과 위로와 축복을 가져다주시기 위하여 오신다. 이 사역은 오직 강한 자만이 그것을 시행할 수 있는 그러한 일이다.

하나님께서는 아직 자기 백성에게 오지 않으셨으니, 이는 이사야가 미래형을 사용하여 "임하실 것이요"라고 말하고 있기 때문이다. 이 구원사역은 아직 성취되지 않았다. 방금 진술된 해석을 입증하는 구절이 "친히 그 팔로 다스릴 것이라"는 문구인데, 이 문구는 주절에 종속되어 있고 상황적 의미를 가지고 있다. 하나님께서 오실 때 상황은 "그 팔로 친히 다스리시는" 것이다. 그 '팔'은 힘과 능력의 상징이다. 그런 까닭에 이것은 하나님께서 능력으로 다스리실 것이라는 말의 또 다른

---

35) 그렇지 않다면, 이 전치사(ㄱ)는 영역 혹은 성격을 나타낼 수도 있다. 즉 "한 강한 자의 특성으로." 참고. 출 6:3; 시 39:7. 고대 역본들은 이 단어를 실사(實辭)로 취급하였으니, 예를 들면 Vulgate(라틴어 번역)는 *in fertitudine veniet*로 하였다. Vitringa(Löwth의 지지를 받음)는 '강한 자', 즉 '대적'에 대항하여로 번역한다.

표현 방식일 뿐이다.[36] 그 팔은, 그분의 오심의 길에 서 있는 무엇이든지 복종시키거나 모든 대적하는 것을 넘어뜨리면서, 하나님의 유익을 위하여 다스릴 것이다 (참고. 63:19).

선지자가 말하는 '상급'은 무엇인가? 사카르(שָׂכָר)란 단어는 일의 대가로 얻어진 보상을 가리킨다. 그리고 두 번째 단어 페울라(פְּעֻלָּה)는 일을 가리키지만, 그러나 일을 행함으로 말미암아 얻는 보상 혹은 보수를 가리키기도 한다. 이 두 단어들은 여기서 실질적으로 동의어이다.[37] 하나님이 여기서 다른 사람들에게 보상을 분배해 주는 자로 묘사되었는가, 아니면 그분 자신의 사역으로 인한 보상을 받는 자로 묘사되어 있는가? 대부분의 해석가는 첫 번째 단어를 주님의 대적들에게서 받은 형벌상의 보상을 가리키는 것으로 또 다른 단어는 의인이 주님의 손으로부터 받을 보상을 가리키는 것으로 적용한다. 즉 예를 들면 칼빈은 이 단어들이 인간의 공로로 인한 보상을 가리키지 않고 단순히 주를 부지런히 찾는 모든 자에게 보상을 주시는 하나님의 공의를 가리키는 것으로 말한다. 그러나 두 번째 견해가 훨씬 더 문맥에 잘 어울릴 수 있지 않을까?[38] 즉 보응을 응당 받아야 할 분이 곧 하나님 자신이시니, 이는 주께서 그것을 받을 만하시기 때문이다. 펜나는 전쟁 가운데서 행하신 하나님의 전능하신 행사에 대한 암시를 보는데 이는 상당히 정확한 견해로 보인다.[39]

그러나 그것이 바벨론 포로 사건에만 적용될 필요는 없고, 그보다 훨씬 더 기이한 죄의 속박으로부터의 구출에 적용될 필요가 있다. 일하는 자는 자기 일의 열매 혹은 보상으로 임금을 얻지만, 그러나 하나님께서는 원수에 대한 주님의 큰 승리와 죄와 그 결과로부터 인간 구원에 대한 보상을 받을 만하시는 분이시다. 이것이 그분의 위대한 업적이다. 그렇다면 그 상급은 주님의 구속받은 자 안에서 발견되며, 다음절에 언급된 작은 자들 안에서 발견된다. 비록 그가 강한 자로 오시지만, 그분은 자기 양

---

36) 참고. 48:14; 51:5, 9; 52:10; 53:1; 59:16; 62:8; 63:5, 12.

37) שְׂכָרוֹ – '그의 상급.' 두 단어들은 함께 '일하는 자의 보상'의 의미를 가지고 있다. 이 단어들이 보상의 의미를 가질 때, 그것은 그에 의하여 분배된 것을 가리키는 것이 아니라, 그에게 주어진 보상 혹은 임금을 가리킨다.

38) 이것은 전쟁에서 얻은 전리품을 가리키지 않고 일을 한 자에게 지불된 임금을 가리킨다 (Volz).

39) "Dio l'ottiene, nel caso presente, con un atto di forza contro l'oppressore babilonese"(Penna). 참고. BDB, p. 821. 힘의 현시로서의 팔의 개념은 고대 근동에서 잘 알려져 있었다. Muilenburg는 Amarna Tablet No. 288과 우가릿 바알 신상에 호소한다.

떼를 먹이시는 목자로서 오신다. 그의 보응이 그와 함께, 즉 그분의 면전에와 소유 가운데 있다. 우리 주님께서 자기를 양들을 위하여 목숨을 버린 선한 목자와 동일시하셨을 때 강한 자와 보상이라는 이 두 사상을 연결시키셨다. 그러므로 그분은 자신의 마땅히 받아야 할 보상, 곧 자기 팔로 모아 안으실 양을 가지고서 강한 자로 오신다.

40:11 이전에는 하나님의 얼굴이 그 백성으로부터 숨겨진 것처럼 보였고, 그들은 전쟁의 시기를 통하여 고통을 받았다. 그러나 이제 주께서는 강한 자로 오시며 자기 백성에게 한 목자가 되실 것이다. 강조가 시작하는 말인 '목자같이'에 주어져 있다. 목자가 자기 양에게 주는 모든 부드러운 돌봄과 희생을 내포한다. 주께서는 위기의 때에 도망가는 삯꾼과 같지 않다(참고. 요 10:12). 하나의 목자처럼 그분께서는 자기 백성을 먹이실 것이다.[40] 일반적으로 '먹이다'로 번역된 동사는 목양하는 모든 일을 내포하며, 아마도 "목양할 것이며"가 가장 좋은 번역일 수도 있다.[41] 자기 양을 위하여 목자가 무엇을 하여야 하든 여호와께서는 자기 소유된 백성을 위하여 일하실 것인데, 이는 주께서 선한 목자이시기 때문이다.

주께서는 양떼의 한 무리를 소유하시고 이 무리를 향하여 목자의 직무를 행사하신다. 이 무리는 양으로 구성되어 있으니, 즉 부드럽고 겸손하며 양같은 성격을 소유한 자들이다. 신약적 언어로 우리는 이 양무리가 주님의 선민, 즉 만세 전에 주께서 구원하시려고 선택하시고, 시간을 따라 그들의 영혼들의 구원과 그들의 생활 전체를 통하여 지속적으로 그들을 양육하시고 돌보시는 가운데서 나타난 목자의 부드러운 은혜를 받은 자라고 말할 수 있다. 하나님을 떠난 세상이 힘과 능력을 중시하지만, 그들은 그렇게 강하거나 능력이 있지 못하다. 그러나 목자가 없는 그들은 멸망할 것이다.

---

40) 다른 가능한 해석은 다음과 같다. '한 목자처럼 그의 양을 그가 목양할 것이다'(Stier); '그의 양을 치는 한 목자처럼'(Hahn).

41) 참고. 창 33:13. 고대 세계에서 목자는 중요한 역할을 하였다. Susa에 있는 엘람인의 신 Shushinak의 신전에서 발굴자들이, 오른 팔로 양을 보호하려는 듯이 팔을 앞으로 뻗고 자기 왼팔에 한 양을 끌어안고 있는 한 사람의 동상을 발견하였다. *ANET*, 443b를 주시하라. 사실 목자의 역할은 너무나 고상하며 하나님은 자신을 자기 백성의 목자로 나타내신다. 목자의 개념은 우리를 충성의 영역으로 이끌어 간다. 자기 자신에 대한 함무라비의 *ri-ia-um*(목자)라는 호칭과 산헤립의 *ri-e-um it-pe-šu*(현명한 목자)라는 호칭을 참고하라. 이러한 실례들은 쉽게 찾을 수 있었다.

본 절의 남은 부분은 그 목자가 어떻게 자기 양을 돌보느냐를 가리키는 역할을 한다. 자기 팔로 그들을 안으심으로써 그분께서는 그들을 모으신다.[42] 10절에서 이미 그분의 다스리시는 팔에 대한 언급이 있었다. 이 '팔'은 그의 능력과 힘의 상징이며, 모으시는 양을 보호하고 돌보시기에 충분히 강하다. 그들이 목자의 팔에 있을 때, 그 어떤 것도 헤치지 못하며 그분으로부터 그들을 떼어놓기 위하여 가까이 접근할 수 없다.[43] 그가 모으는 자를 어린양들, 곧 갓 태어난 어린양들로 묘사하고 있다.[44] 그들은 공격에 대해 스스로를 방어할 수 없는 그리고 목자의 지속적인 보호를 필요로 하는, 양무리 가운데서 가장 약한 구성원이다. 주께서는 자기의 팔로 그들을 모으시고 그의 품안에 안으셔서 그들로 하여금 그분의 팔 안에서 그 품에 기대게 하실 것이다. 그러므로 그들은 제 갈길로 걸어가거나 넘어지거나 곁길로 나아가지 않을 것이다.

젖먹이는 어린양들, 곧 젖먹이는 암양들에 대해서는 목자는 이들을 몰아가지 않으시고 이끌어 가실 것이다.[45] 이 암컷들은 특별한 보호가 필요하다. 그들은 강압적으로 몰아갈 수 없고, 그래서 목자는 그들을 부드럽게 인도한다. 이제까지 하나님의 백성은 그들의 죄로 인하여 주님의 손으로부터 배나 받았었다. 이제는 그들이 주께서 자기들에게 부드러운 목자이심을 발견한다. 그러므로 결론부에 가면 서문에서 시작한 위로의 사상으로 되돌아간다.

---

42) 전치사는 수단을 나타낸다. 즉 '그의 팔 안에'가 아니다.
43) 구두점을 따라 본문은 '그의 팔로 그는 어린양들을 모으시고, 그리고 그의 품안에 (그들을) 들어올리실 것이다'로 읽어야 한다. *BH*는 다음과 같이 제안한다. '그의 품안에 있는 양들을 그는 올리실 것이다.' 그러나 본문에 나타나 있는 그대로 매우 강한 교차 배열을 제공한다: '그의 양무리를 그가 먹이실 것이다—그가 모을 것이다 그 어린양들을'이다. 또한 *BH*의 제안은 접속사의 제거를 요구한다.
44) טלאים – 어린양들. 이 단어로부터 탈리야(소년)와 탈리타(소녀)란 칭호가 나왔다. 참고. 막 5:41.
45) 젖먹이는 자들 – 여성 분사 복수. 참고. 창 33:13; 시 78:71.

제 2장

예루살렘의 전쟁이 끝나다 (40:12-48:22)

12절, 누가 손바닥으로 바닷물을 헤아렸으며 뼘으로 하늘을 재었으며 땅의 티끌을 되에 담아 보았으며 명칭으로 산들을, 간칭으로 작은 산들을 달아 보았으랴
13절, 누가 여호와의 신을 지도하였으며 그의 모사가 되어 그를 가르쳤으랴
14절, 그가 누구로 더불어 의논하셨으며 누가 그를 교훈하였으며 그에게 공평의 도로 가르쳤으며 지식을 가르쳤으며 통달의 도를 보여 주었느뇨
15절, 보라 그에게는 열방은 통의 한 방울 물 같고 저울의 적은 티끌 같으며 섬들은 떠 오르는 먼지 같으니
16절, 레바논 짐승들은 번제 소용에도 부족하겠고 그 삼림은 그 화목 소용에도 부족할 것이라

40:12 서문(3-11절)에서 그리고 특별히 3-5절에서 이사야는 자기 책 가운데 이 부분의 메시지의 첫 부분을 위하여 준비했었다. 그는 자기 백성에게 죄가 지워 주었던 영적 노예 상태로부터 구속하실 수 있으신 유일하신 하늘과 땅의 하나님 여호와, 곧 이스라엘의 하나님의 무쌍하고도 기이한 능력을 보여 주기를 원한다. 첫 번째 단락인 40:12-48:22에서 이스라엘의 회심과 이스라엘의 곤궁의 시기를 끝나게 하신 하나님의 영광의 계시를 다룬다. 이 단락의 어투는 독특하고 아름답다. 메이첸(J. Gresham Machen)은 본 장에 대한 흠정역(King James)에 대하여 다음과 같이 기록하고 있다,

가장 단순한 방법들이 효과를 나타내는 데 사용되었다. 일반적이고도 친근한 영어를 사용하였다. 그리고 가장 장엄한 문장을 한 음절의 단어들로 기록하였다. 3세기가 경과된 후에도 본 장의 언어에 이상하거나 혹은 고풍의 것이 없다. 그 단어들은 1611년에서처럼 20세기의 오늘날의 일반적인 영어의 말투를 이루고 있다. 그러나 사용된 자료들이 단순할지라도, 전체의 효과는 탁월하다. 본 장 가운데, 결코 운율 속으로 퇴보하지 않는 하나의 리듬, 영혼을 드높이는 장엄함을 가진 단순성의 배합이 들어 있다. 놀라워하는 독자는 다음과 같이 말할 것이다. '산문 스타일에 있어서 언제든 이것들보다 더 큰 극치에 도달한다는 것은 거의 불가능하다.'[46]

40:12 선지자가 선포한 오시는 하나님은 어떤 하나님이신가? 이에 대답함에 있어서, 즉시 이 하나님이 능하신 창조주이심을 드러내는 여러 질문들이 뒤따라 나온다. 이 어투는 창조의 광대성과 위엄을 반영하며 신중하게 이루신 창조사역을 나타낸다. 예를 들면 '능한 물들이 헤아려졌다, 그러나 누가 그러한 일을 하기에 능한 자인가'[47]와 같은 구절들이다. 이사야가 "누가 헤아렸으며…"라고 물었을 때, 그는 아무도 측량할 수 없었다는 사실을 의미하지 않고, 단지 이스라엘의 하나님 여호와 이외에 누구도 그 물을 헤아릴 수 없었다는 사실을 보이기 위하여 그러한 웅변적인 질문을 한 것이다.[48] 본 절 가운데 있는 '누가'와 '누구에게'에 대한 강조는 이어지는 장들 안에 있는 '그는 나이니라'에 대한 강조를 하기 위하여 준비하고 있다.

---

46) *God Transcendent*, Grands Rapids, 1949, p. 17.
47) 12-14절에서의 완료형의 사용이 주시되어야 할 것이다. 어떤 주석가들은 이 완료형들이 불가능한 것들이 실재하지 않음을 지칭하는 역할을 한다고 믿으며(참고. 65:1, 2; Joun, *Grammatica*, 112 J) 그 의미를 '누가 할 수 있었겠는가?' 등으로 나타낸다. 그러나 이 완료형의 정상적인 의미를 유지하는 것이 더 낫다(참고. 욥 28:15이하; 38:4이하; 잠 30:4). 현재형으로 번역하는 것은 부정확하다(Budde). 참고. W. H. Green, *A Grammar of the Hebrew Language*, New York, 1892, §266: 1a.
48) 나는 해석학적 문제에 대한 통상적인 공식화, 즉 '헤아린다'는 동사의 주어가 인간이냐 하나님이냐는 문제에 동의할 수 없는데, 이는 잘못된 구분을 획일화하기 때문이다. 그 질문이, 아무도 못한다거나 아니면 하나님도 하지 못한다는 대답을 기대하는지 그렇지 않은지를 묻는 것이 더 낫다. 그 뜻은 단순히, '누가 헤아렸느냐?'는 것이며, 그 대답은 '아무도 못했고 오직 하나님만이 하셨다'는 뜻이다. 이 의문 대명사는 오직 하나님만이 헤아리셨다는 사실을 보여 주기 위한 배타적인 것이다. 동시에 하나님이 문맥 가운데 들어 있지 않다. 반면에 1-12절은 종말론적 구원, 즉 여호와의 날의 배경을 강조하였었던 반면에 본 문맥은 창조로 되돌아

이사야는 일반적으로 바다 물을 지칭하기 위하여 물(waters)이란 용어를 사용한다.[49] 누가 빈 손바닥으로 또는 손 한 움큼으로 물을 헤아렸는가?[50] 함께 취급된 두 단어들은 두드러진 대조를 이룬다(사람의 손과 바다의 물). 분명히 사람이 손으로 바다의 물을 잰다는 것은 불가능하다.

표현을 생동감 있게 하기 위하여 선지자는 스스로 교차 대구법적으로 표현한다. 선지자는 지구의 한 부분인 물을 언급한 다음에 이제 하늘, 즉 공중으로 시선을 돌린다. 누가 자기 손을 취하여, 그리고 한 뼘 되는 손을 사용하여 하늘을 재었는가?[51] 질문 자체는 다시금 인간이 그러한 일을 하기 불가능하다는 것을 드러낸다.

세 번째 질문은 같은 사실을 지적한다. 누가 땅의 티끌을 되에 담아 혹은 쥐어 재어 보았는가?[52] 그 되의 양은 3분의 1을 의미하는 한 살리쉬(שָׁלִשׁ)이다.[53] 그러한 양은 셀 수 없는 티끌들을 충분히 재기에 충분하지 못하다. 또한 그 누구도 명칭(저울balance)으로 산들을, 간칭(scale)으로 작은 산들을 달아보지 못하였다. 인간은 이 우주를 측량할 수 없다. 그러나 하나님은 그렇지 않다. 이러한 질문의 물음들 자체가 한편으로는 인간이 피조물이라는 사실로 인하여 인간의 무능을 지적한다. 동시에, 비록 하나님의 칭호가 언급되어 있지는 않지만 같은 근거에 의하여 그것들 역시, 세상을 창조하시면서 바다와 하늘과 땅의 흙을 그것들 본래의 위치에 두셨던 이스라엘의 하나님의 전능성을 강조하고 있다. "누가 그 도량을 정하였었는지, 누가 그 준승을 그 위에 띄웠었는지 네가 아느냐?" (욥 38:5) 이러한 것들을 생각할 때,

―――――――――

간다. 그것이 창조의 역사적 사실에 근거되어 있지 않다면, 참된 구원은 없다.

49) 물 ― 이 단어는 무관사이다. Marduk 예배식 가운데서 Marduk은 물을 헤아리는 자로 묘사되어 있다. 참고. Stummer, *op. cit.*, pp. 173-176.

50) שָׁעֳלוֹ (소올로) ― 빈 손바닥, 손 한 움큼(왕상 20:10; 겔 13:19).

51) 뼘 ― 즉 펼쳐진 손의 엄지손가락과 새끼손가락의 끝 사이의 거리. 참고. 애굽어 *dr't*, 손. 히브리어에서 이 단어는 치수로서 사용된 한 뼘을 가리킨다. Lambdin은 고 왕국의 애굽어에서는 절대형이 *ğărăt*였고, 이것이 북서쪽의 셈족에 의하여 *ğărtŭ* > *zeret*로 차용되었음에 틀림없다.

52) וְכָל ― 그리고 이해하였다. 여기에서만 칼형으로 되어 있다. 참고. 왕상 8:27. 어근은 כול이다.

53) 1갈론의 4분의 1 쿼트와 비교하라. 어떤 사람은 이 용어가 한 에바의 3분의 1인 스아로 사용되었다고 생각하였다(5:10). 바벨론인들은 가끔 3분의 1 단위로 계산하였다. 참고. *ILCH*, p. 97, Note 83.

자기 백성을 방문하러 영광 중에 오실 영원하신 하나님의 크심과 장엄함을 마음속에 떠올리게 된다.

40:13 창조된 우주에 대한 관망이 하나님의 전능성을 강조하였던 바와 같이 역사에 대한 일견은 주님의 전지성을 의식하게 한다. 첫 번째 동사 티켄(הִכֵּן)은 앞 절에 있는 것과 같은 의미를 가지고 있으며, 어떤 것을 재거나 혹은 측정하는 것을 가리킨다. 하나님만이 그 뼘으로 물을 재셨다. 그러나 그분 자신은 측량할 수 없다. 피조물을 측량하신 하나님이 피조물에 의하여 측량될 수 없다. 여호와의 신은 창조 때에 물위에 운행하셨던 지혜의 신이오 지식의 신이다(참고. 사 34:16; 창 1:2; 욥 33:4, 등). 혼돈으로부터 질서를 갖게 하시고 생명을 내시고 살아나게 하신 분이 이 신이시다.54) 어떤 사람도 하나님을 측량해서 하나님을 통제하거나 조정하여 한계를 지을 수 없다.

본 절의 하반절은 상반절과 교차적인 관계에 있다. 그래서 목적어가 앞에 와서 강조되어 있으며 동사와 접미사가 본 절의 하반절을 끝맺음하고 있다. 이 문장은 다음과 같이 해석될 수도 있을 것이다. "그리고 그분의 모사로서 인간이 그분을 가르쳐 알게 하겠느냐?" 그렇다면 그 뜻은 아무도 하나님으로 하여금 하나님이 마땅히 알아야 할 것들을 가르치거나 그분의 모사로 행동할 수 없다는 것이다. 이 구문 가운데서 본 절의 하반절은 실질적으로 첫 번째 의문 대명사에 의하여 이끌린 질문을 계속해 나가고 있다. 이러한 해석에 대한 반대가 제기되어 왔으나 그것들은 타당하지 않다.55) 고대에는 왕에게 조언하는 것이 시민들의 의무였다. 그래서 에살핫돈은 그의 언약 조항에서 그 언약이 부과된 시민들에게 다음과 같이 명령한다. "너희는 마음으로부터 너희가 그와 말하고 너희 충심으로부터 그에게 충고를 할 것이라고 맹세하라."56) 하나님의 모사가 되는 사람은 하나님에게 조언을 하는 사람이다. 그분은 전지하신 분이시므로 아무도 주님에게 필요한 일을 알도록 하기 위하여 하나님의 모사로서 역할을 할 수 없다.57)

---

54) Volz는 רוּחַ(루아흐)가 야웨의 전 포괄적 영적 본질을 나타낸다고 믿는다. 어떤 주석가들은 여기서 동사(הִכֵּן, 티켄)에 '지시하다, 규제하다'의 의미를 부여하였다.

55) Hahn은 "그리고 그분의 모사 중 한 사람이 그분에게 알게 하겠느냐?"라고 해석한다. Hahn은 여기서 채용된 구문이 *unstatthaft*(부적당한 것)라고 선언한다.

56) 참고. Wiseman, *op. cit.*, 51b-53행.

57) 참고. 롬 11:34; 고전 2:16.

제2장 예루살렘의 전쟁이 끝나다 53

40:14 이사야는 이제 앞의 두 절에 표현된 근본적인 사상들을 함께 묶는다. 그래서 14절 상반절은 13절을 요약하고 14절 하반절은 12절을 요약한다. 의문사가 목적어로 앞에 위치해 있고, 앞의 의문사들처럼 부정적 대답을 기대한다. "누구로 더불어"는 인간들을 가리키며, 그래서 그 대답은 "그 분은 어떤 사람과도 의논하지 않으셨다"이다.[58] 동사는 재귀형이므로 "그가 누구와 의논하였느냐?"이고 13절의 "누가 그의 모사가 되어"를 상기시켜 준다(참고. 45:21). 그의 모사가 기이하므로 (9:6), 그분에게는 논의할 다른 자가 필요치 않다. 두 번째 동사는 주님이 분별 있게 행동하도록 "그리고 그가 그를(하나님을) 교훈한다"로 번역될 수도 있다.[59] 첫 행의 두 번째 절은 난해하지만, 그러나 아마도 그 전체를 "그리고 정의의 길을(그가 갈 수 있도록) 그를 가르치다"로 번역할 수도 있다.

본 절의 하반절을 이끌기 위하여 동사가 반복되었다. 즉 "누가 그에게 지식을 가르쳤느냐?" 공평(judgment)이 우주의 창조와 조성의 기이한 배열 가운데 있는 하나님의 계획의 계시인 것처럼, 지식은 특별히 창조와 관련된 것이다. 피조된 우주 가운데 하나님의 지혜와 판단이 나타난다. 창조는 지식을 필요로 하였으나, 아무도 하나님에게 이 지식을 가르치지 않았으니, 이는 그 어떤 피조물도 그러한 지식을 소유한 자가 없기 때문이다.

마지막으로 이 사상을 창조가 드러내는 통달의 도에 주의를 상기시킴으로써 강화한다.[60] 어떤 사람도 하나님으로 하여금 이를 알게 하는 자가 없으니, 이는 그것이 주님에게만 속하는 비밀이기 때문이다. 창조는 창조주로서 하나님이 소유하시는 만물들의 성질에 대한 참된 통찰력을 드러낸다. 욥기 28장 1절 이하는 이러한 사상에 대한 하나의 주석이다. "여호와께서는 지혜로 땅을 세우셨으며 명철로 하늘을 굳게 펴셨고"(잠 3:19). 몇 개의 수사 의문을 통하여 여호와를 하늘과 땅의 전지전능하신 창조주로 높인 이사야의 독특한 방식을 기쁨을 가지지 않고는 읽을 수 없다. 그러나 이러한 의미심장한 사상들은 선지자의 마음속에서 기원되지 않았다.

---

58) 14절에서 주어가 언급되어 있지 않은 점을 주시하라. 그렇지만 앞 절에 있는 속격인 '여호와의'에 암시되어 있다.
59) 미완료형을 가진 와우연속법은 결과를 나타낸다. '하나님이 누구와 의논하여, 그(인간)가 그(하나님)로 하여금 이해하도록 하였는가?' 이어지는 동사들은 결과를 나타내는 것으로 이해되어야 한다.
60) 통달 – 추상명사의 복수형은 사상(예리한 혹은 심한 통달)을 강화시키는 역할을 한다.

하나님의 계시를 떠나서 도움이 없이는 그 어느 죄악된 인간도, 심지어 이사야까지도 그러한 뛰어난 신앙에 도달할 수가 없었다. 당대의 가장 예리한 지식인들인 고대 그리이스의 대 사상가들 중 어느 누구도 이러한 높은 경지에 도달하지 못했었다. 그렇다면 선지자는 이 진리들을 어디서 배웠는가? 그는 하나님의 가르치심을 받았던 것이다. 즉 이것들은 계시로 말미암은 진리들이다. "주 외에는 자기를 앙망하는 자를 위하여 이런 일을 행한 신을 예로부터 들은 자도 없고 귀로 깨달은 자도 없고 눈으로 본 자도 없었나이다"(사 64:4).

40:15 하나님은 만물의 창조주이시요 그런 까닭에 그것들에게 의존하지 않으신다. 그분은 인간의 조언이 필요 없으시며, 나라들 자체부터도 독립하여 계신다. 이러한 사상을 도입하기 위하여 선지자는 "보라!"는 감탄사를 사용하고 있으며, 그렇게 하여 자기 메시지의 중심부로 눈길을 돌린다. 시선을 직접적으로 열국에게 집중시킨다. 그 단어들은 무관사로서 이렇게 표현한 이유는 이 땅의 열국이 그분 앞에서 통의 한 물방울에 지나지 않기 때문이라기 보다는 개인과 대조되는 열국들까지도 없는 것과 같이 보이기 때문이다. 그러므로 하나님의 모사가 아무도 없었다는 사실을 명시한 다음에, 선지자는 인간 역사 가운데서 자기의 뜻대로 행동할 수 있는 것으로 보이는 열국까지도 실제로는 하나님의 눈에 아무것도 아니라고 지적하고 있다.

본 절의 상반절에는 한 개의 동사만 있을 뿐이며 그런 까닭에 본 절을 "열국은 통의 한 물방울로 그리고 저울의 한 티끌로 간주된다"로 번역해야 한다. 두 개의 삽입 비교절을 통하여 주어를 동사로부터 분리시킴으로써 저자는 강한 수사적 효과를 강화시키고 있다. 더 나아가서 이러한 말들의 배열을 통해 또한 열국이라는 주어를 비교하는 목적어들과 보다 가깝게 해 준다. '방울'이라고 번역한 단어는 한 번밖에 나오지 않은 단어다. 그러나 문맥과 구절은 이 번역을 지지한다. 물통의 한 물방울, 이것은 열국에 대한 하나님의 평가이다. 그는 더 이상 개인의 조언과 마찬가지로 그들의 조언을 필요로 하지 않으신다.

하나의 자그마한 해석학적 문제를 주시해야 한다. 물방울이 통과 맺고 있는 관계는 무엇인가? 열국은 통에서 떨어진 한 방울의 물에 지나지 않을 정도로 무의미한가?[61] 아마도 적극적으로 이 질문을 해결하기는 가능하지 않을 것 같고, 중요하지도

---

61) 방울 — 이 표상을 한 통에 매달려 있는 방울로 믿는 사람들은 아랍어 *marra*, "넘치다,

않다. 선지자는 통과 비교되는 단순한 물방울을 강조하고 있다. 통에 가득한 물은 무시할 수 없지만, 한 방울은 미소한 것이다. 하나님의 눈에는 열국이 그렇게 보인다.

두 번째 비교는 앞에서와 같이 특징적이고 강조적인 표현으로서 "저울의 적은 티끌"이다. 가장 작은 무게에도 저울은 움직일 것이지만, 그것들 위에 묻어 있는 미세한 티끌은 영향을 주지 못한다. 이사야는 하나님께서 열국에게 무관심하다고 선언하고 있지 않다. 성경의 전체는 은혜롭게도 그 반대임을 증거한다. 그리고 열국의 개개인은 그들을 위하여 죽기까지 자기 아들을 보내신 그분에 의하여 너무나 사랑을 받아 왔다. 이사야가 의미하는 바는 하나님과 비교하여 열국은 보잘 것이 없다는 것이다. 그분은 그들을 필요로 하지 않으시니, 이는 주께서 그들의 창조자이시기 때문이다.

세 번째 비교를 도입하기 위하여 선지자는 또다시 "보라!"는 단어를 사용하고 그리하여 다음에 나타나는 표현의 중대성에 주의를 상기시킨다. 열국이 그분앞에 보잘 것 없는데 섬들도 그러하다. 또다시 '섬들'이란 주어가 무관사이다. 이는 지중해 섬들을 가리키지만 그러나 특별히 그 해안지대들을 가리킨다. 본서의 후반부에서 이사야는 자주 팔레스틴으로부터 멀리 떨어진 지역들을 지칭하기 위하여 이 단어를 사용한다(41:1, 5; 42:4, 10, 12; 49:1; 60:9; 66:19). 팔레스틴에 거주하고 있는 사람에게는 그것이 적절한 단어지만, 저자가 메소보다미아에 있었다면 별로 적절하지 않은 단어였을 것이다.

무엇이 섬들과 비교 될 수 있는가? 선지자는 어떤 물체의 작음을 가리키는 단어, 즉 곧 티끌의 극히 작은 부분 혹은 지극히 세미한 모래알을 가리키는 단어를 사용하고 있다. 그것은 다크(דק)라는 단어인데, 어떤 주석가들은 티끌(atom)으로 번역한다.

비록 미완료형이 사용되었을지라도 본문은 하나님이 하시는 일이 아닌, 주께서 하실 수 있는 일을 묘사한다. 그분께서는 실제로 섬들을 들어올리지 않으시지만, 다만 주께서 그렇게 하시기를 원하신다면, 주님에게는 하나의 티끌(atom)을 들어 올리

지나가다'와 *mamarrum*, "물줄기", 그리고 전치사 *min*, "…로부터"에 호소하여, "통에 있는 많은 방울들로부터 떨어져 나온 한 방울처럼"으로 번역한다(Feldmann). König는 이 표현이 Klopstock의 시, *Die Frühlingsfeier*에서 사용된 사실을 지적한다.

시는 것은 전혀 어렵지 않을 것이다.[62] 인간에게 크고, 위엄 있고, 장엄하게 나타나는 섬들이 하나님에게는 아무것도 아니다.

40:16 모든 창조물에 대한 하나님의 절대적인 우위성을 진술하고 나서 선지자는 이제 종교적 의미에서도 주님은 인간을 의존하지 않으신다고 지적한다. 이 일이 예증, 즉 레바논에 대한 언급을 통하여 이루어지고 있다. 만일 그 삼림으로 유명한 레바논이 하나님에게 드리는 제사에 충분하지 못하다면, 사실 그 어느 것도 충분하지 못하다. 엘렉산더는 말한다. "여기서 사용된 표상(imagery)은 움브라이트(Umbrieit)에 의하여 장엄한 것으로 바르게 표현되어 있다. '성전인 창조', '제단인 레바논', '위엄찬 숲은 장작더미', '희생제물인 셀 수 없는 짐승들.'"

그것을 가장 먼저 언급함으로써 이사야는 레바논에 대한 강조를 하고 있다. 동시에 '그리고'라는 접속사는, 비록 앞 절의 내용과 연결시켜 주는 단어이기는 하지만, 특별한 주목을 이끌어 내고 있는데 이는 마치 선지자가 "그리고 심지어 레바논까지도"라고 말하고 있는 듯하다. 본래의 정확한 의미를 드러내기 위하여 우리는 다음과 같이 번역할 수도 있다. "그리고 심지어 레바논―거기에도 번제를 위하여 충분한 것이 없다."[63] 아마도 드려진 물질의 분량뿐 아니라 그 질에 대한 것도 반영되어 있는 것 같은데, 이는 레바논의 백향목이 아주 값 비쌌기 때문이다. 사실이 그러하듯 나무들로 가득 찬 레바논의 모든 것이 주님에게 드리는 제사의 불이 계속 타오르게 하기에 충분치 못하다.

문장의 앞에 놓인 평행구는 "그리고 그 짐승들"이다. 그리하여 이 두 개념이 한편으로는 "레바논"을, 그리고 다른 한편으로는 "그 짐승들"을 강조하였다. 레바논의 산악지대의 숲은 떠돌아다니는 야생 동물로 가득하였다. 그러나 이 모든 것이 희생 제물을 충당하지 못하였을 것이다. 왜냐하면 충분하지 않았기 때문이었다. 이스라엘의 하나님 야웨께서는 인간 위에 너무나 높이 계시고 초월하여 계시기 때문에 인간이 그분에 대한 희생 제물이나 혹은 드릴 만한 가치를 그분에게 전혀 제공할 수

---

62) 그가 들어 올리다 ― 참고. Syr. *nᵉtal*. 랍비 요나를 뒤따라, Knobel은 נטל (툴)로부터 형태를 끌어내어 '그가 배격한다'고 번역한다. Hahn도 그렇게 한다. 그러나 Maurer는 그 단어를 נטל보다는 נטל (나탈)로부터 끌어냄에 있어서 옳다.

63) ד는 연계형이다. 직역하면, '태움의 충분성'(피엘 동명사) 그리고 '번제의 충분성.' 그러나 연계형에 있는 이접사 **티프하**()를 주목하라.

없다. '짐승들'이란 명사는 히브리어에서 집합적이며 보통 제사에 적합한 모든 짐승을 포함한다. 번제로 번역한 문구에 대해서는 그것의 어근의 개념을 '올라가는 것'으로 추측한다. 이것이 연기의 올라감을 가리키는지 아니면 짐승이 제단에 올라감을 가리키는지는 말하기가 불가능하다. 그 뜻은 레바논의 모든 짐승들이 여호와께 하나의 제사를 이루기에는 충분하지 않다는 것이다.

17절, 그 앞에는 모든 열방이 아무것도 아니라 그는 그들을 없는 것같이, 빈 것같이 여기시느니라
18절, 그런즉 너희가 하나님을 누구와 같다 하겠으며 무슨 형상에 비기겠느냐
19절, 우상은 장인이 부어 만들었고 장색이 금으로 입혔고 또 위하여 은 사슬을 만든 것이니라
20절, 궁핍하여 이런 것을 드리지 못하는 자는 썩지 않는 나무를 택하고 공교한 장인을 구하여 우상을 만들어서 흔들리지 않도록 세우느니라
21절, 너희가 알지 못하였느냐 너희가 듣지 못하였느냐 태초부터 너희에게 전하지 아니하였느냐 땅의 기초가 창조될 때부터 너희가 깨닫지 못하였느냐

40:17 선지자는 또다시 15절의 사상을 취급하지만 이제 그것을 보다 강화하고 강렬하게 표현한다. 이제 그는 단순히 열국들에게 말하지 않고 모든 열국에게 대해 말하는데, 실질적으로 그것들의 존재를 부정한다. 우리는 연결동사인 '이다'(are)가 상반절 뿐 아니라 하반절에도 영향을 미치는 것을 이해하여 "모든 열방은 그 앞에서 아무것도 아니다(are)"고 이해해야 할 것이다. 이 사상은 15절의 그것과 본질적으로 다르지 않지만, 그러나 그것을 그 구절에서 이미 통의 한 물방울과의 비교를 통해서 회화적으로 표현했었다. 선지자는 "그 앞에서"란 문구를 통하여 하나님의 계산 가운데서 열방이 아무것도 아니라고 주장하고 있는 것이 아니다. 왜냐하면 그것이 눈에 보이는 열방에 대한 하나님의 평가가 아니기 때문이다. 그보다 '앞에서'란 전치사는 비교 목적으로 누구 앞에 제시하는 것을 암시한다. 하나님과 비교할 때 열방은 아무것도 아닌 것과 같다. 이러한 선언의 근거를 본 절에 진술하고 있지 않고 다음에 제시할 것이다. 하나님은 모든 것을 존재하게 하신 창조주이시다. 그는 무한하시며, 반면에 피조물은 유한하다. 피조물은 그분을 절대로 이해할 수 없으며 그분 앞에서 언제나 놀라움으로 머리를 숙일 뿐이다.

'아무것도 아니다'는 영어 번역은 사실 '없다'(there is not)라고 번역할 수 있는

아인(אין)이란 히브리어 단어의 어세를 드러내지 못하고 있다. 아마도 우리는 그 사상을 '존재하지 않은 것처럼'으로 번역함으로써 그 의미를 분명히 드러낼 수 있을 것이다. 하나님과 비교하여 모든 열방은 존재하지 않는다.

17절 하반절은 17절 상반절의 사상을 강화하지만 동시에 세부 사항들에 있어서 그리 단순하지 않다. 히브리 본문은 없는 '것으로부터'란 전치사를 가지고 있다. 이것은 난점을 없애 버리는 초창기의 독법인 '없는 것같이'라고 읽고 있는 대 쿰란 사본에 의하여 간소화되어 있다. 만일 '…으로부터'란 전치사를 유지한다면—그리고 그것이 유지되지 않을 진정한 타당성이 있는가?—그것을 어떻게 해석해야 하는가? 이 불변화사는 부분을 표시하는 말(Partitive), 즉 열국들이 전혀 아무것도 아니라는 의미에서 '없는 것의 일부분'으로 이해될 수 있을 것으로 보인다. 그렇지 않다면, '없는 것으로부터', 즉 무로부터 기원되거나 혹은 산출된, 기원을 지칭하는 말로 취급될 수도 있다.[64] 확실하게 결정하기는 어려우나, 아마도 이 뜻을 열방이 없는 것의 일부분으로 간주해야 한다는 것이고, 그 일부분은 항상 전체보다 못한만큼, 열국은 '전혀 없는 것'보다 못하다는 것이다.

없는 것이란 단어는 단순히 어떤 것이 그치는 끝, 즉 비존재를 의미한다. 그 다음 단어 토후(תהו)는 창세기 1:2에서 하나님께서 우주를 조성하고 모양을 지으시는 사역을 시작하기 이전에 존재했던 황폐하고 거할 수 없는 지구의 상태를 지칭하기 위하여 나타난다. 이것은 그 땅이 잘 정돈된 세계와 정반대인 황폐된 상태였다. 열방들은 하나님에 대하여 이와 같다. 우리는 마지막 문장을 비인칭적으로 혹은 수동형으로 취급할 수도 있을 것이다. "그분과 비교해서는 그들은 …로 여겨진다" 혹은 "그분과 비교해서 사람들은 … 여긴다."

40:18 이사야는 모든 비유로 하나님께서 참되신 하나님이시고 그분 외에는 다른 이가 없다는 피할 수 없는 결론으로 이끌어 왔다. 그와 비교될 자는 없으니, 이는 그분이 창조주요 그 외의 모든 것은 그분의 손이 지으신 피조물이기 때문이다.

---

64) Gesenius는 '-으로부터'를 아랍어 소멸격 조사 *min* 즉 '무'처럼 해석한다. Hahn은 없는 것보다 못하다는 개념은 불가능하다고 반대하고, *min*이 분리 혹은 기원을 나타냄에 틀림없다고 생각한다. 비교의 개념이 거부될 필요가 없으니, 이는 그 어투가 시적이고 수학적인 것이 아니기 때문이다.

이러한 진리를 드러내기 위하여 선지자는 하나의 질문을 한다. 그것은 질문이 단순한 진술적 문장보다 진리의 진술에서 더 강력하기 때문이다.

하나의 접속사가 그 질문을 시작하고 동시에 앞의 내용과 연결을 시킨다. 그 충분한 의미를 드러내기 위하여 우리는 "그래서"(and so) 혹은 "그러므로"(and therefore)로 바꾸어 쓸 수 있다. 왜냐하면 그 질문이 앞의 내용에 대한 자연적인 결론으로 뒤따라오기 때문이다.[65] 그것은 특별히 이스라엘 족속들에게 던진 질문이 아니라 모든 인간에게 던진 질문이다. 의심할 여지없이 이스라엘 족속들과 관련성을 가지고 있지만, 그러나 그들에게만 한정시킨다는 것은 그 의미를 제한시키는 것으로 보인다. 부정적 대답을 요구한다. 하나님께서는 어느 누구와도 비교될 수 없다는 것이다. 그 비교는 단순히 말 못하는 우상과 관계가 있는 것이 아니라, 하나님이 아닌 모든 것과 관계가 있다. 하나님 이외에 그분과 비교될 수 있는 어떤 존재가 있는가? 그 대답은 "없다"이다. 동시에 그 문제가 "누구에게"이며 "너희가 하나님을 무엇과 비교할 것이냐"가 아니라는 것을 유념해야 한다. 아마도 그 뜻은 하나님과 비교될 수 있는 그 어떤 인격적 피조물도 없다는 것이다. 이전에 아무리 강하고 위대한 인간도 하나님과 비교될 수 없다. 만일 그분 앞에서 모든 열방이 통의 물 한 방울에 지나지 않는다면, 그분께서 어떻게 단순한 인간과 비교될 수 있겠는가? 이사야가 언제나 피조물과 구별되는 하나님을 지칭하는 엘(אֵל, 하나님)이란 호칭을 사용한 것은 의미심장하다.

이사야의 질문은 우리를 진정한 유신론의 핵심으로 이끈다. 살아 계시고 영원하신 하나님(엘)과 어떤 인간 사이에 그 어떠한 비교도 할 수 없으니, 이는 인간이 피조물에 지나지 않기 때문이다. 인간은 제한적이고, 유한하며, 일시적이다. 하나님은 무한하고 영원하며 그분의 모든 속성과 완전성에 있어서 불변하시다. 우리의 무한자 하나님에 관한 생각 가운데서, 하나님과 인간 사이의 거리감은 언제나 마음 속에 간직해야 한다. 이러한 거리감을 무너뜨린다는 것은 우상숭배의 죄에 빠지는 것이다.

이사야는 이제 우상들에 대한 비난을 시작하고 있으니, 이는 하나님을 우상에 비

---

65) 그러나 Gesemius는 이 접속사를 통상적인 의미, '그리고'로 취급하여, 논조가 단순하게 지속되고 있는 것으로 주장한다. Dillmann은 그것을 강력한 접속사인 아랍어 *fa*와 바르게 비교한다.

교하는 일이 신성모독이기 때문이다. 평행 질문도 같은 사상을 유도한다. "그리고 너희가 무슨 형상에다 그분을 비교하겠느냐?" 동사는 진열하다 또는 순서대로 배열하는 것을 함축한다. 우리는 그 뜻을 다음과 같이 바꾸어 쓸 수 있다. "그렇다면 너희가 하나님과 비교될 수 있도록 어떤 것을 어떻게 놓을 수 있겠느냐?" 하나님을 피조물과 비교할 수 없다. 피조물과 하나님 사이에는 무한한 거리가 있기 때문이다. 그런 까닭에 그러한 비교를 한다는 것은 하나님을 피조물의 수준으로 끌어내리는 것이다.

선지자가 말하는 내용 가운데서 하나님께서 인간을 자기 형상과 모양대로 창조하셨다는 창세기의 진술과 상충되는 것은 없다. 인간은 하나님의 형상이며 그러한 의미에서 그는 하나님과 닮았다. 그러나 이사야는 여기서 창조주와 피조물 사이에 있는 절대적인 구별, 창세기에도 나타나 있는 하나의 구별을 언급한다. 인간은 하나님의 형상을 가지고 있다고 해서 하나님께서 인간과 비교될 수 있다는 것을 의미하는 것은 아니다. 하나님의 형상을 만드는 것은 그분을 유한한 존재로 간주하는 것이요 그런 까닭에 우상 숭배가 되는 것이다. "여호와께서 화염 중에서 너희에게 말씀하시되 음성뿐이므로 너희가 그 말소리만 듣고 형상은 보지 못하였느니라"(신 4:12; 또한 15절을 참고하라). 칼빈은 선언하기를, 우리가 "하나님의 살아 있는 형상"을 보려 한다면, "우리는 우리 자신의 공상을 따라 그분의 모습을 고안해 내서는 안 되고 그분의 말씀에게로 가야 한다."

40:19 앞 절의 질문은 선지자가 우상들을 언급하도록 이끈다. 하나님을 분명히 우상들과 비교할 수 없으니, 진실로 그것들과 절대로 비교할 수 없다. 영원하신 하나님을 시간 속으로 이끌어 내린다는 것은 그분을 인간의 형상과 비교하는 것이기 때문이다. 우상을 만드는 데 사용되는 자료들조차도 하나님 자신에 의하여 창조된 것이다. 하나님의 형상대로 지음 받은 인간의 손길은 하나님을 피조물의 형상으로 나타내기 위하여 하나님께서 땅에 두신 물질들을 사용한다. 이것은 하나님의 영원성과 무한성을 부정한다.

이사야는 우상이란 단어에 정관사를 함께 붙여서 문장의 초두에 두고 우상 종류 전체 부류를 지칭한다. 페셀(פֶסֶל, 우상)은 새기거나, 새겨서 모양을 낸 하나의 나무 조각인 것 같다. 그러나 이 문맥에서 특별히 동사 나싸크(נסך)에 비추어 볼 때, 그것은 녹여서 만든 금속으로 된 동상을 가리킨다(참고. 44:10). 이 단어는 casus pendens (역주, 문법적으로 원 위치에 있어야 할 요소가 뒤에 배치되어 기다림과 긴장의 효과를 노리는 구문론적 기법)로서의 역할을 한다. '그 우상에 대해 말하자면, 장인(carver)이 그것을 주조하였다.' 이 작품은 전문가의 것이다. 하라쉬(חָרָשׁ)는 목수, 석공, 조각가, 혹은 대장장이 같은 기능공을 나타낸다. 그러므로 동사를 '주조하다' 혹은 '붓다'로 번역하도록 주장할 필요는 없다. 만일 우리가 숙련된 기술자가 금속 형상을 만들었다고 말한다면 그 뜻은 잘 드러난 것이다.

그 행의 두번째 콜론은 첫 콜론과 교차적 관계에 있다. 그러므로 그것은 목적어가 아닌 주어로 시작한다. 초레프(צֹרֵף)가 하라쉬와 다른 사람인지 아닌지는 말하기 어렵다. 초레프는 주로 제련공을 가리키고, 또한 그가 일하는 재료가 언급된 바에 따르면, 일반적으로 도금장이, 금은 세공인으로 번역된다. 그렇다면 초레프는 다른 사람을 가리킬 가능성이 상당히 높다. 선지자는 먼저 하라쉬의 일에 대해 말하고 그 다음으로 초레프의 일에 대해서 말한다.

중요한 것은 동사 형태의 용법이다. 첫 절에는 완료형이고, 그 다음 두 번째 절에서는 미완료형이 뒤따라온다. 그러므로 우리는 "기능공이 형상을 주물하는 일을 완성한 다음에는 도금장이가 그것을 금으로 입힌다"라고 의역할 수 있다. '금'에 정관사가 사용되어 잘 알려진 사용된 금의 양을 가리며, 이사야는 마치 "너희가 아는 양의 금으로"라고 말하는 것처럼 보인다. 동사 자체는 '치다, 압연시키다'를 의미한다. 그 어근으로부터 창세기 1장에서 사용된 단어 라키야(רָקִיעַ 궁창)가 나왔다. 선지자가 묘사하고 있는 단어는 이미 나무나 돌로부터 만들어진 형상을 가지고 있고, 그것을 금으로 입히고 바르고 그것을 쳐서 전체의 모습이 아름답게 꾸며지는 과정이다.[66]

선지자는 분사절을 통하여 본 절을 완성한다. 먼저 그는 우상의 사슬을 언급한다. 이것들이 장식을 하기 위한 의도였는지 아니면 우상을 매달기 위한 것이었는지는 분명하지 않다. 어쨌든 직공이 그것들을 은으로 도금한다. 본 절의 마지막 단어

---

66) Thureau-Dangin, *Rituels accadiens*, Paris, 1921, pp. 127-154에서 발견된 본문의 번역에 대해서는 *ANET*, 331b를 참고하라. 190이하의 행들은 니산월의 제6일을 위하여 두 개의 형상들을 만드는 일을 묘사한다. 먼저 금속 공예가에게 형상들을 만들도록 값비싼 돌들과 금이 주어진다. 그리고 목공에게 백향목과 위성류가 주어진다. 마지막으로 그것들은 제6일을 지나면, 유용성이 없어져 불속에 던져진다. Smith는 기술에 대한 참조는 신(Sin)신의 동상에 의하여 환기된 특별한 설명으로 인하였을 수도 있다고 생각한다(참고. *Persian Verse Account*, 1:19-32). 그러나 Smith 자신이 말하는 대로 그러한 묘사는 이사야 당시 산헤립에 의하여 시작된 텅빈 커다란 형상들을 주조하는데서 영향을 받았을 수 있다.

(초레프, צוֹרֵף)는 파악하기 어렵다. 그러나 그것이 두 번째 절의 유사한 단어와 약간 다른 방식으로 기록되어 있으므로 우리는 그것을 하나의 분사로 취급해야 할 것이다.[67] 그러나 만일 그것이 분사라면, 델리취에 의하여 주장된 바와 같이 두운법의 한 실례가 될 수 없다. 더 나아가서 그렇다면 주어는 무엇인가? 아마도 그것은 유사한 소리가 나는 단어 초레프(장색, 도금장이)이다. 은의 사슬을 녹이는 자는 역시 제2기능공 즉, 그 우상에 도금을 하는 사람이다. 문장 구조는 어려운 점이 없지는 않으나, 본문을 수정할 필요는 없다. 여기에 채택된 해석에서 두 다른 기능공들이 선지자에 의하여 언급되었다. 한 사람은 금속 형상을 주조하고, 다른 사람은 그것을 도금하고 그것의 은사슬을 녹여 만들었다.

40:20 본 절의 문체는 상당히 난해하다. 많은 사람은 첫 번째 단어를 "가난하게 되는 그" 혹은 "가난하게 된 자"로 해석하였다. 이것은 의문스럽다. 그 단어가 "가난한"으로 번역 될 수도 있는 것을 가정하여 많은 주석가들은 그것을 자세히 설명하는 상술함의 목적격(Accusative of specification:고대 그리스언어에서 주로 사용되었던 내역상술의 목적격-편집주)으로 취급함으로써 이어지는 단어와 함께 해석하기 원한다. "궁핍하여 이런 것을 드리지 못하는 자"라는 구문에서 그 뜻은 그 사람 자체가 너무 가난해서 풍성한 봉헌물을 가져올 수 없다는 것이다.[68] 알렉산더는 '드림으로 말미암아 가난하게 된'이란 번역을 제안하는데, 이는 테루마(תְּרוּמָה)의 참 의미를 보존하는 장점을 가지고 있다. 알렉산더는 이러한 번역의 의미를 다음과 같은 말로 드러낸다: "…자기 우상에게 후한 선물을 드림으로 인하여 이미 스스로 결핍하게 된 인간은 여전히 자기의 봉헌을 계속하고 있으며 더 이상 값나가는 금속의 형상을 가져올 수 없으므로 최소한 오래 지속하는 나무를 택하는 쪽으로 결정하게 된다."

---

67) 부어 만들었고 – 이 단어는 나타난 주어가 없이 사용되었으며, 실질적으로 과정 가운데 있는 행동을 나타낸다.

68) (Torrey의 잔혹한 혹평에도 불구하고) Jerome은 이 난해한 단어의 정확한 견해를 지적하였을 수도 있다. *"AMSUCHAN: quod genus ligni est imputribile, quo vel maxime idola fiunt"* (*PL*, Vol. XXIV, Col. 422). 그것을 어쩌면 수메르어 gis*MIS. MA.KAN.NA.* (즉 Magan =Kirman의 땅의 나무)와 연결해야 할 것이다. Smith는 그것이 뽕나무라고 믿는다. 그렇다면 이 구절은 '공교한 장인이, 제사의 뽕나무를 선택한다'로 번역될 것이다. Joseph Reider, *VT*, Vol. 2, 1952, pp. 117f., 그리고 A. R. Millard and I. R. Snook in *Tyndale House Bulletin*, No. 14, June 1964, pp. 12, 13의 제안들을 참고하라.

그러나 비록 어떤 사람이 자기 우상에게 드리는 풍성한 봉헌물로 인하여 스스로 가난하여졌다고 할지라도 어찌하여 그가 또 다른 우상을 필요로 하겠는가? 그가 이미 우상을 소유하고 있지 않은가? 그리고 만일 그가 이 우상에게 봉헌물을 드림으로써 스스로 가난하게 되었다면 단순히 미래에는 보다 적은 봉헌물을 가져오지 않겠는가?

그러므로 또 다른 설명을 생각해 볼 필요가 있다. 테루마(תְּרוּמָה, 봉헌물, 드림)라는 단어를 "그가 택하다"란 동사의 이차 목적격(second accusative:특별한 동사에 일차 목적어에 더하여 강조할 때 이차 목적어를 사용한다- 편집주)으로 취급하는 것이다. 그렇다면 "한 봉헌물로써, 그는 썩지 않을 나무를 택한다"가 된다. 그렇다면 테루마라는 단어가 맨 앞에 위치해 있는 것은 강조를 위한 것이 된다. 이 구문에서 그 단어는 우상 자체를 가리키지 않고 우상의 구조물에 사용된 나무를 가리킨다. 그렇다면 우리는 그 나무를 우상의 구조물을 위하여 드려지거나 제공된 것으로 이해하여야 할 것이다. 이 해석이 테루마의 일반적인 의미에 보다 잘 어울리는 반면 동시에 문장의 처음 두 단어들을 연결하고 테루마를 그 다음에 따라오는 것으로부터 분리시키는 맛소라 액센트와는 상반된다.

우리의 선택은 이 두 후자의 해석 사이에 놓여 있어야 될 것이다. 그리고 난점이 있음에도 불구하고 후자의 구문이 더 나을 것 같다. 이 입장에서 볼 때, 가난하게 된 사람은 자기 우상을 위하여 나무를 택하고 있는데, 이 나무의 선택은 그가 가져오는 봉헌물에 해당한다. 그러나 그가 택하는 나무는 내구성이 있어야 했고, 썩을 나무는 안 되었다. 팔레스틴에서는 내구성이 있는 나무가 많이 발견된다. (여기서 우리는 어떤 특별한 종류의 나무가 의도되어 있는지는 말할 수 없다). 단지 그것이 썩지 않을 나무라는 사실을 강조한다.[69] 가난한 사람은 숲속으로 들어가서 나무를 고른다. 그는 자기 우상을 준비하기 위하여 세심한 주의를 기울인다. 델리취가 논평한 바와 같이 이러한 진지한 모든 묘사 가운데 참된 풍자가 들어 있다.

그 가난한 사람은 그 나무를 발견한 후 그에게 우상을 만들어 줄 기술과 솜씨가 있는 기능공을 찾아낸다. 아마도 전치사와 로(לֹו)라는 접미사는 가난한 사람을 가리키지 않고 우상을 가리키며 그러므로 그 뜻은 "그가 그것을 위하여 한 숙련된 기능공을 구한다"이다. 우상이 흔들리지 않게 세우는 것이 이 기능공의 임무이다(참고, 사 41:7). 실질적으로 마지막 동사는 수동형이니, "움직여지지 않도록"이다. 그러한 방식으로 우상을 세우기 위하여, 그 기능공은 우상의 윗 부분보다 더 크게 만들어 안전한 바닥을 만들어야 할 것이

---

69) לֹא־יִמּוֹט — 부정어를 가진 미완료형은 실질적으로 형용사의 의미를 가진다.

다. 그리하여 바람이 그것을 불어 넘어뜨리지 못하고 그것을 칠지라도 쉽게 넘어가지 않을 것이었다. 실제로 영원히 살아 계시는 하나님에게 경배하지 않고 이것에게 엎드려 절하는 자들이 있었다. 여기서 일시적인 것이 영원한 것을 창조하고 약한 것이 강한 것을 만들며, 유한자가 무한자를, 변하는 자가 불변자를 창조해 냈던 것이다. 인간은 하나님을 창조해 내려고 노력한다. 그리고 그 모두가 인간의 형상으로 되어 있다! 아마 이보다 더 공개적으로 우상숭배의 극단적인 어리석음과 무의미성을 나타낼 수가 없을 것이다.

40:21 우상의 재료로 금, 은 혹은 나무 같은 것을 사용한다는 것은 어리석은 일이니 이는 하나님께서 그것들을 창조하셨기 때문이다. 땅이 그분의 것이요 그 안에 가득한 모든 것도 그분의 것이다. 선지자는 이제 이러한 진리를 교차적인 배열로 정돈된 네 개의 질문들을 통하여 드러내고 있다. 그는 앞의 두 질문에서 미완료형을 사용하고 마지막 두 개에서는 완료형을 사용하고 있으며, 그래서 번역을 통해 그것들의 의미를 보존해야 한다. "너희는 알지 못하느냐 혹은 너희는 알지 아니하겠느냐?"70) 아마도 소원적인 미완료형(voluntative: 소원이나 의향을 나타낸다 ─ 편집주) 의미가 더욱 적절한듯하다. 그 이유는 질문이 백성의 무지에 대해 놀라는 단순한 감탄사일 뿐만 아니라 그 무지가 계속될 것이라는 생각도 포함되어 있기 때문이다. "일시적인 재료를 가지고 일시적인 인간에 의해 만들어진 새긴 우상으로 신성을 나타내기 보다는 차라리 하나님이 모든 것들의 창조주이심을 왜 알려고 하지 않느냐?"
두 번째 질문은 이 첫 번째 질문과 평행을 이루어 '너희는 듣지 않을 것이냐?'라고 한다. 선지자가 자신이 선포한 진리를 염두에 둔것이다 라고 할 수 있다. "하나님에 관한 진리는 선지자들의 생생한 음성을 통하여 너희에게 선포되었다. 왜 너희는 어두움 가운데서 그리고 귀먹음 가운데서 실상을 계속 들으려고 하지 않느냐?" 이사야는 네 개의 질문들의 주제를 교차적인 순서로, 즉 '안다/듣는다─듣는다/안다' 는 순서로 개진한다. 세 번째 질문은 다음과 같은 뜻으로 말하면서 완료형으로 표현되어 있다. "진리가 너희에게 들려지지 않았다는 점이 너희가 듣지 않는 이유이냐?71) 하나님이 창조주이시라는 것은 이전에 결코 들어보지 못한 숨겨진 진리가 아니다" 라는 것이

---

70) תֵרְעוּ ─ 이 미완료형은 그것이 미래에까지 확장되는 것으로 생각될 때 현재로 표현할 수도 있다. 여기서 "너희는 무지하냐, 그리고 이것을 계속하여 알지 못하느냐?"이다.

71) 과거형(완료형)은 행동이 현재까지 계속되는 것 그리고 미래까지 암시하는 것을 의미한다.

다. 선지자들의 입을 통하여 계속 반복하여 창조의 진리가 그 나라에 전파되어 왔다. 진실로 그것은 태초부터 알려진 것이었다. 전 인류의 역사를 통하여 하나님의 계시는 세상에 있어 왔고 인간에게 전파되었다. 그리고 그분의 영원하신 능력과 신성이 세상의 피조물들을 통하여 보여지는 것이 사실이지만, 그럼에도 불구하고 이 사야는 인간에게 말해진 메시지를 가리켜 말하는 것으로 보인다. 다시 말해서 여기서 말하는 것은 특별계시라는 것이다.

그러나 마지막 질문은 특별히 일반계시를 의미한다. 첫 번째 질문 가운데서 언급된 '안다'는 것은 네 번째 질문 '너희가 깨닫지 못하였느냐?'의 '깨닫는다'와 유사하다. 맛소라 학자들은 동사에 선언(disjunction) 엑센트를 삽입하였고 그래서 그것을 그 다음의 문구로부터 분리시킨다. 그렇다면 그 동사가 그 다음에 따라오는 명사와 함께 어떤 의미로 해석되어야 할 것인가? '기초'란 단어를 목적어로 취급하는 것은 가능하지만 그러나 이것은 구두점에 어긋난다. 아마도 이 단어는 단순히 목적격으로 해석하여 "기초에 대해서는 혹은 기초로부터"로 번역될 수도 있겠다. 선지자는 땅이 세워졌고, 그래서 이 단어가 단순히 땅의 창조를 나타내고 있다는 사실을 보여 주기 위하여 한 표상을 사용한다. 땅의 창조 당시부터 인간들은 하나님께서 창조주이심을 깨달아야 할 것이다. "창세로부터 그의 보이지 아니하는 것들 곧 그의 영원하신 능력과 신성이 그 만드신 만물에 분명히 보여 알게 되나니 그러므로 저희가 핑계치 못할지니라"(롬 1:20).

본 절에 의하면 우상숭배를 하는 인간들이 왜 용서받을 수 없는지 두 가지 이유가 있다. 첫째는 땅의 기초 자체가 하나님이 창조주이시라는 증거때문이고 둘째는 처음부터 그 진리가 그 입의 말씀에 의하여 가르쳐져 왔으므로 그것을 듣기를 원치 않은 사람들에게 용서가 없을 것이기 때문이다.

    22절, 그는 땅 위 궁창에 앉으시나니 땅의 거민들은 메뚜기 같으니라 그가 하늘을 차일 같이 펴셨으며 거할 천막같이 베푸셨고
    23절, 귀인들을 폐하시며 세상의 사사들을 헛되게 하시나니
    24절, 그들은 겨우 심기웠고 겨우 뿌리웠고 그 줄기가 겨우 땅에 뿌리를 박자 곧 하나님의 부심을 받고 말라 회리바람에 불려 가는 초개 같도다

40:22 이제 정관사를 가진 분사가 이끄는 일련의 세 개의 문장들이 뒤따라오는

데 그것들 각 경우에 관사는 실질적으로 지시 대명사의 의미를 가진다.[72] 그러므로 흠정역은 "It is he who sitteth"(그는 앉아 계시는 분이시다 등)라고 옳게 번역하였다. 왜냐하면 이것은 원본의 강세를 드러내기 때문이다. 이 문구는 표현되지는 않지만 내포하고 있는 것으로 보이는 주어와 동격이다. 본 절과 다음절에 진술하고 있는 내용은 백성들이 알아야 할 내용이다. "창조 가운데서 그들이 듣고 본 것들이 그들에게 좌정하여 계신 분이 바로 하나님이라는 사실을 가르쳐 왔을 것이다…".

"땅 위 궁창에 앉으시나니"란 문구는 창조물에 대한 하나님의 섭리적 붙드심과 보존하심에 대한 상징적 표현이다. 하나님께서 계속하여 자기의 피조물을 붙드시지 않는다면 사람은 하나님이 창조주이시라는 지식으로 감동을 받지 못할 것이다. 동시에 분사형은 하나님의 보좌 위에 앉으심을 가리킨다. 왕으로 앉으신 주님은 계속하여 자기의 피조물을 붙드시고 그것을 다스리신다. 이사야는 땅의 궁창(circle)을 하나님이 앉아 계시는 장소로 언급한다. 욥기 22:14은 하늘의 궁창에 대해 말하지만 그러나 여기가 성경에서 땅의 궁창이 언급된 유일한 구절이다.[73] 아마도 이 문구는 지평선을 언급하는 것 같다. 욥기에 있는 표현이 하늘의 가장 높은 부분을 가리키므로 여기서도 그것을 지평의 가장 높은 부분 혹은 정점으로 이해할 수 있을 것이다. 그렇다면 하나님께서는 자기의 피조물을 돌보시기 위하여 왕좌에 앉으신 분으로서 땅의 가장 높은 부분, 곧 정점에 앉아 계신다.

높은 보좌 위에 앉으신 하나님에게 인간들은 메뚜기처럼 보인다(참고. 민 13:33). 인간들은 자기들의 행동과 활동들 가운데서, 숫자는 많으나 세상 역사가 진행해 나가는 것을 붙들 수 없는, 메뚜기처럼 약하고 힘이 없다. 그리고 만일 메뚜기들이 그것을 할 수 없다면, 메뚜기들에 의하여 만들어지는 그것은 얼마나 더 보잘 것 없겠는가? 이러한 강력한 비교가 우상숭배의 어리석음을 보여 준다.

두 번째 행에 정관사를 가진 분사형이 이끄는 또 다른 진술이 나타나 있다. 이것은 하나님께서 땅을 다스리실 뿐만 아니라 그분이 하늘을 창조하셨고 또 다스리신

---

72) 앉으시나니 - 즉 '그것은…분이시다'. 관사를 가진 분사형은 선지자의 생각 가운데 내재하는 표현되지 않은 주어와 동격으로 되어 있다.

73) 그러나 "깊음의 면 위에 있는 궁창"(개역은 '궁창으로 해면에 두르실 때')이라고 말하고 있는 잠 8:27을 참고하라. 성서가 여기서 땅이 둥글다고 가르치고 있다고 결론을 내리는 것은 타당한 것으로 보이지 않는다. Adapa 전설에 있는 하늘의 정점에 대한 언급에 대해서는 ANET, p. 102를 참고하라.

다는 사실을 보여 준다. 하늘을 차일(커텐)처럼 펼치신(이 분사형은 실질적으로 과거형과 같다) 분은 하나님이시다. 차일(도크, דק)로 번역된 단어는 단 한번 나오는 단어이고, 매우 얇은 어떤 것을 가리킨다. 이사야의 목적은 하나님께서 하늘을 펼치신 용이함을 보이기 위한 것이다. 그분에게 있어서 가볍고도 얇은 베일을 펼치는 것은 아무것도 아니다.

"거할 천막같이 베푸셨고"라는 마지막 문장은 유목생활로부터 취해 온 하나의 표상을 소개한다.[74] 하늘은 천막처럼 땅을 덮도록 그 위에 펼쳐져 있는 것이다. 맛소라 엑센트를 따라 '거할'을 '하늘'과 함께 해석하는 것이 가장 좋을 것 같다. 하나님께서는 하늘을 거할 천막처럼 펴셨다.

40:23 언어는 이신론(deism)에 대한 강한 부정을 담고 있다. 하나님께서는 세상을 창조하셨지만 그것을 내버려두지 않으셨다. 모든 창조된 우주는 그분의 손안에 있으며 그분의 다스리심 안에 있다. 이것을 무생물에게만 적용하지 않고 사람들에게도 적용된다. 더 나아가 그것을 열국과 그 통치자에게까지 적용한다. 그러므로 선지자는 본 절에서 하나님의 능력에 대한 그의 묘사에서 절정에 도달하며, 그는 또 다시 이것을 분사와 정관사로 그 사상을 소개하고 있다.[75] 아무도 하나님의 능력에 저항할 수 없고 심지어 인간 위에 주인 행사하는 인간 권위자들까지도 할 수 없다. 하나님만이 귀인들을 폐하시어 그들은, 말하자면, 없는 것과 같은 성격을 갖게 되는 것이다. 같은 사상이 바벨론 포로기의 한 저자에 의하여 표현되었다(참고. 단 2:21). 귀인을 폐하시는 것은 그들의 권위의 위치로부터 끌어내려 그이 아무런 힘을 가지지 못하게 하는 것이다.

22절의 상반절에서처럼 본 절에서도 역시 교차적인 배열이 있다. 이사야는 땅의 사사들을 말하고 하나님께서 그들을 헛되게 하셨다고 선언한다. 그것은 욥기 12:17-21에 나타난 내용의 요약된 진술이다. 동사는 과거형으로 되어 있으나 여기서는 시간과 관계가 없는 일반적인 행동을 묘사하는 역할을 한다. 그러므로 그것을 본 절의 상반절과 평행을 이루고 있어서 영어로는 현재형으로 번역할 수도 있다.

---

74) 분사들은 '앉으시고 펴시는' 그분의 행위들에 의하여 하나님의 특성을 묘사하여 왔고 이러한 특성 묘사는 미완료형을 가진 와우 연속법을 통하여 계속된다.
75) 분사가 완료형 정형동사에 의하여 계속되고 있음을 유념하라(참고, 30:2).

참고로 이 절에서 רוֹזְנִים을 땅의 통치자들과 군주들 즉 큰 세력과 권위를 가진 사람들인 귀인들과, 통치와 재판을 할 권세를 가진 쇼페팀 (שֹׁפְטִים, 사사들)으로 언급하고 있다. 하나님께서는 이 후자들을 창세기 1:2에서 사용된 단어와 같은 토후의 상태, 곧 헛되게 하신다. 이것은 거주할 수 없는 땅의 상태였다. 땅이 토후로 머물러 있는 그것은 그것이 창조된 목적을 성취하는 것이 아니었다. 사사들이 토후가 되었을 때, 그들 역시 더 이상 사사로서의 기능을 할 수 없는 상태에 처해졌었다.

40:24 이사야는 이제 통치자들과 사사들에 대한 하나님의 갑작스런 행동을 보여줌으로써 앞 절의 사상을 실현하고 있다. 귀인들과 사사들이 자리를 잡기도 전에 하나님께서 활동하시자, 그들은 사라진다. 첫 세 문장을 이끌고 있는 단어가 아프(אַף)인데 이것을 그 자체만으로 "틀림없이"로 번역할 수 있다.[76] 어쨌든 각 경우 부정어 발(בַל)이 뒤따라온다. 그러므로 첫 문장은 "확실하게, 그들이 심기우지 못하였다", 즉 '그들이 거의 심기우지 않았다'로 번역되어야 한다. 이사야는 귀인들과 사사들을 하나의 나무로 비유한다. 방금 심기운 한 나무 혹은 묘목(sapling)은 아직 그 뿌리가 땅에 내리지 않았으며 열국의 통치자들도 그와 같다. 하나님께서 그들을 치워 버리기까지 그들은 간신히 그 권세와 권위의 자리에 있는 것이다.

선지자는 뿌려진 씨에만 적용되는 하나의 표상을 사용하면서 통치자들이 아직 뿌려지지도 않았다고 선언하고 있다. 뿐만 아니라 비록 그 나무 자체가 베어 넘겨져서 오직 그 그루터기만 남아 있을지라도 이 그루터기는 새로운 생명이 나올 뿌리조차 소유하지 못한다.[77] 처음 두 개의 진술 가운데서, 마치 통치자들까지도 자기 스스로의 힘으로 보좌에 올라가지 못한다는 것을 의미하려는 듯이 수동형을 사용하고 있다. 나무는 심기어져야 하고 씨는 뿌려져야 하는 것처럼 통치자들도 권위와 세력의 위치에 올리어져야 하는 것이다. 아마도 선지자는 수동형을 사용하면서 마음속에 통치자들로 하여금 권위의 자리를 차지하도록 실질적으로 역사 하시는 분은 곧 하

---

76) אַף בַל – 직역하면, "확실하게, 그들은 심기우지 못하였다. 등" Hahn, König은 '…도 아니고, …도 아니다'로 하고 있는데, 역시 가능하다. Targ.은 비록…일지라도. Kimchi, Calvin은 '마치 …인 것처럼(as if).'

77) שֹׁרֶשׁ – 뿌리를 내린(포엘형). 직역하면 '뿌리가 내리지 못했다.' 첫 어근에 있는 홀렘(ֹ)은 **아인-와우** 동사들을 제외하고는 강의형(작위 사역형) 어간에서 일반적인 것이 아니다.

나님이시라는 사실을 염두에 둔 것 같다. 이사야가 말하고 있는 두 번째 행의 의미를 영어로 드러내기는 어렵다. 우리는 하나님께서 그들을 부셨다면 이 통치자들이 세력 있는 자리에 있지 못하였을 것이라는 뜻으로써 "그리고 …까지도"라고 직역할 수 있을 것이다. 다시 말해서 하나님 편에서 단 한 번의 붊으로도 그들을 역사 무대에서 사라지게 하기에 충분하였다. 그 어떤 힘든 노력도 필요로 하지 않는다. 이사야는 현재형으로 번역할 수도 있는 완료형을 사용하고 있는데, 이는 하나님께서 일을 시행하실 때마다 하나님의 행위에 적용할 수 있기 때문이다. 하나의 미완료형이 뒤따라오며, 그것은 하나님의 행위의 결과, 즉 "그것들이 말라지는" 결과를 나타낸다. 또다시 식물의 삶으로부터 이끌어 온 표상이 사용되고 있다. 즉 가벼운 숨결에도 식물들이 시들어지는 것처럼 하나님께서 행동하실 때 귀인들과 통치자들은 사라지게 된다는 것이다.

아마도 선지자는 7절에 언급된 여호와의 기운을 염두에 두고 회리바람을 말하고 있는 것 같다. 그 단어가 문장의 첫머리에 위치해 있으므로 그것이 어느 정도의 강조를 받고 있는 듯하다. 동사를 영어로 현재형으로 번역해야 하느냐 아니면 미래형으로 번역해야 하느냐는 그다지 중요하지 않으니, 이는 그 어느 경우든 그것은 하나님의 바람의 붊의 결과들을 나타내기 때문이다. 시편 기자는 악인의 일시적 성격을 묘사하기 위하여 겨의 표상을 사용하였다(참고. 시 1:4). 곡식이 까불러질 때, 알곡은 땅에 떨어진다. 그러나 그보다 더 가벼운 겨는 바람에 쉽게 날려가 버린다. 그러므로 여호와께서 보내시는 바람은 단순한 산들바람보다 더 강한 바람으로 단지 겨만을 날려 버리고 그 결과 겨들은 사라진다. 통치자들은 한 순간만 보좌에 있다가 사라진다.

25절, 거룩하신 자가 가라사대 그런즉 너희가 나를 누구에게 비기며 나로 그와 동등이 되게 하겠느냐 하시느니라
26절, 너희는 눈을 높이 들어 누가 이 모든 것을 창조하였나 보라 주께서는 수효대로 만상을 이끌어 내시고 각각 그 이름을 부르시나니 그의 권세가 크고 그의 능력이 강하므로 하나도 빠짐이 없느니라

40:25 선지자는 논쟁을 결론으로 이끌어 가면서 18절의 사상으로 돌아간다. 사실 첫 문장은 하나님 자신이 화자가 되는 점을 제외하고는 18절 상반절과 동일하

다. "그리고 누구에게"라는 첫 문구는 두 동사들을 지배하고 있는데, 어떤 사람은 두 번째 동사를 결과로 표시하는 것으로 취급하여 "나로 동등이 되게"로 해석한다. 이러한 해석이 문법적으로는 가능하나 첫 번째 해석방식이 보다 단순하며 또한 그러한 이유로 여기서 채택하였다. 유념해야 할 것은 머리말 접속사(본 절의 맨 앞에 나오는 와우⟨그리고⟩를 말한다. 개역은 '그런즉'으로 번역하였다―역자주)인데, 이는 사상을 종합하는 역할을 한다. 결론을 질문으로 제시한다. "너희는 나를 아무에게도 비교할 수 없고 나는 아무와도 동등하지 않다", 즉 "나와 같은 자가 없다"는 것이다.

습관에 따라 이사야는 휴지형(pausal form)을 사용한다.[78] 하나님을 거룩한 자로 언급하면서 그는 자신이 기록하고 있는 격앙된 스타일에 따라 정관사를 생략한다. 여기서 그분을 피조물로부터 구별된 분으로 보는 거룩의 측면이 두드러져 있다. 하나님은 거룩하시다. 왜냐하면 이는 그분께서 자기가 지은 피조물들로부터 구별되시기 때문이다. 오직 하나님만이 이러한 질문들을 하실 수 있으니, 이는 하나님만이 거룩하시기 때문이다. 피조물은 유한하고 일시적이며 또한 죄로 말미암아 죽는 존재이다. 하나님은 무한하시고, 영원하며 불변하시다.

40:26 다른 곳에서 이사야는 눈을 든다는 개념을 사용한다. 37:23에서는 산헤립의 주제넘음을 묘사하기 위하여 상징적으로 그것을 사용했었다. 그러나 여기서는 49:18; 51:6; 60:4에서처럼 물리적 의미로 사용되었다. 눈을 단지 들어서는 안 되고 하나님의 기이한 사역들인 하늘의 만상을 바라보기 위하여(24:21) 높이, 즉 하늘의 높이까지 들어올려 보아야 한다. 칼빈은 인간이 하늘을 바라보도록 만들어진 사실에 관하여 "이는 하나님께서 다른 동물들은 초목을 내려다보도록 만드셨지만, 사람만은 일어서게 만드시고, 자신의 거주로 간주될 수 있는 그것을 바라보도록 명령하셨다"라고 너무나 아름답게 말하고 있다.

인간이 진지한 마음으로 하늘을 바라볼 때마다 하나님의 창조물과 만나게 되며 이것은 하늘의 기묘한 행성들이 그분을 창조자로 묘사하기 때문이다. 인간이 하나님을 창조자로 보지 않는 것은 자신의 눈이 멀었기 때문이다. 이사야의 명령(이는 본 절에서 말하는 자가 선지자이기 때문임)은 특별히 별들 숭배에 빠질 위험이 있었던 유대

---

78) 여러 언어들에 있어서처럼 히브리어에서도 말한다는 동사가 직접적인 연설에 삽입된다.

인들에게 적용될 수 있다(참고. 암 5:26; 렘 7:18; 8:2; 44:17). 이러한 하늘의 일월 성신 숭배에 대하여 모세가 오래 전에 경고를 한 바 있다(참고. 신 4:19).[79]

천체들은 신들이 아니고 하나님 자신에 의하여 존재하게 된 피조물들이다. 이사야는 창세기 첫 절에서 사용된 바 있는 "창조하셨다"와 같은 단어를 사용한다. 창세기 기록에서 천체들, 해, 달, 별들은 네 번째 날에 만들어졌다. 이러한 기록을 근거로 같은 단어를 사용했다는 근거로 네번째 날에 아무것도 없는 것에서 창조 되었다고 생각할 필요는 없다. 실제로 하늘들의 창조는 '바라' (בָּרָא)라는 단어가 사용되어 있는 창세기 1:1에 언급되어 있다. 천체들의 원료는 맨 처음에 존재하게 되었다. 그러나 창세기는 네 번째 날에 하나님께서 태양 등을 만드셨다고 선언하기까지는 이 천체들의 형성과정을 설명하지 않고 있다. 이러한 사실로부터 우리는 네 번째 날에 그분께서 맨 처음에 창조하신 원료들을 갖고 천체가 되게끔 하셨다고 가정할 수 있다.[80] 이사야가 강조하고자 한 것은 이 천체들이 진정으로 피조물들이라는 것이다. 그것들은 스스로 존재하지 않았으며 그래서 그것들은 경배할 가치가 없다.

의문대명사 '누구'(who)는 동사들의 목적어가 아니다. 이사야는 "누가 이것들을 창조하였는가를 보라"고 명령하고 있지 않다. 오히려 이 말들은 '너희는 눈을 높이 들어 누가 이것들을 창조하였는가 보라"고 번역하는 것이 보다 낫다. 그렇다면 이 질문은 별개의 것이요, 독립적이다. 그것은 직접적인 질문이지, 간접적인 것이 아니다. 사람이 하늘을 바라볼 때, 그 안에 있는 것들에 대하여 기원에 관한 의문이 마음속에 반드시 일어난다. 진실로 먼저 사람이 의문에 답하지 않는다면, 하늘과 땅의 피조된 현상을 적절하게 묘사할 수 없다.

"이끌어 내시고 각각"의 문구는 방금 주어진 문제에 대한 대답으로 주어진 것이 아니다. 이사야가 말한 뜻은 "이끌어 내신 그분이 천체들을 다스리는 분이시며, 그것들의 창조주이시다"라는 것이 아니다. 그보다 "이끌어 내시고"라는 문구와 더불어 우리는 새로운 시작을 가지게 되는 것이다. 이사야는 정관사를 가진 분사를 사용한다. "이끌어 내시는 분이 그분이다…." 22, 23절 상반절에 있는 이와 유사한 용법을

---

79) 바벨론이 별 숭배의 본고장이었다는 것은 사실이지만, 그러나 그러한 우상 숭배의 위험은 팔레스틴에도 있었다. Gesenius는 기독교 변증가들이 이사야의 그것과 유사한 논증을 사용하여 왔다고 지적한다(예를 들면, Minucius Felix; Arnobius *Against the Gentiles*).

80) 참고. Young, *Studies in Genesis One*, Philadelphia, 1964, pp. 93-97.

주목하라. 선지자는 자기 자신의 생각들 가운데 끊임없이 존재하였던 자기 백성의 하나님 야웨를 가리켜 말하고 있는 것이다.

하나님께서는 수효대로, 즉 그것들을 하나씩 하나씩 계산하시면서 만상을 이끌어 내신다.[81] 이사야는 군대 개념을 가지고 있는 용어를 사용하고 있다. "그것들을 이끌어 내다"라는 말이 사무엘하 5:2과 이사야 43:17에서 군대의 업무에 사용되었기 때문이다. 어쨌든 하늘의 만상을 불러낸다는 것은 오직 하나님만이 행사하실 수 있는 사역이다(참고. 욥 38:32). 일월성신들은 하나님에 의하여 창조되고 그분을 돕도록 규정된 하나님의 군대(host)이다. 다른 기능으로서 그들은 주님의 영광을 선포하고 그분의 사역을 나타냄으로 돕는다.

하나님께서 자기의 군대를 창조하시고 명하실 뿐만 아니라, 각각에게 이름을 주셨다. 그 이름은 존재 혹은 목적의 본질적인 특성을 암시하므로 그 의미는 하나님께서 자기 군대의 각각에게 특별한 성격, 특징, 기능을 부여하셨다는 것이다. "그것들 모두"(개역은 '각각')란 단어가 강조되도록 첫 번째 위치에 나타나 있다. 비록 인간에게 별들이 무수하게 보일지라도(참고. 창 15:5) 하나님께서는 그것들의 수만 아실 뿐 아니라 그것들 각각의 이름까지도 아신다. "그 이름을"이란 문구를 동사와 함께 해석해야 한다.

마지막 행의 의도는 어찌하여 그 어떤 별도 빠뜨리지 않는가를 설명하기 위한 것이다. 그렇지만 그 문구를 어떤 방식으로 해석해야 하는가? 어떤 사람은 본 행의 첫 단어(독자께서 BHS를 본다면 이 행의 첫 단어가 메로브〈מֵרֹב〉임을 발견할 것이다. 즉 '크고'라는 단어이다—역자주)를 앞 행의 동사(즉 '부르시나니'—역자주)와 함께 연결시켜서 다음과 같이 번역한다. "그는 그의 권세의 풍성하심과 그의 능력의 힘을 인하여 그것들의 이름을 모두 불러내신다." 만일 이 구문이 채택된다면, 마지막 단어인 "하나도 빠짐이 없느니라"는 단지 하나의 부가적 형태에 지나지 않게 된다. 더 나아가서 엑센트 부호는 이러한 구문에 배치된다. 만일 마지막 행이 그 자체로서의 한 단위를 형성한다면 '어떠한 권세를 가리키느냐?'라는 문제가 일어난다. 그것이

---

81) במספר (수효대로) — 다른 사람들은 '그것들의 전체 수로' 혹은 '큰 수효로'로 해석한다. 본 주석에서 채택된 해석은 군대적인 묘사 형식과 그리고 "이름을 부르시나니"에 의하여 평행을 이룬다는 점이 선호된다. 대장은 수효를 세고 호명하여 불러낸다. 참고. *ANET*, p. 429. 별들에 대한 강조는 반드시 바벨론의 별 숭배에 대한 의식적인 반대는 아니고 창조주로서의 전능하신 하나님의 기이하심을 높이려는 것이다.

별들의 권세인가 아니면 하나님의 권세인가? 별들이 스스로 강하기 때문에 실패하지 않는가 아니면, 하나님의 능력이 그것들을 붙들고 있으므로 인하여 실패하지 않을 것인가? 문맥에 맞추어서 우리는 후자의 해석을 선택해야 할 것이다. '로부터'란 단어는 '-의 이유로' 혹은 '때문에'의 의미를 가진다. 하나님께서는 그러한 권세뿐 아니라 그 권세의 풍성함이 있으며, 충분히 그 이름을 사용하여 각각 별들을 부르실 수 있다. '권세'란 단어는 강력함을 표현하는 복수형이다. 암미츠(אַמִּיץ, 한 강한 자) 앞에 전치사가 있는 것으로 생각되어야 하며, 그러므로 그 뜻은 '능력에 대해서는 강한 자이시므로'이다[82] (참고. 욥 9:4). 만상을 이끌어 내셨던 그분은 그것을 전부 보존할 수 있으시다. 그분의 모든 무한한 만상 중 하나도 빠지거나 혹은 그치지 않을 것이니 이는 그분의 전능하신 능력이 그것을 불러내시고 정한 자리에 유지되도록 하실 수 있기 때문이다.

> 27절, 야곱아 네가 어찌하여 말하며 이스라엘아 네가 어찌하여 이르기를 내 사정은 여호와께 숨겨졌으며 원통한 것은 내 하나님에게서 수리하심을 받지 못한다 하느냐
> 28절, 너는 알지 못하였느냐 듣지 못하였느냐 영원하신 하나님 여호와, 땅 끝까지 창조하신 자는 피곤치 아니하시며 곤비치 아니하시며 명철이 한이 없으시며
> 29절, 피곤한 자에게는 능력을 주시며 무능한 자에게는 힘을 더하시나니
> 30절, 소년이라도 피곤하며 곤비하며 장정이라도 넘어지며 자빠지되
> 31절, 오직 여호와를 앙망하는 자는 새 힘을 얻으리니 독수리의 날개 치며 올라감 같을 것이요 달음박질하여도 곤비치 아니하겠고 걸어가도 피곤치 아니하리로다

40:27 하나님이 창조주이실 뿐만 아니라 만물과 천체들과 열방들과 개인들까지의 보존 자이신데 어떻게 하나님의 백성이 그분께서 자기들을 버리셨다고 불평할 수 있는가? 이러한 불평이 발표된 구체적인 상황에 대한 정보가 주어져 있지 않다고 해서 바벨론 포로의 불평을 나타낸다고 말하는 널리 퍼진 견해는 타당성이 없다. 이것은 어려움과 재난의 때에 일어나는 만민의 불평이다. 이 점은 "네가 어찌하여 말하며?" (직역: 네가 어찌하여 말할 것이냐?)를 미래형으로 번역해야 하는 동사의 성

---

82) 1Q는 מאמץ כה로, 즉 그리고 그의 능력의 힘 (으로부터)으로 읽는다'.

격에 의하여 입증된다.[83] 이사야가 의미하는 바는 백성들이 이미 이렇게 말했었고, 지금도 그렇게 말하고 있으며, 계속하여 그렇게 말할 것이라는 것이다. 그것은 계속적인 불평이었다. 그리고 이 질문은 마치 "어찌하여 열방이 분노하며 민족들이 허사를 경영하는고?"(시 2:1)처럼 꾸짖는 식으로 주어진다.

이사야는 백성들을 '야곱'과 '이스라엘'로 소개하고 있으니, 이는 그의 의도가 그 나라의 조상을 상기시키려고 하기 때문이다. 생각하건데 야곱의 일생 동안 타향에 있었고 먼 나라에 있었던 사실에 대한 암시가 나타나 있는 듯하다. 그런 까닭에 그 단어는 노예의 고통을 당해야 하는 저들에게 적용하기에 적절하다. 본 장들 가운데 어느 정도의 바벨론 배경이 나타나 있다는 것을 부정할 수는 없으나 이것은 선지자가 글을 쓰고 있는 시기에 그 백성이 실질적으로 노예 가운데 있다는 것을 의미하지 않는다. 어쨌든 단어를 그들이 포로로 끌려갈 때를 바라보고 있으며 또한 이러한 노예 상태를 그들이 처해진 더 큰 영적 노예 상태의 상징으로 이용하고 있다는 것을 의미한다. '야곱'이란 칭호는 이사야 40-55장을 특징짓는 것이라고 말해질 수 없으니, 이는 이 단어가 1-39장에서 13번이나 나타나고 40-66장에서 26회나 나타나기 때문이다. 그 후손들이 이 족장의 두 이름의 결합으로 말미암아 묘사되었다. 아마도 '야곱'은 저항하고 고집센 존재임을 그 나라에게 상기시키는 것 같고 반면에 '이스라엘'은 하나님과 싸워서 이겼다는 사상을 상기시켜 준 것 같으며, 그런 까닭에 그 나라는 하나님의 약속들이 실현될 이스라엘임을 보여 준다.

본 절의 두 번째 행에서 불평의 내용이 나타난다. 이스라엘의 길(사정)은 단지 그들의 삶의 여로를 의미하며, 이 문맥(context)에서는 그 길에서 만나는 어려움들에 대한 특별한 강조를 담고 있을 수 있다. 그러므로 우리는 다음과 같이 바꾸어 말할 수 있다. "내가 여행해야 할 어려운 길이 내 하나님으로부터 숨겨졌다." 이스라엘은 야웨께서 자기의 하나님이라고 인정하지만, 그러나 그들의 감정은 이스라엘이 "내 하나님"이라고 지칭할 그분까지도 당하고 있는 일을 모르고 있다는 섭섭함이다. 이스라엘은 언약으로 자기를 선택하신 하나님이 전지하신 분이라고 믿지 않는다. 두 번째 행은 첫 번째 불평과 평행이 된다. 이것 역시 교차적 방식으로 진술했다. 이사

---

83) 네가 말할 것이냐?―제2격 미완료형이, 실질적으로 동등한 표현들에 강조적 결합을 주는 역할을 하는 약 **와우**에 의하여 도입되었다. 이 미완료형은 불평자들이 말하고 있는 일들이 그에게 무한정으로 계속될 것으로 보이기 때문에 채용된 것이다.

야는 "그리고 내 하나님에게서"라는 문구를 강조의 위치에 두고 있으니, 이는 야웨 이스라엘의 하나님께서 이스라엘 족속들의 인격적인 하나님이시기 때문이다. 그러한 인칭 대명사 가운데 어떤 비애가 나타나 있다. 즉 내 하나님이신 그분께서 내 사정을 무시해서는 안된다.

1:23에서처럼 이사야는 '내 원통한 것'(my judgment)이란 문구는 법적인 송사를 언급하고 있으며 특별히 판결을 내리는 것을 가리켜 말한다. 함축된 사상은 사람의 송사가 의롭거나 혹은 옳은 것으로 선포되어야 할 것이라는 것이다. 마치 이스라엘이 "나는 권리가 있고 그 권리는 내가 모든 정죄자 앞에서 무죄가 입증 되어야 한다는 것이다. 그렇지만 내가 옳다고 입증되어야 할 그 판단을 내 하나님은 유의치 아니하신다라고 말하는 것과 같다." 선지자는 '원통한 것'(judgement) 그 자체를 활동적인 것으로 묘사하며, 마치 하나님께서 그것을 중시하지 않으시는 것처럼 하나님으로부터 지나치거나 혹은 사라져 버리는 것으로 그리고 있다. 그 불평은 말할 필요도 없이 정당하지 못하다. 그 이유는 그 불평과 낙담이 최고조에 도달해 있고 또한 하나님의 선하심과 자기 약속을 성취하시는 그분의 능력에 대한 불신앙이 들어 있는 마음의 상태를 나타내기 때문이다.

40:28 이사야는 이중적인 질문을 통하여 그러한 낙심된 생각들의 어리석음을 개진한다. 우리는 첫 번째 동사를 현재로 두 번째 것을 과거로 번역하여—비록 두 동사들이 영어로는 똑같이 과거로 번역될 수도 있지만—'너는 알지 못하느냐 듣지 못하였느냐?'라고 번역할 수도 있다. 그 질문들은 이스라엘의 주의를 그의 낙심적인 태도의 어리석음에 집중시키기 위하여 고안되었다. 이스라엘 족속들은 오랜 경험의 결과로 알아야 할 것이며 또 그들은 들어왔음에 틀림없다. 즉 그들이 지금 알기를 거절하고 있는 내용은 선지자들을 통하여 계속 반복하여 선포되어 왔었기 때문이다.

이어지는 문구 가운데서 선지자는 이스라엘 족속들이 알고 들었어야 할 내용을 설명한다. 이것을 간접 화법을 통하여 말하지 않고 있다. 즉 "여호와께서…을 하신 것을 듣지 못하였느냐?"라고 묻지 않고 있다. 오히려 그 질문들은 자체 안에 대답들이 담겨져 있지 않다. 사실 하나의 대답이 주어져 있으나 그것은 간접 화법보다 더 강하게 분리되고, 독립된 진술로 되어 있다. 이것들 중 그 첫째 것은 "영원의 하나님은 야웨이시다"(참고, 창 21:33)로 번역할 수 있다. 이사야는 통상적인 히브리어 관용표현을 사용하고 있는데, 영어로는 형용사적으로 "영원하신 하나님"이란 말로 가장 잘 표현될 수 있다. 그분에게는 시작이나 혹은 끝이 없으니, 이는 그분이 결코 시간에 의하여 제한받지 않으시기 때문이다. 또한 주께서 그 속성에 있어서 영원하시므로 주께서는 영원히 자기 백성을 돌보신다.

주께서 영원하시다는 사실을 증명하거나 혹은 나타내는 수단으로 선지자는 주께서 "땅끝까지 창조하신 자" 즉 창조의 한계와 경계를 정하신 자라고 진술한다. 이러한 사상을 하나님이 땅 전체의 창조주이시라고 말함으로써 표현할 수 있을 것이다. 그러므로 주님은 시간적으로 영원하시고 무한하시며 공간적으로 만물의 창조주이시고 제한받지 않으신다.

만일 이스라엘의 길이 그의 하나님으로부터 숨겨졌다면 그것은 그가 지치심으로 인한 것이 아니다. 선을 베푸시고 인간에게 축복을 베푸심에 있어서 주님은 영양 결핍으로 인하여 점점 약해지거나 혹은 휴식의 결핍으로 인하여 지치는 인간처럼 지치지 않으신다. 하나님의 길은 바르다. 그러나 인간은 그것을 이해하지 못할 수도 있으니, 이는 그들이 이해력이 부족하기 때문이다. 하나님의 길의 속성이자 하나님의 행위의 기초가 되는 이해력 혹은 통찰력은 인간이 헤아리거나 혹은 이해할 수 없는 그러한 것이다. "그의 명철이 한이 없으시며"란 부정적 진술을 통하여 이사야는 인간의 무력함을 말한다. 물론 하나님은 자신의 명철을 헤아리실 수 있다. 그분은 자신에게 불가해 한 분이 아니시다. 그러나 인간에게 그분은 불가해 한 분이시다. 인간은 그분의 명철(understanding)을 찾을 수 없다. 선지자는 '찾아내다', '탐사하다' (개역은 '한이 없으시며' 라고 번역하고 있음)를 의미하는 하나의 명사를 사용하고 있는데 이는 하나님의 명철에 대한 찾아냄 혹은 탐사해 냄을 가리킨다.

이것은 하나님이 알려질 수 있다는 사실을 부인하는 것은 아니다. 만일 하나님께서 알 수 없는 분이라면 이사야의 호소는 무의미한 것이 될 것이다. 선지자가 하고 있는 백성들에 대한 모든 책망과 비판은 하나님과 그의 길이 알려질 수 있다는 가정에 기초를 두고 있다. 진실로 만일 그 백성이 하나님과 그의 길을 알았다면 그들은 그분을 의심하지 않았을 것이다. 만일 하나님께서 알 수 없는 분이시라면, 이사야의 탄핵은 의미가 없는 것이 될 것이다. 전체의 문맥은 그러한 해석에 대한 하나의 강력한 논증이다.

오직 하나님의 불가해성을 언급하는 것으로만 이 언어를 이해할 수 있다. 백성들이 어느 정도 하나님의 길을 이해할 수 있었다 할지라도 결코 충분히 알 수는 없었을 것이다. 하나님께서는 구원과 구출의 약속들을 실현함에 있어서 이스라엘이 결코 완전히 파악할 수 없을 지혜를 현시하셨다. 하나님의 구속받은 백성이 그분의 명절을 보았을 때 그들은 하나님의 기이한 명철을 조금은 이해할 수 있지만 그러나 그것을 완전히 파악할 수는 없는 것이다. 인간의 명철(under-standing)은 피조물의 이해력이다. 그러므로 그것은 제한되어 있고 유한하다. 하나님의 명철은 창조주의 명철이며 그런 까닭에 무한하다. 유한한 마음이 무한한 분을 파악할 수 없다. 그러므로 유한한 마음이 하나님을 알 수 있고 그분이 자기를 계시하신 것만큼 이해할 수는 있는 반면에 그럼에도 불구하고 그분을 완전히 파악할 수는 없는 것이다. 그분의 명철에는 인간의 마음이 파악할 수 없는 깊이와 길이와 넓이가 있다. 그 모든 속성들에 있어서 하나님은 불가해하다. 이스라엘에게 구원을 가져다 주시는 통찰력은 단순한 인간의 통찰력이 아니다. 그것은 하나님의 통찰력이다. 비록 그가 영원히 산다고 해도 인간은 피조물에 지나지 않으므로 그는 결코 그것을 파악할 수 없는 것이다(참고, 롬 11:33-36).

40:29 스스로 지친 것과는 거리가 먼 하나님께서는 피곤한 자에게 능력을 주시는 분이시다. 분사의 주어는 여호와이시다. 고난들을 통하여 기진한 자들은 지친 자들이며, 그들은 이스라엘의 하나님으로부터 힘을 받는다. 지친자들을 하나님께서 자기들을 무시하고 지나갔다고 믿는 자에게만 한정지어 적용할 필요는 없고, 당연히 일반적으로 지친 백성에게 적용될 수 있다. 진정한 힘의 유일한 원천은 영원하신 하나님이시다. 선지자는 교차적인 방식으로 본 절을 완성하고 있다. 하나님께서는 무능한 자에게 힘을 더하신다. 이 뜻은 본 절의 상반절에 표현되어 있는 그것과 같다. 두 번째 동사는 보다 강한데, 왜냐하면 분사가 '주시는'(giving)으로[84] 번역될 수 있는 반면에 미완료형은 '더해 주는' 혹은 '풍성하게 주는'을 암시하기 때문이다.

40:30 선지자는 이제 자신이 28절에서 진술했던 내용과 대조되는 점을 진술한다. 하나님은 지치지 않으시지만 인간은 지친다. 더 나아가서 인간들은 피곤하여질 뿐만 아니라 가장 강한 자와 우수한 자까지도 지친다. 미완료형을 "그리고 청년이라도 피곤하게 될 수 있다 등"으로 번역할 수 있다. 청년은 가장 우수하며 운동 경기

---

84) 분사는 앞 절에 언급된 하나님에 관한 일반적인 사상과 동격으로 보인다. 부정어와 미완료형이 분사에 의하여 나타난 현재 행동의 개념을 지속하고 있음에 유념하라.

대회나 군 복무에 가장 적격하다. 그들은 힘이나 단련에도 불구하고 피곤해진다. 그들의 힘은 항상 넘치지는 않으며, 그런 까닭에 곤비하여 넘어지는 것이다.[85] 이사야는 동사에 특별한 강조를 주고 있으니, 이는 그가 그것을 부정사 절대형과 함께 사용하고 있기 때문이다. 즉 "그들이 정녕 넘어진다"이다. 건장한 힘을 가진 장정은 자주 생애의 초창기에 끊어진다. 칼빈이 말한 대로, 이것은 지나친 소모로 인한 것일 수도 있다. 그러나 어느 경우이든 그것은 인간 삶의 덧없음을 알게 해 주는 인간 본연의 경험 상태이다.

40:31 다른 한편 강한 젊은이에게 일어날 수 있는 일이 여호와를 앙망하는 자에게는 일어나지 않는다. '소년'과 '여호와를 앙망하는 자'를 대조하고 있는데, 그들은 하나님의 능력 안에서 구출될 것을 충분히 믿는 자들이며 자신의 약속을 실현시켜 주실 그분을 꾸준히 기다림으로써 신뢰를 드러내 보여 준 자들이다. 구약시대 동안에는 이 호칭(앙망하는 자)이 약속의 성취를 바라고 그것을 인내함으로 기다린 자게 적용되었다(참고. 눅 2:25, 38). 그럼에도 불구하고 선지자가 말하는 바는 어느 때에나 하나님의 의도가 이루어지기를 인내하면서 기다리는 자에게 나타나는 그 힘에 적용되는 일반적인 진리이기도 하다.

여호와를 앙망하는 자를 묘사하기 위하여 사용된 동사를 "그들이 바꿀 것이다 혹은 교환할 것이다"로 번역할 수도 있다. 본 문맥 가운데서의 의미는 강한 자를 보다 좋은 힘을 가지도록 바꾼다는 것이고, 그런 까닭에 "그들이 힘을 새롭게 할 것이다"는 일반적인 번역이 만족스럽다. 내포된 뜻은 약한 상태 혹은 힘의 결핍이다. 여호와를 앙망하는 자가 소유한 힘은 참된 힘으로 변화할 것이다. 그들은 넘어지지 않고 점점 더 강해질 것이다.

두 번째 문장에 대해 다양한 해석이 제시되어 있으나 가장 자연스럽고도 난점이 없는 것은 "그들이 독수리처럼 (그) 날개를 들 것이다"이다. 간과하지 말아야 할 것은 '독수리'에 붙어 있는 정관사인데, 그 의미는 "독수리가 하는 습관처럼" 혹은 "독수리에 대해 잘 알려진 대로"이다. 성경 자체가 그 단어의 의도된 의미를 지닌

---

[85] 반복적 의미의 두 미완료형의 약 **와우** 등위적 연결은 약간 의외이다. 참고. 40:27; 44:16이하; 59:7. 동사들이 기록되어 있는 바와 같이, 접두어 아래 있는 히렉은 자연히 길어야 하지만, 불완전하게 기록되었다.

예문을 제시해 주고 있다(잠 23:5하; 30:19; 욥 39:27). 어떤 뚜렷한 힘을 들이지 않고서도 독수리는 하늘 높은 곳으로 올라간다. 그와 같이 하나님의 백성은 괴로움과 난점의 깊은 골짜기로부터 높이 올라갈 것이다. 그들은 힘이 없어 땅에 넘어지거나 엎드러지지 않을 것이며 오히려 독수리처럼 쉽게 높은 곳으로 올라갈 것이다.

두 개의 다른 표상이 묘사를 완성하고 있다. 여호와를 앙망하는 자는 날아갈 뿐만 아니라 뛰어가고 걸어갈 것이다. 그리하여 그의 생애의 전체가 승리의 삶이 될 것이며 계속 힘이 더해 갈 것이다. 우리는 이사야가 세 번째로 이가(יָגַע, 곤비)와 이야프(יָעֵף, 피곤)란 두 동사를 함께 사용하고 있음을 본다.[86] 28절에서 그는 하나님에 대해서 그것들을 사용하였고, 30절에서는 장정들에 대해서 사용하였고 본 절에서는 여호와를 앙망하는 자에게 대해서 사용하였다. 하나의 표상은 분명히 경주에서 달리는 사람에게서 가져온 것이고 다른 것은 한 사람의 일상적인 걸음에서 도입되었다. 달려도 곤비하게 되지 않을 것이고 그들이 계속 걸어가도 피곤치 않을 것이다.

41장

1절, 섬들아 내 앞에 잠잠하라 민족들아 힘을 새롭게 하라 가까이 나아오라 그리하고 말하라 우리가 가까이하여 서로 변론하자
2절, 누가 동방에서 사람을 일으키며 의로 불러서 자기 발 앞에 이르게 하였느뇨 열국으로 그 앞에 굴복케 하며 그로 왕들을 치리하게 하되 그들로 그의 칼에 티끌 같게, 그의 활에 불리는 초개 같게 하매
3절, 그가 그들을 쫓아서 그 발로 가 보지 못한 길을 안전히 지났나니
4절, 이 일을 누가 행하였느냐 누가 이루었느냐 누가 태초부터 만대를 명정하였느냐 나 여호와라 태초에도 나요 나중 있을 자에게도 내가 곧 그니라
5절, 섬들이 보고 두려워하며 땅 끝이 무서워 떨며 함께 모여 와서
6절, 각기 이웃을 도우며 그 형제에게 이르기를 너는 담대하라 하고

---

86) 30절에서는 그 동사들이 교차적으로 배열되어 있다.

7절, 목공은 금장색을 장려하며 마치로 고르게 하는 자는 메질꾼을 장려하며 가로되 땜이 잘 된다 하며 못을 단단히 박아 우상으로 흔들리지 않게 하는도다

41:1 본 장은 하나님 편에서 이방 열국들, 특히 해변과 지중해 섬들의 거민을 향한 담화로 시작하고 있다. 주님께서는 이미 우상들의 무능성을 지적하시면서 이스라엘을 향하여 말씀하셨으며, 이제 눈을 돌려 그 우상을 숭배하는 자에게 말씀하신다. 본 절은 전치사 "…에게"가 뒤따라오는 명령형과 함께 시작한다. "…에게 잠잠하라" 혹은 "너희 잠잠함을 …에게로 향하게 하라." 한 인간으로부터의 잠잠히돌이킴이란 반대 사상은 욥기 13:13에서 발견된다.

펜나(penna)는 여기서 우리가 제2이사야서 부분에서 자주 발견되는 문학적 장르를 본다고 말한다. 그는 두 백성 혹은 두 계급이 선고를 내려야 하는 재판관 앞에서 논쟁을 벌이는 "재판에서의 논쟁"이라고 부른다.[1] 그러나 그러한 묘사가 본문에 정확하게 부합되는지는 의문스럽다. 하나님은 재판정에서 판정이 선고되는 것을 듣기 위하여 기다리는 한 당파의 일행으로 나타나지 않으신다. 오히려 그분은 섬들을 향하여 절대적인 권위의 말씀으로 말씀하신다. 주님은 그들에게 잠잠하고 자기에게 돌이키라고 명령하신다. 그들은 주님에게 귀를 기울여야 하며 어떤 "제3자"의 판결에 귀를 기울여서는 안 되는 것이다. 주의 말씀 앞에서는 대답이 있을 수 없다. 그러한 이유로 인하여 그들은 단순히 잠잠히 있지 말고 실제로 잠잠히 그분에게 향해야 한다.[2]

"섬들"은 지중해 동쪽 해변과 그 섬들을 가리킨다. 정관사가 생략된 것은, 어투가

---

1) North 역시 그렇게 생각하지만 그러나 1:2절과의 표현 형태상 유사성을 주시하라. North는 재판장들에 대한 언급이 빠진 점을 상기시키고, 야웨께서 관련되어 있는 곳에 재판장들이 있을 수 없다고 생각한다. Begrich는 41:1-5을 하나의 *Gerichtsrede*(법정 변론)(*SZD*, pp. 26ff.)로 분류한다. 다수의 현대 학자들에 의하면 본 절은, 심판자이신 하나님께서 자기 행위들을 설명하기 위해 정죄받은 자를 소환하는 언약적 소송의 한 실례라고 한다. 참고. H. B. Huffmon, "The Covenant Lawsuit and the Prophéts," *JBL*, Vol. 78, 1958, pp. 285-295; J. Harvey, "Le ríb-Pattern', requisitoire prophétique sur la rupture de l'alliance," *Biblica*, Vol. 43, 1962, pp. 172-196; G. E. Wright, "The Lawsuit of God: A Form-Critical Study of Deuteronomy 32," *Muilenberg Festschrift*, 1962, pp. 26-27; Dennis J. McCarthy, "Covenant in the Old Testament," *CBQ*, Vol. 37, No. 3, 1965, pp. 231ff.

2) B의 εγκαιζεσθε는 ㄱ를 ㄱ로 대치하고 있음을 드러낸다. 그것은 목적어를 가지고 있지 않

시적이기 때문이다. 40:15에서 선지자는 이미 섬들이 얼마나 보잘것 없는지를 분명히 말했었다. 이 섬들이 하나님과 그분의 판단을 들을 때, 그것들이 그분 앞에서 없는 것과 같다는 사실이 또다시 드러날 것이다.

선지자는 계속해서 첫 번째 명령형의 의미를 유지하고 있는 동사의 미완료형을 사용하여, 열국에게 총괄적으로 말하고 있다. 상반절의 두 번째 문장은 그 앞 문장과 평행이고, 상반절 전체는 교차적 배열로 구성되어 있다. 이러한 이유로 인하여 두 번째 문장을 이끄는 단어 '그리고'(MT 본문에는 '민족들아' 란 단어 앞에 접두사 와우, 즉 '그리고'가 붙어 있다-역자주)를 결과를 이끄는 것으로 보기 보다는 첫 번째 문장에 관계가 있는 것으로 취급하는 것이 더 낫다.[3] 그러므로 "그리고 민족들이 힘을 새롭게 할 것이다"로 번역하는 것이 문법적으로 가능하지만 차라리 이 두 번째 문장을 "그리고 열국들아, 힘을 새롭게 하라"로 번역하는 것이 더 낫다. 이사야는 40:31에 나타난 표현을 다시 취하여 그것을 일찍이 사용되었던 것과 같은 의미로 사용하고 있다.[4] 열국 즉 모든 이방 백성은 이스라엘의 하나님 야웨와 겨루기 위해 힘을 새롭게 해야 한다. 이 문구 가운데 정력적인 도전이 들어 있는데, 즉 옳은 대의를 지닌자에 의해서만 발설될 수 있는 것이다. "열국들은 그들의 송사를 내 앞에 벌릴 수 있도록, 그들의 힘을 새롭게 하도록 하라, 그것은 헛될 것이다."

한(Hahn)은 "그들이 가까이 나아올 것이라"는 문구를 "그들이 서로 꾀하여"라고 한 시편 2편에서 도모된 내용의 한 예로 취급한다. 이러한 해석에 의하면 동사는 직설법이고, 주님에 대항하여 자기들의 송사할 말을 준비하기 위하여 서로 모여 의논하는 열국의 행동을 묘사한다. 문법적 입장에서 이 구조가 가능한 반면에, 그 동사

고, Aq S Vulg. 그리고 1Q의 지지를 받고 있는 M에 우선적 가치를 갖지 않는다.
3) 그러나 Hahn은 1절 하반절이 1절 상반절의 계속이 아니라 첫 번째 동사의 행동 결과를 개진한다고 주장한다. 이 결과는 야웨의 힘의 충만함으로부터 오는 힘의 갱신이라고 말한다.
4) "여호와를 앙망하는 그들은 자기들의 힘이 새로워질 것이나, 그분을 앙망하기를 거절하는 그 열국들로 하여금 그들이 할 수 있는 한 그들의 힘을 새롭게 하라." 그러한 새로워짐의 단계들이 그 다음에 나타나 있다. Feldmann은 나이가 지긋한 자가 그들이 지쳐졌을 (erlahmt) 때만 힘을 새롭게 한다고 주장하고, 그렇지만 여기에는 지쳤다는(Erlahmung) 언급이 없다고 주장한다. 여기에 제시된 해석에 비추어 열국들이 지쳐버렸다고 가정할 필요는 없다(Dillmann).

를 명령으로 취급하여 "가까이 나아오라"고 번역하는 것이 문맥에 더 잘 어울리는 것으로 보인다. 말하는 자는 하나님이시고, 열국들로 하여금 주님에게 나아와서 그들의 송사를 가져다 놓으라고 소환하고 있는 것이다. 하나님의 주권이 이렇게 존귀하게 예증되어 있다. 말씀하시고 명령하시는 분이 그분이시다. 권위있는 말씀은 그분의 말씀이요 그분은 열국들이 자기에게 가까이 오기를 요구하신다. 그분은 그들에게 가지 않으시는데 이는 그것이 동등된 자들의 싸움이 아니기 때문이다. 그들은 자기 스스로를 변호함에 있어서 통합된 목소리를 내면서 함께 말해야 할 것이다.

열국들에게 명령하는 목적은 판결이 있을 수 있다는 것이다. 이사야는 이 단어를 재판장에 의한 선고의 의미로 사용한다. 그것은 선고가 내려지는 법정적 개념이다. 로젠뮬러(Rosenmüller)를 따르는 델리취(Delitzsch) 그 선고가 "판결 권위"[5]가 되는 이성에 의하여 내려질 것이라고 생각한다. 그러나 그러한 개념은 비성서적이다. 재판장이 되시는 분은 하나님뿐이시며, 판결이 내려져야 할 선고는 그분만 홀로 내리신다. 성경 어디에도 이성이 하나님과 인간 사이에 있는 중재인이라는 견해를 입증하는 곳은 없다.

41:2 여호와께서 이제 야웨의 행위에만 주목하도록 하는 질문으로 자신의 소송을 제기하신다. "나 외에 누가 있느냐? …을 일으키는 자는 오직 나 여호와뿐 다른 자는 없느니라." 동사가 완료형으로 되어 있으나 아직 일어나지 않은 어떤 일을 가리킨다. 이 점은 1절의 마지막 단어에서 분명하게 나타나는데, 그곳에서 열국들이 아직 선고가 내려지지 않은 판결을 와서 들으라고 소환받았다. 본 절에서 그 판단의 내용을 제시한다. 본문과 13:17에서 사용된 "일으키며"란 표현은 행동을 일으키는 것, 역사의 무대에 이끌어내는 것을 의미한다. 이사야는 첫 번째 문장을 소환받은자가 나오는 장소를 지칭하는 "동방에서"란 단어로 끝낸다. 그 방향을 25절에서 팔레스틴으로 접근해 들어오는 방향을 가리키는 북방으로 제시하고 있고 또한 해돋는 곳으로 제시한다. 또 46:11을 유의하라.

---

5) "그 판결의 권위는 사실들을 인식하기에 실패할 수 없는 이성이며, 그 사실들로부터 추론될 수 있는 결과들이다"(Delitzsch). 그러나 누가 무엇이 이성에 일치하고 이성에 일치하지 않은지를 판단할 것인가?

선지자는 자기 질문에 답하지 않고 질문을 끊고 다가올 사건을 묘사한다. 이어지는 단어가 다른 문장을 제안하고 있으나 난점을 피할 가장 좋은 길은 "의가 그 발 앞으로 부르는 자"로 번역하는 것이다. 이 문장 구조에서 동사의 접미사는 여호와께서 일으키시는 자를 가리킨다. 우리는 다음과 같이 고쳐 말할 수도 있다. "누가 여호와께서 일으키시는 자인가? 의가 자기 발 앞으로 부른 자이다."

그렇지만 그 의는 비인격이다. 어떤 의미에서 그것이 누군가를 그 발 앞에 부른다고 말하는가? 이 문제에 답함에 있어서 우리는 의라는 단어가 여기서 담고 있는 개념이 무엇인가를 확인해야 할 것이다. 그것은 동방으로부터 어떤 것을 일으키는 하나님의 의도를 가리키는 것으로 보인다. 이 존재는 본 절의 남은 부분에서 언급된 것들을 할 것이며 의의 명령에 따라 그것들을 행해야 한다. 그렇다면 이 단어는 의의 상태에 한정되어 있는 것이 아니고 그분의 의로우신 목적을 이루심에 나타나는 모든 하나님의 섭리적 행위를 포함한다. 만일 의로운 구원의 목적이 성취되려면 하나님이 일으키신 자에 의하여 진행되어야 하며 이러한 목적을 이루어 가는 것이 의의 사역이다. 알렉산더는 그것이 "그의 섭리 가운데 나타난 것으로서의 하나님의 의 곧 자기 백성과 그들의 대적들에 대한 그분의 행동 가운데 나타난다"고 말한다.

여기서 의인화되어 있는 의는 봉사를 받으려면 오라고 소환한다. 누군가의 발 앞에 온다는 것은 그 사람을 섬기는 일을 시작한다는 것을 의미한다. 하나님께서 동방으로부터 일으키시는 자는 의를 위해 봉사하도록 의에 의하여 부르심을 받고 있다.

뒤따라오는 동사들의 주어가 무엇인지 결정하기 어렵다. 의를 여전히 의인화하고 있을 수도 있으며, 만일 그렇다면 그것을 주어로 취급할 수도 있다. 이 구문에서 의는 여기에 묘사되어 있는 모든 것을 성취하는 것으로 나타나 있다. 그러나 선지자가 단순히 자기가 본 절에서 시작했던 질문으로 되돌아가 한층 더 여호와 자신에 관한 증언을 하고 있을 수도 있다. 만약 이것이 옳다면, 첫 번째 행은 그것 자체로 한 단위를 형성하여 하나님께서 일으키시고 의가 섬기도록 소환하는 자를 묘사하고 있는 것으로 이해해야 한다. 그리고 나서 선지자는 자기의 주제로 되돌아가고 하나님께서 이에 관해서 행하시는 일을 묘사하고 있다.

그러므로 하나님은 그 앞에 열국들을 불러내신 자이시다. 실제로 본 절은 관계대명사 절로 이해되어야 할 것이다. 즉 '그는 …하시는 하나님이시다.' "열국"이란 단어는 무관사이다. 이것은 그것이 어떤 구체적인 나라를 가리키지 않고 일으킴을 받은 자의 중대성을 보여 주려는 목적을 위한 것이기 때문이다. 동방으로부터 오는 가운데 이 하나님이 일으키시는 자는 하나님께서 자기 앞에 두신 그 열국들을 볼 것이다. 그보다 더욱 하나님께서는 그를 통해 열왕을 통치하게 하시는 이유는 자신이 정복하는 왕으로 셀것이기 때문이다.[6] 이 어투는 정복자의 모든 정복 과정에서 이 사람(this one)이 하나님의 손안에 있으며, 그의 행진의 과정을 지도하시는 분이 언약의 하나님 야웨이시라는 본질적 사상을 전면에 부각시킨다.

  마지막 행은 두 개의 문장으로 이루어져 있으며 주된 주석학적 문제는 동사의 주어가 누구냐에 집중되어 있다. 언뜻 보면 같은 주어가 즉 야웨가 전반적으로 계속되어야 하는 것으로 보일 수도 있다. 만약 이러한 구조가 채택된다면 그것은 정복자의 승리의 경력에 대해 기술한 모든 것에 상충되는 번역인, '그(야웨)가 그의(정복자의) 검을 티끌같이 만드실 것이다'로 번역해야 한다. 알렉산더는 '그의 칼'을 부사적 목적으로 취급하여, "그것이 원수들을(그들을) 칼에 티끌처럼 만들 것이다"로 번역한다. 그래서 칼을 통하여 대적은 티끌처럼 된다. 그럼에도 불구하고 이러한 구문은 큰 난점을 수반한다. 첫째로, 히브리어에 표현되지 않은 목적격 '그들'을 가정해야 할 필요가 있다. 둘째로, '그의 칼'이란 단어가 부사적 의미로 취급될 수 있지만, 이것은 자연스런 독법인 것으로 보이지 않는다. 셋째로, 주어의 전환이 급작스럽다. 즉 하나님이 그 대적을 그의(정복자의) 칼에 붙이신다. 문법적으로 이것이 가능하지만 자연스럽지는 못하다. '그의 칼'을 주어로 취급하는 것이 더 낫다. 이것은 앞 문장으로부터 주어의 전환을 포함하지만, 그러나 그것은 자유롭고 자연스런 의미를 낳는다. 인간들을 티끌로 만드는 것은 정복자의 칼이다. 그와 같이 두 번째 문장에 있는 '그의 활'은 역시 주어 역할을 한다. 정복자의 활은 인간들을 흩날리는 쭉정이 같이 만든다. 동사의 목적어로 '그들'을 붙이는 것은 불필요하다. 표현의 간결성이 그 어투에 생동감을 크게 더해 준다. '그의 칼이 티끌로 지정하고, 그의 활은 흩날리는 초개 같게 한다.'

---

6) יַרְדְּ - '그가 굴복케 하리라.' 히필형에서, 라멧-헤 동사의 어미(語尾) 소실로 인하여 짧아진 형태는 자주 조력 모음을 생략하고, 그래서 그것의 본래의 카탈형을 가정한다. 그러나 그것이 하나의 조력 모음을 취할 수도 있다, 예를 들면 יָרֹד. 이 둘은 실제로 세골 형이다. 1Q은 יורידו, 즉 그가 파멸케 한다'로 읽는다.

하나님께서 동방에서 일으키시는 자가 누구인가 하는 질문이 남아 있다. 선지자가 누구에 대해서 말하고 있는가? 이 문제에 다양한 대답이 제시되어 왔다. 그를 그리스도, 바울, 혹은 아브라함을 가리킨다고 주장해 왔다. 특주 가운데서 제시된 이유들로 인하여 우리는 선지자가 페르시아인 고레스를 암시하고 있다고 믿는다. 이 점에서 그는 고레스의 이름을 들먹여가며 언급하지 않고 단지 그를 점차적으로 그리고 다소 신비적인 방식으로 소개하고 있다. 그러나 그는 곧 이스라엘의 구원자에 대해서 그의 이름을 언급하면서 그리고 그의 큰 사역이 무엇인지를 진술하면서 보다 분명하게 말할 것이다. 하나님께서 열국 앞에 승리 가운데 나타나게 하실 그 사람을 동방으로부터 의가 소환할 것이다.

41:3 본 절은 고레스와 그의 행진에 대해 말하고 있으며, 그런 까닭에 본 절의 주어는 고레스이며 여호와나 혹은 의가 아니다. 첫 번째 동사는 하나님께서 일으키시는 자가 자기의 대적을 쫓을 것이라는 진리를 선언하고 있다. 이 대적들의 이름을 기록하지 않았지만 동사의 접미사에 의하여 밝혀져 있는데, 이는 목적어이며 '그들'로 번역할 수도 있다. 고레스의 맹렬한 돌격 앞에서 그 대적들은 도망할 것이며 그는 그들을 쫓아갈 것이니 이는 그에게 승리가 확정되었기 때문이다. 하나님께서 그를 일으키셨고, 그는 하나님의 뜻을 성취할 주님의 종으로서 역할을 하고 있다.

고레스가 다른 사람들을 쫓아갈지라도 그 자신은 쫓김을 당하지 않을 것이다. 오히려 그는 그 땅을 안전히 그리고 평화롭게 건너갈 것이다.[7] 이 이유에 대한 진술은 본 절의 마지막 문장에 제시되어 있다. 이 문장의 목적은 정복자가 평안히 올 것을 보여 주고자 하는 것이다. "그 발로"라는 문구를 통하여 이사야는 그가 일반적인 행군 방식을 사용하지 않을 것임을 암시하고 있다.[8] 그는 정복자가 자주 그러하듯이 길을 밟고 오는 방식과 같이 자기의 정상적인 힘을 사용하지 않을 것이다. 그는 험

---

7) 안전히 — 즉 평화롭게. 명사형은 도덕적 상태를 묘사하며, 상황적 대격으로 해석되어야 할 것이다. '온다'(יבוא, 개역은 '지났나니')는 동사는 거의 '들어간다'의 의미로 사용되었다. 참고. 삿 18:18; 왕하 11:19; 시 100:4.

8) 그 발로 — 이것은 동방에서 온 자가 무엇을 타고 온다(ILCH)는 것을 암시하지 않으며, 또한 만일 고레스가 그의 발로 길을 밟지 않는다면 그 구절은 신화적이라(Gressmann, *Ursprung der israelitisch-jüdischen Eschatologie*, pp. 305-06)고 확실하게 결론지을 수 없다. 또한 참고. *Iliad* xx. 226-230 그리고 *Aeneid* vii. 807ff.

난한 길을 지친 태도로 뚜벅뚜벅 즉 터벅터벅 걸어오지 않을 것이다. 그 실례를 다니엘 8:5에 제시된 내용에서 찾아볼 수 있다고 자주 주장되고 있다. "…한 숫염소가 서편에서부터 와서 온 지면에 두루 다니되 땅에 닿지 아니하며…."

41:4 정복자가 쉽게 올 것이라고 말한 다음 선지자는 이제 그 정복을 불러 오시는 그분에게 주의를 집중시켜 줄 하나의 웅변적 질문을 함으로써 하나님의 능력을 드높이려 하고 있다. 선지자는 실제적으로는 동의어인 두 개의 동사를 사용한다. 첫 번째 동사(파알, פָּעַל)를 영어로 '일하다' 혹은 '만들었다'(wrought)로 번역할 수 있고, 두 번째 것(아사, עָשָׂה)을 '이루다'로 번역할 수 있다.[9] 하나님께서는 그의 사역을 시작하실 뿐만 아니라 분명하게 완성하셨다. 그는 그것의 창시자(Author)요 완성자이시다.

두 번째 문장을 번역함에 있어서 우리는 '명정(命定)하는'(calling)이란 분사를 유지해야 할 것이다. 그렇다면 그 문장은 선지자가 말하는 놀라운 일을 행하신 자를 묘사하는 역할을 한다. 선지자가 '명정하다'란 단어를 통하여 의미하는 것은, 하나님께서 열국들이 존재하도록 선포하시고 그것들을 예언하신다는 것을 의미하거나 혹은 그가 열국들을 존재하도록 부르신다는 것을 의미한다. 하나님께서 자기의 의로우신 목적들을 이루기 위해 그의 명령하시는 것을 행하도록 동방으로부터 한 사람을 일으키시는 것처럼 그는 태초부터 그 열국들을 부르신다. 고레스를 일으키실 것을 말씀하신 것과 비교하면, 이 부르심이 열국들을 소환하시고 선포하시자 그것들이 존재하게 된 것과 비슷하다. 하나님께서는 이 일을 머리로부터 즉 태초로부터 하셨다(참고, 40:21). 그 어느 나라도 하나님을 떠나서는 존재하지 않는다.

본 절의 마지막 행 가운데 이스라엘 하나님의 영원성에 대한 탁월한 확언이 들어 있다. 델리취는 다음과 같이 기록한다. "여기에 여호와란 이름에 대한 풍성한 의미가 드러나 있다. 이는 하나님께서, 절대적인 자아(I), 곧 전 역사에 충만하신 그러면서도 모든 역사 위에 존재하시는 절대적으로 자유로운 존재로서, 또한 주께서 순전히 자기 결정적인 분이심을 드러내심에 있어서 자기 자신의 절대적 존재의 주인이신 그분으로서, 여호와로 불리시기 때문이다. 한마디로 말해서 무조건적으로 자

---

9) 두 개의 완료형들은 사 1:2; 9:7; 44:8에서처럼 와우접속사로 연결되어 있다.

유로우시고 영원히 변치 않는 인격으로 불리신다는 것이다." 여기에 진술되어 있는 내용과 어베스터(Avesta)와 플라톤(plato)에 표현한 진술이 표면적으로 유사성을 가진다는 사실은 결코 본 예언의 신실성의 가치를 떨어뜨리지 않는다.[10] 플라톤이 하나님에 대해서 그의 손에 시작과 끝과 모든 존재들의 과정을 가지고 계신다고 말할 때, 그의 말은 형식적으로는 사실이지만 그러나 그것들이 하나님의 계시는 아니다. 이사야가 여기서 증언하고 있는 것은 하나님으로부터 온 특별계시이다. 그것은 참된 것에 대한 증언이며 그런 까닭에 그것은 복음과 축복의 메시지이다.

본 절의 상반절에서 제기했던 문제들에 대한 답변으로, 하나님은 자신이 야웨이시라고 대답하신다. 인칭 대명사가 본 행의 시작 부분의 강조적인 위치에 나타나 있다. 본 장에서 너무나 자주 나타나는 이 중대한 단어 "나"가 40장에서 "누가?"에 의하여 도입되는 웅변적인 질문을 대답하는 것처럼 보인다. 야웨란 단어는 "나, 야웨"란 대명사와 동격이다. 그분은 처음, 곧 다른 모든 것 보다도 이전에 존재하시는 자이시다. 칼빈은 이것이 본질의 영원성을 설명하는 것이 아니고 하나님이 땅위에서 행사하시는 통치를 설명하는 것이라고 말한다. 그 의미는 하나님께서 첫째로 존재하기 시작하셨다거나 혹은 그분이 존재해 온 것 중에서 첫 번째 존재라는 것이 아니다. 그러한 사상은 성경이 가르치는 모든 것들과 배치가 된다. 그보다 우리는 이 어조가 비난을 받고 있는 우상들과 신들을 가리키는 것으로 이해해야 한다. 하나님은 이 모든 것들보다 앞서신다는 사실에서 첫째이시다. 그분은 인간 역사의 지휘자이시므로 그분은 모든 역사보다 앞서신다. 그러므로 하나님은 모든 인간 역사 이전에 그 코스를 달리기 시작하셨다는 의미에서 첫째이신 것이다. 즉 그분은 그이시다(He IS). 이 어투는 인간역사와 움직임 가운데서 그분의 독립성을 강조한다. 그분은 역사 위에 계신다. 즉 그분께서는 자기의 피조물 위에 계신다.

"나중"이란 단어를 통하여 선지자는 아마도 인간들의 마지막 세대를 가리켜 말한 것 같다. 마지막 세대의 사람들은 야웨의 임재로부터 도피할 수 없으니, 이는 그분이 영원하시기 때문이다. 한 세대는 다음 세대로 나아간다. 그 모든 것 이전에도 하

---

10) Zarathustra는 말한다(Gatha 31:8), "오 마즈다여, 나는 당신이 처음이요 마지막이라는 점을 인정하나이다". Koran 57:3, "그(huwa)는 처음이 끝이다." 참고. Plato Laws 715e. 여기서 야웨께서 영원하신 분이 아니라 단지 모든 역사와 동시대 분으로 나타나 있다고 주장하는 것은 본문의 어투나 혹은 문맥에 맞지 않는다.

나님이 계시며, 마지막 사람이 존재하게 될 때도 그분은 여전히 계신다. 그분 야웨는 즉 모든 시대를 통하여 한결같이 존재하시는 하나님이시다.[11] 불(Buhl)이 지적한 바와 같이, 이것은 함축적인 서술어이다(참고. 43:10; 48:12). 하나님이 그분(HE)이시라고 말하는 것은 그분이 영원하신 분이시라고 말하는 것이다. 여기서 야웨란 단어의 정의가 발견된다. 즉 그분은 모세에게 영원하신 분으로 나타나셨는데, 곧 결코 변치 않으신 분, '나는 곧 나이니라'(나는 스스로 있는 자니라)고 하시는 분이시다. 그러므로 선지자는 이미 질문한 그 질문에 대답을 하고 있는 것이다. 그것은 영원하신 하나님, 그분만이 세대들을 부르실 수 있으신 분, 자신의 의의 목적들을 이루도록 동으로부터 고레스를 부르셨던 분이시다.

41:5 본 절에서도 위의 논증이 계속되고, 고레스의 행진의 결과를 묘사하고있다. 영어로 잘 표현할 수 없는 "그들이 보았다"(라우, רָאוּ)와 "그들이 두려워하였다"(이라우, וַיִּרְאוּ)란 단어들을 둘러싼 언어유희(a play)가 본 절을 이끌고 있다. 이러한 어휘들이 이사야서, 특히 후반부에 자주 나타난다. 야웨께서 동방의 한 사람을 일으키신 것을 본 결과로 섬들은 두려움에 빠졌다. 그들은 고레스의 침공 때문만이 아니라 하나님께서 역사의 무대에 그를 두었음을 인하여 두려워한다. 여기에 이방의 우상들과 같지 않으시는 하나님, 곧 그 하나님께서 참으로 열국들의 추이를 움직이신다. 첫 번째 동사는 완료형이면서 미래에 일어날 일에 대한 예견이다. 두 번째 동사는 미래형이고, 첫 번째 동사에 의하여 표현된 미래 개념을 강화한다. 우리는 "그 섬들이 볼 것이며 그 본 결과로 두려워하게 될 것이다"로 번역할 수도 있다.

정말, 땅이 존재하는 한, 땅끝까지 이르러, 그들이 어디에 있든지 여호와께서 하신 일을 들었을 때, 그 열국들 가운데 두려워 떠는 일이 일어날 것이다. 이 두 번째 표현에만 하나의 동사가 미래형으로 사용되고 있지만, 그러나 '보다'란 동사가 가정되어 있다. 하나는 완료형이고 다른 하나는 미래형인 이 두 동사들은 본 절을 완성하고 열국들이 서로간에 용기를 주기 위하여 서로 모이는 것을 묘사한다. 그들은 가까이할

---

11) 그러므로 '나'로 시작하고 '그'로 끝나는 4절 하반절에서 두드러진 대조가 나타난다. Alexander는 이 대명사를 '이 일을 누가 행하였느냐? 누가 이루었느냐?'라는 질문에 대한 답변으로 취급한다. 참고. Montogomery, *JBL*, Vol. 63, 1944, pp. 161-63; 그리고 Morgenstern, *JBL*, Vol. 62, 1943, pp. 269-280.

것이며 올 것이니, 이는 그들이 이스라엘의 하나님의 사역으로 인하여 두려워하게 될 것이기 때문이다. 열국들은 그러한 놀라운 일을 성취하신 이스라엘의 하나님에게 나아오지 않고, 그들이 만든 우상들의 도움을 얻기 위하여 서로 모인다.

41:6 선지자는 땅 끝이 서로 모이는 방법과 또 어떻게 그들이 서로 용기를 주기 위하여 나아가는지를 묘사한다.[12] 한 국가가 다른 국가를 도울 것이다. 이 뜻은 이 일이 개별적으로 될 것이라는 것이다. 여기에 회개의 사상이나 혹은 우상으로부터 돌이킨다는 사상은 없다. 오히려 열국들이 이미 스스로 처해 있었던 상태에 견고하게 머무르도록 용기를 얻는다는 것이다.

41:7 비록 심판이 빠르게 접근해 오고 열국들이 그것을 볼지라도 그들은 하나님에게로 돌이키지 않고 스스로 세운 우상들을 의지하면서 우상숭배에 머물러 있다. 선지자는 우상숭배의 어리석음을 보여 주기 위하여 그 우상들이 그 나라의 평범한 기능공을 의존하고 있다는 것과 그 구조물의 가장 자그마한 것에 의존하고 있다는 것을 지적한다. 우상들이 넘어지지 않도록 하기 위하여 작은 못이 필요하다. 그것의 힘은 그것 자체에 있는 것이 아니라 그것을 붙들고 있는 못에게 있다.

'그리고'라는 머리말은 본 절을 앞 절과 연결시키며 용기를 주는 방법의 실례를 소개하고 있다. 형상을 만들어낸 조각가(참고, 40:19)는 금을 벼르는 혹은 제련하는 금장색을 격려 혹은 용기를 북돋았다. 명사의 순서가 뒤바뀌어진 것처럼 보일 수도 있고, 또 벼르는 자와 제련하는 자를 그 우상의 목공에게 용기를 주어야 한다고 생각할 수도 있다. 그러나 선지자의 의도는 부득이 한 그룹의 기능공만이 다른 자들에게 용기를 준다는 것을 암시하지 않고 단순히 기능공 중에서 서로 용기를 북돋아 준다는 것을 지적하고 있는 것이다. 두 번째 타입의 기능공은 망치로 고르게 하는 자인데, 아마도 제련자에 대한 다른 호칭인 것 같다.[13] 그러나 이 호칭은 그 기능공이 자기의 일을 이루어 가는 방법에 주의를 집중시키고 있다. 그는 자기 망치로 금

---

12) 미완료형들은 확실한 사건발생 사실들을 단언한다. 직역하면, '각기 그 이웃을 그들이 계속 도우며', 즉 '각기 그 이웃을 도우며', 그리고 '그의 형제에게 계속 말하기를'이다.

13) 망치(대장간의 망치)—1Q는 בהלמם로 읽는다. 아마도 이것은, 그것이 하나의 엑센트가 없는 음절을 닫고 다게쉬 포르테에 의하여 표현될 때, 동화되어 (Nun)의 특성을 나누어 갖는 예(例)인 것 같다.

을 두들겨서 우상을 미끈하게 입힌다. 그는 스스로 용기를 얻어서 메질군(즉 모루를 두드리는 자—역자주)에게[14] 용기를 준다. 이 사람은 아마도 은사슬을 만든 사람이었을 것이다(참고. 40:19하).

그렇지만 이 호칭은 단순히 일반적으로 대장장이로 활동하였던 사람을 암시할 수도 있다. 아마 이 단어는 제련공과 동의어에 지나지 않을 것이다. 이 후자는 땜질에 대해서 그것을 조사하고 나서 그것이 좋다라고 즉 만족한 상태라고 선언한다. 이것은 우상의 형상에 금을 부착시키는 땜질이다. 검열을 받고서 그것이 좋은 상태라고 선언할 일반적인 노동자를 필요로 해야 한다는 것이 신이라는 말인가! 마지막으로 메질군은 우상을 못으로 단단히 고정시킨다. 그는 못을 사용하여 우상을 벽에 단단히 고정시켜서 넘어지지 않게 한다.[15] 아마도 그는 그 못을 벽에 박고 사슬을 거는 것 같다. 이 모든 일이 완성되었을 때 우상은 견고하게 서 있고 사용할 준비가 된 것이다. 하나님께서 동방으로부터 자기 종을 일으키실 때 열국들은 이렇게 어리석은 일을 하는 방향으로 나아갔다.

> 8절, 그러나 나의 종 너 이스라엘아 나의 택한 야곱아 나의 벗 아브라함의 자손아
> 9절, 내가 땅 끝에서부터 너를 붙들며 땅 모퉁이에서부터 너를 부르고 네게 이르기를 너는 나의 종이라 내가 너를 택하고 싫어 버리지 아니하였다 하였노라
> 10절, 두려워 말라 내가 너와 함께 함이니라 놀라지 말라 나는 네 하나님이 됨이니라 내가 너를 굳세게 하리라 참으로 너를 도와 주리라 참으로 나의 의로운 오른손으로 너를 붙들리라

41:8 하나님께서 열국들에게 들으라고 명령하셨으나 선지자는 그들이 어떤 반응을 하였는지 어떤지는 말하지 않고 있다. 여호와께서 동방으로부터 일으키신 자의

---

14) הוֹלֶם פָּעַם (홀렘 파암) — '모루를 두드리는 사람.' 나속 아호르(Nasôg Ahor)와 일치하여 엑센트가 밀렐로 밀려나갔다. 울티마가 이제 엑센트가 없는 폐음절이므로 단모음 'î'가 반드시 세골로 나타나야한다. 우가릿어에서 p'n(히, פעם)은 아마도 바알의 무기를 지칭하는 hrz에 병행하여 사용된다. 참고. UH, text 75, lines 40f. Haldar(ND, pp. 36-38)는 p'n이 바알이 그의 대적들의 머리를 쳐부수는 망치나 혹은 곤봉을 지칭할 수도 있다고 생각한다. p. 38에서 그는 Syria, Vol. 14, 1933으로부터 나온 한 예증을 인용하여 그러한 행동을 하고 있는 바알을 보여 준다.

15) '흔들리지 않게 하는도다' — '혹은 그것이 움직여지지 않게'. 선행하는 접속사가 없을 때 미완료형과 부정어는 출 28:32; 시 10:18에서처럼 목적을 나타낼 수도 있다.

출현은 열국들로 하여금 자기의 우상으로 돌아가게 하였다. 그러나 이스라엘은 여호와의 종이며 하나님께서 고레스를 일으키신 바로 그 지역으로부터 구원을 받을 것이다.

'그러나'라는 첫 말은 열국들과 대조가 되는 이스라엘을 나타낸다. 그들은 인간이 만든 자기의 우상에게로 가지만 이스라엘은 그의 하나님 안에서 위로를 얻는다. 그러므로 '그러나'는 의미심장한 대조를 나타낸다. 이사야는 강조와 함께 '너'라는 단수형을 사용하고 있으니, 이는 하나님께서 백성들을 개인으로 말하고 있기 때문이다. 하나님께서는 이제 자기 종, 곧 그분의 축복의 수납자가 될 그 나라에게로 향하신다. 40:27에서 선지자는 먼저 야곱을 언급했고 그 다음으로 이스라엘을 언급했었다. 그러나 여기서는 순서가 뒤바뀐다. 그러므로 이 족장의 두 이름을 함께 뒤섞여서 그의 자손에게 적용한다.

이스라엘은 '나의 종'이다. 이것은 바울이 자기를 예수 그리스도의 종이라고 부른 것 이상의 경멸적인 용어가 아니다. 여호와의 종은 개인이든 나라이든, 특별한 임무를 수행하도록 하나님께 선택 받은 명예를 얻게 된다. 여호와의 종으로서 이스라엘은 세상 속에서 제사장 나라와 그의 구원의 기이한 빛 속으로 부르신 언약의 하나님의 영광을 나타낼 나라로서 살아가는 임무를 받았다.

야곱은 섬기도록 선택을 받았다.[16] 그가 여호와의 종이지만 그러나 하나님의 선택으로 인하여 그 지위를 차지하고 있는 것이다. 자신의 결단이 그 나라를 여호와의 종으로 만든 것이 아니고, 오직 주권적인 은혜를 통하여 그렇게 된 것이다. 그 선택은 하나님 편에서 있었던 것이고, 그가 이스라엘을 선택하셨기 때문에 주님은 다른 나라들을 택하지 않으시고 간과해 버리셨다. 은혜로운 부르심을 통하여 하나님께서는 이스라엘을 택하시고 그를 자기 종으로 구별지으셨다. 동시에 비록 '종'이라는 칭호가 영예로운 것일지라도 그것은 이스라엘이 차지하여야 할 지위와 현재 이스라엘이 하나님에게 대하여 차지하는 지위에 분명하게 집중하게 하고 있다. 하나의 나라로서 이스라엘은 스스로 운명을 지도해 나갈 수도 없고, 일을 스스로 계획해 나갈 수 없으며, 이것은 그가 종이기 때문이고 그의

---

16) 내가 너를 택하였노라 – 관계 대명사가 여기서처럼 하나의 동사에 의하여 지배를 받을 때, 동사에 의하여 영향을 받은 목적어의 대격은 그 동사에 대명사적 접미사를 붙임으로써 표현된다. '야곱아, 너는 내가 선택한 자이다.' 직역하면, '야곱, 내가 너를 선택한.'

주인 곧 언약의 하나님의 명령을 준행해야 하기 때문이다. 하나님의 선택을 받은 이스라엘은 그의 국가생활 가운데서 그 행실로써 이 구속의 상태를 나타내야 한다.

이것은 이사야서 안에서 누군가를 여호와의 종으로 지칭하는 데 있어서 종이란 용어가 첫 번째로 나타난 경우이다. 이 용어가 이 시점에서 도입되는 것은 이스라엘 자체를 위해서나, 나머지 세상을 위해서 특히 적절하다. 먼저 이스라엘은 그 용어의 의미를 배워야 한다. 이 시점까지 그는 언약과 신정국가의 참 의미에 대하여 오만하게 경멸하면서 행동해 왔었다. 이사야의 초창기의 메시지는(예를 들면 5장) 이 나라의 악함과 교만에 대한 고발로 가득 했었다. 이스라엘은 약속된 메시아를 거절하고 당시 디글랏-빌레셀 3세로 대표된 인간세상 제국을 통해 도움얻기 위해 돌이킨 아하스의 행동을 세세하고 숨김없는 표현을 통해 그의 마음을 드러냈다. 이것은 마치 자기가 운명의 주관자 처럼, 임의로 다스리는 자처럼 행동한 것이다.

그러나 그러한 마음의 오만한 태도는 신정국가의 가장 좋은 이해관계에 해로웠고, 진실로 만일 계속 나아가도록 놓아둔다면 그 논리적 결론은 신정국가를 멸망시키고 구원의 약속을 무효화시켰을 것이다. 그러므로 이스라엘은 하나의 교훈을 배워야 한다. 비록 그 약속들이 그의 것이라 할지라도 이스라엘은 자기의 뜻이 아니라 언약의 하나님, 선택하시는 하나님의 뜻을 행해야 하는 하나의 종에 지나지 않는다는 그 진리가 되풀이하여 깨우쳐야 한다. 그러한 교훈을 배우기 위하여 이스라엘은 오직 하나님의 은혜로 그리고 주님의 임명을 받은 도구인 고레스로 말미암아 구원받기 위해 바벨론 포로기의 낮아짐의 시기를 통과해야 한다. 이스라엘은 또한 자신의 비극의 근본 뿌리였던 죄의 노예상태로부터 그 누구와도 비교할 수 없는, 그 자신보다 훨씬 더 참된, 여호와의 종이었던 그분에 의해서만 구원받을 수 있었다는 사실을 배워야 한다.

그러므로 우리는 그 바벨론 포로를 하나님의 진노와 징벌이 자기의 택하신 백성에 대하여 나타났었던 한 기간, 그리고 이스라엘이 그가 하나님에게 하나의 순종하는 종이 되어야 한다는 사실을 배워야 하는 교육의 시기로 볼 수 있다. 그가 이 교훈을 보다 잘 배울 수 있도록, 그는 대리적 고난을 통하여 그를 위하여 그의 죄로부터 구속을 가져다 주시고 그의 하나님과 화목을 가져다 주실 유일한 여호와의 종에 대해서 듣는다.

비록 그 백성이 그들의 조상 야곱-이스라엘로 불림을 받지만 그 약속은 그의 씨가 그 나라였던 족장 아브라함에게 주어졌었다. 아브라함을 언급하는 것은 거기에 위로의 기록이 있기 때문이다. 이것은 바벨론 포로의 진노를 당해야 하고 그곳에서 교훈을 배워야 할 그 백성이 자기들이 하나님과 하나의 친구로서 밀접한 관계에 서 있었던 사람의 후손이라는 사실을 일깨움을 받기 때문이다. 아브라함은 창세기 18:17-19에서 나타난 바와 같이 하나님께서 사랑하는 자였다. 그리고 하나님께서는 아브라함에게 구원의 은혜를 나타내 주셨다(참고. 신 4:37; 7:6-8). 아브라함에 대해 오하비(אֹהֲבִי, 나의 사랑하는 자, 개역은 '나의 벗')란 호칭으로 말하면서 하나님께서는 그 족장을 크게 명예롭게 만들고 있으니, 이는 이것이 종의 칭호보다 더 고차원적인 칭호이기 때문이다(참고. 요 15:14, 15). 역대하 20:7과 야고보서 2:23에서 같은 칭호를 아랍 전통에서처럼 아브라함에게 적용하였다.[17] 약속의 성취를 받은 사람들은 하나님의 양자가 되고 약속의 후사들이다. 그들 역시 더 이상 종이 아니요 친구이다.

41:9 맨 앞에 나오는 관계 대명사는 야곱-이스라엘, 곧 그 나라를 가리킨다. "너는 내가 붙드는 이스라엘이다…."[18] 그림 언어인 동사 "취하다"는 그 이상을 의미하며 '붙들다' 혹은 '쥐다'로 번역되는 것이 더 낫다. 하나님께서는 그의 손으로 이스라엘을 강하게 붙드신다. 주님은 그의 붙드심으로부터 도망할 수 없도록 이스라엘을 붙잡으신다. 옮긴다는 개념은 실제로 그 동사에 표현되지 않았고, 문맥에 암시되어 있다. 그러므로 "내가 땅 끝에서부터 너를 붙들었다"는 "내가 너를 붙들었고 땅의 끝으로부터 너를 이끌어왔다"를 의미한다. 그것은 하나님 편에서의 단호한 행동을 가리킨다.

전치사 '민'을 부분을 표시하는 의미로 취급하는 것은 가능하며, "땅의 모든 끝

---

17) 참고. Koran 4:125. "그리고 자신을(직역하면, 그의 얼굴) 알라에게 복종하였던 그 (he)보다 종교에 관하여 보다 나은 자가 누구인가? 그는 선행을 행하면서 의인 아브라함의 신앙(직역, 말씀)을 따르고, 하나님께서는 아브라함을 친구(חָלִיל)로 취급하셨다." 실제로 이 단어는 '나를 사랑하는 그', 접미사를 목적격으로 이해한다. 성경 밖의 평행절에 대해서는 참고. *ANET*, pp. 143ff., 그리고 *CBQ*, vol. 25, 1963, pp. 77-87.

18) 이 관계 대명사는 삭제되어서는 안 되고 관계절은 실질적으로 한 분리된 문장으로 변형된다.

중에서부터 나는 오직 너만을 붙들었나니"라는 뜻이 된다. 그러나 평행적 표현 "땅 모퉁이에서부터"를 볼 때, 이 해석은 옳은 것 같지 않다. 평행절과 일치하므로 그 문구를 하나님께서 자기 백성을 끌어오셨던 먼 땅을 암시하는 것으로 해석하는 것이 훨씬 더 낫다. 팔레스틴에서 살고 있는 사람에게 갈대아 땅의 우르는 땅 끝으로 불릴 수 있는 거리가 아주 먼 곳으로 보였을 것이다. "땅 끝"이란 문구는 그 자체가 가장 먼 장소를 암시한다. 아브라함 안에서 이스라엘의 부르심에 적용하였을 때, 이 말씀이 발설되어진 관점은 분명히 팔레스틴인이다. 만일 이스라엘이 실제로 바벨론에 있었다면, 하나님께서 아브라함의 부르심이 땅 끝으로부터 있었던 것으로 지적하였을 것인가?

"땅 끝"이란 표현의 평행구는 "그리고 땅 모퉁이로부터"이다. 이 두 표현 가운데 들어 있는 기본적인 개념은 멀리 떨어져 있는 상태이다. 그러나 그것들이 순전히 지역적인 의미로만 취급되었는지 그렇지 않은지는 의문스럽다. 선지자가 바울 사도의 사상과 같은 사상을 표현하고 있었다는 것은 가능한 일이다. "이제는 전에 멀리 있던 너희가 그리스도 예수 안에서 그리스도의 피로 가까워졌느니라"(엡 2:13). 첫 행은 간과되어서는 안될 교차적 내용을 담고 있다. "내가 너를 붙들었다 땅 끝에서부터, 그리고 땅 모퉁이(가장 먼 곳)에서부터 내가 너를 불렀다." 첫 번째 동사는 백성들을 부르신 효과 있는 은혜를 암시한다. 두 번째 동사는 그들을 불러 자기 백성삼으신 효과적인 부르심을 지적한다.

이스라엘을 부르심에 있어서 하나님은 이스라엘을 자기 종으로 밝히셨다. 그분은 이 일을 시내 산에서 그들을 한 국가로 세우실 때부터 하셨다. 하나님의 종으로서 이스라엘은 그분을 섬겨야 했고 자기 자신을 섬겨서는 안 되었던 이유는 주께서 그들을 택하시고 싫어 버리지 않으셨기 때문이다. 다른 열국들을 거절하며 지나가셨던 하나님께서는 이스라엘을 택하셨다.[19] 그들의 초창기를 되돌아보면 이스라엘은 자기의 한 국가로서의 존재가 하나님의 은혜로부터 나온 것이었다고 말할 수 있었다. 그들은 선택받을 자격이 없었음에도 모든 열국들 가운데서 하나님은 이스라엘에게 자기의 사랑을 부으셨고 자기의 종으로 부르셨다.

---

19) '내가 너를 싫어버리지 아니하였다'는 문구는 어떤 점에서 이스라엘의 지상 역사에 적용되지 않는다. 그보다, 그들은 '내가 너를 택하였다'는 말씀과 대조를 이룬다. 이스라엘은 하나님의 선택의 대상이었지, 싫어버림의 대상이 아니었다.

41:10 본 절은 8, 9절이 서론으로서 역할을 하였던 이스라엘을 향한 말씀의 결론을 이루고 있다. 이스라엘이 하나님의 종으로 선택을 받았으므로 그는 그의 주위에 있는 열국들이 하였던 것처럼 두려워해서는 안 될 것이다. 이스라엘은 두려워하지 않음으로써 스스로 독특하다는 것을 보여 줄 것이었다. 열국들은 하나님께서 하고 있었던 일을 보고 그 결과로 두려워하였다(41:5). 이스라엘은 그들과는 달라야 했었다. 즉 그들은 두려워하지 않아야 했었다.[20] 먼저 이스라엘은 땅에서 하나님의 능하신 사역을 보았을 때 두려워하지 않아야 했었다. 하나님께서는 동방에서 능력으로 오고 있었던 한 사람을 일으키셨고 다른 열국들은 두려워 떨었다. 그러나 이스라엘에게는 그의 나타남이 두렵게 만드는 것이 아니었다.

그러나 본 절의 의미는 그보다 훨씬 더 깊다. 이스라엘은 전혀 두려워하지 않아야 할 것이다. 그들에게는 대적이 없고, 역사의 무대를 갑작스럽게 바꾸는 것도 없을 것이며, 어떤 것도 그를 두렵게 할 것이 없을 것이며, 이것은 그의 하나님이 그와 함께 하시기 때문이다. 그는 아브라함의 자손이며 하나님께서는 아브라함에게 언젠가 말씀하시기를, "아브람아 두려워 말라 나는 너의 방패요 너의 지극히 큰 상급이니라"(창 15:1)고 하셨었다. 이것이 구속사에서 발견되는 거대한 "두려워 말라"는 말씀의 첫 번째 것이다. 이삭에게도 같은 "두려워 말라"는 말씀이 주어졌었다. 그리고 그 말씀을 하면서 아브라함에게 대해 언급하셨었다(창 26:24). 그리고 야곱에게 의심과 어려움이 닥쳤던 때, "두려워 말라"는 하나님의 말씀이 주어졌었다. 아브라함의 자손은 의심 없이 조상들의 하나님, 곧 그의 하나님 야웨를 의지하면서 믿음으로 행해야 한다.

이 "두려워 말라"는 표현과의 평행절이 "놀라지 말라"(근심으로 바라보지 말라)를 의미하는 말씀이다. 동사는 두려워하고, 그래서 자기들을 헤치는 어떤 것이 있는가를 보려고 사방을 둘러보는 자들을 가리킨다. 이것은 이스라엘에 대한 것이 아니니, 이는 하나님께서 그와 함께 하시기 때문이다. 단어들의 순서가 특이하다. "내가 너

---

20) Hahn이 지적한 바와 같이, 열국들에게는 우상들이 있었고 영원하신 자께서 그들을 대적하셨었다. 그러나 이스라엘은 전능하신 하나님을 돕는 자로 모셨었다. '두려워 말라'는 표현은 본 장들 가운데서 자주 나타난다(40:9; 41:10, 13, 14; 43:1, 5; 44:2, 8; 51:7; 54:4). 그것은 그리스도의 구원사역에 대한 묘사와 대칭되는 부분(counterpart)이며, 다음과 같은 신약의 메시지로 이끌어간다. "무서워 말라 보라! 내가 큰 기쁨의 좋은 소식을 너희에게 전하노라."

와 함께 함이니라!"(직역-with thee am I) 이스라엘과 함께 계시는 분은 그의 하나님 야웨이시다. 그들은 이보다 더 큰 자원을 소유할 수 없었을 것이다. 모든 민족들 가운데서 그들은 가장 부요한 자이다(참고. 40:9; 43:2, 5 그리고 행 18:9, 10; "두려워 말라…이는 내가 너와 함께 함이니라"는 말씀을 주시라).

마지막 행에서 선지자는 어떤 방식으로 여호와께서 자신이 백성들과 함께 하시고 그들의 하나님이 되실 것인지를 나타내고 있다. 세 개의 동사들 가운데 비록 각자의 함축된 뜻을 정확하게 구별하기는 어렵기는 하지만, 어떤 사상의 점층법(gradation)이 들어 있다. 첫 번째 동사를 "내가 너를 굳세게 하리라" 혹은 "내가 너를 굳세게 하였다"로 번역할 수 있다. 이 동사를 실제로는 완료형이며 과거나 현재로 번역해야 할 것이다. 하나님께서는 이스라엘에게 미래의 사건들을 감당하는 데 필요한 그 어떤 견고함이나 힘이라도 주실 것이다. 그 다음으로 하나님께서는 이스라엘을 도와주셨다. 이 동사는 아프(אַף, 참으로)라는 불변화사에 의하여 강화된다. 이스라엘이 필요로 할 때 하나님께서는 그를 도우시면서 함께 하신다. 마지막으로, 하나님은 이스라엘을 붙드신다. 이 마지막 동사는 첫 번째 동사와 거의 동의어이지만, 그러나 아마도 하나님의 보호와 붙드시는 능력을 직접적으로 지적하는 것 같다. 이스라엘을 붙드심으로써 하나님은 그를 넘어짐으로부터 막아 주신다(참고. 40:30). 주님은 그분의 의의 오른손, 즉 그의 의로운 오른손을 통하여 이 일을 하신다, "오른손"이란 단어는 하나님의 권세와 능력을 상징한다. 이것은 하나님의 섭리적 사역 가운데서 나타난 "의"를 통하여 일하시는 오른손이다. 이 의가 이스라엘에게는 축복이 될 것이다. 그러나 그분을 알지 못하는 열국들에게는 그 의가 그들의 악함에 해당하는 징벌과 보응적 공의로 나타날 것이다.

11절, 보라 네게 노하던 자들이 수치와 욕을 당할 것이요 너와 다투는 자들이 아무것도 아닌 것같이 될 것이며 멸망할 것이라
12절, 네가 찾아도 너와 싸우던 자들을 만나지 못할 것이요 너를 치는 자들은 아무것도 아닌 것같이, 허무한 것같이 되리니
13절, 이는 나 여호와 너의 하나님이 네 오른손을 붙들고 네게 이르기를 두려워 말라 내가 너를 도우리라 할 것임이니라

41:11 이사야는 대조가 되는 것을 다루고 있으며, 그렇게 해서 진리를 보다 분

명하게 드러내고 있다. 하나님의 오른손의 의가 이스라엘을 붙드시지만, 그 대적들은 완전히 기가 꺾일 것이다. 사실 이스라엘의 도우심의 이면적 측면이 그의 대적들의 멸망 가운데서 발견될 것이다. 어투가 일반적으로 이해되어야 할 것이다. 즉 그것은 바벨론인들을 가리키거나 혹은 특수한 의미에서 어떤 다른 백성들을 가리키지 않는다. 선지자가 말하고 있는 진리는 하나님의 나라가 실현될 때 악의 나라는 복종될 것이라는 것이다.

"보라!"는 머리말을 통하여 선지자는 자기의 메시지에 주의를 집중시키고 있다. 두 개의 동사가 직접 뒤따라오는데, 첫 번째 것을 "그들이 수치를 당할 것이다"로 번역될 수 있으며 두 번째 것은 "그들이 기가 꺾여질 것이다"로 번역할 수 있다. 이 둘은 미완료형이고 약한 와우로 연결되어 있다.[21] 하나님의 진노의 대상들이 자기들의 실상을 깨달을 때 수치가 찾아올 것이며, '욕(기가 꺾임)'은 그들이 자기들의 우상들로부터 도움을 구하려할 때 나타날 것이다. 그들은 교만과 자만했는데, 이는 그들이 이스라엘의 하나님 야웨의 사역을 경멸했고, 이스라엘에 대하여 분노하였기 때문이다. 그러나 이제 주께서 행동하실 때, 그들은 모략이나 계획을 가지지 못한다.

두 번째 행에서 선지자는 대적들을 "너와 다투는 자들" 즉 "네가 다투었던 사람들"로 묘사하고 있다. 이것이 첫 번째 행의 대적들에 대한 평행적 묘사인지 아닌지 혹은 그것이 대적들의 두 번째 계층을 지칭하는지 아닌지는 결정하기 어려울 것 같다.[22] 첫 행에서 그들의 태도가 언급되었다. 여기서 그들을 단순히 이스라엘과 대적하여 다투는 자들이라고 말한다. 다툼이란 실제적인 소송을 의미한다. 첫 행에 있는 단어(바크)인 전치사와 접미사에 비추어 볼 때 우리는 "다투다"란 단어와 연결된 그 접미사를 목적격으로 이해할 수도 있다. 만일 이것이 옳다면, "너와 다투는"이란 단어는 "너에 대항하여 다투는"을 의미한다. 그러나 접미사를 주격으로 해석하는 것이 전적으로 가능한데, 그럴 경우 그 뜻은 이스라엘이 다툰다는 뜻이다. 만일 접미사가 목적격으로 취급된다면, 언급된 대적의 계층은 단지 이스라엘에 대항하여 노할 뿐만 아니라 적극적으로 그에게 대항하여 소송을 제기하는 자이다. 어떤 경우이든 이

---

21) 두 번째 동사는 첫 동사의 행동의 결과를 가리킨다.
22) 이 표현은 다른 곳에서 한 법정에 있는 대적자들에 적용된다. 참고. 욥 31:35; 렘 15:10. 그것은 분명히 헷(Hittite)어의 *bel dini*와 유사하다.

대적의 결과는 확실하다. 그것은 아무것도 없는 것처럼 될 것이며 멸망할 것이다.

41:12 선지자는 이제 앞 절의 하반부의 사상을 한층 더 개진한다.[23] 자기 메시지를 이스라엘에게 확신시키기 위하여 그는 그 나라가 그 대적들을 찾고자 하나 그들을 발견하지 못할 것이라고 말한다. 첫 행에서 그는 그 대적들을 '너의 싸우던 자들' 혹은 "너에게 대항하여 싸우는 자들"로 묘사하고 있으며, 그리고 두 번째 행에서는 '너를 치는 자들'(직역―너의 싸움의 사람들)로 묘사한다.[24] 이 대적들이 아무 것도 아닌 것같이 될 것이라고 말함으로써 선지자는 그가 앞의 11절의 두 번째 행에서 주장하였던 내용을 강화하고 있다.

41:13 11절과 12절의 선언이 왜 믿을 만한지 그 이유가 나타나 있다. 하나님께서 이스라엘의 오른손을 강하게 하셨다. "야웨인 나는 또한 너의 하나님이다." 여호와께서 이스라엘의 오른손을 붙드셔서 그 손은 떨어지지 않을 것이며 이스라엘은 넘어지지 않을 것이다.[25] 만약 여호와 이외의 누군가가 이스라엘에게 "두려워 말라"고 말하였다면, 그 말은 무의미한 말이 되었을 것이다. 그러나 자기 백성에게 그렇게 말씀하는 주께서는 그들을 도우셨다. 그 나라에 두려워 말라고 명령하신 하나님께서는 이미 그 나라에 도움을 주셨다.

> 14절, 지렁이 같은 너 야곱아, 너희 이스라엘 사람들아 두려워 말라 나 여호와가 말하노니 내가 너를 도울 것이라 네 구속자는 이스라엘의 거룩한 자니라
> 15절, 보라 내가 너로 이가 날카로운 새 타작 기계를 삼으리니 네가 산들을 쳐서 부스러기를 만들 것이며 작은 산들로 겨 같게 할 것이라
> 16절, 네가 그들을 까부른즉 바람이 그것을 날리겠고 회리바람이 그것을 흩어 버릴 것이로되 너는 여호와로 인하여 즐거워하겠고 이스라엘의 거룩한 자로 인하여 자랑하리라

41:14 14-16절은 그 자체로 완전한 하나의 밀집된 단위로서, 단순히 내용에서

---

23) 12절의 상반부는 1Q에서 발견되지 않는다. 그것이 아마도 지워졌던 것 같다.
24) 하나의 연계형을 뒤따라오는 소유격은 물질 혹은 속성의 개념을 우회적으로 표현하기 위하여 사용될 수도 있다. '너의 싸우던 사람들, 즉 너에 대항하여 싸우던 사람들.'
25) 참고. 42:6; 45:1; 51:18.

뿐만 아니라 14절과 16절에 모두 "이스라엘의 거룩한 자"라는 문구의 출현에서도 드러난 사실이다. 선지자는 또다시 그 나라를 위로하는 데로 나아가고 있으며, 그 나라의 깊은 수치를 상기시킴으로 위로를 강조하고 있다. 그는 10절로부터 취해 온 동사들을 사용하면서 또다시 백성들에게 두려워 말라고 명령한다. 그러나 그는 그들에게 욥기 25:6의 진술을 반영하고 있는 "지렁이 같은 야곱"으로 말하고 있다.[26] 아마도 메시아적 시편 22:6의 반영이 여기에 나타나 있는 것 같은데, 이는 델리취가 지적한 바와 같이 이 구절들이 메시아적 빛 아래에 있다는 것이 사실이기 때문이다. 참된 종이신 그분은 또한 하나의 지렁이이며 사람이 아니다. 또한 그분은 참된 종 국가(the servant nation)의 심령과 본질을 반영하고 있다. 어쨌든 그 호칭 자체를 경멸의 의미로 사용하는 것이 아니라, 그 나라가 처해 있었고 오직 하나님의 능력으로만 도움을 받을 수 있었던 과거의 비극적인 곤경과 비참한 상태를 상기시켜 준다. 그러한 칭호는 그 나라의 상태를 상기시켜 주었을 것이고, 선지자가 그것 위에 찬양과 영광의 형용사들을 쌓아 올리는 것보다 위로에 보다 적절하였을 것이다.

두 번째 칭호는 "이스라엘 사람들"이다. 그러나 많은 비평가들은 본문을 수정하기를 더 좋아하는데, 이는 그들이 첫 번째 문장의 지렁이에 사상적으로 평행이 되는 어떤 단어가 있어야 할 것이라고 생각하기 때문이다. 어떤 사람은 엄밀한 의미에서 그 단어를 죽은 자들로 취급한다. 그래서 제롬은 qui mortui estis in Israel 라고 하였는데, 칼빈에 의하여 인정을 받았다. 에발드는 이 단어를 림마트(רִמַּת, -의 지렁이)로 변환시켰고 이것이 어떤 불운한 번역으로 이끌었다. 펜나는 vermiciattolo(작은 지렁이, 구더기)로 번역하고, 키쎄인은 구더기로 번역한다. 에발드 자신은 gekrummtes Israel로 번역하였다. 그러나 이러한 번역들은 이스라엘을 경멸스런 존재로 만드는 것처럼 보이며 지렁이라는 단어가 가지지 않았던 어조를 첨가한다.

다른 한편 마우러는 하나의 엄밀한 하나의 사상적 평행구가 언제나 발견되지 않으며 그래서 우리가 '사람들'이란 번역을 보유한다고 말한다. 이것은 가장 좋은 조치이다. 이 번역은 창세기 34:30과 신명기 4:27에 나타나 있는 "수(數)의 사람

---

26) '지렁이 같은 야곱' (직역—야곱의 지렁이) — 소유격은 하나의 일반적인 개념을 보다 구체적으로 번역하도록 하는 역할을 한다.

들"(즉 소수의 사람들)이란 문구를 반영하는 것처럼 보인다. 그러나 적다는 것과 죽을 수 밖에 없다는 개념은 실제로는 부차적인 것이며 이 단어의 단순한 출현에 의하여 암시되어 있는 것 같다. 이 사상은 적고도 미약한 이스라엘 사람들이 실제로 무력하고 절박한 도움이 필요한 자라는 것이다. "이스라엘 사람들"이란 문구는 지렁이 같은 야곱이란 문구와 동격이지만 그것들은 완전한 평행을 이루지는 않는다.[27]

선지자는 이스라엘이 왜 두려워 말아야 할지 그 이유를 제시하고 있는데, 말하자면 하나님이 그들을 도우셨기 때문이다. 그리고 이 점을 "나 여호와가 말하노니"라는 확언에 의하여 강화한다. 하나의 새로운 하나님에 대한 호칭이 나타나 있으니 곧 "구속자"이다. 이 단어를 친족에 대해 사용하며(레 25:24, 25) 몸값을 지불하여 노예상태로부터 구출하는 자에 대하여 사용한다. 하나님께서 자기 백성을 애굽의 노예상태로부터 구속하셨고 이제 그들이 처해 있었던 큰 죄의 노예상태로부터 그들을 구속하실 것이었다(참고. 43:14; 44:6, 24; 47:4; 48:17; 49:7, 26; 54:5, 8; 59:20; 60:16; 또한 참고. 43:1; 44:22, 23; 48:20; 52:9; 63:9). 이사야가 성전에서 보았고, 그의 영광이 온 땅에 가득하였으며, 악을 차마 보지 못하시는 그분이 자기 백성 야곱과 이스라엘을 그들이 팔려갔던 노예상태로부터 되돌려 사기 위하여 값을 지불하시는 분이시다. "하나님의 아들에 대한 언급을 비록 그것이 옛 사람들에게 지각되지 못하는 구약시대라고 할지라도, 언제나 성 삼위와 같은 위격에 돌려진다는 지식으로 인하여 이제 필연적인 것으로 간주한다"(알렉산더).

41:15 거룩하신 자께서 이스라엘을 구속하실 뿐만 아니라 그로 하여금 모든 대적들과 장애물들을 이기게 하실 것이다. 이것은 그들의 구원 중에서 새롭고도 중요한 요소이며, 그것의 고귀성에 주의를 상기시키기 위하여 이사야는 "보라!"라는 단어를 사용하고 있다. 이러한 방식을 통하여 그는 자기가 말해 나가고 있는 위안과 위로에 직면하도록 주의를 상기시킨다. 하나님께서는 이스라엘을 '타작기계'로 두셨다(임명하셨다, 세우셨다). 이것은, 밑에 쇠 못 혹은 현무암 뾰죽 못들이 박혀 있는 롤러가 달린 판판한 널빤지 혹은 판자이다(참고. 28:27). 더욱이 그것은 날카롭

---

27) 이스라엘 사람들 – 한가지는, 이 문구가 14절 상반절의 하반부 전체를 이루고 있다는 것이다. 만약 완전한 평행을 이루려면 우리는 14절 상반절의 '두려워 말라'에 상응하는 어떤 내용을 필요로 한다. '두려워 말라'에 상응하는 것은 14절 하반절에 있는 '내가 너를 도왔다' 이다.

게 자를 수 있을 주둥이(날?)를 가지고 있다.[28]

두 번째 행에서 선지자는 이스라엘에게 말하고 있으며, 그가 산들을 쳐서 부스러기를 만드는 도구가 될 것이라고 말한다.[29] 이 어투는 과거에 너무나 크고 강했던 그 어느 백성들도 즉 세계를 지배하고 있었던 인간의 왕국과 같이 능력 있는 백성들도 이스라엘이 가는 앞길에 서 있을 수 없을 것이라는 사실을 보여 주기 위한 상징이다. 이스라엘 스스로 그의 대적들을 대항하고 무너뜨리는 힘을 가졌다는 것이 아니라, 하나님의 백성으로서의 그가 그의 하나님의 능력 안에서 용맹스럽게 행하리라는 것이다. 평행적인 사상이 "이스라엘이 작은 산들도 겨 같게 할 것이라"는 내용에 의하여 강화된다. 약하고 유린당한 지렁이 이스라엘이 그 자신보다 훨씬 더 큰 장애물을 이길 것이니 곧 하나님의 능력으로 이길 것이다.

41:16 선지자는 이스라엘의 승리의 행위를 계속 묘사해 나간다. 산들을 타작하고 작은 산들을 겨같이 만든 다음에 그 나라는 그들을 까불러서 날려버릴 것이다. 그러나 이스라엘은 계속 존속할 뿐만 아니라, 그 하나님 안에서 즐거워할 것이다. 산들이 한번 티끌로 되면, 이스라엘은 통상적인 방식으로 그들을 까불러서 강한 바람이 그것들 날려가 버리도록 그 티끌을 공중으로 뿌릴 것이다. 우리가 여기서 믿음이 없는 열국을 섞어 체질하여 땅에 떨어져 바람에 날려가 버리지 않는 어떤 알곡이 보존될 것이라는 사실을 여기서 보아야 하는지는 의심스럽다. 그보다 이 말씀의 뜻은 악한 열국들이 까불러져야 할 것이고, 또 그들이 겨와 같으므로 날려가 버릴 것이라는 것이다(참고, 시 1:4). 강조가 그들의 사라짐에 주어져 있다. 그러한 까닭에 강한 바람이 언급되어 있다. 실제로 그러한 바람은 겨와 알곡들을 함께 불어가 버린다. 그러나 선지자의 의도는 사라짐의 격렬성을 지적하고자 한 것이다. 여기에서 점층법(gradation)이 나타나 있으니, 즉 선지자가 먼저 산, 곧 산들이 티끌이 된 다음에 그 산들의 나머지를 드는 루아흐(רוּחַ, 바람)를 언급

---

28) Tiglath-phileser는 "나는 Beth-Amukkan을 타작하는 것처럼 짓밟았다." Nimrud 널빤지 비문. 참고. J. Reider, *VT*, Vol. 2, 1952, pp. 116ff.; Halder, *ND*, p. 36.
29) '네가 부스러기를 만들 것이며' — 미완료형을 가진 약 와우는 결과를 표시한다. 너는 타작할 것이며 그 결과로 너는 부스러기를 만들 것이다. Hamlin(*JNES*, Vol. 13, 1954, pp. 185-190)은 산들이 바벨론의 지구랏트를 암시하는 제의적 중심지를 나타낸다고 생각한다.

하고, 그 다음으로 그것들이 완전히 시야에서 사라지도록 티끌들을 흩어버릴 쎄아라(סְעָרָה, 회리바람, 강한 바람)를 언급한다.

장애물들은 완전히 사라졌을지라도 이스라엘은 그 하나님으로 인하여 즐거워할 것이다.[30] "그리고 너는"이란 말을 통하여 선지자는 대조를 나타내고 있다. 승리자로서의 이스라엘은 즐거워 할 것이지만, 이 즐거움은 이스라엘의 거룩한 자 여호와로 인한 것이 될 것이다. 그는 마치 그 승리가 자기 자신의 능력을 통하여 이루어진 것처럼 자랑하지 않고 모든 것이 여호와로 인한 것임을 인정할 것이다. 그는 이것을 마지못해 하지 않고 즐거움으로 할 것이다.

17절, 가련하고 궁핍한 자가 물을 구하되 물이 없어 갈증으로 그들의 혀가 마를 때에 나 여호와가 그들에게 응답하겠고 나 이스라엘의 하나님이 그들을 버리지 않을 것이라
18절, 내가 자산에 강을 열며 골짜기 가운데 샘이 나게 하며 광야로 못이 되게 하며 마른 땅으로 샘 근원이 되게 할 것이며
19절, 내가 광야에는 백향목과 싯딤나무와 화석류와 들 감람나무를 심고 사막에는 잣나무와 소나무와 황양목을 함께 두리니
20절, 무리가 그것을 보고 여호와의 손이 지은 바요 이스라엘의 거룩한 자가 창조한 바 인줄 알며 헤아리며 깨달으리라

41:17 선지자는 이제 40장에서 묘사했었고 또한 비록 그 궁핍이 얼마나 클지라도 또다시 하나님께서 그것을 채우시고 응답하실 것이라는 사실을 보여 주기 위하여 41:14의 지렁이라는 단어를 소개하였던 바와 같이 백성들을 궁핍한 자로 묘사하고 있다. 백성들을 묘사하기 위하여 그는 자주 함께 사용되었던 두 개의 단어들 곧 아니임(עֲנִיִּים, 가련한)과 에비오님(אֶבְיוֹנִים, 가난한)을 사용하고 있는데, 이것들은 이스라엘에게 닥쳤었던 곤경과 궁핍의 상태를 나타낸다(참고. 32:7). 그러나 그러한 곤경과 궁핍은 단순히 물리적 의미로만 이해되어서는 안 될 것이다. 즉 그 단어들은 여호와를 의지하면서 참을성 있게 고통을 견디는 헌신되고 경건한 사람을 가리키는 것으로 보인다(참고. 시 40:17; 70:5; 86:1; 109:22; 렘 20:13; 22:16,

---

30) 16절 하반절에 있는 교차적 표현을 주시하라.

등).³¹⁾ 만일 이 후자의 뜻이 여기에 두드러져 있다면, 그것은 하나님의 선민으로서 그 나라에 당신의 구원을 가져다 주실 그 주님을 인내하여 바라보는 것을 상기시켜 주었을 것이다. 이 묘사는 마른땅에서 물을 찾는 사람의 모습 곧 선지자 당시의 그 나라 백성들에게는 너무나 잘 이해되었을 모습이다. 가련한 자들의 결정적인 필요를 두 문장에 진술한다. "그들이 물을 구하다"와 그러나 물이 없어서 "갈증으로 그들의 혀가 마르다"는 것이다.³²⁾ 이 후자의 문구는 묘사를 고조시킨다. 선지자는 두드러진 유사음 또는 모음운(assonance:시의 기교로서 단어의 마지막 모음이 다음에 이어지는 낱말 가운데 강세를 받는 모음과 반복되는 현상)으로 (마임 와아인)로 물의 결핍을 암시한다. 즉 그것이 없다는 것이다. 가난한 자와 궁핍한 자가 그러한 상태에 있을 때, 하나님께서는 그들의 필요에 응답하실 것이다.³³⁾ 자기 백성의 궁핍의 부르짖음은 주님에게 상달하고 주님은 이에 응답하실 것이다. 아마도 백성들의 구체적인 기도에 대해 하나님이 응답하신다는 사상을 나타내고 있는 것으로 보인다. 그러나 가장 완전한 의미에서 주님의 행위는 백성에 대한 응답으로 지칭될 수 있을 것이다.

이 언어는 극한 필요상황을 묘사한다. 백성들은 인간도구들을 통해서는 스스로 탈출할 수 없는 상황 가운데 있다. 구원은 밖으로부터 그들에게 와야 한다. 이러한 표상은 40:3에 묘사되어 있는 것과 같은 광야를 통과해 나가는 여행의 모습이고 메소보다미아와 팔레스틴 사이에 있는 사막을 통과해 나가는 모습은 아니다. 이 어투는 하나님의 백성들이 하나님의 심판을 느꼈을 때 하나님의 백성들에게 오는 고통에 대

---

31) 다른 한편, Volz는 이 단어들이 영적 의미로 취급되어서는 안 되고 바벨론으로부터 팔레스틴으로 돌아오는 자들이 그 사이에 끼어 있는 사막가운데서 목마름과 어려움과 위험을 당했던 것을 가리키는 것으로 이해해야 한다고 생각한다. 그러나 문맥은 영적 구원을 가리킨다. 더 나아가서 예상되는 사막의 위험을 지나치게 강조한다. 에스라는 귀환하는 포로민들로 하여금 "아하와로 흐르는 강가에서"(스 8:15, 21) 3일간을 유하게 하였었고 금식을 선포했었다. 이것은 만일 그 백성들이 배고픔과 목마름을 당하고 있었다면 그렇게 하도록 한 일은 어리석은 행동이 되었을 것이다.
32) 구하고 있는 - 관사가 생략되었을지라도, 이 분사형을 관계사로 해석할 수 있다. 참고, 왕상 11:8; 왕하 10:6. 그러나 이 분사형을 현재의 행동을 표현하고 있는 것으로 해석하는 것이 더 낫다. 그렇다면 17절 상반절 전체는 하나의 시간을 나타내는 문장의 의미를 가질 수 있고, 통상적인 영역본들 가운데서는 그같이 정확하게 번역되어 있다. 1Q는 관사를 덧붙인다.
33) נחשה - ה에 있는 '다게쉬 포르테 어펙투오숨'(affectuosum)은 주 휴지에 있는 카메츠를 강조한다. 필자는 이 형태를 נשה으로부터 온(חשה으로부터가 아님) 칼 3인칭 여성 단수로 해석한다. 니팔형은 19:5과 렘 18:14에서 나타난다.

한 일반적인 묘사이다. 이러한 의미에서 그것을 바벨론 포로에게 적용할 수 있지만, 그러나 그 적용은 그렇게 제한적이지 않다. 하나님의 백성들은 그들의 깊은 죄로 인하여 심각한 재난에 빠졌다. 그들의 부르짖음이 주님에게 상달하고 그들의 곤고를 주님이 아셨을 때, 주께서는 응답하시고 자기의 구원을 베풀어 주신다. 13절에서처럼 "야웨"와 "이스라엘의 거룩한 자" 모두가 인칭 대명사인 "나"와 동격이 되어 있다. 구속의 두드러진 사역 가운데서 능동적으로 역사하신 분은 이스라엘의 언약적 하나님, 시내 산의 "나"(I AM)이시다. 그리고 그분은 이사야가, "이 백성"에게 전하라는 소명을 받았을 때, 환상 가운데서 보았던 그 거룩한 자이시다.[34]

41:18 선지자는 이제 하나님께서 어떻게 그 백성의 부르짖음에 응답 하실는지를 지적하는 데로 나아간다. 그는 상징적인 언어로 하나님께서 상황의 완전한 반전을 가져다 주실 것을 보여 주고 있다. 그는 '자산'(메마른 언덕)과 '골짜기', '광야' 그리고 '마른 땅'이라는 표상으로 하나님의 백성의 현재의 상태를 묘사한다. 이 모든 것들은 하나님 자신에 의하여 변화될 것이다. 자산이 있는 어느 곳이든지(아마도 모래 언덕들; 참고. 렘 12:12) 하나님께서는 강을 여실 것이다. 즉 전에 전혀 아무 것도 없는 곳으로부터 물이 솟아 나오게 하실 것이며, 그 결과로 메마른 땅이 기름지고, 비옥한 땅이 될 것이다. 메마른 강바닥 가운데 있는 물이 없는 와디(물 없는 개울)가 물 근원이 될 것이다. 사막까지도 물 연못이 될 것이며 메마른 땅이 물을 솟쳐낼 것이다(참고. 43:2). 광야 어디든지, 높은 곳이든 아니면 와디이든 급진적이고도 전포괄적인 변화가 있을 것이다. 사막은 더 이상 마르지 않을 것이다. 그것은 정원처럼 될 것이다(참고. 43:19, 20; 44:3, 4; 48:21 그리고 35:7; 시 107:35, 이 구절은 본 절의 마지막 행과 유사하다; 114:8). 물의 표상은 생명을 상징하는데, 이는 메마른 땅 가운데 있는 그 백성들은 사망의 땅에 있었기 때문이다. 이러한 묘사는 초자연적 성격을, 그리고 주님께서 자기 백성들을 위하여 예비해 주실 구원의 완

---

34) 1인칭 대명사 '나'는 17하-19절 전체에 영향을 미친다. 이 대명사 다음에 1인칭 단수로 되어 있는 여섯 개의 동사들이 이 구절들 가운데 있다.

35) Volz는 선지자가 이스라엘 백성들이 광야를 통과하여 돌아올 것을 위하여 자연의 실질적인 변화(eine wirkliche Umwandlung)를 믿고 있다고 논평한다. 만약 제2이사야가, 이 귀환(Rückwanderung)이 실제로 출애굽 때처럼 기적이 동반될 것이었다고 생각하였다면, 그는 속은 것이며 그러한 사실을 선언하는 그는 사기꾼이었다. םישׁמ에 대한 논의에 대해서는

전한 급진성을 상기시켜 준다.[35]

41:19 이전에는 없었던 곳에서 물이 있을 뿐만 아니라, 물이 있으므로 해서 이전에는 나무들이 자라지 못했던 그곳에서 나무들이 자라날 것이다. 빈곤의 광야 가운데서 이스라엘은 그늘을 찾았으나 발견하지 못할 것이다. 그런 까닭에 하나님께서 이러한 필요한 것들을 준비해 주실 것이다. 에레즈(אֶרֶז)는 백향목이고(참고. 9:9) 싯타(שִׁטָּה)는 아카시아(싯딤나무)이며 하다스(הֲדַס)는 화석류이다. 에츠 샤멘 (עֵץ שֶׁמֶן, 기름 나무, 직역하면, 기름의 나무)은 아마도 자이트(זַיִת, 경작된 감람나무)와는 다른 들 감람나무일 것이다. 아라바에서 하나님은 잣나무(cypress), 곧 티드하르(תִּדְהָר, hard oak, 혹은 플라타너스, 혹은 소나무)와 테아슈르(תְּאַשּׁוּר, 전나무?, 혹은 황양목)를 함께 두실 것이다.[36] 이 모든 나무들은 함께 호화로움과 아름다움의 모습을 나타낼 것이다. 델리취가 말한 바와 같이, 그것은 빛을 발하는 7중적인 영광이다. 이름들이 붙여진 나무들은 수리아와 팔레스틴에서는 흔히 있는 것들이며 이사야는 그러한 표상들을 사용하기를 즐겨했다(참고. 5:7; 6:13; 27:6; 37:31). 자기의 전 생애를 메소보다미아에서 살았던 기록자가 어떻게 팔레스틴의 식물들에 대한 그러한 지식을 소유하였을까 하고 독자는 당연히 의아해 할 것이다. 다른 한편 이사야가 그러한 지식을 가졌을 것이라는 것은 쉽게 이해가 간다.

물과 나무들에 대한 강조는 창세기 3장에 있는 에덴에 대한 기록 가운데서도 발견된다. 그러나 세상으로의 죄의 유입으로 말미암아 그 동산은 박탈당하고, 인간은 가시들과 질려들이 자라나는 세상으로 들어갔고 그는 이마에 땀이 흐르는 노동을 하였다. 축복된 미래 시대, 회복이 일어날 종말론적 시대에 대한 묘사 가운데서 이

G. R. Driver, *in Occident and Orient*, 1936, pp. 78-80을 참고하라.

36) 이 나무들은 그늘을 제공해 줄뿐만 아니라, 아름답다. 그러나 Penna가 말한 바와 같이, 이용 가치도 없지는 않다. 백향목(레바논의 특징)은 건축에 사용된다(참고. 9:9). 싯딤나무 곧 아카시아(שִׁטָּה, 싯다)는 가구제작에 사용되는 단단한 나무이며(참고. 출 25:5, 10, 등) 애굽어 šnq와 동일시될 것이다. 참고. 아카드어 *samţu*. 화석류에 대해서는 아카드어 *haddaššatu*와 사 55:13을 참고하라. 감람나무는 팔레스틴의 주된 나무들 중의 하나다. 티드하르(תִּדְהָר, 소나무)는 hard oak로 생각된다. Bochart는 테아슈르(תְּאַשּׁוּר, 전나무?, 혹은 황양목)가 레바논에서 자라는 높이가 약 20 피트가 되는 사철나무였다고 생각하였다. 다른 사람들은 그것을 백향목과 한 종류로 *sherbîn*과 동일시한다. H. and A. Moldenke, *Plants of the Bible*, Waltham, Mass., 1952에 있는 논의를 참고하라. 세 개의 명사들과 연합하여 사용된 יַחְדָּו은 11:6과 60:13에 나타나고 구약의 다른 부분에는 나타나지 않는다. 광야(מִדְבָּר)와 사막(עֲרָבָה)을 소생시킨다는 개념은 특히 이사야적 문구인 것으로 보인다. 참고. 35:1, 6; 40:3; 41:19; 51:3.

사야는 물과 나무들이 결합된 표상을 사용한다. 그것은 마치 땅에 내려온 하늘의 일부이며, 진실로, 어느 날 이 강들과 나무들의 축복을 받을 사람들은 그리스도 예수 안에서 하늘에 있을 것이다.

41:20 선지자는 이제 왜 하나님께서 약속된 구원을 성취하시는지 이유를 설명한다. 그것은 인간이 그분이 참 하나님이심을 알게 하기 위함이다. 동사의 주어들이 이스라엘만을 가리키는가 아니면 일반적으로 인간들을 가리키는가? 폴츠(Volz)는 주어가 17절에 언급된 자들과 동일하다고 생각한다. 이러한 구조에 따르면 그 목적은 가난한 자와 곤고한 자로 하여금 자기들의 하나님이 참되신 하나님이시라는 사실을 믿게 하려는 것이다. 어떤 사람들은 주어가 보다 일반적이며 이스라엘에게 주어진 축복이 이스라엘의 하나님 야웨께서 창조주 하나님이시라는 것을 온 세계로 하여금 믿게 하려는 것이라고 믿는다. 이 해석에 의하면 선지자는 자기가 40:5에서 "모든 육체"에 대해서 말한 것을 성취하고 있는 것이다. 이러한 해석 중에서 이것이냐 아니면 다른 것이냐에 대해 정확하게 결정하기는 어려울 것 같지만, 그러나 이 구절이 일반적인 것이고, 모든 인간 즉 이스라엘 족속과 다른 사람 모두를 포함했을 가능성이 크다. 그러므로 하나님의 구원의 행위는 모든 인간에게 하나의 결과를 낳으며, 그래서 모든 사람이 주님이 참되신 하나님이시라는 사실을 알 것이다.

약 와우(ך)로 연결된 네 개의 동사들은 하나님의 행위의 목적을 밝힌다.[37] 사람들은 사막이 물로 촉촉이 젖은 땅이 될 날을 볼 것이다. 일어난 일이 하나님 자신의 능력으로 행한 사역이라는 지식을 소유한 것이기 때문에 그들은 알게 될 것이다. 그러한 지식은 일시적인 것이 아니고, 사람들은 하나님께서 행하셨다는 사실을 마음속에 실제로 기억할 것이다(즉 스스로 진지하게 생각하고 묵상할 것이다). 마지막으로 그들은 자기들이 본 것의 의미를 깨달을 것이다. 그들의 묵상은 깨달은 것에 근거를 둘 것이다.

그들의 감각과 영적 지각의 대상을 이루고 있는 것은 이스라엘의 하나님 야웨의 손(즉 능력)이 행하였다는 사실이다. 죽은 자가 생명을 얻는 믿기 어려운 변화가 하나님 능력의 사역으로 보이게 될 것이다. 보는 자들은 이전에 자연적 전제를 가지

---

37) 와우접속사에 의하여 연결된 미완료형들은 각각의 동사의 낭송을 두드러지게 한다.

고 하나님의 부활시키는 사역을 설명하려는 눈멀고 무지한 자들과 같이 되지 않을 것이다. 오히려 그들의 눈멂과 무지가 제거될 것이며, 그들은 진정으로 실재하는것에 대한 이러한 초자연적인 중생, 곧 이스라엘의 하나님의 능력의 나타남이란 사실을 이해할 것이다.

더 나아가서 그들은 이스라엘의 하나님 야웨께서 이스라엘 가운데 거하시는 거룩한 자이심도 깨달을 것이며, 그가 이 모든 것을 창조하셨다는 사실도 깨달을 것이다. 동사를 사용하면서 이사야는 아사(עשׂה)로부터 바라(ברא)로 나아가는 일종의 점층법을 도입하고 있다. 이 단어들 중 후자는 창세기 1:1에서 사용된 것으로 하나님께서 이루실 사역의 완전히 새롭고도 기적적인 성격을 가리킨다. 그것은 너무나 급진적이고도 전적인 변화이므로 그것이 하나님의 첫 번째 창조의 사역을 묘사하였던 그 동사로 묘사될 수가 있는 사역인 것이다. 이 사역은 근본적으로 새롭고도 기적적인 새 창조이다.

> 21절, 나 여호와가 말하노니 너희 우상들은 소송을 일으키라 야곱의 왕이 말하노니 너희는 확실한 증거를 보이라
> 22절, 장차 당할 일을 우리에게 진술하라 또 이전 일의 어떠한 것도 고하라 우리가 연구하여 그 결국을 알리라 혹 장래사를 보이며
> 23절, 후래사를 진술하라 너희의 신됨을 우리가 알리라 또 복을 내리든지 화를 내리라 우리가 함께 보고 놀라리라
> 24절, 과연 너희는 아무것도 아니며 너희 일은 허망하며 너희를 택한 자는 가증하니라

이스라엘의 하나님이 자기 백성을 구원하시는 일을 포함하여 새롭고도 기적적인 일을 창조하시는 놀라운 능력을 소유하셨다는 사실을 보이고 나서 선지자는 이제 이방의 우상들에 대해 여호와 자신이 발하신 도전을 도입하고 있다. 이 도전은 네 개의 밀접하게 짜여진 구절들로 표현되어 있다. 21절과 22절은 양 구절 가운데 학깃수(הגישׁו, 가까이 가다)와 약기수(יגישׁו, 그들로 하여금 가까이 가게하다)란 단어들이 출현함으로써 함께 묶여 있다. 22절과 23절은 각 구절이 학기두(הגידו, 알게 만들다)로 연결되어 있는데, 이것은 22절의 중간부분에서와 23절의 첫 부분에서 발견된다. 또다시 23절과 24절은 23절의 중간 부분 아템(אתם, 너희)과 24절의 첫 부분 헨 아템(הן-אתם)의 출현으로 말미암아 형식상 연결되어 있다. 복수 접미사 켐

(口꼬, 너희의)이 발견되는 21절과 24절 사이에 아마도 형식상 연결이 있는 것 같다.

41:21 여호와께서는 그가 하실 것이라고 선언하셨다. 그는 오직 하나님만이 하실 수 있는 일을 시행하실 것이다. 이제는 우상들이 어떤 능력을 가지고 있는가 보여야 할 차례이다. 우상들도 소송을 일으키고 변호를 할 기회가 있다.[38] 하나님께서는 우상들과 우상숭배자에게 일반적으로 말씀하고 있으시지, 단순히 우상들을 섬겼던 이스라엘 족속에게만 말씀하고 있지 않다. 우상들이 자기들에게 도움이 된다고 옹호하였던 모든 자는 이제 그러한 행동들에 대해 변호해 보라고 명령을 받고 있다. 우상숭배를 위한 소송이 진행될 것이다. 야곱의 하나님께서 행하셨던 능하신 구원의 행위에 비추어 볼 때, 그것은 얼마나 약하고 무능력하게 들릴 것인가!

이러한 절대적 권위를 가지고 말하는 자는 "야곱의 왕"이시다. 그는 한 왕이 해야 할 일을 능히 하실 수 있는 왕이시다. 그는 진실로 필요할 때 그 자신을 변호하실 수가 있으시다. 그때, 야곱은 단지 하나의 지렁이일 뿐이다. 가지가 자라 나올 그루터기는 숨겨 있었다. 그러나 약속들은 확실하다. 그리고 그 참되신 야곱의 왕은 이 약속을 실현시키실 것이다. 그 왕만이 우상숭배자와 그 우상들에게 명령하시는 위치에 있었다.

41:22 2인칭으로 되어 있는 명령은 이제 3인칭 명령형으로 전환되어, "그들(우상들)로 하여금 자기들의 메시지를 진술하게 하라"고 말씀한다. 두 번째 동사 역시 우상들 자체를 가리킨다. "그 우상들이 우리에게 진술하고 그것에 의해서 우상 숭배자들이 우상에게 돌렸던 그 능력을 소유하고 있음을 그 우상이 보이게 하라" 그로 인하여 그것들이, 우상숭배자들이 그것들에게 돌렸었던 그 능력을 소유하고 있음을 보이게 하라."[39] 우상들은 미래에 일어날 일을 예고함으로써 자기들의 신성(divinity)을

---

38) 너희의 증거들 — עצמה (단수). 미쉬나에서, 이 어근이 재판에서 논쟁을 하는 사람들에 대해서 사용되었다. 또한 아랍어 'isma를 참고하라. 본 절에 대해 제안된 수정은 만족하지 못하다. 이 표상은 미래이고 그런 까닭에 고레스의 처음 행동들을 배경으로 이해되어서는 안 될 것이다.

39) 약 와우를 가진 명령형은 아마도 의향을 나타낼 것이다. '그들로 하여금 그들이 선언할 수 있는 것을 진술하게 하라. 등' 1Q 역시 히필형을 가지고 있다. Iwry(JAOS, Vol. 81, No.

증명해야 한다. 이스라엘의 하나님은, 심판이 닥칠 것이고 자기 백성이 구원받게 될 것이라고 선언함으로써 미래의 일을 예고했었다. 그는 또한 동방에서 고레스를 일으키셨다. 만일 우상들이 참으로 신들이라면, 그들로 하여금 지금 자기들의 메시지를 발하고 미래에 대해 말하라는 것이다. 그들은 또한 미래를 조종하도록 도전을 받고 있지도 않다. 무엇이 있을 것인지 진술하는 것만으로 충분하다.

본 절의 첫 행 가운데서 선지자는 일어날 일들에 대해서 말씀했었다. 그러나 이제 두 번째 행에서 그는 보다 구체적으로 이전 일과 다가올 일을 언급한다. 이전 일에 대해서 그는 우상들로 하여금, 인간들이 그 착수된 일의 결과를 알 수 있도록 알려주라고 명령한다. 이 문구에 대해서 두 개의 주된 해석이 있다: (1) 그것들은 이미 발설되고 성취된 예언들을 가리킨다. 이것은 이전 일과 앞으로 일어날 일 사이의 대조를 유지하기 위하여 말하였다. 만일 우상들이 참으로 신들이라면 그들은 이미 일어난 일을 알아야 하고 그것이 무엇이었다는 것을 진술할 수 있어야 한다. (2) 그러나, 어떤 사람들은 이 이전 일과 장차 당할 일이라는 용어를 "일어날 일들"에 대한 일반적인 진술에 의하여 지워진 한계 안에서 취급되어야 할 것이라고 주장한다. 이러한 해석에 의하면 이전 일은 가까운 미래를 가리키고 장차 당할 일은 먼 훗날에 일어날 사건이다. 그러므로 이전 일과 장차 당할 일 (latter part) 사이의 대조는 유지되지만 그러나 그 문구가 둘 다 장차 일어날 일을 가리키는 것이다. 이전 일은 곧 일어날 것이고 그것들의 징후나 혹은 암시가 가까이에서 일어나고 있는 사건에 의하여 판별될 수 있는 것이다. 우상은 곧 일어날 일이라도 진술할 수 있는가? "이것들은 우리 자신이 보게 될 사건이다. 그것은 우리 생애 중에 일어날 것이다. 만일 우상들이 이러한 사건들을 예고한다면, 우리는 그 우상에게 우리의 눈을 돌릴 수 있고 또한 그것이 어떠한 결과가 나타날 것인지를 알 것이다. 그렇다면 우상의 공포는 우리 목전에서 일어날 것이고, 우리는 그 우상들이 예견함과 일치하는 것을 알게 될 것이다." 이 두 번째 해석을 채용하는 사람들은 다음과 같이 주장한다.

① 이전 일과 장차 당할 일 사이의 알맞은 대조를 유지하는데 이 둘이 "일어날 일"에 대한 일반적인 개념에 포함되어 있기 때문이다.

1, 1961, p. 34)는 שׁוה의 히필형을 '예언하다, 신과 접촉하다'로 해석한다.

② 어투가 이전 일의 뒷부분이 아직 일어나지 않았음을 암시하고 있는 것으로 보인다. 우상들은 그 공포가 무엇인지 우리가 알도록 이전 일을 고하라고 명령을 받았다. 만일 이전 일이 이미 일어난 사건을 가리킨다면 그것들의 나중 부분 역시 일어나지 않았을 것이다.

③ 우리가 우상들에게 장차 당할 일을 우리에게 진술하라고 도전하였던 것을 우리가 방금 전에 들었는데, 우상들에게 이미 일어난 일을 고하라고 하는 명령은 다소 부적당한 것으로 보인다. 또한 화자에게와 그가 대표하는 자들이 마음을 기울여(즉 주의를 돌리어) 이미 일어난 일들의 후반부를 안다는 것(즉 깨닫는다는 것)은 어려웠을 것이라는 점이 주시되어야 할 것이다. 그러한 맥락에서 "장차 당할 일"이란 단어에 붙어 있는 접미사는 이전 일이란 여성형 단어를 가리킨다. 이사야는 이전 일과 이전 일의 장차 당할 일에 대해서 말하고 있다. 그러나 만일 이 두 번째 입장이 채택된다면, 이곳이 이전 일이 장차 당할 일로 해석될 수 있는 유일한 여지를 갖고 있음을 유념해야 할 것이다. 다른 곳에서 "이전 일"은 지나간 일을 가리킨다.

마지막으로, 선지자는 장래사(things that are to come)를 언급하는데 이로써 그는 마음속에 미래에 놓여 있는 사건을 염두에 두고 있다. 그는 우상들에게 우리에게 이러한 일이 있을 것을 듣게 하라고 명령한다. 혹이란 불변화사에 주의를 해야 할 것인데, 이는 하나의 훌륭한 선택을 나타낸다. 이는 마치 선지자가 다음과 같이 말하는 듯하다. "이전 일을 고하라, 혹은 만일 너희가 원한다면, 먼 미래에 있을 일을 고하라. 만일 사람이 기뻐하지 않는다면, 다른 것을 선택하라. 다만 예고하는 어떤 일을, 그리하여 우리로 하여금 너희가 신이라는 것을 알게하라."

특주

두 개의 논평들이 나타나 있다. (1) 여기서 우상들에게 대해 주어진 도전은 미래를 예고하라는 것이다. 거짓 종교가 막연한 예언을 하는 것은 불충분하며 그것은 전혀 예언을 하지 않는 것이다. (2) 본 절은 기독교 변증학에 대한 진정한 방식임을 예증하고 있다. 거짓이 여기서 변호의 입장에 있다. 그것의 근거를 변호하고 그것의 존재의 정당성을 지적하라고 이스라엘의 하나님의 이름으로 명령을 받고 있다. 기독교를 용납하는 데는 어려움이 있으나, 기독교인은 그 모든 난점을 답변할 것을 기대하지 않는다.

그보다 그는 듣는 것에 대한 불신앙의 권리 자체를 도전해야 한다. 하나님에 대한 주장은 여기에 제공된 것과 같은 도전적 방식으로 가장 잘 변호된다.

41:23 본 절 가운데 명령이 계속되고 있는데, 첫 번째 문장은 앞 절의 마지막 문장과 실질적으로 동일하다. 동시에 그것은 22절의 첫 행의 보편성으로 되돌아간다. 그것은 "다가올 일을 진술하라"는 것이지만 부가적 수식을 하고 있는 "금후"(hereafter)에 의하여 강화된다.[40] 이 어투는 쓸모 없이 긴 것 같지만, 그러나 선지자가 방금 전에 언급한 "이전 일"과 "장차 당할 일"을 반영하고 있다. 만일 우상들이 이 일을 할 수 있다면 그것들이 신이라고 인정받을 수 있을 것이라고 말하고 있는 것이다.[41] 이사야는 "신 됨"이라는 의미에서 엘로힘이란 단어를 사용한다. 그의 논리는 이렇다. "오직 하나님만이 미래에 있을 일을 고할 수 있다. 만일 우상들이 미래 일을 고할 수 있다면 그것은 그것들이 하나님과 같은 존재임을 나타내는 것이다."

한(Hahn)은 이 문구의 다른 구문, 즉 맛소라 구두점이 지지할 수 있는 구문을 선호한다. 그는 키를 "-이므로"(for)로 번역하여, "미래 일을 고하라, 그러면 우리는 알 것이다 왜냐하면 너희가 신들이기 때문이다"로 한다. 이러한 구문이라면 선지자는 그 우상들을 반어적으로 말하고 있는 것이다. 한(Hahn)은 통상적인 구문은 22절과 26절 양자에 상충된다고 생각하지만 실제는 그렇지 않다. 이 도전은 좋은 의도이다(bona fide). 만약 이 명령을 따라 누군가 미래를 예고할 수 있다면, 그는 그가 신성(神性)을 소유하고 있다는 사실을 보이는 것이다. 한의 문장 구조는 그것을 동등하지 못한 두 개의 부분으로 나눔으로써 첫 행의 균형을 깨뜨린다.

두 번째 행에서 선지자는 우상들로 하여금 선을 행하든지 악을 행하든지, 즉 우상들은 이스라엘의 하나님 야웨께서 하셨던 것처럼 구원 아니면 심판의 메시지를 선언하라고 분부하면서 일반적인 명령을 좁혀들어 간다.[42] 비록 그것이 예고에 한정되어 있다는 사실이 분명하지는 않을지라도, 이 문맥 가운데 우상들의 활동이 그

---

40) לאחור - מראש (메로슈)와 상반되는 '금후'. 참고. 42:23.
41) ונרא - 우리가 알 수 있도록, 이는 쎄골에 의하여 나타난 바와 같이, ירא가 아니라, ראה에서 나온 1인칭 복수로 되어 있는, 어미소실로 인하여 짧아진 형태이다. BH는 케티브에 ונראה(웨니래)를 적어 놓고 있다. 그러나 나는 이렇게 한 이유를 발견하지 못했고, Duhm은 그것이 야웨의 연설에 적절하지 않다고 설명한다.
42) 그러므로 이것은 "선한 것이 되든 악한 것이 되든 최소한 어떤 것을 하라"는 것이 아니다.

렇게 한정되어 있다.

"만일 우상들이 참으로 예고를 할 수 있다면, 그 결과로서 우리가 놀라운 일을 보는 것이 될 것이며 우리는 우상들이 행하는 좋고 나쁜 모든 것을 함께 볼 것이다." 이사야의 어투는 난해하나 약흐다우(יַחְדָּו, 함께)란 단어를 동사의 주어 보다는(그러나 40:5을 참고하라) 보여진 것들을 가리키는 것으로 취급할 좋은 이유가 있다.[43]

41:24 본 절은 방금 제시했었던 논증의 결론을 이루며 또한 뒤따라오는 내용으로 전환을 하는 역할을 한다. 하나님께서 우상들에게 도전을 하셨고 그것들은 대답을 하지 못했다. 그런 까닭에 "보라!"는 말에 의하여 시작되는 결론이 이어지고 있다. 실질적으로 명령의 의미를 지니고 있는 이 단어는 또다시 우상들의 무가치성과 그것들을 섬기는 자들의 비극적 상태에로 눈을 돌리게 한다. 선지자는 우상들이 "아무것도 아니며", 즉 실체를 가지고 있지 않다고 선언하고 있다.[44] 이 어투는 40:17과 유사하다. 칼빈은 일어설 수 없다는, 즉 그 우상들이 물질로 구성되었다는 이론을 상기시킨다. 그렇다면 어떻게 하여 그것들이 아무것도 아니라고 말할 수 있는가? 선지자가 마음속에 사도 바울이 "우상은 아무것도 아니며"(고전 8:4)라고 말했던 것과 같은 사상을 염두에 두고 있었다고 말할 수 있다. 그는 우상에게 물질적 요소가 있다는 사실을 부인하는 것은 아니다. 선지자는 우상들의 제작에 대해서 말해왔다. 그가 우상을 부인할 때 그것은 우상이 하나님처럼 행동할 수 없다는 것이다. 미래를 예고함에 있어서 우상은 아무것도 할 수 없다. 40:17에서 열국들의 존재를 부정하지 않았던 것처럼, 여기서도 우상들의 물질적 요소를 부정하는 것이 아니다. 그러나 우상은 상상했던 그런 존재가 아니다. 이런점에서

---

43) Alexander는 같은 행위 안에 연합된 두 다투는 당파들에 '함께'를 적용하는 것이 보다 자연스럽다고 생각한다. Hahn은 이 단어를 보여진 대상, 즉 우상들에 의하여 선포될 선과 악에 적용한다. 여호와께서는 미래가 약속된 것과 경고된 것 모두가 이루어질 것인지를 보실 것이다. Hahn은 '함께'가 '우리가 보리라'의 주어를 가리킬 수 없다고 주장하는데, 이는 이 구절 전체 가운데서 여호와께서 홀로 복수형으로 말하고 있기 때문이다. 이 단어가 두 개의 동사들을 가리키는 것은 가능하지 '우리는 함께 보고 알 것이다'. 즉 '이러한 행실들은 하나가 다른 것과 함께 시행될 것이다'.

44) 전치사 민(מִן)은 부분을 표시하는 의미로 사용되었다. 참고. 40:17. 민(מִן)이 비교급일 가능성도 있으니, 그럴 경우 앞선 형용사가 '너희는 아무것도 아닌 것보다 더 못하다'로 이해되어야 할 것이다.

그들은 아무것도 아니다.

그와 같이 우상들이 행하는 것은 아무것도 없으니, 이는 아무것도 할 수 없기 때문이다.[45] 미래를 예고한다고 하지만 말을 한마디도 하지 못하므로 불가능하다. 우상들은 아무것도 말하거나 행동할 수 없으며 이것은 그 자체가 아무것도 아니기 때문이다.

이러한 사실로부터 피할 수 없는 사실이 뒤따라 나오는데, 곧 우상을 자기 신으로 선택한 사람은 가증하다는 것이다. 틀림없이 그는 어리석은 사람이며 이것은 그 자체로 어리석은 일을 행하고 있기 때문이다. 그렇지만 그의 행동은 어리석은 것 이상이다. 그것은 악하고 비열하며, 그런 까닭에 그것을 행하는 자는 가증하다. 이 단어는 강력한 용어로서 성경적 용례를 들자면, 가나안 족속들의 우상숭배와 미신을 행하는 자들 그리고 그러한 행실을 하는 자들을 묘사하면서 모세가 사용하였었다. 그러한 사람은 사람의 눈에 뿐만 아니라 하나님 앞에도 가증하다. 우상숭배자가 우상들을 택했다는 말을 듣는데, 곧 그 마음의 부패성을 속이는 행동이다.[46] 델리취가 그를 "도덕적으로 가장 저급한" 사람으로 말한 것은 정확하지 못하다. 오직 악하고 타락한 심령만이 우상에게 예배하기 위하여 참되신 만군의 여호와를 거절한다. 요한복음 3:19, 20은 그러한 가증한 행위에 대한 하나님의 해석을 보여 주고 있다. 타락한 인간이 자기의 뜻을 행할 때, 그는 진리를 택하지 않고 자기의 마음속에 있는 헛되고 어두운 망상을 택한다.

> 25절, 내가 한 사람을 일으켜 북방에서 오게 하며 내 이름을 부르는 자를 해 돋는 곳에서 오게 하였나니 그가 이르러 방백들을 회삼물같이, 토기장이의 진흙을 밟음같이 밟을 것이니

---

45) אֶפֶס – 아무것도 아님, 1Q에는 빠졌음. 여러 랍비들은 에페(אֶפְעֶה, 독사 혹은 살무사)로부터 파생된 것으로 설명하여, '살무사보다 더 나쁜'으로 번역하는데, 이는 행동의 악함을 가리키지만 그러나 여기서는 우상들의 무능을 가리키고 있다. 그런 까닭에 그것이 에페스(אֶפֶס, 무 존재)와의 단순한 평행으로 설명되어 왔으니, 이는 ע와 ס가 관계되어 있다고 말해지기 때문이다(Gesenius, Hahn). Delitzsch는 파아(פָּעָה, 호흡하다)로부터 파생되었다고 설명하며, 그것을 루아흐(רוּחַ, 호흡)의 동의어로 취급한다. 참고. VT, Vol. 1, 1951, p. 299.

46) 가증 – 관계사 혹은 주어의 생략을 주시하라. Hahn은 이 단어가 사람에 의해 존경받는 주어를 나타낸다고 말한다. 사람이 우상숭배로 인해 빠지게 된 재난을 통하여 우상은 가증한 자로 간주된다. Marduk 숭배에 대한 고레스의 행동에 대하여는 ANET, p. 315를 참고하라.

26절, 누가 처음부터 이 일을 우리에게 고하여 알게 하였느뇨 누가 이전부터 우리에게 고하여 이가 옳다고 말하게 하였느뇨 능히 고하는 자도 없고 보이는 자도 없고 너희 말을 듣는 자도 없도다
27절, 내가 비로소 시온에 이르기를 너희는 보라 그들을 보라 하였노라 내가 기쁜 소식 전할 자를 예루살렘에 주리라
28절, 내가 본즉 한 사람도 없으며 내가 물어도 그들 가운데 한 말도 능히 대답할 모사가 없도다
29절, 과연 그들의 모든 행사는 공허하며 허무하며 그들의 부어 만든 우상은 바람이요 허탄한 것뿐이니라

41:25 이사야는 이제 2절에서 하나의 질문을 통하여 넌지시 말했던 내용을 직접적으로 그리고 긍정적으로 표현하고 있다. 우상들에게 도전하고 또 그것들이 아무것도 아니라고 선언한 후에, 그는 이제 1-4절의 주제로 되돌아간다. 이제 말하시는 분은 하나님이시며 주님은 북방으로부터 한 사람을 일으킬 것이라고 적극적으로 선언하고 있다. 비록 한정 목적어가 표현되지는 않았을지라도 그 다음 절에 암시되어 있어서 우리는 "북방으로부터 올 한 사람"으로 번역함으로써 그 의미를 드러낼 수 있다.[47]

2절에서 동쪽 방향이 진술되어 있었으나, 여기서는 북방이다. 이 말을 아브라함에게 적용하는 사람들은 그 동방이 우르를 가리킨다고 말하고 북방은 하란을 가리킨다고 말하는데 명확하게 팔레스틴적인 입장을 암시하는 것이다. 이 말을 고레스에게 적용하는 사람들은 난점이 생기지만, 그러나 그것은 극복할 수 없는 것이 아니다. 동방이 페르시아를 가리키고 북방이 고레스가 정복하였던 메데인의 땅을 가리킨다고 말할 필요는 없다. 동방이란 호칭은 총괄적인 호칭이고, 침략자가 기원한 장소를 나타낸다. 다른 한편 북방은 팔레스틴으로 쳐들어오는 장소에 대한 통상적인 호칭이다. 아마도 그것은 그 침략자가 멀리서 올 것이라는 것 이외에 다른 뜻이 없다(참고. 렘 1:14; 6:22; 25:9; 46:20; 47:2; 50:3 등). 이 말은 만일 팔레스틴에서

---

47) ויאת—ויאת이므로, 그리고 그가 왔다. 여기서 알렙은 그 자음의 세력을 잃어 버린다. 완료형들은 미래를 나타낸다. 이것은 과거를 나타내지 않는다. 우상들이 미래를 예고할 수 없는 반면, 주께서는 미래에서도 행동하실 것이다.

말한 것이라면 놀랍게 적용되는 것이지만, 그것이 바벨론에 있는 제2이사야가 쓴 것이라면 그것을 이해하기가 어렵다.

첫 행의 하반부에서 선지자는 동방을 가리켜 "해돋는 곳에서"라는 문구로 말한다. 그렇다면 아마도 차폰(צָפוֹן, 북방)의 사용은 미즈라흐(מִזְרָח, 동방)의 반복을 피하기 위한 의도일 것이다. 하나님께서 일으키시는 자는 동방으로부터 온다. 그러나 그가 침략자로 올 때는 팔레스틴으로 침입해 들어오는 다른 침략자들처럼 북방으로부터 온다고 말해지고 있다.

이 동방으로부터 오는 자는 야웨의 이름을 부를 것이다.[48] 이 문구는 그 이름으로 부른다는 의미에서(참고. 습 3:9; 렘 10:25) '나의 이름을 통하여 부르다'를 의미할 수도 있고, 그렇지 않으면 그 이름을 부르거나 혹은 발음하는 것을 의미할 수도 있다(참고. 사 43:1; 44:5; 45:3,4). 아마도 후자가 더 나을 것 같은데, 이는 에스라서의 첫 구절에 기록된 선언 가운데 그 실례가 나타나 있는 것으로 보이기 때문이다.

두 번째 행에서 선지자는 오는 방법을 묘사한다. 이 정복자는 무례하게 올 것이다. 그는 그들이 마치 회삼물인 것처럼 세간님(סְגָנִים, 지구 혹은 지방의 통치자들)에 대항하여 올 것이다.[49] 그들은 회삼물처럼 그의 침입에 저항할 힘을 가지 못할 것이다. 선지자는 표상을 전환시켜서 토기장이가 진흙을 밟아서 그것으로 일을 하는 것처럼, 이 정복자도 자기 발로 대적들을 밟을 것이라고 말한다.[50]

41:26 25절에서 선지자는 하나님의 전능성에 대한 첫 번째 논증으로 돌아갔던 것처럼 이제 하나님의 전지성을 설명하는 두 번째 논증을 취급하고 있다. 그리고 이것이 질문형식으로 이루어지고 있다. 본 절은 "누가"로 시작하고 있는데, "이스라엘이 예배하는 모든 신들 가운데 누가?"를 의미한다. 아마도 우리는 첫 번째 동사를

---

48) 25절 상반절에 있는 예언적 완료(*perfecta prophetica*) 다음에 나오는 25절 하반절의 완료형은 25절 하반절이 관계대명사절로, '나의 이름으로 부르는 자'로 번역되어야 함을 암시한다.

49) סְגָנִים – 통치자들(참고. 아카드어 *šaknu, šakin*), 지구나 혹은 지방의 통치자(렘 51:23, 28; 겔 23:6; 스 9:2; 느 2:16). 참고. *Journal of Theological Studies*, Vol. 10, 1959, pp. 84-87.

50) 준비 과정에서 토기장이는 발로 진흙을 밟아서 흙을 이길 것이다(나 3:14). Thebes(주전 2000년)에서 나온 무덤 벽화는 한 일꾼이 발로 진흙을 밟으면서 그 가운데 서 있는 것을 그리고 있다. 참고. *VBW*, Vol. III, p. 69; 또한 pp. 309, 314, 330, 345.

과거형으로 해석하여 "누가 알게 하였느냐?"로 번역하여야 할 것이이고, 이것은 이미 발설된 신탁을 가리켜 말하는 것이며 이스라엘의 하나님 야웨께서 이러한 예고를 하셨다는 것을 암시하고 있다.

동사는 "머리로부터", 즉 '처음부터'를 수식하는 구를 가진다. 그것은 펼쳐지고 있는 역사흐름의 시작점을 가리키고 있는 것으로 보인다. 그 질문은 마치 "누가 우리가 지금 보고 있는 것을 그것이 실제로 일어나기 전에 선포하였느냐? 만일 우상들 가운데 누가 그것을 하였다면, 우리는 일어나고 있는 일의 의미를 알 수 있었을 것이다"라고 말하는 것과 같다.

앞에서 암시된 바와 같이, 이 질문은 우상 중 아무도 그러한 예고를 하지 못하였다는 것을 암시할 뿐만 아니라, 또한 이스라엘의 하나님 야웨께서 그렇게 예고하셨었다는 것을 암시하고 있다. 본 장이 고레스에 대해 말하고 있다는 사실을 믿지 않는 사람들은 바로 이 점을 지적하고 고레스가 나타나기 이전에 그에 관한 예고가 불가능하다고 주장하며, 고레스 예언을 지지하는 어떤 사람들도 우리가 그러한 어떤 예언도 지적할 수 없다고 선언한다.[51] 그러나 만일 우리가 이 전체 예언이 이사야의 것이라고 가정한다면, 우리는 고레스의 출현에 대한 매우 구체적인 예언들이 들어 있음을 알게 되고 또한 그를 먼 훗날에 올 것까지도 말하고 있음을 알게 된다(참고. 44:24-28과 45:1-4). 본 절은 그 자체가 비록 그 이름을 언급하지는 않았을지라도 고레스에 대한 예언이다.

선지자는 평행구절에서 본질적으로 같은 사상을 진술한다. "처음부터" 대신에 그는 이제 "이전부터" 즉 "일찍이"라고 말한다. "우상들이 일찍이 말했다면 우리는 예언들이 성취된 것을 보았을 때, 그들의 메시지들에 판단을 내렸을 것이다. 우리는 그들의 예고들이 옳았다고 선포할 수 있었을 것이다." 예언이 성취되었을 때 그 성취가 그 예고와 일치한다고 말할 수 있게 될 것이다(참고. 43:9).

이 질문은 확신있게 답변될 수 있다. 실현된 이러한 일을 알게 할 우상들이 전혀 없다는 것이다. 그 대답을 강화하기 위하여 선지자는 단정적인 불변화사 "분명히"를 채용하고 있으며, 그리하여 자기가 선언하고 있는 내용의 신실성을 강조하고 있다. 이사야는 분사형들을 통하여 답변을 표하고 있다. 아무도 알게 할 자가 없고, 아무도 듣게 할 자가 없다. 그리고 나서 그는 이 두 진술에 대한 반응으로서, "너희 말

---

51) Penna는 이러한 문제들에 대한 훌륭한 논의를 개진하고 있다(*loc. cit*).

을 듣는 자도 없다"는 또 다른 분사형으로 결론을 짓고 있다. 백성들이 우상들의 말을 경멸했다는 것이 아니라, 그들이 그러한 말을 듣지도 못했다는 것이다.

41:27 본 절의 상반부는 난해하고 많은 사람이 수정의 필요성이 있는 것으로 생각하였다. 그러나 본문상의 난점은 수정에 대한 충분한 이유가 되지 못한다. 그런 까닭에 우리는 본문을 있는 그대로 해석하려고 힘써야 할 것이다. 본 절의 초두에 있는 리숀(ראשון)이란 단어는 "첫째 분으로서"라고 번역될 수 있으니, 그 뜻은 야웨께서 시온에 말씀하신 첫번째 분이라는 것이다. 그렇다면 우리는 이 동사를 "나는 다음과 같이 말하여 왔다"로 이해할 수 있다. 동시에 우리는 이 문장의 끝 부분에서 "내가 주노라"란 동사를 "시온에게"와 정당하게 연결할 수 있다. 그렇다면 전체 문장은 다음과 같이 번역될 수 있다. "첫번째 분으로, 보라! 그들을 보라! 시온에, 예루살렘에 내가 한 사자를 주노라."[52]

하나의 주된 난점은 "보라! 그들을 보라!"란 문구의 의미이다. 다음의 해석은 최소한 일관성을 가지고 있다는 장점은 가지고 있다. 만일 우리가 첫 번째 단어 다음에 동사 "내가 말하였노라"는 말이 있다고 이해한다면 이 감탄사가 하나님이 말씀하신 말씀에 주의를 집중시키고 있는 것이다. 우상들은 한마디의 예고의 말도 말할 수 없다. 미래 사건에 대해서 아무것도 알지 못한다. 다른 한편 야웨께서는 가장 먼저 어떤 일이 일어날 것인지에 대해서 말씀하셨다. 그분의 말씀은 모든 것보다 앞서며 그래서 선지자는 그의 청중들에게 보라고 명령하는 것이다. 이 해석은 하나님께서 예루살렘에 한 소식을 전할 자를 주신다고 말씀하고 있는 본 절의 하반절과 잘 어울린다. 이 소식을 전할 자는 선지자 즉 하나님께서 장차 일어날 일들을 말씀하신 그것을 전해 줄 이사야 자신이다.

---

52) 덜 만족스러운 번역은, "보라! 거기에 그들이 있다(당신의 자녀들)," 혹은 "보라, 거기에 그것이 있다." 그리고 "예루살렘에 내가 한 사자를 주었다." '보라!'는 이사야가 애호하는 표현이다. 특별한 주제에 그것을 사용하는 방식은 최소한 Amarna texts 예를 들면, no. 8, line 41과 같은 이른 시기의 바벨론 문서와 평행이 될 수 있다. Smith(*ILCH*)는 그것이 Hittite 문서 가운데서도 발견된다고 지적한다. 참고. E. F. Weidner, *Politische Dokumente aus Kleinasien*, p. 114, lines 11, 18, 19. 27, 29절에서 그것은 42:1의 승리에 찬 '보라!'를 준비하고 있다.

41:28 논증을 강화시키기 위하여 하나님 자신이 계속하여 말씀하신다. 첫 번째 동사는 어미소실로 인하여 짧아진 형태로 이해할 수도 있으며, "그리고 내가 보리라", 즉 조사하기 위하여 알고자 하는 마음으로 바라보는 조건문의 조건절을 이루고 있는 것으로 간주될 수도 있다. 첫 행의 나머지 부분은 결과절로서의 역할을 한다. 하나님의 조사의 결과, 하나님께서 선포하셨던 일과 유사한 어떤 것을 선포할 수 있었던 자나 혹은 하였던 자가 아무도 없다는 것이다. 더 나아가서 우상들 중에서는 모략을 베풀 자도 없었다. 선지자는 강조할 목적으로 아마도 경멸적인 의미로 되어 있는 "그리고 그들 가운데"란 문구를 맨 앞에 두고 있는데, 이는 마치 "그리고 이 모든 우상들 가운데 하나도 모략을 베풀 자가 없도다"라고 말하는 것과 같다. 커다란 구원 사역 가운데서 모사가 필요했었다. 그런 까닭에 메시아 자신이 기묘한 모사라고 불리고 있지만(9:6) 그러나 이러한 본질적인 임무에 있어서 우상들은 도움이 되지 못하였다. 그들이 수가 많지만 그러나 하나도 모략을 베풀 수 없었다(참고. 44:26).

마지막 문장 가운데 약 와우(ו)로 시작하는 두 개의 동사들이 있다. 번역하기가 난해하지만, 그러나 난점을 가장 피할 수 있는 방법은 첫 번째 동사를 "그리고 내가 그들에게 물어야 하느냐?"란 문장의 첫 번째 동사의 그것과 평행을 이루는 의미로 취급하는 것이다.[53] 두 번째 동사는 목적을 표시하여, "그들이 한마디라도 대답토록"이거나 "그리고 그들이 한 마디라도 대답하더냐?"란 질문이 될 수도 있다. 그러므로 우리는 "그리고 내가 그들이 한 말씀이라도 대답하도록 그들에게 물어야 하느냐?로 번역하든지 아니면 "그리고 내가 그들에게 묻는데 그들이 한 말씀이라도 대답하는가?"로 번역할 수도 있다. 첫 번째 구문에서 이 문장은 파격구문 즉 조건문의 귀절이 생략되었다. 어느 경우이든 본 절은 분명하게 우상들이 미래의 구원에 관하여 말할 수 없다는 것을 가르치고 있다. 고레스의 일으킴이 이스라엘의 하나님의 전능성을 보여 주었던 것처럼, 주께서 구원을 예고하셨다는 사실은 또한 그분의 전지성을 드러내 주었다. "한 말씀이라도 되돌리다"는 표현은 단순히 "대답한다"를 의미한다.

---

53) 23절에서처럼, 명령을 나타내는 단어가 여기서 1인칭으로 나타나 있음을 유념하라.

41:29 "보라!"는 이제 전체 이야기 결론으로 눈을 돌리게 한다(참고, 24절). 이 스라엘이 마음에 두고 잊지 않아야 한다는 것이 결론이다. 더 나아가서 그것은 광범 위한 영향을 가진 결론이다. 모든 우상들은 헛되다고 주께서는 선언하신다. "그들 모두"란 문구가 강조를 위하여 맨 앞에 위치해 있다. 예외가 없이 모든 종류의 우상 들, 그것들이 어디에 있든지, 그것들을 예배하는 자들이 누구이든, 그들 모두가 아 무것도 아니다. 사실상 그것들의 사역은 아무것도 없는 것이라고 말해지고 있다. 여 기서 또다시 에페스(אֶפֶס, 무)가 그 위치상 강조되어 있다. 그러나 "그들의 행사"가 무엇을 가리키는가? 만약 우리가 이 단어를 "그것들 모두"의 평행으로 취급한다면 그것들은 우상들 스스로 행하는 사역들을 가리키는 것으로 보일 것이다. 다른 한편, 만일 그 단어들이 이어지는 "그들의 부어 만든 우상"의 평행으로 취급된다면, 그것 들은 그것들을 만든 자들의 산물로서의 우상 자체들을 가리킬 것이다. 본 절들 가운 데 있는 접미사들이 다른 것들을 가리킨다고 주장하는 것은 그 자체가 어색함의 요 소가 있음을 드러내는 것이다. 각 경우 접미사들은 우상들을 가리킨다는 것이 보다 자연스럽다. 이러한 해석에 의하면 우상들의 사역들은 그 우상들이 행하고 말하는 것으로 생각되는 것들을 가리킬 것이다. 그것들이 아무것도 행하거나 말하지 못하 므로 그들의 사역은 아무것도 없는 것이다.

이와 같이 부어만든 우상들은 그것들이 그 우상의 보이는 표현이라는 의미에서 우상들에게 속한 것이다. 이러한 해석이 난점들을 포함하고 있다는 사실은 부인할 수 없다. 그러나 전체적인 면에서 그것이 난점을 가장 잘 피할 수 있는 것으로 보인 다. 선지자는 여기서 보잘것 없음(존재하지 않음)을 나타내기 위하여 채용된 일반적 인 단어에다가 "바람"과 "허탄한 것"이라는 두 단어를 덧붙인다. 바람은 사상의 비 어 있음을 표현하는 효과적인 단어이며, 창세기 1:2에서 땅의 공허한 상태를 지칭 하기 위하여 사용된 토후(תֹהוּ, 공허)는 여기서 우상들이 유익한 일을 성취할 수 없 다는 사실을 강조한다. 그들의 사역은 공허 혹은 텅 빈 것으로 결과가 나타나며, 그 래서 그것은 목적이 없는 것이다. "바람"과 "허탄한 것"이란 단어의 강조적인 위치 가 주시되어야 할 것이다. 어느 신도 살아 계시고 참되신 이스라엘의 하나님의 위축 시키는 도전 앞에 서 있을 수 없다. 그분만이 역사의 과정을 지도하시며, 그가 행하 시는 일은 인간의 손길에 의하여 만들어진 신들에 의하여 모방될 수 없다.

동방으로부터 오는 자(사 41:1-4, 25, 26)

주석에서 우리는, 하나님께서 동방으로부터 일으키시는 자가 고레스라는 가정 을 바탕으로 진행했었다. 그러나 일찍이(Targum: 히브리어 성경을 포로후 팔레스 타인 지역의 일상 용어가 된 아람어로 번역한 역본이다-편집주) 가운데 다른 해석이 나타난 바 있다. 탈굼은 41:2을 다음과 같이 해석한다. "진리 안에서 의의 택함을 받은 자, 동방 아브라함으로부터 신속히(공개적으로, בגלי) 불러온 자." 제롬은 비록 많은 사람이 그를 따르지는 않았을지라도, 본 구절을 그리스도에게 적용하였다.[54]
키쎄인(Kissane)과 토리(Torrey) 양자는 탈굼의 해석을 채택하였으니, 이는 다음과 같은 이유 때문이다.

(1) 41:25에 하나님이 일으키시는 자는 하나님의 이름을 부른다고 말하고 있다. 그런 까닭에 만약 이것이 고레스에게 적용된다면 우리는 그가 유일신론자였다고 주장하여야 하거나 아니면 본문이 전와(Corrubt)된 것이라고 주장해야 한다. 이것들 중 어느 것을 택하든 다른 증거에 의하여 입증되지 않는다.

(2) 동방으로부터 오는 자에 대해 묘사하고 있는 어투와 이스라엘을 묘사하고 있는 어투 사이에 하나의 유사성이 있다. 만약 선지자가 아브라함의 생애와 이스라엘의 미래 역사 사이의 비교를 하고 있다면 "아브라함의 자손"이란 용어는 새로운 의미를 가진다.

(3) "나 여호와가 의로 너를 불렀나니"란 문장과 "내가 네 손을 잡아 너를 보호하며"(42:6)란 문장들은 41:26과 41:10cd-이 두 구절이 이스라엘을 가리키는 것을 암시하고 있는 바-의 실질적인 결합이라고 말해진다.

(4) 고레스는 북으로부터 온다고 묘사될 수 없었고, 반면에 아브라함은 동방(우르)으로부터 혹은 북(하란)으로부터 오는 것으로 말해질 수 있었다.

(5) 약속과 성취 사이에 여러 세대가 끼어 있으며, 이것은 고레스에게 해당되지 않았을 것이라는 것이 4절 하반절에 암시되어 있다.

(6) "이전 일"은 예고되었었고 또 성취된 과거의 사건을 가리킨다. 키쎄인은 주장

---

54) "Neque enim Iudaeorum tantum Deus, sed et gentium, qui vocavit Christum Dominum Salvatorem, qui factus est nobis sapientia a Deo, institia et sanctitas, et redemptio" (In Isaiam Prophetam, ad loc.).

하기를, 주로 "이전 일"과 "장차 당할 일" 사이에 유사성이 있다는 것이다. 그리고 장차 당할 일이 여기서 열국들에 대한 사자(messenger)로서 이스라엘의 선택을 포함하고 있으므로, 아브라함의 인격 안에서 이스라엘의 본래의 선택보다 더 어울리는 평행 사상이 무엇이겠는가?

이러한 논증을 제시한 키세인의 견해는 다양하다. 토리 역시 같은 입장을 취하고 있으니, 이는 그것이 본 예언에 대한 자기의 일반적인 해석과 잘 어울리기 때문이다.[55] 이 논증을 하나씩 검토해 나가기에 앞서서 우리는 본 장의 일반적인 강조점이 되는 것으로 보이는 내용을 개진해야 할 것이니, 이는 그 자체 안에 우리가 아브라함보다는 고레스를 가리킨다고 믿는 근본적인 이유가 구성되어 있기 때문이다. 이 입장이 주석 가운데 직접 구체적으로 나타나 있으므로 여기서는 다만 짤막하게 진술할 필요가 있겠다.

40장의 시작과 함께 선지자는 노예상태에 있는 백성들의 상태를 기록한다. 그는 그들에게 위로의 사자가 되어야 할 것이다. 그들은 본국으로부터 옮기어져서 노예 신세가 되어 있다. 하나님께서는 그들을 구원하시기 위하여 고레스를 보내실 것이다. 41장에서 이 구원자는 일반적인 말로만 묘사되어 있다. 44장에서 그는 이름이 붙여진다. 본 예언의 후반부의 앞장들 가운데서 이스라엘 나라는 하나의 종으로서 두드러지는데, 이 단어는 현재적 이스라엘과 그 나라가 처할 운명 사이의 대조에 주의를 집중시키는 단어다.

동시에 인간 구원자가 주어진다는 발표를 하자마자 선지자는 그 나라를 종으로 생각하는 데서 떠나 훨씬 더 탁월한 종, 곧 백성들 스스로 이룰 수 없고 고레스도 성취할 수 없는 한 일을 이스라엘을 위하여 이루실 종에게 관심을 집중시키고 있다.[56] 고레스는 바벨론인들로부터 그 백성을 자유케 하는 반면에, 그 종은 그들이 처한 죄의 영적 노예상태로부터 그들을 구원할 것이다.

이러한 간략한 논평에 비추어 우리는 키세인의 개개의 논증들을 검토해 볼 수 있을 것이다.

---

55) C. C. Torrey, *The Second Isaiah*, Edinburgh, 1928. 나는 *SII*, pp. 87, 89에서 Torrey의 작품을 평가하였다.

56) 바벨론인들은 Marduk이 고레스를 불렀다고 믿었다(*ANET*, pp. 315ff.; 그리고 *Biblica*, Vol. 48, Fasc. 1, pp. 57ff.를 참고하라).

(1) 41:25은 아마도 "하나님의 이름으로 부르다"를 의미할 것이다. 만일 이것이 옳다면 에스라 1:1-4에 나타난 고레스의 선언은 그것이 의도된 내용의 실례가 될 것이다.

(2) 동방으로부터 오는 자를 묘사하는 어투와 이스라엘을 묘사하는 어투 사이에 실질적인 유사성이 있지만, 그러나 그 유사성으로 정체가 증명되는 것은 아니다.

(3) 42:6에서 이 문구들은 한층 뛰어난 종을 가리키며 역사적 이스라엘만을 가리키지 않는다. 그런 까닭에 키쎄인이 그것들로부터 이끌어 내는 결론은 타당하다고 입증되지 못한다(41:25 주해부분을 참고하라).

(4) 이 방향 혹은 기원에 대한 문제는 주해 부분 안에 개진되어 있다. 41:25의 주해부분을 참고하라.

(5) 이 논증에 답하여 41:4에 있는 해석을 참고하라. 그 구절은 약속과 성취 사이에 끼어 있는 세대에 관하여 아무것도 말하고 있지 않다.

(6) 또다시 이 논증은 "이전 일"과 "장차 당할 일"이란 문구의 검토를 통하여 답변될 수 있다. 41:22에 있는 주해를 보라.

42장

1절, 내가 붙드는 나의 종, 내 마음에 기뻐하는 나의 택한 사람을 보라 내가 나의 신을 그에게 주었은즉 그가 이방에 공의를 베풀리라

2절, 그는 외치지 아니하며 목소리를 높이지 아니하며 그 소리로 거리에 들리게 아니하며

3절, 상한 갈대를 꺾지 아니하며 꺼져가는 등불을 끄지 아니하고 진리로 공의를 베풀 것이며

4절, 그는 쇠하지 아니하며 낙담하지 아니하고 세상에 공의를 세우기에 이르리니 섬들이 그 교훈을 앙망하리라

42:1 "보라!"는 단어와 함께 또다시 우리는 대 메시지의 입구에 있다. 그것은 41장의 마지막 절을 소개하였던 "보라!"와 대조되어 있으며 모든 주제들 가운데서 가장 위대한 주제, 곧 여호와의 종의 사역에로 시선을 집중하게 하고 있다. 그렇지

만, 그것은 누구를 향하여 말하고 있는가? 어떤 사람은 영적 세계의 존재로 구성되는 청중이라고 생각하고, 다른 사람들은 그것이 이스라엘 자신이라고 한다. 최소한 이 예언의 독자들이 포함되어 있다. 사실상 이 메시지는 모든 사람에게 주어지는 것이다. 그들은 헛된 우상들로부터 생각을 돌려서 자기 백성에게 구원을 가져다 주실 수 있는 자에게로 돌이켜야 한다.

"종"이란 단어가 강조되어 있으니, 이는 그것이 중심 주제를 나타내기 때문이다. 이사야는 이미 이스라엘을 하나님의 종과 동일시하였다(41:8). 그렇다면 어찌하여 이 시점에서 특별한 소개가 있는 것일까? 이 단어가 여기서 41:8과는 다른 의미로 사용된 것으로 보이며, 단순히 이스라엘과 동일시 된 것으로 보이지 않는다. 만일 특별한 의미에서 이 예언이 그 나라에게 주어진 것이 아니라면, 이스라엘이 이 종일 것 같지는 않다. 바티칸 사본이 종을 이스라엘과 동일시하고 있는 것은 사실이며 스킨너도 이것이 얼마나 쉽게 독자들로 하여금 동일시를 하게 하는가를 보여 준다고 논평한다. 그러나 탈굼은 그 종을 메시아와 동일시한다.

본 절의 분위기는 이 종에 관하여 어떤 특별한 점을 시사한다. 그는 하나님에게 속해 있고, 하나님은 기쁘게 그를 인정하신다. 토리가 논평한 대로 여기서 긴장이 한층 고조되고 묘사는 보다 인상적이다. 우리는 41:8을 넘어 한 발자국 더 나아간다. 이 칭호는 선택이라는 단어와 평행을 이루어 나타나는 것처럼 영예로운 것은 아니다. 그 단어가 의미하는 바와 같이, 종인 그는 하나님의 택함 받은 자이다. 그리고 하나님이 택하신 그는 역시 하나님의 종이다. 이 용어는 경시의 용어가 되기는 커녕 하나님과 특별한 관계 가운데 있는 자를 가리킨다.[1] 성경 밖에서의 용법도 같

---

1) 본문 주석에서 여호와의 종의 정체에 대한 충분한 논의를 할애할 지면이 충분치가 못하다. 독자는 그 주제의 입문서로 다음의 작품들을 참조 바란다. C. R. North, *The Suffering Servant in Deutero-Isaiah*, London, 1956; H. H. Rowley, *The Servant of the Lord*, Oxford, 1965; V. de Leeuw, *De Ebed Jahweh-Profetieen*, Assen, 1956; Edward J. Young, *SII*; Otto Eissfeldt, *The Old Testament: An Introduction*, E. T. New York, 1965, pp. 330-336. 본 주석에서 채택된 입장은 다음과 같다: 이 종은 자기 백성, 즉 교회(곧 구속받은 이스라엘)의 머리로 생각되는 메시아(예수 그리스도)이다. 한 번은 몸이 두드러지고, 다른 때(예를 들면 53장)에는 머리가 두드러진다. 종이 메시아를 가리킨다는 것은 그 사역이 특성상 영적인 것, 즉 그들의 죄책과 그 권세에서 자기 백성의 구속이라는 사실에서 나타난다. 메시아만 배타적으로 의도되지 않았다는 사실이 다음과 같은 사실에서 나타난다. (1) 불완전함이 그 종에게 있는 것으로 되어 있음, 42:19. (2) 그는 이스라엘로

은 것을 가리키는 것으로 보인다.[2] 이 칭호는 특별한 선택을 미리 예상한다.

뒤따라오는 "내가 그를 단단히 붙든다"는 구절을, 비록 많은 주석가들이 그렇게 하고 있을지라도, 관계절로 취급할 필요는 없다.[3] 이 말은 하나님께서 그 종을 의지한다는 것을 의미하지 않는다. 그의 현재의 무가치성에도 불구하고 하나님께서 그를 굳게 붙든다는 것을 의미하지도 않는다. 또한 단순히 하나님께서 그를 붙든다는 것도 아니다. 그리고 선지자가 의도적으로 고도의 법정 형식을 채택하였고, 그래서 이 문구는 자기의 사역을 위하여 종을 임명하는 것을 가리킨다고 할 수 있는 근거도 없다.

전치사와 함께 해석될 때 동사는 단지 "지탱하다", "굳게 붙들다"를 의미하며, 여기서는 하나님의 도우심을 종에게 허락하는 것을 가리킨다. 하나님께서 그렇게 그 종을 붙든다는 사실은 하나님께서 가장 깊은 애정 가운데서 그를 붙든다는 것을 보여 준다.

영예로운 두 번째 호칭은 "나의 택한 사람"이란 문구이다. 히브리어에서 이 단어의 형태는 택함을 받고 또 택함받은 자의 속성을 계속 유지시키는 자를 가리킨다. 그런 까닭에 우리는 칼빈과 다른 사람들에 의하여 제시된 이 단어가 단지 "가려 뽑은" 혹은 "우수한"을 의미한다고 하는 고대의 해석을 거절해야 한다. 아마도 택함을 받은 자는 우수한 자로 간주될 수도 있을 것이지만, 그러나 이것이 제1차적인 개념은 아니다. 종의 사역은 누구든지 그것을 시행할 수 있는 종류의 것이 아니다. 그것을 시행해야 할 사람은 하나님 자신의 택함을 받아야 한다.

하나님께서 선택한 사람은 또한 하나님의 모든 존재로 기뻐하시는 사람이다.[4] 하나님께서 그를 너무나 기뻐하므로 그분의 영혼까지도 그를 기뻐한다. 이 단어가 모세의

지칭됨. 41:8; 44:1; 49:3. (3) 성경의 다른 구절들도 이 구절들도 교회에게 적용함. 렘 11:19; 행 13:47; 고후 6:2. 참고. de Leeuw, *De koninglijke Verklaring van de Ebed-Jaweh-Zangen*, 1952, pp. 456, 457.

2) 참고. *DOTT*, p. 123; Lindhagen, *The Servant Motif in the Old Testament*, Uppsala, 1950, 고레스의 칭호를 Marduk의 젊은 종(*aradsu šahri*)으로 되어 있음을 주시하라. 참고. Langdon, *VAB*, IV, Nabonidus I, Col. 1:28ff. 우가릿어에서 Danel과 Krt 양자가 'bd il로 지칭되고 있다. 참고. *Krt*, Lines 153, 155, 299-300 그리고 Aqht ii. 1.35; Gordon, *UH*, pp. 182, 185, 187. 느부갓네살은 *šamaš*의 종, Azitawadu 바알의 종 등으로 호칭된다.

3) 관계절이 사용되는 대신 여기서 두 개의 단문들이 등위 접속되어 있다. 그리고 앞 절과의 관계는 병치로 인하여 단순하게 암시되어 있다. 또한 왕상 11:14; 렘 5:15; 49:31을 참고하라.

율법 가운데서 하나님이 희생제물을 기뻐하신다는 데 대해서 사용되었다. 비록 완료형이지만 이 동사는 반드시 한 번의 행동, 즉 종을 부르시는 그 순간만을 가리킨다고 생각할 필요는 없고, 하나님께서 그 종을 계속하여 기뻐하시는 것을 나타내는 것이다. 신약성경도 그리스도 자신에 대해서 이 표현을 사용한다(참고, 마 3:17; 17:5).

그의 사역을 위하여 그 종에게 능력을 부여하기 위하여 하나님께서는 자기의 영을 그에게 주셨다.[5] 성령은 그를 받는 자에게 자기의 임무를 시행하도록 무장을 시켜 주는 신적 힘과 초자연적 능력이다. 그분은 선지자들에게 뿐만 아니라, 다른 사람들에게도 부어졌다. 성령은 마치 그분이 하늘로부터 내려와서 그 종에게 임한 것처럼 "그 위에" 왔다고 말해진다. 이 동사가 예언적 완료형으로 취급되어야 하는지 그렇지 않은지는 말하기 어렵다. 만일 이 구절의 의미가, 성령이 주님이 세례를 받으실 때 비둘기와 같이 우리 주님 위에 내려오시는 것으로 완전히 성취되었다면 그 동사는 예언적 완료형으로 취급되어야 할 것으로 보인다. 그러나, 만일 이것이 하나님께서 당신의 성령을 부으심으로 말미암아 그의 어려운 사명을 위하여 준비를 시켜 주신다는 사실에 대한 일반적인 선언이라면, 이 동사를 예언적 완료형으로 해석할 필요는 없는 것이다.

61:1에서 종 자신이 "주 여호와의 신이 내게 임하셨으니"라고 말한다. 그 부으심이 이미 일어났으니, 이는 하나님께서 기쁜 소식을 전파하도록 그에게 기름을 부으셨기 때문이다. 48:16에서 여호와께서는 종과 성령을 보내신다. 이러한 구절들에 비추어, 여호와의 이 선언을 주께서 사명을 위하여 종을 충분히 무장시키신다는 사실에 대한 일반적인 진술로 간주하는 것이 더 나을 것이다.

이 구절 가운데 사명이 간단히 진술되어 있고, 그것을 실행함에 있어서 어떤 비상한 장애물들이 있을 것이라는 암시가 없다. "그가 이방에 공의를 베풀리라"는 단순한 문구는 그 종이 자기의 목적을 이룰 것이라는 사실을 선언한다.[6] "그가…베풀리라"는 문구는 설교 혹은 예언적 활동을 가리키는가 아니면 그 종이 세상 가운데

---

4) 나는 נפשׁ를 단순히 하나의 대명사에 대한 내용보다 더 강력한 것으로 간주하는 편이다. 그러나 *HS*, p. 32를 참고하라.
5) '영'과 '그에게 주었다'의 결합은 다른 곳에서는 오직 11:2-4에만 발견된다. 이것은 분명히 메시아적 특성이다.
6) 율법, 공의, 열국들이라는 개념들은 다른 곳에서 오직 2:3,4에서만 발견된다. 또한 51:4의 '율법, 판단, 백성들'을 참고하라.

스스로 판단을 세울 것을 암시하는가? 좋은 공의를 선포하는가 아니면 그것을 세우는가?

마태복음은 양자 가운데 전자를 지지하는 것처럼 보인다. "그리고 그가 심판을 이방에 알게 하리라"(마 12:18하). 마태의 용법은 반드시 그 문제를 결정하지는 않으며, 또한 이사야서의 히브리어 본문에 대한 다른 해석을 배제시키는 것도 아니다. 첫째로, 동사는 "부르다" 혹은 "선포하다"를 의미하지 않고 "베풀다"(to cause to go out, 나가게 하다)를 의미한다. 둘째로, 성령으로 부으심은 임무의 어려움을 지적하는 것처럼 보인다. 셋째로, 4절의 어투('세상에 공의를 세우기에 이르리니')는 여기서 선포 이상의 어떤 것이 의도되었다는 사실을 보여 준다.

종은 성령의 도우심으로 온 세상에 공의를 베푼다(아마도 시온으로부터). 이 사상은 2:2이하의 사상과 근본적으로 같다. "공의"로 번역된 단어는 "판단하다"를 의미하는 어근으로부터 나왔다. 그러므로 판단이 하나의 공의, 곧 표준 혹은 규범과 조화되는 공의를 판결하였다는 것이다.

법적 결정은 하나님 자신에 의하여 선고되며 계시된 종교의 전체를 포함한다.[7] 종교는 여기서 법정적인 국면으로 이해되는데, 이는 그것이 인간의 행위와 관계되어 있기 때문이며, 하나의 인간을 정죄하거나 아니면 의롭다고 결정하는 것과 관계되어 있기 때문이다. 종은 이러한 공의를 이스라엘의 하나님을 알지 못하는 이방인에게 베풀 것이다. 그러므로 그의 사역은 선교사역이다. 칼빈은 말하기를, "그리스도께서 하나님의 권위 아래 그리고 그를 섬기는 것으로 온 세상을 이끌어오기 위하여 보내심을 받았다."

42:2 본 절은 그 종의 허세부림이 없는 그리고 신중한 사역을 묘사하는 세 개의 부정 동사로 구성되어 있다. 그는 자기의 모든 행위를 선포하는 큰소리치는 세상의 정복자들과는 날카로운 대조를 보인다. 고대 시대에는 하나의 새로운 종교가 백성에게 제시될 때, 그들의 정복자에 의하여 도입되는데, 정복자들은 백성에게 강요하는 것이다. 이 종은 그러한 정복자들과 같이 행하지 않고, 누군가를 어떤 특별한 계획표에 강제적으로 밀어 넣으려고 하지 않는다. 그것은 단순히 그의 하나님에 대한

---

7) 공의(*justice*)는 의미가 너무 제한되어 있다. 자주, 같은 의미로 사용된 아랍어 *din*에게 호소가 이루어진다.

큰 신뢰 때문이며 모든 사명에서 가장 어려운 사역을 성공적으로 이루어 나가는 조용한 방식 때문이다.

실제로 무엇과 대조를 나타내려고 하고 있는가? 어떤 사람은 고레스와의 구체적인 대조가 나타나 있다고 생각한다.[8] 다른 사람들은 열광적 행위와 황홀경에 빠졌던 선지자의 형태와 대조되어 있다고 생각한다. 악한 나라에 심판을 선포하였고 하나님의 진노를 호통쳐 예고했던 대 설교자인 선지자들과의 대조이거나, 혹은 무당과 견유학파와 같은 방랑하는 설교자들 및 선지자들과의 대조라고 주장되기도 하였다.[9]

아마도 이 문제는 명확한 대답을 얻어낼 수 없을 것 같다. 사실상, 그 종의 조용한 태도는 자신에게 주의를 끄는 모든 사람과 대조를 이룬다. 그의 태도는 정상인들의 태도와는 다르다. 그는 어떤 선지자들이 그러했던 것처럼 압제자들에게까지도 외치지 않을 것이며, 혹은 보복을 하도록 부르짖지도 않을 것이다. 그는 도움을 위하여 혹은 슬픔을 인하여 부르짖지도 않을 것이다. 아마도 이 동사는 하나의 메시지를 선포하기 위하여 준비된 사람의 부르짖음을 암시할 것이니, 이는 마태복음은 "그는 다투지도 아니하며"라고 해석하고 있기 때문이다. 우리 주님은 바리새인들과 격렬한 논쟁에 빠지지 않으므로써, 그리고 대중들로 하여금 잠잠하라고 명령하심으로써 이 예언을 성취하셨다. 열국에 공의를 가져다 줌에 있어서 이 종은 다투면서 외치지 않을 것이고, 그는 진리의 말씀을 부드럽게 선포할 것이다.

두 번째 동사는 "그는 높이지 않을 것이다"로 번역될 수 있으며, 목소리를 높임 혹은 올림을 가리킨다.[10] 그것이 자기에게 부속된 인민에게 지속적으로 꾸짖는 것을 가리킨다는 사실이 본 구절을 고레스에게 적용하는 어떤 사람들에 의하여 제안되었다. 다른 사람들은 이 동사를 부속된 지방에서의 군 복무를 위한 징집의 소집에 적용한다. 그러나 그러한 해석은 본문 속의 다량의 것들을 읽게되는 것이다. 그리고 그 동사의 단순한 의미를 회피할 타당한 근거가 없다. 그것은 첫 번째 동사와 평행

---

8) 예를 들면, *PIAI*, p. 123.

9) 참고. Volz, *in loc*.

10) 그 목적어가 무엇인지 분명하게 이해될 때, 그 목적어는 자주 표현되지 않은 채 남겨진다. 참고. 3:7; 삼상 20:16; 렘 3:5, 등. 그러한 נשא의 사용은 3:7 이외에는 다른 곳에서 발견되지 않는다. 또한 참고. 민 4:1; 욥 21:12; 사 42:11. Ellison(*The Servant of Jehovah*, p. 18)은 그 종의 조용한 행실과 41장 가운데 있는 군대들의 소동, 흔들거리는 우상들 등 사이에 날카로운 대조를 잘 지적하였다. 또한 Fry, *in loc*을 참고하라.

적 표현으로서의 역할을 하며, 그리고 그 종은 그의 목소리를 높이지 않을 것이라고 선언한다. 그는 고요하고 조용하게 말할 것이니, 이는 그가 다투고 논증하는 가운데 그의 목소리를 높일 필요가 없기 때문이다.

마지막으로, "그 소리로 거리에 들리게 아니"하실 것이다. 그로티우스(Grotius)는 단지 그 종이 집에서 그의 목소리를 높이 올리지 않아 거리에도 들리게 하지 않을 것이라는 것을 의미하였다는 특이한 제안을 하였다. 그러나 이 동사는 사상적으로 처음 두 개의 동사와 평행을 이루며, 단지 그가 거리에 있을 동안에도 목소리를 높이지 않는다는 것을 의미한다. 그의 가르침을 듣기 위하여 주변으로 모이는 자들은 그가 결코 사람이 말하는 것처럼 말하지 않았다는 사실을 발견할 것이다. 그의 가르침은 큰소리로 하는 선포를 통하여 이루지 않고 조용한 가르침을 통하여 이루었다.

알렉산더는 이 구절이 그리스도의 인간적 덕목을 묘사하지 않고 단지 그분의 나라의 성격을 나타내는 것뿐이라고 말한다. 그러나 그러한 날카로운 대조가 이루어져야 하는가? 확실히 본 절은 그리스도의 나라의 성격을 말하고 있으며, 그리스도의 덕목들에 대하여 전적으로 침묵하고 있는가? 그것은 그리스도께서 지상의 사역을 하셨던 방식을 힘찬 방법으로 선포하지 않는가?

42:3 그 종이 약하고 압제받는 자들에 대하여 행동하는 방식을 지적하면서 묘사가 계속된다. 그의 사명은 축복을 가져다 주는 것이며 멸망시키는 것이 아니다. 채용된 표상 자체는 이해하기가 쉬운 것이지만, 그러나 그것들이 상징하는 것은 정확하게 분명하지는 않다.[11] 갈대는 습지나 강둑에서 자란다. 그것 자체는 약하지만, 또한 아마도 바람에 의하여 상하고 부러져 있을 수도 있다.

그와 같이 꺼져가는 등불은 단지 타오르고 있는 심지이며 실제적으로는 꺼져 있다. 그러나 분명히 이러한 표상은 상징적으로 취급되어야 한다. 그것은 목적어이고 강조를 위하여 동사 앞에 위치해 있다. 그런 까닭에 그것은 분명히 중요한 것으로 간주된다. 더 나아가서 목적어의 이러한 위치는 앞 절의 단어의 순서와 대조를 이룬다.

터툴리안은 그 갈대를 이스라엘의 신앙을 가리키는 것으로 말하고 등불을 이방인

---

11) Begrich는 이 단어들이 법률상의 행위들을 가리킬 수 있다고 말한다(*SZD*, p. 163). 참고. *ILCH*, p. 55. 또한 R. Marcus in *HTR*, Vol. 30, 1937, pp. 249-259.

들의 순간적인 열정으로 말하였다. 한(Hahn)은 갈대를 하나님의 진리 가운데 서 있지 않고 그들의 윤리적 타락상태에 있는 이방인으로 취급한다. 그들은 잘못된 영으로 말미암아 흔들리는 자들이다. 그리고 그들은 하나님의 생명 가운데 있지 않고, 죄의 세력에 의하여 흔들리는 자들이다. 아마도 지나치게 구체적인 적용을 하려고 해서는 안 될 것이다. 갈대는 그들의 국적이 무엇이든 약한 사람들을 가리키는 것으로 보였을 것이다. 더 나아가 이 사람들은 상한 자인데, 이 말은 압제를 가리키는 것으로 보인다(참고, 복수형 רְצוּצִים, 압제받은 자들). 상한 갈대는 그것을 곧 꺾어버릴 어떤 세력에 대항하여 서 있을 수 없는 것처럼, 압제의 힘과 세력으로 인해 부러진 약한 사람들은 격렬한 세력 앞에서 무너질 것이다. 그 종은 그러한 약한 사람들을 멸망시키지 않는다. 그의 행위는 지상의 정복자들과 세력으로 인해 강한 대조를 이룬다.

이와 같이 꺼져가는 심지는 반드시 유대인이나 혹은 이방인을 가리키지 않으며, 애굽인을 가리키지도 않는다.[12] 그것은 의미상으로 상한 갈대와 평행을 이루고 있으며 그래서 외적인 압제와 또 어쩌면 이 세상의 생활에 대한 내적인 환멸로 인하여 소망이 꺼진 상한 사람을 가리킨다. 신약성경은 팔복 가운데서 그러한 사람을 말하고 있다. 그들은 그 종으로 말미암아 멸망당하지 않을 것이다. 그는 그들이 더 이상 살아 남지 못하도록 끄지 않을 것이다.

그보다는 진리의 요청을 따라 그는 공의를 베풀 것이다. 이 문구는 인간 통치자들의 특징인 압제와 강포라는 거짓된 방법과의 대조를 강조한다. 만일 공의가 진리와 일치하여 나타난다면, 참된 방법으로 나타난다. 그리고 "그가 공의를 베풀 것이다"[13]라는 문구의 반복을 당연히 주시해야 할 것이니, 곧 또다시 그 종이 그의 사명에 성공할 것이라는 사실을 강조하고 있다. 더 나아가 본 절에서 강포와 압제가 목적을 이루는 정당한 방법이 아니라는 사실이 보여진다. 정복하는 것은 진리이며, 그 종은 오직 진리의 가르침과 일치하여 행동한다. 이사야가 기록하고 있는 것은 그가 일찍이 11:3, 4에서 메시아에 관하여 기록했었는데, 그 구절에 대한 하나의 주석이다.

---

12) *COT, in loc*에 있는 논의를 참고하라.
13) 마 12:20은 ἕως ἂν ἐκβάλῃ εἰς νῖκος τὴν κρίσιν으로 읽고 있는데, 이는 아마도 단순한 의역인 것 같다.

42:4 2절과 3절에서 다섯 동사가 부정의 형태로 종의 사역 방식을 묘사 했었다. 추가로 두 개의 부정 동사가 그 묘사를 계속한다. 하나의 점층법이 두드러져 있다. 2절에서는 세 개의 부정 동사가 있고 그 종의 사역의 완성에 대해 언급이 없다. 3절에서는 두 개의 부정 동사가 있고 종의 사역의 성공적인 성과에 대한 진술이 있다. 본 절 역시 두 개의 부정 동사를 담고 있으며 그 종의 가르침에 대한 섬들의 대망을 표현하는 부가적 진술과 종의 사역의 완성에 대한 진술이 있다.

처음 두 동사는 분명히 앞 절에서 채용된 것과 유사한 어근을 반영하며, 이러한 반영은 교차적인 스타일로 나타나 있다.

3절 상한 갈대(라추츠, רָצוּץ) 꺼져가는(즉 연기나는, 케하, כֵהָה)
4절 그는 쇠하지 아니하며(이크헤, יִכְהֶה) 낙담하지 아니하고(야루츠, יָרוּץ)

첫 번째 동사의 정확한 의미는 결정하기 어렵다. 그것이 그 종이 점점 쇠하여 그의 임무에 약화되지 않는다는 것인지 아니면 그가 마음이 약해지지 않을 것을 의미하는지는 거의 중요하지 않다. 중요한 것은 그것이 그 앞에 놓여 있는 사역의 장엄성을 나타내고 있다는 것인데, 그에게 불리하게 영향을 미치지 않는다는 것이다.

첫 번째 동사에 3절의 케하(כֵהָה)에 대한 반영이 나타나 있는 것처럼, 두 번째 동사에 라추츠(רָצוּץ, 상한) 갈대에 대한 반영이 나타나 있다. 우리는 아마도 "그는 부수어지지 않을 것이다"로 번역할 수도 있을 것이다. 그리고 이것은 그의 사명을 성공적으로 완수하기까지는, 우리가 일상적으로 말하는 것처럼, "그가 박살나지 않을 것이다"라는 말과 유사하다.[14] 이 두 동사 속에 함축된 것은 고난에 대한 사상이다. 종이 점점 쇠약해져서 그가 자기의 임무를 성취할 수 없을 가능성도 있고, 또 그가 실패하도록 만드는 외부적인 세력들에 의하여 깨어질 가능성이 있다는 것이다. 그럼에도 불구하고 그는 성공적으로 그 일을 완성하기까지 그 모든 임무를 성공적으로 완수할 것이니, 말하자면, 그가 "세상에 공의를 세우기에 이를 것이다."[15] 이와 관련

---

14) 미완료형에서 우(ו)를 가지는 몇몇 아인-아인 동사들이 있다. 또한 יָרוּן (야룬), 잠 29:6; תִּמֹּה (티톰), 겔 24:11; 그리고 תָּרוּץ (타루츠), 전 12:6. 동사가, 비록 방금 제시된 실례에 비추어 볼 때 이것이 불필요하기는 하지만, יְרֹץ (예로츠)로 표기 될 수도 있다.

15) 미래형은 여기서 미래에 있을 또 다른 사건에 앞선 사건에 대해서 사용되었다. 또한 창 11:6; 15:4; 사 7:23; 53:10을 참고하라.

하여 "땅"은 팔레스틴에 한정되지 않고, 온 땅을 가리키며, 또 그리하여 종의 사역의 우주성을 지적하고 있다. 더 나아가서 그 종은 실제로 세상에 공의를 세울 것이다. 그가 자기의 사역을 완료하였을 때, 온 땅에서 공의를 발견 할 것이다. 이방인의 회심은 어떤 한번의 거대한 종말론적 행위가 아니고 점차적이고도 지칠 줄 모르는 종의 사역의 결과이다. 그런 까닭에 그것은 그 종이 자기의 종들을 통하여 역사하므로 그들 역시 여기서 본 장이 말하고 있는 신비적인 표상 가운데 포함되어 있다고 말해질 수 있는 것이다. 이사야는 두 번 요치(יוֹצִיא, 그가 베풀 것이다)란 동사를 사용하였지만 이제 그는 그것을 야심(יָשִׂים, 그가 세울 것이다)으로 강화하고 있다.[16]

마지막 문장은 어떤 사람에 의하면 아드(עַד, 까지)에 종속된 것으로 해석하여 그 의미가 "그가 세상에 공의를 세우기까지 그리고 섬들이 그 교훈을 앙망하기까지"라고 한다.[17] 그러나 마지막 문장을 부가적인 독립된 진술로 취급하는 것이 더 나을 것이니, 그럴 경우 강조는 첫 번째 단어 "교훈"에 있게 된다. 이 교훈은 그 종이 세상에 줄 종의 가르침을 가리킨다. 이 가르침의 내용은 단지 복음 그 자체이다.

섬들은 이 교훈을 사모하는 기대감을 가지고 앙망한다. 아마도 이 마지막 동사는 미래형으로보다는 현재형으로 번역해야 할 것이며 그래서 그 종들이 그분의 사역에 종사할 때 존재하는 상태를 표현한다. 특별한 섭리 가운데서 하나님은 그리스도의 당시에 고대 이방 세계의 종교에 대한 불만족과 함께 동반된 기대감을 존속하도록 하셨다. 그러나 이것은 단순히 어떤 보다 좋은 것에 대한 사모함이 아니고 진리 그 자체에 대한 실질적인 앙망이다.[18] 이것이 의미하는 내용의 실례로서 우리는 사도행전의 경건한 자들과 이사야 2:2-4을 가리킬 수 있을 것이다.

고레스의 나라는 한계가 있으며 모세의 율법은 이스라엘 족속들에게 주어진 것이었다. 종의 교훈과 그의 나라는 국적과 인종의 울타리가 없다. 그는 세상에 공의를 세우신다.

---

16) 비록 마 12:18 하반절이 ἀπαγγελεῖ로 읽지만, 우리는 "그가 선포할 것이다"(soll er kundtun)라고 한 Sellin을 따를 필요는 없다. 진리를 베푼다는 것은 어떤 단순한 인간에게 적용할 수 없는 사역이다.

17) 그래서 Schmidt는 "donec parat in terra iudicium et donec in lege eius expectabant insulae"라고 주석을 하였다. 또한 Penna도 그렇게 하였다. Feldmann, Volz는 contra.

18) 1755년에 글을 쓰면서 Reichel은 하나의 예증으로 "가난한 이방 아메리카"(das arme heidnische Amerika)라고 언급하였다. Alexander가 지적한 바와 같이, 이방인들이 구원을 기대하는 소망은 분명하다.

5절, 하늘을 창조하여 펴시고 땅과 그 소산을 베푸시며 땅 위의 백성에게 호흡을 주시며 땅에 행하는 자에게 신을 주시는 하나님 여호와께서 이같이 말씀하시되
6절, 나 여호와가 의로 너를 불렀은즉 내가 네 손을 잡아 너를 보호하며 너를 세워 백성의 언약과 이방의 빛이 되게 하리니
7절, 네가 소경의 눈을 밝히며 갇힌 자를 옥에서 이끌어 내며 흑암에 처한 자를 간에서 나오게 하리라
8절, 나는 여호와니 이는 내 이름이라 나는 내 영광을 다른 자에게, 내 찬송을 우상에게 주지 아니하리라
9절, 보라 전에 예언한 일이 이미 이루었느니라 이제 내가 새 일을 고하노라 그 일이 시작되기 전이라도 너희에게 이르노라

42:5 그 메시지의 위엄이 이제 창조주 하나님에게 호소함으로써 강화되고 확증되어 있다.[19] 세상에 공의를 세워야 할 그는 창조주 하나님에 의하여 지지를 받아야 한다. 선지자를 통하여 이미 말씀하여 왔고 지금도 말하고 있는 자는 절대적 전능하신 자이신 엘(אֵל)이시다. 인간과 구별되시는 하나님이시다.[20] 그분은 또한 이스라엘의 하나님 여호와이시다. 분사들은 과거형으로 번역되어야 가장 좋을 것이니, 이는 단번에 영원히 일어났던 창조를 가리키기 때문이다. 일반적으로 창세기의 순서를 따르고 있다. 바라(בָּרָא)는 여기서 하늘에 대해서만 사용되었고, 땅에 대해서는 라카(רָקַע)가 사용되었다. 하나님께서는 하늘을 창조하셨고, 창조하신 후에 그것들을 펼치셨다. 이 후자의 단어(펼치다)는 땅의 거주자의 입장에서 말한 것이다. 이 세상에 살고 있는 사람에게 지평성의 한쪽 끝에서 저편 끝까지 닿아 있는 하늘은 펼쳐져 있는 것처럼 보인다.[21] 함께 취급되는 두 분사는 단지 하늘이 존재와 현재 상태를 유지함에 있어서 창조주 하나님에게 빚을 지고 있음을 진술하고 있다. 동시에 이 분사들은 창조의 본래 행위를 표현하고 있을 뿐만 아니라, 그분

---

[19] 1-4절이 뒤따라오는 구절들과 긴밀한 관계를 가지고 있다는 사실을 유의하는 일은 중요한데, 이는 Duhm이 여호와의 종의 본문들이 부분적으로만 그것들의 문맥과 연관되어 있다고 주장하였기 때문이다. Lindblom은 1-4절이 5절 이하와 조화되나 그것들의 문맥과는 상관이 없다고 주장하였다. 참고. *The Servant Songs*, p. 20.
[20] אָמַר라는 완료형을 주시하라. 하나님의 말씀들은 그것들을 선포하는 예언보다 일찍이 있었다.
[21] 분사형에서 마지막 어근이, 비록 발음하지 않지만 회복된다. נוֹטֵיהֶם (노테 헴).

이 만드신 것들을 계속 유지시킴에 있어서 나타난 하나님의 창조적 능력도 표현하고 있다.

하나님께서는 또한 땅과 그 모든 소산을 베푸셨다. 창세기 1장에서 궁창으로 번역된 단어와 같은 어근에 근거한 이 분사형은 그 땅이 하나님에 의하여 펼쳐진 평평한 표면임을 암시한다.[22] 이 단어는 시적이며 그 땅을 단순히 인간의 눈에 나타난 것처럼 묘사하고 있을 뿐이다. 소산이란 단어는 창세기 1장에서 사용된 같은 어근 야차(יָצָא, 내다)에서 나온 것이다. 거기서 그것은 땅이 식물을 내었다고 말씀하셨고, 여기서도 그 소산(체에차에이하, וְצֶאֱצָאֶיהָ)은 아마도 땅에서부터 자라나는 식물(grass)일 것이다.[23] 이 표상은 식물의 푸르름으로 덮인 땅의 광활한 공간에 대한 것이다. 하나의 비단처럼 푸른 초목이 넓은 땅을 덮고 있다. 아마도 선지자가 벌거벗은 언덕들이 푸르름으로 뒤덮인 때인 겨울 동안의 팔레스틴을 생각하고 있었던 것으로 보인다.

이사야는 2:22에서 인간의 호흡이 그 코에 있다고 말했었다. 선지자는 인간이 호흡 없이 살수 없기 때문에, 그 생명의 결정적인 원리가 되는 자기들의 호흡을 하나님으로부터 받는다는 사실을 확증하고 있다. '신'이란 단어는 그와 거의 동의어이며, 어떤 특별한 구별점을 찾으려는 것은 적절치 못할 것이다. 백성이란 단어는 인류의 단일성을 지적하고 있는 반면에 '행하는'이란 분사는 인간이 자신의 지정된 삶의 과정을 살아가는 것을 묘사한다.

두 개의 전치사는 그 의미에 있어서 본질적으로 다르지 않다. 백성은 땅 '위에' 있고, 또한 그 '안에서' 행한다고 말하고 있다. 아마도 후자의 전치사는 백성이 세상의 영역 안에서 살고 있음을 강조하는 하는 것으로 보이며, 앞의 다른 전치사는 단지 그들이 땅의 표면 위에 있음을 암시하는 것 같다.

42:6 화자(話者)는 이제 자신의 정체를 밝히고 '나'라는 대명사를 강조의 위치에 둔다. 말하는 자는 시내 산에서 자기의 언약을 이스라엘에게 주시고 그 백성에게 자기의 영광스러운 이름을 알려주신 이스라엘의 언약의 하나님이다(출 3:15; 6:3).

---

22) 어근 רקע 는 '얇게 두들기다'를 의미한다; 이 형태는 아마도 파타흐를 가진 연계형일 것이다.

23) 러시아어 c와 같이 접속사 **와우**는 '과 함께, 또'의 의미를 가지고 있다.

언약의 기원, 이루심, 주권적 섭리를 손에 쥐고 계시는 그분은 또한 종을 불러 그를 통하여 은혜로운 언약의 내용들을 수여하시고, 그분 안에서 언약을 충만하게 실현하시고 참된 구현을 실현하실 것이다.

부르심은 선택, 임명, 그리고 종이 되는 임무를 위한 섭리적 준비를 포함하였다.[24] 하나의 성실한 선택이 암시되어 있으니, 이는 하나님께서 이 특별한 자를 자기 종으로 임명하시기 위하여 다른 모든 사람을 거절하셨기 때문이다. 성격상 직임은 선택을 포함한다. 이와 같은 방법으로 하나님께서는 고레스를 부르셨었다(41:9).

그러나 하나님께서는 이 종을 아무렇게나 부르지 않으시고 의로 부르셨다. 부르심의 행위 가운데서 하나님께서는 자기 자신의 의를 실행하셨고, 그 소명은 "의의 영역 가운데 존재"하였다. 그러므로 그 종의 사명은 하나님의 의에 뿌리와 근거를 두고 있다.

어쨌든 이 "의"란 무엇인가? 어근은 고정된 규범 혹은 표준에의 일치를 암시한다. 예를 들면 하나의 무게가, 그것이 표준에 적합함으로 인하여 의롭다(צֶדֶק)고 말 할 수 있다(참고. 신 25:15). 그러므로 의 안에서 행한다는 것은 옳은 것, 즉 절대적으로 의로운 것과 일치하여 행동하는 것이다. 하나님으로부터 떠난, 그것에 적합시켜야 하는 절대적 의라는 어떤 관념상의 표준은 없고, 하나님께서 그 자체로, 그분 자신으로부터 절대적 의이다. 그분께서는 자신의 뜻에 일치하여 행동하시며 그분의 뜻은 바르다(just). 부르심의 행위는 엄격한 의와 일치하지만, 그러나 동시에 그 종의 준비와 사명도 그러하다. 그분이 사명을 이행할 때 이 의가 그분의 기뻐하심을 입은 자들에게는 사랑과 구원으로 나타날 것이지만, 멸망할 자들에게는 분노와 영원한 징벌로 나타날 것이다. 이 두 경우 소명과 사명은 완전한 의와 일치한다.

"(그리고) 내가 네 손을 잡아"—즉 "내가 너의 손을 잡을 것이다"이니,[25] 이는 그 종의 사명은 하나님께서 그를 붙들어 주실 그것이라는 사실을 강조하는 너무나 아

---

24) 완료형은 부르심에 대한 일반적 사실을 나타내고, 약 와우에 의하여 각각 소개되는 뒤따라오는 미완료형들에 의하여 독특함이 나타나는 별개의 사항들을 제시한다.

25) **히렉**을 **체레**로 대치한 점을 주시하라. 또한 출 19:3; 민 22:19; 삼상 14:36; 왕상 8:1; 대하 5:2을 참고하라. 이것은 내적이고, 부드러운, 인격적, 지속적인 관계를 가리킨다. Hattusilis는 다소 유사한 Ishtar의 어투를 사용한다. GAŠAN-YA ḫu-u-ma-an- da-za-be ŠU-za ḫar-la am-mu-uk-ma-za(Apology, line 46).

름답고 부드러운 표현이다. 폴츠(Volz)는 그 종이 하나님과 손을 마주 잡고 자기의 임무를 수행할 것이라고 말함으로써 그 문장의 의미를 박탈해 버렸다. 그보다 이 구절은 1절에 있는 "내가 그를 굳게 붙들 것이다"(개역은 '네가 붙드는')와 의미상으로 유사하다. 루터는 하나님께서 그 손으로 그 종을 붙들 것이라고 말함으로써, 즉 "이러한 이유로 인하여 사탄과 세상은 그 모든 능력과 지혜를 가지고서 당신의 사역을 저항할 것이다"라고 말함으로써 문제의 핵심을 드러냈다. 이 문장은 종의 임무가 어렵다는 것 그리고 커다란 장애물이 그 길에 있을 것이라는 사실에 주의를 돌리게 한다.

"(그리고) 너를 보호하며"—히브리 본문은 난해하며, 또 아마도 이것이 가장 좋은 번역일 것 같다. 만일 그러하다면, 동사는 그 종으로 하여금 자기의 임무를 가장 잘 수행할 수 있도록 하실 하나님의 보호를 가리킬 것이다.[26]

"(그리고) 내가 너를 백성의 언약으로 주었다"—만일 앞의 문구가 하나님의 준비를 가리킨다면, 이것은 종이 임명받은 목적을 가리킬 것이다. "한 사람을 준다"는 것은 그를 '세우다' 혹은 '임명한다'는 것을 의미하며, 임명의 목적은 '백성의 언약'이라는 문구에 진술되어 있다. 이 문구의 의미는 백성에게 속하는 언약이다, 즉 백성을 (위하여) 주는 언약이다.

그 백성은 누구인가? 두 개의 주된 견해를 주장하였다. '백성'은 5절에 있는 것과 같은 의미를 가지고 있다고 주장되었는데, 그곳에서 그것은 분명하게 이스라엘에 한정되어 있다.[27] 더 나아가 백성이 이스라엘만을 가리킨다면, 그것은 일반적으로 정관사가 동반된다. 그리고 '백성'과 '이방' 사이의 대조가 되기보다는 두 단어가 상호관계가 될 것이고, 후자는 전자의 부가적 설명이 된다. '언약'과 '빛' 사이에 대조점은 없으니, 이는 이 둘이 실제적으로 동의어이며 상호 배타적이지 않기 때문이라고 주장하기도 한다. 언약을 받는 사람들은 그때에 빛을 받으며, 빛이 비침을 받는 자들은 그것에 의하여 언약의 축복에 동참한다.

다른 한편 '백성'과 '이방' 사이에 실질적인 대조가 있을 수 있다고 주장하기도

---

26) וְאֶצָּרְךָ란 형태는 יצר (참고, 렘 1:5)로부터나 혹은 נצר로부터 파생되었을 수 있다. 사상의 흐름을 보면, '그리고 내가 너를 보호하였노라'란 번역을 지지할 것이다. B는 ἐνίσχυσώ로 되어 있다. 1Q는 ואוצרכה로 되어 있다. 나는 이 형태를 וְאֶצָּרְךָ (웨에초르카)로 이해한다.

27) Lindblom, *PIAI*, p. 400은, 베리트 암(עַם בְּרִית)을 백성들의 동맹을 의미하는 것으로 취급하여 이스라엘과 회심한 이방인들이 영적 통일체를 이룰 것을 주장한다. 그러므로 이스라엘은 이방 열국들에게 번영과 구원의 중재자가 될 것이다.

한다.[28] 온전한 의미에서 오직 이스라엘만이 한 백성으로 불릴 수 있으니, 이는 그 것이 내적인 단일체를 소유하고 있기 때문이다. 이방인은 구약에서 백성으로 간주 되지 않는다고 주장되고 있는데(참고. 신 32:21), 이는 순수한 통일성이 부족하기 때문이다. 더 나아가 언약은 "그 언약들이 있는"(롬 9:4) 백성에게만 속할 수 있기 때문이다. '백성'과 '이방인' 사이의 대조를 찾고자 했던 가장 강력한 주장은 바울 사도가 사도행전 26:17, 18에서 이 구절을 사용한 방법일 것이다. 이 대조 (antithesis)는, 비록 '언약'과 '빛'이라는 단어가 실질적으로 동의어라고 할지라도 존재할 수 있는 것이다. 이사야는 그 종이 유대인에게는 언약이 될 것이라고 하고 이방인에게 빛이 될 것이라고 말하고 있지 않다. 오히려 그는 유대인과 이방인 모 두에게 '언약'과 '빛'이라고 말한다.

어투가 충격적인데 이는 그 종이 실질적으로 언약과 동일시되고 있기 때문이다. 그렇지만 이 경우에 언약은 두 동일한 편 사이의 협약 혹은 동의가 아니다. 평행적 단어인 '빛'(즉 구원)으로부터 우리는 실질적으로 하나님의 은혜의 수여임을 배운 다. 하나님께서는 주권적으로 인간에게 자신의 구원의 축복을 나누어 주시며, 언약 으로 불리는 바로 이 주권적 섭리이다.

그 종이 언약과 동일시된다는 것은 물론 그가 언약을 중재하는 자가 된다는 개념 을 포함한다. 형식에 있어서 그것은 우리 주님의 "나는 부활이요 생명이니"라는 말 씀, 그리고 49:6의 "나의 구원이 되도록"이라는 구절과[29] 유사하다. 그 종이 하나 의 언약이라고 말하는 것은 곧 모든 언약의 축복이 그 안에 구현되어 있고, 언약의 뿌리와 기원이 하나님께 있고 분배된다고 말하는 것이다. 동시에 그는 스스로 이 모든 축복의 중심에 있으며, 축복을 받는다는 것은 그를 받아들이는 것이니, 이 는 그가 없이는 아무런 축복이 있을 수 없기 때문이다. 이러한 어투를 이스라엘 에게 적용할 수 없고, 오직 참으로 하나의 언약으로 지칭되는 한 사람에게만 적 용할 수 있다. 그러므로 종에 대한 묘사 가운데 점층법이 있다. 모세는 언약의 중재자였지만 그러나 그 종은 그 언약이 된다. 신약적 용어로 이것은 하나님께 서 주권적으로 구원의 은혜를 베푸시는 자들이 그 종 자신을 영접한다는 것을

---

28) 참고. *COT*, *in loc.*
29) 이 관용어적 용법에 대한 다른 실례들은 시 45:7; 109:4; 120:7; 119:172이며, 아마도 민 12:6도 될 것이다. 참고. *MSTP*, pp. 48, 49.

의미한다.

'백성의 언약'이라는 표현에 평행이 되는 것이 '이방의 빛'이란 문구이다. 그 종은 빛을 가져다 주거나 혹은 빛으로 인도할 뿐만 아니라 또한 그 자신이 빛이다. 빛은 구원에 대한 상징적인 칭호이다(49:6). 이방인은 아직 어두움 가운데 즉 죄가 사람을 주장하고 있는 노예상태에 있으며, 이 어두움으로부터 세상의 빛이 그들에게 비추어지기까지는 구원이 없다.

42:7 본 절은 이 땅에 종이 나타난 목적을 진술하고 있으며, 그 언약이 어떻게 집행될 것인지를 암시하고 있다.[30] 이것은 포로로부터의 귀환을 가리키지 않고 너무나도 간절하게 언약과 구원을 필요로 하는 유대인과 이방인의 구원을 가리킨다. 여기에 흑암 가운데 살았던 사람들 위에 세상의 빛의 비침이 예언되어 있다. 여기에 노예상태에 놓여 있는 자들에게 은혜의 언약의 집행이 나타나 있다. 이 구원은 상징적 언어로 진술되어 있다.

"소경의 눈을 밝히며"[31] — 이것은 육체적인 소경을 가리키지도 않고 영적으로 소경이 된 자를 가리키는 것도 아니면 죄의 결과인 눈 멂의 상태이다. 모든 죄인은 본래의 실상을 볼 수 없는 눈먼 상태에 있다. 그들에게 필요한 것은 눈이 열리는 것이다. 그리스도께서는 또한 자신이 세상의 빛, 즉 눈먼 자에게 빛을 가져다 주시는 분이라고 말씀하셨다.

사도행전 26:17, 18에서 바울이 이 구절을 사용한 사실에 비추어 그것이 범세계적인 비침을 가리키는 것이며, 유대인이나 또는 이방인에게만 제한되어 있지 않은 것으로 보인다. 그리스도는 '세상'의 빛이시다.

"갇힌 자를 옥에서 이끌어 내며" — 세상이 필요로 하는 것은 감옥으로부터의 구원이라고 묘사되어 있다. 인간의 정상적인 상태는 사실상 정상이 아니다. 죄로 인하여 그는 묶여 있고 자유롭지 못하다. 자유는 그 종이 사람들을 자유롭게 할 때에만 온다.

"흑암에 처한 자를 간에서 나오게 하리라" — 감옥에 있는 자들은 흑암에 살고

---

30) 문법적으로 부정사의 주어는 하나님일 수 있으나 문맥은 그 종이 되어야 함을 보여 주고 있다. 분명히 여기에 메시아적 해석을 지지하는 요인이 되는 고레스의 사역과의 의식적인 대조가 들어 있다. 그것은 한 실제 인물과 한 실제 인물간의 대조이다.

31) עִוְרִים은 연계형이 아니고 소유격 앞에서 절대형이다.

있는 자로 간주된다. 빛과 자유는 인간들이 구원을 받을 때에만 얻어진다. 이것은 그들이 스스로 실행할 수 없는 일이다. 그 종이 인간을 위하여 이루는 것이다.

42:8 또다시 7절 다음에 자연적으로 뒤따라오는 "나는 여호와라"는 선언이 나온다. "이는 내 이름이라"는 문구는 단순히 하나님의 이름이 야웨라는 것을 의미한다. 그 종인 하나님의 백성을 흑암 가운데 놓아두지 않을 것이라는 7절에 표현된 그 확실성이 하나님의 이름이 야웨라는 사실 가운데 놓여 있다. 이것은 하나님의 이름이 단순히 호칭할 수 있는 야웨라는 것이 아니라, 야웨라는 단어에 의하여 표현된 내용이 하나님의 이름이라는 것이다. 셈어에서 이름은 한 사람의 본성을 나타낸다.[32] 하나님은 야웨이시며, 우리가 그 단어가 의미하는 바가 무엇인지 이해할 때, 우리는 하나님의 이름이 무엇인지를 아는 것이다. 시내 산에서 있었던 하나님의 계시가 분명하게 반영되어 있다. 출애굽 시대까지 하나님께서는 자기 백성들에게 엘 샤다이로 알려지셨다. 그러나 출애굽 시대에 주님은 야웨라는 단어 가운데서 그 표현을 발견할 수 있는 바 자신의 본성에 대한 한층 더한 계시를 그들에게 주셨다.

출애굽기 3장을 읽으면 우리는 이 단어가 하나님의 영원성 또는 자존성과 관계되었음을 알게 되며 그것이 자기 백성을 주권적으로 택하시고 그들을 위하여 구속의 행위를 행사하시는 분으로서 이 영원한 하나님을 계시하고 있음을 알게 된다.[33] 이 언약적 이름이 야웨시며, 그가 그 종을 택하셨다. 하나님께서 자기 백성과의 언약관계 가운데 들어가신 영원하신 분이시므로, 여호와께서 기뻐하시는 종이 이 백성을 구원하고 또 그들을 노예상태로부터 구출하기 위하여 올 것이라는 진리는 변함이 없다. 주님의 이름이 야웨이므로 그분께서는 자기의 영광을 다른 자에게 주지 않으

---

32) 이 점은 최근에 Pedersen, *Israel, Its Life and Culture*, pp. 245-259에 의하여 논의되었다.

33) 야웨란 단어에 대한 이러한 의미는 어원학으로부터가 아니라 출애굽기 3장의 문맥으로부터 유래된 것이다. 이 단어는 하나님의 독립성, 자존성, 자결성(自決性)(이것은 신약에 의하여 입증된다—나는 이다)을 나타낸다. 이스라엘을 선택하심에 있어서 하나님은 주권적으로 택하셨고, 외적인 원인에 의하여 결정하지 않으셨다. 야웨의 형태에 대해서 나는 설명할 수가 없다. 1가 부동화(不同化)에 기인한다는 것(Noth)은 의심스럽다. 참고, Young, *"The Call of Moses" WThJ*, May 1967. Holwerda의 개념(*Dictaten I; historica revelationis Veteris Testamenti*, Part 2, Kampen, 1961, pp. 240-250), 즉 *Ik ben, ik de handelend optretende God*은 부분적으로만 옳다.

실 것이다. 이것은 여기서 이 영광은 그가 자기 자신 안에 소유하시고 자신에 대해 소유하신 그분의 본질적인 영광을 가리킨다. 하나님께서 자기의 영광을 다른 자에게 주셨다면 그분은 자기 자신의 본성을 부인하면서 스스로를 부정하게 되었을 것이다.

칼빈은 영광이란 단어에 대해 약간 다르게 생각한다. 그는 생각하기를, 이 단어는 하나님께서 약속하신 것에 대한 성취를 가리킨다고 한다. 이 견해에 의하면 하나님께서는 단순히 다른 자에게 자기의 약속을 실행하는 일을 돌려주지 않을 것이라는 것을 주장하고 계시는 것이다. 이것은 사실이지만, 그러나 그것은 문맥에 들어맞지 않은 것으로 보인다. 말씀하시는 분은 하나님이시며, 그는 자기가 약속하신 것을 행하기를 거절하심으로써 자기를 부인하지 않으실 것이다.

이 표현은 충격적이다. 다른 자가 주님으로부터 영광을 취할 수 있었다는 그 어떤 암시도 없다. 만일 그 영광의 어떤 양도가 있어야 한다면, 그분이 우선권을 취할 것이다. 상황은 전적으로 그분의 손 안에 놓여 있다. 평행구는 자기 찬송을 우상들에게 주지 않을 것이라는 확언이다. 영광이 그분의 것인 것처럼, 찬송도 그분에게 속한 것이다. 그분만이 그것들에 대한 주장을 할 권한을 가지고 계시며, 주님은 그것들로 인하여 질투하신다. 그러나 그분이 질투하시는 만큼, 주님은 그 종이 신실하게 그분의 사역을 이루어 가시는 것을 바라보실 것이라는 확신이 있다.

폴츠는 이 구절이 시로 되어 있는 다른 어떤 구절보다도 호전적인 기미가 있다고 논평한다. 그의 관점은 옳을 수도 있지만 그러나 그 종의 사역은 고요와 사랑 가운데 이루어 감에도 불구하고 정복의 사역이다. 그는 노예상태 가운데 있는 자들과 혹암에 거하는 자들, 즉 대적의 갇힌 자들의 구원자이다.

특주

본 절 가운데 하나님의 질투심과 배타성이 계시되어 있다. 우상숭배는 다른 종교들에 대한 관대함일 수도 있으나 여호와 종교는 관대하지 않다. 예배와 찬양은 오직 여호와에게만 돌려져야 한다. 그것은 우상들과 나누어 가질 수 없다. 참 종교는 하나님의 배타성을 가진다. 그렇지만 영광과 찬송이 하나님에게 속하여 있으므로, 주님은 자기의 사역을 그 종과 함께 이루어 가실 수 있으시다. 주께서 그분만이 가지시는 권한을 박탈당하셨다면, 그분은 새긴 우상들처럼 무능한 자가 되었을 것이다.

42:9 화자가 선지자인지 주님인지 말하기 어렵다. 어쨌든 이전 일과 새 일에 대한 언급은 하나님께서 그 종과 함께 자신의 구원의 목적을 이루어 가시고 있다는 증거이다. 이사야는 "이 전 것들"이란 문구를 첫 번째 위치에 둠으로써 강조하고 있다. 이 이전 일들은 아마도 이미 말씀하였던 예언들일 것이다.[34]

만일 그렇다면, "이전 일들" 안에는 이전의 예언들에 대한 언급이 들어 있다면, "새 일"에는 그 종의 사역에 대한 언급이 들어 있다. 새 일은 사람이 아직 경험하지 못한 것이요 알지도 못한다. 선지자는(아마 말하는 자가 하나님이라기보다는 선지자일 것이다) 이 새 일을 선언하고 있다. 그것은 씨가 땅속에 있지만 아직 땅위로 올라오지 않은 식물에 비유된다. 이 세상 사건 중 첫 번째 흔적이 세상 역사 가운데서 분별될 수 있기도 전에 이사야는 자기의 청중들에게 새일을 듣게 하였다. 알렉산더는 충분한 근거에서 다음과 같이 기록하고 있다:

이 마지막 문장에 있는 강렬하고도 아름다운 표현은, 막 예고되려는 사건이 인간의 통찰력을 초월하여 있었다는 것만을 의미한다. 또한 그러므로 이 예언들이 고레스가 나타난 이후에 기록되었고, 그의 역사상의 여러 다른 사건도 비상한 약삭빠른 관찰자에 의하여 미리 보게 될 수 있었던 때에 기록되었다는 현대 관념을 깨어버리는 것이

---

34) 어떤 사람은 그것을 바벨론의 멸망 이전에 일어났던 고레스의 첫 번째 승리들을 가리킨다고 말한다. 그렇지만 아마도 만일 우리가 조금이라도 어떤 관련된 것을 발견할 수 있다면 그것은 바벨론의 멸망과 팔레스틴에로의 귀환이 될 것이다. 이사야가 이 구절들을 기록할 때, 8세기나 혹은 7세기 초반에 살고 있었던 그가 예언의 영을 통하여 바벨론 포로로부터의 자기 백성의 구원을 바라보고 있었다. 그 종의 옴을 알리면서 그는 다가오는 미래의 전체 구원을 설명하고 있다. 지금, 그는 이전 일들(즉 41장에 있는 문구에 대한 우리의 해석과 일치하여 장차 다가올 일들의 첫 번째 부분들)이 일어나고 있음을 선언하고 있다. 그러므로 희미한 환상 가운데서 선지자는 고레스를 통하여 자기 백성들을 포로에서 구원하시기 위하여 그들에게로 오시는 하나님의 첫 번째 접근을 바라보고 있다. 그러므로 실제로 이사야가 이전 일들이 이루었다고 선언하고 있을 때, 그것들은 아직 일어나지 않은 것이다; 그는 단지 그것들을 일어나고 있는것으로 보고 있고, 그래서 자기 청중들에게 선언하고 있다. 이 이전 일들, 즉 과거에 선포된 예언들이 성취되고 있으므로 그는 또한 새 일들(그 종을 통한 큰 구원)이 실현될 것이라고 선언할 수 있는 것이다.

다. 만일 그러한 예견자가 의도적 사기꾼이 아니라면, 그것이 발생하기 시작하기도 전에, 즉 그 씨가 땅에 있어서 식물의 어떤 외적 징후가 감지될 수 있기도 전에, 미리 본 것에 대해 말할 수 없었을 것이다. 이것이 모든 저자의 예언들을 포함하므로, 그것은 저작 연대를 고레스의 말기 이전의 시기로 되돌려 놓으며, 그로 말미암아 이사야 예언들을 바벨론 포로와 같은 시기로 간주하는 것에 편든 논증들을 무효화 하도록 도와준다.

10절, 항해하는 자와 바다 가운데 만물과 섬들과 그 거민들아 여호와께 새 노래로 노래하며 땅 끝에서부터 찬송하라
11절, 광야와 거기 있는 성읍들과 게달 사람의 거하는 촌락들은 소리를 높이라 셀라의 거민들은 노래하며 산꼭대기에서 즐거이 부르라
12절, 여호와께 영광을 돌리며 섬들 중에서 그의 찬송을 선전할지어다
13절, 여호와께서 용사같이 나가시며 전사같이 분발하여 외쳐 크게 부르시며 그 대적을 크게 치시리로다

42:10 다가 올 새 일의 징후가 보이기 이전에 이사야의 새 일에 관한 선포는 백성에게 새 노래를 부르도록 하기에 충분한 근거가 된다. 이 예언들을 듣거나 읽는 자들이 이 명령의 수신자들이다. 이 노래는 도움을 주지 못하는 우상들로부터 구별되어 자기가 약속하신 모든 것을 이루시는 유일하신 여호와에게로 향한 것이다. 이 노래는 새로운 것이니 이는 그것이 하나님께서 성취하실 새 일을 찬양하는 것이기 때문이다. 하나님의 능력과 선하심의 전혀 새로운 현시는 새롭고도 온전한 노래를 불러일으킨다. "새"(new)라는 단어는 반드시 통상적이고도 일상적인 노래와는 구별된 탁월성과 아름다움만 가리키는 것은 아니다. 그럼에도 이것들이 새로운 경륜에 대한 노래이기 때문에 탁월한 것이다.

새 노래와 대조가 되는 옛 노래는 무엇인가? 그것들은 이제는 다가올 은혜의 시대에 부르기에 보다 적절한 새 노래에게 자리를 내어 주어야 하는, 구약시대의 노래였는가? 반드시 그렇지는 않을 것이다. 이 새 노래가 우상들을 위하여 노래하였던 옛 노래와 대조를 이루고 있는가? 반드시 그렇지는 않다. 우상들을 위하여 노래를 불렀다는 증거가 없다. 그보다는 새노래는 지금까지 지상에서 결코 들려지지 않았던 그러한 노래이다. 여호와의 종이 그의 비할 데 없는 구속의 사역을 이루시는 새

시대의 놀라운 일을 찬양하기에 적합한 노래이다. 구원받은 자의 노래, 시온의 노래, 어린양의 피로 씻음 받은 자들의 노래이다.

이것은 하나님께 영광을 돌리는 노래이며, 내용은 예배의 중심이 되는 "그의 찬송"이란 말 속에서 발견된다. "땅 끝에서부터"란 문구는 "땅의 한쪽 끝에서부터 다른 곳까지"를 의미한다. 그 종의 사역은 온 지구에 영향을 줄 것이고, 이러한 광범함(universalism)은 인간의 통치가 가져다 줄 수 없고 세상이 결코 보지 못한 것이다. 이 명령을 들은 자들은 "항해하는(내려가는) 자"들이니, 이들은 바다로 항해해 나가는 자들을 의미한다. 바다는 땅보다 더 낮은 곳으로 생각된다. 그래서 바다에 도달하기 위하여 바다로 항해하는 자들은 그곳으로 내려가야 한다.

아마도 "바다 가운데 만물"은 "항해하는(내려가는) 자"란 문구의 지배를 받는 것 같다. 이 뜻은 인간들이 바다로 내려가고 바다 가운데 만물까지 내려간다는 것이다. 그들의 생활은 전적으로 바다에 관계되어 있다. 아마도 이것은 바다의 물과 그 안에서 살고 있는 피조물을 가리키는 것 같다. 바다가 담고 있는 모든 것과 함께 그 바다의 모든 것은 그곳으로 항해하는 자들에게 속해 있으며 여호와께 새 노래를 부르라는 명령을 받는다. 하나의 땅으로부터 다른 땅으로 항해하는 그래서 온 땅을 덮고 있는 자들은 그 종의 축복이 우주적인 것임을 알 것이며 그래서 하나님 찬양을 노래하기를 아는 위치에 있을 것이다.

마지막으로 팔레스틴으로부터 멀리 떨어진 장소인 섬들과 그 거민들이 노래하라는 명령을 받는다. 본 절은 단순히 어디에 있든지 모든 인간으로 하여금 놀라운 이스라엘의 하나님에게 속하는 찬양을 노래하라고 명령한다.

42:11 하나님께 대한 찬양을 노래해야 할 여러 계층을 밝혀가면서 명령이 이어지고 있다. 역사상 첫 번째로 모든 땅이 하나님을 찬양할 이유를 가진다. 인간의 범세계적 제국의 번성은 하나님에게 찬양할 시간이 없었으나, 그 종의 구속은 그렇게 하는 참된 기회가 되었다.

광야와 거기 있는 성읍들은 소리를 높이라고 명령을 받는다. 2절에 목적어가 빠져 있는 것처럼, 여기서도 그러하다.[35] 그 종은 목소리를 높이지 않을 것이었으나 그를 찬양하는 자들은 높이라는 명령을 듣는다. 어떤 특별한 광야가 의도되어 있는 것이 아니다. 그보다는 광야가 있는 곳은 어디든지 그곳과 성읍들은 하나님에게 찬

---

35) Marti가 제안한 것처럼 קהלם을 삽입할 필요는 없다.

양을 드리면서 목소리를 높여야 한다는 것이다. 그 명령은 게달 사람의 거하는 촌락들도 포함하고 있으니 그곳이 특별히 중요한 장소는 아니다. 게달은 아마도 베다윈(Bedawin)의 대표로 언급된 듯하며 거기서 어떤 상징적 의미, 예를 들어 마치 그것이 도덕적 타락 가운데 있는 이방 세계를 가리킨다는 의미를 발견하려고 할 필요는 없다.36) 이사야는 아라비아로부터 실례를 들어가며 사용하는데, 그래서 그는 셀라(סֶלַע), 바위, 즉 페트라에 거주하는 사람들에게도 호소하고 있다. 아마도 이것은 선지자가 마음에 두고 있었던 광야의 성읍들 중의 하나에 대한 실례인 것으로 보인다. 그들은 찬양하고 있는 메시지에 적합하게 산꼭대기에서 크게 소리질러야 한다.37)

42:12 하나님께서는 자기 영광과 자기의 찬양을 우상들에게 허락하지 않으실 것이다. 그런 까닭에 그분을 찬양하는 자들은 그분에게 영광을 돌리고 하나님에 대한 찬양을 섬들 가운데서 알게 하여야 한다. 이 문장은 교차적 방식으로 배열되어 있으며 시작과 끝이 동사로 되어 있다. 본 절은 다소 요약적인 특성을 가지고 있으며, 결론을 노래하라는 명령으로 이끌어간다. 마르티(Marti)는 어떻게 광야와 바위의 거민들이 섬 가운데서 하나님을 찬양할 수 있는지를 이해하지 못한다. 그래서 그는 본 절을 하나의 주석으로 간주한다. 그러나 찬양하라는 요청은 총괄적인 것이며 11절에 있는 것처럼 제한되어 있는 것은 아니다. 비록 주어가 광야 거민들일지라도 난점은 없으니 이는 그 목적이 단지 사람들이 하나님에 대한 찬양을 모든 피조물에게 알게 하여야 한다는 사실을 보여 주고자 하는 것이기 때문이다. 여호와께 영광을 돌림에 있어서 예배 자들은 그분이 참되신 하나님이시요 그분만이 영광을 소유하셔야 한다는 사실을 인정하고 있으며 동시에 그분에 대한 찬양이 그분에게만 속하며 우상들에게 속하지 않는다는 사실을 선포하고 있다.

42:13 선지자는 하나님의 행동의 결과로부터 그러한 효과를 가져오는 원인으로

---

36) Hahn은 광야가 이방 세례를 가리킨다고 말하고, 게달(검은)은, 하나님의 형상을 흐리게 한 모든 이방 세계와 윤리적 타락을 가리킨다고 말하며, 셀라는 이방 나라의 척박하고 열매를 맺지 않는 땅을 가리킨다고 말한다. Reichel은 그러한 암굴 거민들은 오늘날 그린랜드의 거민들과 아프리카의 다른 야인들이라고 해석한다.

37) 중앙에 있는, 악센트가 없는 글자, 와우는 마지막 헤드로 인하여 유지되고 강화된다. 즉 יִצְוָחוּ (이츠와후).

눈을 돌린다. 우리는 여기서 하나님을 찬양하라는 명령의 이유를 보게 되며 이와 함께 여호와의 영광이 하나님의 백성의 심판으로부터 구속 가운데 드러날 것이라는 설명을 보게 된다. 강조가 첫 번째 단어에 주어져 있는데, 곧 "여호와"이시다. 그분은 아마도 하늘로부터 자기의 일을 이루시기 위하여 영웅 혹은 용사같이 나가신다. "나가시며"(예체, יָצָא)란 동사는 아마도 전쟁하러 나간다는 뜻의 전문용어일 것이다(참고, 삼하 11:1; 암 5:3).

이제 드디어 여인의 후손이 뱀의 머리를 상하게 할 것이다. 이제 미증유의 대 전쟁이 일어날 것이다. 이 간과의 시기가 지나갔고 때가 찼다. 하나님께서 자기 백성을 구원하시려는 자기의 뜻을 행하도록 하기 위하여 자기의 종을 보내실 것이며, 이러한 행위가 여기서 선지자에 의하여 전쟁하러 오시는 것으로 묘사되어 있다. 용사이신 하나님께서 악한 자를 공격하시며 자기 백성을 구원하실 싸움을 싸우실 것이다. 그리고 주님은 이것을 그 종의 사역을 통하여 하신다.[38] 이 어투는 40:10의 "주 여호와께서 장차 강한 자로 임하실 것이요"에 대한 회상이다.

첫 번째 문장과 평행을 이루고 있는 문장이 두 번째 문장이니, 즉 "용사같이 분발하신다." 다시 말하면 하나님 자신의 명예와 자기 백성의 번영을 위해 질투하신다는 것이다. 마치 이 질투심이 오랫동안 잠들어 있었던 것처럼, 이제 여호와께서 부르짖고 소리치심으로써 일으키신다. 이것은 복음의 선포를 가리키는 것이 아니라, 거룩한 전쟁을 하기 위하여 부르짖으시는 것이다. 그 결과가 분명하게 진술되어 있으니, 이는 하나님께서 자기의 대적들을 이기실 것이기 때문이다. 여기에 흥미로운 어회가 나타나 있다. 여호와께서 용사(깁볼 גִּבּוֹר)같이 나가시며 그의 대적들을 이기신다(이트갑발 וְנִגְבָּר).[39]

14절, 내가 오랫동안 고요히 하며 잠잠하여 참았으나 이제는 내가 해산하는 여인같이 부르짖으리니 숨이 차서 심히 헐떡일 것이라

---

38) 이것은 고레스의 승리를 가리키는 것이 아니다. 그리고 대적들이란 바벨론인들을 가리키는 말이 아니다. 근동 본문들은 전쟁하러 나가신다는 개념과 형식상 유사한 평행 본문들을 제공한다.

39) 참고. S. D. Goitein in *VT*, Vol. 6, 1956, pp. 4ff. Morgenstern(*To Do and to Teach*, essays in honor of Ch. L. Pyatt, Lexington, 1953)은 10-13절이 주전 516-485 사이에 편집된 한 시편의 삽입된 단편이라고 주장한다.

15절, 내가 큰산과 작은 산을 황무케 하며 그 초목을 마르게 하며 강들로 섬이 되게 하
  며 못들을 마르게 할 것이며
16절, 내가 소경을 그들의 알지 못하는 길로 이끌며 그들의 알지 못하는 첩경으로 인도
  하며 흑암으로 그 앞에 광명이 되게 하며 굽은 데를 곧게 할 것이라 내가 이 일을
  행하여 그들을 버리지 아니하리니
17절, 조각한 우상을 의뢰하며 부어 만든 우상을 향하여 너희는 우리의 신이라 하는 자
  는 물리침을 받아 크게 수치를 당하리라

42:14 여호와께서는 자기의 담화를 전쟁을 위한 기상나팔로 시작하신다. 주님은 자신이 오랫동안 잠잠하여 왔다고 선언하신다. 올람(םלוֹע, 영원)이란 단어는 포로의 시작 시기를 가리키지 않고 하나님께서 그 종을 보내시기 이전의 모든 시기를 가리킨다. 하나님께서는 인간이 신정국가를 병합시키고 야웨를 우상들과 같은 위치로 축소시키는 자기 자신의 왕국을 만드는 것을 주시하셨다. 처음부터 하나님께서는 침묵을 지키셨다. 그러나 이제 주께서 잠잠히 참고 기다리지 않으시고 자기에게 대적하는 불신앙적인 인류에게 전쟁을 선포하실 때가 된 것이다.

"내가 고요히 하며"(영 사역—'내가 나의 평안을 유지한 것이다')와 "내가 잠잠하여 참았으나"(영 사역—'내가 참을 것이다')란 두 문구는 '말하기를'(이 '말하기를'이란 단어는 히브리 본문에 나와 있지 않는 단어이다—역자주)이란 단어에 의하여 도입되는 것으로 이해되어야 할 것이다. 하나님의 잠잠하심은 무관심으로 인한 것이 아니니, 이는 주께서 말씀하시는 시기가 도달하기까지 그렇게 하시려는 의도를 나타내셨기 때문이다.[40] 그러므로 두 개의 미완료형들은 상황절이며 "내가 잠잠하였다"란 문구와의 등위절이 아니다.[41]

본 절의 두 번째 행 앞에 우리는 "그러나 이제"라는 문구를 가정해야 한다. 하나님께서는 영원부터 잠잠해 오셨으나, 그 잠잠한 시기는 이제 지나갔다. "내가 충분히 오랫동안 고요히 잠잠해 왔다." 하나의 강한 표상이 두 번째 행을 이끌고 있으며

---

40) 이것은, 세 개의 동사들이 호전적인 영웅의 행위들을 묘사하고 있지 않다는 Dillmann의 주장에 대한 답변이다.
41) 그렇지 않다면, Driver의 용어를 사용한다면, 동사들은 그 앞의 것과 동시적인(Synchronous)것으로 묘사될 수도 있다. 마지막 것을 제외한 모든 동사들이 접속사를 생략하고 사용하는 것들임을 주시하라.

강조를 위하여 맨 앞에 놓여 있다. 진통하는 여인이 고통으로 비명을 지르듯이 하나님께서도 그러실 것인데, 이는 칼빈이 바르게 논평한 대로, 우리를 향한 하나님의 불타는 사랑을 우리의 표현 방식으로 그렇게 이야기 할 수 밖에 없기 때문이다. 내포된 뜻은, 하나님 나라를 파괴하고 그분의 목적을 무산시킬 의도로 나라를 세우려는 악한 사람을 보았을때 하나님은 자신의 평정을 유지하기가 어려웠다는 것이다. 하나님 자신의 사랑을 받은 자들은 원수가 분노하는 대상이었으나, 그럼에도 하나님께서는 자신을 억눌러야 했다. 그러나 주님은 자기 백성을 구원하시기를 간절히 바라고 있으며, 이제 마치 더 이상은 참기 어려운 것처럼 크게 소리를 지르시고 계신다. 행동할 때가 된 것이다.

두 개의 다른 동사가 그 그림을 강화시켜 준다. 하나님께서는 숨이 차서 헐떡일 것이며, 이것은 당장에 일어나는 것이다. 그것은 마치 그가 행동을 하려는 그 순간을 더 이상 기다릴 수 없다는 사실과 같다. 델리취는 "여호와께서 가지신 어떤 위대한 일, 말하자면 오래 전에 품고 있었던 것이 이제 막 태어나려 하고 있다"로 아름답게 해석하였다.

42:15 하나님께서는 완전한 자연의 변이를 상징으로 사용하시면서 자신이 하고자 하시는 일을 선포하신다. 상하 절이 모두 교차적인 스타일로 배열되어 있으며, 각기 동사로 시작하고 동사로 마친다. 각 행의 끝에 "내가 마르게 할 것이라"는 문구가 후렴의 한 표본으로써 나타나는데, 이는 이사야적인 특징이다. 산들과 작은 산들을 황무케 한다는 것은 너무나 황폐하게 하여 처음과 전혀 반대의 상태로 변한다는 것이다. 변화라는 비극적 사건은 풀이 말라질 것이기 때문에 나타난다. 강들은 섬들로 변할 것이니―이는 이상한 묘사이지만, 토리가 해석한 대로, 이 시인이 자기 자신의 표상을 묘사하고 있는 것으로 인정해야 할 것이다.[42] 아마도 이 뜻은 강들이 마름으로써 섬들이 드러나게 된다는 뜻일 것이다. 물은 곧 사라지고 섬들은 홀로 서 있다. 자연의 철저한 뒤바뀜이 일어났다. 인간에게 축복이 되어 왔었던 호수들이 말라서 물이 전혀 없는 곳으로 변한다. 그러므로 자연의 급진적 변화가 자연으로부터 이끌어온 이러한 그림으로 묘사하고 있다. 주시되어야

---

42) ﬤ가 뒤따라오는 אוֹבִישׁ란 표현은 28:17; 42:15; 49:11에 나타나고 다른 곳에는 나오지 않는다(목적어 앞에 정관사를 사용하고 있는 미 4:7을 참고하라).

할 것은 하나님의 활동에 대한 강조이다. 이 시행될 사역은 인간이 아니고 하나님으로부터 온다.

42:16 전체적인, 급진적인 그리고 전반적인 변화의 표상이 계속되고 있는데, 다른 표상을 통하여 표현되어 있다. 이것은 바벨론으로부터 포로들의 귀환을 가리키지 않고, 앞 절에 있는 바와 같이, 여호와께서 행동하실 때 일어날 장엄한 변화를 가리킨다. 그것은 특별히 이스라엘을 가리키지도 않으며, 영적으로 소경된 자들을 가리키지도 않는다. 그보다는, 하나님께서 일어나게 하실 변화는 너무나도 철저히 급진적인 것이어서 소경된 백성들까지도 그들이 알지 못하는 길을 갈 것이다.

같은 사상이 평행적 스타일로 표현되어 있으며, 본 절의 첫 행은, 앞 절의 두 행과 같이, 교차적으로 정리되어 있다. 그러므로 소경이 그들의 상황과 대조되는 행동을 할 수 있다는 것은 주권적 하나님의 사역으로 인한 것이다. "내가 가게 할 것이다"와 "내가 그들을 인도할 것이다."

가는 자들은 소경이며, 그 길은 어둡다. 그런 까닭에 거기에 이중적 난관이 있으니, 하나는 주관적이고, 다른 하나는 객관적 어려움이다.[43] 그럼에도 불구하고 그들은 알지 못하는 길까지도 여행해 나갈 것이며, 실수 없이 확실하게 이 여행을 할 것이다.[44] 하나님께서는 흑암을 물러가게 하심으로써 빛이 되게 하실 것이며, 굽은 장소들은 그것들이 평평하도록 곧게 되어질 것이다.

여호와께서는 갑작스럽게, 이것들이 자신이 하실 일들이라고 선언하시고, 그리고 곧바로 단순하게 "내가 그것들을 행하였다" 그리고 "내가 그들을 버리지 아니하였다"고 말씀하신다. 성취될 일의 위대함은 거의 믿을 수 없을 정도이니, 이는 인간에게는 불가능한 일이기 때문이다. 구원 사역이 너무나 커서 자연계에서 일어난 철저한 변화라는 상징에 의하여 묘사되었다. 그러나 여호와께서는 단순하게 "이것들이 그 일들이라. 내가 그것들을 행하였고 내가 그것들을 버리지 않았다"고[45] 말씀하고 있다.

42:17 하나님의 사역은 이중적이다. 우상숭배자들에 대한 심판과 자기 백성들

---

43) 하나의 수식하는 구절에서 그것이 직접 목적어일 때, 관계사가 떨어져 나갈 수도 있다.
44) 출애굽은 아마도 이 묘사의 배경으로 역할을 하였을 것이다. 바벨론으로부터의 귀환길은 분명하게 잘 알려져 있었다.
45) B는 이 동사들을 미래형으로 해석한다.

의 구원이다. 17절은 이미 성취하신 것으로서의 심판에 대하여 말하고 있으며, 심판을 받은 자들을 언급하기 전에 심판의 결과들을 언급하고 있다. "그들은 물리침을 받고, 그들은 크게 수치를 당할 것이다."⁴⁶⁾ 멸망의 결과는 뒤로 되돌리는 방향으로 일어나며, 우상 숭배자들의 완전한 극단적인 파멸을 암시한다. 더 나아가서 심판이 함께 가져다 주는 것은 사람들이 범죄의 어리석음을 깨닫게 되는 수치감이다. 우상 숭배자들은 새긴 우상을 의뢰하고 부어 만든 우상에 신성을 부여하는 자들로 묘사하고 있다. 금송아지가 이스라엘 족속들을 애굽으로부터 이끌고 나왔다고 선언하였던 아론의 행동을 나타내고 있는 것 같다(출 32:4).

18절, 너희 귀머거리들아 들으라 너희 소경들아 밝히 보라
19절, 소경이 누구냐 내 종이 아니냐 누가 나의 보내는 나의 사자같이 귀머거리겠느냐
  누가 나와 친한 자같이 소경이겠느냐 누가 여호와의 종같이 소경이겠느냐
20절, 네가 많은 것을 볼지라도 유의치 아니하며 귀는 밝을지라도 듣지 아니하는도다
21절, 여호와께서 자기의 의로우심을 인하여 기쁨으로 그 교훈을 크게 하며 존귀케 하려 하셨으나
22절, 이 백성이 도적 맞으며 탈취를 당하며 다 굴 속에 잡히며 옥에 갇히도다 노략을
  당하되 구할 자가 없고 탈취를 당하되 도로 주라 할 자가 없도다

42:18 이사야는 이제 백성들에게 말한다.⁴⁷⁾ 여호와의 기적적인 사역을 선포한 후에 그리고 특히 심판의 결과를 진술한 후에, 이제 백성에게 회개하라고 명령한다. 귀머거리 표상은 하나님의 음성을 듣지 않는 자들에게 적용하고 있다.⁴⁸⁾ 시내 산에서 그 나라는 그분의 음성을 들었으나, 지금은 귀머거리가 되어 있다. 아마도 이 소

---

46) 하나의 자동사가 같은 어원의 대격을 지배하고 있음을 주시하라.
47) החרשים – 명령형에 앞서는 명사는 하나의 충분한 문장의 가치를 지닌다. 관사와 함께 그것은 호격의 의미를 가진다. העורים 에 있는 관사의 특이한 구두점을 주시하라.
48) Muilenberg는 본 구절과 귀머거리와 소경 됨이 이스라엘에게 심판이 될 것이라는 이사야의 환상 사이에 하나의 차이점이 있다는 사실을 발견하려고 한다. 여기서는 소경 됨이 이스라엘의 죄이며, 소경이 보라고 명령을 받고 있다. 모든 인간은 귀머거리요 소경이다. 어떤 사람은 보고 듣는다. 다른 사람들은 그렇지 못하고 보다 심각한 소경 됨과 귀머거리 됨의 징벌을 받는다. 영적 소경 됨을 표현하기 위하여 이 단어들을 사용하는 것은 이사야의 특성이다. 참고. *TII*, pp. 57-60. 소경 및 귀머거리와 화자 사이에 구별이 있어야 할 것이다.

경 됨은 귀머거리 됨의 결과일 것이며, 이것은 한(Hahn)이 지적한 대로라면, 하나님의 율법이 눈을 밝게 하기 때문이다. 그러나 그보다는 이 두 표상은 단순히 백성들의 잃어버려진 상태를 묘사하고 있는 것이다. 그러므로 이사야는 그들을 귀머거리요 소경이라고 말하고 있으며, 그들이 할 수 없는 것들을 하라고 명령하고 있다. 만일 이스라엘이 자기들의 귀머거리 됨으로부터 돌아서서 듣고 눈이 열린다면 심판을 모면할 것이다. 그러나 이스라엘은 이렇게 행할 능력이 없다. 만일 구원이 있어야 한다면, 그것은 오직 주권적인 은혜에 의해서만 가능하다. 본 절을 마감하고 있는 부정사는 목적을 표현하고 있다. 우리는 "보기 위하여 보라"(look for the sake of seeing, 여기서 seeing은 단순한 본다는 것을 의미하지만 look은 주의 깊게 보는 것을 의미한다-역자주)고 번역할 수도 있다. 단순히 눈을 뜨는 것 이상의 것이 필요하다. 보여지는 것을 보기 위하여 눈여겨봄이 있어야 한다.

42:19 아직도 이스라엘은 소경이다. 만일 다른 백성들이 소경이라면 이스라엘은 얼마나 더욱 그러하겠는가? 본 절의 질문들은 이스라엘이 모든 다른 사람들보다도 더 소경이라고 지적하고 있으며, 그 나라의 소경 됨의 강도로 인하여 여호와의 말씀을 듣지 못할 것이다. 이사야는 웅변적인 질문을 통하여 하나님께서 택하셔서 이방인에게 빛을 전하라고 하셨던 그 나라처럼 소경이 되고 귀머거리가 된 자들은 아무도 없다고 지적하고 있다. 본 장에 있는 종은 그 몸의 머리로서의 메시아이다. 책망이 우위를 차지하고 있는 여기서는 몸을 가리킨다. 이스라엘은 만일 자기가 소경이라면 이방인을 향하여 보라고 요구할 수 없으며, 귀머거리라면 그들에게 들으라고 명령할 수도 없다. 더 나아가 소경 됨에 있어서 이스라엘은 비할 데가 없을 정도이다. 첫 번째 질문은 "누가 이스라엘처럼 소경인가?"가 아니고, "이스라엘 이외에 누가 소경인가?"이다. "그 소경은 다름 아닌 이스라엘이다"라는 대답이 예상되어 있다.[49] 그러나 다른 세 개의 질문은 대조 점들을 내포하고 있는데 말하자면, "그리고 내가 보낸 사자처럼 소경이냐?"이다.[50] 그런 까닭에 우리는 네 개의 질문의 의도는

---

49) 부정적인 대답을 요구하는 질문 다음에 키 임(אִם כִּי)은 한정적인 의미를 가진다.

50) 종과 사자의 개념은 또다시 44:26에 나타난다. '사자'라는 단어는 종의 임무를 지적한다. 거기에 영광스러운 임무와 그 종의 상태 사이에 강한 대조가 있다. 또한 48:1-11과 65:1 이하를 참고하라.

이스라엘이 어떤 다른 나라보다도 더욱 소경이요 귀머거리이라는 사실을 보여 주고자 하는 것이라고 가정할 수 있다. 하나님의 종의 소경 됨과 귀머거리 됨과 비교해 볼 때, 다른 열국들의 그것은 아무것도 아니다는 것이다. 어쨌든 첫 번째 질문은 특별히 강한 것이다. 이스라엘의 소경 됨과 비교한다면 아무도 소경이 아니다.

이스라엘에게 하나님의 신탁이 위임되어져 왔었다. 하나님께서 이스라엘을 자기 백성으로 택하셨기 때문에 다른 나라들이 받지 못하는 축복을 받아 왔었다. 그분께서는 여전히 "나의 종"이라고 인정하고 계신다. 그러나 그 백성은 보지 못하여 종의 임무를 수행할 수가 없었다. 이러한 충격적인 질문은 이스라엘의 커다란 사명과 그 사명을 시행할 수 있는 그의 무능함 사이의 대조점을 분명하게 드러낼 뿐만 아니라, 또한 만일 1절에서 진술되어 있는 그 임무가 성취되어야 한다면, 그것은 이스라엘에 의해서 이루어질 수 없고, 오직 "종"이란 단어로 구체화된 이상과 요구를 참으로 실현시키는 자에 의해서만 이루어질 것이라는 사실을 보여 준다. 만약 그가 이방인에게 공의를 세운다면, 그는 소경과 귀머거리가 될 수 없다.

두 번째 질문은 그 종이 사자이기도 하다는 사실을 드러낸다(참고. 44:26). 관계 대명사가 히브리어에서는 빠져 있지만, 그러나 우리는 "내가 보내는 나의 사자"라고 번역해야 할 것이다. 히브리어 미완료형은 현재형으로나 혹은 미래형으로 번역할 수 있다. 어떤 경우이든 그것은 그 종의 사명이 아직 42:1-4에 묘사되어 있었던 것처럼 완료되지 않았다는 것을 의미한다.

세 번째 질문은, 메슐람(מְשֻׁלָּם)이란 단어의 의미와 관련 되어 있는 하나의 난점을 가지고 있는데, 이 단어는 우리가 "완전무결한 자" (a perfected one)[51]라고 번역

---

51) מְשֻׁלָּם의 형태는 푸알 분사 단수형이다. 그것은 절대형이고, 연계형이 아니며, 그래서 부정관사로 번역되어야 할 것이다. 만약 이 단어가 שָׁלוֹם (샬롬)의 파생어에서 온 낱말이라면 그것은 야웨와 '평화의 언약을 맺은 자'를 의미한다. 만약 그것이 שָׁלֵם (샬렘, 온전하게 되다, 완료되다)으로부터 파생되었다면, 그것은 '보상된 자' 혹은 '보복을 받은 자' 혹은 '완전무결한 자'를 의미한다. B는 οἱ κυριεύοντες αὐτῶν, 즉 כְּמֹשְׁלִים으로 읽고, S는 ὁ τέλειος로 읽으며, T는 ὁ ἀπεσχηκώς로, Vul. nisi qui venumdatus est로 읽는다. 탈굼은 도움이 되지 않는다. Torrey는 적절하게 수리아어에서 완료형으로 사용되었던 파알 수동 분사의 용법을 상기시킨다. 그는 또한 팔레스틴인 수리아어 m^e-shal-lam과 마 19:21; 요 17:23을 지적하며, 또한 히브리어 욥 8:7, šillam을 지적한다. 아마도 히 5:9의 τελειωθείς는 사 42:19를 반영하고 있는 것으로 보인다.

muslim(《알라께》 헌신된 자)으로부터 파생되었다는 것은 옳을 수가 없으니, muslim이 사역형

할 수 있다. 이 단어는 부정관사가 가정되어 있으나, 반면 다른 세 개의 종에 대한 호칭은 한정되어 있다. 이 단어는 구약성경 다른 곳에서 고유명사로 사용되었으나, 그러한 용법이 여기서는 문맥과 잘 어울리지 않는다. 우리는 다른 세 개의 질문 가운데서 발견되는 그것들과 유사한 칭호를 기대해야 한다. 그러나 우리는 그 단어의 정확한 의미를 알지 못하므로 영어에서 그와 정확히 같은 단어를 찾을 수 있다고 주장하는 것은 위험하다.

마지막으로 첫 번째 질문으로 되돌아가려는 것처럼, 이사야는 또다시 종의 소경됨에 대해 말한다. 여호와의 종은 소경이 되어서는 안 된다. 그런데 이스라엘은 소경이고, 그래서 여호와의 종이 되는데 필요로 하는 요구들을 충족시키지 못한다.

42:20 본 절은 "너"와 "그"가 교대되어 있으며, 첫 번째 질문은 아마도 이스라엘을 향한 것 같으며, 후자의 질문은 이스라엘을 바라보는 자들에 대한 일반적인 진술로 보인다.[52] 그러므로 본 절에 19절의 사상에 대한 강조적인 반복이 들어 있다. 비록 이스라엘이 놀라운 여호와의 능력과 사랑과 영광의 현시를 보았을지라도 항상 상기시킬 수 있도록 그것들을 자기들 앞에 간직해 두지 않았다.[53] 본 절은 진술로도 혹은 질문으로도 번역될 수 있다. 어느 경우이든 의미는 본질적으로 같다. 이스라엘이 보아온 일들을 간직하는 것은 그것들을 지키고 순종하기 위해 마음속에 보존하는 것을 포함하였을 것이다.

분사 능동태, 제4어간이므로 히브리어에서 푸알이 아닌 히필 형으로 되어야 하기 때문이다. Vitringa: *consummatus*; Rosenmüller: *persolutus*, 즉 *pro quo persolutum est pretium emptionis*. Saadia는 "징벌의 종"으로 번역하였다('abd 'aqûbah); Luzzatto: uomo pio. J. L. Palache(*The Ebed-Jahweh Enigma in Paeudo-Isaiah*, Amsterdam, 1934)은 그 종을 스룹바벨의 장남 므술람과 동일시하였다(대상 3:19).

52) ראיח – 지적된 바와 같이 이 형태는 분명히 부정사 절대형으로 의도되어 있다. 1Q는 ראיחה로 되어 있으며, 이 형태는 아마도 제2남성 단수 완료형으로 지적되어야 할 것이다. 그러나 참고. Jouon, § 79. 본 절은 6:9을 상기시켜 준다. 또한 렘 5:21; 겔 12:2 그리고 신 29:1; 마 13:14; 요 12:40; 행 7:51; 28:25을 참고하라. 이 어투는 이스라엘 안에 있는 충만하고도 의식적인 책임을 전제로 한다(Penna).

53) 언약 백성의 생활방식은 주님의 계명들을 지키는 것이다. 이스라엘은 언약 국가로서의 행동을 하지 않았다. 수많은 체험들과 수많은 계시를 하나님으로부터 받았음에도 불구하고 이스라엘은 명령을 준수하지 않았다. 그 나라는 종이 되기에 합당하지 않았다.

이스라엘의 귀는 열려 있었으나, 그는 듣지 않았다. 그가 들어야 했었던 것은 하나님께서 그들 앞에 두셨던 고결한 부르심이었다. 주님은 이스라엘을 자기 종으로 부르셨고 자기의 뜻을 선포하셨었다. 그러나 그들은 듣지 않았다. 그들의 열린 귀는 하나님의 음성에 무감각하였다.

42:21 여기에 18-20절의 결론이 있다. 하나님께서는 자기의 교훈(law)을 효력 있게 하실 것이며 소경되고 귀머거리된 백성들에게 심판을 경고하심으로써 그것을 크게 하실 것이다.[54] 이스라엘로 하여금 그들이 원하는 대로 소경과 귀머거리가 되게 하라. 여호와께서(이 단어가 위치상 강조되어 있다) 행하실 작정이다. 자기의 의를 위하여 하나님께서는 교훈을 크게 하시기를 기뻐하실 것이다. 여기서 언급된 의가 하나님의 선하신 목적을 따라 은혜를 베푸신다.[55] 이사야는 직접적인 표현을 사용한다. "그 분께서 자기의 의로 인하여 기뻐하신다. 그는 교훈(law)을 크게 하실 것이다." 교훈을 크게 하신다는 것은 그의 의에 대한 여호와의 기쁘심의 표현이다.

이스라엘의 현재의 상태는 하나님의 교훈의 풍요로움, 아름다움, 그리고 순수성과 두드러진 대조를 이루고 있다. 교훈이란 단어는 시내 산 법령에 제한되어서는 안 되고, 하나님께서 선지자들을 통하여 주셨던 가르침도 당연히 포함되어야 한다. 이스라엘의 죄악되고 반역적인 상태가 교훈을 경멸하였으나, 그것은 자기 목적을 이루시는 하나님의 의도이다. 주님은 온 세상이 그의 진리와 권위의 영예와 위엄을 볼 수 있도록 자신의 교훈을 크게 하며 존귀케 할 것이다. 교훈을 크게 하심은 우선적으로 그것을 이행하고 순종함에 있다. 그 교훈은 저절로 되지 않고 하나님 자신에 의하여 영광스럽고 존귀한 것으로 나타나게 될 것이다.

42:22 선지자는 이스라엘의 실제 상태와 자기 백성을 위해 행하시려는 것을 대조하고 있다. 그는 백성을, 사막을 가로질러 가면서 도적 떼의 공격을 받은 대상처럼 도적 맞은 자들로 묘사한다. 머리말 "그러나 이"(웨후, והוא)는 21절에 진술되어

---

54) 히브리어에서 보충적 동사 개념은 주 동사에 종속된다(독자의 이해를 돕기 위하여 영의 사역을 그대로 옮긴다 - 역자주). *The Lord was pleased that He should make the law great and glorious, or was pleased to make great, etc.*

55) 이 단어는 여기서 하나님의 약속들에 대한 신실하심을 나타낼 수도 있으니, 이는 하나님의 의의 한 국면이며, 혹은 일반적으로 죄를 제거하심에 있어서 나타난 그분의 의이다.

있는 내용과의 대조와 결과를 소개한다. 이사야는 도적질하는 자들의 이름을 거론하지 않고 있으며, 어떤 하나의 특별한 행위나 혹은 어떤 한 특별한 상황을 언급하지도 않는다. 이 표상은 외적 상태를 가리키는 것으로 보이지만, 그러나 백성이 내외적으로 도적 맞아 완전히 망했을 수도 있다. 반면에 이 표상은 바벨론 포로에게는 어울리지 않고, 이러한 사실을 그 사건에 한정시킬만한 이유가 없다.

모든 젊은이들은 예외 없이 모두 굴 속에 사로잡혔다. 백성 역시 잡히거나 감옥에 갇혔다.[56] 동사는, 흑암에 갇혀 있다는 사실을 강조하고 있는데, 이는 죄와 무지라는 더 큰 흑암의 상징이다.

이러한 포로가 된 백성을 구출하거나 백성으로부터 빼앗은 것을 회복하라고 명령을 내릴 자는 아무도 없다. 이 진술은 절대적인 것이며 백성 안에 구원자가 없다는 사실을 지적하고 있다.[57] 구원은 오직 하나님의 사역으로만 이루어질 수 있다.

> 23절, 너희 중에 누가 이 일에 귀를 기울이겠느냐 누가 장래사를 삼가 듣겠느냐
> 24절, 야곱으로 탈취를 당케 하신 자가 누구냐 이스라엘을 도적에게 붙이신 자가 누구냐 여호와가 아니시냐 우리가 그에게 범죄하였도다 백성들이 그 길로 행치 아니하며 그 율법을 순종치 아니하였도다
> 25절, 그러므로 여호와께서 맹렬한 진노와 전쟁의 위력으로 이스라엘에게 베푸시매 그 사방으로 불붙듯 하나 깨닫지 못하며 몸이 타나 마음에 두지 아니하는도다

42:23 선지자는 더 아래에 있는 깊은 부패를 드러내기 위하여 외적 곤경이라는 덮개를 걷어 낸다. 그의 어투는 질문일 수도 있거나 아니면 하나의 요망일 수도 있으니, 곧 "오…할 자!"(참고. 삼하 15:4; 23:15) 그가 그 나라에게 듣기를 원하는 것은 전체 메시지이며 단순한 22절의 내용이 아니다. "내가 선포하고 있는 이 메시지에 귀를 기울일 자가 너희 중에 아무도 없느냐?" 두 개의 마지막 동사들은 첫 번째 것과 동의어이다. "주의를 집중하는 마음을 가지고 또 말해지는 바를 복종하려는 마음을 가지고 누가 귀를 기울이며 누가 듣겠

---

56) 소유격의 관계에 있는 두 명사 모두 복수로 되어 있음을 유념하라.
57) חשה – **체레**를 대신하여 휴지(Pause)의 **파타흐**에 유의하라. 형태는 하쉐브(השב), 곧 **히필** 명령형이다.

느냐?"⁵⁸⁾ 본 절의 마지막 단어는 아직 다가오지 않는 때를 가리키는 것으로 보인다.

42:24 선지자는 또다시 그 나라가 자신의 상태를 생각해 보도록 하기 위하여 하나의 질문을 사용한다. 틀린 대답이 있을 수도 있다. 아마도 어떤 사람은 바벨론신들이 이스라엘을 약탈자와 도적에게 넘겨 주었다고 말할 수도 있다.⁵⁹⁾ 그러나 그들이 고통을 당하고 있는 것과 고통 당해 온 것이 자신들이 범죄한 자신의 하나님에 의하여 야기되었다.⁶⁰⁾

하나님은 모든 것들을 다스리시고 계신다. 주님은 자기 백성에게 축복과 회복을 가져다 주실 수 있지만, 그러나 동시에 고통과 징벌도 가져다 주실 수 있으시다. 만일 하나님이 그들을 도적에게 넘겨 주신다면, 하나님 자신 이외에 구출할 자는 없다. 이러한 행위 가운데서 그분의 공의가 나타나 있다. 가나안 족속이 너무나 크게 범죄하여 팔레스틴 땅으로부터 그들을 쫓아내시는 것이 그 세상에는 더 좋았으므로 그렇게 행하셨고, 그 땅을 이스라엘 족속에게 주셨던 것이다. 이와 같이 신정국가가 너무나 무가치하게 되어 실질적으로 더 이상 신정국가가 되지 못하였을 때, 하나님께서는 그 나라를 그 땅으로부터 쫓아내셨던 것이다.

주께서는 그렇게 도적에게와 탈취자에게 그 백성을 넘겨 주셨던 것이다. 이것은 이스라엘의 유익을 위한 것이었으니, 곧 종의 모습을 통하여 이스라엘은, 하나님께서 세상 가운데서 그들을 위한 어떤 목적을 가지셨다는 사실과 또한 그가 바라는 구원은 오직 이스라엘 자신으로부터 오는 것이 아니요 하나님으로부터 올 수 있다는 사실을 배울 수가 있었다. 하나님의 진노의 부으심이라는 낮추심을 통하여, 이스라엘이 도적과 탈취자의 손에 놓이게 되었을 때, 그들은 인간으로부터 돌이켜 그 하나님은 그 자신의 종을 통하여 이스라엘을 흑암의 절망에서 건지실 것이다. 하나님에게로 돌아가는 것을 배워야 했다.

죄의 고백을 하면서 이사야는 자신을 자기 백성과 하나로 묶고 있다. 그는 그 나라의 범죄를, 하나님의 길로 행치 않고 그분의 교훈을 순종하지 않는 죄로 묘사한

---

58) 귀를 기울이다, 삼가다, 그리고 듣다라는 순서가 다른 곳에서는 오직 28:23에만 나온다.
59) משוסה. 1Q는 משיסה, B는 εἰς διαπαργή.
60) 지시적인 주(יו)는 관계사의 의미를 가지며, 성과 수의 변화를 받지 않는다―1Q는 יוז.

다.⁶¹⁾ 그것은 기록된 율법과 선지자들의 가르침을 통한 하나님의 교훈에 대한 오랜 그리고 끊임없는 반역이었다.

42:25 이사야는 이제 하나님의 심판과 이스라엘의 무감각에 대한 묘사를 계속해 나가고 또 결론을 짓고 있다. 그는 여기서 다른 어투를 사용하여 24절 상반절의 사상을 표현하고 있다. 도적에게 넘겨 주는 방법이 하나님의 진노의 부으심이며, 그 진노는 한층 "그 진노"로 묘사되어 있다.⁶²⁾ 그러므로 "그(의) 진노"란 문구는 하나님께서 퍼부으신 타오르는 뜨거움 혹은 진노의 성격을 보다 구체적으로 나타낸다.

여기에 바벨론 포로에 대한 진정한 설명이 나타나 있다. 바벨론인이 유다보다 더 강했기 때문에 예루살렘을 멸망시킬 수 있었고 포로로 붙잡아 갔다고 주장하는 것은 잘못된 것이다. 바벨론인은 자기들 스스로의 힘으로 아무것도 이룰 수 없었다. 그러나 하나님께서 자기가 택한 나라를 징벌할 때가 왔다. 그리하여 주님은 그 나라 위에 진노를 부으셨으니, 그것은 전쟁의 위력 가운데서 구체적으로 표현되었다.

퍼부어진 진노의 결과 이스라엘 사방으로 진노가 불붙듯 하였다. 그러나 이스라엘은 자기들에게 닥쳤던 재앙들의 의미를 올바르게 해석할 능력이 없었다. 이 재앙들은 우연히 온 것이 아니었다. 그것들은 언약의 하나님의 타오르는 진노의 현시였다. 이스라엘이 지금 일어나고 있는 일의 진리를 알지 못하는 이유는 그가 이러한 사건들의 의미를 생각하려는 마음이 없었기 때문이었다. 그들의 생각은 하나님으로부터 멀어졌으며, 그분을 모든 섭리를 분배하시는 분으로 바라보지 않았다. 하나님께서는 여러 가지 방법으로 그 나라의 죄악과 다가올 심판의 성격을 지적했었으나 이스라엘은 듣지 않았다. 이제 그 징벌이 왔고 이스라엘은 그것을 생각하지도 않았고 깨닫지도 못했다. 그러므로 본 장은 힘찬 대조를 담고 있다. 본 장은 성공적으로 자기의 임무를 수행할 종으로부터 시작하여 여전히 교훈을 받지 못하고 있는 노예 상태에 있는 그 나라로 결론을 짓고 있다. 그 종은 순종하고 주님의 임무를 수행한다. 그 종 이스라엘은 듣지 않고, 그의 곤궁의 날의 의미를 알지 못한다.

---

61) 행하다(*to walk*) - 부정사 절대형은 동사의 직접목적격이다. 이 단어가 '그(의) 길로'라는 문구 뒤에 나오면서 그 문장의 끝에 위치해 있는 점을 주시하라. 참고. 신 28:56.
62) 이 동사가 병치되어 있는 두 개의 명사를 지배하고 있다. 두 번째 명사는 첫 번째 것을 보는 관점을 설명 한다. 따라서 어떤 오해를 막기 위하여 그것을 명확히 하는 것이다. '그리고 그는 그것에게 분노를 퍼부었다, (말하자면) 그의 분노를.'

43장

1절, 야곱아 너를 창조하신 여호와께서 이제 말씀하시느니라 이스라엘아 너를 조성하신 자가 이제 말씀하시느니라 너는 두려워 말라 내가 너를 구속하였고 내가 너를 지명하여 불렀나니 너는 내 것이라
2절, 네가 물 가운데로 지날 때에 내가 함께할 것이라 강을 건널 때에 물이 너를 침몰치 못할 것이며 네가 불 가운데로 행할 때에 타지도 아니할 것이요 불꽃이 너를 사르지도 못하리니
3절, 대저 나는 여호와 네 하나님이요 이스라엘의 거룩한 자요 네 구원자임이라 내가 애굽을 너의 속량물로, 구스와 스바를 너의 대신으로 주었노라
4절, 내가 너를 보배롭고 존귀하게 여기고 너를 사랑하였은즉 내가 사람들을 주어 너를 바꾸며 백성들로 네 생명을 대신하리니

43:1 첫 단어 "그리고 이제"(개역은 생략함—역자주)는 앞의 것에 대한 시차적인 관계를 가지고 있다기 보다는 논리적 관계를 이루고 있다. 그것은 백성의 우울한 현재 상태와 하나님 안에서 누릴 영광스러운 구원 사이의 대조를 나타내고 있다.[1] 깊은 곤궁 가운데서 하나님께서 그들에게 말씀하시며, 주님은 자신을 창조자와 조성자로 말씀하신다. "창조하신"이란 분사는 무로부터의 창조를 나타낸다.[2] 야웨께서는 시내산에서 나라로 택하시고 아무것도 없는데서 창조해 내시고, 신정국가로 만드셨다. 그분이 이스라엘과 언약을 체결하시려 접근하셨을 때, 그 나라는 애굽에서 노예백성이었고, 그 스스로 설 수 없는 독립국가도 아니었다. 그러므로 이스라엘이 이스라엘 된 것은 하나님의 순전한 은혜로 인한 것이다.[3]

---

1) 그리고 이제 – 반의 접속사이지만, 그러나 다음을 참고하라. H. E. von Waldow(*Denn ich erlose dich*, Neukirchen, 1960), 그는 이 단어가 불평으로부터 답변하는 신탁으로의 전환을 암시하고, 앞장과 관계가 없다고 주장한다.
2) בֹּרַאֲךָ – 접미사를 가진 칼 능동 분사이다. **알렙**은 자음의 음가를 보유하고 있다; **레쉬** 아래에 있는 **파타흐**는 뒤따라오는 복합 **쉐와**로 인한 것이다. 그러므로 בֹּרַאֲךָ > בֹּרֵאֲךָ > בֹּרְאֲךָ.
3) 그런 까닭에 나는 다음과 같이 말한 Penna에게 동의할 수 없다, "*che con la schiavitu ha espiato le sue colpe.*" 바벨론 포로는 결코 이스라엘편에서의 보상(expiation)으로 간주되어서는 안 될 것이다.

사실 이 분사는 해결해야 할 하나의 문제를 만들어 낸다. 어떻게 이스라엘의 고대 국가를 설명해야 하는가? 그것은 저절로 자라나지 않았기에 그렇게 설명하려는 시도는 실패할 수밖에 없다. 신정국가가 된 것은 단순히 야웨가 그것을 택하셨기 때문이 아니었다. 만족할 만한 유일한 설명은 이스라엘의 하나님 곧 참되신 하나님께서 아무것도 없는 가운데서 이스라엘을 창조해 내셨다는 것이다. 이스라엘이 존재하게 된 것은 이사야가 첫 창조시에 사용된 하나의 단어를 사용할 수 있을 정도로 너무나 독특한 것이었다. 이 단어는 신정국가의 완전한 특수성을 지적하고 있다. 이스라엘과 야곱은 다른 백성이 아니라는 의미에서 하나님의 피조물이다. 그들을 창조하시는 가운데서 주권적이고도 효력있는 은혜가 역사하였다.

더 나아가 그 나라는 또한 하나님에 의하여 조성되었으며, 그래서 선지자는 여기서 인간의 창조로부터 하나의 단어를 취해 오고 있는 것이다(창 2:7). 첫 인간을 지으실 때의 모든 관심(배려)과 생각이 이스라엘을 하나의 국가로 만드는데 사용되었다는 점이다. 아마도 첫 번째 단어는 하나님께서 갈데아 우르에서부터 아브라함을 부르셨을 때,[4] 실질적인 시작을 특별히 가리켰을 것이며, "조성하였다"는 단어는 그 백성을 시내산에서 하나의 국가로 실제로 조성하신 것을 가리킬 것이다. 그러나 두 단어의 다른 뉘앙스에도 불구하고, 단순히 하나님께서 자기의 특별한 나라가 되도록 만드셨다는 사실을 가리킨다. 이 말들은 위로의 말씀이며, 하나님의 백성이 어찌하여 멸망당할 수 없느냐는 가장 깊은 이유를 나타낸다.

두 이름은 하나님의 축복을 물려받은 백성을 지칭하니, 곧 야곱과 이스라엘이다. 40-49장의 범위 가운데서 13회나 이 이중적인 호칭을 사용하고 있으며, 한 번의 예외(41:8)를 제외하고는 이 순서를 따르고 있다. 야곱은 속이는 자였으며 이스라엘이 되어야 했다. 그런 까닭에 이름의 순서 가운데서 우리는 그 나라의 야곱적 특성이 버려져야 한다는 암시가 있을 수도 있는 것이다. 또한 "이스라엘"이란 호칭 가운데에는 그 백성의 참된 운명이 표현되어 있다. 그들은 이스라엘이 되어야 하며, 언젠가 그들의 조상 이스라엘에게 주어졌던 약속의 후사답게 되어야 한다. 어쨌든 이 두 이름의 사용에도 불구하고 이 백성은 단수로 부드러운 스타일로 호칭되어 있다.

---

[4] "하나님께서 아브라함 안에서 그들을 택하셨다는 의미에서 이스라엘을 창조하시고 조성하셨다"(41:8) (Dillmann).

두려워 말라.[5] 하나님께서는 이전에, 즉 그들의 왕 아하스라는 사람을 통해 자기의 백성에게 이와 같은 말씀을 하셨다. 그때, 즉 인간의 생각을 따라서는 구원이 불가능하였던 때에, 하나님께서는 "두려워 말라"고 말씀하셨다. 이사야는 이제 노예 가운데 있는 백성을 보고 있으며, 또다시 하나님께서는 그를 통하여 "두려워 말라"고 말씀하신다. 암시된 뜻은 하나님의 백성을 두렵게 할 것은 하나도 없다는 것이다. 구속은 분명히 올 것이다. 동시에 이 명령은 그 백성이 무슨 일이든 아무런 해를 당하지 않을 것이라는 사실을 의미하지 않는다. 그들은 고통으로부터 면제되지는 않을 것이다. 그러나 그들은 어느 정도 하나님의 통치로부터 벗어났다고 두려워하지 않아야 한다.

두려워하지 않아야 할 이유가 있다: 하나님께서 자기 백성을 구속하셨다는 것이다. 이 표현은 애굽으로부터의 구속을 되짚어보고 있으나, 그 의미는 그 사건에서 고갈되지 않았다. 또한 바벨론 포로로부터의 귀환에서도 완전히 실현된 것이 아니다. 그 동사는 백성이 자신의 노력으로 스스로를 자유케 할 수 없는 노예상태에 있다는 사실을 암시한다. 그들이 자유케 되기 위해서는 하나님 자신에 의하여 구속의 값이 지불되어야 한다. 우리는 이사야가 히스기야 통치의 후반기에 그의 활동적인 사역을 마감하기에 앞서서, 예언의 영을 통하여 때를 내어다 보았다는 입장을 채택하였다. 그들의 대표인 아하스왕을 통하여 그들이 메시아의 약속을 거부하고, 결국은 자신들을 파괴할 세력의 도움을 고의로 선택함으로써 하나님께 불순종했던 그 백성이 바벨론으로 실제로 포로가 되어 끌려가게 될 때를 보았다는 것이다. 그러나 만일 하나님의 구원의 약속이 성취되려면, 그들이 구원받아야 할 이 물리적 포로는, 그 나라가 처한 보다 깊은 포로됨, 즉 물리적이 아닌 영적 포로됨에 대한 상징이거나 혹은 표현에 지나지 않았다. 그렇지만 바벨론 포로라는 물리적 상태 가운데 나타난 이 깊은 노예상태는 두려움의 원인이 되지 못하였으니, 이는 하나님께서 그 백성을 구속하시고 자유케 하시기 위하여 값을 지불하셨기 때문이다. 그 구원의 표시로써 포로로부터 팔레스틴으로의 귀환이 있어야 할 것이나, 그 귀환은 하나의 표징(sign)

---

5) North는 우리가 기뻐하라는 명령을 예상해야 한다고 생각한다. 그러나 백성들은 아직도 그 약속들이 성취될 것이라는 것을 배우지 않았다. 그들은 여전히 두려워하고 있는 것이다. 적절한 때에 그들은 기뻐하라는 말을 들을 것이다.

일 뿐이다. 참된 구원은 하나님 자신이 당신의 독생하신 아들을 주실 훗날에 성취될 것이었다. 라이첼(Reichel)은 다음과 같이 기록함으로써 그 정곡을 찌르고 있다:

> 우리는 이 단어 גְּאַלְתִּיךָ(게알티카, 내가 너를 구속하였노라)가 그 자체 안에 담고 있는 헤아릴 수 없는 깊이를 다 이해할 수가 없다…구속, 구속, 구속, 그것은 우리의 신조, 우리의 신학, 우리의 독특한 특질, 우리의 매일의 찬양의 노래, 우리의 신비로운 지혜, 우리의 값비싼 진주, 우리의 매우 귀중한 보석, 우리의 한 그리고 모든…우리는 우리를 구속하신 상처들 이외에 아무것도 알 수 없기를. 우리는 우리를 구원하신 피 이외에 아무것도 바라볼 수 없기를. 나는 그 밖의 아무것도 생각할 수 없고, 아무것도 보지 않고, 당신의 사랑과 당신 이외에 아무것도 느끼거나 듣거나 사랑하거나 존경하지 않기를.[6]

동사가 완료형으로 되어 있으나 과거 사건을 가리키지 않는다. 구속은 아직 성취되지 않았다. 그러므로 우리는 그 단어를 필연의 완료형 혹은 예언적 완료로 해석해야 한다. 오직 만일 이 단어의 핵심이 예수 그리스도의 피 가운데서 발견된다면, "두려워 말라"는 명령에 어떤 의미가 있을 수 있다. 만일 그것이 오직 출애굽을 가리키거나 혹은 오직 바벨론 포로에서의 구원만을 가리킨다면, 두려워 말라는 명령의 근거는 없는 것이다. 순전히 물리적 입장에서 생각된, 바벨론 가운데서의 상황은 특별히 가혹한 것이 아니었다. 우리는 예를 들면, 무라수 형제들(Murash Brothers)의 성공과,[7] 그리고 포로민들의 대다수가 팔레스틴으로 돌아오기보다는 바벨론에 머물러 있기를 더 좋아하였다는 사실을 기억할 수 있다. 그들 가운데 다니엘이 있었다. 수라(Sura)와 펌베디타(Pumbeditha)의 후기 학파들은 바벨론에서의 생활이 반드시 가혹하지 않았다는 사실을 입증한다. 그 나라가 포로되어 있었다는 이유로 두려워하고 있었다는 생각은 실제 사실에 일치한다기보다는 어떤 비평가들 마음 가운데 들어 있었다고 보인다. 두려움의 이유는 단지 그 나라가 포로 되

---

6) *Com. ad loc.*
7) Albert T. Clayle에 의해서 출판된(*Business Documents of Murashû Sons of Nippur*, Philadelphia, 1898, Vols. IX, X) 설형문자 토판들은 주전 424-404의 시기의 것이며, 그리고 지금도 요점에 적절하다.

어 있었다는 사실로 인한 것이 아니라 조상에게 주어졌던 옛 약속이 실현되지 않을 수도 있다는 사실로 인한 것이었다. 그런 까닭에 하나님께서는 자신이 그 나라를 구속하셨다는 사실을 상기시키고, 그것의 입증으로서 자기 백성으로 하여금 그들의 본국으로 돌아오는 것을 가능하게 만드신다. 그러나 이 단어의 핵심은 그리스도의 십자가에 있다. 그리고 바벨론 포로는 회복의 1단계였으며 기대와 준비의 시기였다.

"내가 너를 지명하여 불렀나니" - 이 표현은 실제로 이름을 부름으로 한 인간에 대한 부르심을 가리키는 것으로 보인다. "내가 브살렐을 지명하여 불렀다"(출 31:2; 35:30). 그러므로 야곱과 이스라엘이라는 이름들을 부르심으로써 하나님께서는 그 나라를 자기의 소유로 그리고 자기를 섬기도록 부르셨다. 쾨니히(König)의 주장에도 불구하고, 이것이 하나의 훌륭한 의미를 산출하고 있다. 하나님께서는 이스라엘을 참 이스라엘이 되도록 부르셨다.[8] 48:12에서 그 나라는 "나의 부른"이라고 지칭된다. 그러므로 이 표현 가운데서 이스라엘 선택의 개념은 두드러진다.

"너는 내 것이라" - 구속과 부르심의 결과. 두 동사들(히브리어에서는 둘 다 완료형임)이 같은 시대에 있었던 하나님의 행위를 가리킨다고 억지로 주장하려는 것은 현학적이다. 동사 카라티(קָרָאתִי, 내가 불렀다)는 과거의 사건을 가리키는 단순 완료로 이해되어야 할 것이니, 이는 자기의 특별한 소유가 되도록 자기 백성을 선택하심에 있어서 영원한 하나님의 목적이 나타난 것이다. 다른 한편 가알티(גְּאַלְתִּיךָ, 내가 구속하였다)[9] 역시 완료형이니, 특성상 이것이 위에서처럼 해석되어야 할 것이다. 가알티(גְּאַלְתִּיךָ)가 먼저 언급되어 있으니, 이는 왜 하나님의 백성이 두려워할 필요가 없는지에 대한 근본적인 이유이기 때문이다. 그리고 이 구속은 확실하니, 이는 구속받은 자들이 또한 지명하여 부르심을 받았기 때문이다. 그들은 하나님에게 속하며 다른 누구에게도 속하지 않는다.

---

8) Volz는 이 단어가 야웨의 자기 백성에 대한 온전하고도 개인적인 관심을 지칭한다고 바르게 주장한다.

9) 이러한 구속의 활동을 통하여 하나님께서는 언약적 관계에 근거하여 합법적으로 자기의 것이었던 것의 획득을 갱신시키신다.

43:2 그러나 구속받은 자는 불같은 시련을 통과해야 한다. 자기 백성을 개인으로 지칭하면서 즉 2인칭 단수를 사용하면서, 하나님께서는 그들이 두려워할 것이 없음을 확신시켜주고 있다. 함께 취급된 물과 불은 닥칠 수 있는 모든 위험에 대한 표상을 이루고 있으며, 무엇보다도 심판의 물과 불을 내포한다(참고. 시 32:6; 42:7; 124:4이하). 노아 당시에 물이 땅을 뒤덮었고 하나님께서는 다시는 물로 심판하지 않을 것이라고 약속하셨다. 그러나 인자가 이 땅에 다시 오실 때에 다가올 심판은 노아의 때와 같이 될 것이다(참고. 눅 17:26). 이 세상은 물과 불로 끝이 날 것이지만, 그러나 하나님께서 구속하신 자들은 그러한 심판을 안전하게 지나갈 것이다. 동시에 이것을 종말론적인 영역에만 적용시키는 것은 합당하지 않는 것으로 보인다. 사실, 첫 번째로 등장하는 키(כי)라는 불변사는 "언제나"로 번역될 수도 있으며,[10] 또한 그래서 본 절은 하나님의 구속받은 자가 슬픔의 물들과 고난의 불들을 통과해 나가야 할 때마다 그들은 해를 당하지 않을 것이라는 일반적인 진리를 선언하고 있는 것이다.

이것은 일반적인 진리이며, 그럼에도 그것은 조정에 의하여 개인 신자에게도 적용될 수도 있다. 이것은 그들이 구속받은 자의 몸 전체의 개인 구성원이기 때문이다. 이사야는 짤막한 두 단어로 "내가 함께 할 것이라"는 위로의 메시지를 발하고 있다. 첫 번째 문장 가운데 교차 병행이 나타나 있으며, 백성과 하나님 사이의 대조를 나타내고 있다. "너는 지나갈 것이라, 너와 함께 한다 내가." 고난 가운데서 그들은 홀로 있지 않다. 하나님이 그들과 함께 하신다.

애굽인들이 그 강 가운데 있었을 때 수장 당했다. 구속받은 자는 그렇게 되지 않는다. 강들이 그들을 침몰시키지 못할 것이다. 또한 그들은 심판의 불에 타지도 않을 것이다. 불꽃까지도 하나님의 백성을 사르지 못할 것이다.

여기에 진술된 내용은 로마서 8장에서 발견되는 것과 같은 진리이다. 고난이 닥쳐올 것이지만 구속받은 자는 통과해 나가야 한다. 그러나 그들은 고난에 의해 해를 당하지 않을 것이니, 이는 하나님께서 그들과 함께 하시기 때문이다.

43:3 이사야는 2절의 사상을 계속 이끌어 나간다. "나"라는 단어에 붙어 있는 세 개의 호칭들이 나타나 있는데, "이는 나, 너의 하나님 야웨, 이스라엘의 거룩한

---

10) 가정적 불변화사 **키**는 그 의미가 두 번째 문장의 귀결절에까지 확장된다.

자, 네 구원자가…주었노라." 이스라엘의 하나님은, 애굽으로부터 그들을 구원하시고 시내산에서 언약을 맺으신 야웨이시다. 하나님은 또다시 그들을 위하여 행동하신다. 더 나아가서 그들이 잊지 않도록 또다시 여호와께서 이스라엘의 거룩한 자라고 진술되어 있다. 마지막으로 여호와께서는 이스라엘의 구원자이시다. 둠(Duhm)은 헬라 세계로부터 파생된 개념이라고 생각하는 기독교 개념으로 이해하기를 원하지 않고 있다. 그러나 이 개념은 출애굽까지 거슬러 올라간다. 그날에 하나님께서 자기 백성을 구출하셨던 것처럼, 또다시 그들을 둘러싸고 있는 현존하는 대적들로부터 구원하시는 분이 주님이시다.

"속량물"로 번역된 단어는 "덮음"이란 문자적 의미를 가지고 있다. 하나님께서는 애굽을 자기 백성을 위한 덮음으로 세우셨다. 그들을 대신할 나라들을 통하여 하나님께서는 이스라엘을 자기 소유로 만드셨다(즉 값을 지불하셨다). 모세 율법 아래서 이스라엘 족속은 자기의 소유를 값을 지불함으로써, 곧 대속물의 제공을 통하여 구속하였다. 여기서의 사상은 이스라엘이 버려지는 대신에 세 나라가 그 대신 드려졌다는 것이다. 그들은 이스라엘 대속물이다. 세 나라는 대략 이방 열국들의 대표로 언급되어 있는 것 같다. 멸망에 이를 그 심판이 이스라엘에게가 아니라 이 나라들 위에 떨어졌다. 그들은 이스라엘을 위하여 대리적 보상이 되었다.[11]

43:4 머리말은 "…때로부터"로 이해해서는 안 될 것이고, "…사실로 인하여"로 이해해야 할 것이다. 본 절은 하나님께서 이스라엘을 구속하신 이유를 개진하고 있다. 주님 보시기에 이스라엘은 보배로웠다. 하나님께서는 그 나라를 향하여 자신이 다른 백성들에게는 보이지 않으셨던 평가를 하셨다. 사랑은 선택과 유기를 포함한다. 하나님께서는 이스라엘을 가치 있고 보배로운 것으로 간주하여 그들에게 특별한 주의를 기울이셨다. 그리고 주께서 그렇게 간주하셨으므로, 주님은 그들을 구속하셨다. 그들은 존귀를 얻었으니, 자신의 행위를 통해서나 아니면 어떤 가치가 있어

---

11) 아마도 일반적인 사상은 간단히, 하나님께서 이스라엘을 선택하시고 다른 나라들은 지나가셨다는 것이며, 그래서 그들이 그 대신에 희생을 당했다(즉 속량의 값이 되었다)는 것이다. 이것을 두고, 캄비세스(Cambyses)가 이 땅들을 정복한 것을 가리킨다고 주장하는 것은 (참고. Herodotus iii. 15; Xenophon *Cyropaedia* viii. 6. 20) 요점에서 빗나가는 것이다. Torrey의 강력한 발언은 정당화된다. 그는 아라비아 시인들로부터 흥미 있는 평행절들을 인용한다.

서가 아니라 하나님께서 그렇게 간주하셨기 때문이었다.

첫 행에 있는 마지막 동사(내가 너를 사랑하였은즉)는 이스라엘이 존귀를 얻은 결과를 나타내는 것이 아니라 본 절의 상반절 가운데 표현된 다른 두 개의 사상과 상호 연관되어 있는 사상이다. 이스라엘은 하나님의 눈에 보배로웠고 그들은 존귀하게 되었고 하나님은 그들을 사랑하셨다.

그런 까닭에 그들의 대속물로 사람들을 주었던 것이다.[12] 그것이 앞 절에서 언급된 세 나라를 가리키는지 아니면, 인간들이 이스라엘의 속량물로 주어졌다는 진리에 대한 일반적인 진술인지는 결정하기 어렵다. 이스라엘이 속량받을 수 있도록 그리고 그 생명이 살게 되도록 하기 위하여, 다른 나라들이 멸망과 심판을 당하게 되었다.

5절, 두려워 말라 내가 너와 함께하여 네 자손을 동방에서부터 오게 하며 서방에서부터 너를 모을 것이며
6절, 내가 북방에게 이르기를 놓으라 남방에게 이르기를 구류하지 말라 내 아들들을 원방에서 이끌며 내 딸들을 땅 끝에서 오게 하라
7절, 무릇 내 이름으로 일컫는 자 곧 내가 내 영광을 위하여 창조한 자를 오게 하라 그들을 내가 지었고 만들었느니라

43:5 하나님의 백성이 당하는 어려움이 너무나 크고 하나님께서 행하실 구속이 믿을 수 없을 만큼 놀라워서 주님은 또다시 그들에게 "두려워 말라"는 명령으로 위로하고 용기를 북돋아 준다. 자기 백성을 다시 모으시는 일은 확실한 사건이며 이것은 주께서 맹세로 서약하셨고 그것을 이행하실 것이기 때문이다. 흩어진 이스라엘 전체를 나타내기 위하여 네 개의 중요 거점이 본 절과 다음 절에 언급되어 있다. 실제상의 포로됨은 주님의 백성이 주님으로부터 분리되었다는 것의 상징이었고, 약속의 성취를 향한 첫 단계는 포로에서의 귀환이다. 그러나 첫 단계가 귀환에만 한정되어서는 안 된다. 보다 깊은 의미에서 그것은 오직 주님의 은혜로우신 사역에 의하여 참된 시온산으로 올라올 수 있게 될 멀리 떨어져 있는 자들에게 주어진 약속의 성취이다. 그런 까닭에 팔레스틴 땅에서 다시 모인 모든 자가 살 수 있는지 없는지와 같

---

12) 조건문의 결구를 이끄는 약 와우(ו)를 가진 미완료형을 주시하라. 조건절은 세 개의 상호 연관된 사상들로 구성되어 있다.

은 문제를 논의한다는 것은 무의미하다.[13] 여기서 언급하고자 하는 것은 예수 그리스도 안에서 잃어버려진 죄인들의 영적 모임을 말한다. 온 세상에 흩어져 있는 모든 하나님의 백성은 어느 날, 역사적 이스라엘이 바벨론과 다른 흩어진 곳으로부터 팔레스틴으로 돌아왔던 때처럼 함께 모일 것이다.

그 자손은 후손을 가리키며, 이것 자체가 당시 이스라엘보다 더한 어떤 것을 가리킨다는 사실을 보여 준다. 가장 의미심장한 것은 하나님의 백성을 자기에게로 모으시는 것이 그분 자신의 사역이라는 것이다.[14]

43:6 첫 번째 단어는 미완료형으로 읽어야 하고 분사로 읽어서는 안 될 것이며, 그래서 "내가 말한다" 혹은 "내가 말하리라"로 번역해야 할 것이다. 본 절은 5절의 묘사를 계속하고 있지만, 그러나 시적 스타일로 그것을 증폭시킨다. 선지자는 "내가 북으로부터 끌어올 것이다"라고 말하지 않고 표현의 형식을 전환시켜 "내가 북에게 말하기를, 놓으라"고 말한다. "말하다"로 번역된 단어가 실제로는 "명령하다"의 의미를 가지고 있으니, 아랍어와 다른 셈어들 가운데서도 정규적으로 그 의미를 가지고 있다는 사실을 발견한다는 것은 흥미있는 일이다. 하나님께서는 평행적 스타일로 남방에 "구류하지 말라"고 명령하신다. 명령형은 여성형이니, 이는 사방들과 네 바람들이 여성으로 되어 있기 때문이다. 어떤 사람은 바람이라는 단어가 잠재되었다고 믿지만 그러나 그것은 불필요하다. 이 명령들은 하나님께서 옛적에 당신의 백성을 부당하게 압제하였던 바로에게 명령하셨던 출애굽 때를 상기시켜 주고 있으며, 또다시 주님은 사방에게, 즉 땅 전체에게 그것이 당연하게 자기 자신의 것으로 권리 주장을 할 수 없다고 양보하도록 분부하신다.

두 번째 행에서는 알렉산더(Alexander)가 지적한 바와 같이 이 명령형이 실제적으로는, "오려고 애쓴다"의 의미를 가지는데, "구류하지 말라"와의 대조에 의해 강조가 증대된다. 하나님께서는 여기서 자기 백성을 단순히 아들로서가 아니라(주께서 너무 자주 이사야서에서 그러하고 있는 것처럼) 아들과 딸로 말씀하신다. 이것이 바벨론 포로로부터의 귀환 이상의 어떤 것을 가리킨다는 사실이 "땅 끝에서"라는 문

---

13) 참고. North, com. *in loc.*
14) **다게쉬 포르테**가 마지막 자음 가운데 나타날 때는 일반적으로 휴지(Pause)에 있는 단어에서다.

구에 드러나 있다. 이 문구와 "원방에서"라는 문구 모두, 백성이 하나님으로부터 분리되어 있는 아주 먼 곳을 가리킨다.

또 주목해야 할 것은 본 절에 의하면 하나님께서 자기 피조물 전체에게 명령하실 수 있다는 사실이다. 세상 전체가 하나님의 것이며 그분의 명령을 따라야 한다.

43:7 아들과 딸은 한층 더 나아가 하나님이 부르신자와 동일시 된다. 이 표현의 기초가 되는 것은 세상이 하나님에 의하여 정복되고 그의 종들로서 그분에게 속하여 있다는 사상이다. 하나님께로 돌아오게 할 자들의 정체가 분명하게 밝혀져 있으며, 이스라엘의 이름을 가지고 있는 모든 자가 또한 하나님의 이름을 가지고 있다는 것이 아니라는 사실을 암시하고 있다.

본 절의 하반절은 하나님께서 이스라엘을 창조하신 이유를 진술하고 있다. 그것은 하나님 자신의 영광을 위해서이며, 이 "내 영광을 위하여"란 문구가 강조되도록 하기 위하여 첫 번째 위치에 와 있다. 이 문구는 본 절의 첫 번째 단어인 "모두"와 관계되어 있으니, 이것 역시 강조의 위치에 있다. 그러므로 두 개의 사상이 두드러져 있다. (1) 하나님의 이름으로 일컫는 자 모두는 구원받을 것이다, 그리고 (2) 하나님의 영광을 위하여 주님은 자기 백성을 존재하게 하셨다.[15] 세 개의 단어가 백성의 조성을 묘사하고 있으며, 이 세 개의 단어가 창세기 1장으로부터 취해 온 것이므로, 창조 자체와 같은 커다란 의미를 지닌 사건임을 지적하는 것처럼 보인다. 옛날 하나님께서 세상을 창조하시고 조성하시고 만드셨던 것처럼, 이제도 주님은 구속된 새로운 피조물을 창조하시고 조성하시고 만드실 것이다. 우리가 단어들의 개념 속에서 어떤 차이점을 발견해야 하는지 아닌지는 의문의 여지가 있다. 예를 들면 델리취는 세 개의 동의어는 은혜의 힘, 거저 주심, 풍성함을 드러내고 있다고 믿고, 또 바르게 지적한다. 그리고 그는 라틴어 *creavi*, 즉 '새로운 것을 만들어 내다', *formavi*, '만들어 낸 것을 형체화하다', *perfeci*, '완전하게 만들다' 혹은 '완료하다' 란 단어를 사용함으로써 자신의 사상을 표출한다. 이사야는, 이름만의 이스라엘이었고 그래서 이스라엘이 아니었던 이스라엘로부터, 행실과 진정이 일치하는 이스라엘을 창조하시는 전적으로 새롭고도 초자연적 사역을 말하고 있다. 이 사역

---

15) 직역하면, '그리고 내 영광을 위하여 내가 그를 창조하였다', 즉 '내가 내 영광을 위하여 창조한 자'. 그러나 *Biblische Zeitschrift*, Vol. 8, 1964, No. 1, p. 106을 참고하라.

과 본래적 창조 사역을 비교하는 것은 그것의 장엄성과 중대성을 강조하는 것이다. 동사들이 1인칭 단수로 되어 있다. 새창조의 놀라운 일, 자기의 택하신 백성의 구속을 실행하시는 분은 오직 하나님이시다.

8절, 눈이 있어도 소경이요 귀가 있어도 귀머거리인 백성을 이끌어 내라
9절, 열방은 모였으며 민족들이 회집하였은들 그들 중에 누가 능히 이 일을 고하며 이전 일을 우리에게 보이겠느냐 그들로 증인을 세워서 자기의 옳음을 나타내어 듣는 자들로 옳다 말하게 하라
10절, 나 여호와가 말하노라 너희는 나의 증인, 나의 종으로 택함을 입었나니 이는 너희로 나를 알고 믿으며 내가 그인 줄 깨닫게 하려 함이라 나의 전에 지음을 받은 신이 없었느니라 나의 후에도 없으리라
11절, 나 곧 나는 여호와라 나 외에 구원자가 없느니라
12절, 내가 고하였으며 구원하였으며 보였고 너희 중에 다른 신이 없었나니 그러므로 너희는 나의 증인이요 나는 하나님이니라 여호와의 말이니라
13절, 과연 태초로부터 나는 그니 내 손에서 능히 건질 자가 없도다 내가 행하리니 누가 막으리요

43:8 첫 번째 동사는 벌겟역을 따르는 많은 저자에 의하여 명령형으로 취급되고 있다.[16] 그러나 알렉산더가 지적한 바와 같이, 이 형태는 실질적으로 명령형이 아니고 완료형이거나 부정사 연계형이다. 그는 이러한 형태의 35회가 완료형이고 30회가 부정사로 계수한다. 그렇다면 주어는 당연히 여호와로 생각되고, 또 우리는 본 절을 여호와께서 소경된 백성을 눈을 뜨도록 하였다고 가르치고 있는 것으로 이해해야 한다. 이것이 앞의 두 구절에서 언급하였던 회복이라는 하나님의 목적의 일반적선언과 잘 어울린다. 언급된 백성은 지상에서 하나님의 놀라운 사역을 보지도 못하고 하늘이 그의 영광을 선포하는 것을 듣지도 못하는 소경과 귀머거리였다. 그러나 이제 그들은 눈과 귀를 가지고 있으며,[17] 이것은 그들이 이제 보고 듣기 때문이며, 노예상태와 무지의 흑암으로부터 이끌어 내신 주님을 기쁨으로 따르고 있기 때문이다. 가

---

16) 만일 הוֹצִיא가 명령형이라면(예를 들면 GKC, Delitzsch), 장모음 **이**의 보유는 이례적이며, 이는 아마도 완료형과의 유사성에 기인할 것이다.
17) 그리고 눈들 — 상황적 양보를 나타내는 절일 수도 있다, '비록 그들이 눈들을 가졌을지라도.'

장 넓은 의미에서 이 구절은 이방인들의 하나님께로의 회심에 대한 예고이다. '이끌어낸다' 혹은 '나가게 하다'는 백성이 처해 있었던 감금의 장소 그리고 그 장소로부터의 구출을 가리킨다. 그것은 흑암으로부터 불러내어 하나님 자신의 놀라운 빛에 들어가게 하시는 것이다.

43:9 이제 강조가 모든 열국에게 주어져 있으니, 그들은 하나님께서 행하신 일과 대비되는 것처럼 보아야 할 것이다. 처음 두 동사의 의미를 눈여겨보는 것은 중요하다. 첫 번째 동사는 과거로 번역되어야 하고, 미래형으로나 명령을 나타내는 것으로 해석해서는 안 된다.[18] 동사는 이미 이룬 행동을 나타내며, 여호와께서 그 백성을 인도하여 내시는 것에 대해서 말씀하고 있는 앞 절의 완료와 평행을 이룬다. 그러나 두 번째 동사는 약 접속사(the weak conjunction)에 의하여 이끌림을 받는 미완료형이며, 그래서 막일어나려고 하는 행동을 표현하고 있는 것으로 번역되어야 한다. 첫 번째 동사는 열국이 모두 함께 모였다는 것을 암시한다. 그리고 두 번째 동사는 모이는 일이 완료되지 않았거나 혹은 첫 번째의 사상을 단순하게 강조하는 것일 수도 있다. 즉 마치 선지자가 '그들이 모였다, 진실로 그들이 모이게 될 것이라'고 말해야 했던 것과 같다.

열국의 전체를 생각한 후에 이제 선지자는 "이 열국 중에 누가 알게 할 것인가 혹은 누가 우리로 하여금 이전 일들을 듣게 할 것인가?"라고 질문한다. 선지자는 "이"라는 용어를 열국의 모임, 즉 참되신 하나님에게로의 회심, 즉 교회에로의 편입을 가리키는 것으로 보인다. 그러므로 그것은 "새 일"이란 문구와 동의어이며, 그 용어처럼 "이전 일"이라는 개념과 대조되어 있다. "그들 가운데 아무도 열국의 이 모임을 알게 할 자가 없을 뿐만 아니라, 이 일 이전에 일어났던 사건들까지도 우리에게 듣게 할 수 없다." 두 동사는 사역형이다. 그 열국 가운데 아무도 이 일들을 스스로 알게 하는 자가 없었을 뿐만 아니라, 아무도 그것들에 관하여 다른 사람에게 듣게 할 수 없었다.

본 절의 마지막 행은 다양한 해석을 할 수 있는 것이지만, 그러나 우리는 아마도 상당한 근거를 가지고 "그들이 정당하다고 인정될 수 있도록 자기들이 증거하게 하라, 그리고 그들로 하여금 듣고 '그것이 진리이다'고 말하게 하라"로 번역할 수 있

---

18) 이 형태를 명령형으로 해석하는 것(Ewald, GKC)은 내게는 근거가 부족해 보인다. 교차 대구법을 주시하라. 주어, 동사—동사, 주어.

다. 이 뜻은 열국이 지금 자신의 과거의 행위에 대해 정당하다고 변호할 기회가 주어졌다는 것이다. 만일 그들이, 하나님의 사역과 이전 일을 선언하였다는 것을 증명할 수 있는 어떤 증인들을 가지고 있다면, 그들이 이제 자신의 주장이 정당하게 보일 수도 있는 그 증인들을 제시할 수도 있다. 그 열국은 과거부터 하나님을 몰랐었고 스스로 계획한 길을 걸었다. 그러나 그들이 섬기던 신들은 그들을 위하여 미래를 예고해 줄 수 없었고 과거부터 그 열국의 인생행로를 설명해 줄 수도 없었다. 이제 백성들을 함께 모으시고 있는 하나님만이 그 일을 할 수 있으시다. 만일 열국이 자신의 증인들을 내보일 수 없다면, 그들로 하여금 하나님이 말씀하시는 것을 듣고 하나님의 증거가 참됨을 인정하여야 한다.

43:10 선지자는 3인칭으로부터 2인칭으로 전환하여 사용하고 구속받은 백성을 향하여 말씀한다. 우리는 그의 말을 다음과 같이 고쳐 쓸 수 있다, "너희 이스라엘은 나의 증인이다; 그리고 오직 너희만이 나의 증인이다, 너희는 또한 나의 종들이다." 하나님께서 세상을 은혜롭게 다루어 오셨다는 것은 이스라엘의 역사 가운데 드러나 있다. 그 나라는 참되신 하나님께서 세상에 구원을 보내 주셨고, 그가 구출하고 구원하시기에 강하시며 능하시다는 사실에 대한 산 증인이다. 하나님께서는 그들로 하여금 자기를 증거하고 그의 종이 되도록 이스라엘을 선택하셨다.

실질적으로 역사적 이스라엘은 결코 이 높은 이상을 실천하지 못하였다. 그들은 이스라엘이 마땅히 되어야 할 그 모든 것을 구현하면서 참된 종처럼, "보소서, 내가 주의 뜻을 행하러 왔나이다"라고 말할 수가 없었다. '증인들'이라는 복수형과 '종'이라는 단수를 주시해야 할 것이니, 이는 하나의 종의 모습은 실제로 특별한 그 종 가운데서 구현되기 때문이다.

이사야는 "너희로"의 다음에 나오는 세 개의 동사로 하나님의 선택 목적을 진술한다. 이 동사들을 "내가 택하였다"는 표현과 함께 해석하는 것이 가장 좋다. 선택은 이스라엘을 교육하기 위해서이며 그들에게 하나님께서 참 하나님이시라는 사실을 알도록 하기 위해서이다. 이것이 이스라엘의 선택의 목적이며, 그들의 오랜 세기의 역사 가운데서 이 진리를 어느 정도 배웠다. 그러나 그 나라가 하나님을 참으로 하나님으로 알게 되는 것은 오직 하나님의 참 이스라엘, 하나님의 그 종의 사역 가운데서 뿐이었다.

하나님에 대한 지식은 오직 하나님이 택하시는 자들의 것이다. 그것은 하나님의 선택의 열매요 그래서 그분의 거저 주시는 은혜의 선물이다.

이스라엘은 하나님을 알아야 할 뿐만 아니라 또한 주님을 이사야의 입을 통하여 그리고 다른 신실한 선지자들을 통하여 표현된 그분으로 믿어야 한다 또한 그렇게 함으로써 자기들에게 말씀하시는 분이 존재하시고, 참되시고 활동하시는 "나"라고 하시는 분이심을 깨달아야 한다. 이스라엘이 우상숭배를 하던 시기의 그 옛 우상들은 제거되어야 하며, 이스라엘은 만군의 여호와만이 홀로 참되신 하나님이심을 알아야 한다. 그분 이전에 지음을 받은 참 신이 없었고, 그분 후에도 어떤 다른 신이 없을 것이다. "지음 받은"이란 단어는 우상이 부어 만들어졌다는 사실을 어느 정도 반영하고 있다. 그러나 이스라엘의 하나님은 그들보다 훨씬 더 뛰어나신 분이니, 이는 그분이 시작도 없고 끝도 없기 때문이다.[19] 이 의미심장한 진리는 선지자의 추리적 정신의 산물이 아니고, 영원하신 하나님으로부터 온 계시이다. 아마도 엘로힘 대신에 엘(אֵל)이란 단어를 사용한 데에는 어떤 의미가 있는 것 같다. 이 단어는 실존하시는 하나님을 가리키며, 이사야서에서 참되신 하나님에 대해 사용되고 있다. 선지자가 말하고자 하는 것은, 어떠한 신도 아무리 위대하거나 능력이 있을지라도, 참되신 하나님 이전에 신으로 간주될 수 있을만한 신이 하나도 없다는 것이다. 알렉산더는 논평하기를 "이 풍자는 하나님의 이름인 엘을 사용함으로써 보다 신랄하게 되어, 가장된 우상들의 신성과 그들의 무능성을 가장 도발적으로 대조시킨다. 그가 마치 다음과 같이 말한 것과 같다, '이 전능한 모든 신들은 어떤 것도 내가 존재하기 이전에 만들어지지 않았다'."

43:11 앞 절에 표현된 진리에 대한 승리의 결론처럼, 주님께서는 이제 자신을 한분 참되시고 구원하시는 하나님으로 밝히신다. 긴 형태로 되어 있는 인칭대명사가 반복되면서 1인칭을 강조하고 있다. 그러나 우리가 "나, 곧 나 여호와가"로 읽어야 할 것인지 아니면 "나, 곧 나는 여호와라"로 읽어야 할 것인지의 문제가 생긴다.

어쨌든 언약적 이름을 특별히 강조하여 사용하였다. 그것은, 떨기나무 불꽃 가운데서 모세에게 자신을 계시해 주셨던 그 크신 "나"(I AM) 곧 하나님의 영원

---

[19] Enuma Elish에 보면 신들은 창조되었다. "신들이 그것들 안에 창조되었다"(1:9). 후기의 신들이 고대의 신들을 대신하게 되었다. 아몬은 Re, Marduk, Bel 등으로 대치되었다.

성을 상기시켜 준다. 동시에 시내 산에서 있었던 것과 같은, 구원의 사상이 곧바로 이어진다. 거기서 그 이름이 계시되었으나, 그러나 하나님의 영원성을 나타내고 있는 그 이름은 능하신 구원과 구출의 행위와 함께 연결되어 있었다.

참 하나님께서는 과거를 설명하시고 미래를 해석하실 수 있으시지만, 그러나 그분은 자기 백성을 구출하시는 과정 가운데서 또한 능력을 나타낼 수 있으시다. 그분께서는 구원을 예고하실 수 있었을 뿐만 아니라, 또한 실제로 구원할 수 있으시다.

43:12 본 절은 또다시 강조적인 인칭 대명사와 함께 시작한다. 우리의 시선이 유일한 구원자이신 하나님에게 머물러 있다. 앞 절에서는 강조가 하나님의 지식과 그의 능력에 있었다. 여기서는 이 두 개의 개념이 함께 묶여 있다. 하나님께서는 알게 하셨고, 또한 구원하셨으며, 백성들로 하여금 이 진리에 대하여 듣게 하셨다.[20] 하나님께서 이 일을 행하셨을 때 그 백성 가운데에는 다른 신이 없었다. "다른"(stranger)이라고 번역된 단어는 자주 인간들을 가리킨다. 그러나 여기서는 야웨께서 알리시고 시행하신 일들을, 똑같이 알리고 시행할 다른(stranger) 혹은 이방의 신이 현존하지 않았었다는 것을 암시한다. 이 단어는 우상숭배가 있었다는 사실을 부인하는 것으로 취급될 필요가 없고, 단지 그들의 하나님께서 행하신 일들을 행할 수 있는 신이 그 백성 속에는 없다는 강력한 표현방식일 뿐이다.

첫 번째 행의 "그리고 나"에 강하게 대조되어 두 번째 행이 "그리고 너희"로 시작한다. 이스라엘은 우상들의 철저한 무능력에 대해서 뿐 아니라, 하나님께서 말씀하신 내용의 진리성에 대해서 증인이다. 그들은 주께서 자기 뜻대로 이루실 수 있는 여호와께 속하는 증인이다.

마지막 단어는 증거의 대상이 되지 않는다. 마치 여호와께서 "너희는 증인이어서 나는 여호와다"라고 말씀하시는 것과 같다. 보다 문법과 일치하게 하여 "너희는 나의 증인이요, 그러므로 나는 하나님이다"고 번역하는 것이 더 낫다. 이 뜻은 "나를 위하여 증거하는 너희는 내가 말하고 행동한 내용의 진리성을 증거해야 하며, 그리하여 내가 하나님이요, 전능한 자라는 사실이 드러난다." 엘(אֵל)이란 단어는 여기서 말씀하신 자의 전능성을 나타내기 위하여 사용되었다.

---

20) 약 와우(ו)는 같은 특성의 행위들을 열거하는 동사를 연결시킨다.

43:13 주석적 문제가 본 절의 시작하는 단어에 산재해 있다. 이것은 바로 이 순간부터 하나님께서 자신이 참 하나님이신 것을 보여 주리라는 것을 의미하는가? 아니면, 고대 해석과 일치하여 시간이 시작된 첫 날을 가리켜, "한 날이 있었던 때로부터"를 의미하는가?[21] 이 후자의 해석의 장점은 그것의 우주적 보편성이다. "모든 대상마다 그리고 모든 시대마다 여호와의 능력이 지고하고도 절대적인 것으로 분명하게 증명되었다"(알렉산더). 그렇다면 그 뜻은 하나님께서 이때부터 자기 자신을 누구이신지 보이실 것이라는 것이 아니라, 시간이 존재할 때부터 그분이 하나님이셨고 그렇게 자신을 나타내셨다는 것이다. 이 후자의 견해가 가장 권장할 만한 것으로 보인다.

하나님의 능력을 나타내기 위하여 고안된 두 개의 다른 진술이 덧붙여 있다. 그 어느 누구도 하나님의 손으로부터 건질 자가 없다. 만일 하나님께서 누군가를 자기의 능력 안에 붙들어 두신다면 아무도 그를 해방시켜 줄 수 없다. 두 번째 진술은 만일 하나님께서 어떤 일을 하신다면 그의 행위가 좌절될 수 없다는 것을 선언하고 있다. 귀결절이 "누가 그것을 막으리요?"라는 하나의 질문으로 표현되어 있으며, 그러므로 표현의 반복을 피하고 있으며 강세가 논증의 진술에 놓여 있다. 암시된 대답은 아무도 막을 수 없다는 것이다.[22]

> 14절, 너희의 구속자요 이스라엘의 거룩한 자 여호와가 말하노라 너희를 위하여 내가 바벨론에 보내어 모든 갈대아 사람으로 자기들의 연락하던 배를 타고 도망하여 내려가게 하리라
> 15절, 나는 여호와 너희의 거룩한 자요 이스라엘의 창조자요 너희 왕이니라
> 16절, 바다 가운데 길을, 큰 물 가운데 첩경을 내고
> 17절, 병거와 말과 군대의 용사를 이끌어 내어서 그들로 일시에 엎드러져 일지 못하고 소멸하기를 꺼져가는 등불 같게 한 나 여호와가 말하노라
> 18절, 너희는 이전 일을 기억하지 말며 옛적 일을 생각하지 말라
> 19절, 보라 내가 새 일을 행하리니 이제 나타낼 것이라 너희가 그것을 알지 못하겠느냐 정녕히 내가 광야에 길과 사막에 강을 내리니
> 20절, 장차 들짐승 곧 시랑과 및 타조도 나를 존경할 것은 내가 광야에 물들을, 사막에 강들을 내어 내 백성, 나의 택한 자로 마시게 할 것임이라

---

21) ἀπ' ἀρχῆς, Vulg. ab initio.
22) 히브리어는 여성형 접미사를 통하여 중성적 개념을 표현하고 있다.

21절, 이 백성은 내가 나를 위하여 지었나니 나의 찬송을 부르게 하려 함이니라

43:14 본 절은 난점이 가득해 있으며, 특히 두 번째 부분이 그러하다. 본 절은 하나님을 '너희의 구속자'와 '이스라엘의 거룩한 자'라는[23] 2개의 칭호로 불리우며 강한 인상을 주는 소개로 시작한다. 첫 번째 호칭이 본 예언서의 두 번째 부분인 오직 여기만 나타나는 반면에, 두 번째 호칭은 선지자를 그의 사명에로 부르신 그분의 거룩성에 대한 회상과 함께 묶여 있는 것으로, 본서 전체의 특성이 되어 있다. 이 두 칭호가 여기에 출현을 예상할 수 있으니, 이는 본 예언서의 첫 부분이 메시아의 인격의 주제에 집중되어 있고, 반면에 두 번째 부분에서는 그분의 구속 사역이 두드러진다. 그러므로 "너희의 구속자"는 본 장 속에 나타나기에 적절한 호칭이다.[24] 그렇지만 이 개념을 위해서 준비가 있어왔고, 그것은 일찍이 이사야 35:9과 같은 곳에서 백성을 "구속함을 얻은 자"라는 칭호로 불리웠다. 비록 다른 단어가 사용되었을지라도 구속 개념이 먼저 본서 전체의 서론 가운데서 나타난다(1:27).

첫 번째 칭호는 애굽으로부터의 구출을 반영하고 있지만, 여기서는 하나님께서, 그분의 구속자적 성격으로 본 절 가운데 개진된 위대한 사역을 시행하실 것이라는 사실을 보여 주기 위하여 사용되었다. 그러므로 우리는 언약의 중심부로 들어가게 된다.

주께서 구속자와 거룩한 자가 되어 주실 수 있다는 것은 주목할 만한 진리이다. 그 이유는 그분의 거룩이 죄에 대한 징벌을 요구하기 때문이다. 이사야의 소명 환상에서 하나님께서 자신을 이사야에게 계시하셨을 때, 선지자의 메시지는 심판에 대한 것이었다. 하나님은 여전히 이스라엘의 거룩한 자이시지만 그럼에도 그분은 이스라엘의 구속자이시다. 이것은, 그 종의 사역 가운데서 거룩과 자비가 서로 만난다고 하는 사실에 의해서만 설명될 수 있다. 거룩이 유지되고 옹호되지만, 그러나 자비와 구속이 드러나 있다.

우리는 본 절의 나머지 부분을 직역하면 다음과 같이 번역해야 할 것이다. "이는 너희를 위하여 내가 바벨론에 보내고 심지어 내가 그들의 연락하던(shout) 배들 속

---

[23] 이 호칭들은 또한 '그러므로 여호와가 말하노라'란 말을 공허한 하나의 형식이 되는 것을 방어해 주는 역할을 한다. '그러므로 말하노라'와 이스라엘의 거룩한 자의 결합이 사 30:12, 15; 43:14; 45:11; 48:17에만 나타난다.

에 갈대아인과 그들 모두인 피난자들을 내려가게 할 것이다."²⁵⁾ '내가 보내어' 란 동사는 예언적 완료로 취급되어야 하며 그것은 아직 실제로 일어나지 않은 사건을 묘사하고 있는 것이다. '보내다' 란 동사의 목적어가 언급되어 있지 않지만, 일반적으로 하나님께서 고레스를 그 성읍의 정복자로 보낼 것을 가리킨다고 생각된다. 이러한 사실이, 45:4에서 고레스의 승리가 "나의 종 야곱을 위하여"라고 하였으므로, "너희를 위하여"란 문구로 암시되었을 것이다. 어쨌든 강조가 고레스에게 있지 않고 주님의 행동에 있다.

그 다음 단어를 '탈주자들'로 번역하여 그것을 상황적 대격으로 해석하고 '그들 모두'를 직접 목적어로 취급하여 해석할 수도 있다. 만일 '갈대아인들' 앞에 있는 접속사가 '까지도(even)'로 번역될 수 있다면, 탈주자들의 긍정적인 정체가 주어져 있는 것이다. 주경학자들은 달리 생각하지만, 탈주자들이 바벨론인 자신들을 지칭하도록 의도되어 있는 것으로 보인다. 그러나 탈주자들을 보다 일반적으로 취급하는 것이 가능하며, 이를 위한 입증이 48:20에 있는 명령 가운데서 발견될 수 있다. 기초가 되는 구절은 출애굽기 14:5이다.

마지막 문구, "자기들의 연락하던 배"는 커다란 난점을 야기시킨다. 이 구문은 '그들이 기뻐하였던 배' (울려 퍼지는 외침을 통하여 표현되는 연락)이다. 이 배들은 그들의 의기양양한 자만심의 대상이었다. 헤로도토스(i. 194)는 바벨론에서 하역하는 배들을 묘사하고 있다. 이 배들은 분명히 유브라데 강과 페르시아 만을 운항하였던 작은 배들이었을 것이다.²⁶⁾

43:15 본 절을 시작하고 있는 인칭 대명사는 앞의 사상을 취급하고 있으며 보내는 자와 내려가게 하는 자가 주님, 곧 이스라엘의 언약의 하나님이심을 보여 주고 있다. 이 대명사의 보다 짧은 형태가 나타나 있으며, 그럼으로써 강조가 11절에 있는 그것과 다르다. 여기서 이스라엘에 속하신 거룩한 분이 여호와이시라는 것이 나타날 수 있도록 하기 위하여 강조는 인칭 대명사가 아니고, "나 여호와"란 결합어에 있다. 더 나아가서 그는 이스라엘의 창조자이시며, 그런 까닭에 자기가 뜻하고 있는

---

24) 41:14에서도 이 호칭들이 나란히 나타난다.
25) 1Q는 소량의 정자법의 상이점들을 제외하고는 M을 따른다.
26) 참조. *KAT*, p. 351, "그는 신들, 자기 땅들의 수호자들을 함께 가져와 배에 선적하였고, 나기티 락키(Nagiti-Rakki) 성으로 출발했다." 또한 Strabo 16. 1, 9ff.를 참고하라.

바를 이스라엘에게 행하실 능력을 가지고 계신다. 그러므로 이스라엘은 우상들을 섬기거나 혹은 다른 신들을 앙망하거나 그렇지 않으면 또 다른 자에게 묶여 있어서는 안 되는 것이다.[27]

43:16 이사야는 이제 과거에 있었던 하나님의 구속의 한 실례를 지적한다.[28] 비록 분사들 자체로도 계속적인 행동을 암시할 수 있다하더라도 이어지는 구절들에 비추어 그것이 과거의 구원을 가리킴에 틀림없다. 바다 가운데 있는 길은 홍해를 통한 구원의 길이며, 이 길은 같은 주님이 출애굽 시대에 자기 백성을 위하여 만드신 것이었다. "큰"이란 형용사는 하나님 백성의 구원의 길 가운데 있었던 물의 세력을 상기시켜 준다. 이 구원은 하나님께서 그 종을 통하여 이루실 훨씬 더 큰 구원이라는 사상의 배경을 이루고 있다. 그것은 애굽으로부터의 구원과 바벨론으로부터의 구원 사이의 대조가 아니고, 애굽으로부터의 구원과 그 종이 이루실 구원 사이의 대조이다. 하나님께서 그 옛날 바다 가운데로 한 길을 만드시는 불가능한 일로 보였던 그 일을 하셨으므로 미래에도 주님은 그들 스스로 처해 있었던 영적 노예상태로부터 자기 백성을 구원하실 것이다. 본 절은 구원의 상징인 "길"이라는 단어에서 절정을 이룬다.

43:17 첫 번째 분사는(직역하면, '이끌어 내신 자') "멸망케 하신 자"로 번역될 수도 있다. 이것은 주께서 홍해에서 바로의 병거와 마병들을 멸망케 하셨던 사실을 가리킨다. 그러나 우리가 이쭈즈(עִזּוּז) 란 단어를 "한 힘세고 강한 자"로 번역하여 "병거와 말들"과 평행을 만들어 내도록 해야 하는가 아니면 형용사의 의미로 취급하여 "한 강한 힘"으로 번역해야 할 것인가? 이 문제를 결정하는 어렵지만 그러나 그것이 실질적으로 의미에 영향을 주는 것은 아니다. 네 개의 모든 단어는 홍해 가운데서 몰살 당한 애굽군대를 가리킨다. "일시에"란 단어는 주께서 일으키신 멸망의 완전성을 가리킨다.

두 번째 행은 여호와께서 일으키신 이러한 행위의 결과를 묘사한다. 이 모두가

---

27) 그 당시의 세계의 상황으로 볼 때, 야웨가 이스라엘의 왕이시라는 사실은 의미심장하다. 자기 대적들과의 전쟁에서 언약적 왕으로서의 왕적 기능은 심판과 구원이다.

28) 16-21절은 14절의 '너희를 위하여'를 확장한다.

엎드러지고 일어서지 못할 것이다. 그들의 엎드러짐은 영구적인 것이며 다시는 일어섬이 없다. 곧 그것은 사망의 잠이다. 이러한 묘사가 뒤이은 두 개의 진술에 의하여 강화된다. "그들은 꺼져" 있으니, 이는 그들이 인간 역사의 무대에서 지나갔기 때문이며 더 이상 보이지 않을 것이고, 꺼진 등불 같을 것이다. 이것은 연기 나는 심지가 꺼지기 쉽다는 것을 가리킨다. 두 번째 행은 미완료형으로 시작하지만 완료형으로 마치고 있으며, 미완료형은 "그들이 엎드러져 있다"라는 지속되는 상황으로 나타나고, 완료형은 "그들이 소멸되었고 꺼졌다"라는 일어난 일의 최종성을 지적하고 있다.[29] 역시 현저한 대조가 '힘'과 '심지' 사이에 나타난다.

43:18 실로 위대한 것은 출애굽 당시의 구원이었다. 그럼에도 불구하고 이것이 이보다 훨씬 더 큰 구원에 대한 맛보기(foretaste)에 지나지 않았다. 그러므로 백성들은 출애굽을 기억해서도 안 되고, 그들의 모든 관심의 대상으로 간주해서도 안된다. 그들이 하나님께서 행하신 일을 전혀 생각하지 않아야 한다는 것이 아니라, 주님이 하시려는 일이 너무나 커서 이스라엘 백성은 모든 생각을 아직 오지 않은 구원에 집중해야 한다는 것이다.

선지자는 본 절의 교차적인 배열을 통하여 자기의 명령을 강화시키고 있다. 명령형, 목적어–목적어, 명령형. 이전 일과 옛적 일은 실질적으로 동의어이며 백성이 처음으로 하나의 국가로 탄생되었던 오래 전에 일어난 일들을 가리킨다. 부정어들은 마치 엄격한 금지를 하기 위한 것처럼 로(אל)로 표현되지 않았고, 보다 부드러운 알(אל)로 표현되었다; 그런 까닭에 "너희는 …기억하지 말라"이다. 그러므로 선지자는 백성의 심령과 마음을 다가올 놀라운 구원에 대해 생각하도록 준비시키고 있다. 그들의 모든 관심과 생각이 오로지 이 새로운 일에 기울어져야 한다.

43:19 첫 도입 불변화사 "보라!"를 통하여 주님은 자신에게와 자신이 하려고 하신 일에 주의를 집중시키신다. 다가올 구원의 놀라움은 하나님이 행하신다는 사실이다. 불변화사 다음에 따라오는 것은 미래에 있을 행동을 암시하는 분사로, "보라, 내가 새 일을 하려고 하노라"이다. 분사의 목적어는 명사, 곧 "새 일"이다.

본 절 가운데 있는 새 일은 비록 그것이 지금 튀어 일어나는 중인 것으로 묘사되

---

29) Gesenius는 아랍어 평행절을 인증한다. '그는 그들의 불을 껐다.'

어 있을지라도, 실제로는 하나님께서 이제 막 시행하시려는 어떤 일이다. 42:9에서 이사야는 이전 일들과 새 일들을 대조했었고, 그 새 일이 아직은 싹이 트지 않았다고 선언하고 있다. 본 절은 아마도 여기서 이미 새 일이 발단이 되어 있는 한 단계 진보된 내용을 나타내고 있는 것 같다. '이제'란 단어는 주님께서 말씀하시는 바와 같이 이 새 일이 일어나고 있다는 사실을 암시하고 있는 것 같다.

알렉산더는 '이제'라는 단어를 반의어의 의미로 취급하여, "그러나 그것은 아직 싹을 내지 않았다"로 해석한다. 그러나 그것을 이제 이 새 일이 싹터 오르고 있다는 사실을 암시하는 것으로 취급하는 것이 더 좋을 것이다. 심는 일은 이미 일어났고, 이제 그것이 싹을 낼 때가 왔다는 것이다. 이 진술을 강화하기 위하여 이스라엘의 주위를 하나님의 사역으로 집중시키는 하나의 질문을 하고 있다.

새 일의 성격을 정확하게 이해하기 위하여 우리는 그것을 하나님께서 자기 백성을 위하여 행하셨던 이전 일과 대조해 보아야 한다. 이 이전 일들은 이스라엘이 노예상태에 있어서 구출을 필요로 하고 있었을 때 시행되었다. 그것들은 하나님께서 그 일들을 통하여 자기 백성에게 해방을 주신 놀라운 행위였다. 이전 일들이 놀라운 일과 기적으로 가득하였던 것처럼 새 일도 그러할 것이다. 그러나 이전 일들이 놀라운 일과 기적으로 가득 차 있었을지라도 새 일의 영광만이 홀로 드러나기 위하여 잊혀져야 한다. 새 일이 옛 것보다 너무나 우월하므로 옛 것은 마음에서 지워져야 한다. 그렇다면 주께서 시행하시려는 새 일은 무엇인가?

특성상 그것은 구속의 사역이다. 만약 예언의 영으로 충만한 이사야가 바벨론의 노예상태에 있는 백성에게 말하고 있다면, 능하신 구원의 첫 시작은 백성이 본국으로 돌아가도록 허락되었을 때 일어났을 것으로 보인다. 그러나 이것은 그러한 구원을 의미하는 것이 아니다. 그것은 바벨론으로부터의 구원이 애굽으로부터의 구원에 비해서 훨씬 더 월등한 구원이 아니기 때문이다. 그 구속 가운데서 애굽의 신들 위에 뛰어나신 야웨의 능하신 능력이 나타났지만 바벨론으로부터의 귀환이 어떻게 그러한 표시가 되는지 알기가 어렵다. 이는 포로민들이 고레스의 허락을 통하여 본국으로 돌아왔기 때문이다. 동시에 포로로부터의 귀환은 그 나라를 그 땅으로 이끌어 왔고, 거기서 때가 되면 약속된 메시아가 태어날 것이었다. 포로에서의 귀환이 노예와 치욕의 시기의 종식이라는 점에서, 그것은 아마도 하나님께서 자기 백성을 위하여 행하실 새 일의 출발 혹은 제1단계로 간주될 수도 있을 것이다. 그렇지만 새 일은 약속된 메시아가 골고다의 십자가 위에서 죽으셨을 때 자기 백성을 위하여 이루셨던 놀라운 새 구원이다.

두 번째 행에서, 자연질서의 결정적인 변화를 묘사하고 있는 아름다운 상징적 언어를 통하여 선지자는 새 일의 혁명적인 특성을 암시하고 있다. 사람이 여행하는 길이 아니기 때문에 길을 쉽게 잃어버리는 광야에서, 하나님께서는 하나의 길을 내실 것이고 사막에 강을 내실 것이다.[30] 그러므로 광야는 더 이상 광야가 되지 않을 것이며 쉽게 횡단할 수 있는 장소가 될 것이다; 그리고 사막은 더 이상 사막이 되지 않고 물이 있는 비옥한 땅이 될 것이다.

43:20 전 포괄적으로 혁명적인 변화가 있을 것이다. 그래서 모든 세상이 영향을 받을 것이다. 이것은 애굽에서의 구원과 대조를 통하여 드러난다. 모세와 아론을 통하여 하나님께서 행하신 이적들은 나일강의 고기가 죽게 만들었고 땅의 짐승으로 하여금 고통과 죽음을 당하게 하였다. 그러나 새롭고 놀라운 일은 짐승들이 하나님을 존경한다는 사실에 있다. 이사야가 들의 짐승을 언급하는 내용은 아마도 창세기 1장에 반영되어 있는 듯하다. 이것은 일반적인 진술이고, 그 다음에 시랑과 타조(직역하면, 울부짖음의 딸들)에 대한 묘사 가운데서 구체화된다.

델리취(Delitzsch)는 구속받은 자가 인류의 중심이고, 인류가 피조물의 중심이라고 지적한다. 구속받은 자의 구원은 나머지 인류에게 축복을 가져다 주며(비록 구속이나 구원 축복은 아닐지라도), 모든 피조물의 탄식들이 찬양으로 변할 것이다.

하나님을 존경하는 짐승들은 사막에 거하는 시랑과 타조들이다.[31] 사막과 광야는 구원의 길에 서 있는 장애물의 상징이었다. 어두움의 악령의 세력에 속하였던 흑암의 지역을 점령하였던 짐승들이 이제 야곱의 하나님을 찬양하고 존경한다. 하나님

---

30) 관사를 가지고 있는 예시몬(הישׁימון)은 비스가로부터 사해의 경계를 이루는 유다 광야의 어느 부분을 가리킨다, 민 21:20; 브올로, 23:28; 또한 삼상 23:19, 24; 26:1, 3 그리고 민 33:49을 참고하라. 이 단어는 유대 사막을 가리키며, 메소보다미아 사막을 가리키지 않는다. 1Q는 חתימם으로 읽는다. 참고. Orlinsky in *BASOR*, Vol. 123, 1951, pp. 33-35. B는 ποταμούς로 되어 있으니, 이는 보다 어려운 독법이지만 더 낫다.

31) 이 짐승들에 대한 언급은 그것이 문자적인 사막을 가로질러 돌아오는 문자적 귀환을 가리키지 않는다는 사실을 보여 준다. 그러나 Knobel은 문자 그대로 짐승들이 이스라엘 백성으로 인하여 물이 가득한 문자 그대로 사막에서 하나님을 찬양하고 있는 것으로 생각한다. Duhm은 이 시인이 타조들이 이 변화된 사막에서 있는 힘껏 빠르게 달릴 것으로 생각하지 않는다고 논평한다.

께서 변화의 기적을 이루셨다. 죽음의 땅이 생명의 땅이 되었다. 여기서 하등 피조물에 대한 감정의 민감성을 발견하고 있는 주석가들은 옳다고 볼 수 있다.

이러한 놀라운 행위의 목적은 하나님이 택하신 자기 백성에게 물을 주기 위한 것이다.[32] 죽음의 땅에서 하나님의 백성은 생명을 공급받게 될 것이니, 이는 마실 것을 준다는 것은 생명을 주는 것에 대한 상징이기 때문이다.

43:21 광야의 짐승들 이상으로 이스라엘 자신이 하나님의 이름을 찬양할 것이다. 이스라엘은 하나님께서 자기의 찬송을 선포할 수 있도록 자기를 위하여 조성하신 백성이다. 본 절의 하반절에서 "나의 찬송"이 강조의 위치를 차지하고 있다. 이스라엘은 자신을 자랑해서는 안 되고 하나님의 찬송을 말해야 한다. 그들이 선포해야 하는 것은 주님의 은혜와 사랑이지, 그 자신의 일과 업적이 아니다. 여기에 이스라엘 선택의 목적이 있다. 그들은 자신의 하나님을 찬양하는 백성이 되어야 한다. 베드로전서 2:9에 있는 것보다 더 좋은 본 절에 대한 해석은 없다: "오직 너희는 택하신 족속이요 왕같은 제사장들이요 거룩한 나라요 그의 소유된 백성이니 이는 너희를 어두운데서 불러내어 그의 기이한 빛에 들어가게 하신 자의 아름다운 덕을 선전하게 하려 하심이라."

22절, 그러나 야곱아 너는 나를 부르지 아니하였고 이스라엘아 너는 나를 괴로워하였으며
23절, 네 번제의 양을 내게로 가져오지 아니하였고 네 제물로 나를 공경하지 아니하였느니라 나는 예물로 인하여 너를 수고롭게 아니하였고 유향으로 인하여 너를 괴롭게 아니하였거늘
24절, 너는 나를 위하여 돈으로 향품을 사지 아니하며 희생의 기름으로 나를 흡족케 아니하고 네 죄 짐으로 나를 수고롭게 하며 네 죄악으로 나를 괴롭게 하였느니라
25절, 나 곧 나는 나를 위하여 네 허물을 도말하는 자니 네 죄를 기억지 아니하리라
26절, 너는 나로 기억이 나게 하고 서로 변론하자 너는 네 일을 말하여 의를 나타내라
27절, 네 시조가 범죄하였고 너의 교사들이 나를 배역하였나니
28절, 그러므로 내가 성소의 어른들로 욕을 보게 하며 야곱으로 저주를 입게 하며 이스

---

[32] 접미사는 동격으로 반복될 수도 있다: '내 백성, 나의 택한 자.'

라엘로 비방거리가 되게 하리라

43:22 이사야는 22-24절에서 일곱 번이나 "아니"라는 부정어를 사용하고 있으며, 이들 중 두 번은 "그리고 아니"라는 말을 접속사와 함께 사용한다. 점층적 부정어가 25절에 뒤따라온다, "그리고 내가 기억지 아니하리라 네 죄를" 본 구절 가운데 가장 강조된 사상은 부정어이며, 선지자는 진리가 아닌 것을 지적함으로써 그것이 무엇인지를 보다 분명하게 분별하도록 만들어 주고 있다.

첫 번째 부정어 다음에 강조어인 "나를"이 나타난다. 첫 번째 동사로 표현된 행동을 이루고 있는 것은 이스라엘이 주님에게 행하지 않은 일이다. 두 개의 주된 해석이 발전되었다. 첫 번째, 일반적으로 본 절 가운데 있는 동사 카라(קָרָא, 부르다)가 하나님의 이름을 부르는 기도 혹은 초청이라고 가정되기도 한다. 이 뜻이 그러하다면 이스라엘은 하나님에게 기도하지 않고 다른 우상들에게 기도하였다는 것이 된다. 예를 들면, 펜나(Penna)는 그 나라가 기도에 대한 역겨움의 표시를 보여 주었다고 주장한다. 이 해석에 의하면 동사의 행동은 예배행위라는 것이며 특별히 기도행위라는 것이다. 델리취에 의하면 율법은 성지 밖에서 희생제물을 드리는 것을 허락하지 않았다는 것이다. 이것은 그 나라가 실제로 바벨론에 있었음을 암시하며, 그런 까닭에 비록 희생제물은 허용되지 않을지라도 최소한 기도로써 하나님을 불러야 한다는 것이다. 두 번째, 다른 견해 역시 가능한데 이는 문맥에 비추어 볼 때 하나의 탁월한 의미를 드러낸다. 이 해석은 21절의 마지막 단어 가운데서 방금 표현된 사상(나의 택한)을 취하여 '카라'(קָרָא)라는 동사가 부르심 혹은 택하심을 가리키는 것으로 생각한다. 그렇다면 그 뜻은 이스라엘이 하나님을 부르지 않고 그 반대로 하나님이 이스라엘을 불렀다는 것이다. 이것은 그 나라가 신뢰할 수 있는 모든 자랑의 흔적을 치워버린다. 그 나라의 존재 자체가 하나님의 주권적인 선택에 기인하며, 자신의 의지에 기인하지 않는다. 같은 사상이 후에 그리스도에 의하여 표현되었다, "너희가 나를 택한 것이 아니요 내가 너희를 택하여 세웠나니…"(요 15:16 상).

본 절의 두 번째 내용은 첫 번째 것에 대한 설명이다, "오, 야곱아, 너는 나를 부르지 아니하였는데, 이는 이스라엘아 너는 나를 부르지 아니하기는커녕 나를 괴로워하였기 때문이다." 비록 위에 언급된 첫 번째 견해가 채택되어야 할지라도 이 두 번째 내용과 같은 견해가 통용되었을 것이다. 바꾸어 쓴다면, "너는 나를 기도로 부르지 아니하였는데, 그 이유는 오히려 나를 괴로워하였기 때문이다." 위에 제시된 두 입장 사이에서, 비록 문맥상 두 번째 견해가 보다 낫기는 할지라도, 적극적인 선택을 하기는 어렵다. 우리가 '키' 라는 접속사를 "이는"으로 번역하였으므로 야가 (יגע)란 동사를 단순히 '구하다' (to seek for)가 아니라 '노력하다' 혹은 '힘쓰다' 의 의미로 취급할 필요가 있다. 본 절의 각 내용은 야곱과 이스라엘로 호칭된 그 나라를 향한 말을 내포하고 있다.

43:23 본 절은 22절에서 표현된 사상을 계속 이어가고 있는데, "너는 기도하면서 나의 이름을 부르지 아니하였고, 네가 마땅히 가져와야 할 희생제물을 가져오지도 않았다," 혹은 제시된 두 번째 해석이 채택된다면, "네가 나를 부르지 않고 내가 너를 불렀으며, 네가 가져온 희생 제물로 나를 공경하지 않았다"는 의미가 되겠다.
이 구절은, 야웨께서 결코 희생제물을 명령하지 않으셨다거나 혹은 그들이 제사장들이기는 하되 하나님으로부터 기원되지 않은 직분이었다는 사실을 가르치지 않는다. 그런 까닭에 폴츠(Volz)가 여기서 추론하는 바와같이 백성이 원했던 모든 것을 희생제사로 드릴 수 있었지만, 그러나 그들은 주님을 공경하지 않았으니, 이는 하나님이 희생제사를 명령하지 않으셨기 때문이라고 설명하는 것은 본문을 무시하는 것이다. 그보다 참된 의미는 백성이 희생제물들을 가져오는 태도에 있어서 하나님을 공경하지 않았다는 것이다. 비록 그 나라가 희생제물을 가져왔을지라도(이러한 문제에 대한 이사야의 초기의 말씀들과 비교하라, 1:10 이하) 그러한 태도는 하나님 야웨를 공경하는 것이 아니었다. 그러므로 사실상, 그 나라는 하나님에게 희생제물을 가져오지 않은 것이다.
첫 번째 동사, "너는…내게로 가져오지 아니하였고"는 희생제물을 가져오지 않았다는 무조건적인 부인이 아니고, 다른 동사들에 비추어 볼 때 주님께 참된 번제의 희생양을 가져오지 않았다는 것을 의미함에 틀림없다. 우리는 다음과 같이 고쳐 쓸 수 있을 것이다. 즉 "네가 가져온 것은 가짜 제물이었지 참된 것이 아니었다. 너는 온전한 마음과 순전한 마음으로 나에게 드려진 너의 번제 양을 가져오지 않았다."[33]

---

33) 몇몇 주된 제사들이 언급됨으로써 모세의 모든 제사 의식을 대표한다. עולה—속죄를 위한 일반적인 제사. זבחים—일반적으로 동물의 제사. מנחה—소제. 제사에 대한 일반적인 용어이기도 함. לבונה—향기의 제사. שה—염소와 양을 포함함. 이 단어는 연계형이며 그래서 "말하다"를 설명함에 틀림없다. 참고. 아랍어 šaʾah; 아카드어 šu-ʾu; 애굽어 sau; 우가릿어 š 작은 가축의 머리—한 양 혹은 염소.

첫 번째 동사 "너는 가져오지 않았다"와 평행이 되는 단어가 두 번째 동사인 "너는 나를 공경하지 않았다"이니, [34] 이는 이스라엘의 예배 가운데서 하나님께서 영광을 받지 않으셨다는 사실을 표현하는 것이다. "나는 너를 수고롭게 아니하였다"는[35] 문구는 하나님께서 희생제물을 요구하지 않으셨다는 것이 아니라, 단지 하나님께서 지치게 하는 무익한 짐으로서의 희생제사를 부과하지 않았다는 것이다. 마지막으로, "내가 너를 괴롭게 하지 않았다"는 문구도 역시 같은 진리를 나타내고 있으니, 곧 하나님께서 제물들을 요구함으로써 그 나라를 피곤하게 혹은 지치게 하지 않았다는 것이다. 그러므로 희생제사 제도 전체가 무익한 짐이 되도록 의도되지 않았고, 헌제자가 자원하는 마음으로 하나님에게 가까이 나아가 희생제물을 기쁘게 드리도록 의도되었다. 그러나 이스라엘의 예배는 그러한 종류의 예배가 아니었다.

그 말씀 가운데 성취의 시기로써 하나의 특별한 시기만을 지적하는 내용은 들어 있지 않다. 본 절은 포로 당시와 잘 어울리지 않는다. 그보다 그것은 이스라엘의 역사에 대한 일반적인 진술이다. 예배 안에서 그들이 자신의 하나님에게 나아가는 길에서 자기들의 공로라고 주장할 만한 것이 아무것도 없었다.

본 절의 구조는 주목할 만하다. 첫 행에 교차적 배열이 나타난다. 부정어, 동사, 목적어-목적어, 부정어, 동사. 두 번째 행에는 두 부정어 동사가, 전치사구가 뒤따라오는 제2남성 단수 접미사를 가진 히필형 어간으로 되어 있다. 이 두 구문은 각기 평행을 이루고 첫 행의 교차적 배열과 두드러진 대조를 이룬다.

43:24 가져와야 할 물품의 목록이 추가로 언급되어 있는데, 말하자면 향을 준비하는 데 사용되는 향품, 곧 달콤한 수수(카네, קָנֶה)이다. 향품(카네, קָנֶה)이란 단어와 "네가 사지(카니타, קָנִיתָ) 아니하였다"라는 동사 사이에 어희(語戲)가 있다.[36] 주석가들은 이 향품이 팔레스틴의 일반적 산물이었고, 그런 까닭에 살 필요가 없었

---

34) 네 제물들 – 나는 이것을 이중 대격으로 취급하지 않고(참고. HS, § 94b) 상술(詳述)의 대격으로 취급한다.

35) 렘 17:4에 있는 이와 같은 동사의 구두점을 주시하라. **하텝-쎄골**로부터 **하텝-파타흐**로의 변화는 와우연계형을 가진 히필 완료형에서 자주 일어난다. 이 변화는 엑센트가 앞으로 나감으로 인하여 생겨날 수 있다.

36) קָנֶה – *acorus calamus*, 인도와 아라비아의 향내나는 식물. 참고. Pliny *Natural History* xii. 104-106. 참고. 렘 6:20; 출 30:23. Gesenius는 그것을 아랍어 *darîrah*와 동일시한다. B는 οὐδὲ ἐκτήσω μοι ἀργυρίον θυμίαμα로 읽고, Aq T S는 κάλαμον으로 되어 있다.

다는 의미에서 야르키(Jarchi)의 논평을 언급한다. 그러나 다른 사람들 곧 킴키 (Kimchi)와 같은 사람은 향료가 외래식물이었다고 생각한다. 희생제사에서 이 특별한 항목의 언급은, 이전에 언급하였던 다른 항목에 있어서도 그러하듯이, 그것들이 하나님께서 요구하신 것임을 보여 준다. 만일 향 혹은 기름이 희생제사의 준비에 있어서 그런것들이 요구된다는 것을 주님이 분부하지 않았었다면, 백성들이 향품을 사 가지고 오지 않았다는 불평이 어떤 의미가 있겠는가? 더 나아가서 화목제에서 제단으로 가져온 희생의 기름이 주님을 흡족하게 하지 못하였다. 이 특이한 표현은 단지 그 나라가 그 제물의 풍성함으로도 주님을 기쁘시게 하지 못했다는 것이다.

마지막 행에서 선지자는 사건의 진상을 말한다. 하나님께서는 희생제사의 요구로 이스라엘에게 짐지우지 않으셨다. 반면에 이스라엘은 자신의 죄악을 주님에게 짐지워 드렸다. 커다란 대조가 중요한 불변화사 아크(7אַ, 진실로)에 의하여 도입되어 있다. 이스라엘의 죄는 야웨로 하여금 그분에게 무거운 짐을 지움으로써 수고롭게 하였다. 그들의 죄악은 그분을 괴롭게 하였다. 그렇게 입장이 뒤바뀌어져 있다. 짐을 진 자는 이스라엘이 아니라 이스라엘의 하나님 야웨였다. 그런 까닭에 이스라엘은 그분에게 짐이 되어 왔다(참고. 1:14).

43:25 이스라엘이 마땅히 해야 하는 대로 하나님을 부르고 그분에게 예배를 드리는 대신, 만일 백성들이 거짓된 예배로 그분을 괴롭게 하고도 또 하나님께서 은혜를 보이신다면, 그것은 오직 과분한 은혜로 인한 것임에 틀림없다. 사람이 이를 수 있는 유일한 결론은 그 구원이 하나님의 사역이요 결코 백성들 자신의 공로가 아니라는 것이다. 그런 까닭에 선지자는 또다시 1인칭 대명사의 반복으로 주님을 말씀하시는 분으로 소개한다. 이 대명사의 이중적 출현은 3인칭 대명사에 의하여 한층 강화되고, 그리하여 강조가 허물을 지우시는 분으로서의 하나님에게 주어져 있다.

인간의 허물이 초래하는 빚은 하나님의 책에 기록되어 있고, 처벌을 받아야 한다. 그러나 하나님께서 기록되어 있는 것을 지우시거나 혹은 씻어버리셔서 그것이 더 이상 보여지지 않으며, 허물이 있는 사람을 정죄하기 위하여 존재하지 않는다. 본 구절은 허물을 지우심에 있어서 하나님이 사용하시는 방법을 진술하지 않는 반면, 문맥은 그 나라의 죄악을 정죄함으로서 죄 씻음이 공의와 영예를 희생시키면서

까지 이루어지지 않았음을 분명하게 드러내고 있다. 저들의 허물이 초래하였던 빚은 완전히 지불되었고 하나님의 씻으심은 공의와 자비의 행위이다. 그것은 은혜(mercy)이다. 주께서 그 일을 자신의 기쁘신 뜻으로 하셨기 때문이다. 그리고 그것은 공의로운 것이다. 빚이 지불되었기 때문이다. 후기의 계시로부터 우리는 이 빚이 여호와의 종에 의하여 지불되었음을 배우게 되는데, 그의 희생이 우리의 허물을 용서하실 수 있는 근거가 되는 바 하나님의 공의에 대한 만족이 되었기 때문이다.

"나를 위하여"란 문구에 강한 강조가 주어져 있는데, 그 말은 인간의 공로에 대한 모든 의존을 배제한다.[37] "너의" 허물들과 "나"를 위하여 사이에 생생한 대조가 나타나 있다.

본 절은 "네 죄를 기억지 아니하리라"란[38] 부가적 진술을 포함하고 있다. 그 허물들이 지워졌으므로 죄악이 더 이상 보여질 수 없다. "죄악"이란 단어가 반역적 행위 자체와 그에 대한 징벌 모두를 포함하지만, 그러나 최소한 그것은 우선적으로 반역적 행위를 보여 주고 있다. "너희가 내 율법과 반대로 행동하였던 것들을 내가 기억하지 않을 것이다."

43:26 25절의 마지막 단어를 택하여 여호와께서 그것을 다시 명령형으로 사용하고 있다. '내가 기억지 아니하리라' (로 에즈콜, לֹא אֶזְכֹּר)가 "기억나게 하라" (하즈키레니, הַזְכִּירֵנוּ)가 된다. 이 명령은 아이러니한 어조로 말하고 있으며, 그러므로 이스라엘은 자기들이 소유하고 있을지도 모르는 모든 공로를 주님 앞에 가져올 기회가 주어진다. 따라서 다음과 같은 사상이다. "만일 너에게 내가 잊고 간과하였던 어떤 공로가 있다면 이제 나로 하여금 그것을 기억하게 하라. 그것을 내 앞에 가져와서 내가 하려고 하는(17절) 혹은 내가 이미 한(22-24절) 고소에 대해 논박하라."

만일 그들이 하나님으로 그들이 가지고 있는 어떤 공로를 기억하게 할 수 있다면, 그들은 그분과 변론해야 할 것이다. 즉 소송이 심의될 수 있는 법정으로 상정해야 할 것이다. 마지막 동사는 그들이 하나님 앞에서 의인으로 판명된다는 것을 의미하는 것이 아니고, 자신들의 행동과 태도, 자신들을 위해 만들어 놓은 주장이 의롭

---

37) 참고. 시 115:1, 2; 단 9:17.
38) 참고. Pederson, *Israel*, I/II, 106ff.

다는 것을 의미한다. 이 도전은 이스라엘 족속들이 공로가 없고 행위에 의가 없음을 강조하는 강력한 방법이다. 그렇다면 그것은, 이스라엘 족속들이 자기 자신들을 변호할 수 없다면 주께서 그들의 허물들을 씻어 주실 때 그들에게 거져 주시는 하나님의 의에 복종해야 한다는 사실을 암시하는 것으로 보인다.

43:27 이스라엘은 하나님께서 제기하는 도전에 맞설 수 없다. 주님의 이러한 명령에 대해서도 그들은 순종하지 않을 것이다. 왜냐하면 그들이 감히 심판하시는 하나님 앞에서지 않으려고 하기 때문이다. 그들은 다 어떤 공로도 가지고 있지 못하다. 처음부터 그들은 범죄하고 거역하는 백성이었다. "네 시조"라는 문구는 그 나라가 내려온 그 나라의 조상을 지적하고 있다. 그러나 그 첫 조상(시조)이 누구인지 결정하기 어렵다. 우리가 어떻게 이 시조의 개념을 결정하느냐에 따라서 그 사람이 아담일 수도 있고 아브라함이나 야곱이 될 수도 있다. 이는 아마도 아브라함을 가리키는 것 같으니, 그는 하나님의 친구요 하나님을 사랑하는 자였지만, 그 역시 죄인이었다. 사실상 그 백성들은 그로부터 태어났다고 말해질 수도 있다.

중요한 점은 지금의 이 나라의 시조가 죄인이었고 그런 까닭에 한 사람도 하나님 앞에서 자신을 의롭다고 말할 수 없다는 것이다. 이것은 그를 따랐던 자들, 곧 하나님과 그 나라 사이에 중재인으로 행동하였던 교사들(해석자들)에게도 마찬가지였다. 이 단어는 분명히 모든 중재자, 즉 선지자들, 제사장들, 즉 하나님의 메시지를 어떤 방식으로 백성에게 전달하고 정당한 방법으로 그것을 교훈하는 모든 자들을 가리킨다. 그 시조처럼 이들 역시 하나님을 거역하였다. 국가 전체가 반역하였고 그리하여 그분 앞에 변명할 수 있는 공로를 가지고 있지 못하였다.

43:28 교사들(interpreters)[39]은 이제 거룩한 방백들(개역의 난외주에 나타나 있음. 개역 본문은 '성소의 어른들'—역자주)로[40] 불려지며 하나님께서는 이들을 지금의 위치와 정반대가 되게 하심으로써 욕보이실 것이다.[41] 그들은 더 이상 신정국

---

39) 단수는 아마도 집합적 해석을 배제할 것이다. '너의 교사들' — 하나님과 인간 사이의 중재인들. 참고. 욥 33:23; 대하 32:21, 창 43:23; B는 οἱ ἄρχοντες. 벌겟역은 *interpretes tui*.
40) 방백들 — 공직의 높은 지위를 가리킨다.
41) 그리고 내가 욕을 보일 것이다 — 현재 그대로의 형태는 약 와우(ו)를 가진 미완료형이다. 그러므로 이것은 미래를 가리키거나 아니면 아마도 현재를 가리킬 것이다.

가의 관리가 되지 못하고 신정국가의 임무를 수행하지 못하는 세속적 개인이 될 것이다. 그러므로 재앙이 그 나라에 임할 것이다.

이스라엘은 추방을 당할 것이고 멸망을 당하게 될 것이다. 그것은 더 이상 하나님의 백성, 세상의 빛이 되지 못하고 멸망으로 정해진 나라가 될 것이다. 야곱은 비방을 당할 뿐인데, 이것은 백성들에게 떨어질 타격을 설명한다. 만일 이스라엘이 선택받은 국가라면, 어찌하여 그러한 재난이 그 나라에게 임해야 하는가? 그 대답은 이스라엘이 선택받지 않은 백성처럼 행동하였기 때문이다. 그런 까닭에 그 나라는 멸망해야 한다. 그럼에도 불구하고 구출과 구원이 있을 것이다. 그러나 이 구원은 오직 하나님의 은혜로 인한 것이지 결코 이스라엘의 공로로 인한 것이 아니다. 그들이 공로가 전혀 없기 때문이다. 그들은 전적으로 부패하였다.

44장

1절, 나의 종 야곱, 나의 택한 이스라엘아 이제 들으라
2절, 너를 지으며 너를 모태에서 조성하고 너를 도와줄 여호와가 말하노라 나의 종 야곱, 나의 택한 여수룬아 두려워 말라
3절, 대저 내가 갈한 자에게 물을 주며 마른 땅에 시내가 흐르게 하며 나의 신을 네 자손에게, 나의 복을 네 후손에게 내리리니
4절, 그들이 풀 가운데서 솟아나기를 시냇가의 버들같이 할 것이라
5절, 혹은 이르기를 나는 여호와께 속하였다 할 것이며 혹은 야곱의 이름으로 자칭할 것이며 혹은 자기가 여호와께 속하였음을 손으로 기록하고 이스라엘의 이름으로 칭호하리라

44:1 "그리고 이제"라는 도입구는 앞 절의 위협과 3-5절의 따라나올 약속들 사이의 날카로운 대조를 전면에 부각시키고 있다. 그러므로 연결이 논리적인 것이지, 시차적인 것이 아니다. 비록 징계가 반드시 올 것이지만, 그럼에도 이스라엘은 하나님께서 선포하시는 메시지를 들어야 한다. 야곱, 이스라엘, 종, 그리고 택한 자라는 호칭은 이미 나타났었다. 그러나 이 사실이 결코 그것들의 중요성의 깊이와 아름다움으로부터 품위를 떨어뜨리지 않는다. 이스라엘은 하나님의 종이요, 야곱은 종으

로 택함을 받았다. 이것은 개인의 영원한 선택을 가리키는 것이 아니고 하나님의 백성을 세상으로부터 자기의 종이 되게끔 분리시키는 선택을 가리킨다.

44:2 본 절은 전환의 다른 면을 나타낸다. 주께서는 이스라엘의 참 성격과 운명이 드러날 하나의 메시지를 말씀하신다. 본 절 전체가 43:1과 유사하지만, 그러나 "모태에서"라는 문구의 추가를 통해 우리를 한 단계 더 나아가도록 이끌어간다. 예레미야서(1:5)는 분명히 본 절을 반영하고 있다. 이스라엘의 하나님이신 야웨 자신은 여기서, 자신의 전능하신 능력을 표현하고 있는 용어로 진술되어 있다. 주께서 창조의 하나님이시라는 것을 제외하고는 문제가 없다. 그분을 이스라엘의 창조자로 말씀하면서 이사야는 창조 자체를 가리키는 것이 아니라, 하나님께서 일단의 노예를 애굽의 노예상태로부터 광야로 이끌어내어 자신의 특별한 백성으로 삼으신 행위를 가리키고 있는 것이다. 이러한 행위 가운데 어머니의 부드러움이 들어 있으니, 이는 야웨께서 모태로부터 그 나라를 조성하셨기 때문이다. 이 두 단어들 곧 "너를 지으며"와 "너를 모태에서 조성하고"가 분사들이다. "모태로부터"는 맛소라 엑센트 부호에 암시되어 있는 바와 같이, 앞에 있는 것과 함께 해석되어야 하고 뒤따라오는 것과 함께 해석되어서는 안 된다. 이것은 태아기를 가리키는 것같이 보인다(참고, 욥 3:11; 렘 20:17). 이스라엘이 태어나기도 전에 하나님께서는 그를 조성하셨다. 역사로 말하자면, 이것은 한 나라로서의 이스라엘의 실제 구성 이전의 모든 시기를 가리킬 것이다. 그것은 애굽에서의 노예상태의 시기를 포함하며 족장들의 시기까지 포함한다.

두 개의 분사 다음에 미완료형으로 된 동사가 뒤따라오는데, 이는 미래형으로 번역해야 한다. 그런 까닭에 우리는 "너를 지은 자, 너의 조성자—그가 너를 도울 것이라"[1]로 번역하여야 한다. 그분이 창조자라는 사실은, 자기의 작품을 보존하실 것이라는 보증과 그 생명을 지속시킬 것이라는 보증이 된다.

그래서 이스라엘이 어찌하여 두려워하지 않아야 하는지에 대한 합당한 이유가 있는 것이다. 이것은, 마치 바벨론으로부터 본국으로 돌아오는 과정에 있는 위험을 두려워하지 말라고 명령한 것과 같은 구체적인 명령이 아니다. 그보다는 일반적으로 두려워 말라는 것이다. 이스라엘의 앞길에 그 어떤 장애물이 있을지라도 그는 하나

---

1) **다게쉬 포르테**를 가진 구절을 휴지시키는 접미사를 주시하라.

님의 종이기 때문에 두려워해서는 안 된다.

　두 번째 행의 후반절은, 이스라엘 대신 여수룬이 사용된 것을 제외하고는, 1절의 하반절과 구조상 유사하다. 이 형태는 이곳과 신명기 32:15; 33:5, 26에만 나온다. 이 호칭의 의미를 정확하게 알기는 어렵지만, 그러나 속이는 자 혹은 사기꾼을 의미하는 야곱이란 단어가 만들어지게 된 그 뿌리와 대조되어 이스라엘이 옳다 혹은 올곧다는 것을 암시하기 위하여 고안된 존칭어일 가능성이 크다. 야웨께서 이스라엘을 선택하셨다는 사실이 "두려워 말라"는 위로에 대한 충분한 근거이다.

　44:3 여호와께서는 어찌하여 자기 백성이 두려워 말아야 하는지에 대한 이유를 더 밝히고 있는데, 말하자면, 주께서 그들이 처해 있는 상황을 변화시켜주실 것이라는 것이다. 황량하고 메마른 땅에 있는 물의 표상을 통하여 주님은 다가올 영적 축복을 암시해 주신다. 강조가 하나님의 행위에 주어져 있다. 은혜로 말미암은 구원이 본 절 가운데 두드러져 있다. "갈한"이란 단어는 남성형이며, 아마도 메마른 땅을 가리키기보다는 인간 개인을 가리킬 것이다. 하나님께서는 메마른 땅에(관사가 빠져 있음) 물이 넘쳐나게 부어 주실 것이다(직역하면, 내려가는 것들). 이 표상이 바벨론 포로를 나타낸다고 하는 마르티(Marti)의 견해는 타당성이 없다. 그것들은 단지 하나님께서 자기 백성에게 가져다 주시려고 하는 영적 축복을 가리킬 뿐이다.

　이것은 점층법(gradation)을 통하여 구체화되어 있다. 본문은 물을 부으심으로부터 시작하여 생명을 창조하시고 부여하시는 하나님의 능력의 의미가 내포된, 성령을 부으심에 대해 말하는 방향으로 나아간다. 영적 노예상태 가운데서 쇠약해지고 있는 야곱의 자손은 그의 성령을 부으시는 하나님의 행위로 말미암아 삶을 얻을 것이다. 신(spirit)과 평행이 되는 단어가, 하나님께서 야곱과 이스라엘 자손에게 부어 주시는 복이다. 그런 까닭에 "두려워 말라"고 외치고 있는 것이다.

　이 구절들은 다소의 명확한 이사야적 특색을 담고 있다. 하나님에 대해 사용된 창조자[2]를 자기 백성의 창조자로 묘사하는 표현은 이사야서에만 나오는데, 또한 지

---

2) 즉 יֹצֵר.

은 자와 조성자가 평행을 이루는 것도 그러하다.[3] 그와 같이 후손(offspring)이란 단어도 이사야적 특성을 가지고 있으며,[4] 또한 "갈함"이란 단어가 형용사가 아닌 명사로 사용된 점도 그러하다.[5]

44:4 3절에 언급된 풀과 나무들의 풍성한 성장으로 상징적으로 묘사된, 풍요롭고도 기름진 축복을 부어 주심의 결과가 그 백성에게 나타날 것이다. 첫 번째 동사는, 비록 그것이 단순 미래로 번역이 된다 하여도 타당하기는 하지만, 결과를 나타낼 수 있다. 그렇다면 그것은 방금 언급된 하나님의 부어 주심의 결과를 적절하게 표현하고 있다.

만일 그 다음에 따라오는 단어들이 있는 그대로 이해된다면 "풀 가운데서"로 번역해야 할 것이다. 이것은 분명히 제안된 수정보다 더 낫고, 그래서 간단하게 거절해서는 안 될 것이다. 그러나 아마도 벤(בין)이란 단어는 특별한 형태의 나무, 즉 아마도 그 잎사귀의 푸르름에 의하여 구별되는 모링가(moringa) 종(種)에 속한 나무를 지칭할 것이다.[6] 이것은 비록 다른 난점들을 내포하고 있기는 하지만, 본 절의 하반절에 있는 버들들에 대한 언급과 적절한 평행을 이룬다. 만약 이 해석이 옳다면, 하치르(חציר, 풀)란 단어는 형용사 역할을 함에 틀림없다. 그렇다면 풀의 나무는 신록의 나무일 것이다.

본 절의 하반절에 있는 나무는 아마도 시냇가에 심겨졌음으로 인하여 무성하고도 기름지게 자라나는 것으로 묘사되어 있는 일종의 백양나무를 가리킬 것이다. 모든 상황들은 식물의 자라남을 가로막는 것으로 보이며, 그래서 그것들이 자라날 때, 그것들은 마른 땅으로부터 돋아난 뿌리같다. 그러나 그 나무가 시냇가에 심겨졌을 때, 그것은 풍성하게 자라난다. 하나님의 은혜가 무진장한 충만함으로 계속하여 자기 백성에게로 흘러나올 때 그들은 그 은혜의 끊임없는 기쁨 가운데서 힘차게 자라날

---

3) 참고. 22:11; 27:11; 44:2. 각 경우 이 단어가 하나의 접미사를 가진다.
4) 참고. 22:24; 34:1; 42:5; 44:3; 48:19; 61:9; 65:23.
5) 참고. 21:14; 29:8; 32:6; 44:3; 55:1. 그 단어를 형용사로 사용한 것에 대해서는 삼하 17:29; 잠 25:21을 참고하라.
6) 아마도, 비록 반드시 그러하지는 않을지라도, *populus euphratica*일 것이다. 참고. ZAW, Vol. 63, 1951, pp. 154-56, 그리고 Vol. 64, 9152, pp. 249-251.

것이다.

44:5 언젠가 또다시 하나님의 백성이 무성하게 번창할 때, 한 사람 한 사람이 자기를 하나님에게 속하여 있다고 선언할 것이다. 제(זֶה, 이것)의 삼중적 사용은 여기서 개인을 가리키고 주님에 대한 단체 고백을 가리키지 않는다는 사실을 전면에 부각시킨다. 선지자가 이방인들에 대해 말하고 있는 것으로 보이는데, 만일 그렇다면 본 구절은 이스라엘 족속과 이방인의 변화의 결과 한사람씩 주님에게 연합하기 시작할 것이라는 사실을 가르치고 있다.

"나는 여호와께 속하였다"는 진술 가운데서 "여호와"가 강조의 자리에 위치해 있다. 여호와를 앞에 올려놓고 고백하는 자를 앞에 두지 않은 것은 참된 신앙고백이다. 두 번째 진술은 "이 자가 그 이름을 부를 것이다" 혹은 "이 자가 그 이름으로 부를 것이다"로 번역될 수 있다. 사람이 야곱의 이름을 사용하여 부를 것이며 그리하여 야곱의 하나님에 대한 찬양을 참여하게 된다. 델리취가 주석한 바와 같이, 그는 "야곱을 중재자로 만들고 있으며 엄숙한 부름의 대상으로 만든다." 그러므로 자기를 야곱과 동일시한다는 것은 자신을 야곱의 하나님께 속했음을 천명하는 것이다.

우리는 세 번째 문장을 직역하면, "그리고 이 사람이 그의 손을 여호와께 기록할 것이다"로 번역할 수도 있다. 이것이 문신을 가리키거나 혹은 그 손에 어떤 증표나 표식을 새기는 것을 가리킨다고 생각되어 왔다. 고대에는 노예, 군인들, 그리고 다른 예속된 자들은 소유주의 이름이 새겨져 있었다. 그러나 그러한 예는 레위기 19:28에 의하여 미리 배제되는 것으로 보인다. 그리고 이러한 금지 명령에 비추어 볼 때, 만일 선지자가 다가올 축복의 시대의 특징으로서 그러한 금지된 명령을 언급했다면 참으로 이상할 것이다. 또한 이 구절이 기록된 성경 구절들을 손에 묶는 것을 가리키는 것 같지도 않다. 언어는 주로 손으로 기록하는 것을 의미하는 것으로 취급되었으나, 그러나 놀트(North)가 지적한 대로 달리 무엇으로 기록하였다는 말인가? "손에 기록하였다"를 의미한다는 것은 만족을 주지 못한다. 아마도 이 문구의 "손을 기록하다"는 문자적 의미가 유지되어야 할 것이니, 곧 "기록하다"이다. 놀트(North)는 "그 손을 입증하다"(witness the hand)는 문구에서 하나의 평행구를 인용하고 있으며, 그러므로 전체 묘사는 단순히 "기록하다"고 말하는 방법이다. 입의 말로나 또한 기록으로 인간들은 자기들이 여호와께 속하여 있음을 고백한다. "여호와께"란 문구를 기록한다는 것은 소유권의 표식을 기록하는 것이며, 이는 마치

"나는 여호와께 속하여 있습니다"라고 말하는 것과 같다. 그러므로 모든 표현 방식을 동원하여 인간들은 자신이 여호와의 것임을 주장할 것이다.[7]

마지막 문장에도 난점이 있다. 동사의 어근(כנה)은, 한 사람이 자기 아들의 탄생 후에 자기를 지칭하게 하는 성(姓)을 가리키는 단어인 쿠니아(kunya)라는 명사에 나타나는 아랍어 어근과 연관되어 있다. 그래서 아부-베클(Abu-Bekr)은 베클(Bekr)의 아버지가 되는 것이다. 히브리어 어근이 실제로 이 의미를 가졌는지 아닌지는 의심스럽지만, 한 사람이 이스라엘이라는 이름을 영예로운 호칭으로 사용할 것을 의미할 수도 있다. 자기 자신을 지칭하기 위하여 이스라엘 족속은 자기 자신에게 하나의 영예로운 이름을 부여할 것이다. 이는 그 이스라엘 족속이 여호와를 아는 자이기 때문이다.

6절, 이스라엘의 왕인 여호와, 이스라엘의 구속자인 만군의 여호와가 말하노라 나는 처음이요 나는 마지막이라 나 외에 다른 신이 없느니라
7절, 내가 옛날 백성을 세운 이후로 나처럼 외치며 고하며 진술할 자가 누구뇨 있거든 될 일과 장차 올 일을 고할지어다
8절, 너희는 두려워 말며 겁내지 말라 내가 예로부터 너희에게 들리지 아니하였느냐 고하지 아니하였느냐 너희는 나의 증인이라 나 외에 신이 있겠느냐 과연 반석이 없나니 다른 신이 있음을 알지 못하노라

44:6 본 절은 개개인이 인정하는 그 하나님을 밝히고 우상들에게 도전할 길을 예비하는 이중적 목적을 가지고 있다. 선지자는 소명환상 가운데서 마치 웃시야 왕이 실질적인 왕이 아니라는 것을 암시하기라도 하는 것처럼 야웨를 그 왕이라고 말했었다. 그리고 기드온은 여호와께서 백성을 다스리실 것임을 명백히 하였었다(또한 참고, 삼상 8:7; 왕상 22:19). 신정국가의 통치자는 이스라엘의 참되신 왕, 만군의 여호와의 대리인에 불과하였다. 여호와는 왕이실 뿐만 아니라 이스라엘의 구속자이기도 하시며, 그분의 구속의 행위로써 자기 자신만이 왕이 되실 수 있다는 사실을 보여 주셨다. 구속은 아마도 여호와께서 구속자가 되신다는 일반적인 사실을 가

---

7) Penna는 Hammurabi, Laws 226, 227에 호소한다. 참고, 갈 6:17에 있는 바울의 표현. Seneca *De ira* ii. 3. 6; Quintilian *Institutio oratoria* vii. 4. 14. 나는 이러한 예증에 대해서 Penna에게 감사를 드리는 바이다.

리키지만, 특별한 강조가 하나님께서 자기 백성을 애굽의 노예상태로부터 이끌어 내셨을 때의 구속의 큰 행위에 있는 것으로 보인다. 그분은 또한 만군의 여호와이시기도 하며, 이러한 맥락에서 이 표현은 그분의 신적 본질을 가리키는 것으로 보인다. "만군"이란 단어는 창조의 영역 안에 있는 모든 것을 포함하며, 야웨는 만물의 주인이시다. 하늘과 땅에 있는 무엇이든지 주님은 그것의 창조자이시며 그것의 통치자이시며, 그것들은 그분을 섬겨야 한다. 그러므로 하나님의 전능성, 영원성, 그리고 단일성이 선포되어 있다.[8]

그분은 모든 피조물 이전에 있다는 점에서 그리고 인류 역사의 시초에 있었다는 점에서 첫째이시지만, 그분은 또한 인류역사 위에 존재하신다는 점에서 마지막이기도 하시다. 이 두 표현은 그분의 영원성과 피조물로부터의 완전한 독립성을 보여주기 위하여 고안된 것이다. 인류 역사가 시작되기 이전에 그분이 계셨으며, 또한 그 역사가 끝났을 때에도, 그분은 끝이 없이, 영원히, 참되신 하나님으로 존재하신다. 열방의 모든 신들은 신이라고 불림을 받는 우상들 뿐이다(고전 8:5). 이것들은 독립적으로 존재하지 못한다.

44:7 여호와만 하나님이시라는 사실을 보여 주기 위하여, 신들에게 주님과 대항해 보라고 도전한다. "그리고 나처럼 외칠 자가 누구뇨?"라는 머리말은 "만일 나와 같은 누가 있다면, 외치도록 하라"고 말하는 것과 같다. 이크라(קָרָא, 부르다)란 동사는 예언의 발표 혹은 선포를 가리킨다. 다른 자들도 선포할 수 있다. 그러나 그들은 미래에 대해서 예언할 수도 없고 역사의 과정을 말할 수도 없다. 그들은 다가올 일의 과정에 대해서 말하거나 설명한다는 의미에서 고할 수도 없다. 그들은 또한 그것을 진술하기 위하여 사건을 준비하거나 정리할 수도 없다. 이크라(קָרָא, 부르다)란 어근은 실제적으로 법정적 용어이며, 하나의 소송사건의 제기나 혹은 해명을 가리킨다.[9] 신들은 참되신 하나님 앞에서 자신의 소송을 차례로 진술할 수 없다.

우리는 "나의 위치로부터"를 "나와 같이"로 번역해야 할 것이며, 그러므로 그 뜻은 "내가…세운 이후로 내가 하였던 것처럼 나와 같이 외칠 자 누구냐?"가 된다.

---

8) 1Q는 שום를 삽입한다.

9) 이 동사는 아마도 이사야가 자주 그의 우상들과의 다툼에서 사용하는 법률상의 강조를 암시할 것이다. 복합쉐와의 자리에 단순쉐와가 있음을 유념하라.

"영원의 백성"은 고대 시대 초창기의 백성들이다. 선지자는 우리를 이끌어 그 출발 지점으로 데리고 간다. 주님의 선포와 그분의 놀랄 만한 예언들은 인간이 처음 존재하기 시작하였을 때인 낙원에까지 거슬러 올라간다.

"될 일"은 미래를 가리키는데, 아마도 델리취가 지적한 대로 절대적 미래를 가리킨다. 그리고 "장차 올 일"은 곧 실현될 일을 가리킬 것이다. 만일 신들이 가까운 미래나 먼 미래를 말할 수 있다면, 그들로 하여금 그것을 참되신 하나님 야웨께 알게 하도록 하라는 것이다. 이것은 도전이다.

44:8 하나님께서 처음과 나중이시므로 그리고 그분 이외에 다른 신이 없으므로 백성은 두려워 말라고 명령을 받고 있다.[10] 이 금지명령(두려워 말며 등)은 복수로 되어 있으나 설명에서는 단수로 되어있다. 그러나 이러한 수의 전환은 이스라엘이 개인으로 취급되어 있음을 보여 준다. 두려워하는 대상이 언급되지 않았으나, 그 나라의 하나님에 대한 신뢰감을 깨뜨리기 위하여 일어날 수 있는 장애물들일 수 있다. 하나의 질문으로, 하나님께서 그때 이후로 (아마도 백성의 시조를 세울때) 주님이 유일하신 하나님이라는 사실을 이스라엘이 듣도록 하셨다는 사실을 상기시키고 있다. 아마도 의미에 있어서 두 개의 동사들('들리지 아니하였느냐'와 '고하지 아니하였느냐') 사이에 구별은 없을 것 같다. 하나는 하나님께서 백성에게 듣게 하셨다는 것을 가리키고, 다른 것은 그가 그들에게 진리를 말하게 하셨다는 것을 가리키고 있다. 백성은 진리를 들었고 그래서 그것을 알고 있다. 이 두 동사 모두 하나님의 행위를 강조하고 있다.[11]

백성은 그들 편에서 하나님의 증인이다. 그들의 모든 삶과 생각 가운데서 그들은 이스라엘의 하나님 야웨 이외에는 다른 신이 없다는 사실의 증인이다. 또 다른 질문을 통하여 이스라엘은 그들이 증인이 되어야 하는 사실을 알아차리도록 암시를 받고 있다. 마지막 절은 관계절로 취급되어서는 안 되고 독립된 진술, "나는 어떤 것

---

10) 티르후(תִּרְהוּ) - 있는 그대로 이 형태는 רהה에서 온 것으로 여기에만 나타난다. 1Q는 תיראו로 읽는데, 이것이 아마도 옳을 것 같으며, 원개음절에 있는 **히렉**(불완전하게 기록된 본래 장모음?)에 의하여 입증될 것으로 보인다.

11) 과거형 앞에서 약 **와우**는 동등한 표현을 이끈다. וְאֵין (웨엔)에 대해서는 *Biblische Zeitschrift*, Vol. 8, No. 1, 1964, p. 105를 참고하라.

도 알지 못하노라"(다른 신이 있음을 알지 못하노라)로 취급되어야 한다. 이스라엘의 하나님은 한 반석이시며, 이 강력한 표상은 야웨께서 스스로 변치 아니하시고 자기 백성의 피난처가 되신다는 사실을 강조한다.[12]

9절, 우상을 만드는 자는 다 허망하도다 그들의 기뻐하는 우상은 무익한 것이어늘 그것의 증인들은 보지도 못하며 알지도 못하니 그러므로 수치를 당하리라
10절, 신상을 만들며 무익한 우상을 부어 만든 자가 누구뇨
11절, 보라 그 동류가 다 수치를 당할 것이라 그 장색들은 사람이라 그들이 다 모여 서서 두려워하며 함께 수치를 당할 것이니라

44:9 하나님 한 분밖에 없고 두려워할 이유가 없다는 증거를 하고 나서 선지자는 우상숭배의 어리석음에 대해 상기시킨다. 하나님으로부터 변절한 사람들은 그분을 피조물의 수준으로 끌어내려서 자기 손으로 지은 형상으로 그분을 섬긴다. 그것들은 토후(תֹהוּ)하다, 즉 창세기 1:2에서 땅이 혼돈하고 공허하다는 것을 묘사하기 위하여 사용된 단어이다. 여기서 그 단어가 "그들은 무익하다"와 평행을 이루고 있으며, 모든 생명과 능력의 결핍을 암시한다. 자기들의 손으로 만드는 우상들처럼 그들 자신도 아무것도 없이 헛되고 공허하다.

그들의 기뻐하는 것은 무익한 우상들 자체이다. 그것들을 만드는 자처럼, 그들 역시 무익하다. 이스라엘의 하나님은 영원한 반석이며 그를 따르는 자들은 그분 안에서 피난처와 안식처를 발견할 수 있다. 다른 한편 우상들은 자신을 섬기는 자에게 아무것도 제공해 줄 수 없으니, 이는 자신이 아무것도 아니기 때문이다.

우상의 증인으로서 우상 숭배자들은 "보지도 못하며 알지도 못하여" 부끄러움을 당할 것이다. 두 동사의 목적어가 나타나 있지 않으나, 우상이 무익하다는 사실인

---

12) North는 적절하게, 자주 추르(צוּר)를, 셀라(סֶלַע, 바위) 혹은 미수갑(מִשְׂגָּב, 접근 불가능한 산성) 혹은 메추다(מְצוּדָה, 요새)와 함께 출현하는 하나님에 대한 호칭으로, 메소보다미아의 특색이 아니라 팔레스틴의 특색이라고 지적한다. 그런 까닭에 North는 이 형용사는 "제2이사야"와 함께 기원되지 않았다고 생각한다. 그렇지만 이 형용사가 여기서 본 장들의 저작 장소로 메소보다미아 보다는 팔레스틴을 지적하고 있지 않는가? הֵמָּה-M은 이 단어에 punctum extraordinarium 표를 붙였는데, 아마도 그것이 앞 절과 중복 오사를 이루고 있음을 설명하려고 한 것 같다. 1Q에서 그것은 행 위에 작은 글자들로 기록되어 있다. 만일 그것이 유지된다면, 그것은 강조된 것이다.

것 같다. 이 분명한 사실이 우상숭배자들에게는 인식되지 못하고 어리석고 오해의 무지함에 깊게 빠져있다. 그들의 의지는 사악하고 그들이 부끄러움을 당하기 위하여 눈먼 일에 종사한다. 이 마지막 문장은 죄인이 죄가 없지 않다는 것을 보여 준다. 우상숭배자들은 죄의 자각으로부터 해방되지 못하고, 또한 타락한 의지로 우상숭배를 계속해 나간다. 그리고 그들은 자신의 수치가 나타나도록 무지의 흑암 가운데 남아 있게 된다.

44:10 어떤 주석가들은 "누구뇨"라는 머리말을 부정 대명사로 해석하여 "누구든지(whoever)" 혹은 "그 누구든지(whosoever)"로 해석한다. 이 해석에서 우리는 본 사상을 앞 절과 연관지어야 하며 본 절이 9절 상반절의 발전이라고 가정해야 한다. "우상을 만드는 자는 다 허망하도다(9절 상)…신을 만드는 자는 그 누구든지…" 그러나 이 단어를 그 정상적인 의미로 의문 대명사로 해석하여 이어지는 구절 속에서 본 절에서 제기된 문제에 대한 답을 찾는 것이 더 좋을 것 같다.

하나님과 인간 사이의 구별을 나타내는 한 단어를 선택하여 "누가 신을 만들었느뇨?"라고 선지자는 묻고, 그리하여 강력한 풍자를 하고 있다. 아마도 하나님께서 땅으로부터 티끌을 취하여 사람을 만드셨다고 기록된 창세기의 어투가 반영되어 있는 것 같다. 문제의 질문 자체는 그 일의 극단적 어리석음을 지적한다. "한 인간이 하나님을 만들어?" 이러한 개념이 우습다는 것이며, 그럼에도 이 문구 가운데에는 우상숭배의 핵심이 들어 있다. 이 두 번째 질문 가운데서 이사야는 인간이 하나의 신을 만드는 방법, 말하자면 한 형상을 부어 만듦으로써 신을 만들어낸다는 점을 지적한다. 그것은 시간과 노력을 포함하는 행동이고 여호와 하나님께서 땅의 티끌로부터 취하여 인간을 만드셨던 쉬운 방법과 확실한 대조를 이룬다.

선지자는 다소 특이한 진술로 결론을 내리고 있으니, 이는 그가 우상을 만드는 목적이 그것이 쓸모 없을 수도 있음을 암시하는 것처럼 보이기 때문이다. 어투가, 마치 묘사된 결과가 실제로 우상숭배자가 처음부터 원했던 것인 양 목적과 의도를 나타내고 있다. 우상들은 백성들과 우상을 만드는 자들 위에 쏟아질 참되신 하나님의 형벌의 진노에서 구원할 수 없다.

44:11 이사야는 이제 우상 제조가 무익하다는 사실로부터 우상숭배의 결과를

제시한다.[13] "동류들"은 어떤 방법으로든 우상과 연결된 자일 것이지만, 그러나 이것을 어떤 의미로 이해해야 하는가?[14] 어떤 사람은 우상 제작자의 조합원을 가리키는 것으로 생각하는 것 같다. 생각건대 이들은 우상을 만드는 조합이나 계급의 조합원일 수도 있으나, 그러나 그렇게 이해된다면 그들은 우상의 동지이지 그것을 만드는 자들의 동지는 아니다. 만일 이 문구가 우상 제작자의 조합원의 의미로 취급된다면, 제작자 자신은 다가올 정죄 가운데 언급되지 않는다. 그런 까닭에 우상의 동류들을 우상을 따르는 자와 섬기는 자로 이해하는 것이 보다 자연스럽다. 그러므로 이 단어는 이 직후에 언급된 "장색들"과 대조되어 있다. 이 동류들은 그들이 필요로 하는 때에 그 우상들이 자기들에게 아무런 유익이 없다는 것을 발견할 것이므로 수치를 당할 것이다.

더 나아가서 우상들을 건설하였던 장색들은 자신은 사람이다. 즉 그들이 단순한 사람이요 그래서 인간보다 더 위대한 어떤 것을 만들기 불가능하다. 참되신 하나님은 자신보다 더 못한 존재들을 창조하실 수 있지만, 그러나 혈육에 속한 피조물은 신적인 존재를 만들어낼 수 없다. 인간들 아래에 속해 있고 그들보다 더 못한 우상들은 인간들을 도울 수 없다.

본 절 마지막 부분의 동사들은 단축명령형으로나 혹은 단순 미래로 해석할 수 있다.[15] 아마도 그것들을, 우상들이 어떻게 서로 비난하고 모두가 큰 혼란에 빠질지를 보여 주도록 미래형으로 취급하는 것이 더 좋을 것이다. 그들 모두 함께 모여들 것이고 말하기 위하여 일어설 것이다. 이 모임은 단지 그들의 두려움과 부끄러움을 당하는 것으로 그 결과가 나타날 것이다. 동사들의 주어는 본 절 상반절의 동류들과 장색들이다. 그들은 함께 모이지만 자기들의 손으로 만든 것으로부터 도움을 얻지 못할 것이며, 그래서 결국 혼란과 부끄러움을 당할 것이다.

12절, 철공은 철을 숯불에 불리고 메로 치고 강한 팔로 괄리므로 심지어 주려서 기력이

---

13) 보라!(헨, הֵן)는 정죄를 도입하는 역할을 한다.
14) 그의 동류, 동료 – Volz는 이 단어가 종교적 의미를 가지고 있다고 정확하게 지적한다. 이것이 궁극적으로 알라를 위한 동료를 만드는 데 대한 모하메드의 강력한 비난을 준비하고 있는가?
15) 명령형에서 접속사를 생략하고 배열된 동사들은 각각의 특색들을 생생하게 드러낸다.

진하며 물을 마시지 아니하여 곤비하며

13절, 목공은 줄을 늘여 재고 붓으로 긋고 대패로 밀고 정규로 그어 사람의 아름다움을 따라 인형을 새겨 집에 두게 하며

44:12 이사야는 이제 우상들이 어떻게 만들어지는지를 밝히기 위해 나아간다. 바로 이 묘사가 우상숭배에 대한 조롱을 포함한다. 일반적인 의미는 분명하기는 하지만 세부적으로는 난점들이 있다. 첫 번째 단어(개역 본문에는 나타나지 않고 난외주에 암시되어 있다. 곧 '벼리되'이다—역자주)는 하나의 동사로 취급될 수 있으며, 과거로 번역되는 것이 가장 좋을 것이다. 그것이 철공의 첫 번째 행동이기 때문이다. 우상이 제작된 재료는 철이며, 사용된 도구는 메(axe, 망치 혹은 도끼)이다. 메로 번역된 단어는 뾰족한 도구로 보이는데, 아마도 자르는 데 사용되는 도구인 것 같다. 어근(עצד)이 게젤(Gezer) 달력에 "아마(亞麻)를 자르는 달에"란 표현 가운데 나타난다. 이 구문에서, 그 정확한 성격이 무엇이든, 마아차드(מַעֲצָד)는 사람이 가지고서 철을 벼르는 도구이다. 철공이 목공의 도구를 사용하였을 것이라는 주장을 거절되어야 하지만, 그러나 우리는 이것의 정확한 의미가 무엇인지 충분히 알지 못하므로 확신 있게 말할 수 없다.[16]

그 철공은 이 도구로 모루 위에 있는 철을 두들기고 그는 뜨거운 숯불로 일한다. 일한다는 동사 다음에, 직접 목적어가 표현되어 있지 않으나 그것이 분명하게 철로 이해할 수 있다. 장인은 망치들을 가지고 철을 원하는 모양으로 만들고 자기의 강한 팔로 우상의 모양을 만들어 낸다. 이 문장은 직역하여 "그리고 그는 그의 강함 의 팔로, 즉 그의 강한 팔로 그것을 만든다"로 번역될 수 있다. 버질(Vergil, Georgics iv. 170-175)의 표현을 상기할 필요가 있다.

그리고 애꾸눈 거인이 다루기 힘든 금속을 가지고 빠른 번개(화살)를 벼리는 것처럼
어떤 이는 쇠가죽으로 된 풀무로 바람을 들어오고 나가게 만든다.
다른 사람은 쉿소리 나는 놋쇠를 호수에 닿게 한다.

---

16) 또한 아랍어 *mi'ḍad*. Thebes에 있는 Amenhotep Ⅱ의 시대의 것인 애굽벽화는 스핑크스를 준비하는 데서 일하고 있는 다른 장인들을 보여 주고 있다. 참고. *VBW*, Vol. Ⅲ, p. 72.

에트나(Aetna)는 그녀 위에 짐지워진 모루 아래서 신음한다.
그들 중 몇몇 사람들은 큰 힘을 가지고 팔을 치켜든다.
그리고 얼마간의 운율에 맞추어, 부젓가락을 단단히 쥐고 그 철을 돌린다. [17]

대장장이가 자기 일을 수행하기 위하여 그리고 우상들을 만들어 내기 위하여 가져야 하는 큰 힘을 가지고 있다 하더라도, 그 자신은 단순한 하나의 인간에 지나지 않는다. 만일 그가 굶주린다면, 그는 더 이상 힘을 쓸 수 없다. 그리고 만일 그가 활기를 돋구어 주는 물을 마시지 않는다면 지칠 것이다. 그 자신은 다만 죽어야 하고 인간의 허약성을 가진 인간이기에 그가 만들어 세운 우상은 구원을 가져다 줄 수 없다. 그럼에도 그는 그 일을 이루기 위하여 자기의 에너지를 쏟는다.

44:13 어떤 해석가들은 주재료가 바뀌었고, 선지자가 본 절 가운데서 나무 우상의 건립에 대해서 말하고 있다고 가정한다. 일하는 과정에서 목공은 나무를 자르고 재기 위하여 줄을 늘인다. 그의 일은 세심하고 정밀하다. 목공은 붉은 붓으로 긋고 대패로 밀거나 혹은 새기는 도구로 형상을 만들고 자(정규)로 표시한다. [18]

마지막으로 우상은 한 사람의 모델이나 혹은 모양에 따라 그리고 그 아름다움에 따라 형성되며, 우상은 집에 둔다. 이러한 묘사는 분명히 우상이 그것을 만든자, 곧 인간의 모습으로 만들어진다는 사실을 드러내 준다. 인간에게 있는 모양과 아름다움은 무엇이나 이 우상에게서도 발견된다는 것이다.

이사야가 여기서 12절에 있는 것은 철로 되어 있고, 13절에 있는 것은 나무로 되어 있는 두 종류의 우상들의 건립을 말하고 있는지, 그렇지 않으면 그가 단순히 하나의 우상의 건립에 대한 아주 세밀한 묘사를 하고 있는지에 대해서는 확실하게 말하기 어렵다. 만일 전자가 옳다면 13절의 초두에서 눈에 안 보이는 전환이 있는 것

---

17) E. T. in Loeb Library Edition에 있는 영어번역.
18) יְתָאֲרֵהוּ (예타아레후) - 윤곽을 그리다, 대략 그리다. GKC §64 i은 미완료형 **포엘**이 마소라에 의하여 ô에서 ō로 불규칙적으로 짧아지도록 의도되었음을 암시한다. 두번째 출현은 יְאָרֵהוּ (예토오레후)인데 나는 이를 만족할 만하게 설명할 수가 없다. 첫 번째 것은 피엘형이다. שֶׂרֶד (세레드) - 철필, 혹은 나무에 표를 하는 도구. Aq는 παραγραφίς. North는 그것을 붉은 분필로 취급한다. מַקְצֻעוֹת (마크추오트) - 우상들을 만드는 데 있어서 깎는 도구들. מְחוּגָה (메후가) - 양각기, 원 그리는 도구. 삽화를 보려면 *VBW*, Vol. Ⅲ, p. 73을 참고하라.

으로 보이며, 선지자가 단순히 12절의 우상과 다른 주제라는 암시를 하지 않은 채 하나의 나무를 깎는 것에 대해서 말하고 있는 것이다. 이 견해를 따른다면 주어는 분명하게 표현되지 않았다고 가정해야 한다. 양 구절에서 주어는 영어로 "그"(he)로 표시되어 있다. 그리고 나서 13절에서 주어의 전환이 있다는 암시가 없이 이사야는 단순하게 "그가 나무를 자른다 등"으로만 말하고 있다.

13절은 단순히 12절에서 시작된 묘사를 계속하고 있으며, 우상의 몸체를 이루고 있는 나무를 가리키고 있고, 반면에 12절은 우상의 건립 가운데 사용된 철을 가리킬 가능성도 있다. 그 어느 경우든 우상들이 얼마나 전적으로 그것을 만든 연약한 인간을 의지하고 있는가를 보여 주고 있으며, 그것을 건립함에 있어서 얼마나 인간이 수고를 하고 있으며, 그의 수고가 구원하기에 전혀 지혜롭지 못하다는 것을 보여 준다.

> 14절, 그는 혹 백향목을 베이며 혹 디르사 나무와 상수리나무를 취하며 혹 삼림 중에 자기를 위하여 한 나무를 택하며 혹 나무를 심고 비에 자라게도 하나니
> 15절, 무릇 이 나무는 사람이 화목을 삼는 것이어늘 그가 그것을 가지고 자기 몸을 더웁게도 하고 그것으로 불을 피워서 떡을 굽기도 하고 그것으로 신상을 만들어 숭배하며 우상을 만들고 그 앞에 부복하기도 하는구나
> 16절, 그 중에 얼마는 불사르고 얼마는 고기를 삶아 먹기도 하며 고기를 구워 배불리기도 하며 또 몸을 더웁게하여 이르기를 아하 따뜻하다 내가 불을 보았구나 하면서
> 17절, 그 나머지도 신상 곧 자기의 우상을 만들고 그 앞에 부복하여 경배하며 그것에게 기도하여 이르기를 너는 나의 신이니 나를 구원하라 하는도다

44:14 이사야는 우상숭배가 얼마나 어리석은 일인가를 지적하고 나서, 그는 이제 그 우상의 나무가 기원된 곳, 즉 숲의 나무들이 있는 장소로 되돌아간다. 첫 단어 "자르다"의 주어가 비인칭적이며, 우리는 "자르는 자"로 번역할 수도 있을 것이다. 이 첫 단어는 한정동사로 혹은 동사적 명사로 취급될 수도 있다. "그들은 잘려야 한다". 그러나 그것을 정상적인 의미로 취급하여 "자기를 위하여 백향목을 자르다"로 번역하는 것이 더 자연스러울 것 같으며, 그리고 왕래동사가 잠재되어 있을 수 있다.[19] "자기를 위하여"란 단어는 수익자를 가리키는 심성적 여격(감정을 강조

---

19) לכרת — 이것이 **라메드**로 시작된 미완료일 수 있는가? 마소라는 1Q의 지지를 받고 있다.

하기위해 덧붙이는 'me' 또는 'you'-편집주)이다. 베는 자는, 자기가 만들려고 하는 신이 자기에게 이익을 가져다 줄 것이라고 생각하면서, 자기 자신의 목적을 위하여 나무를 벤다. 백향목들은 잘 알려진 나무인데 특별히 레바논의 백향목이 잘 알려져 있다. 그러나 그것들은 특별히 메소포다미아의 특종식물이 아니다. 만일 이것이 메소포다미아의 우상숭배를 가리킨다면, 우상숭배자들이 백향목을 사용하는 것은 이상한 일이다(저자가 이 말을 하는 의도는 이사야서 이 후반부의 기록이 바벨론에서 기록된 것이 아니라는 뜻이다—역자주).

이 시점에서 선지자는 자기의 문장구조를 갑자기 끊어서 나무를 경작하는 행위로 돌아간다. 요점은 인간이 어느 정도 나무의 관리자로 간주된다는 것이다. 그는 그가 후에 예배할 나무를 길러낸다. 그리고 그는 이 일을 하기 위하여 영원하신 하나님에 의하여 심겨진 나무들을 취한다. 만일 하나님께서 창조물을 제공해 주지 않으셨다면, 피조물인 인간은 무엇으로 자기 우상들을 만들어야 할지 몰라 어리둥절 했을 것이다. 백향목과 상수리나무는 잘 알려 있지만, 디르사와 오렌(אֹרֶן, 개역에는 나타나 있지 않음—역자주) 나무[20]의 정확한 정체에 대해서는 불분명하다.

만일 통상적인 의미를 동사에 부여한다면, 그것은 그 심는 자가 그 나무를 돌보아서 강하게 만드는 것을 의미한다. 그래서 그는 그것을 자라나게 한다. 숲의 모든 나무들 가운데서 이 나무를 선택한다. 그것이 그의 특별한 기쁨과 관심의 대상이며, 또한 그의 돌봄의 결과로 그가 계획하였던 목적대로 사용될 준비가 된 강한 나무가 된다.

그 일을 한 다음에 그 신봉자는 그 나무에 줄 물을 위하여 하나님으로부터 비를 기다린다. 전체의 묘사는 그 나무가, 강해지기 위하여 자연의 힘에 의존하여 자연적으로 자라나지만 또한 그 나무는 그것을 선택한 자의 헌신된 돌봄에 의존하기도 한다.

44:15 본 절은 우상들의 준비에 대한 묘사를 계속해 나가는 데 그 단계마다 내포된 어리석음을 드러낸다. 뮬렌버그(Muilenburg)는 선지자가 이교도의 마음에 대한 진정한 이해를 갖지 못했다고 생각한다. "그는 우상 가운데 있는 신성적 특성, 즉 그 앞에서 경이, 두려움, 존경심 그리고 경외심을 일으키는 것들을 감지하지 못한다"(IB, p. 515). 그러나 놀트(North)가 지적한 바와 같이, 이방인 시인들까지도

---

20) אֹרֶן(오렌)은 자주 월계수 나무와 동일시된다. 참고, 수리아어 *io'*, 아랍어 *ghār*. 어떤 나무들은 바벨론에서 어떤 신들에게 신성시 되었으며(Muilenburg), 또한 팔레스틴에서도 그러하였다.

자신들이 그 주제에 신랄함을 나타내 보였다. 칼빈(Calvin)은 호레이스(Horace)의 글을 인용한 최초의 인물인 것으로 보이지만, 그러나 거의 모든 주석가들이 다음과 같은 유명한 문구를 인용하였다, "언젠가 나는 한 무화과나무의 그루터기였고, 쓸모없는 나무 조각이었다. 하나의 의자를 만들지 아니면 비옥의 신(Priapus)을 만들지 모르는 한 목수가 내가 하나의 신이 되게 하기를 더 좋아하였다. 그래서 나는 한 신이 되었다."[21]

이사야는 우상숭배자들 가운데 가끔 발견되는 두려움에 대한 암시를 하지 않았다는 사실은 그가 그것을 의식하지 못했다는 사실을 의미하지 않는다. 우상숭배의 어리석음을 공개적으로 드러냄으로써 그는 한 우상숭배에 관련된 그 어떤 두려움도 파괴시켜 버릴 수 있었다. 비록 사람 자신의 손이 그 막대기를, 부분적으로 예배하는데, 부분적으로 일상생활에서 일상적인 하찮은 필요로 하는 일에 사용하였다면 사람이 하나의 나무 막대기에 존재하는 정령(numen)을 대단한 것으로 생각했을것 같지 않다.

첫 문장에 대한 문자적인 번역은 "그리고 그것이 인류를 위한, 일종의 불을 위한 것이 된다"이다.[22] 이 번역은 그 나무가 인간을 돕는 것이라는 사실을 드러내고 있다. 그 이유는 아담(אדם)이 여기서 어떤 특별한 개인을 가리키는 것이 아니라, 일반적으로 인류를 가리키는 것으로 취급하는 것이 가장 좋기 때문이다. 인간은 자기가 경작한 나무를 태워 땔감으로 사용한다. "그것으로"란 단어는 14절에 언급된 나무들을 가리키든지 혹은 이 나무들로부터 만들어진 막대기들을 가리키는 것으로 보인다. 사람은 이 나무들의 일부분을 자기를 위하여 취하기도 하고 자기를 위하여 덥게도 한다.[23] 그는 또한 나무의 또 다른 일부로 불을 지펴서 그 불로 떡을 굽는다.

사람은 불을 붙이지 않은 나무들 가운데 다른 일부로 신을 만든다; 여기서 엘

---

21) *"Olim truncus eram ficulnus, inutile lignum, Cum faber, incertus, scamnum faceretne Priapum, Maluit esse deum"*(Satires i. 8).
22) 이사야적인 표현임. 또한 참고. 5:5; 6:13. 그러나 1Q는 היה로 읽는다.
23) 그리고 그는 따뜻하게 된다 — 참고. 우가릿어 ḥm, 아카드어 emmu, 애굽어 šmm. יִשַׂק(야시크)는 שׁלק(타다, 불붙이다)의 히필미완료형으로 반복적 의미를 가지고 있으며, 그 다음에 "불을 지피다"와 "떡을 굽다"라는 유사한 의미를 가진, 또 와우 연속법을 가진 미완료형이 뒤따라온다; 참고. 5:12; 27:10. למו-접미사는 여기서 아마도 단수로 해석되어야 할 것 같다.

(אֵל)이란 단어는 거의 조소적인 것이다. 이 신은 하나의 형상의 형태로 만들어지며, 숭배하는 자는 그것에 절한다. 이것은 이상한 결과이다; 실제로 그 신이 오히려 그 숭배자에게 감사해야 하는데, 이는 그가 그 나무를 떡을 굽기 위해서나 자기를 따뜻하게 하기 위해서 땔감으로 사용하지 않았기 때문이다. 그 대신에 그 숭배자는 자기가 우상으로 만든 그 나무 조각을 정말로 우연히 선택하였고, 그리고 그것에게 엎드려 감사하고 섬기는 것이다.[24]

44:16 이사야는 15절 상반절의 사상으로 되돌아가 그것을 더욱 확장해 나간다. 해석에 대한 주 문제점은 "그 중에 얼마는"이란 문구이다. 이 문구는 반복되어 있고, 다음절에서 "그 나머지로"란 문구가 나타난다. 선지자가 어떻게 두 개의 절반을 말하고 또 그 나머지를 말할 수 있는가? 풍자적인 작품에서 우리는 수치상의 정확성을 기대해서는 안된다고 말한다. 또한 두 번째의 "그 중에 얼마"(half of it)는 "그리고 그 목탄들"로 번역하도록 수정해야 한다고 생각해 왔다.[25] 그러나 이러한 제안을 입증할 만한 본문의 충분한 증거가 없으며, 또한 그러한 이유로 인하여, 수정하는 것은 불필요하다. 일반적인 난점의 해결방법은 17절에 있는 "그 나머지"란 단어를 "그 얼마"의 두 번째 출현한 것과 같은 것을 의미한다고 가정하는 것이다. 이것이 가능한 해석이다. 16절에 있는 두번의 "그 얼마는"이 같은 절반을 가리키는 것으로 취급하는 것도 가능하다. 이 해석에 의하여 우리는 "그가 그 절반을 불속에 태우고, 그리고 그(같은) 절반은 고기를 삶아 먹을 것이다"로 바꾸어 쓸 수 있을 것이다.

모든 나무가 우상건설을 위해서나 혹은 일상생활의 목적으로 사용되는 것이 아니라, 나무가 쓰여지는 용도가 다양하다는 것을 보여 주고자 "그 중에 얼마(half of it)"란 문구를 강조하고 있다. 나무의 절반을 태워서 지펴진 불로 우상숭배자는 먹을 음식을 준비한다. 이 준비는 굽는 방법으로 이루어지며 그것은 먹는 자에게 만족

---

24) עשׂהו — 이 과거형은 앞에 있는 미완료형인 יִפְעָל(이프알)에 의해서 표현된 것과 동시 발생적인 행동을 나타낸다. 저자는 지금 그 행동을 성취된 것으로 뒤돌아보고 있는 반면, יִפְעָל(이프알)에서 그는 그것을 미래의 기대로 간주한 것이다.
25) 1Q가 그렇게 되어 있다. Duhm. *VBW*, Vol. III, p. 74는 화덕 옆에 앉아 있는 한 여인의 돌로된 애굽인의 동상(주전 제3천년 중기)을 재생하고 있다. 한 손으로는 재들을 손질하고 다른 한 손으로 마치 뜨거움을 느끼듯 그녀의 관자놀이를 잡고 있다.

을 가져다 준다.

　먹는 일에 뿐만 아니라, 사람은 불로 자신을 더웁게 한다. 본 절과 앞 절에서 흥미로운 것은 "뿐만 아니라, 게다가"로 번역될 수도 있는 불변화사 아프(אף)의 잦은 사용이다. 그것은 이 구절들의 특유한 단어이다. 불이 사람에게 가져다 주는 만족은 "아하, 따뜻하다, 내가 불을 보았구나"라는[26] 그의 말로 표현되어 있다. "보았다"는 동사를 그 일반적 의미 이외의 다른 의미로 취급할 필요가 없다. 사람이 불을 보기를 원하였다고 루터가 말하였을 때, 그는 이 말의 참 의미를 잘 드러냈다. 그는 불을 보고 느끼며, 그것을 소유하는 기쁨과 만족을 표현한다. 불을 위한 땔감이 됨에 있어서 그 나무는 참으로 사람을 섬긴 것이다. 우상이 되어서는 사람을 섬기는 것이 아니라 오히려 사람의 걸려 넘어지는 것이 되었다.

　44:17 이사야는 이제 15절 하반절의 사상으로 돌아와 그것을 한층 확대해 나간다. 그 나머지는 땔감과 더웁게 하는데 사용되지 않은 절반이다. 이 절반으로 우상 숭배자는 우상의 모양을 만들어 신을 만든다. 그는 스스로 이것에게 부복하고 있으며 구원을 바라본다. "너는 나의 신이니"란 마지막 문구에서 "나의 신"이란 단어가 강조되어 있다. 그러나 역시 "너"가 강조되어 있으니, 이는 마치 "나의 신은 너요 너뿐이다"라고 말하는 것과 같다. 그 나무의 절반은 사람이 그것으로 인하여 더웁게 될 수도 있고 자기 음식을 요리할 수도 있도록 불속으로 던져졌다. 다른 절반은 그들이 "당신만이 나를 구원할 수 있나이다"라고 부르짖는 우상이 된다. 진실로 그 부르짖음은 "나를 구원하소서"라는 명령이다.

　본 절과 앞 절에서 동사들의 사용이 주시되어야 할 것이다. 각 절에서 첫 번째 동사는 완료형이고 과거시제로 번역해야 할 것이다. 그 다음의 동사들은 미완료형으로 현재로 번역해야 한다. 그러므로 선지자의 관점은 그것이 시행되어 가는 과정 속에 있는 동안 그 과정을 바라보고 있는 자의 관점이다.

　　18절, 그들이 알지도 못하고 깨닫지도 못함은 그 눈이 가리워져서 보지 못하며 그 마음
　　　　이 어두워져서 깨닫지 못함이라
　　19절, 마음에 생각도 없고 지식도 없고 총명도 없으므로 내가 그 나무의 얼마로 불을 사

---

26) חמותי (함모티) — 엑센트가 **밀라**이다.

르고 그 숯불 위에 떡도 굽고 고기도 구워 먹었거늘 내가 어찌 그 나머지로 가증한 물건을 만들겠으며 내가 어찌 그 나무토막 앞에 굴복하리요 말하지 아니하니
20절, 그는 재를 먹고 미혹한 마음에 미혹되어서 스스로 그 영혼을 구원하지 못하며 나의 오른손에 거짓 것이 있지 아니하냐 하지도 못하느니라

44:18 우상을 만든 자들은 자기 자신의 참 본성에 관한 깨달음이 없다.[27] 그들은 자신 스스로가 기원이 아닌 우상을 만들기 위해 없어질 재료를 사용하는 우둔함을 깨닫지 못하고 있다. 곧 지극히 높으신 하나님이 우상을 만드는 재료를 창조하신 것과 인간이 일부분 그 재료를 이용하는 대신에 우상을 만들기 위해 그것을 다른 목적으로 사용하곤 한다는 것을 깨달아야 한다.

어떤 주석가들은 본 절을 위치가 잘못된 것으로 간주하였다. 폴츠(Volz)와 콘다민(Condamin)은 그것을 후기의 첨가로 생각하고 키쎄인(Kissane)은 그것을 11절 다음에 붙인다. 그러나 이러한 입장은 사본들의 증거를 받지 못한다. "가리워져서"로 번역된 동사를, "야웨"를 주어로 하는 완료형 단수로 취급하는 것이 가장 좋다.[28] 이것은 문자적인 바름을 가리키지 않고 영적 소경됨을 가리킨다. 그런 까닭에 이 어투가 마음에 적용되어야 한다. 하나님의 종으로서 이스라엘은 지혜롭게 행동해야 했다. 그리고 참 종인 그분께서도 지혜롭게 처신할 것이다(52:13). 그러나 실제 이스라엘은 지혜롭게 행동할 수 없었던 그러한 소경의 상태에 있었다. 지혜롭게 행동한다는 것은 우상숭배를 거절하는 것이요 그분의 뜻에 따라 참되신 한분 하나님을 섬기는 것이다.

44:19 본 절은 묘사를 계속 이어가고 있다. 우상숭배자는 알지도 못하고 깨닫지도 못할 뿐만 아니라 또한 "마음에 생각도…없다." 이 문구는 통상적인 "마음에 두다"보다 더 강하고 힘있는 표현이다. 그것은 명상하는 자가 자기의 생각을 조절하는 것을 암시한다. 만약 그가 실제로 자기가 하고 있는 일을 알려고 하고 참 의미를 깨

---

27) 과거형은 미래의 의미를 가질 수 있거나, 혹은 일반적인 진리를 표현하기 위하여 사용된다.
28) 구두점이 **파타흐**와 함께 있음을 유념하고, 그렇지만 레 14:42을 참고하라.

달으려고 하였다면 그는 자기의 어리석음을 깨닫고 그것을 버렸을 것이다. 그 우상 숭배자가 자기가 행한 바를 진술한다면, 그는 자기 마음속에 그 일들의 하찮은 의미를 세부적으로 떠올렸을 것이고 그리하여 자기 자신이 창조한 것을 예배하는 것이 얼마나 어리석었는가를 인정하였을 것이다. 이사야는 의도적으로 자기 메시지의 진리를 깨닫도록 하기 위하여 반복하여 같은 단어를 사용하고 있다.

그렇지만, 어찌하여 우상숭배자는 그 우상을 가증한 것으로 부르고 있는가? 아마도 선지자는 단순히, 만일 우상숭배자가 자기의 우상숭배의 실체를 보았다면 말하였을 그것을 드러내 주기를 원하였을 것이다. 영적으로 소경이 되어 그는 '너는 나의 신이다'라고 말한다. 이런 행위의 본질을 깨달았다면 그는 '너는 가증하다'고 말하였을 것이다.[29] 마지막 문장에서 불(בוּל)이란 이례적인 단어는 그 나무 자체가 산출하는 것을 가리키는 것이 아니라, 사람이 그 나무를 가지고 만들어내는 것을 가리킨다.[30]

44:20 우상숭배자는 재를 먹음으로써 스스로 속고 있기 때문에 실제로 그 우상이 가증한 것임을 알지 못한다. 그는 임의로 유익하게 하지 못할 것을 자기의 목장으로 선택하고 그것이 자기의 소유인 것으로 만족해 한다. 아마도 이 표상은 목초가 없고, 황량하고 돌이 많은 황야에서 먹는 양떼로 연상 시킨다. 펜나(Penna)는 선지자가 풍자를 하고 있는지 아니면 그 백성들의 불쌍한 상태에 대한 진정한 동정을 나타내고 있는지 묻는다. 아마도 이 양자가 혼합되어 있는 것 같은데, 그렇지만 선지자의 마음 속은 자기가 말하고 있는 자들의 상태로 차 있는 것으로 보인다. 두 번째 문장은 그 결과를 말하고 있다. "그는 재를 먹고 미혹한 마음에 미혹되어서."[31] 그러므로 두 개의 독립적 진술은 재를 먹는 자에 관한 언급이다. 타락된 결과는 그가 자기 영혼, 즉 자기 자신을 다가올 심판으로부터 구원하지도 못하고 할 수도 없다는 것이다.[32] 또한 그는 자기 손에 거짓이 있음을 인정하지도 않는다. 우상숭배는 속이는 것이다. 따라서 그것은 우상숭배자로 하여금 자기의 본래의 상태에 대해 무지한

---

29) 참고. 롬 1:18-22.
30) 직역하면, 마른 나무. 참고. 아카드어 *bulu*.
31) הוּתַל - הָתַל의 호팔과거형. 직역하면, '속임을 당한 한 마음.'
32) 1Q는 הֲכִי로 되어 있으며, 부정어 앞에 의문사를 삭제하고 있다.

채로 머물게 하며 스스로 지혜롭게 행동하고 있다고 믿도록 속인다. 그는 자기의 오른손으로 잡고 있는 것, 즉 가까운 소유안에 있는 것이 거짓임을 믿기를 거절한다. 우상숭배는 거짓이며, 그것은 없는 것을 있는 것처럼 암시해 주고 있어서 그것을 의지하는 자의 희망들을 속이기 때문이다.

21절, 야곱아 이스라엘아 이 일을 기억하라 너는 내 종이니라 내가 너를 지었으니 너는 내 종이니라 이스라엘아 너는 나의 잊음이 되지 아니하리라
22절, 내가 네 허물을 빽빽한 구름의 사라짐같이, 네 죄를 안개의 사라짐같이 도말하였으니 너는 내게로 돌아오라 내가 너를 구속하였음이니라
23절, 여호와께서 이 일을 행하셨으니 하늘아 노래할지어다 땅의 깊은 곳들아 높이 부를지어다 산들아 삼림과 그 가운데 모든 나무들아 소리내어 노래할지어다 여호와께서 야곱을 구속하셨으니 이스라엘로 자기를 영화롭게 하실 것임이로다

44:21 많은 주석가들에 의하면 "이 일"은 앞에 있는 내용을 가리킨다. 그리고 이 해석에 의하면 이스라엘이 우상숭배가 거짓이라는 것을 깨달아야 한다. 꽤 가능성이 있게도 그것들은 또한 다음에 따라오는 내용도 가리킬 수도 있으며, 그러므로 이는 이스라엘에게 그가 여호와의 종임을 기억해야 한다는 명령이다. 어쨌든 키(כִּי)는 하나의 이유를 이끄는 말로 이해될 수 있으며, 그래서 이스라엘이 하나님의 종이란 사실은 왜 그가 기억해야 하는지에 대한 이유인 것이다. 만일 그가 마음 가운데 자기가 야웨의 종으로서 그분에게 속하였다는 사실을 간직하고 있다면, 그는 우상숭배라는 속임수를 잊을 것이다.

그 나라는 야곱, 이스라엘이라는 이중적 이름으로 불림을 받고 있다(참고. 40:27). 이 말은 조상과 그 조상의 후손으로서 국가 자체를 반영하고 있는 듯이 보인다. 이 나라는, 야웨의 종으로서 모든 일들 가운데서 그분의 뜻을 행하고 세상 가운데서 그의 엄숙한 위치를 잊지 않아야 한다. 두 번째 행의 첫 문장은 이스라엘 존재의 목적을 말하고 있다. 그의 하나님 야웨께서 그로 하여금 자기의 종이 되도록 조성하였다. 그러므로 우리는 이스라엘을 단순히 윤리적으로 은사를 받은 나라로나 혹은 영적으로 민감한 나라이어서 그들 스스로 세상에 깊은 종교적 통찰력을 가져다 준 것으로 생각해서는 안 된다.

그보다 우리는 그 나라를 하나의 종으로 보아야 하며, 그 나라는 단지 하나님이

명령하신 것을 실천할 때 전적으로 하나님께 순종하기 위하여 세상에 존재한다. 이 목적을 위하여 주님은 그를 조성하신 것이다. 강조가 이익을 위한 여격 "나의"(to me)에 있다. 이스라엘은 다른 열국들의 유익을 위하여 우선적으로 존재하지 않고 인류의 일반적인 복리를 위하여 존재하지도 않으며, 그의 하나님을 위한 한 종으로 존재한다. "나의"와 "너" 사이에 대조가 전면에 부각되어 있다. 마지막 문구가 난해하지만, 그것은 아마도 "너는 나의 잊음이 되지 아니하리라"로 번역하는 것이 가장 좋을 것이다.[33] 하나님께서 이스라엘을 조성하셨고, 그들은 그분의 종이다. 그런 까닭에 그분께서는 잊지 않을 것이다.

44:22 이스라엘이 주님에게 잊혀지지 않을 것이라는 증거로써 주께서 그의 허물들을 도말하셨다는 사실이 선포되어 있고, 그런 까닭에 이스라엘이 야웨에게로 돌이키는 데에 있어서 장애물이 없다. "내가 도말하였다"는 문구의 정확한 의미에 대해 의견이 분분하다. 어떤 사람은 이것을 시편 51:3, 11에 있는 것과 같은 하나의 얼룩(죄과)제거에 연관시킨다. 어떤 사람들은 예를 들면 출애굽기 32:32에 있는 하나의 책에 있는 기록 혹은 등록을 지운다는 개념에 연관시킨다. 본 구절을 반영하고 있는 골로새서 2:14은 "우리를 거스리고 우리를 대적하는 의문에 쓴 증서를 도말하시고 제하여 버리사 십자가에 못박으시고"라고 기록하고 있다. 어떤 사람들은 지우는 행위를 구름을 제거하는 것을 가리킨다고 말한다. 아마도 이 표현의 각 세부사항들은 분명하지 않고, 필자에게는 다음과 같은 근본적 사상이 들어 있는 것으로 보인다.

하나님께서 자기의 책으로부터 이스라엘의 허물과 죄를 마치 바람이 하늘에 있는 구름을 시야에서 완전히 걷어가버리는 것처럼 지우실 것이다. 이것은 구름이 걷히어 지는 용이함을 가리킨다. 이것은 특히 근동에서 그러하였다. 애굽에서 8월 어느 날 이른 아침에 하늘이 구름이 잔뜩 끼어 있었으나, 오전의 중간이 되기도 전에 그 구름은 완전히 사라졌다. 그것이 시야에 들어 있는 구름의 덧없음이다. 허물을 지운다는 것은 하나님에게는 구름을 사라지게 하는 것보다 전혀 어렵지 않

---

33) תִנָּשֵׁנִי (틴나쉐니) – 현재 이 형태는, 후리어 동사의 경우에서와 애굽어의 $sdm.n.f$ 형태의 경우에서처럼, 대리인의 의미를 가질 수 있는 동사적 접미사를 가진 니팔형이다. 슥 7:5에 있는 צַמְתֻּנִי (참투니)를 참고하라. 1Q는 히필형, תנשאני로 읽는다.

다. 첫 번째 단어(아브, עָב)는 빽빽한 구름을 나타내고 두 번째 단어(안개)는 구름에 대한 일반적인 단어이다. 어떤 종류의 구름이든 쉽게 사라질 것이다. 구름이 하늘과 땅을 가로막고 있듯이 죄와 허물은 하나님과 그의 백성 사이를 가로막는다 (참고. 59:2).

만일 허물과 죄가 도말된다면 그것은 더 이상 존재하지 않는 것으로 간주될 것이며 백성에게 전가되지 않는다. 그것은 오직 하나님의 은혜로 말미암아 실행되는 철저하고도 실제적인 도말이다; 그리고 허물의 도말은 "너는 내게로 돌아오라"는 명령을 가능케 만든다. 그러므로 회심에 있어서도 주도권은 하나님 편에 있다.[34] 하나님께서는 그 나라에게 부드럽게 "너는 내게로 돌아오라"고 말씀하신다.[35] 명령형의 강조적 형태가 간과되지 않아야 할 것이다. 돌아온다는 것은 사람이 향하였던 그 방향으로부터 다른 방향으로 돌아섬을 포함한다. 이 경우, 죄와 허물이 백성들을 인도해 나갔던 그곳으로부터 돌이켜서 하나님에게로 돌아서는 것이다. 완전한 변화가 요구된다. "여호와여 우리를 주께로 돌이키소서 그리하시면 우리가 주께로 돌아가겠사오니 우리의 날을 다시 새롭게 하사 옛적 같게 하옵소서"(애 5:21).

마지막 진술은 명령에 대한 이유를 말하고 있으니, 곧 "내가 너를 구속하였음이니라." 이 동사는 그 의미의 골자가 빠져서는 안 될 것이다. 예레미야 31:18, 34에서처럼, 그것은 죄와 죄책(guilt)으로부터의 구속을 가리키며 죄악의 용서 이상을 의미한다. 그것은 그 백성을 그들의 죄악으로부터 돌아올 수 있도록 하기 위하여, 또한 하나님께서 그들의 죄악들을 용서하실 수 있다는 근거에서 값이 지불되었음을 의미한다. 회개하라는 명령이 주어져 있는데, 그 이유는 하나님 자신이 자기 백성을 사기 위하여 값을 지불하셨기 때문이다. 그 일의 중심에 놓여 있는 것이 그러한 개념이다. 동사가 완료형으로 되어 있다고 할지라도, 폴츠가 지적한 바와 같이 그것은 확실성의 완료이다. 그것은 포로로부터 돌아오는 것을 가리키지 않으니, 이는 그러한 행위가 하나님에 의하여 지불된 구속을 실제로 지칭하지 않기 때문이다. 이것은 죄와 죄책으로부터의 구원을 위하여 지불된 보석금(ransom)을 가리키며, 그 구원을 위하여 하나님이 지불하신 값은 주님 자신의 아들이었으며, 그 안에서 우리가 그

---

34) Penna가 바르게 지적한다, "In fondo anche nella conversone l'initziativa sempre dalla parte di Dio."

35) 엑센트의 위치를 주시하라, 뒤따라오는 후음문자로 인하여 독특한 발음을 하는 데 더 큰 힘을 필요로 한다.

의 피를 통하여 구속, 곧 죄사함을 받았다.

44:23 본 절은 이스라엘의 영광스러운 구속이 모든 피조물로 하여금 기뻐하게 한다는 사실을 지적하고 있는 22절의 약속을 강조적으로 반복한다. 모든 자연은 인류 역사와 함께 묶여 있다. 저주의 결과로 그것은 신음하며 고통을 당하고 있으며, 또한 마찬가지로 인류의 구속의 영향을 받는다(참고. 1:2; 11:6ff.; 35:1; 41:18; 43:20; 신 32:1ff.; 롬 8:19-22). 그러므로 선지자는 기쁨의 명령을 외치고 있으며, 하늘도 노래하라고 명령을 받고 있다. 깊은 데서든 낮은 데서든 우주 전체가 환희로 가득차게 된다.

그 이유가 주어져 있으니, 말하자면 야웨께서 이 일을 행하셨다는 것, 즉 자기 백성을 구속하셨다는 것이다.[36] 인간의 생각에는 불가능해 보이는 그것이 전능하신 이스라엘의 하나님이 행하셨다는 것이다. 하늘과 대조를 이루고 있는 땅의 더 낮은 부분들도 소리쳐야 한다. 이것은 시편 139:15에서처럼 떠난 자의 장소인 스올을 포함한다. 그러나 그것은 동굴, 구덩이, 땅 가운데 있는 깊은 심연을 포함할 것이다. "깊은 곳들"이란 용어에 의하여 의미된 모든 것이 포함되어 있다. 그러므로 높은 곳이든 낮은 곳이든 하나님이 창조하신 내용물 전체가 창조자께서 이루신 큰 승리를 인하여 기뻐 소리치고 노래하여야 한다.

같은 사상이 평행절을 통하여 또다시 표현되어 있다. 다만 이번에는 말씀을 받는 대상이 산과 산림이다. 땅으로부터 높이 솟아 나와 하늘을 가리키고 있으며, 또 인간들이 자주 그곳에서 자기들의 자존심과 기쁨을 발견하였던 산들이 소리쳐 노래해야 한다. 그리고 모든 각 나무를 포함하여 산림들, 곧 아름다움으로 땅을 뒤덮고 그것들의 꼭대기를 높이 계신 그들의 하나님을 향하여 들어올리고 있는 산림도 그와 같이 하여야 한다. 산들은 우상숭배를 하는 장소가 아니며 나무들도 우상들을 만들기 위해 사용되어서는 안 된다. 오히려 이 모두가 기뻐 노래해야 할 것이며, 이것은 자신을 만드신 주께서 땅에 구속을 가져다주셨기 때문이다.

마지막 행은 기뻐하는 이유 곧 야웨께서 야곱을 구속하셨고 이스라엘 가운데서

---

[36] 이 동사는 절대적 의미를 가지고 있다. 참고. 41:4. 완료형은 확실한 약속을 가리킨다. 이사야는 구속이 너무나 확실하므로 피조물의 합창대에게 찬송을 부르라고 명령하고 있는 것이다.

자신을 영화롭게 하실 것이라는 사실을 말하고 있다. 이스라엘은 그들을 통하여 그들에 의하여 하나님께서 영광을 받으실 계기이자 도구이다. 산들과 산림의 나무들은 놀라운 방법으로 창조주 하나님의 영광을 나타내는 반면, 이스라엘의 구속은 하나님의 구원하시고 구속하시는 영광이 나타나게 될 하나의 행위이다. 창조보다 더욱 놀라운 것은 새 창조, 즉 이스라엘의 하나님이요 하늘과 땅의 창조자이신 야웨께서 존재하게 하신 구속받은 인류이다.

24절, 네 구속자요 모태에서 너를 조성한 나 여호와가 말하노라 나는 만물을 지은 여호와라 나와 함께한 자 없이 홀로 하늘을 폈으며 땅을 베풀었고
25절, 거짓말하는 자의 징조를 폐하며 점치는 자를 미치게 하며 지혜로운 자들을 물리쳐 그 지식을 어리석게 하며
26절, 내 종의 말을 응하게 하며 내 사자의 모략을 성취하게 하며 예루살렘에 대하여는 이르기를 거기 사람이 살리라 하며 유다 성읍들에 대하여는 이르기를 중건될 것이라 내가 그 황폐한 곳들을 복구시키리라 하며
27절, 깊음에 대하여는 이르기를 마르라 내가 네 강물들을 마르게 하리라 하며
28절, 고레스에 대하여는 이르기를 그는 나의 목자라 나의 모든 기쁨을 성취하리라 하며 예루살렘에 대하여는 이르기를 중건되리라 하며 성전에 대하여는 이르기를 네 기초가 세움이 되리라 하는 자니라

📖 서론적 특주

24절은 "네 구속자요 모태에서 너를 조성한 나 여호와가 말하노라"는 머리말을 담고 있다. 그리고 나서 "나는…여호와라"는 진술이 나타나고 이 진술 다음에 아홉 개의 분사들이 나타난다. 본 구절들은 더욱 세 개의 연 혹은 단락으로 나뉘어진다. 제1단락(24하)에 3개의 행이 있고 각기 분사형으로 시작한다.

두 번째 단락(25, 26상)은 역시 3개의 행으로 되어 있으며, 각기 한 분사로 시작하고 미완료형 동사로 마친다. 각 행은 역시 두 부분으로 되어 있고, 교차적인 스타일로 정돈되어 있다. 예를 들면 이렇다. "폐하며, 거짓말하는 자의 징조를, 점치는 자를 그가 미치게 하며."

세 번째 단락 가운데 세 개의 행(26하-28상)이 있고 각기 분사와 정관사로 시작하고 미완료형으로 된 동사로 마친다. 첫 행은 세 부분들로 구성되어 있고, 반면에 다른 두 행들은 각기 두 부분들로 되어 있다. 첫째와 두 번째 행에서는 동사가 1인칭 미완료로 되어 있고, 반면에 세 번째 행에서는 3인칭으로 되어 있다. 마지막으로, 28절의 마지막 행은 "말하다"라는 동사(이 동사가 세 번째 단락의 각 행을 이끄는 분사들로 사용되었음)의 부정사 연계형으로 시작하며, 이 행 역시 두 부분으로 되어 있고 미완료형 동사로 마친다.

44:24 이 문구와 함께 선지자는 자기의 주제의 발전에 있어서 새로운 단계로 이끌어 간다. 44:24-48:22에서 그는 기름부음을 받은 자 고레스와 그가 가져다 줄 구원에 대해서 말한다. 동시에 고레스는 하나님의 백성에게 영적 구원을 가져다 주실 유일한 종의 사역을 이해하는 준비 역할을 한다. 비록 여기서 하나의 새로운 단락이 시작되기는 하지만, 이 단락과 앞 단락 사이에 구별을 너무 날카롭게 하려는 것은 잘못일 것이다. "그러므로 나 여호와가 말하노라"는 문구는 23절에 진술된 진리로부터 자연스럽게 흘러나온다. 사실상 이 구절은 24절에 대한 준비이다. 강조가 "그러므로 여호와께서 가라사대"란 머리말을 통하여 주어진 메시지의 엄숙성에 있다. 선지자는 두 개의 분사로 이스라엘의 역사를 요약한다. 그러나 그는 먼저 이스라엘 국가의 형성에 대하여 말하지 않고, 그 나라의 구속에 대해서 말하고 있으며, 이것은 이 구절들의 대 주제이기 때문이다. 더 나아가서 "구속하다"란 어근은 앞 절에서 방금 말한 내용과 연결된다. 야웨께서 그 나라를 조성하셨다는 사실보다 더 중요한 것은 주께서 그 나라를 구속하셨다는 사실이다. 그리고 그 나라를 구속하신 주님은 모태에서 그를 조성하신 분이셨다(44:2에 대한 주석 부분을 참고하라). 그 나라의 조성으로부터 구속에 이르기까지 전 역사를 통하여 이스라엘은 그의 하나님과 특별한 관계 가운데 있었다. 그러므로 그 나라의 역사를 주관하신 하나님은 그 어느 누구와도 달리 그 나라의 미래에 관하여 말씀할 수 있으시다.

"나는 만물을 지은 여호와라"는 첫 번째 진술은 야웨께서 창조자라는 사실을 가리킨다. 여기서 이사야는 분명하게 마너지즘(monergism, 중생이 배타적으로 성령(하나님)의 사역이라고 하는 신학 교리―역자주)을 강조한다. 창조자로서의 그분에게서 기원되지 않은 것은 없다. 두 번째 행은 이 하나님의 마너지즘이 하늘에까지 영향을 미친다고 말하고 "홀로"(직역하면, 나의 분리를 위하여, to my separation) 라는 단어가 덧붙이고 있는데, 그렇게 하여 어떤 하나님을 도운 자나 협력자가 있었 다는 사실을 부정한다. 주님 홀로 하늘을 펴셨다. 마지막으로 세 번째 행에서 하나 의 분사가 창세기 1장의 궁창(라키야, רָקִיעַ)을 반영하는 단어이고, 하나님 홀로 땅 을 펴셨다는 것을 가르친다. 그분 홀로 창조자라는 사실을 보여 주기 위하여 "누가 나와 함께 하였느냐?"라고 묻고 있다.[37]

"땅"(הָאָרֶץ)에 대해 더 분명한 한계를 지으며 말하고 있는 세 번째 행에서 거의 경멸적 인 도전의 형태로 "누가 나와 함께 하였느냐?"(מִי אִתִּי)라는 마너지즘이 선언되어 있 다. 이 질문은 하나님 홀로 인간이 살고 있는 땅을 창조하셨고, 하나님이 크시다는 사실 을 인간에게 부정해 보도록 도전하기 위한 것이다. 여호와의 마너지즘을 더 강조하면 서 이 연의 주제는 하나의 결정적 절정을 보여 주고 있으며, 이와 함께 이 특징의 중요 성, 즉 증대되는 분명성이(만물, 하늘, 그 땅) 나중에 더 분명해질 것이다.[38]

이 질문은 부정적 대답, 곧 아무도 그와 함께한 자가 없다는 것을 암시한다.

만물이란 단어에 대해서는 그 어떤 수식어구도 필요로 하지 않는다. 만일 하나님 께서 만물을 만드셨다면, 분명히 조력자는 없는 것이다. 하늘에 대해서는 그 방대한 하늘을 그분 홀로 만드셨다. 그 땅(정관사를 주시하라)을 만드실 때, 아무도 없었 다. 표현의 다양성이 두드러져 있다. 본 절은 창조자 여호와의 사역을 강조하고 있 으며, 인간의 생각이 미칠 수 있는 가장 먼 과거에 있었던 사건, 곧 만물의 창조를 가리킨다. 그것은 창세기 1:1에 언급되어 있는 내용을 말하고 있으며, 그 구절을 상 기시키고 또한 그 주석을 제공해 주고 있다.

44:25 첫 번째 연(24절)이 멀리 떨어진 과거를 가리키는 것처럼, 두 번째 연 (25, 26상)은 현재를 가리킨다. 그것은 "미래를 분별하려 하고 '아버지께서 자기의

---

37) 케티브의 מִי אִתִּי(미 잇티)와 함께 읽어보라. 1Q도 그렇게 읽는다. 벌겟은 *nullus mecum*.

38) Oswald T. Allis, *"The Trancendence of Jehovah God of Israel," Biblical and Theological Studies*, New York, 1912, p. 605. 나는 이 단락을 연구하는 데 이 논문에 크 게 도움을 입었다.

권한 아래 두신 때와 기한'을 알려고 하는 인류의 바램과 노력과 요구에 대한 하나님의 태도를 취급하고 있다. 그 대답은 명백하니, 곧 미래는 하나님에게 속하였다는 것이다. 주님은 자기 영역에 들어오려는 모든 시도를 좌절시키시며 그 침입자를 혼란으로 덮으신다. 그러나 그것이 그분에게만 속하여 있기 때문에 그분만이 비밀을 드러내실 수 있고 또 드러내시며 자기가 나타내신 모든 것을 이루신다."[39] 그러므로 미래를 분간하려는 인간의 방법들의 불확실성과 하나님의 계시의 확실성 사이에 날카로운 대조가 나타나 있다.

밧딤(בַּדִּים)은 수다장이들 혹은 지껄이는 자들인데, 자기들이 알지 못하는 일을 지껄이는 자들이다. 그런 까닭에 그들이 또한 거짓을 말하는 자들이요 거짓말장이라는 뜻이 내포되어 있다. 이것은 진리가 아닌 것을 말하는 선지자들을 가리킨다.[40] 징조들은 거짓 선지자들이 자신이 신의 사자라는 것을 증명하기 위하여 행하는 기사들이다. 많은 주석가들은 "징조"란 단어를 선지자들이 사용하는 전조(omen)를 가리킨다고 말하지만, 그러나 신명기 13:1-5에 비추어볼 때, 그것은 징조 자체들, 곧 시행된 분명한 기사를 가리킬 수 있다. 이것들은 힘있는 징조들이지만, 그러나 모든 역사를 주관하시는 하나님께서 그것들을 뒤집어 엎어서 그것을 시행하는 자들로 하여금 어리석은 자로 드러나게 하실 수 있으시다.

점치는 자(diviner)로 번역된 단어는 일반적인 단어이다. 깔려 있는 의미는 제비를 던져서 신탁을 얻는 자라는 개념이다. 구약에서 그 어근이 상당히 널리 사용되었다. 그것은 예를 들면, 발람에 대해서(수 13:22), 엔돌의 여자 무당에 대해서(삼상 28:8), 그리고 거짓 선지자들에 대해서(렘 27:9; 29:8; 미 3:7) 사용되었고, 또한 블레셋의 예언자들에 대해서(삼상 6:2)도 사용되었다. 하나님께서는 이 사람들을 미치게 만들어서 어리석게 하신다. 그들은 종교 계층의 대표자들이다. 그들은 어떤 의미에서 초월적 존재를 믿는다. 최소한 그들은 자기 자신들보다 더 강한 능력자를 믿으며 스스로의 힘과 스스로 고안한 방법을 가지고 미래에 관한 정보를 얻기 위하여 이 능력을 얻으려고 힘쓴다.

두 번째 행에 언급된 지혜로운 자들은 첫 행에 언급된 자들처럼 하나님에게 대해

---

39) *Ibid.*, p. 602.
40) J. W. Behr, *The Writings of Deutero-Isaiah and the Neo-Babylonian Royal Inscriptions*, Pretoria, 1937, p. 28에 의하여 제언된 것과 같은, 바벨론 바루 제사장들과 어떤 특별한 관계가 있는지는 의심스럽다. 또한 Volz를 참고하라.

서 공개적인 적대감과 대립을 나타내 보이지 않으며, 그래서 지나치게 거칠게 혹은 잔인하게 다루어지지 않고 있다.

그러나 다른 의미에서 운율 형태의 작은 진보에 상응하는 약간의 발전이 있다. 첫 행의 악인들이 비록 여호와의 원수이기는 할지라도 초자연적인 세력과 그 대리자들을 인정하는 것으로 보이는 반면에 두 번째 행의 "지혜로운 자들"은 그를 모른다. "어리석은 자처럼" 그들은 자기들 마음속에 "하나님이 없다"고 말한다. 현대의 실증주의자처럼 그들은 종교적 단계를 넘어 어떤 면에서 최소한 공개적인 적대보다 더 죄가 되는 태도를 가지고 있는 것이다.[41]

지혜로운 자들은 스스로의 지혜로 자기 자신들을 지혜있는 자로 간주하는데, 이는 그들이 위로부터 오는 지혜를 받지 못하였기 때문이다. 그들은 없어질 이 세상의 지혜의 대표자이다. 비록 이들이 자기 스스로를 특별한 통찰력과 실질적인 모략을 제공해 주는 능력의 은사를 받았다고 생각했던 자들(참고. 29:14)이라고 펜나(Penna)가 올바르게 말했을지라도, 우리는 이 지혜가 어떤 특별한 형태로 나타났는지 알지 못한다.

다윗은 아히도벨의 모략을 어리석게 하여 달라고 기도하였었는데(같은 동사가 여기서 사용되었다), 이처럼 하나님께서는 지혜로운 자들을 어리석게 만드신다; 그것은 주님이 그들을 무효케 하시고, 실패케 하시며 낙담하게 하신다는 것이다. 주님의 능하신 힘 앞에 그들의 지혜는 그 정반대 곧 어리석은 것으로 드러난다. 그들이 지식으로 말하고 나타내는 것을 주님은 어리석은 것으로 만드시고, 그들로 부끄러움을 당하게 하신다.

44:26 본 절의 첫 행은 두 번째 연의 세 번째 행이며, 앞의 두 행들과 반의적 평행법을 이루면서 대조되어 있다. 여호와께서는 자신의 종의 말을 세우실 뿐만 아니라 자신의 목적들을 이루신다. 수다장이들이 제공하는 징조들은 혼란함이 될 것이고 이 세상의 모든 지혜는 어리석게 될 것이지만, 여호와의 종이 말씀하신 말씀은 응하게 될 것이다. 일찍이 (40:8) 이사야는 하나님의 말씀이 영원히 설 것이라고 말

---

41) Allis, *op. cit.*, p. 606.

했었다. 이제 같은 동사를 사용하여 그는 하나님께서 자기 종의 말을 응하게 할 것임을 지적하고 있다. 강조가 여기서 명제적 계시에 주어져 있다. 하나님을 떠난 인간 지혜를 나타내는 술객들과 점술가들의 그릇되고도 은밀한 수단들과 대조적으로, 하나님은 자신이 친히 말씀을 통하여 말씀하신다. 주님은 인간에게 언어 계시를 해 오셨으며 주님은 이 계시를 응하게 하실 것이다. 주님은 세상 지혜의 계시들에게 영향을 주실 수 있지만, 주님 자신의 계시는 영향을 받지 않으신다. 그것은 굳게 설 것이다. 복수형인 "종들"로 읽기 위하여 본문을 고친다는 것은 위법이니, 이는 그 단어가 이 특별한 예언을 말하는 자, 말하자면 이사야 자신이기 때문이다. 하나님으로부터 떠나 미래를 말하는 미신과 대조하여 선지자는 이제 이스라엘의 구원에 대한 이 참된 예언을 전해 주고 있다. 이 말씀은 성취될 것이며, 오직 그것만이 설 것이다.

본 행의 두 번째 구성요소의 후반부에 있는 단어(그의 사자들―개역은 '나의 사자'라고 되어 있으나 맛소라 사본대로라면 '그의 사자들'이 옳다―역자주)는 참 선지자들을 가리키는데, 그들 중 한 사람이 이사야이다. 이 선지자들은 주님의 모략과 주님 자신의 지혜로운 구원의 계획을 증거하도록 여호와로부터 보냄을 받았다. 이 계획이 하나님의 모략과 계획의 역사 가운데서 드러났다.

권위로 자기 자신을 세우며 참으로 주님의 종이 아닌 자들이 아닌, 주님의 사자들에 의하여 사람에게 알려지고 그 나라에 선포되어야 할 계획이다. 주님은 이 모략을 실현시키고 완성하실 것이다. 그러므로 역사는 그 자체가 이스라엘의 하나님에 의해서 미리 결정된 계획에 따라 펼쳐지며, 그것은 모든 하나님의 계획이 완성되기까지 계속 펼쳐져 나갈 것이다. 그러므로 수다장이들의 징조들은 좌절되고 폐지될 것이다. 그것들은 의미 없는 것들이고 아무것도 성취되지 않을 것이다. 다른 한편, 야웨의 종의 말씀은 참으로 성취되고 구속의 계획 가운데 표현된 하나님의 지혜는 결실하여 응할 것이다.

26절의 두 번째 행과 함께 세 번째 연이 시작된다. 앞의 두 행처럼, 이 행(行) 역시 아마르(אָמַר)의 현재 분사와 정관사로 시작하고 있다. 우리는 영어로 "말씀하시는"(who says)으로 번역할 수 있고 각 경우 여호와를 수식한다. 첫 번째 연이 과거를 다루고 두 번째가 현재를 다루는 것처럼, 이것은 미래를 말하고 있다. 더 나아가서 첫 번째 연이 매우 먼 과거에 대해서 말했던 것처럼, 이것 역시 매우 먼 미래를 바라보고 있다고 정당한 근거로 가정할 수 있다. 그러므로 선지자가 여기서 고레스와 동시대 인물로서, 혹은 페르시아 왕이 곧 지평에 나타날 것을 바라보는 사람으로서, 말하고 있다고 주장하는 것은 옳지 못하다. 선지자의 입장에서 고레스의 출현은 먼 미래에 있을 일이다.

하나님께서 오랫동안 버림당한 성읍이요 그 거민들이 강탈당했던 성읍으로써 예루살렘에게 말하고 계신다. 진노의 오랜 시기가 끝나고 다시 한 번 더 예루살렘이 백성으로 가득할 것이다. 이와 같이 오랫동안 폐허되고 황폐된 채 남아 있던 유다의 성읍들도 중건될 것이다. 이 일이 주님 자신의 사역을 통하여 성취될 것이다. 예루살렘의 회복은 이스라엘의 하나님의 사역이다.[42] 그러므로 바벨론 포로는 영구적인 상태가 아니고 그들의 죄로 인하여 선택받은 백성에게 닥쳤던 진노의 시기이다.

44 : 27 27절은 한 행으로 구성되어 있으며, 그것은 또한 세 번째 연의 두 번째 행이다. 세번째 연의 첫 행처럼, 그것은 "에 대하여는 이르기를"(who says)로 시작하고 있으며 그 말씀의 대상은 "깊음"이다. 주석가들은 "깊음"의 의미에 대해서 의견이 분분하다. 예를 들면 탈굼(Targum)은 그 단어를 바벨론의 부에 대한 은유적 묘사로 취급한다. 이 단어는 하나님께서 자기 백성을 예루살렘으로 회복시키는 길에 놓여 있는 장애물을 의미하는 것처럼 보이며, 예레미야 23:7, 8에 비추어 "우리는" 홍해 바다에서의 기적을 반영하고 있다고 말할 수 있다. 첫 번째 출애굽 사건에서 하나님의 능력이 그 나라가 홍해 물을 안전하게 통과하여 나아가는 데 나타났던 것처럼, 이제는 바벨론을 통하여 표명된 세상 세력으로부터 구원받음에 있어서 그 능력이 다시 나타날 것이며 그 길에 어떤 것이 놓여 있을지라도 완전히 제거될 것이다.[43]

동시에 홍해 통과에 대한 언급은 그것을 가리키는 것만으로 끝나지 않는다. 그리고 또한 바벨론도 하나님의 백성의 대적으로 암시하는 것으로 보인다. 이것은 우리가, 이 문구에서 바벨론의 함락을 가능하게 만들기 위하여 고레스가 자연적 상태의 유프라테스 강을 변형시킨 사실을 언급한 것으로 보았던 구 해석을 받아들일 수 있다는 것을 의미하지는 않는다. 그 이유는 헤로도투스(Herodotus)의 기록이 설형문자 기록들에 의해 이 점에 있어서 지지될 수 없다는 사실이 입증되었기 때문이다. 동시에, 하나님의 나라의 촉진과 그리스도의 오심을 방해하였던 것은 인간의 범세

---

42) 여기서 선지자는 고레스를 소개할 준비를 하기 위하여 제1인칭으로 돌아간다.
43) 참고. Allis, *op. cit.*, p. 607.

계적 제국의 심장인 바벨론이었다. 하나의 큰 심연과 같은 이 바벨론은 사라져야 한다. 그러나 바벨론까지도, 단순한 하나의 명령으로도 깊음을 마르게 하실 수 있는 모든 피조물의 주인에게는 상대가 되지 않는다.[44]

아마도 "네 강물들"이란 문구는 단순히 깊음에 대한 또 다른 호칭일 것이다. 다른 곳에서 이 단어가 바다로 사용되었다(참고, 시 24:2; 욘 2:4). "너의"라는 접미사는 깊은 그 자체를 가리키는 것처럼 보인다. 그러므로 강들은 깊음에 속한다. 전체 묘사는 분명히 완전한 그림을 제시하기 위한 것이다. 모든 자연은 이스라엘의 하나님의 명령에 순종해야 한다. 첫 번째 동사를 명령형으로 만들고 두 번째를 미완료형으로 만듦으로써 변화를 준다. 그러므로 하나님의 말씀과 그분의 능력 사이에 연결점이 있다. 그는 말씀하시고 행하신다. 또한 간과하지 않아야 할 것은 본 절에 있는 "마르라"(호라비, חָרְבִי) 와 앞 절에 있는 "황폐한"(호르보테야, חָרְבוֹתֶיהָ)과의 관계이다.

44:28 선지자는 이제 보다 명확하게 말한다. 본 단락의 첫 행이 해방에 대한 언급이 없이 예루살렘과 유다의 회복을 말하고 있고, 또 두 번째 행이 해방과 구원을 언급하고 있는 반면, 이 세 번째 행은 회복과 구원을 이룰 사람의 이름을 거론한다. "고레스에 대한 언급은 결과적으로 이 행 가운데 서 있는 절정의 요소이다. 그것은 그의 이름에 대한 언급이며 그가 의미심장한 구원자라는 선언이며 또한 이것이 본 연과 시, 이(this) 행의 절정이다."[45] 그러므로 여기에는 여호와(참고. 나는 여호와라, 24절)와 고레스 사이에 하나의 대조가 소개되어 있다. 야웨와 대조하여 고레스는 아무것도 아닌 존재이며, 이것은 그가 여호와의 손에 들려진 하나의 도구에 불과하기 때문이다. 이스라엘의 하나님의 크고 놀라운 사역은 이 시의 앞 부분에 개진되어 있으며, 이 구절들과 고레스 자신과 대조하는 것은 아무런 결과도 가져올 수 없다. 동시에 고레스는 높아 지는데, 이것은 그가 여호와께서 자기의 모든 기쁨을 이룰 수 있는 주님의 목자이기 때문이다. 그의 임무는 독특하고도 비상한 것이다. 본 단락의 절정을 이루고 있는 것이 이 고레스에 대한 언급이다. 만일 그의 이름이 지워진다면, 이 구절의 의미는 파괴되지는 않는다고 할지라도 크게 손상을 입는다. 또

---

44) 어근 אָמַר은 여기서 명령의 의미를 가질 수 있을 것이다(아랍어에서처럼). 그것이 고레스가 행한 유프라테스 강의 말림(drying up)을 가리킨다고 Gesenius는 생각하였다(Herodotus i. 185, 190).

45) Allis, *op. cit.*, p. 609.

한, 고레스에 대한 언급이 마지막 단락에 나타나므로, 우리는 그가 여기서 먼 훗날에 나타날 인물로 묘사되어 있다고 가정할 수 있는 것이다. 물론 이사야 자신은 그의 이름을 알 수가 없었으나, 성령의 영감을 받은 참 선지자로서 그는 이러한 명확한 방식으로 고레스의 이름을 말할 수 있었다.

고레스는 지금 메마른 광야에서 고달픈 생활을 하고 있는 주님의 백성을 먹이고 그들의 본국으로 돌아오게 인도할 여호와의 "목자"로 말해지고 있다. 이 "목자"라는 용어는 아주 다양한 용례를 가지고 있다(겔 34:23; 마 25:32; 요 10:1-14; 벧전 2:25). 그것은 또한 그 백성의 우두머리인 왕에 대하여 사용되기도 한다(삼하 5:2; 렘 3:15).[46] 이 단어는 고레스가 하나님 자신의 백성에 대한 중대한 목자의 기능을 시행하도록 순종한다는 사실에서 여호와와 고레스 사이에 긴밀한 관계를 보여 주고 있다. 구속의 역사상 이 특별한 시점에서 페르시아 왕은 이스라엘 집의 잃어버린 양을 모으는 임무를 부여받고 있다. 이러한 칭호를 사용함으로써 고레스는 크게 영예롭게 하고 있다. 그 이유는 하나님의 백성을 치는 것이 메시아의 임무이며, 고레스가 여기서 참된 메시아요 양을 위하여 자가를 버리시는 하나님 백성의 목자인 여호와의 종의 모형으로 서 있기 때문이다.

목자의 능력으로 고레스는 하나님의 "모든 기쁨"을 성취할 것이다. 이 구절은 자연적으로 제한되어 있다. 곧 하나님의 모략 전체를 가리키는 것이 아니라 유대인들을 포로로부터 구원하고 회복시키는 일만을 가리킨다. 야웨께서 자기 백성의 회복에 대해서 발표하신 모든 것을 하나님께서 자기 백성 위에 세우시는 목자 고레스가 성취할 것이다.

"이르기를"이라는 난해한 문구에 대한 올바른 해석에 대하여 해석학적 문제가 일어난다. 루터는 그것을 막연하게 취급하여 "사람이라고 말할 수도 있다"로 해석한다. 다른 사람들은 그것을 여호와를 가리킨다고 한다. 아마도 그것이 고레스를 가리킨다고 보는 것이 가장 좋을 것이다. "그가 예루살렘에게…라고 말함으로써 모든 나

---

46) 이 호칭은 고대 근동의 문서에 자주 나타나는데, 예를 들면, Amarna, text 288, "나는 왕의 목자다". *Iliad* ii. 243, 백성의 목자(ποιμὴν λαῶν) 그리고 다른 실례들을 위해서는 Behr, *op. cit.*, p. 22를 보라. 여기 있는 용법은 본 구절의 연대에 대하여 아무것도 증명하지 못한다(contra Behr). 참고. Wm. W. Hallo, "New Hymns to the Kings of Isin," *Bibliotheca Orientalis*, Vol. 23, No.5/6, 1967, pp. 239-247. 비문들 가운데는 "영웅, 의로운 목자"와 "참 목자"(2100-1800 B. C.)같은 표현들이 있다.

의 기쁨을 성취하리라."⁴⁷⁾ 그렇다면 마지막 문구는 예루살렘과 성전에게 직접적으로 말한 발언으로 취급되어야 할 것이며, 제2인칭으로 번역되어야 할 것이다.

성전은 목자로서의 고레스가 지시 받은 사역의 목적이다. 만일 성전이 건설되려면 그 성읍이 건설되어야 하고, 이것을 가능하게 하는 자가 고레스라는 것이다. 이것은 주님의 나라에 대한 하나님의 궁극적 목적이 아니고, 그들이 자기들의 땅에 다시 정착될 수 있기 위하여, 그리고 다윗의 가계를 통하여 최종적으로 메시아께서 베들레헴에서 탄생될 수 있도록 하기 위하여 밟아야 하는 당연한 단계이다.

45장

1절, 나 여호와는 나의 기름받은 고레스의 오른손을 잡고 열국으로 그 앞에 항복하게 하며 열왕의 허리를 풀며 성문을 그 앞에 열어서 닫지 못하게 하리라 내가 고레스에게 이르기를
2절, 내가 네 앞서 가서 험한 곳을 평탄케 하며 놋문을 쳐서 부수며 쇠빗장을 꺾고
3절, 네게 흑암 중의 보화와 은밀한 곳에 숨은 재물을 주어서 너로 너를 지명하여 부른 자가 나 여호와 이스라엘의 하나님인 줄 알게 하리라
4절, 내가 나의 종 야곱, 나의 택한 이스라엘을 위하여 너를 지명하여 불렀나니 너는 나를 알지 못하였을지라도 나는 네게 칭호를 주었노라
5절, 나는 여호와라 나 외에 다른 이가 없나니 나밖에 신이 없느니라 너는 나를 알지 못하였을지라도 나는 네 띠를 동일 것이요
6절, 해 뜨는 곳에서든지 지는 곳에서든지 나밖에 다른 이가 없는 줄을 무리로 알게 하리라 나는 여호와라 다른 이가 없느니라
7절, 나는 빛도 짓고 어두움도 창조하며 나는 평안도 짓고 환난도 창조하나니 나는 여호와라 이 모든 일을 행하는 자니라 하였노라

45:1 머리말들은 메시지의 위엄을 상기시킨다. 비록 그것들이 앞으로 선포될 내용에 특별히 주의하게 할 어떤 단절을 야기 시킬지라도, 그것들이 반드시 전적으로

---

47) 와우를 가진 부정사 연계형은 앞의 정형동사를 지속시켜 준다.

새로운 시작을 암시하지 않는다. 이어질 내용은 바로 앞 구절에 의하여 준비되어 왔다. 그렇다면 이어지는 구절들을 여호와의 말씀으로 생각하는 것이 옳으며, 따라서 이것이 고레스에게 주시는 이스라엘의 하나님의 메시지라는 신적 확인을 받고 있다고 생각하는 것이 옳을 것이다.

"기름 받은"은 고레스가 주님께 갖고 있는 긴밀한 인격적 관계에 대한 사상, 곧 앞 절에서 "나의 목자"로 소개된 사상을 이어가고 있다. 구약성경에서 '기름 부음 받은'이란 용어는 광범위하게 사용된다. 사무엘하 1:21에서 방패가 기름 부음을 받은 것으로 말해지고 있는 것처럼 보인다. 시편 105:15은 선지자들을 기름부음을 받은 자로 언급한다(참고. 대상 16:22과 평행절임). 그리고 여러 구절이 왕과 제사장을 기름부음 받은 자로 말한다. 이 용어는 또한(비록 반대 의견이 있기는 하지만) 시편 2:7과 다니엘 9:25이하에서 구속자이신 메시아 왕에 대해 사용된다.

마쉬아흐(מָשִׁיחַ, 기름 부음 받은 자)란 형태는 수동분사 마슈아흐(מְשֻׁחַ)보다 더 강하다. 그것은 무엇보다도 기름부음이 일어났다는 사실을 나타낸다. 둘째로 그 행위가 한 사람에게 시행되었을 뿐만 아니라, 그때로부터 그가 기름부음을 받은 자로 간주된다는 것이다. 이제 영구적으로 그에게 이 칭호가 붙는다. 그는 계속적으로 기름부은 자의 특성을 지니는 것이다. 마지막으로, 기름부음으로 그에게 나눠주신 것이 여호와의 성령이신데, 그 기름부은 자는 그의 위에 성령이 머물러 있는 자라는 것이다.

기름부은 자에게 생기는 결과는 반드시 각 경우마다 모두 같지는 않다. 그러므로 그 구속자는 고레스보다 훨씬 더 깊은 의미에서 기름 부은 자인 것이다. 고레스가 기름부음을 받았다는 것은 하나님께서 고레스로 하여금 자기의 특수한 임무를 수행하도록 하기 위해서 그에게 그의 성령을 부었다는 것을 암시한다. 그것은 고레스가 이스라엘의 하나님을 진심으로 예배하는 자가 되었다는 것을 반드시 의미하는 것은 아니다. 또한 많은 주석가들이 주장하는 바와 같이, 그 기름부음이, 그가 거룩하게 성별되어 왕으로서의 직임에로 들어갔다는 것을 의미하는 것은 아니다. 그보다 이 용어는 그가 성취해야 할 구체적 임무가 있다는 것이며, 또 이것을 위하여 그가 이 임무를 수행하도록 그를 무장시켜 주시기 위하여 그에게 성령을 부어 주신 이스라엘의 주권자 하나님에 의하여 기름부음을 받았다는 것을 암시한다. 이러한 의미에서 고레스는, 죄와 죄책의 영적 노예상태로부터 자기 백성을 놓아 주시는 임무를 수행하게 되도록 하나님의 성령이 고레스에게 임하였던 그것보다 훨씬 더 무한정으로 충만하게 임하였던 여호와의 메시아 종의 모형이다.

본 절의 나머지 부분은 주님과 고레스의 관계에 대한 묘사와, 다음절부터 시작되는 왕에게 실질적으로 주어지는 말씀으로 구성되어 있다. 손으로 왕을 잡는 행위는 그가 야웨의 통치 안에 들어 있음을 암시한다. 그는 실패하지 않도록 그리고 어떤 사람도 그를 좌절시키지 못하도록 그를 붙드시는 주님에 의하여 세워졌다.[1] 그의 생애는 이스라엘의 하나님의 손에 들어 있다. 그의 오른손이 하려고 결정하는 것은, 오직 하나님에 의하여 지시를 받았기 때문에 하는 것이다. 비록 고레스는 부정할지라도, 자기의 운명을 스스로 개척해 나가는 자가 아니다.

그 다음 문장들은 고레스의 통치의 목적을 말하고 있다. 하나님께서는 "열국으로 그 앞에 항복하게" 하실 것이다.[2] 고레스는 열국들이 하나씩 차례로 그 앞에 엎드러지게 되는 정복자가 될 것이다.

더 나아가서 하나님께서는 "열왕의 허리를 풀" 것이니, 즉 주님은 그들이 싸울 수 없도록 허리띠를 없애거나 풀 것이다. 고레스의 자원 만으로는 그의 강력한 정복은 일어나지 않았을 것이다. 원수국가들을 약화시켜서 이 페르시아 군주 앞에 설 수 없도록 만드는 것은 하나님의 손이다.

"문"이라는 언급 가운데서 우리는 바벨론 자체에 대한 구체적 언급을 보게 될 것이다. 헤로도토스가 바벨론에 대하여 다음과 같이 기록하였을 때 그는 과장하였던 것으로 보인다. "벽을 선회하여 일백 개의 문들이 있는데, 문기둥과 상인방이 모두가 청동인, 청동문으로 되어 있다"(i. 179). 그 성읍의 문이 열릴 때만 정복자는 들어가서 소유물을 취할 수가 있다. 더 나아가서 성읍의 문이 방해하지 않는다. 이것은 닫혀있지 않을 것이기 때문이다.[3] 여호와의 손에 붙들린 고레스는 자유롭게 드나들 수 있게 된다.

45:2 본 절과 함께 고레스를 향한 직접적인 말씀이 시작된다. 그것이 비록 직접

---

1) 직역하면 '내가 그의 오른손으로 더불어 강하게 하였다' (즉 지지시켜 주었다, 유지시켜 주었다)
2) דד는 **파타흐**를 가진 축약형이다.
3) 참고. 느 3:3, 13-15. North는 그 성문 (שער, 쉬아르) 문들(דלתים, 델타임),볼트와, 빗장으로 구성되어 있었다고 주장한다. יסגרו (이싸게루) – 부정어로 말미암아 **와우**로부터 분리된 반복 미완료, 그리고 부정사 뒤에 따라오는 것은 아마도 변화를 주기 위한 것일 것이다.

적으로 구원에 대해 언급하지 않고 그것을 위한 준비에 대해서만 말하고 있을지라도 그것은 구원의 말씀이다. 단계가 설정되어 있어야 하며, 구속자가 나타나도록 적절한 상태가 만들어져야 한다. 이러한 상태가 되도록 하기 위하여 먼저 바벨론에서의 노예상태로부터 자유가 주어져야 하고, 이 일을 이룬 자가 고레스였다. 도입부는 출애굽기 23:20 이하를 상기시켜 준다. 강조가 인칭 대명사에게 주어져 있다. 만일 야웨께서 고레스 앞서 나아가신다면, 성공적인 정복은 확실시 된 것이다. "나"와 "너" 사이에 대조가 나타나 있다. 하두림(הֲדוּרִים)이란 단어는 난해하니, 이는 그것의 정확한 개념이 알려져 있지 않기 때문이다. 그러나 문맥은 그것이 페르시아 왕의 앞길에 서 있을 난관을 가리킨다.[4] 하나님께서는 그 난관을 고르게 하여 그 길을 평평하게 할 것이다. 놋문은 고레스를 저지하지 못할 것이며, 이것은 하나님께서 깨뜨리실 것이기 때문이다. 그리고 만일 쇠빗장이 있다면 주께서 그것을 꺾을 것이다. 두 개의 표상은 어려운 장애물임을 암시하지만 주님 앞에서 쉽게 사라질 것이다. 틀림없이 여기에 바벨론 성읍의 문들에 대한 암시가 들어 있는데, 이러한 것은, 알렉산더가 말한바와 같이, "그러한 사소한 것들 중 하나까지 역사와 일치한다."[5]

페르시아 왕의 승리의 행진은 그 자신의 지혜와 능력으로 이루어진 것이 아니고 주님의 능력으로 이루어진 것이다. 하나님께서는 그 왕의 길을 쉽게 만들고 난관들이 사라지도록 하기 위하여 일상생활의 모든 사건도 그렇게 역사하신다.[6] 세상에서는 고레스가 능력 있는 정복자, 전쟁 방법에 있어서 지혜를 가진 자로 보였을 것이다. 그러나 사실이 그럴 수도 있겠지만 그의 승리의 궁극적 이유는 하나님께서 자신의 구속의 목적들을 이루어가고 계셨다는 것이다. 주의 백성이 바벨론으로부터 팔레스틴으로 돌아와야 한다는 것과 그리스도께서 태어나셔야 한다는 것은 주님의 뜻이다.

45:3 고레스는 그의 길에 놓여 있는 성읍들에게 쉽게 나아갈 뿐만 아니라, 또한

---

4) 하두림(הֲדוּרִים) — 부풀어 오른곳, 땅의 구릉. B는 ὄρη; 1Q는 הררים. 참고. Ovid Amores ii. 16, "At vos, qua veniet, timidi subsidite montes, Et faciles curvis vallibus este viae."
5) 참고. Iliad ix. 383.
6) אושר — 1Q는 יאשר. 나는 **케티브**를 원본으로 간주하는 편이다.

그들의 보화를 소유로 취할 것이다. 평행절에 비추어 볼 때, "흑암 중의 보화"는 사람들로부터 감추어진 보물, 즉 고레스가 정복할 성읍들의 보물을 가리켰을 것이다. "은밀한 곳에 숨은 재물들"은 감추어진 성읍들의 보석과 같은 보물이다.[7] 고레스가 이 모든 것들을 취할 것이지만 그러나 그 자신의 힘으로 취하는 것이 아니다. 그것들을 그에게 주시는 분은 이스라엘의 하나님이시다.

하나님의 이러한 행동의 첫 번째 이유가 레마안(לְמַעַן, 목적을 위하여)에 의하여 소개되어 있다. 고레스는 그를 지명하여 부르신(43:1 주석참고) 이스라엘의 하나님이 곧 여호와이시라는 사실을 알아야 했다.[8] 둠(Duhm)은 바벨론의 보물에로의 접근은 고레스에게 승리를 가져다 준 자가 야웨이시라는 사실을 알게 된 근거가 아니라고 생각한다. 이 주장은 전혀 상황에 맞지 않는다. 고레스의 행동의 절정은 유대인들에게 해방을 주는 것이요 그들로 하여금 예루살렘으로 돌아가도록 허락하는 것이다(스 1:1-4). 그의 모든 성공을 통하여 이러한 행동에서 절정에 도달하면서, 그는 그의 길을 지도해 준 자가 유대인들의 하나님이시라는 사실을 인정하게 될 것이다. 어투가 고레스 편에서의 진정한 회심을 반드시 암시하지는 않지만, 그러나 그는 자신의 업적에서 자기를 사용하신 그분을 쉽게 확인할 수는 있을 것임을 말한다. 요세푸스의 글 가운데 이사야의 예언이 실제로 그 왕에게 영향을 주었다는 정도의 한 흥미 있는 내용이 있다.[9] 실제로 그러했었다는 것은 누군가가 불가능한 것이라고 말하듯이 불가능한 것은 아니다. 고레스는 여러 종교에 흥미를 가진 사람이었고, 유대인들에게 해방을 선포함에 있어서 그는 이스라엘의 하나님 야웨에게 그 구원의 공을 돌리고 있다. 그가 여러 종교에 관심을 가지고 있었으므로 그는 당연히 히브리

---

7) Xenophon *Cycropaedia* v. 2, 8; vii. 2, 11; Pliny *Natural History* xxxiii. 15, 바벨론의 부를 나타내는 구절들을 참고하라. 또한 Herodotus i. 178-183; Aeschylus *Persians* 52f.를 참고하라. 게세니우스(Gesenius)는 거기에는 영국화폐로 약 126,224,000 파운드의 금과 은이 있었을 것이라고 추산하는 브레어우드(Brerewood)를 인용한다.

8) 참고. Cyrus' Cylinder, *ANET*, pp. 315f.

9) "고레스는, 그가 이사야가 이백 십년 전에 남겨놓은(κατέλιπεν) 그의 예언서를 읽었으므로(ἀγαγινώσκων) 이 일들을 알았다."(*Antiquities* xii. 1. 2f.). 어떤 사람은 이 점에서 성서가 바벨론 궁실 스타일에 영향을 받았음을 보여 주려고 노력하였다. 참고. R. Kittel, *Geschichte des Volkes Israels*, Vol. III, 1927; Ernst Sellin, *Studien zur Entstehungsgeschichte des jüdischen Gemeinde nach dem babylonischen Exil*, Leipzig, 1901; 그리고 무엇보다도 Behr, *The Writings of Deutero-Isaiah and the Babylonian Royal Inscriptions.*

어로 된 성경을 보기 원했을 것이며, 또한 사실이 그러했다면 그는 이 예언을 읽었을 것이다. 제2이사야서가 존재했었다는 입장에 동반되는 모든 가정들을 던져 버린다면, 요세푸스의 보고가 옳다는 것에 상당히 개연성이 있다.

45:4 본 절은 하나님께서 고레스를 사용하신 두 번째 이유를 담고 있다. 그것은 자기 종 야곱과 자기의 택한 자 이스라엘을 위한 것이다. 고레스가 행하는 일은 자기 자신을 위한 것이 아니라, 하나님의 백성을 위한 것이다. 미완료형(내가 부를 것이다. 개역은 "내가 불렀나니"-역자주) 앞에 있는 접속사 와우(ו:그리고)는 영어로 "그러므로"로 번역하는 것이 가장 좋다. 그것은 4절 상반절에서 시작한 내용을 다시 시작하고 있으며, 앞의 문구를 강조해 주고 있다.

하나님께서 고레스를 지명하여 부르시고, 그를 다른 통치자들과 구별지으시고, 그에게 "기름 부은 자"와 "목자"라는 영예로운 칭호를 붙여 주신 것은 이스라엘을 위한 것이다. 하나님께서는 고레스가 하나님을 알지 못함에도 불구하고 이 일을 행하셨다. 하반절은 아마도 예레미야에게 하나님께서 "내가 너를 복중에 짓기 전에 너를 알았다"(렘 1:5)고 말씀하시는 것과 같이, 태어나기 이전을 가리킬 것이다. 그렇지만, 이것은 고레스가 아직 우상숭배에 빠져 있었을 때, 즉 그가 이스라엘의 하나님의 이름을 알 수 있기 오래 전의 시기를 가리킬 수도 있다.[10]

45:5 만약 고레스가 이 글을 읽었더라도, 그는 그것들에 주의치 않았을 것이다. 왜냐하면 비록 에스라 1:1-4속의 자신의 칙령에서 그가 이스라엘의 하나님의 주권을 인정하였을지라도, 바벨론인을 향한 그의 칙령에서는 마르둑(Marduk)의 존재를 또한 인정하였기 때문이다. 그러므로 이 말씀은 고레스를 일으켜 세우시고 그의 의미심장한 업적을 이루게 하신 분이 유일하신 하나님 야웨라는 사실을 강조하고 있다.

---

10) 4절 상반절에 있는 교차 대구법적인 표현을 보라. '나의 종 야곱 그리고 이스라엘 나의 택한 자.' אקראך – 레마안(למען)에 의하여 도입된 원인의 진술 다음에 오는 와우연속법을 미완료형으로, 이는 조건절로 간주될 수도 있다. אכנך (아칸카) – 막 발생하려는 (γιγνόμενον) 사건을 표현하기 위하여 예언적 스타일로 사용된 미완료형. 이것은 묘사에 생동감을 더해 준다. ולא – 그러나 너는. 이 문장은 상황절이다. 즉 '네가 …한 상태에서'.

야웨께서는 또한 고레스를 따로 동이시고, 개인적으로 격려하고 이스라엘을 위하여 승리할 수 있도록 왕적 위엄을 수여하신다.

45:6 고레스의 사역의 세 번째 목적은 모든 인간으로 하여금 야웨 이외에 다른 이가 없음을 알게 하기 위한 것이다. "해 뜨는 곳에서 든지"와 "지는 곳에서 든지"란[11] 표현은 인간들이 거주하는 땅 전체를 망라한다. 고레스 뿐만 아니라 모든 육체가 이 지식을 가져야 한다. 그렇지만 어떤 의미에서 바벨론으로부터 유대인들의 해방이 모든 육체가 야웨께서 홀로 참되신 하나님이심을 알도록 하는 사건이 되는가? 분명히 포로에서 귀환은 이 목적을 이루지 않았다. 그럼에도 불구하고 이것이 고레스가 세움을 입은 목적이다. 우리는 반드시 이 목적이 즉시 이루어졌을 것이라고 가정할 필요는 없을 것이다. 유대인들이 팔레스틴으로 돌아올 수 있도록 그리고 그 다음 그리스도께서 베들레헴에서 태어날 수 있도록, 그리고 구속이 이루어졌을 때, 선포된 그 메시지가 이스라엘의 하나님께서 참되신 하나님이심을 온 세계가 인정할 수 있도록, 고레스가 세움을 입었다. 이 예언은 인류의 회심에서, 그리고 보다 특별히 모든 무릎이 그 앞에 꿇고 모든 입이 예수께서 주님이시라고 고백하여 하나님 아버지께 영광을 돌릴 때 성취되었다. 5절이 이 놀라운 말씀과 더불어 시작하였던 것처럼, 본 절은 "나는 여호와라 다른 이가 없느니라"고 결론짓고 있다.

45:7 본 문맥(즉 5-7절) 가운데 이중지시가 있는 것으로 보인다. 따라서 선지자가 놋문 등을 말했을 때 그는 분명히 바벨론의 문들과 같은 어떤 구체적인 문들을 암시하며, 동시에 고레스의 행진 앞에 가로놓인 일반적인 장애물들을 가리키고 있다. 이제 빛과 어두움에 대해서 말할 때, 그는 고레스 시대의 이원론적 종교를 암시하고 있을 수도 있지만,[12] 동시에 그는 그보다 훨씬 더 깊은 의미로 타락한 인간의 마음 가운데서 누구에게서나 발견되는 근본적인 이원론과 투쟁하기 위하여 그 단어들을 사용하고 있다. 이것이 고레스에 대해 왜곡할 수도 있다는 반대에 대해, 선지

---

11) 여성 접미사는 **마피** 대신에 **라페**를 가지고 있다.
12) Muilenburg(*IB*)는 여기에 조로아스터교의 이원론에 대한 논쟁이 있다는 견해는 일반적으로 그리고 당연히 버려져 왔다고 설명한다. 이사야는 하나의 종교가 아니라 모든 거짓 종교에 대해 투쟁하고 있다.

자 이사야가 오류없이 글을 쓰고 있었다고 대답할 수 밖에 없다. 또한 이스라엘의 하나님이 찬양을 받으시는 이사야의 진리에 대한 분명한 진술이 그것을 읽는 모든 자에게 인간의 의식 가운데 너무나 깊이 깔려 있는 이원론이 악한 것이라는 것을 지적하는 역할을 하였을 것이라고 답변함으로써 답변될 수 있을 것이다.

동시에 이 구절에서 단순한 재앙과 복지에 대한 언급만을 찾는 것은 본문을 공정하게 다루는 것이 아니다. 빛은 하나님 자신에 의하여 조성되었고, 그것은 또한 오직 하나님으로부터 오는 구원과 진리에 대한 하나의 표상이다. 이와 비슷하게, 주님은 빛과 대조가 되는 어두움도 창조하신다. "바라"(בָּרָא)라는 동사는 하나님께서 그의 능력의 말씀으로 어두움을 존재하게 하신 수월하심(ease)을 암시한다. 이것은 밤의 어두움을 가리키지 않고 빛의 반대를 가리킨다. 빛이 진리와 구원을 포함하고 있는 만큼, 만일 빛이 있으려 한다면 어두움은 물러가야 된다.

선지자는 야웨께서 평화를 조성하신다고 말하지 않고 평안을 만드신다고 말하고 있다. 평안이란 단어는 온전함과 복리를 담고 있다. 쿰란 사본은 "평안" 대신에 "선"으로 읽고 있으며, 이것은 "악"과 반대이다. 악(개역은 "환난"으로 번역하고 있음-역자주)이란 단어와 함께 같은 동사 "바라"가 사용되어 있다. 이 단어가 총괄적인 의미로 취급되어서는 안 될 이유가 없다. 빛과 평안의 결핍은 어두움과 악이다. 그렇다면 바로 이 문맥에서 이 단어가 도덕적 악과 재앙들과 같은 모든 악을 포함하고 있다고 인정할 수밖에 없다. 그러므로 이 구절은 하나님께서 죄의 창조자라는 사실을 가르치는가? 델리취는 절대적 작정(decretum absolutum)에 대해 말하고 있는데, 그는 이것이 피조물로서의 자유를 부정한다고 생각했다. 이 어려운 주제에 접근해 들어감에 있어서 우리는 오직 성경이 말하는 바에 의해서만 지도를 받아야 할 것이며, 이 점에서 조직신학의 중요성이 매우 분명하게 나타난다. 성경은 절대적 작정(decretum absolutum)이 있고 무엇이 일어날 것인지 하나님께서 미리 정하셨다고 가르친다.[13] 동일하게 성경은 또한 피조물의 책임을 가르친다. 이 둘 다 성경의 진리이며 이 둘 다 받아들여져야 한다. 두 번째를 희생시키고 진리의 첫 번째 면을 강조하는 것은 숙명론이나 혹은 초 칼빈주의(hyper-Calvinism)의 오류에 빠지는 것이다. 첫 번째 것을 희생시키고 두 번째 것을 강조하는 것은 알미니안의 오류에

---

13) 예를 들면 시 33:11; 사 14:24; 46:9, 10; 단 4:35; 행 2:23; 롬 11:33-36; 엡 1:4; 3:9, 11; 딤후 1:9; 벧전 1:20, 21; 계 17:17.

빠지는 것이다. 제삼의 입장이 있는데, 곧 비록 사람이 그것들을 조화시키거나 화해시킬 수 없을지라도 이 두 면을 받아들이는 것이다. 그러나 그것들은 하나님에 의하여 화해될 수 있으니, 비록 우리가 하나님께서 일어날 일을 미리 정하셨다고 말할지라도, 우리는 그로 인하여 피조물의 책임을 부인하고 있는 것은 아니다.

그러나 이것은 하나님께서 죄의 창조자(author)라고 주장하는 것은 아니다. 본 절의 진술은 성경 전체에 비추어서 설명되어야 한다. 성경은 그 자체의 해석자인데, 성경은 하나님께서 악이 아니며, 악의 원천도 아니라고 밝히고 있다. 하나님께서는 자신의 계획 가운데 악을 포함시키셨고, 그것의 존재를 미리 정하셨다. 그럼에도 그분 자신은 악이 아니시고 악의 창조자도 아니시다. 다시 말해서 피조물로서 우리는 그 문제를 조화시키거나 화해시킬 수 없다는 가르침의 선상에 서 있다. 우리는 믿어야 한다. 우리는 본 절의 의미를 극소화해서는 아무것도 얻을 수 없다. "깊도다, 하나님의 지혜와 지식의 부요함이여, 그의 판단은 측량치 못할 것이며 그의 길은 찾지 못할 것이로다. 누가 주의 마음을 알았느뇨? 누가 그의 모사가 되었느뇨? 누가 주께 먼저 드려서 갚으심을 받겠느뇨? 이는 만물이 주에게서 나오고 주로 말미암고 주에게로 돌아감이라 영광이 그에게 세세에 있으리로다"(롬 11:33-36).

> 8절, 너 하늘이여 위에서부터 의로움을 비같이 듣게 할지어다 궁창이여 의를 부어 내릴지어다 땅이여 열려서 구원을 내고 의도 함께 움돋게 할지어다 나 여호와가 이 일을 창조하였느니라

8-10절은 하나의 단위를 이루고 있고, 각 절은 히브리어 알파벳 "헤"(ה)로 시작한다. 8절은 진리의 진술로서의 역할을 하고 이어지는 두 구절은 그 진리에 대한 불신앙의 어리석음을 지적한다. 8절이 또한 1-7절의 결론으로서의 역할을 하는지 아니면, 본 예언의 새로운 단락을 구성하면서 실질적으로 독립된 것인지는 결정하기 어렵다. 분명히 본 절은 새로운 절정으로 나아가고 있으며, 그럼에도 동시에 앞 절들의 아름다운 결론이기도 하다.

45:8 하늘과 구름에게 명령을 함으로써 선지자는 미래의 사건에 대한 예고를 하고 있다. 첫 번째 동사는 드문 단어이며 "떨어지다, 큰 물방울들이 떨어지다"를 의미한다.[14] 이 명령은 폴츠가 말하는 것처럼, 하늘과 땅들이 스스로 우리의

구원을 가져다 주고 중재하고 있다는 것을 의미하지 않는다. 그것보다는 이러한 표상은 단지 의의 풍성함을 가리킨다. 하늘 그 자체는 구원의 원천이나 기원으로 생각될 수 없다. 그러나 동사는 사역 동사이며, 그래서 위의 하늘이 하나님의 명령에 순종하여 비를 내리게 하는 것으로 묘사되어 있다.

평행절은 궁창(구름)으로 하여금 의를 부어 내리도록 하는 명령이다.[15] 여기서 동사는 단축 명령형(Jussive)으로 취급되어 "그들로 하여금 부어 내리게 할지어다"로 번역하는 것이 가장 좋을 것이다. 많은 사람들이 "의"를 승리 혹은 번영과 동의어로 간주한다. 그러나 문맥에 비추어 볼 때 이 정의는 만족스럽지 못하다. 이 단어는 구원과 밀접하게 연결되어 있으며, 이 두 단어들이 자주 함께 나타난다. 사실상, "의"는 하나님께서 그 모든 사역과 방법에 있어서 의로우신 분으로 보여지는 현현과, 인간들 사이에 의가 있는 상태, 곧 주님과 바른 관계에 있고, 그들의 행위에 있어서 신실한 상태를 가리킨다. 넓은 의미에서 이 용어는 구원과 실제적으로 동일한 용어다.

그 아래에 있는 땅이 명령을 받는다. 아마도 이 동사(열리라)는 단축 명령형으로 취급되어 "(그리고 땅은 하늘과 구별되는) 열매를 낼 수 있도록 하기 위하여 땅도 열도록 하라"로 번역되어야 할 것이다. 목적어가 표현되어 있지는 않지만, 타동사이므로 목적어가 추측될 수 있다. 이어지는 동사 "내라"는 난점을 야기시킨다. 아마도 이 문장 전체에 대한 최선의 해석은 "그리고 땅은 열어서 그것들(즉 하늘과 땅)이 구원에 대하여 열매를 맺을 수 있도록 하라"이다. 자연 전체가 함께 명령된 축복을 이루어 내야 한다. 만일 땅이 비를 받아들이기 위하여 가슴을 열지 않는다면, 하늘과 땅은 구원을 성공적으로 가져다 주지 못한다. 문장의 구조가 난해하고, 그래서 피이퍼(Pieper)가 말한 바와 같이, 이것은 오래된 해석의 십자가(crux interpretum)이다. 그러나 의미는 분명하다.

마지막 행에 있어서 우리는 "그리고 의로 하여금 자라나게 하라고 하라" 혹은 "그리고 그것이 의에 대하여 자라나게 시키도록 하라"로 번역할 수 있다. 체덱(צֶדֶק)과 체다카(צְדָקָה)라는 두 개의 단어 사이에 의미상의 본질적 차이는 없다. 땅으로부터 올라오는 물은 하나의 식물처럼 의에 물을 공급할 것이고 그리하여 그것은 자랄 것이다. 그래서 땅은 하늘과 함께, 하나님의 공의가 이스라엘에게 주신 약속들이 실현

---

14) 참고. 아랍어 ra-'a-fa, "(피가) 흘러나오다". "피를 흘리다". 1Q는 הרייה임.
15) שְׁחָקִים — 먼지 구름들, 미세한 구름들. 1Q는 본문을 확대하여 חרפוה로 대치한다.

되는 의의 성장을 촉진시키도록 하라.

마지막 동사에서 접미사는 아모스 1:3에 있는 것처럼 중성의 의미로 이해해야 할 것이다.[16] 본 절이 개진하는 모든 축복의 표상은 하나의 하나님의 창조이다. 비록 동사가 완료형이기는 하지만, 그것은 확실성을 가진 미래를 표현하고 있다.

하나님의 대리자를 통하여 이루어지는 것은 새로운 것이며 창조로 묘사하고 있다. 하늘과 땅을 존재하게 하신 주권적 능력이 의와 구원의 풍성함을 가져오는 데 사용된다.

9절, 질그릇 조각 중 한 조각 같은 자가 자기를 지으신 자로 더불어 다툴진대 화 있을진저 진흙이 토기장이를 대하여 너는 무엇을 만드느뇨 할 수 있겠으며 너의 만든 것이 너를 가리켜 그는 손이 없다 할 수 있겠느뇨

10절, 아비에게 묻기를 네가 무엇을 낳느냐 어미에게 묻기를 네가 무엇을 낳으려고 구로하느냐 하는 자에게 화 있을진저

45:9 이 구절들은 아마도 하나님이 창조하실 초자연적인 사역에 대해 불평하는 어리석음을 지적하는 일반적인 의미로 취급되어야 할 것 같다.[17] 감탄사는 "슬프다"로 번역하는 것이 가장 좋을 것 같으며, 이것은 그것이 약속된 구원의 확실성을 믿지 않을 사람들에 대한 애도의 부르짖음이기 때문이다. 그러한 자들은 동정을 받게 될 것이며, 동시에 불쾌감의 대상이 될 것이다. 분사의 주어를 언급하지는 않았지만, 우리는 그것을 부정의 의미로 취급하여 "다투는 자는 누구든지 화 있을진저"로 번역할 수 있을 것이다. 어투가 간결하지만, 그 의미는 분명하다. "자기를 지으신 자로 더불어(논쟁으로) 다투는 자는 불쾌감의 대상이다"는 것이다. 하나님과 다투는 것은 주님이 약속하신 일이 이루어지지 않을 것이라는 사실을 보여 주려는 목적으로 주님과 논쟁하여 다투는 것이다.

본 행의 뒷부분은 전반부 내용에 대한 설명이며 "질그릇 조각"이란 단어는 "어떤 자"라는 불명확한 주어와 관계되어 삽입된 것이다. 자기를 조성하신 분으로 더불어

---

16) 남성 접미사는 앞에서 진술된 일반적 명제를 가리킨다.
17) Volz는 선지자 당시의 사람들이 이방 왕이 משיח (마쉬아흐, 기름부은 자)가 되는 것에 관하여 불평하고 있었다고 가정하였다.

다투는 자는 땅의 질그릇들 중의 한 조각에 지나지 않는다. 전치사 에트(אֶת)는 이 행의 상반부에 있는 것과 정확하게 같은 개념을 가질 수 없다. 이것은 채택된 번역에 대한 반대가 아니며, 이것은 평행구가 모든 면에서 완전히 일치할 필요가 없기 때문이다. 땅의 질그릇 조각 중 한 조각은 단지 진흙으로 만들어진 통상적인 항아리 조각일 뿐이다.

창조주에 대한 피조물의 불평의 불합리성을 보다 분명하게 하기 위하여 이사야는 이제 그 조각을 만드는 진흙에 대해서 말한다. "진흙에 지나지 않은 것이 그 조성자, 곧 토기장이에 대하여…말하겠느냐?" "그 지으신 자"의 반복 출현이 두드러져 있는데, 첫 번째는 "조성자"라는 통상적 어원학적 의미로 사용되었고, 그 다음에는 "토기장이"의 의미로 사용되었다. 동사들이 미완료형이며, 그래서 현재나 미래로 번역할 수 있다. 아마도 첫 번째 질문은 "네가 무엇을 하느냐" 즉 "당신의 행동의 목적이 무엇입니까?"로 번역할 수 있다.

마지막 질문은 첫 번째 질문의 계속, 곧 "그리고 당신의 작품에 대해서 그것이 손이 없느냐"란 뜻인가? 아니면 두 번째 질문, 곧 "그리고 당신의 작품, 즉 그것이 그 (즉 하나님)가 손이 없다고 말하겠느냐?"란 뜻인가?[18] 후자의 구조가 평행절과 평행이 더 잘 유지되며 맛소라 엑센트와 더 잘 어울린다. 그러므로 "진흙"과 "너의 만든 것" 사이에는, "너의 만든 것"이란 표현에 어느 정도의 점층법이 있는 것을 제외하고는 평행이다. 토기장이가 만든 바로 그것이 그 토기장이가 손이 없으며 어떤 것을 만들 수 없다고 주장하는데, 이는 모순이 명백하게 드러나는 진술이다.

마지막 행 가운데 있는 두 번째 질문을 찾는데 있어 난점은 "너의"라는 접미사의 출현이다. 그렇다면 이 질문은 하나님을 향한 것이거나 혹은 토기장이를 향한 것으로 이해되어져야 한다. 만일 후자가 옳다면 우리는 "그리고 너의 작품이 너에게, 오, 인간! 그가 손이 없다고 말하겠느냐?"로 번역할 수 있다.

45:10 여기서는 같은 사상이 다른 표상으로 표현되어 있다: 그러나 윤리적 입장이 앞 절에 있는 것보다 훨씬 더 강하고, 알렉산더(Alexander)가 말하는 바와 같이 "형태에 있어서 여전히 보다 강조적이고도 도발적인 것이다." 토기장이와 진흙 개념과 많은 평행적 내용이 있는 반면, 10절에 사용된 표상에는 외관상 이런 이미지를

---

18) 이 문구는 '당신의 작품이 손이 없는 인간의 그것이다'로 이해될 수도 있다.

전혀 찾아볼 수 없다. "아비"라는 단어에 접미사가 없는데, 이는 화자의 무례함을 암시할 것이다. 이와 같이 "그의 어머니" 대신 "여인"이란 단어가 사용된 것은 아마도, 이 단어가 아내로 번역되지 않는다면, 같은 이유 때문일 것이다. 두 동사는 미래형이다. 그렇게 된다면 그 구절이 말이 되지 않는다고 하는 것은 잘못이다. 어떻게 아직 태어나지 않은 아들이 아버지가 낳으려고 하는 것과 어머니가 낳으려고 하는 것에 대하여 그 아버지에게 불평할 수 있는가?[19] 분명히 본 사상은 하나의 모순이지만, 그러나 그것이 본 구절의 요점이다. 하나님께서 장래에 하시려고 하시는 일에 대해서 이스라엘이 불평하는 것이 그같이 모순된다는 것이다.

그러므로 하나님의 약속에 항쟁하는 자는 가장 노골적인 종류의 합리주의에 빠져있다. 전능하시고 전지하신 창조주께서 은혜 가운데서 자기가 이 땅에 풍성한 의와 구원을 가져다 주실 것이라고 선언하신다. 그러나 피조물은 그러한 약속이 가능하지 않다고 선언한다. 그러한 판단을 하는 가운데 그는 자기의 생각에 따라 하나님을 제외시켜 버리고 자기의 주장을 단지 자신의 마음의 독선적 주장에 근거를 둔다. 그는 인간의 마음이 무엇이 가능하고 무엇이 불가능한지의 경계를 정하도록 내버려 둔다. 당연히 이사야는 본 절을 "화 있을진저"라는 두려운 단어로 시작하고 있다.

> 11절, 이스라엘의 거룩하신 자 곧 이스라엘을 지으신 여호와께서 가라사대 장래 일을 내게 물으라 또 내 아들들의 일과 내 손으로 한 일에 대하여 내게 부탁하라
> 12절, 내가 땅을 만들고 그 위에 사람을 창조하였으며 내가 친수로 하늘을 펴고 그 만상을 명하였노라
> 13절, 내가 의로 그를 일으킨지라 그의 모든 길을 곧게 하리니 그가 나의 성읍을 건축할 것이며 나의 사로잡힌 자들을 값이나 갚음 없이 놓으리라 만군의 여호와의 말이니라 하셨느니라

45:11 본 절부터 주님께서 대답을 하기 시작한다. 어투가 알맞게 당당하고도 장엄하다. 말씀하시는 분이 이스라엘의 거룩한 자이시고 이스라엘의 조성자이심을 그 나라에 상기시키고 있다. 그런 까닭에 그들은 그분이 하시는 일에 대하여 불평할 입장에 서 있지 않다. 하나님께서는 이스라엘이 다가올 일들에 대하여 무지한 채 있기

---

19) תחילין – 어미(語尾)는 아랍어 -ina와 일치하고, 엑센트를 가지고 있다.

를 원치 않으시고 이 일들에 대해서 자기에게 물어보라고 명령을 하고 있다. 그 이유는 주님만이 그러한 일들에 관하여 정보를 제공해 줄 수 있기 때문이다. 주님은 이스라엘로 하여금 물어볼 것을 허락하실 뿐만 아니라, 명령하신다. 강조가 장래 일에 주어져 있는데, 이 문구가 문장의 초두에 있기 때문이다. 명령형은 두 개의 대격을 취하여, "장래 일을 내게 물으라"로 할 수도 있고, 첫 번째 단어를 구체화시키는 대격으로 취급하여, "장래 일에 관하여 내게 물으라"로 번역할 수도 있다.[20]

두 번째 동사는 아마도 단축 명령형으로 해석되어 "너희가 나에게 명령하라"로 할 수도 있다. "내 아들들"과 "내 손으로 한 일"이란 표현은 의미상 평행이니, 둘 다 하나님의 피조물로서의 이스라엘 자체를 가리킨다.

45:12 이스라엘은 하나님의 약속들에 전적으로 의존해야 할 것이다. 이는 하나님께서 모든 것을 창조하셨기 때문이며 자기가 약속하신 그 어떤 일이든지 시행하실 능력을 가지고 계시기 때문이다. 본 절의 각 행 초두에 있는 인칭 대명사는 9절의 질문 "너는 무엇을 만드느뇨?"를 상기시킨다. 땅에 있는 인간을 가리키면서 선지자는 바라(창조)라는 동사를 사용하고 있으며, 이 단어는 창세기 1:27을 상기시켜 준다. 본 절은 또한 "땅 위의 백성"(42:5)이란 문구를 상기시켜 준다.

두 번째 행에서 인칭 대명사가 다른 형태로 나타나는데, 첫 행에 있는 그것처럼, 이것도 유일하신 창조자로서의 하나님께 주의를 집중시켜 준다. 구조는 "나—나의 손이 하늘을 펼쳤으며"이니, 곧 "나의 친수로 하늘을 펴고"이다. "내 손"은 11절을 상기시켜 준다.

마지막 구절에서 "만상"이란 단어가 하늘이 담고 있는 모든 것을 가리키는 것으로 이해하는 것이 가장 옳으며, 동사는 실질적으로 "존재하게 하였다"(called into being)의 의미를 가지고 있다. "하늘의 모든 만상을 내가 명하였노라"의 평행절이 이 견해를 지지한다.

45:13 본 절은 방금 전에 표현된 사상의 결론을 이루고 있다. 전능하신 창조자로서의 그 능력을 통하여 하나님께서는 고레스를 통하여 이스라엘에게 승리를 가져

---

20) שְׁאָלוּנִי (쉐알루니) — 통상적인 명령형은 שַׁאֲלוּנִי (샤알루니)이며, 단수형은 שְׁאַל (쉐알)이다. 그러나 휴지부에서 **아** 모음은 **알렙**과 함께 **카메츠**로 나타나는데, 이는 정상이다.

다 줄 것이다. 만물의 창조는 하나님의 능력을 충분히 증명하셨다. 이제 이사야는 비록 그 이름을 언급하지 않았을지라도, 고레스를 일으키시는 하나님의 능력의 특별한 행사를 전시한다. 번역함에 있어서 과거형이 유지되어야 하는데, 이는 고레스가 인간 역사의 무대에 출현한 것이 하나님의 작품임을 이 동사가 보여주기 때문이다. 선지자가 이 글을 기록하고 있었을 당시에 고레스가 실제로 나타나지 않았다는 것은 그를 전체적인 표현에서 미래적인 위치에 두고 있기 때문이다. 고레스의 출현은 우연한 것도 아니고 이스라엘 족속에게 무의미한 사건도 아니니, 이는 하나님께서 의로 일으키셨기 때문이다. 그의 출현에서 하나님의 의가 나타났으니, 하나님의 백성을 다루심과 그 조상들과 하신 약속에 대한 그의 신실성에서 의로움 자체를 보여 주고 있다. 그러므로 고레스의 출현은 이스라엘 족속의 소망의 표징이 될 것이니, 이는 그것이 하나님의 의를 드러내기 때문이다.

그 왕이 진행해 나아갈 길을 평탄하게 할 자는 야웨이시다(이 표현은 의미상 40:3과 유사하다). 고레스의 사역은 매우 간결하게 진술되어 있다. 예루살렘의 건축인데, 이를 하나님께서는 자기의 성읍과 동일시하시고, 또 하나는 하나님의 사로잡힌 자의(노예상태로부터) 놓음이다. 강조가 인칭 대명사에게 주어져 있다. "그가 …건축할 자이다." 고레스가 유대인들을 바벨론으로부터 돌아가라고 허락을 내렸을 때(스 1:1-4) 그는 즉시 예루살렘의 재건에 대한 책임을 느꼈다. 이 목적을 이룸에 있어서 고레스는 어떤 돈도 받지 않았다.

14절, 여호와께서 말씀하시되 애굽의 수고한 것과 구스의 무역한 것과 스바의 장대한 족속들이 다 네게로 돌아와서 네게 속할 것이요 그들이 너를 따를 것이라 사슬에 매여 건너와서 네게 굴복하고 간구하기를 하나님이 과연 네게 계시고 그 외에는 다른 하나님이 없다 하리라 하시니라

15절, 구원자 이스라엘의 하나님이여 진실로 주는 스스로 숨어 계시는 하나님이시니이다

16절, 우상을 만드는 자는 부끄러움을 당하며 욕을 받아 다 함께 수욕 중에 들어갈 것이로되

17절, 이스라엘은 여호와께 구원을 입어 영원한 구원을 얻으리니 영세에 부끄러움을 당하거나 욕을 받지 아니하리로다

45:14 이사야는 6절과 7절의 사상을 회상하고 있다. 고레스의 출현과 함께 선민의 역사 가운데 하나의 변화가 일어났다. 이스라엘은 올라가게 될 것이고 이방 열국은 자원하여 그에게 속할 것이다. 그러나 여기에 묘사된 것들이 고레스가 제공한 석방 직후에 반드시 일어나야 한다는 주장을 따라야 하는 것은 아니다. 뿐만 아니라, 그것은 여기에 언급되어 있는 나라들, 곧 애굽, 구스, 스바가 정확하게 이사야 당시에 존재하고 있는 나라들이라는 것도 아니다. 역사를 통하여 애굽과 구스는 한 나라의 두 백성을 나타내는 역할을 하였다. 어떤 시대에는 애굽이 우위를 차지하기도 하고 다른 때에는 구스(에디오피아)가 우위를 차지하기도 하였다. 애굽은 이스라엘 초창기의 박해자 혹은 압제자였고, 출애굽 후에도 앗수르가 일어나기까지 이스라엘의 대적이 되어 왔었다. 애굽과 앗수르가 정복된 가운데, 이스라엘의 승귀가 훨씬 더 의미심장하고도 장엄하게 보인다. 그리고 이 정복된 나라들도 그들의 손을 통하여 이스라엘에게서 올 수 있는 어떤 좋은 것에 대해 보상도 없이 물러나지 않았다. 이방 나라들이 각자 어떤 이유가 있어서 언급되어 있는 것이 아니라, 이방 세계의 대표로서 언급되어 있는 것이다. 그들의 정복은 성격상 영적이다. 그들은 예수 그리스도 안에서 이스라엘에게 나온다.

"애굽의 수고한 것"은 애굽이 수고하여 얻은 것을 상징하고, "구스의 무역한 것"은 무역을 통하여 구스(에디오피아)가 얻은 것을 가리킨다. 나일강의 정규적인 범람으로 인하여 그 나라는 부하고 비옥한 나라가 되었다. 그리고 애굽이 생산하기 위하여 수고한 것은 이 비옥한 땅으로부터 자라났다. 헤로도투스(Herodotus iii. 97, 114)는 에디오피아가 행하였던 상업 기술을 언급하고 있다. "스바인들"이란 단어는 아마도 무역에 종속되는 것이 아니라 독립 명사로 취급되어야 할 것이다. 그것은 본래의 애굽과 수단 아래쪽 사이인 "상애굽"에 살고 있는 자들을 가리키는 것으로 보인다. 이들은 "장대한 족속들", 즉 상당한 신장을 가진 사람들로 묘사되어 있다. 이 나라들은 자기들의 부를 가지고 자원하여 이스라엘에게로 나온다. 동사 앞에 "네게로"를 둠으로써 강조가 주어져 있다. 첫 번째 전치사는 실질적으로 -לא (에게로)과 동일하고 방향을 가리키며, 반면에 두 번째 것(네게)은 소유를 의미한다. 자원하여 이스라엘에게로 온 그 나라들은 이제 그에게 속한다. 자기 나라들이 준비할 수 있었던 어떤 이익을 위하여 더 이상 싸우지 않고 참된 이익을 줄 수 있는 이스라엘에게로 나올 것이다. 진실로 노예들로서 그들은 이스라엘이 어디로 인도하든지 따라갈 것이다. "너를 따를 것이라"는 문구는 "네게 속할 것이요"를 설명한다. 그들은 자원하여 그리고 사슬에 매여 올 것이다. "사슬에 매여"란 이 문구는 이스라엘이 물리적으로 그들을 정복하거나 그들이 자원하여 스스로 물리적 사슬에 매일 것을 의미하지 않고, 단순히 그들이 묶인 노예들처럼 이스라엘로 올 것이라는 사실을 묘사하고 있다.

이사야는 생생한 말로 그들의 태도를 개진한다, "그리고 너에게 그들이 절할 것이다." 그는 그들이 이스라엘을 예배할 것이라는 의미가 아니라 오직 이스라엘에서만 참되신 하나님이 발견되어 진다는 사실을 인정한다는 의미로 말하고 있다. 그와 같이 이스라엘에게 간구한다는 것은 예배가 아니라 이스라엘 가운데 참으로 하나님께서 존재하신다는 고백이다. 이스라엘과 하나님 사이의 관계가 그리스도와 그의 교회와의 관계와 유사하다(참고, 고전 12:12). 바울이 "하나님이 참으로 너희 가운데 계시다 전파하리라"(고전 14:25)고 말했을 때 그는 분명히 이 본문을 반영한 것이다. 특별히 마지막 문장이 강조되어 있다. "그 외에는 다른 하나님이 없다." 즉 "당신 이외에 하나님은 없습니다. 절대로 없습니다." 여기에 우상으로부터 살아 계신 한 분 참되신 하나님에게로의 전인적 변화가 있다.

45:15 누가 이 말을 하고 있는가? 어떤 사람은 그것이 하나님께로 돌아오는 사람들이며 생각하고, 그들이 여기서 그들 자신들의 우상들에게 말하고 그들이 숨어 있음으로 인하여 미래를 계시해 줄 수도 없고 자기들에게 구원을 가져다 줄 수도 없다는 것에 대해서 그것들을 비난하고 있다고 생각한다. 그러나 이것은 본 절의 하반절에 있는 주어의 전환을 강요하며, 그러한 전환은 상당히 갑작스러운 것이요 부자연스럽다.

그보다 훨씬 더 자연스러운 것은 본 절의 상반절이 참 하나님에게 향한 말이라는 것이며, 이 말은 이사야 자신의 말이며, 말하자면 하나의 돈호법(apostrophe: 시·문장·연설의 도중에 감정이 고조되어, 보통의 어세에서 급변하여 다른사람·사물을 부르는 표현법 편집주)인 것이다. 자기가 말한 장엄한 메시지의 기이함에 사로잡혀 그는 갑작스럽게 하나님 자신에 관한 언급을 하고 있는 것이다. 이 구문에 대해 우리는 "만일 이스라엘의 구원과 이방 나라들의 회심에 관한 이 일들이 성취된다면, 그때는 진실로, 당신의 백성들의 구세주이신 당신은 스스로 숨어 계시는 하나님이시니이다"라고 번역할 수 있다. 분사가 재귀형이며, 하나님께서는 자신이 드러내려는 자비의 목적을 갖고 그 당시 상황에서 구름 넘어 숨어계신다는 것을 암시한다.

하나님께서 자기 계시 없이는 인간에게 알려질 수 없다는 것과, 주의 길은 주님께서 인간에게 알려 주시기까지는 인간의 눈에 감추어져 있다는 사실은 의미심장한 진리이다. 만약 누군가 이사야 생애의 말기에 그 시대 상황을 검토한다면, 그 나라가 신정국가로서 존재하기를 그치게 될 때 진노의 시기를 통과하여야 한다는 사실을 몰랐을 것이다. 엘(אֵל)과 엘로힘(אֱלֹהִים)과의 구별은 의미심장하다. 이사야는 하나님을 엘로 소개하고 있으며, 그러므로 하나님과 인간 사이의 충분한 구별을 유지하고 있다. 그렇지만 그가 이스라엘의 하나님을 말할 때, 그는 그분에게 거의 구원자라는 형용사를 그분에게 덧붙여 주는 엘로힘이라는 일반적인 단어를 사용한다. 그러므로 숨어 계시는 놀라운 하나님의 비밀과 그분의 구원의 목적들은 보조를 같이한다.[21]

45:16 본 절은 하나님의 백성과 우상을 만드는 자와 커다란 대조를 나타내고 있는데, 하나님께서 이스라엘을 높이실 때, 분명해질 것이다. 그것은 15절 상반절의 사상을 잇는다. 동사들이 완료형일지라도 예언이 성취될 시기를 가리키며 그것들이 표현하는 일의 확실성을 드러내고 있다. 동사들의 주어는 마지막 두 단어, "우상을 만드는 자"이다.[22]

우상을 만드는 자는 부끄러움을 당할 것이니, 이는 자신의 우상들이 아무런 유익을 주지 못하기 때문이다. 더 나아가서 그들은 욕을 받는다. 부끄러움으로 인해 당황하는 것이요 난처해 하는 것이다. 이것은 우상을 만드는 자에게 적용되지 않고 모두에게 적용된다. 그들이 혼란, 즉 그들을 기다리는 종말로 함께 들어간다.

45:17 그러나 우상을 만드는 자와 대조되어 이스라엘은 영원한 구원으로 건짐 받을 것이다. 이러한 사실은 또한 16절에 있는 부끄러움과 혼란이 일시적인 것이 아니라, 이스라엘이 받는 그것과 반대되는 영원한 징벌의 부끄러움과 수치라는 사실을 암시한다.

"이스라엘"이 강조되어 있으며, 앞 절의 마지막 두 단어, "우상을 만드는 자"와 현저한 대조를 이룬다. 이 두 표현의 병렬(竝列)이 흥미로운 이유는 그것이 또한

---

21) 본 절은 구원자라는 단어에서 현저한 절정에 도달한다. 암몬과 형식적으로 유사한 찬양에 대해서는 *ANET*, pp. 368ff.를 참고하라.
22) צִירִים (치리임) — 우상들, 형상들. 참고. 아랍어 *sûrāh*.

17절에 있는 "이스라엘"이란 단어의 용법에 어느 정도의 빛을 던져주기 때문이다. 이 우상을 만드는 자 대다수가 이스라엘 백성이었고, 그런 까닭에 여기서 이스라엘은 경험적 실체, 역사적 이스라엘과 반드시 동일하지는 않다. 의미하고 있는 것은 육체를 따라 난 이스라엘이 아니라 영적 이스라엘이다. 이 이스라엘은 주님 안에서 구원받을 것이다. 곧 이스라엘의 구원은 영적 구원이 될 것이다.[23] 그러므로 바벨론으로부터 구원받은 이스라엘 족속과 뒤에 남아 있는 사람들 사이의 대조가 아니다.

전치사를 주시하는 것은 중요하다. 이스라엘은 "단지 여호와를 통하여 구원받을 뿐 아니라, 주님 안에서 즉, 주님의 몸의 참되고도 살아 있는 일원으로서, 주님과 친밀하고도 살아 있는 연합에 의하여 구원받았다"(알렉산더). 그런 까닭에 전치사를 "-에 의하여"로 번역하는 것은 그것을 정당하게 번역한 것이 아니다. 주님은 구원을 얻게 하는 대리자 이상의 분이다. 그분은 구원 그 자체이시요 그분 안에서 이스라엘은 구원을 얻는다. 이것은 "영영한 구원"이라는 부가적 진술에 의하여 입증되는데, 특별한 문맥 가운데서 구원이라는 것이 일시적 구원이 아니요 언제까지나 지속될 구원이라는 사실을 지적하고 있다.

더 나아가서 이 구원을 받는 자는 영원한 세상에서까지도 부끄러움을 당하거나 욕을 당하지 않을 것이다. 그러한 부끄러움이나 욕이 우상숭배하는 자에게 닥쳐올 수는 있지만 여호와의 영원한 구원을 받는 자에게는 절대로 닥치지 않을 것이다. 마지막 세 개의 단어는 각기 아인(ע)이란 자음으로 시작되고 있는데, 여호와의 구원의 영원성을 강조함에 있어서 뚜렷한 효과를 만들어 낸다.

18절, 여호와는 하늘을 창조하신 하나님이시며 땅도 조성하시고 견고케 하시되 헛되이 창조치 아니하시고 사람으로 거하게 지으신 자시니라 그 말씀에 나는 여호와라 나 외에 다른 이가 없느니라

19절, 나는 흑암한 곳에서 은밀히 말하지 아니하였으며 야곱 자손에게 너희가 나를 헛

---

[23] 이사야는 여기서 내용의 핵심으로 들어간다. 하나님께서는 진노의 기간을 끝나게 하고 포로민들로 하여금 본국으로 돌아가도록 만들기 위하여 고레스를 사용하셨다. 그러나 이것은 주님 자신이 성취하실 다가올 구속을 향한 예비적, 준비적 단계일 뿐이다.

되이 찾으라 이르지 아니하였노라 나 여호와는 의를 말하고 정직을 고하느니라

20절, 열방 중에서 피난한 자들아 너희는 모여 오라 한가지로 가까이 나아오라 나무 우상을 가지고 다니며 능히 구원치 못하는 신에게 기도하는 자들은 무지한 자니라

21절, 너희는 고하며 진술하고 또 피차 상의하여 보라 이 일을 이전부터 보인 자가 누구냐 예로부터 고한 자가 누구냐 나 여호와가 아니냐 나 외에 다른 신이 없나니 나는 공의를 행하며 구원을 베푸는 하나님이라 나 외에 다른 이가 없느니라

45:18 "이는"이란 머리말은 방금 진술한 내용의 이유를 말한다. 우상을 만드는 자는 욕을 당하지만, 그러나 이스라엘은 영원한 구원으로 들어갈 것인데, 이는 여호와께서 하늘과 땅의 창조자이며, 구체적인 목적을 위하여 창조하셨고 그 목적이 실현되는 것을 보실 분이시기 때문이다. 하늘을 창조하신 자라는 묘사적 문구는 여호와와 함께 번역하기보다는 뒤따라오는 내용과 함께 번역해야 한다. "하늘의 창조자, 그분이 그 하나님이시다." 즉, 인칭 대명사가 강조되어 있다. 그것은 "하늘의 창조자"란 말에 표현된 사상을 다루고 있으며, "그 하나님"의 서술어이다. 여호와께서 창조자라는 사실은 문맥 전체에 분명히 나타나 있으며 "나는 여호와라 나 외에는 다른 이가 없느니라"라는 명확한 진술에 나타나 있다.

본 문구가 가르치는 것은 참되신 하나님(엘로힘에 붙어 있는 정관사의 의미를 주시하라)은 그가 하늘을 창조하셨다는 사실에 의해 인증된다는 것이다. 강조가 역시 "하늘의 창조자"란 문구에 주어져 있으니, 이는 이 문구가 참 하나님을 식별하는 표지를 나타내고 있기 때문이다.

두 번째 행은 비슷한 스타일로 해석해야 할 것이니, 곧 그 강조된 문장이 앞에 온다. "땅의 조성자요 그것을 만드신 자, 그가 그것을 세우셨다." 두 개의 분사가 이사일의 (hendiadys) 역할을 할 수 있다. 곧, "그것을 조성하심으로써 땅을 만드신 그 분". 그리고 마지막 동사는 "세움"이라는 통상적인 의미로 취급되는 것이 가장 좋을 것이다.

창조의 목적에 대한 진술이 본 절의 세번째 행 가운데서 이어지는데, 곧 하나님께서 지구에 사람이 거주하도록 창조하셨다는 것이다. 이사야는 창세기 1:2에 언급된 단어(תֹהוּ)를 사용한다. 그러나 둠(Duhm)은 선지자의 어투가 창세기 1:2과 아무런 관계가 없으니, 이는 그것이 그렇다 하더라도 선지자가 태초에 땅이 토후(공허)하였던 사실을 볼 수 없었을 것이기 때문이라는 것이다. 그러나 이것은 그 단어를 오해한 것이다. 이사야는 그 땅이 한 때 토후였었다는 것을 부인하지 않고 있다.

그의 요점은 여호와께서 땅을 토후 되도록 창조하지 않으셨다. 토후한 땅은 거주할 수 없고, 그것이 창조된 목적을 실현하지 못한다. 하나님의 목적은 땅이 거주할 수 있도록 하는 것이었다. 주석가들이 여기서 성지(Holy land)에 대한 반영이 있다고 보는 점은 옳을 것이다. 이사야가 의미하는 바는 분명히 성지를 포함하여 세상은 거주 되어야 하고, 공허해서는 안 된다는 것이다. 그러나 우리는 보다 깊은 의미를 주시해야 한다. 죄는 인류를 하나님으로부터 분리시킴으로써 인류를 파괴하였다. 하나님의 구원 목적은 타락된 인류 가운데서 소수의 고립된 개인들을 구원하려는 것이 아니었고 세상을 구원하려 하셨다. 그리고 구속된 세상에서 하나님의 찬송을 노래하는 자들이 거주하게 될 것이다.

이 엄청난 결정을 발표하는 분은 이스라엘의 하나님 야웨이시니, 그분은 그렇게 함으로써 그 외에 다른 이가 없는 참되신 하나님으로 동일시하신다. 부정적인 배타적 진술은 본질적인 것이다. 왜냐하면 그것이 긍정문인 "나는 여호와라"를 강조하고, 가장 분명한 방식으로 다신론(polytheism) 형태는 거부하고 있기 때문이다.

45:19 세상 창조에서 여호와께서 자기 자신을 참되시고 살아계신 분으로 나타내 보이셨던 것처럼, 주님은 계속하여 자신을 자기 백성 이스라엘에게 분명하게 계시하여 나타내 보이신다. "나는 은밀히 말하지 아니하였으며"라는 첫 번째 문구는 주로 하나님의 말씀의 행위가 은밀히 하지 않았고 공개적으로 자기 선지자들을 통하여 말씀하여 왔다는 것을 의미하는 것으로 해석된다. 이것은 물론 사실이지만 그러나 이 "은밀히 하지 아니하였다"는 부사절은 말하는 행위보다는 주어를 수식하는 것으로 이해하는 것이 더 낫다. 따라서 "비밀 중에서 나는 말하지 않았다." 이 문장 구조에서 강조가 하나님께서 말씀하실 때 은밀히 계시지 않으셨다는 사실에 주어져 있다. 주님은 공개되어 있었으며, 또한 드러 내놓고 말씀하여 오셨다. 이 구별은 좋은 것이며, 우리가 선택하는 것이 둘 중 어느 쪽이든, 강조가 하나님의 계시가 말씀되어졌다는 사실에 있다는 것을 유의해야 한다.

두 번째 문장은 여러개의 명사구문으로 "흑암한 곳에서"란 문구의 불확정을 증가시킨다. 토리(Torrey)가 시사하는 바와 같이 이 명사구는 "어떤 어두운 땅의 어떤 지점"을 의미하는 데 지나지 않을 수도 있다. 근본적인 사상은 하나님의 계시가 공개적이고 그것을 받는 자들에게 이해될 수 있는 것이라는 것이다. 하나님께서는 자기를 찾는 자가 거짓된 신들을 찾는 자의 특징인 마법과 미신행위라는 사악한 행실을 하도록 자신을 모호하게 숨기지 않으신다. 여기서 스올이나, 창세기 1:2의 흑암에 대한 어떤 언급이 반드시 있는 것은 아니다. 그보다는 여기서 하나님의 계시의 방법과 이방의 점술가들의 어두운 행실을 대조하고 있는 것으로 보인다.

앞 절에서 토후라는 단어가 창세기 1:2절에서처럼 공허를 의미했다. 그러나 본 절에서는 '헛되이' 라는 의미를 갖는 것으로 보인다. 이런 약간의 개념의 변화에도 불구하고, 하나님의 창조는 토후를 존재하게 하려는 목적이 아니듯이, 그의 계시 또한 토후를 존재케 하려고 하는 것이 아니라 그의 목적을 성취하는 것이다. 이런 개념의 차이는 쉽게 알아 볼 수 있을 만큼 큰 차이는 아니다. 만약 처음 창조가 공허한 상태라면, 인간은 그 위에서 살 수 없을 것이다. 그 때문에 처음 창조가 창조된 목적을 성취하는 한에 있어서 그것은 헛된 것이었다. 그래서 하나님께서 자기를 예배하는 자들에게 그 얼굴을 찾으라고 명령하실 때, 그들은 주님에게로 가까이 이끌어 주지 못할 어떤 방법으로 나아가서는 안 되었으니, 이는 헛되이 나오는 것이기 때문이다. "찾으라"는 명령형은 여기서 사용되는 바와 같이 제의적 용어일 것이다.

하나님께서는 자신을 '의를 말하는 자'로 그리고 '정직을 선포하는 자'로 말씀하신다. 이 두 단어는 서로 약간 다른 개념을 가질 수 있으나, 문맥은 그 둘다 진리의 의미로 이해할 것을 요구한다. 하나님께서 선포하는 일들은 정직한 일들이니, 이는 그것들이 참되기 때문이다. 이방 세계에서 실행하였던 마법과 마술의 어둡고도 은밀한 행위들과 대조하여, 하나님께서 자기의 말씀을 모든 사람이 듣고 깨달을 수 있는 어조로 멀리 그리고 널리 선포하셨다. 이 계시의 방법의 정점은 그 아들이 육체로 계시는 동안에 말씀하셨던 계시 안에서 발견된다. "내가 드러내어 놓고 세상에 말하였노라 모든 유대인들의 모이는 회당과 성전에서 항상 가르쳤고 은밀히는 아무것도 말하지 아니하였거늘"(요 18:20).

45:20 결론으로 여호와께서는 열방 중의 피난한 자들이, 그분만이 구원자이시라고 선포할 수 있도록 그리고 그들에게 돌아오라고 명령할 수 있도록, 함께 모이라고 명령한다.[24] 본 절을 이끄는 두 개의 명령형들은 거의 이사일의(二詞一意)로서 함께 해석되어야 한다(참고. 49:18과 60:4; 그리고 41:21과 43:9을 유념하라). 열

---

24) 1Q는 ואתיו, 즉 '그리고 오라!'로 읽고 있다.

방은 함께 모여 나아와야 한다. 비록 이것이 초청이라고 할지라도 그럼에도 불구하고 그것은 명령형으로 되어 있으니, 이는 그것이 절대적인 권위를 지닌 음성이기 때문이다. 사상적으로 평행을 이루고 있는 것이 세 번째 명령형이다. 모임은 먼 곳에 있어서는 안 되고 열방의 피난한 자들이 이스라엘의 하나님께서 말씀하시는 것을 들을 수 있도록 가까이 나아와야 한다. 이 말씀이 이방인중 피난한 자들, 즉 하나님의 심판을 피한 이방 열국 사람들에게 주어져 있다. 이스라엘의 구속과 구원과 더불어 심판이 역시 이방인에게 떨어질 것이다. 이것은 고레스의 어떤 특별한 승리를 가리키는 것이 아니고 "이 세상의 권세 잡은 자가 떨어질 때"의 커다란 승리를 가리킨다. 그것은 이방인의 충만한 수를 구성할 자들은 이방의 남은 자이며, 또한 함께 모여 오라고 명령받는 자도 이러한 피난한 남은 자들이다.

여기에 아직도 우상을 신뢰하고 있는 어떤 자들도 포함되어 있을 것이다. 그들의 신앙의 어리석음은, 필요할 때 우상들이 우상숭배자들을 지탱시켜 주고 유지시켜 주어야 하는데, 오히려 우상숭배자들이 실제로 우상들의 나무를 가지고 다닌다는 사실 가운데 나타나 있다. 그 동사를 자동사로 취급하기보다는 목적어를 가진 것으로 가정하여 "그들이 알지 못한다"로 하는 것이 가장 좋은 것으로 보인다. 마지막 문장에서 엘이란 단어는 그 우상이 인간과는 구별되는 참 신으로 생각된다는 사실을 보여 주기 위하여 선택된 것으로 보인다.

45:21 처음 두 명령형은 목적어를 가지고 있지 않다. 그래서 대부분의 주석가들은 "너희의 논증"이나 "장래에 일어날 일을 선포하라"와 유사한 어떤 것을 가정한다. 이 명령형은, 만약 가능하다면 그들의 소송을 진술하도록 피난한 자들에게 선포하는 것으로 생각된다. 첫 번째 명령형은 선언 혹은 선포의 행위를 가리키며, 반면에 두 번째 것은 그 소송을 가져오는 것을 염두에 두고 있다. 그 다음에 2인칭으로부터 3인칭으로의 전환이 있으며, 동사는 명령형으로 해석되어야 한다. אַף 불변화사는 "진실로 그들이 함께 고하게 하라"로 번역하는 것을 가능하게 한다. 알렉산더가 제시하는 바와 같이, 인칭의 변화는 "그들이 도전을 받아들일 수도 없고 받아들이려고 하지도 않거나, 그렇지 않으면 최소한 그것에 대하여 의심하고 망설이고 있다는 것을 암시할 가능성이 있다. 그러므로 그들은 피차 상의하여 보라고 요청받고 있거나, 아니면 어떤 사람이 생각한 대로, 자기 자신보다 더 지혜로운 자의 모략을 받아들이라고 요청받고 있다." "피차"라는 단어는 만일 이방인이 개인적으로 미래를

인정할 수 없고 미리 알릴 수 없다면, 그것을 함께 의논하여 할 수 있을 것이라는 사실을 암시한다.

주님은 이방인을 기다리지 않고 즉시 자신만이 다가올 일을 미리 말할 수 있는 능력을 가졌음을 보여 주는 방식으로 자신의 소송을 개진한다. "이 일"은 앞 절에서 말해진 심판과 구원을 가리킨다. 아마도 그것의 직접적 징조(manifestation)가, 비록 그것을 지나치게 제한시킬 이유는 없지만, 바벨론의 멸망에서 보여졌다고 말하는 것이 옳을 것이다. 이스라엘의 하나님 이외에 누구도 고대로부터 이 사실을(즉 선포를 통하여) 듣게 하지 못하였다. 주께서는 포로와 구원을 예고하셨고 그와 마찬가지로 이러한 일이 일어나기 이전에 궁극적 구원까지도 예고하셨다. 평행적 단어가 메아즈(מֵאָז, 직역하면, 그때로부터)란 표현이다. 이 말은 꽤 최근에 있었던 일까지도 포함할 수 있다. 그럼에도 불구하고 이 문맥에서 사건이 예고되기 이전의 어떤 때에 구술된 이 예언이 고대의 것이었다는 사실을 암시하고 있다. 아마도 이것은 13장과 21장에 나타나 있는 바벨론의 멸망에 관한 예언을 가리키는 것 같다. 이중적인 질문을 통하여 의도된 대답은 아무도 이것을 고한 자가 없으며 처음부터 그것을 선포한 자도 없었다는 것이다. 그것은 이스라엘의 하나님 야웨만이 하실 수 있는 도전이다.

마지막 문장 가운데서 "그리고 나 외에는 다른 이가 없느니라"는 평행적 문장은 의역하여 "그분 이외에 다른 하나님이 없다"로 번역될 수도 있다. 심판과 구원을 미리 예고할 수 있는 유일한 분은 이스라엘의 하나님 야웨이시니, 그는 존재에 있어서 유일하신 하나님이시요, 그분의 거룩하심의 엄격한 요구에 따라 심판과 구원을 행사하심에 있어서 공의로우신 분이시다. 그는 또한 구원자이시니, 그의 구원은 공의를 희생하여 제공되지 않고 그 공의의 만족에 의하여 성취된다.[25]

한 도울 자가 곧 너에게 올 것이요, 그분의 병거는 겸손이요
그분의 왕관은 거룩이요, 그분의 홀은 고통 가운데 있는 긍휼이라
그분은 우리의 모든 저주를 그치게 하시고, 그로 말미암아 땅은 즐거워 노래한다
우리는 이제 구원자 당신을 찬양하나니, 주께서는 행위에 능하시나이다

---

25) 그럼에도 불구하고 어떤 주석가들은 이 구절을 하나님은 의로우시고 구원자가 되신다라고 가르친다.

22절, 땅 끝의 모든 백성아 나를 앙망하라 그리하면 구원을 얻으리라 나는 하나님이라 다른 이가 없음이니라
23절, 내가 나를 두고 맹세하기를 나의 입에서 의로운 말이 나갔은즉 돌아오지 아니하나니 내게 모든 무릎이 꿇겠고 모든 혀가 맹약하리라 하였노라
24절, 어떤 자의 내게 대한 말에 의와 힘은 여호와께만 있나니 사람들은 그에게로 나아갈 것이라 무릇 그를 노하는 자는 부끄러움을 당하리라마는
25절, 이스라엘 자손은 다 여호와로 의롭다 함을 얻고 자랑하리라 하느니라 하셨느니라

45:22 형태에 관한 한 본 절은 서술적 진술에 앞서 있는 명령형을 가지고 있으며, "수고하고 무거운 짐진 자들아 다 내게로 오라"는 예수님의 말씀과 유사하다. 그 명령을 선포하기에 앞서서 우리 주님께서는 자기 자신에 관하여 그리고 자기와 아버지와의 친밀한 관계에 대해서 엄청난 선언을 하셨다. 여기서도 역시 주님께서는 자신이 의로운 자요 구원자이라고 주장하셨고 자신만 심판과 구원을 미리 알릴 수 있는 분이라고 주장하셨다. 그렇다면 이방인에게는 멸망밖에 남아 있는 것은 없는 것으로 보일 수도 있다. 그러나 사실은 그렇지 않으니, 이는 은혜로운 초청이 그들에게 주어져 있기 때문이다. 그들은 자신의 이전 행위를 계속해서는 안 될 것이며, 그것으로부터 돌이켜야 할 것이다. 여기 '앙망하라'는 동사는 어떤 것으로부터 돌이켜서 어떤 것으로 돌아가는 것을 암시한다. 즉 이것이 참된 회심이다. 회심은 신약에서도 이와 같이 제시되어 있다(참조. 살전 1:9; 행 14:15; 15:19).

비록 동사가 복수이고, 주어가 "땅의 끝" 가운데서 발견되기는 하지만, 이것은 인간 개개인을 가리킨다. 만일 땅의 끝이 하나님께 돌아온다면, 그것은 오직 땅의 끝을 이루고 있는 개인이 스스로 돌이켰음으로 인한 것이다. 강조가 개인의 회심에 있다.

돌아오라는 초청은 그리스도의 초청처럼 명령형 가운데 내포되어 있으며, 그러므로 개인의 책임이 나타나 있다. 그러나 둠(Duhm)은 다소 무모하게, 그것은 "개인의 문제, 곧 그가 하나님 나라에서 구원받은 자로 자신을 허락하느냐 아니면 허락하지 않느냐 하는 문제다"라고 말한다. 비록 하나님께서 여기서 인간에게 자기에게로 돌아오라고 명령하고 있을지라도, 주님이 그 명령을 듣는 모든 자에게 순종할 힘과 능력을 주신다고 생각할 필요는 없다. 어거스틴의 "da quod iubes et iube quod vis"("당신이 명령하신것을 주옵소서, 그리고 당신이 뜻하는 것을 명령하소서")란

말은 완전히 성서적이다. "명령하시는 분은 하나님이시다, 그리고 피조물인 인간은 순종해야 할 책임을 가지고 있다."

"땅 끝"(직역하면, 땅의 가장 먼 끝)이란 문구는 땅에 거하는 모든 사람들을 포함한다. 펜나(Penna)는 참된 회심과 복음 메시지의 우주성 사이의 긴밀한 관계를 아름답게 강조하고 있다. 두 개의 명령형이 함께 속해 있다. 자주 지적되는 바와 같이, 첫 번째 것은 권고하는 것이고, 두 번째 것은 약속하는 것이다. 그 뜻은 "내게로 돌아오라, 그리하면 분명히 구원받을 것이다"이다.[26] 마지막으로 이러한 일들의 이유는 야웨께서 참 하나님이시라는 사실 가운데서 발견된다. 유일신론, 진정한 회심 그리고 범세계주의는 서로 조화한다. 이스라엘의 하나님 야웨께서 유일하신 참 하나님이시라는 유일신론으로 부터, 하늘과 땅의 창조자이시라는 교리로 부터 참된 회심이 있을 수 있다는 사실이 흘러 나온다. 인간이 하나님에게 반역하였고, 그리고 가증스런 헛된 우상으로부터 돌이켜서 자신이 만드신 하나님에게로 돌이킬 때에만 구원을 받을 수 있게 되었다. 더 나아가서 모든 인간들이 반역하였으므로, 모든 인간들에게 돌아오라는 초청이 열려져 있는 것이다. 복음 안에서만 진정한 범세계주의가 발견된다.

45:23 인간이 그분에게로 돌아와서 그분 앞에 무릎을 꿇을 것이라는 사실이 너무나 분명하게 일어날 것이므로 주님께서는 주님 자신을 두고 맹세하셨는데, 이것은 맹세를 서약해야 할 자신보다 더 크신 대상이 없기 때문이다. 맹세의 형식이 "나의 삶을 두고"라는 말에 있으며, 바울은 이 구절을 인용하면서 이것을 유지 시킨다. 두 번째 행은 마치 하나님께서 "그 말씀이 내게서 나갔다고 자신을 두고 맹세한다"와 같이 맹세의 내용을 가리키는 것이 아니라 첫 번째 행의 평행구절일 뿐이다. "나를 두고(이 단어의 위치가 강조적인 위치다) 내가 맹세하기를, 즉 말이 나갔은즉 등." 하나의 말이 나가도록 하셨다는 것은 하나님께서 발설하시는 것들 혹은 말씀을 말씀하시는 것을 의미한다(참고. 단 9:23, 25). 입을 의와 함께 해석하여 "의의 입으로부터 한 말씀이 나갔고, 또한 그것은 돌아오지 않을 것이다"로 번역하는 것이 가장 좋을 것이다. 의의 입은 하나님의 입, 곧 오직 의로운 것만을 말하는 입이다.

---

26) 두 번째 명령형은 첫 번째 것에 의하여 표현된 행동의 결과를 나타낸다.

여기서 강조는 언어 계시에 있다. 약속의 말씀은 의의 입으로부터 나온다. 이 말씀은 효력있는 말씀이요 그 목적을 이루며, 목적을 이루지 못하고 그것을 말씀하신 자의 입으로 돌아오지 않는다.

약속의 내용은 "모든 무릎이 꿇을 것이라"와 "모든 혀가 맹약하리라"는 것이다. 아마도 이 두 동사는 제의적 행위를 암시하지만, 그러나 이 특별한 문맥 안에서는, 그 뜻이 이스라엘의 하나님 여호와께 대한 완전한 복종의 의미이다. 무릎꿇고 맹세한다는 것은 그러한 행위가 바쳐진 자의 주권과 능력에 대한 충만하고도 완전한 인정을 포함한다(참고, 왕상 19:18). 미완료형은 강요의 의미를 담고 있다. 이 문장은 틀림없이 있게 될 일을 말하고 있고, 그러므로 약속보다 더 강하다. 빌립보서 2:10에서 이 구절을 사용하면서 바울은, "모든 입으로 예수 그리스도를 주라 시인하여 하나님 아버지께 영광을 돌리게 할" 고백을 할 것이라고 덧붙이고 있다(참고, 롬 14:11). 그러나 이것이 우주적 구원의 모습은 아니다. 여기에 묘사된 복종은 자발적이고도 또한 비자발적인 것이다. 비록 모든 사람이 참으로 회개하고 주님에게로 돌아오지는 않을지라도, 모든 무릎이 꿇을 것이고, 모든 혀가 맹세할 것이며, 이것은 하나님께서 주권자이시요 모든 피조물이 그분을 인정하여야 하기 때문이다.

45:24 아크(אַךְ)의 본래의 의미는 강한 긍정의 의미이고(틀림없이), 이것으로부터 "야웨 안에서 틀림없이, 진실로, 다른 하나님이 아닌 오직 그 분 안에서만"이라는 한정적인 의미가 나왔다. "어떤 자의 나에 대한 말"이란 평행적 문구의 적절한 해석에 대해 의견의 차이들이 있다. 이 문구는 주로 "어떤 자가 내게 말하기를" 혹은 "사람들이 내게 대해 말하기를"로 번역된다. 그러나 이것은 명확하지 않다. 아마도 이 뜻은 사람들이 하나님에 대해서 구원이 그분 안에서만 발견된다고 말한다는 것이거나, 그렇지 않으면 사람들이 하나님에 관하여 오직 그분 안에만 구원이 있다고 주장한다는 것이다. 그러나 אָמַר (누군가 말하기를)를 평행어로 취급할 수도 있으며, "나에게"를 "의"와 연결시키는 것도 가능하다. 이러한 구조를 따른다면 그 의미는 "사람들이 말하기를, 오직 여호와 안에만 나를 위하여 구원이 있다" 아니면 "사람들은 선포하기를, 오직 여호와 안에서만 내가 구원을 가진다"이다. 어떤 구조이든 의미는 본질적으로 같으며, 주시해야 할 점은 강조가 구원의 원천으로서 "여호와"에게 있다는 것이다.

의의 복수형은 아마도 여호와 안에서 발견되는 의의 풍성함을 암시하는 강조형

(intensive)일 것이다. 그래서 바울은 "은혜가 더욱 넘쳤다"(롬 5:15)고 말한다. 비록 체다카(צְדָקָה)가 여러 개념을 가질 수 있을지라도, 여기서 그 단어에 의라는 일반적인 의미를 부여하지 못할 충분한 이유는 없다. 의의 풍성함과 함께 능력이 있으니, 이는 인간이 이 세상에서 살아가기 위해서 필요로 하는 것이다. 그러므로 델리취가 "성화의 힘, 그리고 세상을 정복하는 힘"에 대해서 말했을 때 이는 본질적으로 옳다.

두 번째 행은 강조어, "그에게", 즉 "야웨에게"와 함께 시작한다. 그리고 그 다음 하나의 단수동사가 뒤따라온다. 주어는 "여호와께 무릎을 꿇는 자"이다. 그는 회개함으로 야웨께 나오는 사람이다. 다른 한편, 야웨에 분개하는 자들은 부끄러움을 당할 것이다. 두 개의 동사들이 서로간에 병치되어 있으며, 그렇게 하여, 히브리어 각 동사 앞의 각 두 글자(בּ)들의 두운법으로 보다 두드러지게 되는, 효과적인 대조를 나타낸다. 야웨의 대적들은 불태워질 것이다. 그들의 태도는 중립적인 것이나 수동적인 것이 아니다. 그들은 이스라엘의 하나님에 대하여 분노함에 있어서 능동적이며, 그리고 그들의 종말은 부끄러움이다.

45:25 본 절은 전 인류로부터 취함을 입은 참 이스라엘의 구원에 대해 결말 짓는 선언으로 이루어져 있다. 또다시 "여호와"란 단어가 앞에 위치함으로써 그 단어에 강조가 주어져 있다. 두 동사는 이사일의를 이루고 있지 않다. 그보다 첫 번째 단어는 이스라엘이 의롭다함을 받을 것이라는 사실을 진술하고, 두 번째 단어는 칭의의 결과로 그들이 하나님에게 찬양의 노래를 부른다는 사실을 진술한다. "의롭다함"의 개념은 여기서, 대략 이사야서의 이 특별한 장들 가운데서 그러하듯, 구원과 거의 동일하다. 동시에 그것은 정확하게 동등한 것은 아니니, 이는 그것이 또한 의를 강조하고 있기 때문이다. 이스라엘을 구원하심에 있어서 하나님께서는 자신을 의로운 분으로 나타내 보이셨다. 그러한 구원의 결과 모든 이스라엘 자손들은 스스로 자랑하거나 혹은 하나님을 찬양할 것이다.

이것은 역사적 실재(entity) 이스라엘을 가리키는 것이다. 이것은 역사적 이스라엘의 모두가 회개한 것이 아니기 때문이다. 사실상, 우리 주님께서 지상에 계시는 동안 그분에게 대항하고 그분을 죽이라고 소리쳤던 역사적 이스라엘에게 속한 자들이 있었다. 그러므로 이것은 하나님의 이스라엘, 곧 우상으로부터 돌아서서 살아 계시고 참되신 하나님을 섬기는 이방인으로부터 나온 사람이 추가되어 그 수가 무수하게 된 이스라엘 가운데 있는 참 신자를 가리킨다.

46장

1절, 벨은 엎드러졌고 느보는 구부러졌도다 그들의 우상들은 짐승과 가축에게 실리 웠으니 너희가 떠메고 다니던 그것은 피곤한 짐승의 무거운 짐이 되었도다
2절, 그들은 구부러졌고 그들은 일제히 엎드러졌으므로 그 짐을 구하여 내지 못하고 자기도 잡혀갔느니라

46:1 앞장에서 이사야는 구속된 이스라엘을 기다리고 있다는 것을 보여 주었고, 이제는 그가 바벨론에 일어날 내용을 보여주는 데로 나아간다. 바벨론의 신들 중 가장 큰 자까지도 멸망당할 것이다. 선지자는 그가 묘사할 내용의 확실성을 표현하기 위하여 완료형으로 시작한다. 그리고 생생함과 다양성을 위하여 그는 분사로 계속해 나간다. 첫 번째 동사는 한 사람이 무릎을 구부리거나 혹은 가라앉음을 암시한다 (참고, 삿 5:27; 왕하 9:24; 시 20:8). 벨은 엎드러졌으며 이것은 그가 이방 사람들의 제국을 향해 내려진 심판 중에 야웨의 멸망시키는 타격을 입었기 때문이다. 두 번째 동사는 여기서와 다음 구절에서만 발견된다. 그것은 케레스(קָרַס, 고리)와 연결되어져 있는 것으로 보이며 아마도 "허리를 굽히다"를 의미할 것이다.[1)]

벨과 느보는 바벨론 모든 신 가운데서 가장 뛰어난 두 신들이었다. 벨(가나안의 바알과 비교하라)은 아마도 마르둑을 상징하는 것 같다. 사실상, 이 우상은 가끔은 벨-마르둑이라고 만들었고, 피이퍼(Pieper)가 말한바와 같이, 이 두 이름은 상호간에 대략 히브리어에서 야웨와 엘로힘과 같은 관계를 지니고 있을 수도 있다. 느보(나부)는 벨-마르둑의 아들이며, 주로 바벨론의 남쪽으로 세시간 거리에 있는 보르십파(Borsippa, Bir Nimaud)에서 숭배되었다. 여기서 하나의 신전이 그 주위의

---

1) 우가릿 본문은 평행이 되는 사상을 제공해 주고 있다.
   얌은 무너지고, 그는 넘어진다
   땅에, 그의 얼굴은 흔들리고 그의 용모는 허무하게 사라졌다.
   (참고, *Baal*, text on p. 82 of *CMAL*). 그러나 여기서는 다른 동사들이 사용되었다.
   또한 p. 78을 참고하라. 이곳에서는 동사가 *t' gly*이다.

탑(e-ur-imin-an-ki)과 함께 그에게 봉헌됐다. 그는 기록(writing)의 신 및 종교적인 해석의 신이었으며, 지적인 세계에서 헌신의 대상이었던 것 같다. 신년 대축제에 이 두 신들이 함께 한다. 그들은 아마도 바벨론 종교의 대표로 언급된 것 같다. 그들이 엎드러질 때, 그들 종교도 무너진다.[2]

고대시대에는 한 나라의 운명이 그 신들과 결탁해 있다고 믿었다. 그런 까닭에 만일 신이 멸망당한다면 그 나라도 멸망당한다. 그리고 그와 같이 만일 그 나라가 전쟁에서 패배한다면 그 신도 역시 그렇게 된다. 열을 지어 신들을 옮겨가는 것은 정복된 그 나라 자체를 멸망시키거나 옮겨가는 것을 상징하였다.[3]

"그들의 우상"에 들어 있는 대명접미사는 그 신과 그 상 속에 표출된 것을 구별시켜서 그 우상 자체를 가리킨다고 보아야 할 것이다. 그 우상은 이제 짐승과 가축을 위한 것이 되었다.

이사야는 백성에게 말하고 있으며 "너희의 짐", 즉 그들에 의해 옮기우는 것에 대해 말하고 있다. 이것은 우상의 형상들, 즉 벨과 느보를 가리킨다. 이 짐은 지친 짐승에게 지워져 왔다. 그 우상 전 생애 동안 그 백성을 짊어져야 하였으나, 그러하지 못하고 그들 자신들이 짐이 되었다.

선지자는 왜 우상의 형상이 옮겨져야 하는지에 대해 말하지 않는다. 만일 그것이 행렬 가운데 있다면, 어찌하여 짐승이 피곤한 것으로 말해지고 있는가? 아마도 그 우상을 옮기기 위해 다루기 쉬운 짐승에게 지워진 것 같으며, 그렇게 하여 그 대적의 멸망을 상징적으로 묘사하였을 수도 있다. 폴츠 역시 그 우상이 그 자체로 가치 있는 것이었다고 상상한다. 만약 이 생각이 옳다면 우상에 대한 천한 굴욕을 지적하는 것이다. 언젠가 그들은 당당한 행렬 가운데서 옮겨졌었다. 그러나 이제는 그것들이 피곤한 짐승에게 지어져서 옮겨지고 있다.[4]

여기에 기록되어 있는 내용이 어떻게 바벨론을 멸망시키는 고레스의 행동과 조화

---

2) Kassite 시대(주전 제12세기)의 경계석은 왕관을 쓴 마르둑이 자기의 발에 뿔달린 신화적인 짐승과 함께 있는 것을 보여 준다. Calah에서 Adad-nirari III(주전 810-782) 시대의 것인 Nebo의 동상이 발굴되었는데, 다음과 같은 비문이 기록되어 있다. "Nebo를 의지하라, 다른 어떤 신도 의지하지 말라." 실물을 위해서는 VBW를 보라.
3) 참고, KAT, pp. 272f.
4) Volz는 '피곤한'의 묘사에 있어서 하나의 훌륭하고도 정교한(geistreich) 솜씨로 생각한다. 신들은 힘을 주지 못하고, 그것들을 도와야 하는 피조물들까지도 피곤하다. Akitu 축제를 반영하고 있다는 것은 의심스럽다.

를 이룰 수 있겠는가? 고레스는 우상종교를 파괴시키지 않고, 오히려 정복된 백성에게 종교의 자유를 주었다. 그렇지만 이 구절은 바벨론의 멸망에 대한 묘사로 이해해서는 안 되고 인간 나라의 종교가 종말을 맞이할 것이라는 진리에 대한 상징적 진술로 이해해야 할 것이다. 벨과 느보는 그 종교의 대표격이었다. 그리고 사무엘 당시에 신전에 있었던 다곤처럼 그것들이 무너질 때, 하나님에게 적대하던 그 종교 역시 사라진다. 그 이미지는 이 우상을 끌고 가서 더 이상 영광을 얻지 못하거나 보여지지 않는다는 것이다.

46:2 이사야는 같은 동사들을 역순으로 사용하면서 1절 상반절의 사상을 다룬다. 그것들은 구부러졌고 일제히 엎드러졌다. 즉, 그들이 완전히 멸망당하거나 혹은 둘이 나란히 멸망하는 방식으로 완전히 박살이 났다. 접속사를 생략한 동사들은 표현에 생동감을 더해 준다.

신들이 완전히 엎드러졌으므로, 그들의 형상으로 만들어진 짐을 짐승들이 옮길 수 없다. 무게로 부터 짐승들을 구출해 줄 수 없다. 이사야는 생명이 없는 우상 자체들과 실제 우상들과는 구별되는 신들(numina) 혹은 신성들 사이에 구별을 짓고 있다. 델리취가 설명하는 바와 같이, 그것들은 "그 우상들이 만들어진 나무나 금속 그 이상 아무것도 아닌" 인격이 존재하지 않는 존재이다. 그러므로 "못하고"의 주어는 벨과 느보이다. 만일 이 큰 신들이 그들의 짐을 경감시켜주지 못한다면, 그것보다 더 못한 신들은 얼마나 무능하겠는가?

선지자는 재귀 대명사를 문장의 초두에 둠으로써 그것을 강조하고 있다. 그는 "그것들의 정신(soul)"에 대해 말하고 있는데, 여기서 그것은 우상의 내적 존재 혹은 본질적 성질을 가리킨다. 이 단어는 우상들과 그것들을 나타내는 상들(statues)을 구별짓고 있다. 그것들이 나무나 금속 동상들로부터 떠나 어떤 존재를 가지고 있지 못하므로 전체가 야유의 기미를 가지고 있는 것으로 보인다. 알렉산더는 그 의미를 다음과 같이 드러내고 있다. "신 전체, 즉 혼과 몸, 그것에게 속한 모든 것이 포로로 끌려갔다."

마지막 문장에서 각 단어는 의미심장하다. 첫 번째 "그들의 혼"(soul, 개역은 번역되지 않았음—역자주) 그 다음 "포로로"(이 문구는 개역성경에서 '잡혀갔느니라'로 동사와 함께 번역되었다—역자주)인데, 이것이 동사 앞에 옴으로써 강조되어 있다. 마지막으로 동사인데, 이것이 휴지부에 있으므로 세 개의 어조 장

모음으로 구성되어 있으며, 이는 놀트가 지적하는 바와 같이 극한 피곤을 암시한다.[5]

3절, 야곱 집이여 이스라엘 집의 남은 모든 자여 나를 들을지어다 배에서 남으로부터 내게 안겼고 태에서 남으로부터 내게 품기운 너희여
4절, 너희가 노년에 이르기까지 내가 그리하겠고 백발이 되기까지 내가 너희를 품을 것이라 내가 지었은즉 안을 것이요 품을 것이요 구하여 내리라
5절, 너희가 나를 누구에 비기며 누구와 짝하며 누구와 비교하여 서로 같다 하겠느냐

46:3 이사야는 이제 여호와를 그 나라에게 자기의 말을 들으라고 명령하시는 분으로 소개한다. 야곱의 "집"은 당시에 살아 있었던 야곱의 모든 후손들을 포함한다. 이사야 당시에 포로 사건은 아직 일어나지 않았다. 다만 선지자는 예언의 영을 통하여 미래를 바라보면서 포로되어 있는 자기의 백성을 보고 있는 것이다. 그러므로 "집"과 "남은 자"라는 용어는 동의어이다. 동시에 이것이 이사야 당시에 살아 있는 자들과 이미 포로로 잡혀간 북왕국의 족속들을 향한 말씀이므로 우리는 이 말씀들이 유다인 자신들에 대한 것으로 생각하는 것이 옳을 것이다. 1절에서 여성형을 사용하였던 이 백성들을 남성 분사들을 사용하여 묘사하고 있다. 우상들은 무거운 짐을 지는 짐승에 의하여 옮겨졌으나, 야곱의 집은 그가 존재하기 시작한 초창기부터 하나님에 의하여 이끌림을 받아왔다. "배"와 "태"란 단어들은 이 초창기를 가리킨다. 유다의 실질적인 역사와 관련하여 이것들이 아브라함의 부르심을 의도하는지 아니면 출애굽 사건을 의도하고 있는지 정확하게 말하기는 어려울 것 같다. 요점은 하나님께서 유다의 존재 역사 전체 가운데서 유다와 함께 하셨고 그가 태어나기도 전에 이끌어 왔다는 것이다. 인간이 자기의 신을 이끌어갈 때, 그 종말은 멸망이다. 참되신 하나님께서 인간을 이끌어갈 때, 그 종착점은 구원이다. 바벨론의 신들은 아무런 생명이 없어서 도망갈 때 피곤한 짐승들에 의하여 옮겨져야 했다. 그 반면에 이스라엘의 하나님은 그들이 존재하는 전 역사 과정을 통하여 자기의 백성을 이끄셨다.

---

5) הלכה (할라카) – 가버렸다. 1Q는 הלכו.

46:4 한 어미가 자기 아기가 어릴 동안에는 데리고 다니며 돌본다. 세월이 지남에 따라 아이는 스스로 걸어야 한다. 그러나 이스라엘에게는 하나님의 보호하시는 돌보심이 그 시작부터 아니라 생명의 끝날까지 확장될 것이다. 이제까지 그리고 노년기를 포함하는 시기까지 '나는 그분이다'는 것이니, 이는, 나는 똑같은 분, 곧 절대적인 하나님께서 힘있게 자기 백성을 품고 돌보시는 분이시다는 것이다. 본 행의 두 번째 부분은 평행절로써 "백발이 되기까지 내가 너희를 품을 것이라." 세에바(שֵׂיבָה)란 단어는 머리가 백발같이 늙은 나이 즉 "맨 끝까지"를 의미한다. 이 동사가 무거운 짐을 지는 것에 대해 사용되었다.

주시해야 할 점은 1인칭 대명사 "나"의 5중 사용이다. 오직 야웨만이 두드러져 있다. "내가 지었은즉"이란 하나님께서 백성을 품으심에 있어서 과거에도 역사하셨고 앞으로도 계속하실 것이라는 것을 의미한다. 그런 까닭에 주께서 이미 행하셨던 것처럼, 앞으로도 그렇게 안을 것이며(직역하면, 들어 올리다), 품을 것이며 구원할 것이다. 그들은 자신의 우상들을 구원할 수 없다. 그러나 온 역사를 통하여 그 나라를 품으신 이스라엘의 하나님께서는 궁극적으로 그 나라를 구원하실 것이다. 인칭 대명사가 마지막 동사 앞에서 빠져 있다. 다른 각 동사에는 이 대명사가 나타나는데, 야웨께서 이스라엘의 역사 가운데서 역사하셨고 앞으로도 역사하실 것이라는 사실에 주의를 집중케 한다. 구원의 마지막 사역은 능하고도 기이한 것으로써, 단지 "내가 구하리라"로 진술되어 있다.

46:5 본 절은 앞의 진술에 논리적 결론을 제공한다. 우상들이 죽었고 생명이 없으며 그래서 다른 자들에 의하여 옮겨져야 하고, 어떤 의미에서든 자기 스스로를 구원할 수 없고, 다른 자들을 구원할 수도 없으므로, 그리고 영원하신 하나님께서 이스라엘을 그 모든 역사를 통하여 품어오셨으므로, 이 하나님께서는 어떤 의미에서이든 자기의 피조물과 비교가 될 수 없다는 것이다. 그분은 절대로 우상들과 비교될 수가 없다. 본 절은, 여기에 비교라는 동사들이 집약되어 있는 것을 제외하고는, 40:18, 25과 사상적인 면에서 유사하다. 어투에서 보다 더 큰 절박성이 들어 있는데, 이 절박성은 앞 절에 있는 제1인칭 대명사의 계속되는 사용으로부터 일어난 것이다. 4절에 언급된 일들을 행하신 분은 비할 데 없는 분이시다.

"누구와"라는 머리말은 아마도 우상을 암시할 것이다. 하나님은 이방인들이 엎드려 절하는 그 어떤 영적 세력과도 비교되지 않는다. 첫 번째 동사는 비교함을 암시하고[6] 두 번째 것은 동등하게 만드는 것을 의미한다. 세 번째 동사에서 사역적인 의미가 주시되어야 할 것이다. 3중적 표현은 41:10, 20 그리고 43:7과 유사하고, 접속사는 와우 연속법이 아니라 단순한 상관 접속사이다. 마지막 동사에 대해서 한(Hahn)은 그것을 "누구와"를 수식하는 것으로 하여 "우리가 누구와 같게 되겠느냐?"라는 의미로 만든다. 그러나 그 접속사를 목적을 표현하는 것으로 취급하여 "우리가 같게 되도록"으로 번역하는 것이 더 나을 것이다. 그렇다면 그 뜻은 피조물 가운데 그들(하나님과 우상)이 같게 될 수 있도록 하기 위하여 하나님과 비교될 수 있는 자는 아무도 없다는 것이다. 이러한 질문을 통하여 비교될 수 없는 영원하신 하나님과 피조물인 유한한 피조물과 비교한다는 것이 극단적으로 어리석은 일이고 비교 불가능하다는 점을 드러내고 있다.

6절, 사람들이 주머니에서 금을 쏟아 내며 은을 저울에 달아 장색에게 주고 그것으로 신을 만들게 하고 그것에게 엎드려 경배하고
7절, 그것을 들어 어깨에 메어다가 그의 처소에 두면 그것이 서서 있고 거기서 능히 움직이지 못하며 그에게 부르짖어도 능히 응답지 못하며 고난에서 구하여 내지도 못하느니라

46:6 5절은 전환 구절이다. 그것은 앞선 내용을 결론짓고 뒤따라오는 내용을 이끌고 있다. 우리는 분사들을 "...저울에 달 것이다"란 문장의 주어들로 취급할 수도 있다. 첫 번째 분사는 금을 쏟아내는 자들을 가리킨다. 키쓰(כִּיס, 자루)는 금의 견본이 저울에 달려졌던 용기를 가리키는 것 같고, 반면에 카네(קָנֶה)는 실제로 평형을 유지하기 위하여 사용되는 저울대이다. 첫 행의 의미는 "주머니에서 금을 쏟아내는 자들은 하나의 저울로 은을 달 것이다"이다. 직역하면, "주머니에서 금을 쏟아내는 그들은 하나의 저울로 은까지도 달 것이다."이렇게 행동하는 이유는 일하는 자에게 지불하기 위해서가 아니고, 우상에게 필요한 금속을 제공해 주기 위해서이다.

---

6) '너희가 나를 비교하겠느냐?' – 미완료형 가운데 마지막 요드의 보유를 주시하라. 이는 1Q에 의하여 지지 받는다.

쓸모없고 도움을 주지 못하는 우상들은 금으로 되어 있고, 그런 까닭에 여기서 금을 강조하고 있다.

그 금속이 준비되면, 그 다음 단계로 그것으로 신을 만드는 금장색이 고용된다. 그는 이것을 나무에 입혀서 죽은 금과 은이 이제 하나의 살아 있는 신이 되게 한다. 우상숭배자 자신들이 그 금속을 하나의 신으로 만들 수는 없다. 그들은 자기 자신의 비용을 내서 하나의 장색을 고용할 뿐이며, 이 고용을 한 답례로 그는 하나의 신을 만들도록 준비한 금과 은을 가지고 모양을 만들어 낸다.

그 작업이 완성되고 땅 아래 있는 광산으로부터 나온 죽은 금이 하나의 신으로 만들어졌을 때, 그 우상숭배 자들은 자기들의 비용으로 방금 만들어진 그것에게 엎드려 경배함으로써 매우 어리석은 행동을 하는 것이다. 이것은 우상의 제작이 묘사된 네 번째 것이다(또한 40:19; 41:7 그리고 44:9이하를 참고하라).

46:7 금이 일단 하나의 신으로 만들어졌어도 그것은 여전히 이전처럼 죽었고 생명이 없는 것이다. 비록 우상숭배자들이 그 앞에 엎드려 절해도 말이다. 그것은 움직이지도 못하기 때문에 숭배하는 자들이 직접 그것을 옮겨야 한다. "어깨에"란 문구는 뒤따라오는 동사와 함께 해석되어야 하며, 그렇게 된다면 전체의 문구는 첫 번째 동사의 설명적인 문구가 된다. 우상을 들어 올리는 목적은 그것을 영구적인 장소로 가져가려는 것이다. 거대하고도 무거운 금을 한 장소에서 다른 장소로 옮기는 일은 힘든 일이고 수고와 고통을 포함한다.[7] 마지막으로 그들은 그 우상을 그 처소(직역하면, 그것 아래)에 둔다. 세 개의 동사들을 종결짓는 접미사-우후(וּ)의 반복된 음성에 유사음(assonance) 조화 현상이 있다.

우상숭배자들이 자기들의 신을 제 자리에 두었을 때, 그것은 거기에 굳게 서서 움직이지 못한다(참고, 시 115:7). 뿐만 아니라 그것은 기도에 응답할 수도 없다. 그것은 움직이지도 못하고 귀머거리요 벙어리 신이다. 동사가 단수로 되어 있는데, 도움을 요청하는 자가 개인임을 암시한다. 그렇지만 우상에게 부르짖는 것은 어리석은 일이니, 이는 그들이 처해 있는 고통과 곤경으로부터 사람을 구원할 수 없기

---

7) Cala(현대의 Nimrud)에 있는 Tiglath-pileser III의 궁전에서 발견된 한 유물은 네 개의 신들의 동상들을 옮기는 앗수르 군인들을 보여 주고 있다. 한 초상이 *VBW*에 제시되어 있다. 참고, 암 5:26.

때문이다.

8절, 너희 패역한 자들아 이 일을 기억하고 장부가 되라 이 일을 다시 생각하라
9절, 너희는 옛적 일을 기억하라 나는 하나님이라 나 외에 다른 이가 없느니라 나는 하나님이라 나 같은 이가 없느니라
10절, 내가 종말을 처음부터 고하며 아직 이루지 아니한 일을 옛적부터 보이고 이르기를 나의 모략이 설 것이니 내가 나의 모든 기뻐하는 것을 이루리라 하였노라
11절, 내가 동방에서 독수리를 부르며 먼 나라에서 나의 모략을 이룰 사람을 부를 것이라 내가 말하였은즉 정녕 이룰 것이요 경영하였은즉 정녕 행하리라

46:8 우상들의 무능성을 기억하라는 하나의 명령이 이스라엘 족속에게 주어져 있다. 이러한 일을 기억함으로써 우상숭배는 용기를 얻고 굳게 서야 할 것이다. 두 번째 동사는 그 정확한 의미가 알려져 있지 않지만, 우리는 "너희는 너희 자신을 견고한 기초 위에 둘지어다"로 번역할 수 있다. 어쨌든, 그 동사는 첫 번째 명령형의 결과를 강조한다. 만약 우상숭배자가 우상들의 무능성과 하나님의 영원하신 섭리를 생각한다면 신앙에 대해 힘을 얻을 수 있고 하나님에게 헌신할 수 있다.

본 절의 마지막 단락에서 우상숭배 자들이 "패역한 자들"(개역 성경은 본 절의 맨 앞에 와 있다. 그러나 히브리 본문은 본 절의 마지막 부분에 있다—역자주)로 소개된다. 이는 그들이 거짓 신들을 섬기지 말라는 하나님의 명령을 거역하였기 때문이다. 이들은 오래 전에 떠난 그 마음으로 돌아가도록(사역적인 의미가 주시되어야 할 것이다) 명령을 받고 있다. 이 표현은 "마음에 두어라"는 것보다 더 강하며, 자기들이 예배하였던 신들이 허무한 것이고, 반면에 자신의 하나님 야웨께서 영원하시고 언제나 살아 계시며 자기 백성을 붙드시는 하나님이시라는 사실에 대해 진지하게 묵상하고 생각하는 것을 의미한다.

46:9 "기억하라"는 명령은 앞 절의 "기억하라"는 유사한 말을 재사용하는 것이다. 패역한 자들은 방금 전에 선포한 사실을 마음 속에 기억하고 상기하여야 할 뿐만 아니라 자신의 역사의 이전 행실을 기억해야 한다. "옛적 일"은 초창기의 예언을 가리키는 것 같지 않고 출애굽과 가나안 정복과 같은 이스라엘 역사 가운데서의 초

창기의 사건을 가리키는 것으로 보인다. 옛적 일들의 고대성을 암시하기 위하여 선지자는 "영원부터" 혹은 "오랜 때부터"란 말을 덧붙인다(개역은 '옛적 일'에 포함하여 번역하였으나, 히브리 본문은 '영원으로부터'라는 단어가 덧붙여져 있다—역자주). 백성이 이 일을 기억하라고 명령받고 있으므로 시간 속에서 일어난 것임에 틀림없다. 그런 까닭에 그것은 문맥상 "오랜 때부터"로 번역하는 것이 더 낫다.

많은 주석가들은 키(כִּי)를 것(that)의 의미로 취하여 목적어를 이끄는 것으로 본다. 이는 마치 그 뜻이 "이전 일들을 기억하라, 즉 내가 하나님이라는 것 등을"으로 이해한다. 그러나 그것을 원인을 나타내는 접속사로 취급하여 기억할 이유를 나타내는 "때문에"로 하는 것이 더 났다. 만일, 우상들이 이전 일들과 관계가 없는 것처럼 하나님께서도 이전 사건들과 관계가 없다면, 이전 일을 마음속에 상기시켜야 할 이유가 없다. 어쨌든 이러한 이전 사건들로부터 하나님의 전능성에 대한 사실이 보여지게 된다. 그러므로 이스라엘은 그것들을 마음속에 상기시켜야 하는데, 이는 그것들 가운데서 그분이 그들의 하나님이시며 자기 자신들의 역사를 지도하시며 역사하시는 그분의 손길을 볼 수 있기 때문이다.

주님께서는 자신에 관하여 두 개의 진술을 하시며, 각각 하나의 설명적 문장이 덧붙여져 있다. 첫째가 "나는 하나님이라"이다. 엘(אֵל)은 그분이 피조물인 인간과 구별되시는 참 하나님이심을 지적한다. 설명적인 문장은 다른 이가 없다고 단언하며, "다른 이가 없다"는 문구를 강조하고 있다. 두 번째는 아노키(אָנֹכִי, 나)의 술어로써 엘로힘(אֱלֹהִים, 하나님)인데, 이는 그분이 참 하나님이심, 곧 "자신 안에 경외감을 불러일으키는 모든 신적 위엄이 통합되어 있는 존재"(델리취)임을 보여 주기 위한 것이다. 이 술어에 "나 같은 이가 없느니라"는 문구가 덧붙여 있다. 또다시 "없느니라"는 강조적 선언이 맨 앞에 위치해 있고, "나 같은"이란 마지막 단어는 5절에서 일어났던 질문에 대한 충분한 대답을 제공한다.

46:10 분사들은 아마도 "나 같은"에 있는 "나"와 함께 해석되어야 할 것이고 그래서 전체의 의미가 "그리고…을 고하는 나 같은 이가 없느니라"가 된다. 분사에서 미완료형으로 바뀐다. 본 절은 단지 한 점에서 하나님께서 비교할 수 없고 유일하신 분, 즉 미래를 예고하시는 그분의 능력을 지적할 뿐이다.

첫 번째 분사, "고하며"는 사건의 결과에 대하여 말로 알리는 것을 가리킨다. 이

사건의 처음부터 혹은 첫 부분부터, 주님은 그 일의 뒤 부분 혹은 일어나게 될 결과를 알릴 수 있으시다. 비록 그 일이 아직도 충분한 과정에 몰입되지 않았을지라도 하나님께서는 그 일이 어떻게 절정에 도달할 것인지 그 일의 매우 초기에도 말할 수 있으시다.[8]

평행이 되는 단어가 케뎀(קֶדֶם)이란 단어인데, 이는 여기서 "오래 전" 혹은 "옛부터"를 의미한다. 오래 전부터 하나님은 일어날 일이 완성되기 이전에라도 미리 말씀할 수 있으시며, 주님은 이를 예언이라는 수단을 통하여 하신다. 예고적 예언은 하나님의 전지성의 증거이며, 절대로 비난받을 것이 아니라, 찬양 받을 것으로 간주되어야 한다. 예언의 예견적 특성은 예언의 본질적인 성격이다. 구약성경에서 예언들은 아직 성취되지 않은 구원의 사건을 지적해 준다는 점에서 목적론적인 것이며, 야웨께서 이러한 사건에 대해서 말할 수 있다는 사실은 그분이 전지하신 하나님이신 증거이다.[9]

그러므로 주님은 미래를 예고할 수 있으신 것은 미래란 주님 자신이 이미 결정하신 일의 전개이기 때문이다. 여기서 "나의 모략"으로 지칭된 것은 그분의 계획이니, 곧 아직 드러나지 않은 것이다. 이 모략은 그분으로부터 기원되었다. 주님은 그것을 피조물과의 의논을 통하여 얻지 않으셨다. 오직 그분의 마음으로부터 나온 것이다. 이 모략은 설 것이요 변하지 않을 것이니, 이는 주님 자신이 그것을 작정하셨기 때문이다. 동사가 절대형이며, 그 모략이 설 것이고 계속 지속할 것을 의미한다.

"나의 기뻐하는 것"이란 평행적 표현은 '내가 결정한 것, 내가 행하기를 기뻐한 것"을 의미한다. 아무것도 주님의 기뻐하는 것, 즉 그분의 모략을 행하시는 일을 방해할 수 없다. 그리고 주님이 시행하실 것이므로 그것은 설 것이다.

46:11 말이 하나의 분사로 이어지고 있으며, 하나님의 섭리적 사역과 성취에 대한 일반적인 선포에서 같은 내용의 구체적 실례인 고레스를 부르심으로 넘어간다. "부르며"라는 분사는 단지 하나님께서 고레스로 하여금 역사의 무대에 나타나도록

---

8) 익숙한 표현에서 관사의 생략을 유의하라.
9) Penna는 예언의 발표와 그것의 성취 사이의 시간이 클수록 하나님의 초월성에 대한 증거는 더욱 효력있게 될 것이라고 정확하게 진술한다.

소환하셨던 사실만을 암시하지 않고 주님이 고레스가 실제로 나타나도록 하신 사실도 암시한다. "동방"은 페르시아로 이해되어야 할 것이다.

고레스는 아이트(עַיִט), 직역하면 칼새(screamer, 개역은 독수리)로 지칭된다. 이 단어는 아마도 의성어일 것이다. 어떤 종류의 맹금류이냐 하는 문제에 대해서는 결정하기가 불가능하지는 않을지라도 어렵다. 놀트는 그것이 매라는 흥미로운 제안을 한다. 이 단어는 자주 독수리로 번역되며, 가끔은 헬라어 아에토스(독수리)와 관련되는 것으로 생각된다.[10] 그 새가 무엇이든 그것은 탐욕스럽고도 사나운 것으로 알려져 있다. 고레스는 동으로부터 정복하면서 신속하게 왔고, 많은 전리품을 포획하였으며 소유주가 되었다. "동방"이 평행구에서 "먼 나라"로 설명되어 있다. 어투가 1인칭에서 3인칭으로 가벼운 전환을 하고 있으며, 고레스를 독수리와 평행이 되는 "모략을 이룰 사람"(직역하면 '모략의 사람'—역자주)으로 지칭하고 있다. 이 단어가 의미하는 것은 하나님에게 모략을 제공하는 사람이 아니라, 하나님께서 이미 결정하신 모략을 이룰 사람을 가리킨다. 주님께서는 인간으로부터 그 어떠한 모략도 필요로 하지 않으신다.

두 번째 행에서는 아프(אַף, 정녕)를 세 번 사용하고 있다. 통상적인 용법대로 여기서도 그 단어는 "…뿐만 아니라…도"의 의미를 가진다. "내가 말하였을 뿐만 아니라 내가 그것을 이루게도 하리라." 이 말은 선지자들을 통한 하나님의 모략의 선포를 가리킨다. 미완료형의 접미사는 여성형이지만 그러나 주께서 말씀하신 것을 가리킨다. 시제를 주시하는 것이 중요하다.

"내가 말하였은즉"과 화답하는 표현은 "내가 이룰 것이요"인데, 이는 하나님의 의중 가운데 있는 목적의 구상과 성취를 가리키며 역사 가운데서 그 계획의 실현을 가리킬 것이다. 주님이 고안하신 것은 모략이다. 아마도 아프의 세 번째 출현은 "확실히"로 번역될 수도 있을 것이다. 여기에 네 개의 동사가 있다. 첫째는 계획의 시작과 선포를 가리키고, 두 번째와 세 번째는 그 계획이 이행시키는 것을 가리키고, 네 번째는 그것의 완성을 가리킨다.

12절, 마음이 완악하여 의에서 멀리 떠난 너희여 나를 들으라

---

10) 고레스의 군기(軍旗)는 황금 독수리였다. 고레스 정복의 신속성에 대해서는 Xenophon *Cycropaedia* vii. 1. 4를 참고하라. 참고. 단 8:5.

13절, 내가 나의 의를 가깝게 할 것인즉 상거가 멀지 아니하니 나의 구원이 지체치 아니할 것이라 내가 나의 영광인 이스라엘을 위하여 구원을 시온에 베풀리라

46:12 이스라엘을 향한 말씀이 3절의 명령 이후, 선지자는 "기억하라"로 갔다가, 이제 다시 "들으라"는 말로 시작되는 명령으로 되돌아온다. 그 말씀을 받는 자들은 "마음이 완악한" 자인데, 이 문구는 많은 난점을 야기시켜 왔다. 그것은 에스겔 2:4의 "마음이 강퍅한 자"를 상기시킨다. 그 단어 자체는 단지 "힘있는" 혹은 "튼튼한"을 의미하지만, 그러나 본 문맥 가운데서 그 "마음의 강함"은 하나님의 은혜에 대항하여 자기의 마음의 힘을 강퍅하게 하는데 사용한 자들일 수 있다. 이것은, 한(Hahn)이 지적한 바와 같이, 그들이 하나님의 사랑이나 진노를 통하여 정복될 수 없었다는 것을 의미하지 않고, 단순히 하나님의 제의를 저항함에 있어서 마음을 강퍅하게 한다는 것을 의미한다.

본 문구의 의미는 한층 "의에서 멀리 떠난 자들"이란 호칭 가운데서 나타난다. 의의 의미에 대해서 많은 논쟁이 있지만, 그러나 본 절에서는 다음 구절의 것과 같은 의미로 사용된 것으로 보이며, 그곳에서 구원과 동의어로 되어 있다. 여기서의 의미는 스스로 의롭지 않은 자들로서 하나님 앞에서 의를 가지지 못한 자들을 가리킨다. 의에서 멀리 떠난 자들은 하나님과 바른 관계로부터 떠난 자들이며 그래서 그들 자신의 죄와 부패가 심각하다.

46:13 의에서 멀리 떠난 자들이 들어야 할 영광스러운 소식은 하나님께서 그 자신의 의를 가지고 오셨다는 사실이다. 주시되어야 할 것은 하나님의 행동이다. 인간에게 구원이나 혹은 의를 얻으라고 혹은 가까이 나가라고 명령하지 않는다. 그보다는 강조가 하나님이 행하신 일에 주어져 있다. 구원은 오직 하나님으로부터만 오는 선물이다. 강조가 명사의 접미사에 주어져 있다. "의는 나의 의이니, 이는 그것이 나에게서 기원되었고 나에게서 나오기 때문이다." 하나님께서는 자기의 의를 자기 백성의 구원 가운데서 나타내시며, 또한 이 구원 가운데서 그분의 백성이 주님의 완전한 의를 받는다는 사실 가운데서 나타내신다. 죄인의 구원 가운데 악인의 멸망이 보인다는 것은 사실이다. 마음이 완악한 사람은 의로부터 떠난 자이다. 그럼에도 불구하고 하나님의 의는 멀리 떠나가지 않을 것이고, 이것은 하나님께서 가까이 가져오실 것이기 때문이다.

의의 접근의 결과는 구원이며, 그러므로 접속사는 "곧"(even)으로 번역될 수도 있다. 하나님께서 자기 백성에게 가져오시는 것은 의, 곧 구원이다. 인간이 받는 것은 이것이다. 하나님께서 가까이 가져오실 것이기 때문에 구원은 지체되지 않을 것이다. 이 구원은 하나님께서 그것을 주님의 말씀이 퍼져나갈 성읍인 시온에 두실 것이므로 역사적으로 나타날 것이다. 그래서 그것은 "유대인의 구원"이라고 말해질 수 있었던 것이다. 하나님께서 만일 행동하지 않으신다면, 이스라엘은 구원받지 못할 것이기 때문에 이러한 행동은 이스라엘을 위한 것이다. 이스라엘이 가지고 있는 영광은 그 나라 자체 안에 그리고 그 나라 자체가 소유하고 있는 것이 아니라 그 주님으로부터 선물로 받는 것이다.

이스라엘은 스스로 마음이 완악하며 의에서 멀리 떠난 자이다. 그 나라는 주님의 의가 그들에게 가까이 오고 그들의 주님의 구원을 받을 때 주님의 영광이 될 것이다. 그리고 나서, 이스라엘의 하나님이 마음이 완악하고 의에서 멀리 떠난 자를 구원하시는 은혜로우신 하나님이시라는 사실이 온 세상에 나타날 것이다.

47장

1절, 처녀 딸 바벨론이여 내려 티끌에 앉으라 딸 갈대아여 보좌가 없어졌으니 땅에 앉으라 네가 다시는 곱고 아리땁다 칭함을 받지 못할 것임이라
2절, 맷돌을 취하여 가루를 갈라 면박을 벗으며 치마를 걷어 다리를 드러내고 강을 건너라
3절, 네 살이 드러나고 네 부끄러운 것이 보일 것이라 내가 보수하되 사람을 아끼지 아니하리라
4절, (우리의 구속자는 그 이름이 만군의 여호와 이스라엘의 거룩한 자시니라)

47:1 이사야는 바벨론의 우상들에서 그 성읍 자체로 관심을 옮기면서 심판 메시지를 계속 선포하고 있는데, 그 성읍은 하나님에게 대항하는 모든 나라의 대표 혹은 초점으로 언급되고 있다.[1] 바벨론이 직접 말씀을 받고 있으며 겸손을 나타내 보

---

1) 이 사상과 뚜렷한 평행을 이루고 있는 한 우가릿 본문이 Baal과 Anat 전설, UH, p. 149 에 나타난다(역자는 독자로 하여금 영어 본문의 본 의미를 음미하도록 영어 그대로 옮긴다).

이는 행동을 하도록 명령을 받고 있다. 이 명령은 하늘에 계시는 주님으로부터 발표된 것이다. 그것은 흥미 있는 유음사(assonance)의 두 개의 명령형으로 구성되어 있다. 첫 번째 "내려가라"(go down or get down)에 내포된 뜻은 높은 곳으로부터 낮은 곳으로 내려가는 겸손이다. 두 번째 "앉으라"는 명령은 슬퍼하는 것을 가리키는 것이 아니고 폐위에 내포된 좌천과 겸손을 가리킨다.[2]

바벨론은 "처녀 딸 바벨론"이라고 소개되어 있다. 앞의 두 단어는 연계형으로 되어 있어서, "바벨론의 딸의 처녀"이다. 그러나 그것은 백성을 가리키지 않고 그 성읍 자체를 가리킨다. 문맥에서, 바벨론은 여전히, 오랫동안 외국의 침입자의 공격을 면한 사실을 암시하는 것처럼 보이는 용어인 처녀로 지칭될 수가 있다. 본 문구 가운데 두운법이 두드러져 있다.

두 번째 행에서 명령형이 반복되어 '땅과 관련해서는 앉으라', 즉 '땅 위에 앉으라' (참고. 3:26)고 되어 있다. 땅과 티끌은 평행이고 언젠가 제국의 여왕이었던 자가 맞게될 초라한 상태를 보여 준다. 이러한 상태는 "보좌가 없으니" 혹은 "보좌 없이"라는 설명적 문구에 의하여 강조되어 있다.[3] 바벨론은 세계 보좌에 앉은 것으로부터 내려와 티끌에 앉을 것이다. 이 문구를 앞의 것과 연결시켜서 "네가 보좌를 가지고 있지 못하므로 땅위에 앉으라"로 이해할 수도 있다. "티끌"이란 단어가 옛날 바벨론의 교만이 완전히 죽었음을 상징하는 무덤 개념을 담고 있는지는 말하기 어렵다. 처녀 딸 바벨론과 "딸 갈데아"(갈데아의 딸)가 평행을 이룬다. 속격은 동격으로 "딸 갈데아"로 해석할 수도 있다. 바벨론과 같이 갈데아인들도 하나의 여인으로 간주되고 있는데, 이는 그 나라 자체를 지칭하기 위하여 채용된 것이다.

마지막 행에서 명령의 이유가 밝혀진다. 이사야는 2인칭 여성 단수로된 진술로 시작한다, "너에게 더해지지 않을 것이다."[4] 그러나 갑자기 그는 인칭을 바꾸어

Thereupon Ltpn the god
descends from (l) the throne; he sits
upon the footstool and from (l) the footstool he sits
upon (l) the earth.

2) 두 개의 명령형들은 '그가 확실히 내려와 앉을 것이다'를 의미한다.
3) 이것은 술어를 표현하는 상황절이다.
4) חוסיף - **밀라**이다. 이 동사에 또 하나의 미완료형 동사가 부정사를 이끄는 전치사나 "~를 위하여"와 같은 보조적인 단어가 없이, 종속되어 있다. 직역하면, '너는, 그들이 너를 부르는 것을 덧붙여 주지 않을 것이다' 즉 '너는 더 이상 칭함을 받지 못할 것이다.' *quid vis faciam* 과 *volo hoc oratori contingat*을 비교하라.

"그들이 너를 부르지 않을 것이다"라고 말한다. 이러한 갑작스러운 전환은 생생하지만, 만일 우리가 그 어투에 생동감을 부여한다면 자연스러우며, 그 의미도 명백하다. "곱다"와 "아리땁다"란 두 단어는 여왕이 살았을 삶과 같은 것을 가리키는 것으로 보인다.[5] 사치가 옛적 바벨론 생활의 특징이었으나, 이제는 그 모든 것이 사라졌다.

47:2 본 절은 여섯 개의 여성 명령형으로 논증이 계속된다. "티끌에 앉는다는 것"은 굴욕 이상의 것이다. 그것은 노예 하녀의 일을 함의한다. 바벨론은 가장 천한 노예의 일에 종사하여, 맷돌 곧 두 개의 돌들로 이루어진 분쇄기(참고. 출 11:5; 마 24:41)를 취하여 곡식을 빻아야 했다.[6] 더 나아가서 바벨론은 자기의 면박을 벗어야 할 것이며(직역하면, 드러내다), 그래서 깊은 좌천에 빠져야 한다. 참마(צַמָּה)란 단어는 아마도 머리카락을 의미하며, 이 명령은 머릿단의 노출 혹은 벗음을 가리키는 것으로 보인다. 네 번째 명령의 정확한 개념도 분명치 않다. 쇼벨(שֹׁבֶל)은 옷자락과 같은 흐르는 듯한 옷을 가리키며, 아마도 "네 치마를 걷어 올리라"는 번역이 옳을 것이다.[7] "다리를 드러내고"라는 다섯 번째 명령은 여인이 건너야 할 시내, 곧 포로로 끌려가는 사람으로서 건너야 할 강이 아니라, 일하는 자가 매일 건너다녀야 하는 시내를 가리키는 역할을 한다.

47:3 본 절은 바벨론의 굴욕에 대한 묘사를 계속하고 있으며, 알렉산더가 지적

---

5) עֲנֻגָּה(아누가) – 우아한, 말쑥한. 바벨론의 사치에 대해서는 Herodotus i. 195, 199; Quintus Curtius v.1를 참고하라.

6) 의자 위에 앉지 않는다는 것은 바벨론에서 굴욕의 상징으로 간주되었다(참고. 렘 13:18). Nineveh로부터 나온 한 유물은(*VBW*, Vol. II, p. 78) 엘람인 포로들을 끌고가는 앗수르인들을 보여 주고 있는데, 그들은 행군을 정지하고 돌들 위에 앉아 자기들의 아내들이 그들을 위하여 준비한 음식을 먹고 있다. **레켑**(맷돌 윗짝)은 **세켑**(맷돌 아래짝) 위에서 곡식을 빻으면서 움직여졌다. 참고. *VBW*, Vol. I, pp. 138, 209, 281. 또한 참고. *Odyssey* xx. 105-108; vii. 103, 104; Terrence Phormio ii. 1. 19. Gesenius는 물레방아가 아우구스투스 시대의 발견물이었다고 주장한다.

7) חֶשְׂפִּי(헤스피) – 1Q는 חשופי; 직역하면 '벗다'. **다게쉬**가 예외적인 것인데, **페널트**를 폐음절로 만든다. 또한 렘 10:17의 אִסְפִּי(이쓰피)를 참고하라. 정상적인 명령형은 유음쉐 와를 가지고 있다. **다게쉬** 앞에 있는 **쎄골**은 이상하다. 어떤 이는 **히렉**을 예상하였을 것이다.

하는 것처럼, "역겨움의 극치"로 이끌어간다. 어쨌든 여성 명령형들 대신 본 절은 3인칭 단축명령형으로 계속하다가 1인칭으로 되어 있는 미완료형으로 넘어가고 있다. "네 살이 드러나도록"은 문자적으로 이해해서는 안 되고 단순히 바벨론이 그의 참 모습을 드러내게 될 것을 의미한다. 외관상으로는 그가 세상에 능력 있고 권세 있는 나라로 나타날 수 있었다. 그러나 이제 그의 벌거벗겨진 그의 내적 실상이 드러나게 될 것이다. 그의 치욕은 그의 행동 가운데 보여졌던 수치이다. 이 말은 한 여인의 부끄러움의 대상(外陰部)이 보일 때 그 여인이 느끼는 치욕을 반영하고 있는지 여부는 결정하기 어렵다.

바벨론은 그의 악한 행위에 대해 행동하고 보복하실, 그 자신보다 훨씬 더 강하신 분을 만날 것이다. 마지막 문구 "내가 보수하되"는 주석가들 사이에서 많은 이견들이 있어왔다.[8] 아마도 그것들을 어떤 사람도 하나님에게 대항할 수 없고 거역할 수 없을 것이라는 통상적인 의미로 취급하는 것이 가장 좋을 것이다.

47:4 하나님의 백성은 1-3절의 주님의 선포에 반응하여 자기들의 참된 구속자의 권세와 능력에 감사하여 외친다. 이스라엘에게 구속을 가져다 줄 심판이 바벨론에게 가해졌다. 세상 제국을 멸망시킬 주권적인 권세를 가지신 주께서 또한 자기 백성을 구원하실 권세와 의지도 갖고 있다. "우리의 구속자"란 문구는 첫 번째에 위치하고 있어 강조된다. 이스라엘은 그 구속자가 누구인지를 알고 있으며, 곧 만군의 여호와이시다. 여기에 나타나 있는 이 문구 가운데 내포된 것은 이스라엘과의 언약적 관계와 하나님의 절대적 능력이다. 바벨론의 별 숭배에 대한 어떤 구체적인 반대가 포함되었는지는 결정하기 어렵다. 그것들이 어디에 있든지, 모든 별들은 이스라엘의 하나님께 속해 있으며, 그분의 다스림에 속해 있다.

더 나아가서 구속에서 거룩이 현시된다. 그 거룩은 진실로 이스라엘의 하나님에게만 속하여 있는 거룩이다. 그러므로 구원은 영적인 것이요 바벨론 포로로부터의

---

8) אפגע - B는 παραδω, S는 άντιστρεται. Vulgate은 *non resistet mihi homo*. 어떤 주서석가들은 '내가 어떤 사람도 남겨두지 않을 것이다'로 번역한다.

귀환은 결코 아닌 것이다. 세 가지 속성이 여호와께 주어져 있으니, 이러한 묘사는 이사야의 손으로 기록되었다는 것을 드러낸다. 그분은 구속자이시며, 그래서 자기 백성이 필요로 하는 일을 하실 능력을 가지신다. 그분은 만군의 여호와이시니, 곧 그들을 구속하실 뜻을 갖고 있는 분이다. 그리고 그분은 그들의 거룩한 자이시니, 곧 완전한 의와 거룩 안에서 그들의 구속을 성취하실 것이다.

> 5절, 딸 갈대아여 잠잠히 앉으라 흑암으로 들어가라 네가 다시는 열국의 주모라 칭함을 받지 못하리라
> 6절, 전에 내가 내 백성을 노함으로 내 기업을 욕되게하여 그들을 네 손에 붙였거늘 네가 그들을 긍휼히 여기지 아니하고 늙은이에게 네 멍에를 심히 무겁게 메우며

47:5 여호와께서 또다시 1절의 명령들을 들어 바벨론에게 명령하신다. 어투가, 수치가 드러날 그 사람에게 다가올 극단적인 낙담을 가리키는 것으로 보인다.[9] 게다가 바벨론의 추락 속에 점층법이 있다. 바벨론은 흑암으로 들어갈 것인데, 이 흑암이란 단어는 비탄과 고뇌를 암시하는 단어다. 그것이 실제로 갇힘을 의미하는지 여부는 말하기 어렵다. 알렉산더는 감옥에 대한 비유로서의 흑암이 여기서 문맥에 잘 어울린다고 생각한다. 그러나 이 단어는 가장 깊은 어두움을 함축하고 있다. 바벨론은 강압으로 다스렸고, 열국들 위에 군림한 자기의 권세와 능력이 영원히 지속될 것으로 확신하였다. 그는, 빛이 집중적으로 비추어지는, 주의가 집중된 중심이였다. 그러나 이제 딸 갈데아는 너무나 낮아져서 흑암으로 덮여질 것이고 더 이상 보여지지 않을 것이다.

1절에서 사용된 인칭과 수(數)의 전환을 다시 반복하면서 선지자는 바벨론(즉 바벨론 제국)이 다시는 열국의 주모(여왕)로 간주되지 않을 것이라고 설명한다.

47:6 선지자는 이제 하나님의 심판의 이유를 설명한다. 동사가 완료형으로 되어 있으며, 그것을 번역할 때는 과거의 의미를 유지하는 것이 좋을 것이다. 하나님께서

---

9) 두맘(דוּמָם) – 잠잠한, 본래 도맘(דוֹמָם)을 대신한 것으로, 소밥(סוֹבָב), 올랄(עוֹלָל) 등의 형태와 같은 분사로 간주되었음. 그것은 여성 명령형에 뒤따라오는 남성형이며, 상태를 나타내는 할 대격으로서 역할을 한다. 나는 그것이 분사인지 확신이 들지 않는다.

는 단순하게 일반적인 용어로 이스라엘과 주님과의 관계의 과정을 말한다. 만약 그 나라가 포로 가운데 있다고 주장한다면, 1절의 명령형은 바벨론이 이미 치욕을 당했음을 보여 주며, 4절은 이스라엘이 그들의 구속자에게 감사하고 있는 것으로 나타난다. 그렇다면 이 예언은 바벨론의 멸망 이후에 구술되어야 했을 것이다.

이스라엘 전체의 역사는 반역과 범죄의 역사였으며, 그런 이유로 하나님께서는 그 나라에 대해 분노하셨다. 이러한 하나님의 분노가 하나님께서 그의 백성들을 불경하다고 취급하는 데서 나타났다. 주님은 그들을 자기 기업으로 묘사하시는데, 이는 그들이 영속적으로 그분의 소유임을 암시하는 것이다. 이 단어의 문자적인 의미를 강조해서는 안 될 것이다. 하나님께서는 인간 상속자들의 방식으로 어떤 것을 상속받지 않으신다. 하나님의 기업을 더럽힌다는 것은 그것을 더 이상 거룩한 것으로 간주하지 않으신다는 것을 의미한다. 오직 거룩한 백성만이 하나님의 소유가 될 수가 있다. 그들을 더럽힘으로써 그분은 거절하셨다.

이러한 사실이 주께서 그들을 곧 언젠가 거룩했던 하나님의 백성을 세속의 손아귀, 곧 세상의 더럽혀진 나라에게로 넘겨주시는(그리고 그분만이 자기가 뜻하시는 대로 그들에게 행하실 권세를 가지고 계신다) 사실에서 나타나 있다. 바벨론은 주권자 하나님의 의도를 알지 못하였고 자기가 자신의 행동을 주도하고 있는 것으로 믿었다. 그는 특권과 기회를 남용하였고 그 나라를 취급함에 있어서 잔인하게 취급하였고, 그래서 낮추어져야 했다. 알지 못하는 가운데 바벨론은 하나님의 계획과 의도를 이루어가고 있었으며, 그럼에도 그 자신의 동기는 죄악이고 타락한 것이다. 바벨론의 잔인성이 "네가 그들을 긍휼히 여기지 아니하고"(즉 너는 그들에게 자비를 보여 주지 않았다)라는 일반적인 문장 가운데 나타나 있으며, 또한 바벨론이 늙은이에게 네 멍에를 심히 무겁게 메웠다는 구체적인 적용 가운데 나타나 있다. 여기에 언급된 "늙은이"는 그 나라 자체가 아니고, 그 나라 안에 있는 나이가 든 개인이다. 이들은 다른 더럽혀진 백성들이 그러했던 것처럼 바벨론의 무거운 멍에를 어떻게라도 느끼게 된다.

> 7절, 말하기를 내가 영영히 주모가 되리라 하고 이 일을 네 마음에 두지도 아니하며 그 종말도 생각지 아니하였도다

47:7 본 절의 머리말인 "그리고"는 "게다가"란 의미를 가진다. 바벨론은 주께서 그들에게 넘겨 주었던 하나님의 기업을 거칠게 다루었을 뿐만 아니라, 이에 더하여 자신 스스로의 힘으로 백성의 주모가 된 것처럼 말했다. 그는 자기 시대가 곧 끝나 버릴 것이라는 사실을 깨닫지 못하였고 그가 압제하였던 백성의 하나님이 이제 막 세상 사건의 상황을 변화시키려 한다는 사실도 알지 못했다. 그녀의 신념인 "영원히 나는 주모가 되리라"에서 "영원히"란 단어를 강조하여 인간의 나라의 머리가 자기에게 신성을 부여하고 있음을 돌출시킨다. 즉, 자신이 영원성을 특권으로서 얻었다고 주장한다.[10] 어투가 5절의 사상에 대한 분명한 암시를 담고 있으므로 "여왕"이란 번역을 빈약한 것으로 간주한 견해는 옳은 것으로 보인다. 바벨론은 여왕 이상이다. 그 나라는 열국들의 실질적인 주모이다. 더 나아가서, 둠의 의견과 달리, 맛소라 엑센트 부호가 준수해야 할 것이고, "여왕"이란 단어는 뒤따라오는 "영영히"와 함께 해석해야 하고 절대형으로 취급해서는 안 될 것이다.

아드(עַד)란 단어는 아드 아세르(עַד אֲשֶׁר)의 의미로 취급되어, "때까지" 즉 '네가 네 스스로에 관해서 네가 마음에 두지 않을 때까지 그렇게 말했다'로 번역할 수도 있다. 바벨론은 스스로에 대해서 다른 어떤 생각을 할 필요로 없이 영원하리라고 확신하였고, 그래서 하나님께서 자기의 운명을 주장하고 계신다는 사실을 생각하지 않았다. 그는 이러한 자기 기만을 지속시켜 결국 진리에 대한 안목이 가려지게 하였다. 그 결과 그는 하나님을 바라보지 않았다. 결과 개념이 어느 정도 함축되어 있다. 바벨론의 사고의 악한 과정은 여기 언급된 결과를 가져오게 하였다.

"마음에 둔다"는 것은 어떤 것에 대해 생각을 하고 그 생각에 따라서 행동하는 것을 포함한다. 바벨론은 이것들, 즉 멸망의 심판과 그 왕좌로부터의 박탈을 깊이 생각하지 않았다. 마음은 인간의 생각을 두는 용기(容器)로 생각된다. 특별한 의미에서 이러한 생각은 바벨론의 마음에 있지 않았고, 거기에 두지도 않았으며 그래서 자기 의무에 태만하였다. 그 자신의 허무한 권세에 대한 억설은 그가 마땅히 해야 할 일을 하는 것을 방해했다.

더 나아가서 바벨론은 일어나고 있었던 사건들의 종말을 기억했어야 했다(즉 염

---

10) 본문에 표시된 대로, 아드(עַד)는, לֹא와 함께 해석되어야 할 것은 לֹא가 **무나호로** עַד와 연결되어 있기 때문이다. 그러므로, '내가 영영히 주모가 되리라 // 네가 …까지.' 게바레트크는 휴지부에 있는 연계형이며, 통상적인 절대형은 게비라(גְּבִירָה)이다. BH는 그것을 **아드**와 함께 해석하기 위하여 휴지부에서 빼어 내려고 하며, 이 경우 본 절을 훨씬 더 약화시킨다.

두에 두어야 했다). 바벨론은 생각해야 할 미래가 있었다. 곧 그 미래는 멸망이라는 것이었다. 그는 왕좌로부터 물러날 것이며 반면에 포로된 딸 시온은 한번 더 높아지고 그의 구원의 시대가 밝아올 것이었다. 바벨론의 종말은 위로부터 그 새벽이 그 땅을 방문할 때 이스라엘의 여명에 서막이 된다.

8절, 그러므로 사치하고 평안히 지내며 마음에 이르기를 나뿐이라 나 외에 다른 이가 없도다 나는 과부로 지내지도 아니하며 자녀를 잃어버리는 일도 모르리라 하는 자여 너는 이제 들을지어다
9절, 한 날에 홀연히 자녀를 잃으며 과부가 되는 이 두 일이 네게 임할 것이라 네가 무수한 사술과 많은 진언을 베풀지라도 이 일이 온전히 네게 임하리라
10절, 네가 네 악을 의지하고 스스로 이르기를 나를 보는 자가 없다 하나니 네 지혜와 네 지식이 너를 유혹하였음이니라 네 마음에 이르기를 나뿐이라 나 외에 다른 이가 없다 하였으므로
11절, 재앙이 네게 임하리라 그러나 네가 그 근본을 알지 못할 것이며 손해가 네게 이르리라 그러나 이를 물리칠 능이 없을 것이며 파멸이 홀연히 네게 임하리라 그러나 네가 헤아리지 못할 것이니라

47:8 이사야는 그의 상투적인 문구 중 하나인 "그리고 이제"로 이어나가고 있으며, 이는 마치 "방금 전에 말해진 것이 진실한 만큼 다음에 이어지는 내용에 주시하라"고 말하는 것과 같다. 하나의 여성 명령형이 만군의 야웨께서 요구하시는 것을 바벨론 앞에 놓는다. 참되신 하나님으로서 만군의 여호와께서 자신에 대해서 "나는 여호와라, 나 외에 다른 이가 없느니라"고 말씀하셨던 것처럼, 바벨론도 어리석게도 자신을 신격화하는 이와 비슷한 어투를 사용하였다. 여기서 바벨론의 교만은 극에 달한다. 여기에 스스로 하나님의 나라에 대항하고 그 위에 등극하려고 추구하였던 그 왕국의 자기 신뢰가 있다.

자기와 자기의 위치를 신뢰한 바벨론은 결혼한 여인에게 다가올 두 개의 가장 큰 재앙들을 당하지 않을 것이라는 확신을 주장하면서 거만한 말로 말하였다. 처녀의 표상이 결혼한 여인의 표상으로 전환되어 있으며, 이것은 여기서 중요한 것이 그 표상 자체가 아니고 그것이 상징하고 있는 것 때문이다. 과부로 앉는다는 것은 단지 과부가 된다는 것을 의미한다. 어떤 의미에서 바벨론이 과부가 된다고 말해지고 있

는가? 이 단어는 열국들의 주모로서 그녀의 위치에 있어서 본질적이었던 것을 잃어 버리는 것을 의미하였을 것이다. 그것이 우상들이 되는지 혹은 그 나라들이 되는지 결정하기 어렵다. 바벨론은 열국들의 주모로서 걱정 없이 앉아 있으면서 교만함 속에서 자신만만 하고 있지만, 지위를 잃고 너무나 철저하게 무너져서 그가 마치 결혼한 여인이 남편을 잃고 과부로 살아가야 하는 여인과 비교될 것이다.

더 나아가서 바벨론은 자랑스럽게 자신은 어린 아기를 빼앗기는 경험-이는 그 나라의 시민들을 잃는 손실에 대한 암시일 것이다-을 하지 않을 것이라고 자랑스럽게 주장하였다.

47:9 첫 번째 등장하는 접속사는 "그리고 아직"으로 번역할 수 있다. '너는 그렇게 말했다, 그리고 아직 네가 주장하였던 두 개 사항이 너에게 오지 않았는데, 멀지 않아 올 것이다." 바벨론은 이 두 일에서 영원히 면제되었다고 생각했었다. 그러나 그들이 갑자기, 홀연히 그리고 한 날에 닥칠 것이다.[11] 그는 둘 중 하나만 가지지 못할 것이다. 그것은 이중적인 재앙이 될 것이다.

두 번째 행에 이 두 재앙이 언급되어 있으며, 이 둘 모두 강조의 위치에 있어서, 마치 "바벨론이 안전하다고 생각한 바로 그 일이 그에게 임할 것이다"라고 말하고 있는 듯하다. 어쨌든 과부됨 앞에 언급된 자녀를 잃음 사이에 교차적 배열이 있다. 이 두 명사 뒤에 "이 일이 홀연히 네게 임하리라"(직역, 그것들이 완전하게)는 표현, 즉 "모르는 사이에" 혹은 "가능한 한 완전하게"란 표현이 온다. 이 어투는 전쟁의 어투인데, 마치 재앙들이 행진해 오는 원수들처럼 온다는 것이다.

바벨론에 마술 행위가 수없이 실행되었다는 것은 잘 알려진 사실이며, 그 나라가 마법에 종사하였다는 것도 잘 알려져 있다. 이것들은 보호를 위한 것이었고, 위기나 재앙을 피하기 위한 것이었다. 오츠마(עָצְמָה, 많은)는 숫자상의 힘을 가리키는 만큼 주문에 들어 있는 본래의 힘을 가리키지 않는다. "온전히"란 부사는 "그것들이 임하리라"는 동사와 함께 해석되어야 할 것이다.

다가올 재앙들의 확실성은 부인할 수 없다. 비록 무수한(아마도 본래의 힘을 가리키는) 사술과 많은 진언을 베풀지라도 이것들이 도울 수 없을 것이니, 이는 그 다

---

11) 한 날에-문장의 끝에 있는 이 문구는 이사야 특성을 지닌 문구이다. 참고. 9:13; 10:17; 66:8. 그리고 슥 3:9은 유일하게 비이사야적인 책에서 출현한 경우이다.

가옴이 강하기 때문이다.

47:10 이사야는 또다시 8절의 사상을 취하여, 특별히 바벨론이 그의 악을 통해서 평안을 누려왔다고 선언하면서 "평안히"라는 문구를 반영하고 있다.[12] 동사는 자주 "그리고 너는 의지하였다"로 번역된다. 그렇지만, 알렉산더가 지적한 바와 같이 의지의 대상으로써 악을 상상하기는 어렵다. 이 문장은 바벨론의 태도에 대한 표현이다. 그는 스스로 안전하다 생각하였고, 그래서 그 악을 버리려는 생각이 없이 계속 악행하였고 그 악으로 인하여 망할 수도 있다는 생각을 갖지 않았다. 우리는 그 악을 바벨론의 전체 생활 과정과 방식으로 이해해야 할 것이다.[13] 하나님을 두려워함이 그의 앞에 없었고, 그의 삶은 잔인과 포학의 행위로 나타났다. 그는 하나님의 백성을 인정하지 않았으니, 이는 그가 저들의 하나님을 알지 못하였기 때문이다.

나를 보는 자가 없다. 바벨론은 이 말을 크게 말하지는 않았으나, 그 마음에 그렇게 생각하였다.[14] 이것은 그들의 불경건한 태도의 표현이었다. 이 말은 아무도 바벨론이 어떻게 행동하는가를 보지 않는 것을 의미하지 않는다. 이스라엘 족속들은 바벨론이 행동하였던 일을 너무나 잘 알고 있었다. 의미하는 바는 보고 징벌할 수 있고 구속할 수 있는 자가 없다는 것이다. 인간사를 지도하고 그가 원하는 대로 심판과 징벌을 주기 위하여 개입할 수 있는 하나님이 없다고 선언하는 것과 같다.

강조가 "네 지혜와 네 지식"에 있는데, 이것이 바벨론을 속였다고 말한다. 틀림없이 이 문구는 점성술과 주술들로 표현된 지혜와 이러한 관습들에 대한 지식을 포함한다. 아마도 그것들은 정치적 지혜와 수완을 가리킬 수도 있겠지만, 그러나 반드시 그런 것에만 제한되지는 않는다. 또한 당연히 비꼬는 어투도 아니다. 여기서 의도하는 것은 그 나라가 과거에 그러했던 대로 존재하게 하고, 행하던 대로 그 정책들을 지속하게 하였던 지혜와 지식이다. 그 과정 속에 포함된 것들 중에는 바벨론이 현재

---

12) 와우연속법을 가진 미완료형은 9절의 בְרֹב(베로브)를 따른다.
13) 1Q는 בדעתך, 즉 '너의 지식을 통하여'로 읽는다.
14) רֹאֵנִי(로아니) - 1Q는 רואני. 분사임. 카메츠가 비정상이지만, 그러나 휴지로 인한 것일 수도 있다. 접미사는 목적어를 나타낸다.

의 바벨론이 되게 하였던 정치적 통찰력과 함께 마법사들과 점성술사들의 관습들이었다. 지혜와 지식은 하나의 강조적 개념으로 이해해야 할 것이니, 이는 관계사가 단수이기 때문이고, 그래서 우리는 "그것이 너를 유혹하였다"[15]로 번역해야 한다. 동사는 "옆으로 빗나가다"를 의미하며 여기서는 한 길에서 잘못된 길로 인도하는 다른 길로 빗나가는 것을 가리킨다.

이 잘못된 길은 자기를 속이는 것이었고, 그 결과로 바벨론은 오직 자기만 존재하는 것으로 주장하였다. 어투는 바벨론이 자기의 유일성을 주장하는 교만한 자신감의 어투이다. 이는 마치 그가 "나는 나다. 나와 같은 자가 없다"고 선언하였던 것과 같다. 지혜와 지식은 사람으로 하여금 여호와는 하나님이시요 그 외에는 다른 이가 없다고 고백하도록 인도한다. 그와 달리 바벨론의 (거듭나지 못한 마음으로부터 흘러나온) 지혜와 지식은 바벨론 자신과 같은 자는 아무도 없다고 주장한다.

47:11 역사상의 사건들의 실제적인 과정은 바벨론의 신념과 일치하지 않았다. 이 대조는 첫 번째로 등장하는 접속사에 의하여 나타나는데, 이는 아마도 와우 연속법은 아닐 것이다. 문맥에 비추어볼 때 그것은 과거형으로 번역되는 것이 가장 좋을 것이며, 그렇게 함으로써 바벨론이 자랑했었던 것과 역사상에 실제로 일어난 일 사이의 대조가 더욱 뚜렷이 돋보이게 된다. 이 어투는 군사적 의미들을 가지고 있으며, 악(재앙)이 원수의 자격으로 바벨론에 대항하여 들어왔다는 것을 암시한다. 악(재앙)은 그 성읍이 안전하게 거했던 그 악과 뚜렷한 대조를 이룬다. "이로써 자연적 악과 도덕적 악, 죄와 고통, 행해진 악과 경험된 악 사이의 대조를 암시한다."(알렉산더) 바벨론의 악에 대한 보응으로, 그 자신이 악(재앙)을 받을 것이고, 그 스스로 그것을 수습할 수 없을 것이다.[16] 그 나라의 마법술은 아무런 쓸모가 없을 것이며 그는 마법을 써서 악을 퇴치시킬 수도 없을 것이다.[17]

첫 동사와 평행을 이루고 있는 것이 두 번째 동사 "그리고 파멸이 있을 것이다"인

---

15) 3인칭 여성 단수, 그래서 강세가 있는 **밀렐**이다. 접미사가 다른 곳에서처럼, **아크**가 아니라 **에크**인 점을 주시하라. 참고. 룻 4:15. אה는 주어를 강화해 준다.

16) 하나의 남성 동사가 여성 주어에 앞서 있음을 주시하라. לא는 두 번이나 부정적 상황절을 이끌고 있다.

17) שחרה – 직역하면 그녀의 여명, 즉 그 기원(근본). 그러나 이 단어는 아마도, 다소 의심스럽기는 하지만 '마술을 걸다'를 의미할 것이다.

데, 어떤 재앙이 위로부터 바벨론에게로 떨어질 것임을 암시한다. 이 재앙을 표현하고 있는 세 개의 단어는 생생한 유사음 조화를 이룬다, "라아(רָעָה), 호와(הֹוָה), 쇼아(שֹׁואָה)." 아마도 그것들은 점층법을 이루고 있는 것 같기도 하며, 삼중적인 음성은 확실성을 나타낼 수도 있다. 그것들을 놀라 도망가는 될 악령으로 설명하는 것은 타당성이 없는 상상이다. 호와(הֹוָה)는 재앙 혹은 재난이다. 바벨론이 악(재앙)을 마법으로 퇴치하기에 필요한 지식을 소유하지 못하였던 것처럼, 이 재난을 가라앉힐 힘도 가지지도 못하였다. 본 문맥에서 카파르(כָּפַר)는 바벨론이 재난을 피하기 위하여 필요한 값을 지불할 수 없다는 사실을 암시하는 것으로 보인다. 선지자는 다가오는 세 번째 화를 묘사하면서 진술 방식을 약간 바꾼다. 그는 동사와 '네게' (Against thee)란 문구 다음에 '홀연히'를 삽입한다. 본 행의 두 번째 부분에서 순서를 바꾸어 주어를 앞에 두어 그것을 강조하고 있으며 그 다음에 동사적 관계절 '네가 헤아리지 못할'을 덧붙인다. 그러나 이 마지막 문장이 독립적 문장 "네가 헤아리지 못하리라"일 수도 있다. 바벨론은 결코 이런 일을 전에 경험하지 못했을 것이다. 어근 가운데 10절의 "네 지식"에 대한 어희(語戱)가 있다. "네게"의 삼중적 출현은 본 절을 두드러지게 하며, 바벨론 운명의 확실성을 강조한다. 각 경우 앞 동사와 함께 이 삼중적 출현은 그 재앙들이 갖고 있지 않은데서 나온 것이므로, 자기만이 유일하다고 한 바벨론의 주장이 거짓임을 드러내준다. 바벨론이 알지 못하였던 바벨론보다 훨씬 더 크신 분이 계시며, 그는 이제 주께서 재앙을 보내시는 그 대상이 된다.

12절, 이제 너는 젊어서부터 힘쓰던 진언과 많은 사술을 가지고 서서 시험하여 보라 혹시 유익을 얻을 수 있을는지 혹시 원수를 이길 수 있을는지
13절, 네가 많은 모략을 인하여 피곤케 되었도다 하늘을 살피는 자와 별을 보는 자와 월삭에 예고하는 자들로 일어나 네게 임할 그 일에서 너를 구원케 하여 보라
14절, 보라 그들은 초개 같아서 불에 타리니 그 불꽃의 세력에서 스스로 구원치 못할 것이라 이 불은 더웁게 할 숯불이 아니요 그 앞에 앉을 만한 불도 아니니라
15절, 너의 근로하던 것들이 네게 이같이 되리니 너 어려서부터 너와 함께 무역하던 자들이 각기 소향대로 유리하고 너를 구원할 자 없으리라

47:12 만일, 다가오는 재앙의 선포를 듣고 그 재난을 피할 능력이 없다는 사실을 알고 나서도 바벨론이 여전히 주술행위를 의지하는데 머물러 있다면 그는 그렇게

될 수 밖에 없다. 불변화사 나(נָא)는, 알렉산더가 설명한 바와 같이, 백성에 대한 일종의 양보를 제공해 주고 있다. 이 명령은 반드시 빈정대는 투일 필요는 없으며, 바벨론으로 하여금 주술행위를 의지하는 것이 불가능하다는 것을 확신시키기 위한 것이다. 그러한 행위들이 많음에도 불구하고 그것들이 도움이 되지 못할 것이다.

즉, 그 나라의 건국이래, 젊은이로 간주될 수 있는 때에 그 나라는 이러한 주술행위에 힘쓰고 노력하여 왔다. 아마도 바벨론이 그러한 입장에서 어떤 유익을 얻을 수 있을 것이라는 암시가 있지만, 분명히 내포된 뜻은 바벨론이 얻지 못할 것이란 점이다. 아마도 바벨론이 설 수 있도록 재앙이라는 원수를 두렵게 할 수도 있을지도 모른다. 그렇지만 다시 이러한 일은 있지 않을 것이다. 이 마지막 동사는 잇따라 일어나는 개념을 구체적으로 적용한 것이다. 만일 바벨론이 이 마지막 동사에 의하여 암시된 일(원수를 놀라게 하는 일을 말함. 개역성경은 '원수를 이길 수 있을 것'이라고 번역되어 있음. 그러나 개역 난외주에는 '놀라게 할 수'라고 바르게 번역되어 있음—역자주)을 행할 수 있다면, 그는 자기의 주술행위로부터 유익을 이끌어낼 것이다.

47:13 바벨론은 모략이 많음으로 인하여 피곤하게 되었다.[18] 전치사는 원인의 표명 이상을 함축한다. 그것들 속에 휘말려 있으므로, 바벨론이 피곤하게 되었음을 암시한다. 모략은 아마도 정부 경영과 자기 방어를 위한 바벨론의 모든 계획과 계략일 것이다. 이것들은 수가 많았으니, 진실로 너무 많고도 압도하는 효과를 가지고 있어서 단지 피곤하게 할 뿐이었다.

짧게 말해서 독립절인, "모든 이 모략이 지금 서게 하라"는 하나의 도전이 주어진다. 동사의 의미는 12절에 있는 것과 같다. 만일 심판이 위협할 때 모략이 선다면, 그 모략은 참된 것으로 보일 것이다. 만일 그것들이 무너진다면, 물론 거짓되었다는 것을 증명할 것이다.

계속하여 선지자는 하늘을 살피는 자들(즉 점성술사들)이 바벨론을 구원할지도 모른다는 암시를 하고 있다.[19] 이들은 그 일이 하늘을 성좌들과 12궁으로 분류하여 이것들로부터 땅에서 일어나는 사건들의 경로를 추론해내는 일을 하는 자들이었다.

---

18) 모략들 - 이 명사는 복수 접미사를 가진 단수이니, 아마도 이 명사에 집합적 의미를 부여하는 것으로 보인다.

19) 호브레(הֹבְרֵי) - 직역하면 (하늘을) 나누는 자들. 1Q는 חוברי. 참고, 아랍어 *habara*, 조각 조각으로 자르다. 여기서 하늘에 대한 점성술적인 구역을 식별하는 것. 그러나 우가릿어 *hbr*, '엎드리다'를 참고하라. 그래서 이 문구는 하늘에 엎드려 절하는 자들을 지칭할 수도 있다. Aq S T는 *caelos observantes* (Ziegler를 보라)

지상에서 일어난 일들은, 바벨론인 신앙에 의하면, 천체의 움직임에 의하여 결정되었다. 땅과 하늘의 천체들 모두를 창조하신 여호와께서 이제 하늘을 살피는 자들로 하여금 바벨론을 구원하라고 도전하신다. 설명적 문장은 그들의 일을 밝힌다. 그들은 별들을 보고, 그 관측 결과로 어떤 달이 행운을 가져올지 액운을 가져올지를 잠정적으로 말할 수 있었다.

마지막 절은 그의 나머지 부분과의 관계 때문에 이해하기 어렵다. 그것이 "그들로 하여금 너를 구원하게 하라"는 문구와 함께 해석해야 하는가? 만약 그렇다면 그 의미는 다음과 같다, "그들로 하여금 너에게 닥쳐올 그 일로부터 너를 구원하게 하라." 이것은 좋은 의미를 낳는다. 그러나 상당히 많은 단어들이 삽입되어 있어서 이 문장의 구조는 부자연스럽다. 다른 한편 이 문구가 "알게 하는 자"란 분사와 함께 연결할 수도 있다. 이렇게 연결한다면, "너에게 닥쳐올 일들로부터 보호하기 위해 그 달들(새 달, 즉 월삭)을 알릴 수 있는 자"가 될 것이다. 만약 이 구조가 채택된다면, 민(מִן 으로부터)은 부분을 표시하는 의미를 준다. 이것은 가능하다. 아마도 첫 번째 문장을 채택하는 것이 가장 좋을 것 같다. 확실한 것은 어떤것들이 바벨론으로 몰려올 것이며, 바벨론과 그 점성가는 이제 그것들로부터 그 나라를 구해야 한다. 이러한 권면의 이행 불가능성은 명백하다.

47:14 점성가의 실상이 불변화사 힌네(הִנֵּה 보라!)를 통하여 소개된다. 그들의 멸망이 자명하게 드러나 있다. 이 감탄사에 주의를 기울이는 자들의 눈앞에 그 장면을 가져다 놓는다. 동사들은 과거형이나 현재형으로 번역될 수 있다. 그들은 초개같아서 "그 마지막은 불사름이 될 것이다"(히 6:8하). 초개와 불의 결합이 흥미롭다(참고, 사 5:24; 욥 18; 말 4:1; 나 1:10). 두 번째 문장은 독립적으로 취급하면, "불이 그것들을 태웠다"(개역—불에 타리니)가 되어, 보다 생동감이 있다. 초개와의 비교는 초개가 얼마나 무가치한가를 보여 줄 뿐만 아니라 그것이 얼마나 빨리 그리고 쉽게 불살라지는지를 보여 준다. 점성가는 예측에 능하였다. 그러나 그들의 실상은 전능하신 여호와의 징벌의 손길이 나타나기도 전에 초개가 불에 타서 재빨리 사라지듯이 그들이 사라지는 모습에서 드러난다. 그들은 불속에서 나무만큼도 견디지

---

20) לְחַמָּם—아인 아인동사 חמם (따뜻하게 하기 위하여)의 3자 어근으로 이루어진 부정사, 즉 따뜻하게 하기 위하여 이 형태는 '그들의 빵'을 의미할 수도 있다. 보다 통상적인 문제는 라하맘(לְרַחֲמָם) 이다.

못하는데, 이는 그들이 즉시 불에 타고 또한 자신을 삼키는 불로부터 스스로를 구원할 수도 없기 때문이다. 만일 그들이 자기 자신도 구원할 수가 없다면 바벨론의 구원을 위해 그들을 바라본다는 것은 어리석은 일이다. 이 불은 태워 삼키는 불이지, 몸을 덥히기 위하여 불 앞에 앉아 있는 사람들에게 따스함을 주는 불이 아니다. "이 불은 더움게 할 숯불이 아니요 그 앞에 앉을만한 불도 아니니라."[20] 이 독립적 진술은, 이 불이 인간에게 평안함을 가져다 주지 않는다는 사실을 대담하게 진술한다. 그것은 멸망의 불이다. 심판의 불의 표상은 이사야가 즐겨 사용하는 것 중의 하나다(참고, 34:9이하; 50:11; 66:16, 24).

47:15 "이같이"는 바벨론 점성가의 멸망을 요약한다. 점성가에게 임한 결과는 바벨론에 유익보다는 그 반대가 되었다.[21] 관계사 아쉐르 אֲשֶׁר(which)는 복수동사에 내포된 주어를 가리킨다. 즉 "네가 근로하던(힘쓰던) 것에 대해서는." 점성가와 그 모든 일당은 바벨론을 위하여 힘썼으나, 그들의 모든 수고에도 불구하고 그 점성가는 그들에게 무익하였다. "너와 함께 무역하던 자들"은 "그들은 … 이었다"라는 구절의 동사에 내포된 주어에 대한 설명으로 해석될 수도 있다. 우리는 영어로 '너와 함께 무역하던 자들까지도'로 번역할 수 있다. 바벨론의 초창기부터(어려서부터) 그들과 함께 무역하였던 자들도 그에게 아무런 유익이 되지 못할 것이다. 맛소라 구두점은 단어들의 정확한 조합을 제시하며, 실질적으로 두 계층의 백성이 있음을 드러내고 있다. 이 구조를 따르면, 우리는 "네 소시적의 너의 상인들이, 각기 소향대로 유리하고 너를 구원할 자 없으리라"로 읽어야 한다. 어찌하여 이사야가 "너의 상인들"이란 용어를 사용하고 있는가? 어떤 사람은 본문을 약간 수정함으로써 '너의 마법사들'이라는 독법을 얻어내지만 그러나 이것은 타당치 않다. 이 단어가 새로운 요소를 도입시키고 있는 것은 사실이다. 그러나 놀트가 지적하는 바와 같이, 그것은 부하고 퇴폐적인 세상 세력에 대한 위협 가운데 발견되는 그것이다. 그는 나훔 3:16; 이사야 23:1-8 그리고 에스겔 27:12-36에 호소한다. 그리고 그 중 특히 의미심장한 것은 분명히 본문을 반영하고 있는 요한계시록 17장이다. 바벨론과 무역하던 자들은 그 나라에 대한 진정한 관심은 없었고 다만 자기들의 유익만을 위하여 그와 사귀었

---

21) 네게—불이익의 심성적 여격.

다. 그들은 위기의 때에 그 성읍의 운명은 관심을 두지 않고 안전을 위하여 도망한다.

이스라엘 하나님의 손이 인간의 나라에 떨어지는 심판의 때에 그 나라는 멸망으로 떨어진다. 그가 의지하고 힘썼던 모든 것이 이제는 그를 저버릴 것이고 황무하게 내버려둔다. 무역하던 자들은 각각 피난처를 찾기 위하여 자기 소향대로 방황한다. 바벨론에 대해서는 관심이 없다. 어느 누구도 그를 구원하지 않는다.

48장

1절, 야곱 집이여 이스라엘의 이름으로 일컬음을 받으며 유다의 근원에서 나왔으며 거룩한 성 백성이라 칭하며 그 이름이 만군의 여호와이신 이스라엘의 하나님을 의지하면서 성실치 아니하고 의로움이 없이 여호와의 이름으로 맹세하며 이스라엘의 하나님을 부르는 너희는 들을지어다(2절은 1절에 포함되어 있음)

(영 사역)
1절, 이를 들으라, 오 야곱의 집이여, 이스라엘의 이름으로 불리며, 유다의 물들로부터 나온 자들이여 여호와의 이름으로 맹세하며 그들이 이스라엘의 하나님을 언급하면서도 진실과 의로 행하지 않는 자들이여
2절, 이는 거룩한 성읍으로부터 그들이 불리었고, 그들이 이스라엘의 하나님을 의지하기 때문이다. 만군의 여호와는 그의 이름이다

48:1 이사야서 40-66장의 두 번째 부분을 이끌고 있는 49장처럼, 첫 부분의 마지막 장인 본 장은 "들으라"는 말로 시작한다. 들어야 할 내용은 "이"라는 단어에 암시되어 있으며, 바로 뒤따라오는 내용이나 혹은 앞선 내용을 가리킬 뿐만 아니라 여호와의 말씀(argument) 전체를 가리킨다. 그 목적은 백성으로 하여금 자신의 죄와 무가치한 상태를 깨닫도록 하기 위해서이다. 강조가 들음에 있고, 어근은 11회나 등장하는 샤마(שמע, 듣다)이며, 실질적으로 카샤브(קשב, 귀를 기울이다, 18절)와 동의어이다. 하나님의 메시지는 선지자의 입의 말씀을 통하여 주어졌다. 순종하는 나라는 듣는 나라요 순종하지 않는 나라는 듣지 않는 나라다.

이 말씀은 야곱으로부터 나온 이스라엘 족속을 향한 것이다.[1] 비록 이 백성이 이스라엘로 불리기는 하지만, 그들의 행위는 이스라엘이 되는 데서는 멀리 떠나 실제로는 야곱일 뿐이라는 암시가 들어 있다. 파이퍼(Pieper)는 이것을 냉담하고도 피상적인 말씀으로 본다. 하나님께서는 그 백성을 이스라엘이 아닌 야곱으로 부르신다. 그들 스스로는 언약적 이름인 이스라엘을 사용한다.

이 예언은 곧 3인칭으로 전환한다. 이사야는 사실상, 그 백성을 향하여 직접 말하는 것을 그치고, 대신 그들을 듣는 사람으로 묘사하고 있다. 그는 그들을 유다의 물들로부터(근원으로부터) 나온 자로 말하고 있는데, 이는 유다가 그 나라가 나온 근원임을 암시하는 것처럼 보인다. 신명기 33:28과 시편 68:26과 같은 구절에서 "근원"이 사용되었다. 이 뜻은 단지 유다가 그 백성이 나온 상류(headwater)라는 것이다. 이것은 구약 성경의 역사를 통하여 장자권이 유다에게 주어진 사실과 조화를 룬다.

그 백성은 명목상으로만 이스라엘 백성이었음에도 불구하고 야웨의 이름으로 맹세하였다. 맹세는 하나님께서 존재하시며 그분께서 인간들로부터 존경과 경배를 요구하신다는 인정의 외적 표명이다(참고. 19:18). 이러한 행동을 통하여 그 백성은 그들이 하나님에게 속하였음을 엄숙하게 알렸다. 게다가 그들은 종교적 행사에서 시행된 예배 행위로 이스라엘의 하나님을 언급하고, 상기시켰으며, 이로 말미암아 백성들은 자신들을 다른 신들을 섬기는 자들로부터 구별지었다.[2]

그러나 제의나 예배 행위들은 언약에 대한 충성과 애정이나 진실됨도 없이 실행되었다. 이사야는 여기서 이스라엘의 역사상 어느 때에나 적용될 수 있는 외식적인 예배에 대한 일반적인 묘사를 개진해 주고 있다. 외관상 그 나라는 신앙적인 고백에 있어서는 정통적이었다. 실제에 있어서 그 나라는 정통이 아니었고, 경건의 모양은 있었으나 경건의 능력은 부인하는 일종의 죽은 정통주의를 나타냈었다. 비록 참 예배의 형태가 진행되고 참되신 하나님의 이름이 불려졌을지라도 백성들의 마음은 하나님에게서 멀었고 신령과 진정으로 그를 부르지 않았다(참고. 요 4:24). 저들이 나

---

1) 본 절 가운데 두 번 관계사의 의미를 가진 정관사를 가진 분사가, 하나의 동사를 가진 관계 절에 의하여 종결된 한 문장을 이끌고 있다.
2) 그것은 반드시 이 말씀이 제의적 행위들 가운데서 말해졌다는 것을 의미하는 것은 아니다(Volz).

왔던 족장들의 신앙은 완전히 증발되어 버렸다. 칼빈은 문제의 심장부를 찌른다. "그러나 여기서 입을 넓게 열고 하나님의 이름을 큰 소리로 자랑하고, 또 자주 그의 이름을 언급하면서도 그들의 마음은 하나님께 크게 반대하였던 외식주의자들을 이사야는 공격하고 있다"(com. in loc.).

48:2 도입의 키(כִּי)는 주석가들을 혼란스럽게 하였지만, 그러나 그것을 통상적인 의미인 "이는"으로 보고 묘사를 계속해 나가는 것으로 취급하는 것이 가장 좋다. 이사야는 주님의 백성들에 대해서 말하고 있는데, 그들의 외식하는 마음은 하나님으로부터 멀리 떠나있다. 그 뜻은 불경건한 백성이 거룩한 성읍으로 불려지기를 원하고 있다는 것이 아니며, 이것은 그것이 전혀 신빙성없는 방식으로 묘사를 지역적인 것으로 만들기 때문이다. 하나님의 거처가 있는 곳은 거룩한 곳이다. 아직 그 거처는 예루살렘에 있고, 그런 의미에서 이 성읍을 언급한다. 이사야는 일찍이 예루살렘의 남은 자를 거룩하다고 말한바 있고(4:3), 거룩한 성읍으로서의 예루살렘의 호칭은 이스라엘의 역사에서, 특별히 포로와 포로 후기 동안 유행하였던 호칭이다. 오늘날까지도 아랍인들은 그 성읍을 엘-쿠드즈(el-quds, 거룩)로 지칭한다. 지상에 있는 야웨의 거처가 거룩하므로 야웨를 예배하는 백성은 거룩하다 일컬음을 받는다. 그들은 지지와 유지를 위하여 이분에게 의지하고, 그분이 영원하시고 참되신 하나님이심을 인정하고 고백한다.

>3절, 여호와께서 가라사대 내가 옛적에 장래사를 고하였고 내 입에서 내어 보였고 내가 홀연히 그 일을 행하여 이루었느니라
>4절, 내가 알거니와 너는 완악하며 네 목의 힘줄은 무쇠요 네 이마는 놋이라
>5절, 그러므로 내가 이 일을 옛적부터 네게 고하였고 성사하기 전에 그것을 네게 보였느니라 그렇지 않았더면 네 말이 내 신의 행한 바요 내 새긴 신상과 부어 만든 신상의 명한 바라 하였으리라

48:3 이스라엘이 심판의 이유를 깨달을 수 있기 위해서는 먼저 하나님께서 모든 일에 대한 예지(豫知)를 갖고 계신다는 사실을 알아야 한다. 그는 "그때부터"(즉 옛 시대부터) "장래사"를 알리셨다. 두 개의 기본적인 해석들이 있다. 한(Hahn)은 장래사가 아직까지 일어나지 않았지만 일어날 일들을 가리킨다고 생각한다. 이 미

래의 일 중에서 장래사라고 언급된 것이 먼저 일어난다는 것이다. 이는 마치 이사야가 "예로부터 내가 아직 닥치지 않은 일의 첫 부분을 너희에게 알게 하였다"고 말하는 것과 같다. 그렇다면 그것은 실제로 고레스의 해방령과 바벨론으로부터 구출되어 팔레스틴으로 귀환하는 것을 가리킬 것이다.

또 다른 해석은 이 문구 가운데서 이미 일어난 일에 대한 언급을 하고 있는 것으로 보는 것이다. 이 해석에 의하면 첫 번째 일은 하나님께서 이미 성취하신 일이다. 이것은 출애굽, 예루살렘의 멸망, 그리고 이스라엘 역사상에서 예고되었던 다른 사건을 가리킨다. 리숀(ראשׁון)이란 단어가 실질적으로 "첫째"(first)를 의미하므로 우리는 이 단어에 의해서만 두 해석 가운데서 하나를 결정할 수 없다. 그러나 문맥은 두 번째 견해를 지지한다.[3]

이 일은 하나님의 입에서부터 나간 것으로, 이는 명제적인 계시와 그리고 하나님의 명령이라는 신적기원과 권위에 대한 분명한 표상이다. 그 계시는 헛된 것이 아니다. 이는 하나님께서 인간들로 하여금 그것을 듣게 하셨기 때문이다.[4] 이 들음은 단순한 들음이 아니고 순종으로 인도하는 들음이다.

인간들이 그것을 깨닫기도 전에 하나님께서는 자기가 선포하신 일을 갑작스럽게(홀연히) 행하시고 이루신다. 하나님의 능력에 의하여서만 성취가 이루어진다. 그분의 예언들(predictions)은 점쟁이(soothsayers)의 공허한 발언과 같이 헛되이 말한 것이 아니고 그의 지혜로우신 구원 계획과 관련하여 말해진 것이다. 그분의 정하신 때에 주께서는 자기 입에서 나간 모든 것이 성취되게 하실 것이다.

48:4 본 절은 아마도 앞 절에 있는 "홀연히"에 대해서 설명하는 것 같다. 하나님께서 홀연히 행하셨으니 이는 주께서 이스라엘이 어떤 종류의 나라인지를 아셨기 때문이다. 내가 알거니와(from my knowing)—이것은 시간적 의미로 취급되어, '내가 안 이래로'로 번역될 수 있지만, 그러나 그렇다면 어찌하여 이 단어가 3절과 연결될 수 있는지 이해하기가 어렵다. 그런 까닭에 하나님께서 홀연히 행동하시는 이유를 말하는 '내가 알기 때문에'로 번역하는 것이 더 좋을 것 같다.

---

3) 또한 C. R. North in Studies in *Old Testament Prophecy*, ed. H. H. Rowley, pp. 123ff.
4) 과거형 다음에 오는 미완료형은 말하였을 때는 과거일지라도 과거형으로 묘사된 사건에 뒤이어 일어나는 행동을 나타낸다.

하나님께서 아신 것은 이스라엘이 완악하다는 것이다. 이 형용사는 아마도 "목이 곧음" 혹은 "마음의 완악함"이란 표현의 축약형으로 보인다. 그 완악함이 그 뒤에 따라오는 두 개의 표현, 즉 이스라엘의 사악함과 그의 완고하고도 고집스러운 성격을 강조하는 "네 목의 힘줄은 무쇠요"란[5] 표현과, 범죄하고 진리에 대적함에 있어서 고집스럽게 계속해 나가는 뻔뻔스러움을 가리키는 "네 이마는 놋이라"는 표현으로 예증되어 있다. 이스라엘은 뻔뻔스럽게도 진리를 알아가기를 거절하고 있다.

48:5 도입 접속사는 앞 절과 연결시키는 역할을 하며, "그러므로"로 번역하는 것이 가장 좋을 것이다. 그렇다면 그 연결은 이렇다. "내가 네가 완악하고⋯한 것을 알았으므로 그러므로 내가⋯을 알게 하였다."[6] 이 선언은 옛적부터, 즉 오래 전부터 발표되었다. 이 계시는 그 예언이 성취되기 오래 전에 하나님에 의하여 주어졌었고, 그래서 이스라엘이 우상들에게 그 성취의 공로를 돌릴 수가 없었다. 더 나아가서 이 계시는 특별히 "네게" 고하여졌으므로, 이스라엘로 하여금 순종치 않음에 대하여 변명을 할 수 없도록 하신 것이다.

하나님의 이전의 계시가 주어지지 않았다면, 이스라엘은 예루살렘의 멸망을 마르둑(Marduk)이나 아니면 다른 우상에게 돌릴 수도 있었을 것이다. 세 개의 단어들은 우상을 지칭한다. 첫 번째 것은 수고와 슬픔의 의미와 또한 우상의 의미도 내포하고 있다. 이 우상은 하나의 고통 혹은 곤궁이다. 그러므로 선지자는 이스라엘 족속에 대한 진정한 특징 묘사를 하고 있다. "이 마음의 우상, 내가 예배한 이 곤궁이 그것들을 행하였다." 즉 예고된 사건들의 성취를 가져오게 하였다. "내 새긴 신상"과 "내 부어만든 신상"은 신앙의 대상으로서의 우상의 형상을 가리키며, 이 둘 다 이 우상이 인간의 손에 의하여 만들어졌고 부어 만들어진 어떤 것임을 뜻한다. 이 세 단어는 모두 우상을 만들어 섬기는 일을 어리석고 무익한 체계라고 지적한다. 예레미야 44:18을 주시하라. "우리가 하늘 여신에게 분향하고 그 앞에 전제 드리던 것을 폐한 후부터는 모든 것이 핍절하고 칼과 기근에 멸망을 당하였느니라." "그들이 그것들을 명하였다(명한 바라)"는 문구는 45:12에서 "그 만상을 명하여 존재하게 하였노라"에서 사용된 바와같이 사용되었다. 예언된 사건은 나타났고, 이스라엘

---

5) גִּיד – 힘줄, 완력. 참고. 아카드어 *gîdu*와 우가릿어 *gd*.
6) 와우연속법을 가진 미완료형은 4절에 있는 מָעַתְּ를 뒤따른다.

은 우상이 일어나게 명하였다고 말해서는 안 될 것이었다.

6절, 네가 이미 들었으니 이것을 다 보라 너희가 선전치 아니하겠느뇨 이제부터 내가 새 일 곧 네가 알지 못하던 은비한 일을 네게 보이노니
7절, 이 일들은 이제 창조된 것이요 옛적 것이 아니라 오늘 이전에는 네가 듣지 못하였느니라 그렇지 않았다면 네가 말하기를 내가 이미 알았노라 하였으리라
8절, 네가 과연 듣지도 못하였고 알지도 못하였으며 네 귀가 옛적부터 열리지 못하였었나니 이는 네가 궤휼하고 궤휼하여 모태에서부터 패역한 자라 칭함을 입은 줄을 내가 알았음이라

48:6 이스라엘은 일어날 일에 대한 예고를 들었었다. 이제 그 나라는 그 모든 성취를 전체적으로 보라는 명령을 받고 있다. 이 명령을 통하여 이스라엘은 예고된 모든 것을 주시해 보도록 요구된다. 그들은 하나님께서 예고하신 말씀을 성취하셨다는 사실을 인정하지 않을 수 없었을 것이다. 이러한 갑작스러운 말씀에 이어서 하나님께서 말씀하신 것이 참되다는 사실을 고백할 필요성을 이스라엘에 상기시키는 그 나라를 향한 질문이 나온다. 여기에 단수에서 복수로의 전환이 있는데, 이는 아마도 그 나라 전체를 구성하는 개인들을 묘사하기 위한 것으로 보인다. 이스라엘이 듣고 보았으므로 그들은 이제 또한 하나님께서 진리와 능력의 하나님이라고 선포해야 하지 않겠는가? "너희가 선전치 아니하겠느뇨?"란 문구는 이 해석에 의하면, "너희가 그것이 그렇다고 인정하지 않겠느냐?"와 실질적으로 동일한 의미로 전 절이 담고 있는 의미와는 다른 개념을 가지고 있다. 이것은 "너희가 또한 예고하지 않겠느냐?"란 해석보다 만족스러워 보인다. 하나님께서는 이스라엘 백성들이 우상숭배의 어리석음을 인정하고 자기들의 주권자 하나님께서 자기들에게 닥칠 사건들에 관한 진리를 말씀하셨다고 믿어야 한다는 사실을 깨달을 수 있도록 그들에게 논증을 하고 있는 것이다.

6절의 두 번째 행은 앞 절의 사상을 재론하고 있다. "이제부터"는 "내가 말하고 있는 이때부터"를 의미한다. 하나님의 선포의 대상이 "새 일"과 "은비한 일"로 묘사되어 있다. 만일 3절에 있는 "장래사"란 문구가 이미 예고된 일들을 가리킨다면, 그럴 수도 있는 바와 같이, "새 일"은 그와 대조가 되는 것이고, 아직 예고되지 않은 것이다. 그러므로 첫 번째 동사는 아마도 현재형으로 번역해야 할 것 같다. 선포의

대상은 "은비한 일"로 설명하고 있는데, 이는 하나님에 의하여 간직된 것이요 그 결과로 이스라엘이 알지 못했다는 것을 암시한다. 다시 말해서 이스라엘은 과거의 예언(prediction)을 통하여 이 사건들을 알 수가 없다는 것이니, 이는 그것들이 새 일이요 그 나라가 알지 못하도록 하나님에 의하여 간수된 것이기 때문이다.

48:7 본 절은, 그것들이 예언이 발표된 그 당시인 "이제" 창조된 것이라고 천명하면서 새 일과 은비한 일에 대한 묘사를 계속해 나간다. 이것이 "옛적 것이 아니라"는 문구, 즉 오래 전부터 있어온 것이 아니라는 문구로 강조되어 있다. "그것들이 창조되었다"는 말은 해석을 필요로 한다. 사용된 히브리 어근은 창세기1:1에 사용된 것과 같은데, 그곳에서 그 단어는 무로부터의 창조(creatio ex nihilo)를 나타낸다. 여기서 그것은 지금까지 하나님에 의하여 간직되어 온 새 일의 놀라운 새 창조를 암시한다. 동시에 그 동사는 반드시 역사 가운데서의 예언의 실제적인 성취를 가리킨다고 말할 필요가 없으며, 역사 가운데서의 새 일의 출현을 가리키지도 않는다. 새 일에 대한 창조는 예언 속에서 첫 번째 발표를 가리킬 수 있고, 그렇지 않으면 단순히 선지자가 말하고 있는 당시에 새 일이 창조되고 있다는 것을 암시할 수도 있으며, 그리고 하나님의 때에 그것들이 인간 역사에 나타날 것임을 암시할 수 있다.

"옛적"이란 문구와 평행이 되는 것이 "오늘 이전"이다. 분명한 것은 이 두 문구가 "이전부터" 혹은 "오래 전부터"와 같은 어떤 것을 가리킨다는 것이다. 어떤 사람은 "날"이 "오늘"을 의미하는 것으로 취급하고, "오늘 이전"이라고 번역한다(개역 성경이 이렇게 번역하고 있음을 유의하라—역자주). 그러나 이것은 의문스럽다. 아마도 전치사는 "와 함께"(시 72:5에서처럼)란 의미로 사용되어 있으며, 그래서 "한 날과 함께"가 "바로 오늘"을 의미할 것이다. 이 새 일과 은비한 일은 이스라엘이 아직 들어보지 못한 일들이다.

하나님께서 이 일을 지금 조성하시는 이유는 이스라엘이 어떤 지식을 자기 것으로 돌려서는안되고 "내가 그것들을 알았다" 하고 말해서는 안되기 때문이다. 본 절은 "제2이사야"설을 가정한 사람에 의하여 이 예언이 주전 8세기의 이사야에 의하여 기록될 수 없었다는 사실을 증거하기 위하여 사용된다. 그들은, 만일 새 일이 두 세기 동안(즉 주전 6세기에)에 일어나지 않았었다면, 어떻게 8세기의 이사야가 "그것들이 이제 창조되었다"고 단정할 수 있었겠는가라고 주장한다. 더 나아가서 만일 이사야가 이 예언을 발표하였다면, 어떻게 6세기(200년 후)에 살았던 자들이 그것을 결코 들어보지 못했다고 말해질 수 있겠는가? 델리취는 루치(Ruetschi)의 말을 인용한다. 만일 "이전의 이사야가 이것을 예언했다면 그는 여호와의 계획에 정반대로 행동한 것이다." 그러나 난점은 처음에 보이는 것처럼 그리 크지 않은데, 이는 새 일이 바벨론 포로나 혹은 그곳으로부터의 구원에 제한되어 있지 않고, 이스라엘을 그들의 죄악으로부터 구원하시는 하나님의 사역과 관계되어 있는 사건들이기 때문이다. 이 사건들은 옛날의 사건들과 질적으로 다르다는 면에서 새로운 것이다. 이스라엘에게 알려지지 않았던 것들과, 그것들에 관한 선포는, 포로기 동안에 살고 있었던 누군가에 의해서처럼 이사야에 의해서도 선포될 수 있었다. "비평가들"이 여기서 난점을 발견하는 이유는 그들이 새 일을 고레스의 사역을 가리키는 것이라고 주장하기 때문이다.

48:8 이스라엘이 이 일을 이전에 듣지 못한 이유는 하나님께서 그들의 참 악한 본성을 아셨다는 것이다. 주님은 그들이 그 진리를 악용할 것이라는 사실과 그 예언의 성취를 하나님에게 돌리지 않고 우상들에게 돌릴 것을 아셨다. 아마도 알렉산더가 다른 어떤 주석가들보다도 문제의 핵심을 파헤친 것 같고 또한 대조에 대한 참된 설명을 제시해 주는 것으로 보인다. 그는 다음과 같이 말한다.

어찌하여 그들이 이전의 계시를 통하여 그렇게 많이 알았는가에 대한 이유로써 그 백성의 완악함을 개진한 후, 그는 이제 그것(완악함)을 그들이 어찌하여 그렇게도 거의 알지 못했는가의 이유로 돌리고 있다. 비록 첫눈에 보기에는 불합리한 진술로 보일지라도, 이것들은 같은 사실의 다양한 국면일 뿐이다. 하나님께서는 그들에게 그 사건을 다른 원인에게 돌리지 않게, 훨씬 더 이전에 그것들을 말씀하셨다. 주께서는 더 이상 그것들을 말씀하지 않으셨으니, 이는 그들이 악하게 그의 은총을 남용하였을 것이라는 것을 그가 알았기 때문이다. 어떤 의미에서 그리고 어떤 범위(크기)까지, 그들은 이전에 이 일들을 듣고 알았던 것은 참이었다. 또 다른 의미에서 그리고 그 범위를 넘어서, 그들은 그것들을 듣지도 알지도 못하였다는 것은 똑같이 참이었다…그들이 들었던 것은 사실이지만, 그러나 그들이 듣지 못하였었던 것도 또한 참이었다

선지자는 이스라엘 족속들이 하나님의 계시를 알지 못하였다는 사실을 나타내

기 위하여 세 개의 동사를 사용한다. 처음 두 동사(듣다와 알다)는 이미 사용되었으나, 세 번째(귀를 열다)는 그 진술에 힘을 더해 준다. 이스라엘의 귀가 열리지 않았다고 말하는 것은 그 진리가 그들에게 계시되지 않았다고 말하는 것이다(참고. 50:5).

두 번째 행은 어찌하여 이 예언이 이스라엘에게 계시되지 않았는지 그 이유를 개진한다. 그것은 그들이 사악하게 취급할 것이라는 사실을 하나님께서 아셨기 때문이다.[7] 부정사 절대형은 그 표현에 힘을 더 실어 주고, 미완료형은 가능을 나타내는 뜻으로 "궤휼하고 궤휼하여"로 이해되어야 한다. 부정사 절대형은 확실성과 강조, 특히 후자를 암시한다. 만일 확실한 어떤 것이 있다면 그것은 이스라엘이 궤휼하게 행동할 것이라는 점이다. 이 궤휼은 그 자체가 진리와 대립을 나타내는데, 이는 죄악된 나라 이스라엘이 그 구원을 우상에게로 돌리고 참 하나님에게 돌리지 않을 것이기 때문이다.

이스라엘이 그렇게 행동하는 것은 그 나라가 패역한 나라라는 사실에 있다. 사실상 이것은 그들이 존재하게 된 초창기부터 붙여진 호칭이다. 패역이라는 단어가 문장 초두에 옴으로써 강조되어 있다. 우리는 "모태"라는 단어를 이스라엘 역사의 어떤 구체적인 사건을 가리키는 것이 아니라, 매우 초창기로 이해해야 할 것이다. 패역과 궤휼은 이백성의 상습적인 과실이었지, 단지 간헐적인 죄가 아니었다. 이스라엘이 그렇게 불렸다고 말하는 것은 물론 이것이 이스라엘의 참 본성이었다는 것을 의미한다. 히브리 관용어에 따라 "부르다"라는 동사는 한 사람의 참된 본성 혹은 성격을 가리키기 위하여 사용되었다.

> 9절, 내 이름을 위하여 내가 노하기를 더디 할 것이며 내 영예를 위하여 내가 참고 너를 멸절하지 아니하리라
> 10절, 보라 내가 너를 연단하였으나 은처럼 하지 아니하고 너를 고난의 풀무에서 택하였노라
> 11절, 내가 나를 위하며 내가 나를 위하여 이를 이룰 것이라 어찌 내 이름을 욕되게 하리요 내 영광을 다른 자에게 주지 아니하리라

---

7) 내가 알았음이라 — 이 *verbum sentiendi* (감각동사) 다음에 간접 화법이 뒤따라오는데, 여기서 독립 동사절이다.

48:9 본 절이 이스라엘에게 퍼부어진 하나님의 진노가 백성을 완전히 태워 없애 버리지 않을 것임을 보여 주는 한, 분명히 새로운 그리고 첫 번째 일을 가리킨다. 하나님의 이름이 인간들에 의하여 영예롭고도 참되신 분으로 인정받으시기 위하여 하나님께서는 자신의 분노를 연기하실 것이다. 즉 주께서 진노 부으심을 지체시키시거나 아니면 그것을 연기하고 늦추실 것이라는 것이다. 이 분노를 이 악하고 배교한 나라에 전폭적으로 퍼붓지는 않을 것이며, 연기하실 것이다. 그럼에도 불구하고 하나님께서는 자기 백성에게 진노하시고 그들은 그것을 경험하게 된다.

더 나아가서 이스라엘에 대하여 (관심의 여격: dative of respect) 하나님께서는 그의 찬양을 억제하실 것이다. 강조가 하나님에게 드려지는 찬양인 "내 찬양"(내 영예)에 주어져 있으며, "내 이름"과 실질적으로 평행이고 "위하여"에 지배를 받는다. 놀트는 명성의 의미를 제한 하는데, 그것이 본질적 개념을 잘 드러내 준다. 이스라엘에 관하여는 억제하시거나 혹은 꺾으심으로써 하나님께서는 그 나라가 멸망되도록 잘라버리지 않으실 것이다. 이 어투는 "이스라엘의 회중으로부터 잘라버리다"란 문구를 상기시켜 주며 이 문맥에서는 생명을 잘라버리는 것을 가리키는 것으로 보인다. 이스라엘이 잘려져 버렸다면, 그것은 완전히 멸망당하였을 것이다. 이 일이 일어났더라면 족장들에게 하나님이 주셨던 그 언약의 약속은 무효가 되고 공허한 것이 되는 것으로 보였을 것이며, 하나님에 대한 찬양이 주님의 백성에 의해서 불려질 수 없었을 것이며, 그 이름은 자기의 약속에 신실하시는 분의 이름이 되지 못하였을 것이다. 만약 그렇다면 이스라엘은 멸망하고 하나님의 약속들은 아무런 효력이 없는 것으로 나타났을 것이다. 그러나 하나님의 목적은 한 구속자를 통하여 이 세상에 들어올 것이었다. 그리고 그 약속을 실현시키는 그 길을 그 어떤 것도 방해하지 못한다. 그런 까닭에 하나님께서는 그 징벌을 참아 지체하시거나 혹은 연기하신다.

48:10 그들의 구속을 통하여 그분의 영광이 나타날 수 있도록, 자기 백성을 연단하는 것이 하나님의 목적이었다. 이 심판은 멸망을 위한 것이 아니라 변화를 위한 것이다. 첫 번째 동사는 일반적으로 금속의 제련에 대해서 사용되며, 그래서 "내가 너를 녹였다"로 번역할 수도 있다. 그 다음의 설명적인 문구는 직역하여 "은과 함께는 아니고"로 번역할 수 있다. 어떤이들은 전치사(개역은 '처럼', 그러나 히브리어는 '안에', '함께'라는 의미를 지닌 베(ב)이다-역자주)가 값을 나타내서 마치 주님께서 "내가 너를 녹였으되 은을 얻기 위하여는 하지 않았다"고 말씀하신 것으로 제

안하기도 했다. 다른 사람은 이 전치사를 '처럼'으로 취급하여 "내가 너를 녹였으되 은처럼 하지 않았다"로 번역하였다. 또 다른 사람은 "내가 너를 녹였으나 은과 함께(즉 '~와 함께 동반하여'가 아님)는 아니하였다"로 해석하였다. 또 다른 가능성은 그 문구를 글자 그대로 연단의 과정의 결과가 은이 아니라는 뜻에서 "은과 함께 아니하였다"로 취급하는 것이다. 이 해석에 의하면 그 연단이 그 나라가 마땅히 순수하게 되었을 것과 같이 순은으로 나타나지 않았다는 것이다. 그렇다면 그 나라는 순은과 비교될 수 없다. 문법적인 고찰을 해볼 때, 위의 각 견해들은 가능성은 있으나 마지막 견해가 더 나을 것 같은데, 이는 그것이 문맥에 잘 어울리기 때문이다. 이스라엘에게 장점은 없었고 하나님께서 그들을 연단하였을 때, 은과 같지 않았다.

두 번째 동사, "내가 너를 택하였노라"는 첫 번째 것과 평행을 이루고 있다. 아람어 영향을 가정하여 많은 주석가는 이 특별한 문맥 가운데 있는 이 동사가 실질적으로 히브리어 보한(בחן, 입증하다)과 동의어로 믿고, 그래서 "내가 입증하였다"로 번역하였다. 그러나 여기서 그러한 번역을 지지할 만한 증거가 없고, 이 동사의 통상적이고도 충분히 증명된 의미를 유지하는 것이 가장 좋을 것이다. 고난의 풀무는 하나님께서 그 나라를 택하셨을 때 이스라엘이 있었던 자리이다. 만일 어떤 역사적 위치를 가리켜야 한다면, 그곳은 아마 자주 쇠풀무로 지칭되었던 애굽이 될 것이다. 이스라엘이 고난의 풀무 가운데서 있었다는 것은 그들이 극한 궁핍 가운데 있었을 때 선택받았다는 사실을 암시하는 것으로 보인다.

48:11 본 절은 선포를 마무리 지으면서 그 내용을 요약한다. 이 구절은 40:1에서 발견되는 그것과 유사한 반복으로 시작하고 있으며, 이러한 반복 가운데서 우리는 왜 하나님께서 자기의 목적을 이루어 가시는지 그 이유를 듣게 된다. 주님은 자기의 이름과 그의 영광을 들어 올리기 위하여 그 나라를 완전히 멸망시키지 않으실 것이다. 주님은 "내가 이룰 것이라"고 말씀하신다. 이 동사 안에 앞 절의 세 개의 동사가 요약되어 있다. 만일 하나님께서 그 백성을 멸망시키시고 그리하여 주님 자신이 그 언약에 신실하지 못하시다는 것을 보이신다면, 주님의 이름은 욕되게 될 것이다. 이스라엘이 심판으로 멸망하였더라면 이방인은 이스라엘의 하나님께서 구원하기에 무능한 분이라고 생각하였을 것이다.

"어찌 내 이름을 욕되게 하리요?"라는 질문은 하나님께서 자기 이름을 욕되게 하지 않을 것임을 암시한다. 만일 주님의 목적이 실패한다면 그렇게 되겠지만, 그러나 주님은 자신의 영광을 다른 이에게 주지 않으실 것이다.

12절, 야곱아 나의 부른 이스라엘아 나를 들으라 나는 그니 나는 처음이요 또 마지막이라
13절, 과연 내 손이 땅의 기초를 정하였고 내 오른손이 하늘에 폈나니 내가 부르면 천지가 일제히 서느니라
14절, 너희는 다 모여 들으라 나 여호와의 사랑하는 자가 나의 뜻을 바벨론에 행하리니 그의 팔이 갈대아인에게 임할 것이라 그들 중에 누가 이 일을 예언하였느뇨
15절, 나 곧 내가 말하였고 또 내가 그를 부르며 그를 인도하였나니 그 길이 형통하리라
16절, 너희는 내게 가까이 나아와 이 말을 들으라 내가 처음부터 그것을 비밀히 말하지 아니하였나니 그 말이 있을 때부터 내가 거기 있었노라 하셨느니라 이제는 주 여호와께서 나와 그 신을 보내셨느니라

48:12 12-16절은 40-48장의 주요 사상을 요약한다. 부드럽고도 친절한 어조가 하나님께서 자기 백성으로 하여금 자기 말을 들으라는 명령으로 나타난다. 명령형 다음에 호격이 나타나고 그 다음에 또 다른 호격이 나온다. 그러나 종결짓는 명령형의 위치에서 백성들이 "나의 부른"으로 수식된다. 이 단어는 여기에만 나타나며, "내가 너를 지명하여 불렀나니"(참고. 43:1)라는 문장보다 의미심장해 보인다. 그것은 자기 백성으로의 부르심일 수도 있고 혹은 "내 이름으로 불린 자"로 대치할 수도 있다.

당연히 전치사와 접미사에 주의를 돌려야 하는데, 이는 이스라엘이 우상들과 거짓 선지자들에게 귀를 기울여 왔기 때문이다. 이스라엘은 유일하게 생명과 진리의 말씀을 가지고 계시고 유일한 구원자이신 하나님에게 귀를 기울여야 한다.

"나는 그니, 나는 처음이라. 그리고 나는 마지막이라"는 3중적인 주장 가운데 그 이유가 진술되어 있다. "나는 그니"라는 문구는 "나는 우리가 말하고 있는 하나님이라"는 말 이상을 의미한다. 이 말은 "나는 실제로 살아 계시고 참되신 하나님이신 그분이다"를 의미한다. "처음"과 "마지막"이란 단어들은 하나님께서 만물의 처음이요 마지막이라는 사실을 암시하며, "나는 그니"라는 진술을 설명한다. 모든 만물 이

전에 그가 계시고, 또한 만물 이후에도 그가 계신다. 일시적이고 변하는 인간과 피조물과는 달리 하나님은 영원하시고 변치 않으신다. אף라는 불변화사에 의하여 소개된 어떤 점층법이 나타나 있다. "나는 처음이요, 그뿐 아니라, 나는 또한 마지막이다." 그러므로 피조물에 대한 하나님의 절대적 독립성이 강조되어 있다. 그 하나님에게 이스라엘은 들으라는 명령을 받고 있다.

48:13 12절에서 불변화사 아프에 의하여 시작된 점층법이 계속되면서, 본 절도 같은 불변화사로 시작한다. 하나님은 처음이시고 더 나아가 그는 마지막이시다. 더 나아가서 그는 세상을 창조하셨다. 그러므로 이 불변화사는 실질적으로 왜 이스라엘 족속들이 하나님에게 귀를 기울여야 하는지에 대한 또 다른 이유를 소개하고 있다. 그는 절대적인 분이시고 영원하신 분이시며 이에 더하여 그는 창조자이시다. "내 손"은 "내 능력"을 의미한다. 땅의 기초를 정한다는 것은 그것을 존재하게 하고 그것을 세워서 인간으로 하여금 그곳에 거주할 수 있게 하신다는 것을 의미한다.

"내 손"은 "내 오른손"과 평행을 이룬다. 우리는 동사 티프하(טפחה)를 "펼치다" 혹은 "뼘으로 쟀다"로 번역할 수도 있다. 51:13에서 땅의 기초를 정하신 것이 하늘을 펴신 것과 연관되어 있다. 땅이 하늘보다 먼저 언급되어 있다. 펜나(Penna)는, 이것이 고대 히브리 사상의 우주적 개념에 따른 창조에 대한 묘사 습관이라고 말한다. 그보다 우리는 이것이 실제로 일어났었던 내용에 대한 묘사라고 생각한다.[8]

두 번째 행에 있는 분사는 현재형으로 번역되어 "내가 그들을 부르면[9] 그들은 설 것이다" 혹은 "그들로 하여금 함께 서게 하라"가 되어야 한다. 이것은 원래 창조를 가리키는 것이 아니고, 창조주 하나님께서 그분의 손으로 지은 작품들에 대한 절대적인 권위를 가지고 계신다는 것을 보여 준다. 그분께서 그것들을 부르실 때, 그것들은 순종하고 그분을 섬기기 위하여 일어선다. 그러므로 이 말은 창조와 하나님에 대한 섬김이라는 두 개념을 함께 묶고 있다. "주께서 땅을 세우셨으므로 땅이 항상 있사오니 천지가 주의 규례대로 오늘까지 있음은 만물이 주의 종이 된 연고니이다"

---

8) 창조는 영원히 단번에 일어난 행동(Muilenburg에 반대하여)이다. 우리는 하나님의 창조 사역과 그분의 섭리 사역 사이에 구별을 지어야 한다.
9) 분사가 대명사 앞서 있으며, 따라서 강조되어 있다.

(시 119:90, 91). 창조에는 목적이 있다. 하나님께서는 존재의 이유를 가지지 않는 쓸모 없는 잡동사니를 창조하지 않으셨다. 주님은 만물을 존재하게 하셔서 그것들로 하여금 그분의 종들이 되어 그분이 명하시는 바를 행하도록 하셨다. "그들이 서느니라"는 동사는 그들이 하나님에게 순종하기 위하여 주의를 집중하고 준비를 갖추어 설 것이라는 것을 의미한다. 이사야서에 있는 창조에 관한 언급에 대해서는 40:12 이하, 22, 26, 28; 42:5; 44:24; 45:12, 18을 유의하라.

48:14 인칭의 변화로 인하여 여기서 말씀을 듣는 자들이 전치사의 접미사가 가리키는 것들과 다른 것으로 보일 것이다. 그렇다면 그것은 이방 열국 아니면 이스라엘 자체를 가리킬 것이다. 만일 그것이 이방인을 가리킨다면, 그들이 하나님의 도전의 말씀을 듣도록 함께 모이라는 명령을 받고 있는 것이다. 그렇지만, 이스라엘은 하나님의 백성이므로, 그들은 자기들의 하나님이 전능하시고 열국들의 우상들은 아무것도 아니라는 것을 깨달아야 된다. 그런 까닭에 그 명령은 당연히 이스라엘을 향한 것일 수도 있다.

명령을 받는 사람은 모두 예외 없이 하나님이 주시는 도전의 말씀을 듣기 위하여 스스로를 모아야 한다(여기서 니팔형은 재귀적 의미를 가진다). "그들 중에"란 문구는 우상들을 가리킨다. 우리는 "이 일"을 14절 하반절에서 진술된 내용으로 이해해야 할 것이다. 하나님이 이루신 모든 일은 하나님 자신에 의해서만 미리 알려질 수 있는 것이다. 그 어떤 우상도 알게 하지 못했고 이 일을 말하지 못했다.

두 번째 행에 심각한 해석학적 문제가 있는데, 말하자면 야웨의 사랑의 대상이 이스라엘이냐 아니면 고레스이냐는 것이다. 우리는 "야웨께서 그를 즉, 이스라엘을 사랑하신다(혹은 사랑하셨다), 그리고 그의 기쁘신 뜻을 바벨론에 대항하여, 그리고 그의 팔을 갈데아인들에(대항하여) 행하실 것이라"로 번역할 수 있다. 우리는 또한 "야웨께서 그를, 즉 고레스를 사랑하신다. 그(고레스)는 하나님의 기쁘신 뜻을 바벨론에 대항하여 그리고 그분의 팔을 갈데아인들에(대항하여) (그의 능력을 나타낼 것이다)"로 번역할 수도 있다. 질문할 필요도 없이 해석자들 대다수는 이 구절을 고레스를 가리키는 것으로 말한다. 그렇게 말하는 자들은 자주 다음과 같은 인정할 수 없는 방식으로 번역한다. "야웨께서 사랑하시는 그가 그의 기쁘신 뜻 등을 행할 것이라." 만약 그것이 고레스를 가리킨다면, 우리는 그가 하나님의 사랑의 대상이라는 말을 듣는다. 그러나 그러한 사랑은 구원하시는 사랑은 아니다. 즉 그것은 단지 특별한 목적을 위한 고레스의 선택을 가리킨다(참고. 41:2; 44:28; 45:1, 13; 46:11). 하나님께서는 하나님의 사랑의 대상이 되도록 고레스를 뽑으셔서 바벨론을 정복하는 데 주님을 섬기도록 하셨다.

마지막 단어 "그의 팔"은 목적어보다는 주어로 취급해야 할 것이다. 능동적인 능력과 힘이 되는 하나님의 팔은 갈데아인에 대항하여 행동하실 것이라고 언급된다. 고레스가 바벨론을 함락시킬 것이지만 그러한 행동에 대한 궁극적 설명은 창조주 하나님께서 갈데아인들에 대항하셨다는 사실이다. 강력한 세상 성읍은 전능하신 자의 능력에 의하여 무너질 수 있으며, 그러한 능력은 고레스의 침입을 통하여 나타난다.

48:15 방금 전에 말한 내용을 입증하기 위하여 하나님께서는 그가 말씀하셨다고 선언하신다. 비록 축약형이 사용되기는 하였지만, 인칭 대명사가 반복되어 있다. 그러므로 주의가 화자에게로 돌려진다. 이사야는 세 개의 동사를 사용하며, 두 번째 것에 불변화사 אף를 첨가하여, 특별히 강조하고 있다. 첫 번째 동사 "내가 말하였노라"는 하나님께서 미리 고레스의 왕림과 구원에 관하여 말씀하셨다는 것을 암시한다. 주께서는 또한 자신의 목적을 이룰 고레스를 부르셨다. 마지막으로, 고레스를 이끌어 오셨는데, 이것은 주께서 그로 하여금 하나님의 목적들을 시행하도록 하기 위하여 역사의 무대에 나타나게 하셨다는 것을 의미한다. 만약 동사의 접미사가 고레스를 가리킨다면, 본 절의 교훈은 고레스 삶과 활동의 전 과정이 이스라엘 하나님의 손에 있었다는 사실이다.

우리는 마지막 문구를 "그 길이 형통하리라"로 번역할 수 있다. 이것은 앞의 동사들의 접미사에 의하여 암시된 주어 고레스 아니면 이스라엘을 가리킨다. 이 어투는 고레스를 가리킬 가능성이 큰데, 이는 하나님의 뜻을 바벨론에 대항하여 성취한다는 사상과 관련하여 취급되었으므로, 고레스가 문맥에 가장 잘 어울리는 것으로 보인다. 고레스는 큰 정복자였으니, 자기의 능력과 지혜 때문이 아니라, 그가 이스라엘의 하나님의 손에 들린 도구였다는 이유 때문이었다.

48:16 본 절에 있는 주된 난점은 인칭의 변화에 있다. 만일 16절 상반절에 있는 화자가 주님이시라면, 분명히 다른 화자가 16절 상반절에 나타나 있다. 앞선 문맥과 뒤따라오는 문맥 가운데서 주님이 화자이시고 이와 비슷한 어투가 45:19에 있는

그분에 대해 사용되었으므로, 여호와께서 16절 상반절에서도 화자인 것으로 보인다. 이 명령은 부드러움을 담고 있다. 그 이유는 이는 메시지가 특별히 친밀한 성격을 가지고 있기 때문이다. "이"는 뒤따라오는 내용을 가리킨다.

"내가 처음부터 그것을 비밀히 말하지 아니하였나니". 이 뜻은 하나님께서 처음부터 자기 백성에게 비밀히 말하지 아니하였다고 말한 45:19에 있는 그것과 같다. 부정어가 "처음부터" 앞에 있고, "비밀히" 앞에 있지 않은 것은 이상해 보이지만, 선지자는 하나님께서 매우 초창기부터 비밀히 말씀하지 않으셨다는 사실을 강조하기를 원할 수도 있다. "처음부터"는 하나님께서 처음 예언적 계시를 주시기 시작하셨을 때를 가리킨다. 하나님께서 먼저 선지자들을 통하여 사람에게 말씀하셨던 순간부터 그는 은밀히 말씀하시지 않고 다만 공개적으로 분명하게 말씀하셨다.

"비밀히"란 말씀 가운데 이교적 예언의 은밀한 성격에 대한 반영이 있을 수도 있다. 이스라엘의 예언은 흑암, 은밀히 감추어진 비밀들 가운데 휩싸여 있지 않고, 점차적으로 다만 비결을 전수 받은 자들에게만 알려지지도 않았다. 그보다 구약 선지자가 이스라엘의 하나님을 대신하여 직설적인 선포자로서 그 나라에 나타났다. 성경적 예언에서 메시지의 전달과 선포는 주된 일이었는데, 이는 성경적 종교는 실천적이어서, 듣는 자기가 하나님을 바르게 예배할 수 있도록 하는 교훈을 목표로 하였다.

이사야는 하나님께서 이스라엘의 참 선지자들에게 주셨던 계시가 꿈이나 환상 가운데서 받았다는 민수기 12:1-6의 가르침을 부인하고 있는 것이 아니다. 그는 예언 계시에 내포되어 있는 신비를 부정하고 있는 것이 아니라, 처음부터 하나님의 뜻이 분명히 알려졌다고 주장하고 있는 것이다. 자신의 말씀을 자기 백성에게 전달하심에 있어서 하나님의 신실성이 풍성하게 표명되어 그것을 주의하지 않는 백성은 전혀 변명하지 못한다.

"그 말이 있을 때부터 내가 거기 있었노라"는 평행절에서 주된 해석학적 문제는 접미사가 무엇을 가리키는가에 관계되어 있다. 아마도 이 말은 고레스와 관련된 사건들을 가리키는 것 같다. 만약 그렇다면, 선지자가 말하고자 하는 뜻은 이 사건들의 초창기부터 하나님께서 관여하셨다는 것이다. 그것들이 그분에게는 새로운 것이 아니고 그분에게 예기치 못한 것도 아니다. 강조가 "거기"에 주어져 있는데, 이는 하나님께서 이 사건과 얼마나 긴밀하게 연관되어 있는가를 강조하고 있다.

세 번째 문장에서 말하는 자가 누구인가? 분명한 것은 여호와는 아닌데, 이는 화자와 여호와 사이에 어떤 구별이 이루어져 있기 때문이다. "그리고 이제는"은 의미 심장한 대조를 나타내고 있다. 이 단어는 본 예언 가운데서 너무나 자주 사용되는 바와 같이 구약 시대와 신약 시대 사이의 대조를 나타낸다. 그것이 여기서 사용된 것은 새로운 시대를 내다 보기 때문이다. 하나의 대조가 구약 시대의 선지자들과 신약 시대의 그 아들 사이에 놓여져야 할 것이다(히 1:1, 7). 이 대조가 "주 여호와"라는 문구에 의하여 구체화되어 있는데, 이는 50:5, 7, 9에 있는 것과 다소 유사한 용법을 갖추고 있다. 화자는 이미 42:1 이하에서 소개된 뛰어난(par excellence) 그 종이며, 49장, 50장, 그리고 53장에서 보다 선명하게 묘사될 것이다. 여기서 그는 하나님께서 자기를 보내셨다고 선포하고 있는데, 이는 그가 번영과 평화를 가져다 줄 수 있는 큰 구원을 성취하실 참된 도구이기 때문이다. 고레스의 사역은 그분의 오심에 대한 준비에 지나지 않았다. 그것은 대 전환의 제1 단계였다. 백성들은 구원의 약속을 가지고 이방 나라의 노예상태에서 시들어서는 안될 것이다. 하나님으로 말미암아 하나의 전환이 있었다. 그리고 이 변화를 가져오기 위하여 주님이 사용하신 도구는 고레스였다. 고레스는 백성들을 팔레스틴으로 돌아가도록 허락하였으나, 그들에게 영적 승리와 참된 평화를 가져다 주지는 못하였다. 49장과 더불어 우리는 이사야 메시지의 새로운 국면으로 접어든다. 때가 차 오고 있으며, 영원한 생명이 이 땅에 나타날 것이다. 하나님의 백성은 천국을 경험할 것이며, 그들의 마음속에는 새로운 찬양이 있을 것이다. 이는 하나님께서 자기 아들을 보내실 것이고, 그를 통하여 고레스의 사역과는 전혀 비교될 수 없는 구속을 이루실 것이다.

흠정역은 "주 하나님, 그리고 그의 성령께서 나를 보내셨다"로 번역한다. "그리고 그의 성령"은 주어 부분인가, 아니면 이 문구가 목적어로 해석해야 하는가?[10] 만약 성령이 주어라면, 그 뜻은 주께서 자기의 성령과 더불어 그 종을 보내셨다는 것이다. 만일 그렇지 않고 그 단어가 목적어라면, 본 절은 주께서 그 종을 보내셨고 또한 그의 성령을 보내셨다고 가르치고 있는 것이다. 우리는 이 후자의 입장 쪽으로 기울어지게 되는데, 이는 주어가 동사 앞에 위치해 있어서 강조되어 있기 때문이다. 그 종의 사역은 주 하나님의 손안에 있으며, 그런 까닭에 주 하나님만이 주어라고 간주하는 것이 가장 좋을 듯하다. "그리고 그의 성령"(개역은 '그 신')이란 문구는 어쨌든 다소 종속적 위치에 있다. 만일 목적어로 취급된다면 접속사는 "와 함께"의

---

10) 다수의 수정들이 제안되어왔다. M은 1Q에 의하여 지지를 받는다.

의미를 가질 것이며, 그 뜻은 그 종이 홀로 오지 않고 그의 전체 사역이 성령의 권능 안에서 이루어질 것이다. 이것은 분명한 메시아적 개념이다.

17절, 너희의 구속자시요 이스라엘의 거룩하신 자이신 여호와께서 가라사대 나는 네게 유익하도록 가르치고 너를 마땅히 행할 길로 인도하는 너희 하나님 여호와라
18절, 슬프다 네가 나의 명령을 듣지 아니하였도다 만일 들었더면 네 평강이 강과 같았겠고 네 의가 바다 물결 같았을 것이며
19절, 네 자손이 모래 같았겠고 네 몸의 소생이 모래 알갱이 같아서 그 이름이 내 앞에서 끊어지지 아니하였겠고 없어지지 아니하였으리라 하셨느니라

48:17 이 문맥에서 야웨께서 "너희의 구속자"로[11] 지칭되는 것은 아주 적절하다. 이는 이 예언이 그 종의 구속 사역을 이제 막 고려하는 대로 나아가려 하기 때문이다(또한 참고. 41:14; 43:14). 하나님께서는 자신을 이스라엘의 하나님으로 소개한다. 그분은 이스라엘에 유익한 것을 가르치시고, 그들이 가야만 하는 길로 들어서도록 권면하시는 분이다. 둠(Duhm)은 이상한 주장을 펼치는데, 즉 종교가 인간의 복된 상태를 위한 하나의 서비스인 행복론적 관점에서 태동하였다고 주장한다. 이런 행복론과 항상 손잡고 가는 것이 일종의 합리주의이며 합리주의적인 면에서 종교는 교리라고 우리에게 말해준다. 그러나 참 신앙은 교훈을 기초로 세워져야 한다. 이스라엘은 그들이 먼저 어떻게 행동해야 할지를 알지 못하면 옳은 길로 걸어갈 수 없다. 이것을 배우기 위하여 그들은 무엇이 유익한 것인지를 가르침을 받아야 한다. 이것은 단순히 시내 산에서의 율법의 수여만을 가리키는 것이 아니고 하나님께서 선지자들의 사역을 통하여 자기 백성들에게 주셨고 또 주시고 있는 모든 교훈을 가리킨다.

48:18 본 절의 어투가 난해하지만, 단 하나의 해석 곧 "오![12] 네가 나의 명령을 듣지 아니하였도다; 그랬더라면 네 평강이 강과 같았겠고…." 비록 가끔 이 해석과

---

11) 고알카(גֹּאֲלֵךְ) – 이 형태는 다음과 같은 발전을 겪었던 것으로 보인다.
고엘(גֹּאֵל) > 고알레카(גֹּאֲלֶךָ) > 고알카(גֹּאֲלֵךְ)
12) 완료형과 더불어 לֹא는 조건문의 귀결절이 없을 때, 실현되지 않은 소원을 나타내는 역할을 한다. 뒤따라오는 미완료형은 또한 가정의 의미를 가진다. '그리고 그렇다면', 즉 '그렇다면.'

반대되게 말해지는 내용이라 할지라도 이사야 시대와 잘 어울린다. 선지자는 자기 백성의 역사를 되돌아보고, 그 역사가 주님에 대한 배교와 반역으로 가득찼던 죄악된 것이었음을 한탄하고 있다. 이 죄악으로 말미암아 풍성한 평강과 의 대신 징벌이 와야 했다. 펜나는 적절하게 예루살렘을 향하여 눈물을 흘리시면서 하신 우리 주님의 이와 비슷한 말씀을 상기시켜 준다(눅 19:42). 포로와 신정국가의 종말로 다가올 이스라엘에 대한 징벌은 하나님 편에서의 신실성 결여로 인한 것이 결코 아니었다. 주님은 지속적으로 그 나라의 죄를 경고했었다. 그 나라 자체가 다가올 그 재앙에 대한 책임이 있었다. 40-48장을 통하여 이사야는 그 나라의 불신실성을 지적하여 왔고, 이제 그러한 불신실성이 실질적인 사실이라는 것에 슬퍼하고 있다.

하나님의 계시는 명령으로 표현된 권위 있는 것이다. 그것은 인간들이 수신자와 청중의 자세를 취할 것을 요구한다. 이러한 명령들을 듣는다는 것은 그 명령에 복종한다는 것을 의미한다.

이스라엘이 복종하였더라면 그들은 강과 비교될 수 있을 정도의 평강을 누렸을 것이다. 시내가 가득하여 넘쳐나듯이 이스라엘의 평강도 그러할 것이었다. 이 어투는 둘이 시사하는 바와 같이 반드시 팔레스틴인을 저자의 삶의 자리로 전제하지는 않는다. 사실, 이 어투만으로 저자의 거처를 발견하기는 불가능할 것이다. 강이 쉬임없이 풍성하고도 충만하게 흘러가듯이 이스라엘의 평강도 그러할 것이다. 여기서 '평강'이란 단어는 번영의 풍성함이라는 본래의 의미를 가지고 있는 듯하며, 이것은 구원을 내포한다. 하나님 자신이 평강을 주시지 않는다면 이 땅위에 참된 번영이 있을 수 없는데, 이러한 사상 가운데 이스라엘 족속들이 하나님과 바른 관계를 맺고 그러한 상태로부터 흘러나오는 모든 영적 축복을 누릴 것이라는 사상이 포함되어 있다.

이스라엘의 "의"는 구원에 대한 포괄적인 용어일 것이며, "바다 물결"과 비교되고 있다. 물결이 강력하게 연이어 계속 뒤따라오듯이 하나님의 의도 백성들 위에 파도쳐 올 것이다. 결코 그치지 않는 축복이 그것들로부터 임할 것이다. 부요와 풍요가 하나님의 은사들을 특징짓고 있다. 그것들은 다함이 없을 것이며 언제나 그치지 않을 것이다.

48:19 19절은 귀결절의 연장이다. 어투는 아브라함에게 주신 약속을 반영하고

있다(창 22:17; 32:12). 어느 정도 "모래"가 강조 되어 있는데, 이는 이스라엘의 자손이 셀 수 없이 될 것이라는 사실을 암시한다. 메오타이우(מֵעֹתָיו, 너의 알갱이)에 있는 접미사는 모래를 가리키는 것이 분명하다. 이 단어의 해석에 대해서 어떤이는 그것을 바로 앞에 있는 메에이카(מֵעֶיךָ 네 내장)와 실질적으로 같은 것으로 보아 그 접미사는 바다를 가리키고 따라서 이 단어가 가리키는 것이 바다의 중심부를 채우는 어떤 존재라고 주장했다.[13] 또 다른 가능성은 그 단어를 모래 알갱이를 의미하는 것으로 취급하는 것이다. 이 해석은 다른 해석보다 난점이 더 적다. 그리고 그것이 평행절에 잘 어울리므로 우리는 여기서 그것을 채택하였다.

귀결절의 의미는 아브라함에게 그의 씨가 바닷가의 모래알처럼 될 것이라고 약속 하였지만, 야곱의 씨는 모래알같이 되지 못했다는 것이다. 어떤 사람은 하나님의 약속들이 전적으로 조건적이고 아브라함의 자손들이 반역적인 백성이었으므로 그들이 그 약속의 성취를 받을 자격을 상실하였다고 가정함으로써 난점을 설명하려고 한다. 그러나 이것은 아브라함의 자손들을 포함하면서도 하나님의 모든 백성을 포함하는 구원의 약속이며, 그것이 인류에게 하나의 언약으로 주어졌다는 것이다. 사무엘하 17:11에서 부분적 성취가 언급되어 있다. 본 절에 선포된 의미는 이때까지 더 큰 성취가 있었을 것이라는 것이다. 어쨌든 마지막 성취는 아직 오지 않았고, 복음의 전파와 자기 백성을 모두 하나님에게로 모으는 가운데서 올 것이다. 마지막 큰 날에 죄책과 죄의 노예상태에서 예수 그리스도의 피를 통하여 구원받은 바다의 모래같이 무수한 사람들이 있을 것이다.

본 절의 두 번째 행도 난점들을 지니고 있다. "이름"은 "기억"의 의미로 사용되었고, 이름이 끊어진다고 말하는 것은 백성의 기억이 지워질 것이라고 말하는 것과 동일하다. 마지막 문구 "그 앞에서"는 하나님을 가리킨다.

이 두 번째 행을 조건문의 결구에 대한 설명적 문장으로 해석해야 가장 좋을 것 같다. 즉 "그리고 너의 이름이 끊어짐이 없이 너의 씨가 모래처럼 되었을 것이다." 이사야는 이스라엘의 오랜 배교의 과정의 절정을 전면에 부각시키고 있다. 그들 편에서 듣고 순종하는 일이 있었더라면, 크게 번성하여 바닷가의 모래처럼 되었을 것이다. 그러나 그렇게 되지 못하고 그들의 이름 자체가 하나님 앞에서 끊어져야 했다. 즉 이스라

---

13) 1Q에는 빠져 있다. B는 ὡς ὁ χοῦς τῆς γῆς; Aq S T는 ὡς αἱ κεγχροι αυτης. 이 단어는 한 남성 접미사를 가진 마아(מֵעָה)의 복수형이다.

엘이 한 나라로서 더 이상 존재하지 않는다는 것이 아니고 하나님의 백성인 신정국가로서 더 이상 지속하지 못할 것이라는 것이다.[14] "거룩한 나라"라는 그들의 이름 자체가 완전히 없어져 버릴 것이다. 놀라운 특권을 가진 영광스러운 신정국가가 망각 속으로 들어가고 하나님 앞에서 더 이상 생각되지 않을 것이다; 그리고 이스라엘은 그림자와 예표의 시대가 지나가고 만왕의 왕이 이 땅에 와서 자기 백성을 모으시는 충만한 때가 오기까지 하나의 국가로서 무미건조한 존속만을 지속해 나갈 것이다.

20절, 너희는 바벨론에서 나와서 갈대아인을 피하고 즐거운 소리로 이를 선파하여 들리며 땅 끝까지 반포하여 이르기를 여호와께서 그 종 야곱을 구속하셨다 하라
21절, 여호와께서 그들을 사막으로 통과하게 하시던 때에 그들로 목마르지 않게 하시되 그들을 위하여 바위에서 물이 흘러나게 하시며 바위를 쪼개사 물로 솟아나게 하셨느니라
22절, 여호와께서 말씀하시되 악인에게는 평강이 없다 하셨느니라

48:20 비록 이스라엘 자손의 이름이 하나님 앞에서 끊어진다 할지라도, 신정국가의 수도인 예루살렘을 파괴하였던 압제하는 원수들로부터의 구원은 있을 것이다. 그러나 이 구원의 예고는 명령의 형태를 입고 있다. 그것은 가까운 장래에 돌아오라는 명령이 아니다(키텔⟨kittel⟩). 하나님의 백성의 철저한 파괴는 바벨론을 이용할 것이라는 사실을 어느정도 강조하고 있다. 두 번째 동사가 "피하다"로 번역되든 아니면 "서두르다"로 번역되든 "피하다"라는 동사 가운데 어떤 긴급성이 표현되어 있다. "너희가 황급히 나오지 아니하며 도망하여 행하지 아니하리라"라고 기록하고 있는 52:12과의 어떤 충돌은 없으니, 이는 본 절 가운데 강조가, 바벨론으로부터의 완전한 분리를 필요로 하는 심성적 권고에 있고, 반면에 52:12은 실질적인 떠남에 대한 묘사가 주어져 있기 때문이다.

바벨론으로부터의 분리는 만물이 새로운 질서로 들어가는 첫 단계이며, 메시아의 재림 때 절정에 이를 것이다. 그런 까닭에 커다란 함성으로 이스라엘 족속들은 알려야 하고, 들리게 해야 한다. "이"는 주께서 자기 백성을 구속하신 사건을 가리킨다. "나와서"란 동사는 42:1에 있는 것과 같은 의미를 가진다. 선포를 통하여 구속의 진

---

14) 참고. 55:13; 56:5; 룻 4:10.

리가 알려져야 한다. 이 선포는 땅끝까지 확장되는 세계적인 것이 되어야 하고, 바벨론에 실제적 물리적 노예상태에 있는 자들에게 제한되어서는 안 된다. 참 의미는 요한 계시록에 의하여 드러난다, "…내 백성아 거기서 나와 그의 죄에 참예하지 말고 그의 받을 재앙들을 받지 말라 그 죄는 하늘에 사무쳤으며 하나님은 그의 불의한 일을 기억하신지라"(계 18:4, 5).

야곱은 하나님의 종으로 간주되어 있다. 이는 그가 여기서 하나님께서 자기를 섬기도록 택하셨던 백성으로서 그의 참된 가치 속에서 평가되고 있기 때문이다. 여기서 강조는 "바벨론에서 나와서"에 있으나, 40:2에서는 "그 복역의 때가 끝났고"에 있었다. 이 두 곳에서 명령형이 사용되었다. 40-66장의 첫 부분의 결론은 그 서론(40장)을 인봉한다.

48:21 새로운 구속이 출애굽의 용어로 묘사되어 있다. 그런 까닭에 동사들은 구속 사건의 이후의 백성의 상태를 묘사하고 있고, 과거형으로 번역되어야 한다, "그들을 사막으로 통과하게 하시던 때에 그가 그들로 목마르지 않게 하셨다." 첫 출애굽 때처럼, 새 출애굽 때에도 하나님께서는 주님은 바위로부터 물이 솟아 나오게 하심으로써 백성의 필요를 채워주실 것이었다. 다음절은 설명적인 구절이다. 주님은 바위를 쪼개시고 물이 솟아나게 하심으로써 이 일을 하셨다. 동사들의 주어는 모세가 아니라 주님이시다.

어투가 구속을 받은 자들에 의하여 말해진 것으로 이해하는 것이 가장 좋을 것이다. 분명히 광야에서 있었던 실제 사건을 반영한다. 다시 주께서 자기 백성에게 풍성한 복을 가져다 주시기 위하여 개입하셨던 놀라운 구원이 나타나 있다. 킴키(Kimchi)는 에스라서가 바벨론으로부터 돌아오는 이 놀라운 일을, 실제로 일어났음에도 불구하고, 자세히 말하고 있지 않은 사실에 놀라움을 표시하였다. 그러나 킴키와 현대 대부분의 주석학자들이 믿는 바와 같이 선지자는 바벨론으로부터의 문자적 귀환을 묘사하고 있지 않다. 그가 묘사하고 있는 것은 무한히 더 큰 어떤 것, 곧 주님 자신이 죄악의 노예상태로부터 이루실 구원이다. 이 어투는 상징적이니, 그리스도 안에서 새로운 출애굽이라는 적합한 상징을 갖추어 주는 출애굽의 표상이다.

48:22 하나님께서 의로운 자에게 가져다 주실 복과 날카롭게 대조를 이루고 있는 것이 악인의 종말이다. 백성이 가지고 있는 어떤 장점으로 말미암지 않고 오직

하나님의 은혜로 말미암은 구속이 있을 것이다. 의인은 그들의 죄로 인하여 고난을 당할 것이지만, 그러나 완전히 멸망당하지 않을 것이다. 그러나 그 백성 가운데 있는 악인들은 하나님께서 자기를 사랑하시는 자들을 위하여 보존해 두신 평강을 받지 못할 것이다.[15]

"악인"은 율법이 없이 살아가는 이스라엘 족속들 가운데 있는 자들이다. 바울은 그들에 대해서 기록한다. "더럽고 믿지 아니하는 자들에게는 아무것도 깨끗한 것이 없고 오직 저희 마음과 양심이 더러운지라 저희가 하나님을 시인하나 행위로는 부인하니 가증한 자요 복종치 아니하는 자요 모든 선한 일을 버리는 자니라"(딛 1:15, 16). 델리취(Delitzsch)는 어근의 제1차적 의미에 호소하고 악인을 무절제한 사람으로 설명한다, "내적 도덕적 성격이 무절제한 사람들은 단단히 붙잡음이 없으므로 혼돈의 상태에 있는데, 이는 저들에게 하나님이 없기 때문이다."

이 악인은 평강을 받지도 소유하지도 못한다. 이 구절에 있는 단어는 18절에서 갖고 있는 의미와 약간 다른 개념을 가지고 있다. 여기서 강조는 하나님만이 주시는 그분과의 평화에 있고 그 안에서 하나님께서 인간에게 자신을 평화롭고 호의를 품으신 분으로 보이신다. 이 완전한 평화는 악인의 소유가 되지 못한다. 구원의 선포 가운데서 우리는 모든 사람이 구원을 받지 않는다고 일깨움을 받는다. 이것은 이사야의 사상일 뿐만 아니라, 주님의 계시이기도 하니, 이는 "여호와께서 말씀하시되"란 말씀으로 강조되어 있기 때문이다.

---

15) 관계사는 간접목적어로 사용될 때는 삭제된다.

이사야 주석 (Ⅲ)

제 3 장
예루살렘의 죄가 용서받다 (49:1-57:21)

49장

1절, 섬들아 나를 들으라 원방 백성들아 귀를 기울이라 여호와께서 내가 태에서 나옴으로부터 나를 부르셨고 내가 어미 복중에서 나옴으로부터 내 이름을 말씀하셨으며
2절, 내 입을 날카로운 칼같이 만드시고 나를 그 손 그늘에 숨기시며 나로 마광한 살을 만드사 그 전통에 감추시고
3절, 내게 이르시되 너는 나의 종이요 내 영광을 나타낼 이스라엘이라 하셨느니라
4절, 그러나 나는 말하기를 내가 헛되이 수고하였으며 무익히 공연히 내 힘을 다하였다 하였도다 정녕히 나의 신원이 여호와께 있고 나의 보응이 나의 하나님께 있느니라
5절, 나는 여호와의 보시기에 존귀한 자라 나의 하나님이 나의 힘이 되셨도다 다시 야곱을 자기에게로 돌아오게 하시며 이스라엘을 자기에게로 모이게 하시려고 나를 태에서 나옴으로부터 자기 종을 삼으신 여호와께서 말씀하시니라
6절, 그가 가라사대 네가 나의 종이 되어 야곱의 지파들을 일으키며 이스라엘 중에 보전된 자를 돌아오게 할 것은 오히려 경한 일이라 내가 또 너로 이방의 빛을 삼아 나의 구원을 베풀어서 땅 끝까지 이르게 하리라

49:1 본 절은 41:1과 유사한 섬들과 열국들을 향한 명령으로 시작하고 있는데,

그곳에서는 야웨께서 화자였다. 청중은 야웨께서 말씀하시는 만큼의 범위이거나 아니면 그보다 범위가 더 넓다. 이러한 고찰은 그 자체가 무의미한 것이 아니며, 이것은 그 종이 절대적 권위를 가지고 전 세계에 들으라고 명령하고 있기 때문이다. 그들이 들어야 하는 내용은 단순히 종의 말할 권리를 변호하는 선포만이 아니고 그들이 일반적으로 들어야 할 내용도 포함한다.

"나를"이란 단어는 이 단락을 대한 직접 소개하는 역할을 한다(49:1-57:21). 앞 단락(40:1-48:22)에서 고레스가 두드러졌었는데, 이는 그가 이스라엘로 하여금 바벨론으로부터 떠나 본국으로 귀환하도록 하시는 하나님의 도구였기 때문이다. 그에게 세상 권세가 집중되어 있었으며, 그는 하나님의 나라에 공헌하는 자가 되었다. 비록 메데-파사가 다니엘서 2장의 거대한 신상의 일부분이었고 그래서 하나님을 대항하는 세상 권세의 일원이기는 하였을지라도 그 나라의 왕인 고레스는 신정국가를 파괴했던 세력을 파괴하는 제1단계를 밟도록 하기 위하여 하나님에 의하여 택함 받은 자였다.

본 단락에서 고레스가 언급되지 않은 것은 선지자가 고레스보다 무한히 크신 구속자이신 여호와의 종에 의하여 이루어질 죄로부터의 구원에 집중하고 있기 때문이다. 이러한 배타적 권위를 가지고 말씀하는 분은 자기 백성의 머리이신 메시아이시며, "그들과 하나의 복합 인격을 이루는 자이다"(알렉산더). 섬들이 그분에게 귀를 기울여야 하는 것처럼 우리 시선도 이 단락 전체를 통하여 그분에게로 향해져야 한다.

48:20에서 백성들은 하나님께서 자기 종 야곱을 구원하셨다는 사실을 선포하도록 명령받았다. 따라서 본 단락에는 전 세계적 선포를 위한 준비가 있다. 이 메시지는 이스라엘뿐만 아니라 전 세계로 향한 것이다. 섬들은 실제적인 섬들뿐만 아니라 지중해 해안을 가리키기도 한다. 열국들은 이방인이다. 그러므로 이 담화는 이방 세계 전체를 포함하고 있다. "원방"은 "열국들"로 해석하는 것이 가장 옳을 것이며, 이는 열국들이 멀리 떨어져 있음을 강조하고 있는 것이다. 두 번째 동사 "귀를 기울이라"는 첫 번째 것보다 더 강하다. 이방 세계는 단순히 듣기만 해서는 안 된다. 그 종이 선포하는 것에 주의 깊게 귀를 기울여야 한다.

그 종은 "여호와"란 단어를 강조한다. 그 종은 갑작스럽게 스스로 나타나지 않고, 여호와께서 준비하신 분으로서 나타나신다. 세상 세력이 처음 일어나 하나님의 나라를 위협하였을 때, 그것의 첫 왕 디글랏 빌레셀 3세는 찬탈자였다. 영원한 나라를 세우실 그분은 그와 같지 않다. 그는 아버지의 뜻을 행하러 오신다.

"태에서 나옴으로부터"란 표현은 그 종이 한 개인이라는 사실을 입증한다. 그 자체가 집단적 해석을 반드시 배제하지는 않으나, 개인적 선택을 암시하며, 직임에 구체적으로 임명되었음을 나타내며, 그 직분은 단지 의인화된 이스라엘에 적용될 수 있을 뿐이다. 이 문구는 예레미야의 소명에 대해서도 사용되었다(렘 1:5). 그 문구 자체는 단순히 특별한 직임을 위한 하나님의 부르심을 가리킨다.

"내가 어미 복중에서 나옴으로부터"에는 하나의 평행절 이상의 의미가 들어 있다. "내 어미"란 표현은 화자를 의인화된 그룹으로 간주하는 것을 배제한다. 이 단어는 자기 자신의 어머니에 대해서 말하는 개인에 의해서만 사용될 수 있다. 펜나는 본 절에서 구체적인 예언을 발견한다는 것은 과장된 문자주의를 통하여 죄를 짓는 것이라고 생각한다. 그러나 한(Hahn)이 그가 지상에 있는 모친에 대해서 말하고 있고 그녀가 다름아닌 7:14의 동정녀라고 주장했을 때, 너무 지나쳐 나갔을까? 혹은 델리취가 "우리는 여기서 무엇보다도, 7:14에 있는 오실 자에 대한 대망으로 주어진 임마누엘이라는 이름을 상기하게 된다"고 말했을 때, 사실을 너무 과장하였을까? 우리는 그렇게 생각하지 않는다. 화자가 메시아라는 사실을 분명하게 해 주는 것은 이 "내 어미"란 언급 때문이다.

마지막 단어는 "그가 나의 이름을 기억되도록 하였다"로 직역할 수 있다. 이 말의 의미는 한 사람을 명명하는 것은 한 인간을 이름으로 지명하는 것과 거의 같다는 사상이다. 그러므로 이름은 그 종의 직임과 직업을 나타낸다.

바울은 자기 자신의 부르심을 언급하면서 예레미야의 소명과 이 구절을 반영하여 말했다. "그러나 내 어머니의 태로부터 나를 택정하시고 은혜로 나를 부르신 이가" (갈 1:15). 비교되어야 할 구절은 누가복음 1:41; 2:21 그리고 마태복음 1:21이다.

앗수르가 떠오르고 있었을 때 이사야는 그 왕, 동정녀의 오시는 아들을 예고했었다. 이제 세상의 세력이 그 힘을 행사하고 있고 하나님의 백성을 포로로 붙잡아가려고 하고 있을 때, 이사야는 여호와의 종을 참 구원자로 알리고 있다. 그러므로 이 두 획기적인 시대는 우리를 메시아에게 주목하게 한다. 먼저는 그분의 인격을, 그 다음에는 그분의 사역에 주목하도록 한다.

49:2 시작하는말 "그리고"는 담화의 단순한 지속 이상을 암시한다. 그것은 종의 공적 사역을 위한 보다 세밀한 준비를 개진하는 역할을 한다. 무기를 갖춘 전사들을

동반하고 왔던 고레스의 소명과 준비와 대조가 있는 것으로 보인다(참고. 41:2이하, 25; 45:1이하). 2a와 2c, 2b와 2d가 평행이 된다(2a는 '내 입을 날카로운 칼 같이 만드시고', 2b는 '나를 그 손 그늘에 숨기시며', 2c은 '나로 마광한 살을 만드사', 2d는 '그 전통에 감추시고' —역자주). 2a와 2c는 종의 준비를 가리키고, 반면에 2b와 2d는 하나님과 그의 관계를 가리킨다. 2b와 2d 모두 2a와 2c에서 진술된 사실이 나오는 원천을 가리킨다. 실제로 그것들이 거기에 진술되어 있는 내용에 대한 이유를 진술하고 있는지 아닌지는 결정하기 어렵다.

"그리고 그가 나의 입을 만드셨다"는 "그리고 그가 나의 입을…되도록 만드셨다"와 동등하다. 그 입으로부터 말씀이 나오며, 따라서 "입"은 대화, 말씀 혹은 연설의 환유(換喩)로 사용되는데, 이는 그 종의 말씀들이 하나의 칼과 같이 자르기 때문이다. 그분의 입은 입의 직임, 즉 그분의 말씀 선포에 대한 임무이다. 그는 뛰어난 선지자이시기 때문에, 그리고 그의 말씀이 복음이기 때문에, 한 사람에게는 사망에 이르게 하는 사망의 냄새이며, 다른 이에게는 생명에 이르게 하는 생명의 냄새이다(참고. 히 4:12; 계 1:16; 렘 23:29). 하나님의 거룩하신 이름을 대적하는 모든 자를 멸하시기 위하여 주님은 자기 종을 이 땅에 보내실 것이다. 그와 같이 그 종의 입을 통하여 구원의 진리가 가난한 자와 궁핍한 자에게 선포될 것이다. 이 두 개념은 분리되지 않아야 할 것이다. 여기서 개진된 것은 그 종이 선지자라는 것이며, 그 선지자의 말씀은 생명과 심판을 가져다 준다는 것이다.[1]

"입"과 "칼"이란 단어들이 함께 등장하고 있는 것은 흥미 있는 것이며, 이것은 그것들이 "칼의 입"이란 표현, 즉 칼의 날카로운 끝을 상기시켜주기 때문이다. 이사야 1:20에서 "칼"과 "여호와의 입"이 함께 등장한다. 이것은 그 종의 입으로부터 나오는 말씀의 찌르는 신랄함을 암시한다.

"그 손의 그늘"은 아마도, 하나의 손이 어떤 대상과 태양 사이에 위치해 있을 때 생긴 그늘이라기 보다는, 대상이 손에 쥐어지고 감추어졌을 때 생긴 그늘일 것이다. 그것이 보호를 가리키는지 아니면 숨김을 가리키는지는 결정하기 어렵고 이 둘 다가 의도되었을 수도 있다. 성질상, 그 대상은 칼집에 있는 한 자루의 칼처럼 사용될 준비가 되어 있는 숨겨진 것이다(참고. 51:16).

---

[1] Gesenius는 고전 문서의 평행절들을 제시한다. Diodorus Siculus xii. 40; Pindar *Olympian Odes* ii. 159, 160; ix. 17.

마광한 화살과의 비교는 그 종이 가까이 있는 원수들과 마찬가지로 멀리 있는 하나님의 원수까지도 멸망시키기 위하여 무장되었다는 것을 암시한다.[2] 찌르고 꿰뚫는 능력이라는 뜻이 들어 있다(참고. 시 45:5). 알렉산더는 목표물의 똑바름과 날아감의 신속성에 대한 부가적 암시가 들어 있을 수도 있다고 말한다. 이 화살은 치명적으로 꿰뚫는 정확성을 가지고 표적을 맞춘다. 그러나 아직 그 화살은 화살 통에 숨겨져 있다. 이 두 번째 행은 첫 번째 것과 사상적으로 평행이다. 주시되어야 할 것은 각 행에 있는 두 마지막 동사의 사역적 의미이다. 여호와께서는 그 종이 자기의 사역을 시행하기 위하여 지상에 나타나기까지 숨겨지게 하신다.

49:3 "그리고 그가 말씀하셨다"는 단어는 2절에서 시작된 묘사를 세밀하게 설명해 나가고 있다. 강조가 "나의 종"(참고. 시 2:7)에게 주어져 있다. 하나님께서는 그 종이 자기 종이라고 인정하고 있다. 그것이 위에 맡겨진 임무를 수행할 때 그 종을 붙들어 줄 위안과 힘을 주는 선포이다.

히브리 본문 그대로 이스라엘아 "너는 나의 종이다. 너를 통해 내가 영광 받으리라", 즉 "너 이스라엘은 내가 너로 인해 영광받게 될 나의 종이라"로 번역해야 한다. 본 절은 그 구조에 있어서 창세기 45:4와 민수기 22:30과 유사하다. 비록 관계사 "그"가 보다 직접적으로 선행사 제3인칭 "이스라엘"을 가리키고 있기는 하지만, 접미사 "너는"이 주절의 주어 "너의"와 평행일 수도 있다. 그러므로 그 종은 직접적으로 이스라엘과 동일시된다.

그렇지만 이스라엘이란 단어를 어떤 의미로 이해해야 하는가? 그 종이 화자 자신이고 그의 하나님에게 향한 말씀이 특성상 개인적인 것이라는 사실에 비추어 이것이 그 나라를 가리키지 않는다는 것은 분명하다. 의인화된 이스라엘 백성은 화자가 아니다. 이것은 "종"과 "내가 나 자신을 영화롭게 할 것이라" 사이의 밀접한 관계에서 드러난다. 하나님에게 영광을 돌리는 것이 이스라엘이라는 종의 특성이다. 하나님의 종이 된다는 것은 가장 고상한 특권이며, 종의 사역을 수행함 속에는 하나님이 영광 받으시게 하는 것을 포함한다. 이것은 완강하고 죄악된 나라에게 적용할 수 없었으니, 이는 이 나라가 참 이스라엘이 될 수가 없었기 때문이다. 선지자가 이스라엘에 관하여 기록하고 있는 모든 것은 그들이 마땅히 되어야 할 여호와의 종이 될

---

2) חץ (헤츠) – 화살 참고. 아카드어 ussu. 우가릿어 hz בָּרוּר – '광택내게 된'. 참고. burru, '정화된'.

수 없었다는 것을 분명히 해 주었다. 그 종이 자기 임무를 수행할 때, 하나님께서는 영광을 받으신다. 물리적 이스라엘은 그 임무를 수행할 수 없었다. 그런 까닭에 여기서 이스라엘의 의미가 무엇이든 그것은 그 나라에 대한 단순한 호칭이 아니다.

"이스라엘"은 호격이 아니고, 또 "종"과 단순동격 관계도 아니고, 서술어로 쓰인 이름이고, 따라서 그것은 영광스러운 이름이라는 점을 지적해 왔다.[3] 그것은 단순히 그 나라의 조상 야곱을 가리키는 것이 아니요 네겔스바흐(Nägelsbach)가 생각하는 것처럼 반드시 제2이스라엘을 가리키는 것도 아니다. 그 강조가 이스라엘이 마땅히 되어야 할 그 이스라엘에 있다. 이러한 개념에 대한 광범위한 답변들이 있어 왔다. "하나님이 참으로 이스라엘 중 마음이 정결한 자에게 선을 행하시나"(시 73:1). 헹스텐베르크(Hengstenberg)는 "야곱 혹은 이스라엘의 이름이 선택을 지칭하기 위하여, 그리고 거짓된 자손을 배격하고 교활함이 없는 참 이스라엘 사람을 지칭하기 위하여 사용되는 구약의 모든 선언들 이러한 그 모든 구절들은 우리 앞에 있는 본 절을 위한 준비이고, 본 절로 나아간다"고 말하고 있다.

그렇다면 "이스라엘"은 참 하나님의 백성, 그 머리이신 메시아에 속해 있는 개인들로서의 구속받은 자들의 몸 전체에 대한 호칭이다. 바울은 인간의 몸을 언급한 후에 "그리스도도 그러하니라"(고전 12:12)고 말한다. 그러므로 이스라엘은, 비록 여기서 강조가 몸의 구성원들에게 주어져 있을지라도, 주의 몸, 참된 교회의 머리로서 생각된 메시아이다. 칼빈은 말한다. "한마디로 말해서, 그리스도의 배우자이며 아내가 그녀의 남편의 이름과 칭호를 가짐으로써 영광을 받는 것처럼, 주님은 이 이름을 통하여 교회를 영화롭게 하신다."

동사 "스스로 영광을 취하다"의 통상적인 의미를 버릴 이유가 없을 것 같다. 그것은 종의 사역의 성공적인 완성에 관하여 다른 곳에서 말해진 것과 함께 묶여 있다. 그 종만이 할 수 있는 일을 수행함으로써 이스라엘의 하나님이 영광을 받으신다.

49:4 그 종은 독백을 계속해 나간다. 하나님께서 말씀하셨던 것과 놀랍게 대조적으로 자신이 말했던 바를 진술한다. 인칭 대명사가 강조되어 있다. "그러나 나는─대조하여─말했다." 그 종이 여호와의 말씀을 가로채고 있다고 가정할 필요는 없

---

3) E. Burrows, *The Gospel of the Infancy and Other Biblical Essays*, 1941, p. 63.

다.[4] 하나님께서 말씀하신 내용은 그 자체로 완전한데(3절) 즉 그 종에 대한 완전한 신뢰를 표현하는 진술이다. 그러나 그 종이 자기의 사역을 개관하면서 그는 이사야 5장에 나오는 포도원의 주인이 한 것과 같이 실망을 나타내 보이고 있다. "말하다"란 동사를 "생각하다"의 의미로 취급할 필요는 없다. 이 동사는 자주 그렇게 사용될 수도 있으나, 여기서는(그리고 3절에서도) 보다 강력한 행위를 지칭하는 것으로 보인다. 그러므로 이 어투를 종의 사역에 대한 단순한 표현보다는 하나님께 대한 직접적인 답변으로 생각하는 것이 가장 좋을 것 같다.

42:4에서 이러한 실망 표출을 위한 준비가 있었다. "헛되이"(직역하면 '헛됨에 대하여, 즉 성과가 없이, 거의 헛되이')란 단어는 강조를 위하여 맨 앞에 위치해 있다(같은 단어가 나타나는 65:23도 주시하라). 동사 야가(יגע)의 근본적 의미는 "점점 쇠약해지다"이다. 그것은 리크(ריק)와 결합하여 "헛되이 수고하면서 점점 쇠약해지다"(직역하면 '나는 헛됨에 대하여 쇠약하여졌다')를 의미한다. 암시하는 바는 그 종이 수고하였으나, 그의 피곤한 수고가 거의 헛되게 되었다는 것이다.

이것은 "무익히 공연히 내 힘을 다하였다"는 평행절에 의하여 입증된다. 토후(תהו, 황무, 헛됨)란 단어는 이사야가 애호하는 단어이며, 이 문맥에서 단순히 그 종의 수고가 열매가 없었다는 사실을 지적하고 있다.[5] 이사야가 썼다는 보다 확실한 흔적은(본문과 30:7에만 나타나고 구약의 다른 곳에는 나타나지 않음) 리크(ריק, 헛됨)와 깊이 관련되어 있는 헤벨(הבל, 숨, 증기)의 출현이다. 말하자면 그 종은 하나님께서 그에게 지워주신 일을 이루기 위하여 그의 힘을 다 쏟아 부었으나 그 결과는 거의 헛되었다는 것이다. 즉 그것은 황폐와 허무라는 것이다.

마치 이사야가 과거에 일어났던 사건을 묘사하고 있기나 한 것처럼, 완료형을 강조해서는 안 될 것이다. 그보다는 다소 신비로운 스타일로 그리고 어떤 특별한 연대기적인 강조가 없이, 선지자가 그 종이 이루어야 하는 임무를 지적하려는 목적에서, 그 종의 독백을 표현하고 있다. 낙담의 표현은 불신앙의 생각이 들어 있는 것이 아니고 자기의 연약성에 대한 자각에서 나온 진정한 겸손의 생각이다. 우리가 믿기로는, 선지자가 말하고 있는 것은 예수 그리스도의 겸손이다.[6] 비록 그가 영원하신 하

---

4) 예를 들면 de Leeuw. *op. cit.*, p. 191.
5) 이 단어는 24:10; 29:21; 34:11; 40:17, 23; 41:29; 44:9; 45:18, 19; 49:4; 59:4에 나타난다.
6) 이러한 입장은 물론 성경이 삼위일체 하나님의 특별계시라고 했을 때 주장될 수 있다.

나님의 아들이고 하나님과 함께 하신 분이라 할지라도 우리의 구속을 위하여 스스로 낮추셔서 "인간으로 태어나시고, 비천한 지위에 나서서, 율법 아래 복종하시고, 이생의 고통들과, 하나님의 진노와 십자가에 못박히심 …을 겪으셨다."[7]

인간으로서 그분은 모든 면에서 우리처럼 약하시고 시험받으셨으나, 죄는 없으시다. 겟세마네 동산에서 그는 깊은 슬픔과 떨림과 두려움을 당하셨다. 그는 자기 제자들과 사귐을 가지셨다. 그는 기도하셨다. 그는 굵은 핏방울을 흘리셨다. 그가 육체로 계시는 동안 그는 자기를 죽음에서 능히 구원하실 이에게 심한 통곡과 눈물로 간구와 소원을 올렸고 그의 경외하심을 인하여 들으심을 받았다(히 5:7). 선지자의 어투는 우리 주님의 겸손을 지적하고 있다. 참 인간이시지만 죄는 없으시다. 참 인간이시지만 하나님 자신이시다. 우리 주님의 인격의 장엄한 신비 앞에서 우리는 경외함과 놀라움으로 엎드릴 뿐이다. 심리적 문제에 대해서 우리는 대답할 수가 없다.

낙담의 표현으로부터 분명한 확신으로 나가면서 그 종은 하나님께서 자기와 함께 하신다는 자기의 굳은 확신을 나타낸다. 불변화사는 확실히(surely)로 번역해야 할 것이다. 왜냐하면 그것이 맹세의 말이기 때문이다. 여기서 "신원"(judgment)은 소송이나 혹은 법률의 소송을 가리키는 것이 아니고, 하나님께서 그 종에게 선고하실 의롭다는 판단을 가리킨다. "나의 신원"은[8] 하나님께서 그 종에 관하여 말씀하신 결정이며, 그 결정은 그의 사역이 성공적이라고 선언할 것이다(그리고 이미 선포하였다. 참고. 42:1 등). 이 신원(판단)은 인간이 하는 것이 아니고 여호와께서 하신다.

평행적 표현은 '나의 행위, 나의 일', 즉 그의 수고의 열매 혹은 결과를 의미한다. 그 종의 수고의 성과는 하나님의 손에 달렸다. "나의 하나님"이란 표현 가운데 하나님께서 자기를 저버리지 않으실 것이라는 종의 신뢰가 나타나 있다.

49:5 본 절은, 그 종의 낙담에 대해서 주님의 답변을 개진하고 있다는 면에서, 4절 상반절과 진정한 대조를 이루고 있다. 이 대조는 "이제" 앞에 있는 접속사 "그리고"에 나타나 있는데, 이는 앞 절에 있는 "나" 앞에 "그리고"와 대조를 이루고 있

---

7) 웨스트민스터 소요리 문답. 문 27
8) 참고. 시 9:4; 미 7:9. 일반적인 리브(ריב) 형식이 이 어투의 기초를 이루고 있을 수도 있다는 것은 가능하지만, 그러나 우리는 이사야 사상의 심오함을 그렇게 제한시키기를 원하지 않는다.

다. 그 의도는 앞에서 발설된 내용을 확고히 하기 위한 것이며 그 결과된 내용을 보여 주고자 한 것이다. 우리는 다음과 같이 바꾸어 쓸 수 있다, "그리고 이제 사실은 훨씬 더하다." 그러므로 "그리고 이제"라는 문구는 반드시 새로운 시작을 이끌 필요는 없다.

그러나 주님의 실제적인 말씀은 "그리고 그가 가라사대"로 다시 시작되는 6절까지는 나타나지 않는다. 외관상으로 "그리고 이제"란 문구는 주님의 말씀이다. 그러나 주님이 더 말씀을 해 나가기에 앞서서 그 종이 주님과 또 자기와 주님과의 관계에 관하여 장황한 진술을 한다.

그 종은 사명을 위하여 하나님께서 자기를 예비하셨다고 의식하고 있으며, 또한 하나님께서 자기를 태에서부터 조성하셨다는 것을 알고 있다(참고. 렘 1:5; 갈 1:15; 롬 1:1도 가능할 것이다. 또한 시 139:13-16). 그 종은 특별한 사명을 이루기 위하여 태어났다. 어투가, 그 종이 하나님의 종이요 그분을 섬기고 있다는 사실을 강조한다. 그런 까닭에 주님께서 그를 모태로부터 헛되이 구별지으신 것이 아니다. 비록 유사한 어투가 이스라엘 나라에 대해 사용되기는 하지만(44:2, 24) 말하는 자 개인을 가리키는 것으로 보이며, 충성의 의미도 내포하고 있는 것 같다. 이 표현은 어떤 신바벨론 비문 가운데서 나보니두스와 느부갓네살 2세에 대한 언급과 함께 나타난다.[9] 어쨌든 그 종이 된 목적은 무엇보다도 왕이 되게 하려는 것이 아니고 종이 되게 하려는 것이다.

그 종에 대하여 이중적 임무를 기록하고 있다. "돌아오게"라는 부정사는 작위적(作爲的)이며, 야웨가 아닌 그 종을 그 주어로 한다.[10] 이것은 바벨론으로부터의 귀환을 가리키는 것이 아니라, 하나님에게로의 영적 귀환을 가리킨다.[11] 그 종을 이스라엘 나라와 동일시하는 사람들은 교회가 교회에게 하나의 사명을 가지는 것처럼 종 이스라엘도 국가 이스라엘을 하나님에게로 돌아오게 하는 임무를 가진다고 말할

---

9) 참고. Behr, *The Writings of Deutero-Isaiah and the Neo-Babylonian Royal Inscriptions*, pp. 21, 22.

10) 참고. Goetze, "The So-Called Intensive of the Semitic Languages," *JAOS*, Vol. 62, No. 1, March 1962, pp. 1-8. 이스라엘 국가를 회복시키는 종 이스라엘에 대한 난점을 피하기 위하여 어떤 사람은 야웨를 부정사의 주어로 해석하였다. '야웨께서 자신이 야곱을 회복시킬 것이라고…말씀하셨다.'

11) 이것은 엘라이우(אליו, 그에게)로 인하여 입증된다.

수 있다고 주장한다. 그러나 그러한 개념은 그 영적 구원이 개인의 사역(사 53장)이라고 가르치는 구절들과 조화를 이루지 못한다.[12]

이어지는 문장에서 부정어가 방금 말한 내용과 상충하는 것으로 보인다. 부정어를 유지하여 "그리고 이스라엘이 쓸어버림을 당하지 않을 것이다"로 번역하는 것은 가능하다. 그러나 이것은 만족할 만한 것이 못되니 이는 그것이 거의 상관없는 의미를 가진 부가절을 생기게 할 뿐이기 때문이다. 아마도 "그리고 이스라엘이 그에게 모여질 것이다"로 번역하는 것이 가장 좋을 것이다.[13] 그러므로 여기에 두드러진 평행법과, 흥미로운 교차적 배열이 있다. 죄는 나누고 흩어버리지만, 좋은 함께 묶는다. 오직 하나님 안에서만 참된 연합이 이루어지며 그런 까닭에 종은 이스라엘을 하나님에게로 돌아오게 한다.

마지막으로, 종은 또다시 자기가 옹호받을 것이라는 확신을 진술한다. 이 행(行)을 4절 다음에 삽입하는 것은 타당하지 못하다. 이는 그러한 삽입구가 이 예언의 단락 특성이기 때문이다. 이 말들이 방금 진술된 내용의 결과를 이루고 있다는 것은 사실이지만, 그러나 그것은 또한 그 종이 조성된 두 번째 목적, 즉 그가 영광을 받아야 하는 것을 개진하고 있다.[14] 하나님 보시기에 존귀를 받는다는 것은 하나님 앞에, 그분의 보시는 곳에서 존귀를 받는다는 것이다.

마지막 문장 "나의 하나님이 나의 힘이 되시도다"는 확신에 대한 새로운 표현이며, 설명적 문장이다. 오즈(עז)는 힘을 의미하는 것으로 유지시켜 주는 것이 가장 좋을 것 같다. 그 종이 자기 사역을 이루기 위하여 소유하는 힘 혹은 능력은 하나님 안에서 발견된다.

49:6 5절의 삽입구 후에도 "여호와께서 말씀하셨다"를 다시 반복하여, "그리고 그가 말씀하셨다"로써 주님의 말씀이 계속된다. 그 목적은 이스라엘의 회복이 그 종

---

12) 이스라엘 안에 구별이 있으나, 악인은 버림을 당하고 여호와께로 돌아오지 못한다. 오직 선택받은 참 이스라엘만 여호와께로 올 것이며, 이것은 그 종의 사역에 의한 것이다.
13) 1Q는 לו(그에게)를 가지고 있다. Aq T 그리고 9개의 히브리 필사본도 그러하다. B는 προς αυτον, 벌겟은 *non congregabitur*.
14) 약 **와우**를 주시하라. De Leeuw는 (내게는 틀린 것으로 보인다) 와우 연속법으로 모음을 붙인다. 그러나 참고. J. Lindblom, *The Servant Songs in Deutero-Isaiah*, Lund, 1951, p. 26.

에게는 그렇게 큰 일이 아니라는 사실을 보이기 위한 것이다. 그는 또한 이방의 빛이 되어 하나님의 구원이 땅끝까지 이를 것이다.

본 절은 난해하지만, 그러나 질문의 형태가 될 필요는 없으니, 이는 그 말을 단순한 서술로 번역할 수도 있기 때문이다, 즉 '네가 나의 종이 될 것은 너무나 경한 일이다.'[15] 그러므로 본 절은 조건절과 귀결절을 이루는데, 후자가 "그래서 내가 너를 세웠다"로 시작한다. 우리는 "경한"을 '경박한' (BDB)으로 보다는 '작은' 혹은 '사소한'으로 이해해야 할 것이다. 야곱을 회복하는 일은 위대한 일이지만, 그러나 '나의 종' (강조가 '나의'에게 주어져 있다)에게는 충분히 크지 않다. 그는 보다 더 큰 임무를 가지고 있다.

조건절에 각기 부정사로 시작하는 두 개의 목적절이 있다. 첫 번째 것은 '일으키다'를 의미하며, 하나님께서 이스라엘 가운데 여러 기구들을 설립하는 것에 대해 사용되었다(참고. 예를 들면 암 9:11). 여기서 그것은 그들이 지금 누리지 못하는 위엄의 위치로 야곱의 지파들을 끌어 올리는 것을 가리킨다. 그들은 무너진 지파들이지만, 그 종의 임무는 그들을 다시 일으켜서 야곱의 참 지파들로서의 본래 지위를 회복시키는 것이다.

그 지파들을 회복시킨다는 것은 당연히 정치적 임무가 아니고, 5절에서와 같은 의미로 이해해야 한다. 다가올 구원은 흩어지고 무너진 백성이 또다시 일으켜지고 연합된 백성이 되는 그것이다. 이사야는 교차적인 스타일(반드시 아람어 구문이 그런것은 아니다)로 '그리고 이스라엘의 보존된 자를 회복하게 하는 것'이라는 사상을 반복한다. '보존된 자'란 단어는 재앙으로부터 구원받은 자들을 가리킨다.[16] 본 절 가운데서 5절에서 발견되는 그것과는 다른 형태가 '회복'에 사용되었으나, 이 둘 사이에 본질적인 차이는 없다. 백성의 일으킴과 회복은 하나의 빛과 구원이 되는 것으로 본질적으로 같은 사역이다. 그 종이 이스라엘을 일으키고 회복시키는 일은(그가 이방에 빛이 된다는 사실은 떠나서) 그가 이스라엘에게 빛과 구원이 됨으로서이다. 회복 사역에 있어서 첫 단계는, 본 절의 어투가 암시하고 있는 바, 포로로부터의 귀환이었다. 그러나 피이퍼가 말하는 바와 같이, 이 회복은 그리스도로 말미암아

---

15) נקל – קלל의 니팔완료형. 이 상태동사는 존재의 질을 나타낸다. 직역하면, '네가 나에게 종이 되는 것은 가벼운 일이라.' B는 μεγα σοι εστι. 멤은 비교를 나타낸다.

16) ונצירי – 1Q에 의하여 입증된 것임. 문장의 끝에 있는 부정사의 위치를 주시하라.

성취될 이스라엘의 영적 회복을 가능하게 만드는 역할을 할 뿐이다. 이것이 영적 이스라엘 혹은 영적 선민을 가리킨다고 하는 사실은 전체 문맥 가운데 드러나 있다. 성경의 어디에서도 물리적 이스라엘 전체가 구원받게 될 것이라고 가르치는 곳은 없다.

그 종의 사역은 이스라엘의 구원 이상으로 크다. 그러나 더 큰 임무가 더 작은 임무를 배제하지 않는다. 그 사역이 최고의 의미를 가지고 있다는 사실은 '내가 너를 세워'라는 머리말 속에 녹아 있다. 하나님께서는 그 종에게 이러한 임무를 임명하셨고 그것을 이루도록 결정하셨다. '빛'은 구원과 긴밀하게 연결되어 있다. 이방인들은 영적 흑암 가운데 있는 자들로 생각되었으며, 빛이 그들에게 올 때 그들은 자기들의 흑암으로부터 구원을 받는다. 이 '빛'은 그 종이니, 예수께서 육체로 계시는 동안에 "나는 세상의 빛이니"(요 8:12)라고 선포하신 말씀과 같다.

마지막 문장을 '나의 구원이 땅 끝까지 있을 것이다'로 번역할 수도 있다. 그러나 이것은 다소 부자연스럽다. 왜냐하면 '까지'(to)란 전치사가 앞 문장에 있는 것과 같은 의미로 취급되어야 하기 때문이다. 그런 까닭에 우리는 다음과 같이 번역함으로써 그 의미를 드러내는 것이 더 나을 것이다. "너가 나의 구원이 될 수 있도록." 그 종은 빛과 구원이 된다.

본 절의 첫 부분에서 영적 이스라엘이 언급된 것처럼, 여기서 그는 이방인들 가운데 있는 선민을 가리키는 것이며, 무차별적으로 모든 이방인들을 가리키는 것은 아니다. 이러한 이유로 그 종을 이스라엘과 동일시하는 견해는 잘못된 것이다. 이스라엘 단독으로는 절대로 세상의 구원의 도구가 되지 못했다. 본 절에 대한 바울의 인용(행 13:47)은 그 종이 메시아를 그분의 백성과 동일시하는 것을 지지한다. 주의 백성이 바울과 바나바가 그러했듯이 그의 이름으로 수고를 할 때, 주님은 그들을 통하여 역사 하신다.

관찰

1. 이방인은 흑암에 있고 빛을 필요로 한다. 그들은 이미 구원받은 자들이 아니라 죄와 무지의 흑암 가운데서 잃어버려진 자이다. 그런 까닭에 열정적인 선교사역이 필요한 것이다. 하나의 종교가 다른 것과 같이 좋은 것은 아니다. 그리스도만이 이

암흑 세계의 빛이시다.

2. 이스라엘은 믿음의 집에서 초태생이다. 그러므로 멀리 있던 데서 가까이 나오게 된 우리 이방인은 이스라엘을 사랑해야 하며 유대인에게 복음을 전하기 위하여 모든 노력을 다 기울여야 한다.

3. 참된 연합은 유대인과 이방인이 하나가 되는 예수 그리스도 안에서만 이루어진다.

7절, 이스라엘의 구속자, 이스라엘의 거룩한 자이신 여호와께서 사람에게 멸시를 당하는 자, 백성에게 미움을 받는 자, 관원들에게 종이 된 자에게 이같이 이르시되 너를 보고 열왕이 일어서며 방백들이 경배하리니 이는 너를 택한 바 신실한 나 여호와 이스라엘의 거룩한 자를 인함이니라

8절, 여호와께서 또 가라사대 은혜의 때에 내가 네게 응답하였고 구원의 날에 내가 너를 도왔도다 내가 장차 너를 보호하여 너로 백성의 언약을 삼으며 나라를 일으켜 그들로 그 황무하였던 땅을 기업으로 상속케 하리라

49:7 이어지는 내용은 종의 발언에 대한 주님 편에서의 반응이다. 그 종은 어떤 특별한 소개 없이 말하는 것으로 나타났지만, 그러나 주님의 말씀은 '그러므로 여호와께서 말씀하셨다'와 함께 소개되고 있으며, 주님은 이스라엘의 구속자로 그리고 이스라엘의 거룩한 자로 묘사되어 있다. 이 문맥에서 구속자라는 단어가 특히 적절한데, 이는 방금 묘사된 종의 위대한 사역이 구속이기 때문이다. 더 나아가서 이 구속을 이룸으로 하나님께서 자기의 거룩을 유지하셨다.

이어지는 구절에서 선지자는 그 종에 관하여 말하여온 내용을 요약하고 있다. 그런 까닭에 우리는 그 전치사를 '에 대하여는'(with respect to)으로 번역해야 할 것이다. 그러므로 우리는 '영혼의 멸시를 당한 자에 대하여는'[17]으로 번역할 수 있으니, 이는 그 종에 적절한 표현이다.

이어지는 문구는 그 종에 관하여 방금 진술된 내용을 보충한다. "그 나라의 증오를 자극하게 하는 그에게"가 가능한 번역이다.[18] 이것은 그가 그 나라의 증오를 받

---

17) לִבְזֹה (립조) – 부정사 연계형. 그러나 1Q는 수동분사인 לִבְזוּי로 읽는다. 이 뜻은 '깊이 멸시받은'이다. B는 τὸν φαυλίζοντα τὴν ψυχὴν αὐτοῦ.

18) מְתָעֵב (메타에브) – 피엘형 분사. 많은 사람이 푸알형 메토아브(מְתֹעָב)로 모음부호를 붙인다.

았었다고 말하는 또 다른 방식일 뿐이다. 여기서 강조는 개인으로서의 종과 그를 증오하는 백성 대중 사이의 대조에 있는 것 같다. 다음 문구도 같은 의미로 이해해야 한다. 그 종은 노예이고 관원들은 악한 관원들이다. 대중이 그 종을 멸시하였을 뿐만 아니라 열왕도 그러했다. 여호와의 종인 그분은 군주들의 노예이기도 하다. 이 멸시를 받은 자는 본 절이 말하고 있는 그 외의 남은 자들의 존경을 받을 것이다.

그 종의 참된 위엄은 승리하며, 인간들은 그분의 참 모습을 본다. 이 사실을 완전하게 묘사하기 위하여 방백들이란 단어가 덧붙여져 있으며 우리는 그 동사를 "볼 것이라"로 이해해야 한다. 그러므로 모든 통치자가 포함되어 있다. 그리고 방백들이 볼 때에, 그들은 경배할 것이니, 이는 그 종이 그들의 가장 깊은 경배를 받을 자격이 있으시기 때문이다. 이러한 사상은 이사야 52:15의 진술을 미리 보여 준다.

이 경배는 여호와를 위한 것이며, 이것은 그분이 자신의 종을 영광으로 들어가게 하셨다는 사실을 열왕들이 깨닫기 때문이며,[19] 그들은 스스로 자기들의 행동을 통하여 그에게 영광을 돌릴 것이다.

49:8 '여호와께서 가라사대'라는 머리말이 다시 사용되어 다음에 이어지는 내용을 강화 혹은 확고히 하고 있다. '은혜의 때'의 의미는 평행구 '구원의 날'에 의하여 결정되거나 아니면 최소한 영향을 받는다. 이 사상은 레위기 25:8 이하에 묘사되어 있는 희년에 근거하고 있다. 그것은 하나님께서 자기 백성에게 은혜를 나타내 보이실 그때, 즉 그리스도께서 지상에 계시는 시기, 때가 찼을 때이다(갈 4:4). 그것은 과거에 있었던 때가 아니고 미래에 있을 시기이다.[20] 바울은 '정해진 때'(고후 6:2 an accepted time)로 번역하고 있는데 바디칸 사본과 일치하고 있다.

은혜의 때가 미래에 있을 것이므로 두 개의 과거형을 예언적 미래로 해석해야 한다. '내가 너에게 응답할 것이다'이지 '내가 너에게 응답하였다'가 아니다. 이 동사를 그 종의 불평에 대한 응답으로 이해해야 할 것이다. 그는 자기가 헛되이 수고하

---

19) 와우 연속법을 가진 미완료형은 '신실한 자' 즉 '너를 선택한 자' 가운데 포함된 과거형을 지속시킨다.
20) L. Itkonen (*Deuterojesaja* 〈40-55〉 *metrisch untersucht*, Helsinki, 1916, p. 66)은 사르곤의 죽음을 이 날에 연결시킨다.

였다고 믿었다. 이제 은혜의 때에 하나님께서 그를 돕기 위하여 오실 것이라고 그에게 응답하실 것이다(참고. 시 22:19-21). 첫 번째 동사의 의미는 두 번째 동사에 의하여 확립된다.

"구원의 날"은 자기 백성을 위하여 구원을 이루실 날이다. 여기서 '날'을 문자적으로 취급해서는 안 될 것이고, '때'와 동등한 것으로 취급해야 할 것이다. '구원'은 '은혜의 때'와 같은 사상을 표현하고 있지만 보다 정확하게 표현하고 있다. 은혜의 때는 하나님의 구원이 보여지는 그때이다. 그때에 하나님께서는 그 종을 도우실 것이다. 이 동사와 앞의 평행이 되는 동사는 단번에 완료된 행동보다는 계속적인 행동을 가리킨다. 그것들은 53장에서 뒤따라오는 내용에 힌트를 주는데, 곧 하나님께서 자기의 구원을 이루시는 때에 그 종이 도움이 필요하게 될 것이라는 것이다.

'때'와 '날'이란 단어들은 의미심장하다. 왜냐하면 그 단어들이 하나님께서 변덕스럽거나 아무렇게나 행동하지 않으실 것을 분명히 해 주기 때문이다. 정한 때에 그 분은 자신의 사역을 실행하실 것이다. 우리 주님께서는 가나 혼인잔치에서 "내 때가 아직 이르지 못하였나이다"라고 말씀하셨을 때 이와 같은 사상을 표현한 것이다.

뒤따라오는 단어들의 설명에 대해서는 42:6을 보라. 그 종이 언약이 되어야 한다는 것이 본 절의 장중하고도 중심적인 점이다. 이는 그것이 하나님께서 그를 임명하시면서 마음속에 가지셨던 목적을 표현하고 있기 때문이다. 이것 다음에 그 종이 백성의 언약이 된 목적의 진술이 뒤따라온다. 구문론의 입장에서, 부정사들의 주어는 그 종 혹은 하나님도 될 수가 있다. 문맥에 비추어 그 종의 준비에 강한 강조가 주어져 있기 때문에 그 종을 주어로 해석하는 것이 가장 좋을 것으로 보인다.

구원의 선물이 황무한 땅의 회복이라는 표상으로 묘사되어 있다. 이 묘사는 여호수아 아래서 땅의 분배를 반영하고 있으며, 6절에서 사용된 표현에 근거하고 있다. '땅(나라)을 일으켜'는 우선적으로 팔레스틴 땅을 가리키며, '황무하였던 땅'[21]이란 평행적 표현은 약속의 땅에 닥쳤던 황폐함을 나타내고 있다. 이 기업을 여호수아 아래서 제비뽑아 분배했었다(참고. 수 13장 이하). 이것은 단지 남방 왕국만을 가리키지 않고 땅 전체를 가리킨다. 이 표상은 우선적으로 포로에서부터의 귀환을 가리키지 않고, 모든 참 아브라함의 자손이 약속된 기업을 받을 때 이루어질 메시아 아래서의 다윗 왕국의 재건을 가리킨다.

---

21) 소메못(שׁוֹמֵמוֹת) — 체레의 보유를 유의하라, 이는 아마도 휴지 엑센트로 인한 것 같다.

9절, 내가 잡혀 있는 자에게 이르기를 나오라 하며 흑암에 있는 자에게 나타나라 하리라 그들이 길에서 먹겠고 모든 자산에도 그들의 풀밭이 있을 것인즉
10절, 그들이 주리거나 목마르지 아니할 것이며 더위와 볕이 그들을 상하지 아니하리니 이는 그들을 긍휼히 여기는 자가 그들을 이끌되 샘물 근원으로 인도할 것임이니라
11절, 내가 나의 모든 산을 길로 삼고 나의 대로를 돋우리니
12절, 혹자는 원방에서, 혹자는 북방과 서방에서, 혹자는 시님 땅에서 오라라
13절, 하늘이여 노래하라 땅이여 기뻐하라 산들이여 즐거이 노래하라 여호와가 그 백성을 위로하였은즉 그 고난당한 자를 긍휼히 여길 것임이니라

49:9 '이르기를'은 앞 절에 있는 부정사들과 연결된다. 즉 "땅을 일으키고 황무한 땅을 분배하고, 그리고 잡혀있는 자들에게 이르기를…." 이 언어는 바벨론 포로에서 취해 온 것이지만, 그 해방을 더 크게 반영한다. 그것은 복음에 의하여 실현된 해방이다. 이사야는 명령형들을 사용함으로써 표현의 방식을 다르게 한다. 죄에 묶여 있는 죄수들은 나오라는 명령을 받는다. 그들 스스로는 분명히 이 일을 할 수 없으니, 이는 그들이 갇혀있기 때문이다. 그러나 이 명령은 회개하고 복음을 믿으라는 모든 명령과 유사하다. 그리스도께서는 '내게 오라'고 명령하셨으나, 그러나 아무도 하늘 하나님께서 그를 이끌지 않으면 그분에게로 올 수가 없다. 두 번째 명령은 '빛으로 오라'는 것을 의미하지 않고 '너희는 드러나라' 혹은 '자신을 드러내라'를 의미한다. 흑암에 있는 자들은 자신들이 사람들에게 보여지도록 그 흑암으로부터 나와야 한다.

본 절의 두 번째 행부터, 그 종은 나중에 보다 두드러지게 드러나기 위하여 배경 속으로 물러나고, 선지자는 갇힌 자들과 흑암에 있었던 자들의 삶의 축복을 묘사한다. 그들을 초장이 없었던 그 길에서 풀을 뜯을 양떼로 이전에는 묘사하고 있다.[22] 그 어느 것도 자라나지 않았던 메마른 언덕이었던 것이 이제는 양떼를 위한 초장임이 판명된다.[23] 이제 완전한 전환이 있고, 그들이 가는 길을 따라 그 양떼는 목초를 발견할 것이다. 그러므로 양떼는 풀을 찾기 위하여 다른 곳으로 멀리 갈 필요가 없고, 예상치 못할 곳에 목초가 있을 것이다. 사실상, 초장이 가장 있을 것 같지 않은 장소가 초장이다.

---

22) 1Q는 על כל הרים. 그러나 B는 ταῖς ὁδοῖς를 보유하고 있다.
23) שְׁפָיִים (쉐파임)은 שְׁפִי (쉐피, 빈 장소, 언덕)의 복수이다. B는 ἐν πάσαις ταῖς τρίβοις.

49:10 선지자는 양떼에 대해 계속 묘사해 나간다. 풍성한 초장으로 인하여 그들은 주리지도 목마르지도 않을 것이다. 첫 행의 두 번째 부분은 양떼가 사막의 타는 태양으로부터 보호를 받을 것을 말하고 있다. 샤라브(שָׁרָב, 개역은 '더위')를 '신기루'로 번역하는 것은 의문스럽다.[24] 다른 곳에서 이 단어는 35:7에만 나타난다(그 구절에 대한 논의를 보라). 여기서 분명히 그것은 '타는 것'과 같은 어떤 것을 의미하는데, 이는 그것이 태양 앞에 있기 때문이다. 태양이 상해하지 않은 것처럼, 그 샤라브(더위) 역시 상해하지 않을 것이다. '상하다'는 동사는 '신기루'라는 번역과 상반된다. 태양이 그 뜨거움으로 상해한다는 것은 성경적 개념이다(참고. 시 121:6). 그러므로 아마도 이 두 단어들(더위, 볕)을 이사일의로 취급해야 할 것이다, 즉 '태양의 뜨거움 혹은 태양의 불탐.'으로 말이다.

이사야는 출애굽을 반영하고 있는 것으로 보이는데, 이는 칼빈이 말하는 바와 같이, "…선지자들이 하나님의 은총을 나타내기를 원할 때는 언제나, 모든 이에게 공개적으로 말하든 아니면 개인에게 사사로이 말하든, 백성들이 애굽으로부터 탈출하는 사건을 언급하는 것이 그들의 관습이다". 본 절의 두 번째 행은 첫 번째 행의 내용에 대한 이유를 개진하고 있다. 비록 샘물 근원이란 언급이 실제로 본 절의 첫 행에서 주장된 내용만을 가리킬지라도, 사실 마지막 문장은, 앞선 다섯 개의 문장들 가운데 진술되어 있는 내용에 대한 이유를 개진하고 있다.

백성들은 사막을 목적 없이 방황하지 않을 것이며, 그들의 인도자가 그들에게 무관심하지도 않을 것이다. 주님은 그들에게 자비를 보이실 것이다. 분사는 부드러움과 위로를 표현하고 있다. 황무한 땅들을 가로질러 자기 백성을 인도하시는 주님은 그들에게 자비를 나타내 보이시는데 관심을 가지신다. 이사야는 하나님께서 자기 백성의 모든 필요들을 공급하시고 그들을 풍성하게 축복하신다는 진리를 표현하기 위하여 샘물 근원이라는 아름다운 표상을 사용한다.[25] 그들은 단순한 하나의 작은 시내가 아니라 흘러 넘치고 풍성한 샘물 근원을 황무한 땅에서 발견할 것이다.

---

24) 참고. 아카드어 šarrabu, 열의 신. Koran 24:29, Ka-sa-rā-b bi-qī-'ah, "사막에 있는 신기루처럼."

25) מַבּוּעַ (마부에) – 참고. 아카드어 nambaʻu, 아람어 man-baʻ, 수리아어 mab-bûʻ 그리고 사 35:7; 전 12:6.

49:11 선지자는 행진하는 백성이라는 표상으로 전환하여 하나님의 은혜로우신 사역에 대한 묘사를 계속해 나간다. 그들이 행진해 나가는 길에 모든 종류의 장애물들이 있을 것이나 하나님께서 이것들을 치우실 것이다. 이 장애물은 '산'로 묘사되어 있다. 이것은 모든 산을 가리킬 것이다. 이것은 하나님께 속해 있으며 주님은 자신의 뜻대로 처분하시는 주권을 가지셨다. 주님은 그것의 창조주이시므로 그는 그것들이 길이 되도록 낮출 수도 있으시다. 그러므로 완전한 역전이 일어난다. 이것이 포로로부터의 귀환을 가리킨다는 것을 부인하는 것은, 그것이 오직 그러한 회복만을 가리킨다고 주장하는 것만큼 잘못된 것이다. 그러나 선지자의 주된 강조 점은 한 분이신 살아 계시고 참되신 하나님께 지은 죄의 노예상태로부터의 영적 귀환에 있다. 이 사상은 40:4에 표현된 것과 유사하다.

마지막 문장에서 여성형 주어와 남성형 동사가 있다. 이 성의 교차(enallage)는 특이하지만 그러나 반드시 받아들일 수 없는 것은 아니니, 이는 그 의미가 분명하기 때문이다. 하나님의 길은 초자연적으로 세워져서 일개 군대나 혹은 일단의 사람이 그들 위로 행진해 나갈 수 있는 그러한 것이다. 동사가 그 길의 특별한 돋움을 가리키는 것으로 보인다. 그러나, 이 어투는 단순히 백성들이 여행하는 길이 특별히 돋우어진 것이어서 그들의 길이 분명해져 곁길로 나가지 않게 보호하고, 어떤 야생동물들의 파괴로부터 그들을 보호하도록 특별히 세워져 있다는 것을 암시하려는 의도가 있을 수도 있다.

49:12 선지자는 이제 구속받을 자들이 출발할 지명들을 나타냄으로서 이스라엘 백성들이 흩어진 범위를 제시한다. 이 흩어짐은 범세계적이다. 여기에는 바벨론 포로로부터의 귀환에 대한 언급이 들어 있지 않다. 그것은 땅의 사방으로 흩어져 있었던 하나님의 자녀들을 끌어 모으는 것이다(참고. 43:5 이하). 동시에 두 개의 술어가 방향들을 암시하기 위하여 사용되었는데, '북방'과 '바다(섬들)'이다. 첫 번째 것은 팔레스틴의 북쪽 지역을 가리키고 두 번째 것은 지중해 바다의 섬을 가리킨다.

다른 두 방향들(만약 그것이 실제로 그것들을 가리킨다면)은 보다 일반적인 용어로 암시되어 있다. 만약 첫 번째 용어 '원방'이 극동을 가리킨다면, '시님'이란 특이한 단어는 남방을 가리키는 것으로 보인다. 그러나 이것을 강요할 수 없다. 아마도 '원방에서'란 단어는 어떤 특별한 방향에 대한 강조없이 단순히 아주 먼 지역을 가리키는 것 같다. 만약 사실이 그렇다면 '시님 땅'이란 문구는 그와 같은 지역을 표현하기 위하여 의도했을 수도 있다. 그러므로 본 절의 첫 번째와 마지막 것은 아주 멀다는 사상을 표현하고, 반면에 가운데 두 개는 구체적인 방향을 가리킨다. 시님 땅의 정체를 밝히려는 시도를 하면서 우리는 팔레스틴으로부터 먼 장소를 바라보아야 할 것이다. 고대 해석은 그것을 중국과 동일시하였고, 그리고 이것은 난점들이 있음에도 불구하고 가능성이 있다(특주, "시님 땅"을 보라). 이 각 단어를 유대인들이 실제로 포로되어 있는 장소를 나타낸다고 주장할 필요는 없다. 어투가 보편적인 것이다. 신정국가 멸망 때 하나님 백성이 한 나라 안에 있는 집중은 파괴되었으며 그들은 다른 민족들 사이에 살기 위하여 온 땅에 흩어졌다. 그러나 이제 은혜의 날이 왔을 때, 그들은 온 땅으로부터 여호와에게 돌아온다. 그 땅은 여호와께 속해 있는 것을 되돌려준다.

49:13 모든 자연으로 하여금 기뻐하라는 명령은 구원의 광대함과 잘 어울리는 말이다. 이사야는 그의 명령들 중 장엄한 것만을 취하고 있다. 모든 자연으로 그렇게 즐거워하라고 명령함으로써 그는 은혜의 날이 가져올 기쁨의 변화를 예고하고 있다. 1:2절 같이 여기서도 하늘과 땅을 정관사 없이 사용하고 있다. 처음 두 동사는 '노래하라'와 '기뻐하라'는 명령형이다. 하늘과 땅은 이스라엘의 하나님께서 이루신 놀라운 구속으로 기뻐하여 노래해야 한다. 하나님의 영광을 선포하는 그것들(시 19:1)이 이제는 기쁨의 노래를 외쳐야 한다(참고. 42:1-12; 44:23; 52:9; 55:12 이하).

세 번째 동사는 단축 명령형으로, '산들은 노래하도록 하라', 즉 '그것들은 환희 가운데 입을 열도록 하라'는 말이다.

마지막으로 왜 자연이 그렇게 기뻐해야 하는지 그 이유를 기술하고, 이러한 이유는 두 개의 동사를 통하여 나타나 있다. 첫 번째 것은 과거형이며, 예언적 미래로 해석되어야 하지만, 또한 동시에 단번에 영원히 하는 행동을 표현한다. 이 단어는, 비록 파이퍼가 니팔형이 재건을 의미할 수 있다고 주장함에 있어서 옳을 수도 있지만, 그러나 일반적으로 '위로하다'를 의미한다. 이 뜻은 하나님께서 한 번 더 그들을 세우심으로써 자기 백성에게 위로를 보이셨다는 것이다. '그 백성'이란 문구는 단지 육체를 따라 난 이스라엘 족속들이었던 자들을 가리키는 것이 아니고 주께서 영원한 생명을 얻도록 택하신 모든 자를 가리킨다.

평행어가 미완료형으로 된 동사인데, 이것은 계속적인 사역, 즉 긍휼을 나타내는 사역을 표현하고 있다. 이 긍휼의 대상은 여호와께 속한 사랑을 받은 자들이다. 이 명사는 첫 문장의 '그의 백성'(his people)과 평행 관계에 있다. 이 단어는 백성들의 이전 상태를 반영하고 있으며 그들에게 긍휼을 베푸시는 자가 그들의 참 보호자라는 사실을 반영하고 있다. 본 절의 교차적 배열은 독특한 효과를 낳는다.

14절, 오직 시온이 이르기를 여호와께서 나를 버리시며 주께서 나를 잊으셨다 하였거니와
15절, 여인이 어찌 그 젖 먹는 자식을 잊겠으며 자기 태에서 난 아들을 긍휼히 여기지 않겠느냐 그들은 혹시 잊을지라도 나는 너를 잊지 아니할 것이라
16절, 내가 너를 내 손바닥에 새겼고 너의 성벽이 항상 내 앞에 있나니
17절, 네 자녀들은 속히 돌아오고 너를 헐며 너를 황폐케 하던 자들은 너를 떠나가리라
18절, 네 눈을 들어 사방을 보라 그들이 다 모여 네게로 오느니라 나 여호와가 이르노라 내가 나의 삶으로 맹세하노니 네가 반드시 그 모든 무리로 장식을 삼아 몸에 차며 띠기를 신부처럼 할 것이라
19절, 대저 네 황폐하고 적막한 곳들과 네 파멸을 당하였던 땅이 이제는 거민이 많으므로 좁게 될 것이며 너를 삼켰던 자들이 멀리 떠날 것이니라
20절, 고난 중에 낳은 자녀가 후일에 네 귀에 말하기를 이 곳이 우리에게 좁으니 넓혀서 우리로 거처하게 하라 하리니
21절, 그때에 네 심중에 이르기를 누가 나를 위하여 이 무리를 낳았는고 나는 자녀를 잃고 외로와졌으며 사로잡혔으며 유리하였거늘 이 무리를 누가 양육하였는고 나는 홀로 되었거늘 이 무리는 어디서 생겼는고 하리라
22절, 나 주 여호와가 이르노라 내가 열방을 향하여 나의 손을 들고 민족들을 향하여 나의 기호를 세울 것이라 그들이 네 아들들을 품에 안고 네 딸들을 어깨에 메고 올 것이며
23절, 열왕은 네 양부가 되며 왕비들은 네 유모가 될 것이며 그들이 얼굴을 땅에 대고 네게 절하고 네 발의 티끌을 핥을 것이니 네가 나를 여호와인 줄 알리라 나를 바라는 자는 수치를 당하지 아니하리라

49:14 방금 묘사된 구속은 시온의 예상과는 반대되었다. 시온은 스스로 그 구원을 달성할 수 없었을 뿐만 아니라 자기 하나님께서 자기를 저버리시고 잊으셨다

고 믿기까지 하였다. 첫 번째 동사는 과거로 번역하는 것이 좋을 것이다. 왜냐하면 그것이 구원을 받기 이전 시온의 태도를 표현하고 있기 때문이다. 이사야는 분명히 바벨론에 있는 포로들을 향하여 말하고 있지 않으며, 또한 포로들이 바벨론으로 끌려가고 나서 황폐된 상태에 있는 예루살렘 성읍에 대해서 말하고 있지도 않다. 후자의 경우였다면, 다음에 이어지는 긴 담화가 이해하기 어려울 것이다. 그보다 시온은 선택받은 백성을 지칭하며 이 백성들의 참 종교 수도자이자 중심이다.

시온의 낙담은 교차적인 방식으로 표현되어 있다. 첫 번째 동사는 외적인 저버림을 의미하고 반면에 두 번째 것은 내적인 저버림을 의미한다. 시온은 자기가 하나님에게 완전히 잊혀짐을 당했다고 믿었다. 그러한 부르짖음은 불신앙과 의심의 부르짖음이니, 이는 하나님께서 메시아가 오실 것이며, 보좌 위에 앉을 자가 영원히 끊어지지 않을 것이라고 약속하셨기 때문이다. "주"(아도나이, 주권자)는 이스라엘 하나님 여호와의 호칭이다. 이 단어는 시온의 의심의 깊이를 암시하는 것 같다. 주권자까지도 시온을 잊으셨다는 것이다. 그러므로 참 시온인 하나님의 백성들이 절망과 의심의 흑암속으로 빠져들어 가 있을 때, 은혜의 날이라는 영광스러운 빛이 그들에게 나타나는 것이다.

49:15 여호와께서 앞 절이 마감했던 사상을 취하여 그것을 새로운 빛 가운데 놓고 있다. 주님은 부정적 대답이 요구되는 질문을 묻고 있다. 젖먹이는 어린 아기에 대한 어머니의 사랑은 얼마나 큰가! 실로 그 여인은 그 아기를 잊지 못할 것이니, 이는 그 아기가 자기 태에서 나온 자식이기 때문이다. 이러한 언어를 선택함에 있어서 어느 정도의 용의주도함이 들어 있다. 선지자는 어미보다는 여인이라는 단어를 사용하고 있는데, 이는 어미 개념이 그녀의 젖먹이라는 문구 안에 충분하게 드러나 있기 때문이다. 그 동사를 가능성의 의미를 포함하고 있고, 그런 까닭에 "그녀가 잊을 수 있겠느냐?"로 번역할 수 있다. 어떻게 어미가 그 젖먹이를 잊을 수 있겠는가? 그 아기는 밤낮으로 그녀의 주의와 애정을 요구한다. 이러한 이유로 인하여 여호와께서는 아버지보다는 어머니에 대해서 말하고 있는 것이다. 어미가 그녀의 아기를 잊는다는 것은 생각할 수 없다. 이러한 이유로 인하여 역시 '아들'이나 '아이'라는 단어보다는 '젖먹이'라는 단어가 선택되어 사용된 것이다. 우리 앞에 제시되어 있는 모습이 곧 그 어미에게 전적으로 의존하고 있는 이 아기의 모습인 것이다.

사상에 있어서 어떤 진전이나 절정이 존재한다. 첫 번째 문장의 그 질문 속에, 어미가 그 젖먹이를 잊을 수 없다는 사실이 암시되어 있다. 이제 이렇게 암시된 불가능이 하나의 실제로 나타난다. 그것은 드문 일이지만, 그럼에도 불구하고 일어난다. 한 어미가 그녀의 아기를 잊을 수도 있다.[26]

주석학자들은 두 번째 행의 첫 문장을 번역함에 있어서 의견을 달리하지만 그러나 이 문구의 통상적인 의미를 저버릴 이유는 없다. 그들은 간단하게 진술한다. "이들까지도 잊을 것이다."[27] 그것은 비극적인 진리, 그럼에도 진리이며, 마음의 감정을 깊이 휘저어 놓는 것이다. 어미들은 자기들의 젖먹이들을 잊는데, 이는 어미들이 죄악된 자들이며 그녀들의 사랑이 가끔은 비열함으로부터 나온 것이기 때문이다. 인간의 가장 위대한 사랑까지도 실패할 수 있다.

다른 한편, 인간의 가장 고귀한 사랑과도 견줄 수 없는 하나님의 사랑은 결코 실패하지 않는다. 이사야는 강조적 의미가 들어 있는 '그러나 나는'이라는 대명사를 도입한다. 이 단어는 '그들은 혹시'와 대조를 이루고 있을 뿐만 아니라, 우리의 목전에 주님을 불러온다. 하나님께서는 잊지 않으실 뿐만 아니라, 잊을 수도 없다. 구약 성경에 있는 하나님의 사랑에 대한 가장 강력한 표현은 아닐지라도 그 중 하나이며, 자주 예레미야 31:20과 비교된다. 폴츠는 여기서 그것이 어떤 개인에 대한 사랑이라기보다는 한 나라나 성읍에 대한 하나님의 사랑을 가리킨다고 주장한다. 그러나 이 나라는 개인으로 구성되어 있다. 그 구성원들을 떠난 단순한 추상적 개념으로서의 나라는 어떤 나라인가? 그런 까닭에 우리가 하나님께서 시온을 잊지 않으실 것이라는 말을 들었을 때, 우리는 시온을 구성하고 있는 개개인을 잊지 않으실 것이라고 이해해야 하는 것이다. 칼빈은 말한다, "한 마디로 말해서 선지자는 여기서 하나님께서 우리의 구원을 끊임없이 돌보시는 상상도 못할 돌보심을 우리에게 기록해 주고 있는데, 이는 우리로 하여금, 비록 우리가 크고 다양한 재난으로 인하여 고통을 당할 수 있을지라도 주님이 결코 우리를 저버리지 않으신다는 충분한 확신을 갖도록 하기 위함이다."

---

26) Gesenius에 의하면, Bar Herbaceous가 Odessa에서 있었던 살육에 관한 묘사에, "그 어머니가 그녀의 아기에게 긍휼을 나타내 보이기를 잊었다"고 말했다고 한다.
27) 만일 감(ם)이 양보를 나타내는 문장 즉 '그래 이렇다 할지라도 등'을 이끄는 것으로 취급된다면 이 의미는 본질적으로 그대로 남아 있다.

49:16 그분의 잊지 않는 사랑의 증거로 그리고 또 다른 비유를 통하여, 주님은 자신이 결코 시온을 잊지 않도록 그를 자기 손바닥에 새겼다고 말씀하신다. 이 뜻은 하나님께서 시온을 자기 손으로 불렀다는 것이 아니고 그 손들이 이스라엘의 손이라는 것도 아니다. 하나님께서 시온을 자기의 손바닥에 새겼다는 것이다. 박석 위에 그려진 예루살렘의 그림을 묘사하기 위하여 에스겔이 사용한(겔 4:1) 이 동사는 '조각해 넣다' 혹은 '새기다'를 의미한다. 여호와께서 예루살렘에 대한 계획 혹은 그 지도를 자기 손바닥에 새겼다는 것이 아니고, 시온의 이름을 하나님의 손바닥에 새겼다는 것이다. 또한 당연히 여러 가지 문신을 가리키지도 않는다. 문신을 새기는 일은 성경에서 강하게 비난받고 있다(예를 들면, 레 19:28). [28]

시온의 이름이 주님의 손들에 새겨져 있는 것처럼, 시온의 성벽들도 하나의 기념으로써 항상 주님 앞에 있다. 비록 불신과 불신앙, 무관심과 무시의 세력들이 교회를 넘어뜨리려고 할지라도 하나님께서 여전히 그와 함께 계시는데, 이는 그가 주님 앞에 영원히 있기 때문이다.

49:17 하나님께서 자기 시온을 버리지 않으셨다는 것은 시온의 아들들이 그에게 속히 돌아온다는 사실에 나타나 있다. 이 동사는 그러한 행동을 시작하였고 계속하고 있음을 암시한다. 어떤 사람은 모음점을 살짝 변경시켜서 '네 자녀들'로 보다는 '네 건축자들'로 읽는다.[29] 이것은 평행 구절들인 '너를 허는 자들'과 '너를 황폐케 하는 자들'에 보다 잘 어울리는 것처럼 보인다. 동시에, 맛소라 본문 '네 자녀들'은 뒤따라오는 구절, 특히 22절에 있는 내용과 보다 잘 어울리는 것으로 보인다.

이사야는 본 문장을 교차적인 순서로 정리하였다. 속히 돌아오는 자들은 자녀들이지만, 그러나 떠나가는 자들은 허는 자들이다. '너를 허는 자들'의 정확한 의미가 누구이든(내적 원수이든 아니면 이방 압제자들이든), 그들은 이스라엘의 하나님에게 대적하는 입장에 있으며, 주님의 성읍을 세우지 않고 어떤 방식으로든 허는 자들인 것이다. 그 나라의 원수들은 떠나갈 것이며 참된 시민들은 그 안에서 바른 위치를 차지할 것이다. 그들은 천천히 오지 않고 속히 오는데, 이는 그들이 괴롭힘을 당한 시온을 도울 것이기 때문이다.

---

28) Pieper는 그러한 습관의 금지가 그러한 형상의 사용을 금지하는 것이 아니라고 주장한다.
29) 29) 1Q는 בוניך. B는 οἰκοδομηθήσῃ. Aq T는 οἰκοδομουντες. S는 οι υιοι σου.

49:18 어미 시온은 자녀들이 그에게 돌아오는 것을 보라고 명령을 받는다(참고, 60:4). 그녀는 먼저 눈을 들어 사방을 둘러보아야 하는데(이는 그녀가 낙담했었기 때문이다), 이것은 그의 자녀들이 단지 동방으로부터 뿐만 아니라 전 세계로부터 오고 있기 때문이다. "그들이 다", 즉 그녀의 모든 자녀들이 모여, 혹은 스스로 함께 모여 온다. 두 번째 동사를 완료형으로 번역해야 한다. "그들이 네게 왔다." 이 두 동사들은 이미 완료된 행동을 표현하던가 아니면 예언적 완료이다. 이 어투는 첫 번째 구문보다 힘이 있다. 시온은 눈을 들어 그녀의 잃어버린 자녀들이 이미 모여서 그녀에게로 온 것을 본다. 방금 진술한 내용의 신실성에 대해서 의심이 있을 수 없는 것은 주님이 맹세로 약속하셨기 때문이다. 맹세 형태는 통상적인 것이며, "그것은 내가 살아 있다는 사실처럼 너무나 확실하다,³⁰⁾ 여호와가 말하노라…"를 의미한다. 하나님께서는 여전히 시온에게 말씀하시면서 그가 그 모든 자녀들을 장식물로 찰 것이라고 선언한다. 믿는 자들의 심령 속에 있는 은혜로운 사역 안에서 교회의 참 아름다움을 발견한다. "그러나 교회의 진정한 존엄성은 성령의 은사와 점진적인 신앙과 경건으로 구성되어 있는 한 내적인 것이다"(칼빈).

시온은 신부가 장식물들을 몸에 차 띠는 것처럼 그 자녀들을 찰 것이다. 만일, 주장되어 오는 바와 같이, 신부는 자녀들을 가지고 있지 않다고 반대를 받는다면, 비교의 요점이 장식의 개념에 있다고 답변할 수 있을 것이다. 한 신부가 장식물을 장식으로서 자기에게 차는 것처럼, 시온도 그 자녀들을 자기에게 찰 것이다.

49:19 본 절의 사상은 분명하지만, 그러나 단어들의 구조는 그렇지 않다. 지금 있는 황폐함이 지나가고 시온이 그 모든 거민들을 수용하기에 너무나 좁게 될 때가 올 것이다. 본 절의 각 행은 이는(כִּי)으로 시작된다. 그리고 그 구절의 키(이는)가 맹세를 따라 나오는 것처럼, 이 각 단어들을 앞 절의 맹세에 이어지는 것으로 해석해야 한다. 그럼에도 불구하고 첫 행은 미완료형이며, 파격구문인 것 같다. 결론은 '내가 회복시킬 것이라' 이겠지만, 그러나 이것을 확신할 수 없다. 실로, 표현된 결론 없는 어투가 더 강력하다. 두 번째 행은 그 다음에 이어진다, '네가 거민을 수용하기에는 너무나 압박을 받을 것이다…"³¹⁾ 마지막 행은 약속을 담고 있으며, 시온

---

30) 아니 (אָנִי) — 접속적 엑센트를 가진 휴지 형태를 유념하라.
31) 테츠리 (תֵּצְרִי) — '너는 죄어지게 될 것이다'. 처음 세 개의 주어들은 동사의 주어인 '너안에' 흡수되어 있다.

이 어느 날 거민들로 가득 차서 그 성읍이 그들을 수용하기에 너무나 비좁게 될 것이라는 하나님의 맹세에 의하여 지지되는 하나의 약속을 담고 있다. 이와 더불어 그 성읍을 삼키던 자들이 이제는 멀리 떠나 그들을 두렵게 하기 위하여 남아 있지 않을 것이다.

49:20 아마도 첫 단어 오드(עוֹד, 아직, 여전히)는 '게다가' 란[32] 의미로 취급되어야 할 것이다. 그것은 약속에 대한 미래의 선포들을 소개하기 위하여 자주 사용된다 (예를 들면, 렘 31:3, 4, 22; 32:15; 33:10; 슥 1:17; 8:4). 그렇다면 "그리고 너를 삼키던 자들이 멀리 물러가게 될 것이다. 게다가 자녀들이 …말할 것이다." 동사는 반복적 행동을 나타낼 수도 있을 것이다, "그들은 계속하여 말할 것이다."

자녀의 말은 부드러운 속삭임이 아니고, 그 어미로 하여금 그것을 분명하게 듣도록 하기 위하여 그 어미의 귀에 반복하여 들려주는 말이 될 것이다. 시온을 그 자녀를 난폭하게 강탈당한 여인으로 간주하고 있다(애 1:5).[33] 이 사상의 기초는 포로 기간 동안 예루살렘이 홀로 남아 있었고, 그 자녀들은 바벨론과 다른 곳으로 추방당한 사실에 있다. '너의 고난 중에 낳은 자녀'(직역-너의 박탈의 아들들)는 '그 어미가 자녀들을 잃은 동안에 낳은 자녀들'이며, 혹은 야르키(Jarchi)가 설명한 대로 '네가 잃은 자녀들'이다. 전자의 설명이 만족해 보인다. 포로 기간에도 상황은 변하고 있었다. 하나님께서는 포로민들이 본국으로 돌아가도록 만들 수 있었던 고레스를 일으키시고 있었다. 그 귀환을 통하여 이 약속의 첫 번째 성취가 나타나지만 그러나 보다 깊은 의미에서 그 성취는 이방인들이 그리스도의 교회로 돌아오게 되는 먼 미래에 일어난다. 시온은 자녀를 박탈당했으나, 그녀는 자녀를 가질 것이며 너무나 많아서 그들을 수용할 공간이 없을 것이다.

자녀들의 말을 19절의 세 번째 문장에서 반영하고 있다. 그들은 자기들의 어미에게 말하는 것이 아니라 서로에게 말한다. 자녀들이 거해야 할, 시온이 있는 장소가 자기들에게 너무 좁다고 말하고 있는데, 그것은 그들의 수가 매우 많다는 것을 암시한다. 이어지는 문장은 '나에게 가까이 오라' 혹은 '나에게 대하여 가까이 오라'

---

32) Alexander는 그것은 '게다가' 혹은 '또다시'로 취급하였다.
33) שַׁכֻּל(쉬쿨)이란 형태는 그 개념에 약간의 강도를 더해 주는 것 같다.

를 의미한다. 야르키는 '나를 위하여 한 쪽으로 가까이 오라'고 번역한다. 실제로, 그 방향이 진술되어 있지 않다. 이 명령은 보다 많은 공간이 있을 것이며, 그 말하는 사람은 거할 장소를 발견할 수 있을 것임을 의미한다.

시온은 자기를 과부로 생각했었다. 사실상 그녀의 남편인 여호와께서 그녀를 버리지도 또 잊지도 않으셨다. 어느 날 그녀에게 모여들 자녀들은 살아 있는 믿음을 통하여 낳은 합법적 자녀들이다.

49:21 여호와께서 시온에게 계속하여 말씀하고 있으며, 그녀의 자녀들이 있음에 대한 그녀의 반응을 전달해 주신다. 그녀의 말은 자녀들의 말에 대한 반응이 아니다. 왜냐하면 이것이 시온과 그의 자녀들과의 대화가 아니라 시온이 자녀를 가졌다는 사실에 대한 놀라움과 경악의 발언이기 때문이다. 그러나 이 자녀들은 어디서 왔는가? 누가 나를 위하여 이 무리를 낳았는고? 동사가 남성형이며 아비를 가리키고, 또한 시온은 자신을 어미로 간주하지 않는다. 사실상 이 질문은 일반적인 것이며 다소 애매한 것이다. 이 뜻은 "어떤 남성이 혹은 여인이 나에게 이들을 낳아 주었는가?"가 아니라, 단순히 "그들이 어디로부터 왔는가? 나는 무력한 자(barren)인데, 그들이 어떻게 낳아졌는고?"이다. 시온의 생각은 자신이 불임상태와 강탈 당한 상태에 있었다는 것에 있지, 하나님의 약속들이 실현될 것이라는 사실에 있지 않았다.

자기가 자녀를 잃었을 뿐만 아니라 불임의 상태였다고 인식한 만큼 그렇게도 많은 자녀들이 있을 것이라는 사실이 시온에게는 아주 생소하여 이해하기가 어려웠다.[34] 히브리어는 그의 설명을 등위 접속사 '그리고'로 소개하고 있는데, 우리는 이를 '~ 인 만큼'으로 번역할 수도 있다. 다른 두 개의 단어를 시온의 비극적 상태를 묘사하기 위하여 사용하였는데, 즉 '사로잡혔다'와 '유리하였다'이다.[35] 그러나 자녀들이 그녀가 듣는 데서 말하고 있으며, 그래서 그녀는 '이 무리를 누가 양육하였는고?'라고 묻는다. 그 옛날 하나님께서 이스라엘을 이끌어 내셨던 것처럼(직역하면 '크게 만들었다'), 시온은 이 자녀들의 출현에 관하여 묻고 있다.

시온은 자신이 남편이 없이 홀로 되었다고 불평하였으므로 더욱더 깜짝 놀란 것

---

34) גַּלְמוּדָה (갈무다) — 불임의, 불모의, 아기를 낳을 수 없는. 참고. 아랍어 *jal-mad*, 단단한 돌. B는 χηρα.

35) גֹּלָה (골라) — 포로로 끌려간 자, 칼 여성 분사. 쑤라(סוּרָה) — 쿠탈형, 아마도 수동분사일 것이지만, 그러나 참고. GKC §72.

으로 보인다. 그렇다면 자기가 지금 보고 있는 이 자녀들은 어디서 온 것일까? 인간의 눈에는 그녀가 이전의 영광과 능력을 잊어버린 것처럼 보였으며 그래서 자기가 이 땅에서 실제로 사라진 것으로 보였다. 그렇게 된 근본적인 이유는 자신의 죄 때문이고, 그에 따라 자신의 마음속으로부터 하나님의 참되신 가르침을 거절한 것 때문이었다. 더 나아가 그는 분명히 하나님께서 자기를 버리셨다고 믿었으므로 그가 자녀를 가졌다는데 대해 놀라움을 표시한 것이다. 교회는 그 구성원들이 죄로 돌이키고 주님의 교훈을 저버릴 때 저버림을 당한다. 그러므로 주께서 교회 위에 회복의 소낙비를 부어 주실 때, 교회는 놀라게 되며 그것들이 어디서 왔는지를 의아해 한다.

49:22 시온의 의심과 놀람에 대한 반응으로 여호와께서는 자신이 하시고자 하시는 일을 진술하시면서 확고하게 말씀하신다. 이 말씀들이 지금 시온이 어찌하여 그렇게도 많은 자녀들을 보고 있는지 그 이유에 대한 설명인지 아니면 단지 하나님의 행동에 대한 추가적 진술인지는 결정하기 어렵다. 하나님은 주권자이며, 동시에 언약의 하나님이시다. 이는 언약의 하나님께서 구속이라는 능하신 사역에서 행동하시면서, 여전히 이 사역이 주권적 능력을 요구하고 있기 때문이다.

"보라!"는 주께서 하실 일에 주의를 집중케 한다. 이 어투는, 하나의 기호를 세우고 손을 흔드는 일에 대하여 말하고 있는 13:2을 반영하고 있다. 사실상, '세우며, 기호, 소리를 높여, 손'이라는 표현의 결합은 다른 곳에서 오직 13:2에만 나타나고 구약의 다른 곳에서는 나타나지 않는다.[36] 손을 드는 것은 가까이에 있는 자들을 위한 것이고, 반면에 기호를 세우는 것은 멀리 있는 자들을 위한 것이다. 열방과 민족들 사이에 본질적인 구별을 지을 필요는 없다. 이 두 단어들은 이방 열국들을 가리킨다. 이 두 행위들은 언약이 없는 나라들인 그 모두를 포용하기 위한 것이다.

강조가 하나님의 행위에 주어져 있으니, 이는 하나님을 떠나서는 백성들 스스로 시온으로 나아올 수 없고 이방 나라들을 그들에게로 이끌 수도 없다. 기호를 세운 곳은 집합시키는 지점이며 행동을 하기 위하여 소환하는 것이다. 이 묘사 가운데서 새로운 것은 하나님의 행동이 이방 열국들로 하여금 시온의 자녀들을 모이게 한다는 사실이다.

열방의 반응은 사랑과 기쁨이니, 이는 그들이 시온의 자녀들을 친절하게 데려오

---

36) 이사야는 5:26; 11:10, 12; 13:2; 18:3; 30:17; 62:10에서 네쓰(ㅁ)를 사용한다.

기 때문이다. 호첸(חֹצֶן, 가슴)의 정확한 개념은 알려져 있지 않지만, 이 단어는 가슴과 어깨 사이의 공간을 의미할 수도 있다. 그래서 그 자녀들이 그 열방의 팔에 안겨서 온다는 것을 암시할 수 있다. 시온의 딸들은 어깨에 메고 올 것이다. 이것은 부드럽고도 사랑스러운 행동이다. 앞 절에서 자녀들이 처음으로 나타나서 시온을 놀라게 한다. 이제 열방이 이 자녀들을 데리고 올 것이라고 진술되어 있다. 우리는 이 약속의 문자적인 성취를 바라보아서는 안 된다. 그보다 이것은 이스라엘의 회심한 자녀들을 시온으로 데리고 오는 이방인들의 회심을 가리킨다. 그것을 바벨론으로부터의 귀환을 가리키는 것으로 제한하는 것은, 그 자녀들이 처음에 시온 앞에 나타난다는 생각에도 타당하지 못하고 그 열방과 민족들이 (고레스와 바벨론만이 아님) 언급되었다는 사실에도 정당하지 못하다. 파이퍼는 이 구절을 그의 진술을 지지하는 것으로 간주함에 있어서 옳다. "유대인들에 대한 선교는 열국으로부터 선택된 교회들에게 주어진 마지막 날까지 있어야 할 끊임없는 사명이다."

49:23 어려운 표상들이 사용되고 있기는 하지만 묘사는 계속된다. 열방과 민족들 대신에 열왕과 왕비들을 언급하고 있다. 그리고 시온의 자녀들과 딸들 대신에 시온 자신으로 대체되어 있다. 타인들의 사랑과 애정의 대상으로서 시온에 대한 거의 눈에 보이지 않는 대체가 나타나 있다. 그러나 본질적으로 의미는 같은데, 이는 시온이 그 자녀들과 딸들과 하나이며 구별될 수 없기 때문이다. 이러한 이유로 인하여 여기서 시온을 바벨론 포로 당시 버려진 역사적 예루살렘과 동일시하는 것은 옳지 않다. "양부"(양육자)를 열왕이라고 말하고 있으며 유모를 왕비들(왕적 지위에 있는 여인들, 여왕들)이라고 말한다. 그러므로 어투를 진전시킨다. 이방 열국의 가장 고귀하고 권세 있는 자들까지도 교회를 존경하며 자신의 모든 부와 권세로 헌신할 것이다. 앞 절에 있는 두 개의 동사처럼 '양부'와 '유모'는 열국들이 시온과 그 자녀들을 사랑하는 부드러운 사랑을 표현하고 있다.

이 사랑은 이 왕같은 인물이 시온에 절하며 땅에 엎드리게 되는 일까지 일어나게 한다. '코(얼굴)-땅'이란 표현은 알렉산더가 지적하는 바와 같이, '팔짱을 끼고'(arm-in-arm) 혹은 '손에 칼을 들고'와 같은 일종의 다소 복합적인 표현이며, 실제적인 부복을 가리키는 것으로 보인다.[37] 이 열왕과 왕비들은 자신에게 엎드려 절

---

37) 고대 동양의 문서는 그러한 암시들로 가득해 있다, 예를 들면 "그러므로 당신의 종 Abdiheba가 말하나이다. 나의 주인이시여, 당신의 발아래서 제가 일곱 번에 일곱 번을 엎드

하는 종들을 갖는 관습이 있었다. 이제 그들은 바꾸어서 시온에 그 같은 일을 하면서, 또 완전한 복종과 부복을 표하면서, 시온이 왕같은 성읍이라는 자기들의 인정을 표하고 있다. 그것이 문자적으로 이루어진 때가 있어왔다. 파이퍼는 말한다. "색슨 선거인이나 혹은 구스타부스 아돌푸스의 모든 기도, 에밀리 쥴리안느 혹은 루다밀리 엘리사벳의 모든 노래는 이 예언의 문자적인 성취이다." 그러나 선지자의 요점은 단지 이 땅의 군왕들이 그리스도의 왕같은 신부인 시온에 복종할 것이라는 것이다.

"네 발의 티끌을 핥을 것이니"라는 표현은 시온에 대한 완전하고도 절대적인 복종을 암시한다. 시온은 다스린다, 아니 그보다 하나님께서 그를 통하여 다스리신다. 그리고 그에게 속하는 자들은 하나님께 완전히 잡힌 바 된다.

하나님의 행동의 또 다른 결과를 마지막 문장에 진술하고 있다. 그때에 시온은 충분히 그리고 재삼 재사(완료형은 계속적인 행동을 표현하고 있으므로) 하나님께서 여호와라는 사실을 알 것이다. 하나님을 바라는 자들(즉 "나를 바라는 자들")은 수치를 당하지 않을 것이다. 주님의 말씀을 전적으로 의지하는 자들은 커다란 불확실성의 시대에서도 자신의 신뢰가 옳바로 놓인 것이라는 것을 알것이다.

> 24절, 용사의 빼앗은 것을 어떻게 도로 빼앗으며 승리자에게 사로잡힌 자를 어떻게 건져낼 수 있으랴마는
> 25절, 나 여호와가 이같이 말하노라 용사의 포로도 빼앗을 것이요 강포자의 빼앗은 것도 건져낼 것이니 이는 내가 너를 대적하는 자를 대적하고 네 자녀를 구원할 것임이라
> 26절, 내가 너를 학대하는 자로 자기의 고기를 먹게 하며 새 술에 취함같이 자기의 피에 취하게 하리니 모든 육체가 나 여호와는 네 구원자요 네 구속자요 야곱의 전능자인 줄 알리라.

49:24 하나의 반론을 제기한다. 말하자면 '그러한 구원이 일어날 수 있느냐?' 라는 것이다. 이 반대는 하나의 질문형식으로 나타나며 주님께서 다음절에서 대답하신다. 사실상 그 질문은 던져져 있으나, 우리는 그것을 묻는 자가 누구인지를 듣지 못한다. 그것의 의도는 제기된 난점들 조차도 이스라엘의 하나님에 의하여 쉽게 정복될

리나이다"(Amarna letter 287).

수 있다는 것이다. 그 질문의 첫 부분에서 '빼앗은 것'(먹이, מַלְקוֹחַ, 말코아흐)과 '도로 빼앗다'(יֻקָּח, 유카흐)란 단어 사이에 언어유희가 들어 있다. 먹이를 소유한 자는 강하며 능한 용사이다. 그렇다면 누가 그에게서 그것을 빼앗을 수 있겠는가?

질문의 두 번째 부분은 본질상 같은 사상을 약간 다른 단어로 표현하려고 한다(포로됨과 먹이의 결합이 민수기 31:11, 12, 27 그리고 32에도 나타난다). "사로잡힘"이 추상명사이기는 하지만 구체적으로 '사로잡힌 자들'을 대표하고 있다. 그렇지만 어떤 의미에서 의인을 용사와 동의어로 취급할 수 있는가? 제1쿰란 사본은 오랫동안 의로운 자 대신 독재자(despot)로 제안되어 온 독법을 가지고 있다.[38] 이것은 난점을 없애버리는 것처럼 보이며 다음절에서 같은 단어의 출현으로 지지되는 것처럼 보인다. 만일 이것이 옳다면, 하나님의 백성을 붙잡고 있는 대적을 용사와 독재자로 묘사하고 있는 것이다.

그러나 이러한 독법을 지지할 만한 충분한 본문적 근거가 있는가? 독재자(아리츠, עָרִיץ)가 너무나 분명한 보다 쉬운 독법이므로 우리는 그 타당성을 질문해 볼 수 있다. 델리취와 다른 사람들이 번역한 바와 같이 '의인들의 사로잡힌 자'란 번역은 타당성이 없는 것처럼 보이는데, 이는 다른 것들 가운데서 이것이 평행절의 교차적 배열을 파괴하기 때문이다(빼앗은 것—먹이; 의인-용사; 도망할 것이다-취해질 것이다). 실질적으로 본 절의 두 개의 질문은 본질적으로 하나다. 그래서 어떤 사람은 의인(צַדִּיק)을 용사(גִּבּוֹר)와 동의어로 해석하고, '거인', '능한 자', '정복하기 힘든 자'와 같은 단어로 번역한다. 그러나 이것은 의심스럽다. 만일 이 단어를 유지한다면 문장 구조의 유일한 가능성은 '그리고 의인이 사로잡은 자가 건져질 수 있겠는가?' 만일 의인이 사로잡은 자가 건짐을 받지 못한다면, 어떻게 용사에 의하여 잡힌 자가 건짐을 받겠는가? 두 번째 질문은 부정적 대답이 예상될 때 사용되는 의문 불변화사에 의하여 시작된다. 세부사항들이 난해할지라도 일반적인 의미는 분명한데, 이를테면 부당한 압제자에 의하여 사로잡힌 자들이 구출되지 못할 것이라는 것이다.

49:25 본 절은 앞 절에 있는 질문에 대한 주님의 대답을 개진하고 있다. 두 구절 사이의 관계를 적절하게 이해하기 위하여 우리는 중간에 생략된 사상을 보충해야 한다는 사실을 유념해야 한다. 24절의 질문에 대한 대답으로, 먹이와 사로잡힌

---

[38] 1Q는 עָרִיץ; B는 ἀδίκως; 벌겟 역은 *a robusto*; Aq S T는 δίκαιον.

자를 진실로 구출할 것인데, 이것은 여호와께서 말씀하셨기 때문이다. 그러므로 첫머리에 오는 불변화사 키(이는)를 그것의 통상적인 의미를 받아야 하며, 단순한 긍정(indeed)으로 번역해서는 안 된다. 그런 까닭에 여호와의 말씀은 압제자의 포로가 빼앗길 것이라는 신앙의 근거를 형성한다. 의인(צדיק)을 제외하고 앞 절의 단어들이 반복되고 있으나, 같은 순서로 되어 있지는 않다. 이 진술은 부정적 답변을 예상하고 있는 질문에 대한 긍정적이고, 강하고, 단정적인 대답을 구성하고 있다. 두 개의 동사들은 앞 절에 있는 것과 같이, 그 긍정에 힘을 실어 준다. 그 빼앗은 자가 어느 정도로 힘있고 난폭할지라도 여호와께서는 그의 손으로부터 구출하실 것이다. 더 나아가서 시온에 대적하는 자들에 대해서 하나님이 친히('나'라는 인칭 대명사의 강조적인 용법을 유의하라) 대적하실 것이다. 이 어투는 소송의 개념을 상기시켜 준다. 하나님께서는 자기 백성을 위하여 변호하실 것이다. 그 결과는 진술될 필요가 없다. 그것은 확실하다. 하나님께서 자기 백성의 소송을 받아들이실 때, 그들은 확실히 변호를 받을 것이다.

마지막 문장에서 하나님께서는 전체 상황을 요약하고 있다. 주님은 말씀하신다, '네 자녀에 대해서는 내가 그들을 구원할 것이다.' 구원은 인간으로 말미암지 않으니, 이는 어떤 인간도 압제자로부터 먹이(빼앗은 것)를 구출해 낼 수 없다. 그것은 전적으로 은혜로 말미암는다.

49:26 이사야에서 자주 그러하듯, 결론을 방금 전에 전개된 내용과 반대되는 짤막한 진술로 구성하고 있다. 압제자로부터 그 먹이를 다시 빼앗기가 불가능하지만 하나님께서는 시온의 압제자들이 그들 자신의 고기를 먹게 하실 것이다. 9:20에서 우리는 인간하고 고기를 먹는 격노한 인간에 대해서 읽는데, 아마도 여기서도 그 의미일 것이다. 만약 그렇다면, 그 대적은 그러한 궁핍에 쪼들리어 절망과 격노가운데 있는 개인과 감각을 잃어버린 자들은 자기들의 살을 먹을 것이다. 다른 한편, 고기란 단어는 친족을 나타낼 수도 있다(참고. 58:7). 만일 이것이 그 의미라면, 대적 압제자는 사람을 잡아먹는 풍습에 빠진 자로 묘사되어 있는 것이다.

아씨쓰(עסיס, 새 술)는 새로 짜낸 포도즙인데, 이것은 압축기로 짜내어진 것보다 더 좋은 것으로 생각되었다. 대적의 절망이 너무나 커서 자기의 피를 마실 것이며, 그 피를 마치 독한 포도주인 것처럼 취할 것이다. 첫 행의 교차적인 배열을 간과하지 말아야 한다.

이사야는 또다시 살이라는 단어를 사용하고 있지만 그러나 이번에는 인류 전체를 가리켜 말한다. 방금 묘사한 비참한 상태의 결과, 모든 육체가 말씀하신 그분이 시온을 구출하시는 여호와이심을 알 것이다. '야곱의 전능자'라는 호칭은 이사야가 일찍이 사용한 '이스라엘의 전능한 자'와 유사하다. 그처럼 하나님은 자기 백성의 구속자로, 구출자로 그리고 변호자로 나타나 있는데, 그분은 또한 야곱의 전능자로 알려지시기를 기뻐하신다. 모든 육체가 하나님이 시온의 구출자이시고, 그 구속자가 야곱의 전능자이심을 알아야 할 것이다. 이스라엘은 구원의 경험을 통하여 이 진리를 배웠다. 대적들은 그것을 심판의 경험을 통하여 배웠다.

특주: 시님 땅

49:12에서 '이들을 보라!'는 문구가 두 번이나 나타나고, '이들'은 한번 나타난다. 이것은 하나님의 백성의 광범위한 분산을 상기시켜 준다. 북방과 바다(yam)와 대조되어 시님 땅을 언급하고 있으며, 문맥은 이곳이 매우 먼 장소를 암시하는 것으로 보인다. B는 ἐκ γῆς περσῶν로 되어 있는데, 이는 우리가 아는 한, 객관적인 뒷받침이 없는 번역이다. 벌겟 역은 et isti de terra australi(남방)로 되어 있다. 이러한 전승은 탈굼의 מארע דרומה(남방의 땅으로부터)에 의하여 지지를 받는다.

어떤 사람은 이 단어를 창세기 10:17과 역대상 1:15의 신 족속과 동일시하려고 하였다. 신 광야를 가리킨다고 주장하기도 하였다(제롬). J. H. 마이클리스(Michaelis, 1775)는 본문을 쎄웨님(סְוֵנִים)으로 수정하여 남 애굽에 있는 신 혹은 펠루시움(Peleusium, Aswan, 엘레판틴 파피리에 있는 swn)을 가리키는 것으로 제안하였다. 참고, 에스겔 29:10; 30:6. 이것은 1Q의 지지를 받는 것으로 보이는데, 이는 שוניםרשוינים이란 자음들을 세와님(שְׁוֵנִים)으로 읽게끔 해 준다. 그렇지만 어째서 그 성읍들 중의 하나의 이름으로 알려진 지방이며 또 특별히 잘 알려져 있지 않은 성읍인가? 보다 중요한 것은 이것이 앞의 북과 바다에 적절한 대조를 이루지 못하고 있다는 것이다. 그것은 너무나 가까운 장소이다. 그러므로 그것이 동쪽 방향 곧 땅의 한쪽 방향에 아주 멀리 있는 곳을 가리키는 것 같다. 중국이 그곳일 수도 있다. 아랍어 친(tsin)은 이 견해를 지지할 수도 있다. 그러나 이것만을 옳다고 고집할 수는 없다. 중요한 것은 땅의 사방 가운데 한 곳인 먼 지역이 의도되었다는 사실인데, 이는 그리스도 안에서 하나님에게로 돌아오는 일이 범세계적이기 때문이다.

50장

1절, 나 여호와가 이같이 이르노라 내가 너희 어미를 내어 보낸 이혼서가 어디 있느냐 내가 어느 채주에게 너희를 팔았느냐 오직 너희는 너희의 죄악을 인하여 팔렸고 너희 어미는 너희의 허물을 인하여 내어 보냄을 입었느니라
2절, 내가 왔어도 사람이 없었으며 내가 불러도 대답하는 자가 없었음은 어찜이뇨 내 손이 어찌 짧아 구속하지 못하겠느냐 내게 어찌 건질 능력이 없겠느냐 보라 내가 꾸짖은즉 바다가 마르며 하수가 광야가 될 것이며 거기 물이 없어졌으므로 어족이 갈하여 죽어 악취를 발하게 되느니라
3절, 내가 흑암으로 하늘을 입히며 굵은 베로 덮느니라

50:1 이사야는 이제, 하나님께서 자기 백성을 버리셨다는 데 대해서 말하고 있는 49:14에 소개된 사상을 취급하고 있으며, 또한 이스라엘이 하나님으로부터 떠나간 것이 하나님께서 그들을 버리셨기 때문이 아니고 그들 자신의 죄의 결과임을 지적하고 있다. 도입구 "여호와가 이같이 이르노라"는 앞에서 말해 온 내용과 본질적인 끊어짐은 없을지라도 하나의 새로운 시작을 암시하고 있다. 이와 같이 이 구절들을 다음에 이어지는 본문과 잘 어울리며 단순히 계속되는 논의의 한 독특한 부분으로써 간주해야 할 것이다.

선지자는 어미와 구별하여 자녀들에게 말을 하고 있다. 동시에 자녀들과 어미를 하나의 실체로서 하나님의 택함 받은 자로 간주하고 있다. 자녀들과 어미 모두가 성령을 따라 난 이스라엘이다. 그렇지만 그 나라를 자녀들이라고 말함으로써 선지자는 그들로 하여금 시온을 보다 객관적으로 바라볼 수 있게 하고 있으며, 그 성읍의 참상의 이유를 생각하게 한다.

첫 번째 질문에는 부정적 답변이 예상된다. 시온은 이혼 증서를 가지고 있지 않았고, 그런 까닭에 하나의 증서도 산출할 수 없다. 이는 하나님께서 결코 그를 내보낸 적이 없으시기 때문이다. 의문 대명사를 문자적으로 '무엇?'이라고 번역해야 하지만 그러나 그 다음에 자주 장소의 명사가 뒤따라오므로 우리는 '어디?'로 번역할 수도 있다. '이혼 증서' 혹은 '이혼서'는 비록 이혼한 여인이 두 번째 사람과 결혼하였다가 그 두 번째 남편도 죽은 이후라고 할지라도 본 남편은 그녀와 절대로 다시 결혼할 수 없다고 하는 신명기에 있는 율법을 염두에 두고 있다(참고. 신

24:1-4).[1] 같은 표현이 신약성경에서도 나타난다(참고. 마 19:7; 막 10:4; 그리고 마 5:31을 유의하라). 이 이혼 증서는 남편이 자기 아내가 자기로부터 이혼 당하였다는 사실을 선언하는 도구였다.

관계절은 '내가 내어보낸'인데, 이 경우 관계 대명사는 '너희 어미'를 가리키거나 혹은 '내가 그녀를 내어보낸' 문서를 가리킨다. 이 관계사가 다음 행에서 이와 비슷하게 사용되었다는 사실은 첫 번째 번역에 유리하게 한다. '내어 보낸'은 이혼에 대한 전문용어이다.

하나님께서는 시온과 이혼하지 않으셨을 뿐만 아니라, 그 자녀들을 채주에게 팔지도 않았다. 만일 한 사람이 빚을 지불할 능력이 없다면 그의 채주는 그 대신 빚진 자나 혹은 그의 아내나 그의 자녀들을 데려갈 수 있었다(왕하 4:1; 느 5:1-5; 마 18:25). 물론 하나님께서는 채주를 가지고 있지도 않았고 누구에게 어떤 빚을 지지도 않았다. 그러므로 결혼관계의 모습은 유지되는 것이다. 시온은 그녀의 본남편인 여호와로부터 갈라져 나갔다. 그러나 이것은 주님이 그녀에게 준 이혼증서를 통하여 닥친 것이 아니고, 주님이 그 자녀들을 채주에게 팔았음으로 인하여 온 것도 아니었다.

이사야는 헨(הֵן, 보라!)과 함께 그 분리의 이유를 소개하고 있는데, 이는 놀트가 지적하는 바와 같이, 어떤 행동이 취해지거나 또는 어떤 결론의 근거가 되는 사실에 주의를 돌리게 할 수 있다. 이사야는 먼저 자녀들에게 말하고 그 다음에 어미에게 말하고 그리고 나서 자녀들에게 말하고 있다. 우리는 그녀의 범죄를 예상했을지도 모른다. 그러나 이사야는 그 비극적 상태가 그들 자신의 행실의 결과라는 사실을 보여 주면서 그 백성들에게 직접적으로 말하고 있다.

50:2 이스라엘의 유리의 원인을 결코 하나님 편의 사랑의 결핍에 돌릴 수가 없다. 주님은 자기 땅에 오셨으나, 그들은 그분을 받아들이지 않았다. 주님은 그들을 불렀으나 아무도 응답하지 않았다. 탈굼은 이 어투를 선지서들에서 하나님의 오심에 적용하였으며 이 견해를 널리 채택해 왔다. 하나님께서는 특별히 이사야를 통하여 친히 자기 백성들에게 오셨으며, 이 메시지 자체 안에서 그들에게 오시고 있는 것이다. 폴츠는 하나님께서 제2이사야를 통하여 그들에게 오신다고 생각하지만, 그

---

[1] 함무라비 법전, §§141ff와 비교하라

러나 제2이사야에 대한 전체 개념과 그것이 내포하고 있는 모든 것은 단순한 환상에 불과하다(그러나 부록: "이사야 저작권"을 보라). 델리취는 이 문구를 그 종의 오심에 적용하는 아름다운 해석을 제공하고 있으며, 그의 오심이 어떻게 포로기와 연결되어 있는지를 설명한다. 델리취는 이스라엘의 징계는 포로기의 종결과 함께 끝이 났다고 말한다. 그리고 포로기의 종결 지점에서 이스라엘의 영광과 인류의 구원이 나타난다고 말한다. 이것은 사실이지만 그러나 하나님의 오심은 온 인류에 대한 그의 모든 나타나심을 포함한다. 주님이 자기 백성을 부르셨을 때는 언제나 아무도 응답하지 않았다. 소경되고 귀머거리된 그들은 죄악 가운데로 스스로 방황하였고 하나님의 임재와 경고를 주의하지 않았다.

여호와께서 구속하실 능력을 가지셨다는 것은 질문을 통하여 드러난다.[2] 부정사 절대형을 사용하여 강조한다. 곧 "그것이 짧아졌느냐, 나의 손이 구속하기에 짧아졌느냐?" 손의 짧음은 능력의 약함이나 혹은 결핍에 대한 통상적인 묘사이다. 이 질문에 평행이 되는 것이 두 번째 질문 "내게 건질 능력이 없겠느냐?"는 것이다. 이 질문을 단순하게 하는 것은 이스라엘의 전능하신 여호와를 무시하는 어리석음을 드러내기 위해서이다.

이사야는 이 큰 능력을 예증하기 위하여 자기가 애호하는 '내가 꾸짖은즉'이란 표현을 사용한다(참고. 17:13; 30:17; 51:20; 54:9; 66:15). 이것은 하나님의 대자연을 다스리시는 능력을 암시한다. 이 문구는 홍해를 말리신 사건을 반영하고 있을 수도 있지만, 그러나 이 사상이 반드시 두드러져 있는 것은 아니다. 자연의 과정을 변화시키시는 이 능력은 하수를 광야로 변화시키시는 능력 가운데서도 나타난다. 이러한 행위 결과로 더 이상 물을 만날 수 없는 고기는 악취로 괴롭힘을 당하며[3] 죽을 것이다.

50:3 선지자는 여호와의 능력의 표현에 대한 묘사를 계속해 나간다. 여기에 진술된 것이 하나님의 꾸짖음으로 말미암아 이루어진다. "흑암"이란 단어는 아마도 슬픔의 표시로 취급되어야 할 것이다(참고. 렘 4:28). 출애굽 현상에 대한 구체적인

---

2) '어찜이뇨?' – 이 의문 대명사는 두 등위 절을 지배한다.
3) 티브아쉬(תִּבְאַשׁ) – 와우가 없는 의지 미래는 하나님의 뜻이 성취될 것이라는 사실을 가리킨다. 본 절 가운데서 신화적 배경의 암시를 발견한다는 것은 근거가 없는 것으로 보인다.

암시가 있는지 의심스럽다. 만일 출애굽에 대한 어떤 반영이 있다면, 그것은 다만 하나님의 섭리적 능력의 한 구체적 실례일 뿐이다.

본 행의 후반부는 전반부보다 더 강하며, 이사야가 '내가 그것의 덮게로 굵은 베를 둘 것이다'를 의미하는지 아니면 '내가 그것의 굵은 베로 덮을 것이다'를 의미하는지 문제가 있다. 하나님께서 이 일들을 어떻게 실행하실 지에 대해서 우리는 들은 바 없다. 두드러진 것은 주님이 자기 뜻대로 하늘을 다스리신다는 것이다.

4절, 주 여호와께서 학자의 혀를 내게 주사 나로 곤핍한 자를 말로 어떻게 도와 줄 줄을 알게 하시고 아침마다 깨우치시되 나의 귀를 깨우치사 학자같이 알아듣게 하시도다

5절, 주 여호와께서 나의 귀를 열으셨으므로 내가 거역지도 아니하며 뒤로 물러가지도 아니하며

50:4 49장과 61장에서처럼, 여호와의 종은 소개없이 말을 시작한다. 앞 장과의 논리적 관계를 설정하기가 어렵다. 그렇지만 이 종의 구절은 적절한 자리에 있다. 자연에 대한 하나님의 전능성과 함께 주님의 약속이 확실하다고 보여주고 나서 선지자는 자기의 고난을 독백하고 있는 종을 소개하고 있으며 그리하여 53장에 있는 구원에 대한 위대한 기록을 위해 준비한다.

그 종은 여기서 (그러나 다른 곳에는 없다) 주 여호와(אֲדֹנָי יְהוִה)란 호칭을 사용하고 본 절에서만 네 번이나 나타나며 언제나 구절의 시작 부분에 위치한다(4, 5, 6, 9절). 이 복합명사는 여호와의 말씀에 위엄과 강한 인상의 어조를 갖게 해 준다. 그 종이 말하고 있는 것은 피조물에 대한 모든 권세를 가지신 언약의 하나님 때문에 진리이다. 하늘을 흑암으로 입히실 수 있는 이 하나님께서는 그 종을 그 임무를 위해 무장시키셨고 그에게 혀를 준비해 주셨다(직역하면, 학자의 혀). 이 문구는 학식있는 혹은 숙련된 사람들이 가진 것과 같은 혀를 지칭하며 그런 까닭에 준비된 숙련된 혀이다. 학자는 주님에 의하여 교육받는다. 그 혀는 하나님에게 가르치심을 받은 자에게 속하여 있으며, 그래서 그것은 성령에 의하여 가르치심을 받고 조명을 받은 사람의 혀이다.

그 종은 그의 예언 사역에 대해 말하고 있으며, 하나님의 은사의 목적은 그로 하

여금 곤핍한 자를 말로 도와주는 것을 알도록 하는 것이라고 진술한다.[4] 그가 말하는 말씀은 시의 적절하거나 알맞아 참된 축복이 될 것이다. 곤핍한 자들은 상한 갈대이며 꺼져가는 심지이다(참고. 마 11:28).

하나님께서는 아침마다 그 종의 귀를 여셔서 그로 하여금 학자같이 알아듣게 하신다. 이것은 예언 계시의 방식을 가리키는 것이 아니고 완전한 순종을 위한 그 종의 준비를 가리킨다. 동사의 반복과 더불어 동사의 미완료형은 하나님 편에서의 지속적인 행동을 가리키며, 또한 그 종이 아낌없이 하나님의 말씀에 순종한다는 사실을 암시한다. 순종이 그의 사역 전체를 특징지어 준다. 이것은 그의 목적이 고통 당하고 곤궁한 자를 축복하고 돕는 것이기 때문이다.

50:5 또다시 주 여호와로 시작하고 있는 이 구절은 앞 절의 사상을 계속해 나가며 하나님께서 그 종으로 하여금 임무를 수행하도록 무장시켜 주셨다는 확신을 표현한다. '나의 귀를 열으셨으므로'는 그것을 열어서 그가 들을 수 있게 될 것이라는 것이다. 그것은 그 종의 준비를 암시하는 또 다른 방법일 뿐이며, 앞의 문구와 본질적으로 의미가 같다. 그러므로 그 종은 하나님의 뜻을 알고 그것을 순종할 수 있도록 준비되었던 것이다.

이사야는 두 번째 행에서 새로운 사상을 소개한다. 도입구 '그리고 내가'를 한정적으로 앞 행의 '주 여호와'와 대조한다. 이러한 준비에 대하여 그 종은 거역이나 혹은 불순종을 나타내 보이지 않았었다. 이 단어는 내적 태도 혹은 기질을 가리킨다. 하나님께서 그분 앞에 두셨던 사역을 성취함에 있어서 장애물이 무엇이든 그것들은 그 종의 마음 혹은 기질 안으로부터 나온 것이 아니다. 모세는 거절하였고, 예레미야도 그러했고 요나는 주님의 존전으로부터 도망하려고까지 하였다(참고. 출 4:10이하; 렘 20:7이하; 17:16; 욘 1:3). 이들은 하나님의 명령으로부터 도피할 수 없었던 죄된 인간 사자들이었으므로 하나님께서 말씀하셨을 때, 선지자는 예언해야 했다(암 3:8). 그러나 그 어떤 거역의 암시도 그 종에게서는 발견되지 않는다.

하나님께서 준비하시는 것에 대해 순종의 주저라는 어떤 외적인 표명도 없었다.

---

4) לָעוּת – 불확실한 의미를 가지고 있음, 그렇지만 1Q에 존재함이 확인됨. B는 ἡνίκα δεῖ εἰπεῖν λόγον, Aq는 ὑποστηρίσαι, 벌켓 역은 sustentare. 탈굼은 l'allāpā', '가르치다.'

그 종은 믿음 없는 자가 했던 것처럼 뒤로 물러가지도 않았다(참고, 렘 38:22). 이 문구에서 그 단어를 첫 번째 위치에 둠으로써 선지자는 어느 정도 강조한다. '뒤로 나는 물러가지 않았다.' 거역도, 배신도, 기만적인 불신앙도 그 종에게서는 발견되지 않는다.

6절, 나를 때리는 자들에게 내 등을 맡기며 나의 수염을 뽑는 자들에게 나의 뺨을 맡기며 수욕과 침 뱉음을 피하려고 내 얼굴을 가리우지 아니하였느니라
7절, 주 여호와께서 나를 도우시므로 내가 부끄러워 아니하고 내 얼굴을 부싯돌같이 굳게 하였은즉 내가 수치를 당치 아니할 줄 아노라
8절, 나를 의롭다 하시는 이가 가까이 계시니 나와 다툴 자가 누구뇨 나와 함께 설지어다 나의 대적이 누구뇨 내게 가까이 나아올지어다
9절, 주 여호와께서 나를 도우시리니 나를 정죄할 자 누구뇨 그들은 다 옷과 같이 해어지며 좀에게 먹히리라.

50:6 그 종은 자기가 어떻게 거역하지 않았는지를 보여 주기 위하여 세부사항들을 기술한다. 독특한 언어는 즉시 우리 주님의 육체적 고통을 상기시켜 준다(참고, 마 26:67 이하; 27:26 이하; 요 19:1 이하). 이 묘사는 얼마나 완전하게 그리고 충만하게 그 종이 순종하였는지를 분명하게 보여 준다. 이 묘사에는 위엄이 들어 있어서 마치 그 종이 상황을 조종하고 있는 것처럼 보인다. 그는 자기를 행동하는 자로 나타내신다. 사람들이 그를 때린다고 말하지 않고 그 자신이 그를 때린 자들에게 자기 등을 맡겼다고 선언한다. 그는 자원하여 자기를 채찍질하도록 양보하고 또는 자기를 그것에 제공하였다. '때리는 자들' 혹은 '치는 자들'은 공적으로 죄수를 때리는 임무를 가진 자들일 것이다. 등을 때린다는 것은 또한 악한 사람을 징벌하는 관습이었던 것 같다(참고, 잠 10:13; 19:29; 26:3; 시 129:3).

더 나아가 그 종은 수염을 뽑는 자들에게 자기의 뺨을 맡겼다. 이것은 의도적으로 가장 흉악하고도 천박한 모욕을 주는 자들을 가리킨다. 동양인은 턱수염을 자유와 존경의 표시로 간주하였고, 턱수염을 뽑는다는 것은(뺨은 사실상 턱수염을 가리킬 것이다) 극단적 모욕을 보여 주는 것이다.

그 종은 그들로부터 자기의 얼굴을 돌리지 않고 가장 큰 수욕을 당하였다. 그 수욕들은 아마도 가장 모욕을 주고 멸시를 하는 비열한 몸짓과 침뱉음을 동반한, 언어

적 모욕이요 조롱이었을 것이다. 이 어투는 그 종에 관하여 많은 것을 말하고 있지만 그것은 또한 매우 잔학한 행위에 대한 책임을 졌던 자들에 대해서도 많이 말하고 있다. 징벌을 이행하도록 위임을 받은 사람들이 스스로 무자비하고 모욕적인 정신으로 행동할 때 자기들 스스로의 품위를 떨어뜨린다. 사람은, 그처럼 타락된 인간의 본성이 자기 세력 아래 있는 자들에게 잔인한 모욕으로 공격할 때 보다 더 낮아질 수 있는지 당연히 의아해 할 수 있다. 더카우(Dachau) 혹은 머더센(Mauthausen)의 정치범 포로 수용소에서 일어난 것과 같은 독재자들의 잔인한 행위들은 부패된 인간성의 부도덕을 드러낸다. 그러나 만일 이 문구가 압제자들의 혐오스러운 성격을 나타낸다면, 그것은 또한 고난 당하는 자의 성격에 대해서도 많은 것을 말한다. 그 수욕적 행위들의 열거에 있어 점층법(gradation)이 있는 것 같지만, 이 모든 것들을 통하여 고난 당하는 자는 온유의 정신과 보복을 하지 않으려는 정신을 유지하고 있다.

죄악된 인간은 그가 어떤 종류의 사람이든 자기 안에서 솟아오르는 반항정신 없이 여기 묘사된 고통들을 통과하는 것은 불가능할 것이다. 그리고 만일 어떤 보복 정신이 그를 붙잡았더라도 우리는 당연히 이해할 수 있다. 예레미야까지도 자기를 사용하던 방식에 대해서 불평했었다(참고. 렘 20:9, 14이하; 욥 3장). 전혀 죄가 없는 사람만이 거역의 정신없이 그러한 고난들을 겪을 수 있다. 이런 이유로 인하여 파이퍼가 너무도 정확하게 지적한 바와 같이, 만일 선지자가 여기서 이스라엘 나라, 그것도 그 중 가장 신앙 좋은 계층을 묘사하고 있다면, 그것은 참되지 않은 거짓된 그림을 제공해 주는 것이다. 그렇게도 참을성 있게 고난을 당할 수 있는 유일한 사람은 죄가 없는 그 한 사람 하나님의 그리스도뿐이다. 이 점에서 필자 자신은 여기서 그것이 머리와 함께 몸된 교회를 가리킨다고 말하는 자들과 의견을 같이 할 수 없음을 발견한다.

50:7 도입 접속사 '그리고'는 극심한 고통 가운데 있는 그 종의 내적 사상과 확신을 전면에 부각시키는 역할을 한다. 그 모든 것을 통하여 사람들이 무례하게 그에게 달려들 때 그의 마음은 주 여호와께서 그를 도우신다는 생각으로 가득 찼다. '그러므로'는 '그리고'에 의하여 도입된 사상의 결론을 이끌고 있다. 주 여호와께서 그를 도우시므로 그 종은 부끄러워하지 않았다. 그는 경멸(켈림마, כְּלִמָּה)의 대상이었으나 그는 부끄러워(니클람티, נִכְלָמְתִּי) 하지 않았다.

이러한 이유로 그도 역시 그 앞에 놓여 있는 고난들을 맞이할 결심이 되어 있다. 그 어떤 시험도 자기 하나님이 정하신 경로에서 그를 빗나가게 하지 않을 것이다. 하나님의 뜻에 대한 순종은 그의 최고의 결심에서 최고조로 엿보인다. 그는 자기 얼굴을 부싯돌같이 굳게 하여5) 다른 편으로 돌이키거나 다른 자에게로 돌이킬 수가 없다. 이와같이 그리스도에 대해서 예루살렘으로 올라가기로 굳게 결심하셨다(눅 9:51)고 기록하고 있다. 그가 수욕을 당하지 않을 것이라는 확신은 그 종에게 확실하다. 이 단어는 '내가 부끄러워 아니하고' 만큼 강하지 않다. 하나님께서 그를 도우시기 위하여 그와 함께 하시므로 그는 부끄러워 아니하고, 그의 고난들이 수치로 이끌지도 않을 것이다. 그에게 놓여진 수치와 경멸은 그를 더 큰 영광과 영예로 이끌어 줄 뿐이다.

50:8 승리의 외침과 함께 그 종은 하나님께서 자기를 도우실 것이라고 선언한다. 첫 번째 단어에 강조를 하면서 그는 '나를 의롭다 하시는 이가 가까이 계신다'고 단언한다. 이는 의롭다 하시는 이가 그를 의롭다고 선언할 준비를 하고 가까이 와 계시다는 것이다. '나를 의롭다 하시는 이'를 신약성경에 있는 디카이오($\delta\iota\kappa\alpha\iota\omega$)처럼, 엄밀하게 법정적 용어로 사용하며, '의롭다고 선언하다' 혹은 '사람을 의롭다고 선고를 내리다'를 의미한다. 신약에서처럼 여기서도 법률상의 배경이 깔려 있다. 그 종을 의롭다고 선고하시는 이는 재판장, 곧 하나님 자신이시다. 하나님께서는 그 종이 무죄하고, 또 죄와 상관없이, 율법과 바른 관계를 맺고 있다고 선언하시기 위하여 가까이 와 계신다.

이 경우 그 선포는 그 종의 실제 상태와 일치한다. 이것은 그 종이 소유하고 있는 의가 그 자신의 것이기 때문이다. 그 자신을 자기 인격과 사역에 대해 말한 선언들은 주권자 여호와에 의하여 참되고 의롭다고 선포하였다. 그러므로 하늘의 재판장의 선고는 충분히 그 종을 변호하고 있는 것이다. 대적들은 그 종이 그 자신의 죄로 인하여 징벌을 받고 있다고 생각하였으나, 하나님의 변호는 그들이 얼마나 잘못되었는지를 보여 준다.

하나님께서 자기를 변호하시기 위해 가까이 계신다고 확신하면서 그 종은 '나와 다툴 자가 누구뇨?'라고 대담하게 도전한다. 이 말은 법정에서의 논쟁을 가리키며, 다투는 자는 법적인 반대자로 생각된다. 만일 그 종에 대항하여 그 종이 자기가 주

---

5) חַלָּמִישׁ (할라미쉬) - 부싯돌, 참고. 아카드어 *elmešu*, 다이아몬드

장하는 사람이 아니라는 것을 보이기 위하여 법적 소송을 할 만큼 충분히 담대한 누군가가 있다면, 그러한 법적 투쟁에 '나와 함께 설지어다.' 그 종이 말하는 담대함과 열정은, 그가 법적으로 변호를 받을 것이라는 그의 확신뿐 아니라 그의 무죄성도 분명하게 지적한다. 두 번째 질문에서 그는 법정 대적자를 '나의 대적'으로[6] 지칭하면서 보다 구체적인 용어를 구별한다. 이 문구는 분명히 고대 세계에서 널리 퍼져 있었는데, 로마인들은 검사를 dominus litis로 부르고 설형문자는 같은 표현을 bel dini로 사용한다. 그러므로 '내 대적'은 종에게 반대하는 판단을 가지고 있는 자이다. 본 절의 표현에 어느 정도의 점층법이 들어 있다.

50:9 본 절은 앞의 내용의 요약과 결론을 말하고 있다. 선지자는 도입어 '보라!'를 통하여 한번 더 그 종에게 도움을 주실 여호와 하나님께 주의를 집중케 하고 있다. 이어지는 질문은 8절에 있는 그것보다 더 강하며, '나를 정죄할 자가 누구뇨?'라고 말하는 것과 같다.[7] '정죄'란 단어는 '의롭다함'과 반대이며, 정죄 판결의 선고를 가리킨다. 아무도 그 종에게 그러한 선고를 내릴 수 없다. 왜냐하면 주 여호와께서 그를 도우시고 변호하시기 때문이다.

그 종의 대적들이 가상적인 존재들이 아니었다는 사실이 그들의 결말에 대한 진술에서 보여진다. 옷이 점점 낡아지고 헤어지듯이 그렇게 될 것이다. 성경은 점진적 부패를 표현하기 위하여 이 표상을 사용한다(예, 호 5:12). 오래된 옷이 좀에 먹히듯이 그 종을 대적하고 정죄하는 자들도 지나가 사라질 것이다. 그들이 그 종을 고소하는 죄명들을 가지고 법정에 설 때, 그들은 좀이 낡은 옷을 먹어치우듯이 수치를 당할 것이다.

10절, 너희 중에 여호와를 경외하며 그 종의 목소리를 청종하는 자가 누구뇨 흑암 중에
행하여 빛이 없는 자라도 여호와의 이름을 의뢰하며 자기 하나님께 의지할지어다
11절, 불을 피우고 횃불을 둘러 띤 자여 너희가 다 너희의 불꽃 가운데로 들어가며 너

---

6) B는 ὁ κρινόμενός μοι.
7) 후(מי)는 의문사를 강조하는 전접어로서의 역할을 한다. GKC §136 c는 *quisnam*에 있는 *nam*과 비교하고 있다. 관계 대명사는 한정동사 앞에서 빠졌다.

희의 피운 횃불 가운데로 들어갈지어다 너희가 내 손에서 얻을 것이 이것이라 너희가 슬픔 중에 누우리라

50:10 선지자는 적절한 결론을 내리며, 앞의 구절들을 요약한다. 그는 여호와를 경외하고 흑암 중에 행하는 백성들 가운데 있는 사람들에게 말한다. 그러한 자들은 그 종의 모범을 따라야 하고 하나님을 전적으로 신뢰하여야 한다. 이사야는 '종'이란 용어를 사용함으로써 방금 전까지 말해 온 자가 여호와의 종 곧 49장에 나타나 있는 그분과 같은 존재임을 밝혀 준다. 여호와를 경외하는 것과 그의 종의 목소리를 청종하는 것은 평행한다. 만약 어떤 사람이 그 종의 목소리를 청종한다면 그 사람은 여호와를 경외하는 사람이다. 이 강력한 진술에 비추어 그 종이 어떻게 하여 이스라엘 국가 혹은 그 나라의 가장 좋은 부류가 될 수 있는지 이해하기가 어렵다. 그러나 만약 그 종이 하나님과 독특한 관계에 서 있는 유일한 개인, 곧 교회의 머리이시요 고난 당하는 구세주이시라면 어려움은 없는 것이다.

만일 첫 단어가 단순한 의문 대명사 '누구?'로 취급된다면, 질문의 결론을 결정하는 데 있어서 어려움이 있다. 세 가지 가능성이 있다. 즉 (1) '여호와'와 더불어 (2) '그의 종'과 더불어 (3) 본 절의 끝에서. 그 단어를 비한정적인 '누구든지'로 취급하는 것이 가장 좋을 것으로 보인다. 그렇다면 그것은 여호와를 경외하는 자의 세 가지 속성 혹은 특성과 연관된다. 처음 두 개는 분사로 표현되어 있다(첫 분사는 연계 상태에 있다). 세 번째 속성은 관계 대명사 '그'(who)를 통하여 소개되어 있고, '흑암 중에 행하며 빛이 없는 자라도'라는 상황 절에 의하여 수식을 받고 있다. 여호와를 경외하는 자는 비굴한 두려움 가운데 있는 자가 아니고 하나님을 존경하며 그 앞에서 두려워하는 자이다. 그러한 경건한 두려움은 그 자체가 하나님의 명령들에 대한 순종 가운데서 나타난다.

만일 사람이 여호와를 두려워한다면, 그는 그 종이 자기 자신에 관하여 그리고 자기 사명에 관하여 선포하는 것을 믿으면서, 하나님의 참 종의 목소리에 귀를 기울일 것이다(참고. 요 5:23). 그 종의 말씀은 하나님의 말씀이니, 이는 하나님께서 그 종의 입을 날카로운 칼 같이 만드시기 때문이다(참고. 49:2). "이는 내 사랑하는 아들이니 그를 들을지니라."

세 번째 속성은 하나님을 경외하는 자가 처했던 상황을 보여 준다. 흑암은 영적이었고 어떤 빛도 그것을 뚫고 비칠 수 없었다. 그러므로 상황절은 그 표현을 강화

시켜 준다. 동사(행하다)를 과거가 아니라 현재로 표현해야 한다. 왜냐하면 그것이 실제로 존재하는 상태를 나타내기 때문이다. 두 개의 마감하는 동사를 명령형으로 이해할 수도 있다. '여호와의 이름을 의뢰' 하는 것은 주님이 자신을 자기 백성에게 계시하신 대로 여호와를 믿는 것이다. 평행구 '의지하다' 는 믿음의 본질적 개념, 즉 한 인간에게 두어진 신뢰(confidence)를 드러낸다. 이것은 앞의 것보다 더 강하다.

그러므로 여호와를 경외하고 그의 참 종의 목소리를 청종하는 자들은 그럼에도 불구하고 흑암 가운데 있을 수 있다. 그 종 자신처럼, 그들이 하늘 성읍으로 들어올 수 있도록 그들 역시 고난에 노출되며 고난, 죽음, 지옥을 통과하여 그들의 주님을 따라가야 한다. 이 세상에서 그들은 고난을 당할 것이다. 그러나 그 종은 이 세상을 이기셨으므로, 그들은 한 가지만 하면 된다. 즉 주님의 길과 사역으로 자기들에게 자기 자신을 계시하신 주님을 의지하고 도움을 얻기 위하여 그들을 결코 실망시키지 않으실 그들의 하나님을 의지하는 것이다.

50:11 앞 절에서 백성들 중의 신자들에게 말씀하였던 것처럼, 이 구절은 그 종을 믿지 않고 자기들의 마음을 강퍅하게 하고 회개하지 않은 채 남아 있는 자들에게 향하고 있다. 맨 앞에 등장하는 불변화사 헨(הן)은 긍정적 의미를 가진다.

비유들은 사람들이 비쳐주는 빛을 위하여 피운 불을 가리키는 것으로 보인다. 그들은 흑암 가운데 행하고 자기 자신들이 피운 불을 통하여 흑암을 피해보려고 힘쓴다. '횃불을 둘러 띤' 이 의미하는 바는 확인하기 어렵다.[8] 그 뜻은 단순히 공격 혹은 전쟁 때에 사용되도록 불화살로 무장하거나 혹은 준비하는 것을 암시할 수도 있다.

불을 피우는 자들에게 자기들의 피운 불속으로 들어가라는 명령, 즉 그들이 피웠던 그 불로부터 유익을 얻으려고 계속 노력하라는 명령이 주어진다. 칼빈이 말한 대로 이 명령은 아이러니의 기미를 담고 있을 가능성이 있는데, 마치 선지자가 "너희는 주님을 거역하고 흑암으로부터 피하기 위하여 너희 자신의 불을 피워라. 그래, 지금 가라 그리고 그 불 자체 가운데 있는 너희의 생활 과정을 밟아가라. 그것이 어떻게 너희의 구원이 되지 못하고 너희의 멸망이 될 것인지를 보라!" 그 불이 그것을 피운 자에게 "너희의 불꽃" 속해 있다는 사실과 그 횃불들이 그들이 피운 것들 "너

---

8) 메아즈레(מאזרי)—1Q는 M을 지지한다. 지코트(זיקות) — 불꽃들, 날아가는 무기들 (missiles). 참고. 수리아어 zîqtô', 유성, 그리고 아카드어 zaqātu, 뾰족하게 되다.

희의 피운"이라는 사실을 강조하고 있다.

  하나님은 그 결과를 작정하였다. 그것은 그분의 손으로부터, 즉 그분의 능력으로부터 나온다. 아마도 '이것'이란 단어는 제1차적으로 다음에 뒤따라오는 것 즉, 악한 자의 최후의 징벌을 가리킬 것이다. 선지자의 필치는 힘이 있다. 고통의 장소에 '너희가 누우리라.' 엑센트는 델리취가 말하는 바와 같이, 고압적인 결론을 주는 이 마지막 단어의 마지막 음절에 있다. "그것은 두려운 음조를 가지고 있으나 더욱 두려운 것은(미래의 상태는 그만두고라도) 그 눈앞에 나타난 역사적 성취이다"(델리취).

51장

1절, 의를 좇으며 여호와를 찾아 구하는 너희는 나를 들을지어다 너희를 떠낸 반석과 너희를 파낸 우묵한 구덩이를 생각하여 보라
2절, 너희 조상 아브라함과 너희를 생산한 사라를 생각하여 보라 아브라함이 혈혈 단신으로 있을 때에 내가 부르고 그에게 복을 주어 창성케 하였느니라
3절, 대저 나 여호와가 시온을 위로하되 그 모든 황폐한 곳을 위로하여 그 광야로 에덴 같고 그 사막으로 여호와의 동산 같게 하였나니 그 가운데 기뻐함과 즐거워함과 감사함과 창화하는 소리가 있으리라
4절, 내 백성이여 내게 주의하라 내 나라여 내게 귀를 기울이라 이는 율법이 내게서부터 발할 것임이라 내가 내 공의를 만민의 빛으로 세우리라
5절, 내 의가 가깝고 내 구원이 나갔은즉 내 팔이 만민을 심판하리니 섬들이 나를 앙망하여 내 팔에 의지하리라
6절, 너희는 하늘로 눈을 들며 그 아래의 땅을 살피라 하늘이 연기같이 사라지고 땅이 옷같이 해어지며 거기 거한 자들이 하루살이같이 죽으려니와 나의 구원은 영원히 있고 나의 의는 폐하여지지 아니하리라

  51:1 여호와께서는 불경건한 자들로부터 돌아서서 그 나라 가운데 있는 경건한 자들에게 말씀하신다. 본 장은 두 개의 주요 부분, 곧 1-11절과 12-23절로 나뉘어 지며, 이 각 부분은 다시 두 개의 작은 단락, 곧 1-6절, 7-11절과 12-16절, 17-23절로

나뉘어진다. 도입구 '나를 들을지어다' 란 명령을 통하여, 선지자는 청중들을 자기에게로 향하게 만든다. 알렉산더가 지적하는 바와 같이, 그것은 저자나 화자가 한 대상으로부터 다른 대상으로 주의를 돌리게 할 때 사용하는 통상적인 형식이다. 동시에 그것은 명령형이며, 그 발언된 내용에 엄숙한 책임을 갖게 한다.

이들은 의를 좇는 자로 기술되어 있다(참고, 신 16:20). 이것은 의에 대한 능동적이고도 열정적인 추구를 의미하며, 그것에 굶주리고 목말라 하는 것을 의미하며 행동으로 나타난다. 많은 주석가들에 의하여 '의' 가 하나님의 율법에 부합하는 어떤 기질을 나타내는 것으로 취급한다. 이러한 심성적(ethical) 강조가 평행절인 '여호와를 찾아 구하는 자'에 의하여 지지를 받고 있다. 다른 한편 어떤 사람은 이 단어에 종말론적 개념을 주입하면서 구원 개념에 적용한다. 실질적으로 둘 사이에 뚜렷한 구별이 불가능하다. 의를 추구하는 사람들은 자기들의 죄에 불만스러워하며, 하나님의 요구들과 일치하는 삶을 간절히 바란다. 그들에게 모든 형태의 악들은 혐오스러운 것이요, 그들은 자기들이 사랑하고 있는 여호와를 사랑하게 될 것이다. 동시에 그러한 간절함은 그러한 의가 인간의 노력의 결과로서는 불가능하다는 사실을 분명하게 만들어 준다. 그리하여 인간은 의의 유일한 원천이신 여호와를 바라본다. 이 두 개념(의를 좇으며 여호와를 찾아 구하는 것—역자주)이 한 단어로 묶여지는 것은 가능하다. 여호와를 찾는 자는 그분을 바라는 자이지만, 그러나 만일 주님이 자기 얼굴을 숨기시면 주님을 만나 뵐 수 없다는 것을 깨닫는 사람이다. 주님 자신이란 선물은 주님의 은혜라는 선물이다.

주님이 선언하고 있는 내용의 진리를 경건한 자에게 확신시키기 위하여 주님은 그들이 떨어져 나온 반석을 바라보라(즉 생각하거나 상고하는 것)고 그들에게 명령하신다. 이사야는 비유를 사용하고 그 비유 설명은 2절에서 볼 수 있다. 여호와께서는 단순하게 백성으로 하여금 자신의 기원을 생각해 보라고 명령하신다. 그들은 보다 커다란 반석 덩어리로부터 깨뜨려낸 하나의 돌과 같으며, 혹은 구덩이로부터 취해진 흙과 같다. 그 반석 자체는 아브라함이 아니며, 그리고 아브라함이 자기의 믿음이 굳세기 때문에 하나의 반석으로 불려졌다고 논증하는 것이나, 혹은 사라가 하나의 구덩이로 불려졌다고 논증하는 것은 비유를 오해한 것이다. 이 두 비유는 한 자손이라는 일반적인 개념을 표현한 것이며, 보다 구체적인 설명은 2절에 주어져 있다.[1]

---

1) 이 두 비유들은 이스라엘의 단결과 공동 기원을 상징하기도 한다.

51:2 여호와를 찾는 소수는 자신의 아비(조상)인 아브라함을 생각하여 보아야 하며, 그들을 낳은 사라를 생각하여 보아야 한다. 이것은 구약성경에서 창세기 이외의 다른 곳에 있는 사라에 대한 극소수의 언급 가운데 하나이다. 이삭의 탄생 으로 실질적으로 이스라엘 국가가 탄생되었는데, 이는 그가 약속의 씨이기 때문이다. 이삭이 태어났다는 것은 하나님의 능력이 구원의 약속의 성취를 막고 있었던 세력을 이기셨다는 사실을 나타낸다.[2] 창세기 15:5에서 하나님께서는 아브라함에게 하늘을 바라보라고 명령하시고 하늘의 별처럼 번성할 하나의 씨를 그에게 약속해 주셨다. 이제 믿음을 가진 소수는 아브라함을 바라보라고 명령을 받고 있다. 그가 믿음으로 행동하였던 것처럼 그들 역시 그렇게 행동해야 할 것이다.

이제 아브라함 한 사람에게로 생각이 옮겨지는데, 이는 그가 자기 후손들이 장차 이룰 큰 나라와는 대조되는 혈혈단신 즉 홀로, 한 개인, 단 한 사람이었을 때, 하나님께서 그를 부르셨기 때문이다(참고. 겔 33:24, 이곳에서는 아브라함 한 사람과 많은 후손 사이의 대조를 드러내고 있다). 하나님께서는 혈혈단신으로서의 아브라함을 이방 나라로부터 불러내셔서 그로 하여금 창성한 나라가 되게 하셨다.

마지막 두 단어는 창세기 12:1-3의 언어를 반영하고 있다. 지적한 바와 같이 그것들은 아마도 과거로 번역해야 할 것이다.[3] 따라서 그것들은 창세기에 주어졌던 약속의 의미에 덧붙여져야 한다. 하나님께서는 당신이 그를 축복하실 생각으로 아브라함을 부르셨다. 주님은 이 일을 실제로 이루셨으니, 곧 이스라엘 국가가 아브라함으로부터 탄생되었던 것이다. 그러나 축복과 번성의 본 의미(epitome)는 아직 실현되지 않았다. 그러므로 위로와 격려가 약속의 말씀을 듣고 있는 낙심한 자에게 주어지고 있는 것이다. 그 옛 약속은 그 가장 영광스러운 실현을 바라보고 있다.

하나님께서는 아브라함을 축복하실 것이고 축복하시면서 번성케 하시고 그 자손들을 번성케 하실 것이다.

---

2) תחוללכם – חול(빙빙 돌다, 춤추다, 몸부림치다)의 폴렐미완료형이다. 이렇게 고립되어 있는 미완료형은 특별히 생동감을 가진 행동을 묘사하는 과거로 해석되어야 한다.

3) 참고. GKC §107 b N. 약 **와우**를 가진 미완료형은 과거를 마치 그것이 지금 일어나고 있는 것처럼 혹은 막 일어나려고 하는 것처럼 생생하게 나타낸다. 그것은 또한 목적을 표현한다. 1Q는 첫 동사를 ואפרהו로 대체한다.

51:3 언젠가 하나님께서 한 사람 아브라함으로부터 큰 나라를 이루게 하셨던 것처럼, 지금도 주께서 그 작은 신실한 그룹을 다시 크게 번성케 되기까지 이끌어 가실 것이다. 본 절과 앞 절의 관계는 분명하다. "내가…불렀다, 이는 여호와께서 시온을 위로하기 위해서…." 확실하다는 개념을 드러내기 위하여 동사의 시제가 과거형이지만 미래로 번역해야 한다. 이미 성취된 행동을 묘사하고 있지 않고 미래에 일어날 일을 묘사하고 있다.

하나님께서 어떻게 시온의 황폐된 곳을 위로하실 수 있다는 말인가? 그 대답은 다음절에 나타나 있다. 생산하지 못하던 사라가 셀 수 없는 자손을 얻었던 것처럼, 황폐된 곳인 시온 역시 하나님의 약속을 믿는 수많은 사람을 보게 될 것이다.

시온의 광야는 에덴 같이 될 것이며 그 사막은 여호와의 동산 같이 될 것이다. 이 뜻은 낙원으로 돌아온다는 것이 아니고 최후시대(Endzeit)가 최초시대(Urzeit)가 될 것이라는 것도 아니다. 그보다는 다가올 구원이 타락하기 이전의 원래 상태처럼 될 것이라는 것이다. 일치가 아니라 비교가 의도되어 있다. 지금의 시온의 황폐한 상태는 어느 날 에덴동산처럼 될 것이다. 그런 까닭에 거기에 있는 모든 사람들이 감사와 찬양과 함께 기뻐하고 즐거워하게 될 것이다.[4] 이는 강력한 대조이다. 즉 한편으로는 황량한 곳, 사막, 황폐한 곳, 다른 한편은 기쁨, 즐거운, 감사, 그리고 노래 소리.

51:4 본 절과 함께 새로운 연이 시작되는데, 두 개의 명령형으로 구성되어 있는 점에 있어서 앞 절과 유사하다. 백성과 그 나라에게 말씀이 주어지고 있으며 그래서 주어가 앞 절과는 약간 다르게 변형되어 있다. 그 백성이 하나님의 백성으로 소개되며, 이는 이사야서에서 통상적인 호칭이다. 강조가 제1인칭 접미사에 있다. "내게 주의하라, 내 백성, 내 나라, 내게 귀를 기울이라." 칼빈은 말하기를, "여기서 요구된 것은 은혜의 시기가 온전히 올 때까지 참아 인내하여 계속해서 우리 마음의 주의를 집중하는 것이다."

하나님께 주의를 기울여야 할 하나의 이유는 하나님으로부터 율법이 나오기 때문이다. 이것은 복음과 구별되는 모세 율법이 아니고, 인간의 의무의 법칙으로 이루어져 있는 하나님의 뜻의 표현이다. 그것은 특별히, "영원하신 하나님의 명령에 의하

---

4) 단수 동사가 복수 주어를 가지고 있다. 1Q는 ימצאו로 읽는다.

여 주어진, 그리고 모든 민족으로 믿어 순종케 하려고 알게 하신 바 된"(롬 16:26) 믿음의 법이다. 하나님께서 사람에게 요구하시는 것을 인간 앞에 두게 하는 것은 바로 하나님의 의지의 권위있는 표현이다. 이 표현 방식은 철저하게 이사야적인데, 토라(율법)란 단어를 강조하고 있다. 강조가 또한 복합어 "내게서부터"에서도 발견되는데, 마치 그 율법이 하나님의 존전에서부터 나온다는 사실을 강조하기 위한 것 같다.

율법에 관한 진술과 평행이 되는 문장은 본 절의 마지막 문장이다. '내 공의'는 하나님의 나라에서 공정의 법칙으로서의 역할을 하며, 따라서 참 종교와 동의어 혹은 구원과 동의어이다. 인간의 행위와 관계되어 있는 여호와의 공평한 판결은 무지와 죄의 흑암 가운데서 행하는 열국에게 알려져 있지 않다. 이방인의 유익을 위하여 하나님께서 이들을 빛으로써 돌아오게 하실 것이다. 충만한 의미에 있어서 율법과 공의(판단)는 복음시대를 가리킨다. 그것들은 예수 그리스도에 의하여 도입된 은혜와 진리이다. '내가 돌아오게(안식하게) 할 것이다'는 단순히 '내가 세울 것이다'를 의미한다. 하나님의 활동에 대한 강조에 유의하라.

51:5 강조가 '가깝다'란 첫 단어에 있는데, 이는 그것이 여호와의 의에 관한 가장 중요한 점을 드러내기 때문이다. 발람은 메시아에 대해서 "내가 그를 바라보아도 가까운 일이 아니로다"(민 24:17)라고 말했을 때, 그가 의미하는 것은 메시아의 오심이 오래 걸리지 않는다는 것이다. 여기서도 역시 '가깝다'는 시간적 의미가 우세한 것처럼 보인다. 실제적으로 그것은 구원이 나타나기 오래 전이었다. 바벨론 포로로부터의 구원은 전조이거나 혹은 약속된 구원의 첫 경험일 뿐이었다.

의가 가까운 것처럼, 하늘에 계시는 하나님으로부터 나오는 구원도 그러하다. '나갔은즉'과 '가까운'이란 형용사는 같은 사상을 표현하고 있다. 의와 구원은 하나님으로부터 나와서 가까이 와 있다. 그런 까닭에 의와 구원이란 두 용어는 실질적으로 동의어이다. 구원은 영적이요, 의로 그 특징이 설명된다. 구원이 나올 때, 거기에는 하나님의 의의 현시가 있다. 이 의는 하나님께서 의롭게 자기의 약속들을 지키시고 자기의 공의를 만족하게 하신다는 사실에서 나타나지만, 그러나 죄인이 받도록 하는 의 속에서도 나타난다. 의를 구하는 자는 하나님께서 제공하시는 구원의 의 속에서만 발견한다.

죄악된 백성을 다루심에 있어서도 역시 하나님의 공의가 나타난다. 주님의 '팔'

과 그의 능력의 보좌가 백성을 심판하실 것이다. 의로운 구원의 현시와 대조적으로 이것은 정죄로 나타나는 심판이다. 구원과 심판이 나란히 나타나는 것은 이사야서의 내용이 진지하게 강조하는 것이다.

심판은 열국들에게 나타날 것이지만, 그러나 그들 가운데서도 역시 하나님의 나타나심을 기다리는 자가 있을 것이다. 흑암 가운데 거하는 '섬들'이 하나님의 심판의 빛과(참고. 4절), 그의 팔이 나타나기까지 기다린다. '섬들'의 의미에 대해서는 41:1에 있는 주석 부분을 보라. 하나님의 능하신 권능이(단수를 주시하라) 나타날 때, 섬들은 비췸을 받고 구원을 받을 것이다. 그들은 구원의 길을 들을 때까지 무지의 흑암 가운데 있었다. 이 흑암을 쫓아내기 위하여 하나님의 능력이 필요하다. 복음은 하나님의 능하신 능력의 계시이다.

51:6 누가복음 21:33에서 예수 그리스도께서는 본 구절의 근본적인 진리를 말씀하신다. "천지는 없어지겠으나 내 말은 없어지지 아니하리라." 다가오는 구원을 앙망하는 자들은 눈을 들어 창조된 세계를 바라보아야 한다(참고. 40:26 상반절).

'하늘'은 연기처럼 사라질 것이다. 땅은 옷같이 헤어질 것이며,[5] 거기 거한 자들은 한결같이[6] 죽을 것이다. 창조된 세계, 즉 하늘과 땅은 일시적이다. 그것이 시작이 있는 것처럼 끝도 가지고 있다. 영원히 지속될 것처럼 보이는 하늘과 땅은 어느 날 종말을 고하고 더 이상 존재하지 않을 것이다. 참된 새 하늘과 새 땅이 있을 것이라는 사실은 이 특별한 구절 가운데는 진술되지 않았는데, 본 구절의 목적은 창조된 세계의 덧없음과 여호와의 구원과 의의 영원성이 날카롭게 대조하려는 것이다.

피조물의 덧없는 특성과는 반대로 하나님의 구원은 영원히 있을(직역하면, 지속될) 것이다. 그와 같이 그의 의도 폐하여지지 아니할 것이다(즉 그대로 있기를 그치지 않을 것이다). 이것들은 추상적으로 지속되는 것이 아니고, 의로운 구원을 받은 사람들과 의의 거하는 바 새 하늘과 새 땅에 있을 사람들 가운데 나타날 것이다(참고. 벧후 3:13).

---

5) מתחת – 1Q에서는 אויוסביה와 함께 계속되며, M에 나타나는 두 개의 삽입 구절들이 빠져 있다. 님라후(נמלחו) – 사라질 것이다. 조각들로 흩어지다.

6) 켄(כן) – 이를 의미할 수도 있는데, 이는 보다 강력하다. 그러나 B는 ὥσπερ ταῦτα. 참고. ZAW, Vol. 53, 1935, pp. 270f.

7절, 의를 아는 자들아, 마음에 내 율법이 있는 백성들아, 너희는 나를 듣고 사람의 훼
방을 두려워 말라 사람의 비방에 놀라지 말라
8절, 그들은 옷같이 좀에게 먹힐 것이며 그들은 양털같이 벌레에게 먹힐 것이로되 나
의 의는 영원히 있겠고 나의 구원은 세세에 미치리라
9절, 여호와의 팔이여 깨소서 깨소서 능력을 베푸소서 옛날 옛 시대에 깨신 것같이 하
소서 라합을 저미시고 용을 찌르신 이가 어찌 주가 아니시며
10절, 바다를, 넓고 깊은 물을 말리시고 바다 깊은 곳에 길을 내어 구속 얻은 자들로 건
너게 하신 이가 어찌 주가 아니시니이까
11절, 여호와께 구속된 자들이 돌아와서 노래하며 시온으로 들어와서 그 머리 위에 영
영한 기쁨을 쓰고 즐거움과 기쁨을 얻으리니 슬픔과 탄식이 달아나리이다

51:7 본 장의 두 번째 소 문단은 첫 번째 것과 유사하게 시작된다. 하나님의 말씀을 들으라는 명령은 본 단락을 이끌고 있다. 그 말씀을 들은 사람들은, 1절에 의를 좇으며 여호와를 찾아 구하는 자로 지칭된 사람들과 같은 자들로써 여기서 '의를 아는 자들'과 '마음에 그 율법이 있는 백성'으로 묘사되어 있다. 인종적 이스라엘 가운데 있는 그들은 참 이스라엘이며, 델리취의 말을 빌리자면, 다수 가운데 있는 핵심이며, 하나님의 백성이다. 지식은 단순히 지적인 앎이 아니라 의에 대한 경험, 내적인 납득, 그에 대한 파악을 의미한다. 그러나 지적인 요소가 감소되어서는 안 된다. 거기에는 의에 대한 참된 인식과 이해가 있다. 의에 대한 전인적 받아들임이 암시되어 있다.

의를 아는 자들이 그 마음에 하나님의 법이 있는 자들로 묘사되어 있는 점은 의미심장하다. 그들은 율법을 가지고 있을 뿐만 아니라 열정적으로 그것을 받아들이고 이해하며 자기들의 삶의 법칙으로 바라본다. 그러므로 이 율법은 그 백성의 밖에 있는 것이며, 그들에게 객관적인 것이며, 구술로나 혹은 저술 형태로 주어진 하나님의 율법으로 구성되어 있는 것이다. 이 율법은 사용할 수 있는 형태로 제공되어야 하며, 그리하여 백성들이 지적으로 그것을 깨달아야 한다. 이 문구는 1절에 있는 '여호와를 찾아 구하는 자들'과 잘 상응한다.

여호와께서는 자기의 참 백성에게 사람의 훼방(이 단어는 그 다음에 따라오는 '비방'(קדף)만큼 강하지 않다)을 두려워 말라고 명령하신다. 사람이란 단어는 사람이 약하고 잘 깨어진다는 사실을 암시하는 어근으로부터 파생되었다. 인간은 하나

님의 백성이 두려워할 충분한 이유가 아니다.

이러한 가르침의 깊이가 간과되지 않아야 한다. 인간들은 많은 것들, 즉 대개 인간이 자신에게 행할 수 있는 것들에 대해 두려워한다. 그러나 그러한 두려움을 이길 수 있는 한 길이 있을 뿐이니, 그것은 의를 아는 것이며 그 마음 가운데 율법을 소유하는 것이다. 이 방법은 비록 인간들에게 비방을 받지만 참된 안정을 얻는 유일한 길이다. 그리고 그것을 소유한 사람은 불신 세계와 교회가 그들에게 퍼부을 수 있는 훼방이나 비방을 두려워할 필요가 없다.

51:8 여호와의 종의 대적들이 쉽게 망하는 것처럼(참고. 50:9), 하나님의 백성을 욕하는 사람들도 그러할 것이다. 그들은 멸망하나, 하나님의 의와 구원은 영원할 것이다. 두 비유가 대적들의 덧없음을 강조하기 위하여 사용되었다. 옷이 좀에게 먹히고 벌레가 양털을 먹듯이 대적들은 멸망을 당할 것이다. 이 비유들은 옷과 양털이 좀과 벌레에게 먹혔음을 암시하고 있다. 그들 자신의 멸망의 씨들을 그들 자체 안에 가지고 있다. 이 비유들은 인간을 나타내기 위하여 앞 절에서 사용된 에노쉬(אֱנוֹשׁ, 약한 인간)와 상응한다. "구원은 하나님 안에 있다. 그 구원으로 하나님은 그 자신이 아니라 우리를 보존하시고자 한다. 의도 하나님 안에 있다. 따라서 그는 그것을 우리의 방패와 보존을 위해 나타내시고자 한다"(칼빈). 세상의 비방과 욕이 우리를 강타할 때, 우리는 자주 마음과 심령 가운데 고통과 혼란이 있다. 그러나 그러한 비방은 일순간일 뿐이다. 우리에게 주님의 완전한 의를 가져다 주는 여호와의 구원의 축복은 결코 사라지지 않을 것이다.[7]

51:9 선지자는 이제 그의 표현 방식을 변경하고 있다. 한층 더한 논증을 통하여 방금 선언하였던 위로를 개진하는 대신, 여호와의 팔, 곧 주님의 힘의 근원에게 명령하고 있다. 선지자는 독특한 스타일로 두 번 여호와의 팔로 하여금 '깨소서 깨소서' 하고 요청하는데,[8] 이는 그 팔이 자고 활동하지 않았다는 것을 암시한다. 그 팔은 물리적으로 생각되는데, 이는 그것이 힘으로 옷입도록(능력을 베푸소서) 요청을 받고

---

7) 세세에 – 두 명사들의 복수는 복수적 개념을 나타낸다.
8) עוּרִי (우리) – '깨어라!' 엑센트가 **밀라**이고, 반면에 세 번째 출현에서는 **밀렐**이다. 밀라 엑센트는 운율의 효과를 위한 의도적인 변형일 것이다.

있기 때문이다. 즉 말하자면 이전에 개진하신 임무를 성취하도록 힘으로 띠를 띠도록 요청을 받고 있기 때문이다. 이 표상은 전쟁 준비의 개념을 나타낸다.

세 번째로 '깨소서'라는 명령이 나타나는데 이번에는 이전의 깨움과 비교하기 위한 것이다. 특별히 출애굽 시대에 있었던 비할 수 없는 최고의 행위를 반영하고 있다. 하나님의 능력의 팔이 이미 언젠가 그 백성을 기적적인 방식으로 구출하셨으므로 또다시 그 일을 하게 될 것이라는 것이다. 선지자는 강조와 전환을 위하여 여호와의 팔을 향하여 하나의 질문을 한다. 이 질문에서 애굽의 격파를 묘사하고 있다. 시편 87:4, 이사야 27:1, 30:7, 에스겔 29:3, 32:2에서와 같이 라합과 틴닌(악어?)이란 단어들은 애굽을 상징한다. 이 표상들은 본래 창조 당시의 혼돈의 세력을 상징하였으나, 그러한 신화적 개념이 여기서는 완전히 빠져 있다.[9] 하나님께서 언젠가 자기 백성을 바로의 능한 권세에게 구출하셨던 것처럼, 이제도 주님은 또다시 그들의 구원의 앞길을 가로막고 있는 그 어떤 세력이든 그곳으로부터 구출하실 것이다.

51:10 질문을 계속해 나가면서 선지자는 주께서 이스라엘 백성을 애굽으로부터 이끌어내서 기적적 방법으로 홍해를 통과해 나가게 하셨다고 강조하고 있다. 주로 원시시대의 대양을 상징하는 테홈(תְּהוֹם, 심연, 깊은 곳)이란 호칭은 여기서도 그러한 개념을 가진다고 할 필요는 없다. 그것은 단순히 그 바다가 물의 큰 깊음이고, 두렵고도 가로질러 갈 수 없는 장애물이라는 것을 지적하고 있다. 인간에게 테홈이 되는 것을 여호와의 팔은 마르게 하신다.

이 해석은 그 다음에 따라오는 문장, "바다 깊은 곳에 길을 내어[10] 구속 얻은 자들로 건너가게 하신 이"에 의하여 지지를 받는 것으로 보인다. '바다의 깊음'과 '길' 사이의 대조가 두드러져 있다. 만일 바다의 깊음이 지나갈 수 있게 만들어진다면 진실로 여호와의 팔은 강한 것이다. 물론 이것은 홍해 바다의 기적적 통과를 가리킨다. 그러한 장애물로부터 구원하실 수 있는 하나님은 어느 때나 그리고 그 장애물이 무엇이든 간에 구원하실 수 있는 하나님이시다.

---

9) 참고. O Eissfeldt, *Baal Zaphon, Zeus Kasios und der Durchzug der Israeliten durchs Meer*, Halle, 1932; Wm F. Albright, *Archaeology and the Religion of Israel*, 1942, pp. 148-150; Young, *Studies In Genesis One*, 1964.

10) 핫삼마(הַשָּׂמָה) - **밀렐**이며, 그래서 완료형이 의도되었다.

51:11 본 절은 본 단락에 대한 적절한 결론을 이루고 있다. 이와 같이 하나의 결론을 이루고 있는 이 부분은 이사야 35:10을 글자 그대로 옮겨온 것이다(자세한 주해는 35:10에 있는 주석을 보라).[11] 비록 구속된 자들이 언급되었을지라도, 이 문맥에서 구속과 구원의 사실이 이제 명백하게 드러나게 된다. 이사야는 자기가 앞에서 이와 유사한 문맥에서 사용하였던 것과 같은 사상과 어투를 거침없이 사용하고 있다. 그렇지만 셈어의 관례에 따라 그는 자기의 이전 용법을 무조건 모방하지는 않는다.

12절, 가라사대 너희를 위로하는 자는 나여늘 너는 어떠한 자이기에 죽을 사람을 두려워하며 풀같이 될 인자를 두려워하느냐
13절, 하늘을 펴고 땅의 기초를 정하고 너를 지은 자 여호와를 어찌하여 잊어버렸느냐 너를 멸하려고 예비하는 저 학대자의 분노를 어찌하여 항상 종일 두려워하느냐 학대자의 분노가 어디 있느냐
14절, 결박된 포로가 속히 놓일 것이니 죽지도 아니할 것이요 구덩이로 내려가지도 아니할 것이며 그 양식이 핍절하지도 아니하리라
15절, 나는 네 하나님 여호와라 바다를 저어서 그 물결로 흉용케 하는 자니 내 이름은 만군의 여호와니라
16절, 내가 내 말을 네 입에 두고 내 손 그늘로 너를 덮었나니 이는 내가 하늘을 펴며 땅의 기초를 정하며 시온에게 이르기를 너는 내 백성이라 하려 하였음이니라

51:12 선지자는 같은 주제, 즉 시온의 구원과 영광에 대하여 계속 말해 나가고 있기는 하지만 취급하고 있다. 인칭 대명사를 반복함으로써 여호와께서 위로의 유일한 원천자인 주님 자신에게 주의를 모으고 있다. 이러한 사실은 다시 3인칭 대명사에 의하여 강화된다. 여호와께서는 40:1에 등장하는 것과 같은 어근을 사용하면서 자기가 백성을 위로하신다는 사실을 선언하신다. 사실 이것은 전체 예언의 기본적 주제이다. 첫 단락(1-39장)에서 그 나라는 어리석게도 주님의 약속을 저버리고 앗수르와 애굽을 의지하는 것으로 묘사되었다. 백성은 다가올 메시아 왕을 바라보

---

11) 얏시군 (יַשִּׂיגוּ) - '뒤따라 잡다' (overtake). 미완료형 다음에 와우 연속법이 없이 완료형이 뒤따라오는데, 이는 미래를 묘사하고 있으며, 묘사의 특정한 면에 집중하게 한다.

지 않고 인간 통치자를 바라보았다. 그 결과는 그 나라에 다가온 재앙이었으며, 첫째, 신정국가의 중단과 바벨론 포로로 끌려가면서 나타난다. 그러므로 여호와, 이스라엘의 하나님으로부터 참 위로(죄와 죄의 결과로부터의 구원이 가져오는)가 나올 것이라는 메시지가 필요했다.[12] 이사야가 40장부터 발전시키고 전개해 온 주제가 이 주제이며, 본 절에서 이 주제를 우아한 표현으로 묘사하고 있다.

하나님께서 백성의 위로자가 되시는데, 이스라엘은 도대체 왜 인간들을 두려워하는가?[13] 한편으로 두려워하는 것은 선수를 친다는 의미를 담고 있고, 다른 한편 하나님에 대한 불신앙을 담고 있다. 하나님께서는 "두려워 말라"고 명령하셨다. 이 명령을 거역하는 것은 인간적 선수를 친다는 것이요, 하나님의 명령이 공허하다고 미리 정하는 것이다. 더 나아가서 그것은 인간이 소유하지 못하는 어떤 힘과 능력을 인간에게 돌리는 것이다. 칼빈은 두려움의 본질을 정확하게 묘사한다. "그 결과, 두려움이 일어날 때, 그들은 두려워하고 혼란에 빠지며, 보호하시는 하나님의 능력보다는 공격하는 죽을 인간의 능력에 훨씬 더 그 원인을 돌린다는 것이다."

이러한 어투는 이스라엘의 위치를 드러낸다. "너희는 누구냐, 그리고 너희는 두려워 하느냐?" 이 뜻은 "너희는 아무것도 아닌데, 여전히 너희는, 약하고 깨어지기 잘하고 죽을 에노쉬(אֱנוֹשׁ)인 인간을 두려워하였다."[14] 평행적 표현에서 인자에 대해 말해진다, "풀과 같이, 그는 된다." 이 뜻은 인간이 풀과 같이 약하고 쉽게 망하게 될 것이라는 의미로 보인다.

51:13 인간을 두려워하면서 백성들은 하나님과 그의 능력을 잊었다. 성이 전환되는 것은 흥미있는 일이다. 12절 하반절은 여성형이다. 이는 여기서 시온이 목적어였기 때문이다. 13절에서는 남성형이니 이는 이스라엘을 염두에 두고 있기 때문이다. 백성들은 창조주로서의 하나님을 잊어버렸다. 그들이 결과적으로 하나님께서 자신의 창조자라는 사실을 의심하였다는 사실이 암시되어 있다. '너를 지은 자'는

---

12) Pieper는 분사를 갱신의 의미로 취급하고 '너희를 위하여 새 일들을 창조하는 자'로 번역한다.
13) 와우 연속법을 가진 미완료형이 현재시제를 암시하는 문구를 따르므로, 그 자체가 현재로 번역되어야 한다. 그것은 양보일 수도 있다. 즉 '그리고 아직 너희는 두려워한다.'
14) יָמוּת – 실명사에 붙어 있는 미완료형이 실질적으로 형용사의 의미를 가진다. '한 인간 그는 죽을 것이다'. 즉 '죽을 인간.'

이스라엘을 하나의 국가로 만드신 사실을 가리키는 것 같다.

그러한 하나님에 대한 망각은 비굴한 두려움으로 이끌어간다. 이러한 두려움의 원인은 살육하려고 예비하고 있던 학대자의 분노이다. 그러나 그러한 두려움은 어리석은 것이니, 이는 이 분노가 사라졌기 때문이다. 이사야는 이러한 후자의 사실을 웅변적인 질문을 통하여 드러내고 있다. 학대자를 활을 준비하고 그 백성을 향하여 화살을 쏘려고 맞추고 있는 것으로 묘사하고 있다. 그는 준비되어 있고, 활동적인 대적이며, 그 나라를 멸망시키려 하고 있다. 그러나 하나님께서 그들의 위로자가 되신다. 원수의 분노는 어디 있는가? 그 질문 자체는, 원수의 분노가 사라지고 결코 나타나지 않을 것임을 암시하고 있다.

51:14 앞 절의 경고는 약속으로 전환되고 있으며, 이 약속에서 이스라엘은 옥문이 갑자기 열리는 죄수로 묘사되어 있다. 우리는 첫 동사를 부사적으로 이해해서, "급히 초에(צֹעֶה)가 자유를 얻을 것이다"로 번역해야 할 것이다. 직역하면, '그 초에가 자유를 얻으려고 서두른다.' 이 뜻은 아마도 그 초에가 구원을 바라며 참지 못하는 갈망을 나타내 보이면서 지나치게 서두르고 있다는 뜻보다는, 구원이 가까웠다는 것일 것이다.

초에의 정확한 의미에 대해 의문점이 있다.[15] 구두점에 있어서 약간의 변형을 통하여 이 단어가 '행군'(marching)으로 번역할 수 있다. 그러나 이것은 비록 여러 주석가에 의하여 지지를 받을 지라도 의심스럽다. 이 어근의 의미는 '웅크리다'를 의미하며, 따라서 여기서의 분사 형용사 형태는 마치 무거운 짐 아래 있는 것과 같은 '웅크린 자, 그 부린 자'를 의미한다. 그러므로 그것은 아마도 포로가 되어 구부려 앉아 있는 자를 가리킬 것이며, 영어로 '포로들'로 번역될 수도 있다. 비록 히브리어가 무관사일지라도(이는 이것이 시적 어투이기 때문이다) 영어로는 '그 포로들이 속히 구출 받을 것이니'로 번역할 수도 있다.

이 해석은 다음에 나오는 문장, '그리고 그가 구덩이에서 죽지 않을 것이다'의 지지를 받는다. 이 축복의 약속은 거기에 진정한 구원이 있을 것이며 포로들은 감옥에서 죽지 않을 것이라는 것이다. 그러한 죽음은, 그 다음 문장이 암시하는 것처럼 배고픔으로 인한 죽음일 것이다. 샥하트(שַׁחַת)는 스올을 가리킬 수도 있으나 확

---

15) 1Q는 צרה

실하지는 않다. 그것이 무덤이나 감옥에 대한 일반적인 의미로 취급되어야 할 것인지 여부는 결정하기 어렵다. 이 뜻은 그 포로가 포로 가운데서 죽을 종류의 포로는 아니라는 것이다. 그들이 생명을 부지하기 위하여 필요로 하는 음식은 언제나 있을 것이다.

51:15 약속의 신실성에 대한 확고한 선언을 한 직후, 여호와께서는 자기의 전능하신 능력과 자신에게로 눈길을 돌리게 한다. 다시 우리는 본 절이 강조적인 인칭 대명사와 함께 시작되고 있는 것을 본다. 맛소라 학자들은 정확하게 이 인칭 대명사에 이접사 파타호 엑센트를 붙였으며, 그래서 우리는 "그리고 나는 네 하나님 여호와라"로 번역해야 하는 것이다. 놀트가 지적하는 바와 같이, 셈어는 접속사 '그리고'(와우)를 낭비적으로 사용한다. 여기서 우리는 '이는'으로 번역할 수도 있는데, 본 절이 방금 발설된 약속에 대한 확신의 기초를 나타내기 때문이다. 그가 이스라엘의 언약의 하나님이시라는 사실은 그 자체 가운데 신뢰와 확신의 근거가 들어 있다.

이어지는 문장들은 하나님의 능력을 예증한다. 주님은 바다를 일으키시며 그 결과 그 물결이 흉용케 하신다.[16] 바다 민족이 아니었던 이스라엘 족속들에게 바다를 다스리시는 하나님의 능력은 그가 전능하시다는 증거였다. 이것은 '바람과 바다도 당신의 뜻에 복종한다'는 사실을 암시하는 일반적인 사실을 가리킨다.

이 전능성을 소유하고 있는 분의 이름은 '만군의 여호와'이다. 이 호칭은 이사야서에 여러 차례 나타난다. 성격상 그것은 군사적 개념을 가지고 있다. 만군이 자신을 소유하신 여호와를 위하여 싸우기 때문이다. 가장 넓은 의미에서 만군이란 호칭은 단순히 모든 피조물을 가리킬 수도 있다. 그 사상은 여호와께서 모든 피조물의 주가 되시며, 그 모든 피조물은 하나님의 뜻에 대항하는 모든 것들에 하나님을 대신하여 투쟁한다는 것이다. 만일 만군(만물)이 여호와의 것이라면, 그 어떤 유한한 대적도 주님의 백성을 노예상태로 묶어둘 수 없다.

51:16 하나님께서 구원을 가져다 주실 전능하신 분이시라고 진술하고 나서, 본문은 이제 사용된 수단, 즉 하나님의 계시를 지적하고 있다. 신명기 18:18을 생각나게 하는 도입어는 시온에 대한 메시지의 선포, 즉 예언 사역을 암시하고 있다. 그

---

16) 여기서 와우연속법은 결과를 나타낸다. 참고. 각주13을 보라.

런 까닭에 어떤 사람은 이 구절이 하나님께서 자기의 말씀을 그 입에 넣은 선지자들을 가리킨다고 말한다. 이러한 문장 구성에 따르면, 이 문구는 예언 계시의 수납과 선지자들의 사역을 위한 준비를 묘사하고 있는 것이다. 그러나 본 절의 하반절에 묘사된 사역은 하나님께서 자기 말씀을 넣어두신 자들에 의하여 수행되야 하는 것을 암시하는 것으로 보인다. 그들은 하늘을 펴며 땅의 기초를 정해야 한다. 하나님께서는 그들의 입에 자기 말씀을 두심으로써 하늘과 땅이 세워질 수 있도록 하셨다.

그러나 본 절 하반절에 묘사된 사역의 성격은 이사야 자신이나 다른 일반 선지자들이 실천하였던 종류의 것이 아니다. 이렇다면 이것이 이스라엘을 가리키는가? 만약 우리가 이것을, 그 종 안에서 나타나거나 혹은 그 종 안에서 절정을 이루게 되는 이스라엘이라는 의미로 취급한다면, 이것은 가능할 것이다. 그러나 실현되어야 할 사역의 성격에 비추어볼 때, 하나님께서 그 입에 자기 말씀을 넣어 주시는 자를 메시아 자신으로 간주하는 것이 가장 좋을 것 같은데, 그는 하늘을 펴고 땅의 기초를 정해야 하며 시온에 위로의 메시지를 전해 주어야 하는 자이다.

발하여진 "말"은 그 기원이 하나님의 계시에 있다. 여기에, 하나님께서 당신의 종의 입에 두신 명제적(propositional) 계시가 있다. 이 메시지는 메시지 전달자에게서 기원된 것이 아니고 하나님으로부터 기원된 것이며, 그 종이 전할 메시지가 곧 이것이다. 더 나아가서 49:2에서처럼 하나님께서는 그 종이 자기 사역을 하도록 준비함에 있어서 보호할 것이다.

"하늘을 펴며"는 특이한 표현이며, "땅의 기초를 정하며"란 평행절에 비추어 번역되어야 할 것이다. 하늘과 땅의 기초가 이미 정하여져 있으므로, 이 표현은 의가 거하는 새 하늘과 새 땅을 가리킬 것이다. 원 창조 사역만큼 능한 이 사역은 하나님께서 자기 종의 입에 두신 말씀을 통하여 성취될 것이다. 이 하늘과 땅을 채우기 위해서는 반드시 백성이 있어야 한다. 이들이 시온이며, 이들에게 여호와의 종이 '너희는 내 백성이라'고 선언하실 것이다. 알렉산더가 잘 표현한 바와 같이, "표면적 경륜은 완전히 새로워야하나 그럼에도 택함 받은 백성의 정체는 깨뜨려지지 않아야 한다."

17절, 여호와의 손에서 그 분노의 잔을 마신 예루살렘이여 깰지어다 깰지어다 일어설지어다 네가 이미 비틀걸음 치게 하는 큰 잔을 마셔 다하였도다

18절, 네가 낳은 모든 아들 중에 너를 인도할 자가 없고 너의 양육한 모든 아들 중에 그 손으로 너를 이끌 자도 없도다
19절, 이 두 가지 일이 네게 당하였으니 누가 너를 위하여 슬퍼하랴 곧 황폐와 멸망이요 기근과 칼이라 내가 어떻게 너를 위로하랴
20절, 네 아들들이 곤비하여 그물에 걸린 영양같이 온 거리 모퉁이에 누웠으니 그들에게 여호와의 분노와 네 하나님의 견책이 가득하였도다
21절, 그러므로 너 곤고하며 포도주가 아니라도 취한 자여 이 말을 들으라
22절, 네 주 여호와, 그 백성을 신원하시는 네 하나님이 이같이 말씀하시되 보라 내가 비틀걸음 치게 하는 잔 곧 나의 분노의 큰 잔을 네 손에서 거두어서 너로 다시는 마시지 않게 하고
23절, 그 잔을 너를 곤고케 하던 자들의 손에 두리라 그들은 일찍이 네게 이르기를 엎드리라 우리가 넘어가리라 하던 자들이라 너를 넘어가려는 그들의 앞에 네가 네 허리를 펴서 땅 같게, 거리 같게 하였느니라 하시니라

51:17 본 절은, 비록 여기서 이중 명령형이 더 강하기는 할지라도, 9절과 유사하다. 거기서 여호와의 팔을 무활동적인 것으로 생각했던 것처럼, 여기서 예루살렘은 땅 위에 혼절과 무감각이라는 잠에 빠져 누워있는 한 여인으로 간주한다. 아마도 이 명령은 방금 전에 말씀하셨던 하나님 자신이 말씀하신 것으로 보이는데, 실질적으로 본 절은 앞 절의 연속이다. 이중 명령형은 예루살렘을 깨어나도록 하는 역할을 한다. 아마도 히트파엘 형의 재귀적 의미를 간과하지 않아야 할 것이다. 쿠미(קוּמִי, 일어나다)라는 명령형에 의하면, 예루살렘의 남아 있는 육체적인 힘에 주의를 집중하고 있다. 그는 일어나야 할 뿐만 아니라 그가 곧추 서도록 일어서야 한다.

예루살렘이 마신 것은 '여호와의 손에서' 받아 마신 것인데, 이 문구는 40:2을 상기시켜 준다. '그 분노의 잔'은 그분의 분노를 담고 있는 잔이다. 그것이 선민과 관련하여 쓰여졌다면, 잔은 하나님의 심판 완화를 암시한다. 그것은 분노의 잔일뿐 전멸시키는 큰물은 아니다.

두 번째 행에 있는 "비틀거림 치게 하는 큰 잔"은 그 잔을 마시는 자들이 술취하여 비틀거리게 만드는 잔이다. 코쓰(כּוֹס, 잔)는 특히 안쪽을 가리킬 것이고, 쿠바(קֻבַּעַת, 그릇)는 가운데가 볼록한 표면을 가리킬 것이다. 이 문장 구조는 중복어일

가능성이 있고, 우리는 코쓰(כוס, 잔)의 시적 과장,[17] 즉 거블릿 컵(손잡이 없는 납작한 술잔—역자주)으로 번역하여야 할 것이다. 우리는 여기서 continens pro contento를 보게 되는데, 잔은 그 안에 담긴 진노를 상징한다. 하나님께서는 이 잔을 예루살렘에 가져오셨고, 예루살렘은 그것을 마지막 한 방울까지 모두 마시도록 강요당했다. 마지막 두 동사들은 매우 효과적이다. "큰 잔을 마셔 다하였도다"(참고, 겔 23:32-34). 델리취는 이 두 동사들 속에 들어 있는 애처로운 어조의 추락에 대해 말한다. 더 나아가, 그 동사들은 각각 접속사 없이 연결된 상태(Asyndetic Position)가 가장 두드러진다.

51:18 화자(話者)는 이제 예루살렘을 3인칭으로 언급하면서 인칭을 전환하고 나서 또다시 이어지는 구절에서 2인칭으로 재전환하고 있다. "그녀에 대하여는(이것은 전치사 라메드 (ל)의 의미이다) 그녀가 낳은 모든 아들 중에 너를 인도할 자가 없도다."[18] 강조가 특별한 세부사항들 보다는 예루살렘의 비참한 상태에 놓여있다. 그런 까닭에 그녀를 과부로 생각할 필요도 없고(비록 이러한 사상이 예레미야애가 1:1에서 발견되기는 할지라도), 그가 여전히 술취한 자로서 비틀거려 그를 인도할 누군가를 필요로 하고 있다고 가정할 필요도 없다.

그녀의 자녀들은 그녀로부터 나온 자들이다. 그 성읍의 거주민이 여전히 강성하여 도우려 할지라도 하나님의 분노의 잔을 그녀가 마셨을 때 그녀를 더 이상 인도할 수가 없다. 뿐만 아니라 그들은 돕기 위하여 손을 붙잡아 줄 수도 없다. 아들들과 어미와의 밀접한 관계는 신랄한 문구로 표현하고 있다. "네가 낳은 모든 아들 중에…너의 양육한 모든 아들 중에." 델리취는 올바르게 이 문구 가운데서 발견되는 애가 풍의 음악에 대해서 말하고 있다.

상황의 안타까움이 인간이 죄악의 상태에서 스스로를 구할 수 없다는 사실에 놓여 있다. 파이퍼가 다음과 같이 말할 때 그는 정곡을 찌른 것이다. "오, 그 자체가 죄로 타락한, 그 어떤 철학이나 도덕적인 복음이나, 혹은 사회적 수단을 통하여, 인

---

17) 이와 같은 결합적 표현이 우가릿어에도 나타난다. ks.bdy.qb t.bymny(1)q., "내 손으로부터 잔을 받아라, 내 오른손에서 거블릿을 받아라"(Aqht i.4.54-56). 또한 참고. 아카드어 qabu'ātu, 거블릿들.

18) "술취한 그의 손을 잡아 주고, 그가 술로 만취되었을 때 그를 비틀거리지 않게 하는" 한 아들에 대해서 말하고 있는 Aqht ii. 1. 30ff.를 참고하라. 참고. DOTT, p. 125.

간 안에 있는 인간 문화를 통하여, 하나님의 진노 아래 놓여 있는 인류를 이 생의 비참함으로부터 구속하려는 불쌍하고 병약한 인본주의적인 수다장이들이여."

51:19 본 절의 첫 번째 단어는 "이 두 가지 일이 네게 당하였으니"로 번역할 수도 있다.[19] 예루살렘은 이제 2인칭으로 말씀을 받고 있다. 두 가지 일이 의미하는 바는 무엇인가? 뒤따라오는 행에 네 가지 일들이 언급되어 있는데, 이것은 어떤 사람들에 의하면 처음 언급된 두 가지 일들과 상충되는 것으로 생각된다. 어떤 사람은 두 번째 행의 네 단어들을 결합하여 '황폐와 멸망' 그리고 '기근과 칼'로 만들어, 두 단계의 재앙으로 만든다. 또 다른 가능성은 기근과 칼이 황폐와 멸망을 생산하였다고 해석하는 것이다. 어떤 경우이든 난점은 있으며, 확실한 해석을 하기가 가능하지 않을 것이다.

"이 두 가지 일이 네게 당하였으니"란 말은 두 번째 행의 네 개의 명사들과 형식적으로 평행을 이루고 있다. 각기 미(מִי, 누구?)에 의하여 도입되는 질문이 뒤따라온다. 그런 까닭에 이 두 일들은 앞 절에서 방금 전에 언급된 그 일들, 곧 자기가 낳은 자녀들에 의해서도 인도를 받지 못하며 자기가 양육한 자들에 의하여 이끌림을 받지도 못하는 일들일 수 있다. 우리는 다소 주저하면서, 본 절의 첫 문장과 두 번째 행에 있는 네 개의 명사들 사이의 의미상 일치를 발견하는 것보다는 덜 어려운 것으로 보이는 이 해석을 단순히 하나의 가능성으로 인정하면서 이 해석을 제시한다.

첫 번째 질문은 직역하여 "누가 너희를 위하여 고개(머리)를 끄덕일 것이냐?"[20]가 될 수도 있는데, 이는 욥의 세 친구들이 행동한 것과 같이 동정 어린 슬픔을 표현하는 것이다(참고. 욥 2:11; 42:11).

두 번째 행의 명사들은 각기 정관사를 가지고 있는데, 이는 그것들이 예루살렘에 닥칠 잘 알려진 재앙들이기 때문이다. 처음 두 개는 특별히 그 성읍을 향한 것이고, 그 다음 두 개는 그 거민들에게 영향을 준다.

마지막 질문 역시 애도의 표현이다. 의문사 미(누구?)는 부사로 취급될 수도 있어서, "어떻게 내가 너를 위로하랴?"[21]일 수도 있다. '너희를 위로해야 하는 내가 누

---

19) 1Q는 הָמָּה. 주어 앞에 대명사가 나타나 술어가 맨 앞에 와 있다. 이 대명사는 '그것들'의 의미를 가진다.
20) יָנוּד — 애도를 표할 것이다(머리를 흔듦으로 혹은 끄덕임으로써).
21) 1Q는 3인칭으로 되어 있으며 B Vulg. Syr Targ. 등도 그러하다. 그러나 사 10:12을

구냐?"로도 번역할 수 있고, 혹은 "너희를 위로할 수 있는 나 말고 누구냐?"로도 할 수 있다. 하나님 자신 이외에 어느 위로자도 위로할 수 없다.

51:20 선지자는 이제 왜 예루살렘의 아들들, 즉 거민들이 그를 도울 수 없었는지 그 이유를 개진하고 있다. 그들의 감각이 둔해져서 몽롱해졌다. 그 결과 그들은 눈에 잘 띠고 잘 보이는 장소인 온 거리 모퉁이에 누워 있다. 거리의 모퉁이가 무엇인지는 정확히 알 수 없다. 중요한 것은 눈에 잘 띠는 장소로 의도되었다는 것이다. 그러므로 예루살렘은 도움을 줄 수 없는 자기 거민들로 가득 차 있는 거리를 보게 된다.

하나의 비유가 누워있는 자들의 상태를 묘사하고 있다. 그들은 그물에 걸린 영양 같다고 말한다.[22] 이 영양은 그물에 갇혀 있어서 도망할 수 없는 상태이다. 펜나는 그 동물이 아마도 시궁창에서 올가미에 걸려서 도망할 기회가 전혀 없었을 것이라고 생각한다.

그들이 그렇게 누워있는 이유는 여호와의 분노가 그들에게 가득하였기 때문이다. 그들은 주님의 분노의 잔을 다 마셨고, 그분의 분노가 가득하여 그들 스스로 구출할 힘이 없다. 이 분노는 이스라엘 하나님의 견책이다. 여기서 견책은 거의 저주의 의미에 가까운 강한 의미를 가지고 있다.

51:21 시온이 하나님의 분노의 잔을 남김없이 다 마셨으므로, 시온은 여호와께서 긍휼을 베푸시고 그를 위하여 싸우실 것이라는 확신을 얻는다. '그러므로'란 머리말은 약속의 근거와 약속 그 자체 사이의 전환을 표시하고 있다. 시온은 분노의 충분한 양을 받아 견디어 냈다. 이제 그로 하여금 축복의 말씀을 듣게 하신다. 명령형의 부드러운 형태를 주시하라. '이 말'은 뒤따라오는 내용을 가리킨다.

바벨론을 주색에 빠진 자로 소개하고, 시온을 고난을 당하는 자로 소개하고 있다.[23] 이것은 시온이 분노의 잔에 취했다는 것과 비참한 상태에 있다는 사실을 가리

참고하라. 부사적 의문사에 대해서는 에티오피아어 *mû*를 참고하라. 참고. *Biblica*, Vol. 38, Fasc. 1, p. 70.

22) הוא – הָאוֹ (영양)의 연계형. B는 σευτλίον. Aq S T는 ορυξ. מִכְמָר (믹마르) – 그물, 덫 (동물을 걸려넘어지게 하는). 참고. 아카드어 *kamâru*, (타도하다)와 *kamâru*(그물).

23) עֲדִינָה (아디나, 47:8)와 עֲנִיָּה (아니야) 사이에 의도적인 어휘가 있을 수도 있다.

킨다. 같은 사상이 그 다음 문구에도 표현되어 있다.[24] 전치사 מִן (로부터)은 원인을 나타낸다. "술취한" 앞에 있는 전치사는 '…까지도' (even)로 번역할 수도 있다.

51:22 본 절은 시온에 대한 여호와의 말씀을 담고 있다. 이사야서의 다른 곳에서는 복수형인 아도님(אֲדֹנָי, 주인들)이 인간 주인들에게만 적용된다. 여기서는 그것을 주님께 사용하는데, 이는 시온을 주님의 신부로 간주되기 때문이다. 이 단어는 주께서 시온의 머리 혹은 주인이심을 지적하고 있다. 말씀의 엄중성을 강조하기 위하여 두 개의 다른 칭호들을 사용하고 있는데, 말하자면 '여호와'와 '네 하나님'이다.

'그 백성을 신원하시는'이란 문구를 관계사 없이 취하는 것은 어느 정도의 강조를 주는 것이다. 이 동사는 법정과 관련하여 사용되었다(참고. 45:9; 49:25; 50:8). 여기서 논쟁은 하나님의 백성과 하는 것이 아니라 그들을 위하여 하는 것이다. 주님은 그들을 위하여 싸우고 신원하시며, 그런 까닭에 그 결과에 대해서 의문이 있을 수 없다.

본 절의 후반부에서 하나님의 주권이 분명하게 드러나 있다. 주께서 시온에 마실 분노의 잔을 주셨던 것처럼, 이제 자신의 의지력을 가지신 그분께서 그 잔을 거두어 가신다. 주님만이 그것이 주어지는 때와 거두어 가시는 때를 결정하신다. 완료형은 예언적 완료형으로, "내가 거두었다", 즉 "내가 거둘 것이다"이다. 비틀거리게 하는 잔(즉 비틀거리도록 만드는 잔)은 아직 시온의 손에 들려 있는 것으로 생각하고, 시온은 더 이상 이 거블릿 잔으로부터 마시지 않을 것이다. 원문은 강한 어조이다. "너는 그것을 다시는 더 마시지 않을 것이다."

이 마지막 진술의 단호성은, 퍼부어진 분노의 잔이 하나님의 분노의 특별한 표명을 반영하였다는 사실을 시사한다. 바벨론 포로 기간은 분노의 시기로 알려져 있고, 본 장의 사상은 이 시기를 배경으로 한다. 그러나 이것은 그 바벨론 포로가 진행되고 있다는 것을 의미하는 것은 아니다. 이사야는 앞을 바라보면서 자기 백성들을 분노의 대상으로 보고 이스라엘이 당해야 할 분노의 시기가 결코 반복되지 않을 것임을 전하고 있는 것이다.

---

24) 쉐쿠라트(שִׁכֻּרַת) – 술취한. 여성형 어미 **-아트**는 **아 웨**간의 발음충돌을 피하기 위하여 의도된 것일 수도 있다.

51:23 본 문맥 가운데서 맨 앞에 나오는 접속사(ף)는 반의적 의미를 가진다. 시온은 더 이상 그 잔을 마시지 않을 것이고 하나님께서 그것을 시온의 압제자의 손에 들려주실 것이다. 이사야는 예레미야애가 1:12에서도 발견되는 어근을 사용하고 있으며, 이 독법은 쿰란 사본에 의하여 확립된다.[25]

'너의 영혼에게'는 단순히 '네 자신에게'의 동의어가 아니다. 그러한 경우라면, 이말이 불필요하기 때문이다. 그렇다면 그것은 '너에게'로 말하는 것으로 충분하였을 것이다. 곤고케 하던 자들은 시온을 말로 크게 괴롭게 하였다.

우리는, 하나의 명령으로 발설된 압제자들의 말이 비록 글자 그대로 이루어졌던 잔인한 취급의 실례가 있었을지라도(참고. 수 10:24; 슥 10:5; 삿 1:7) 상징적 의미로 이해해야 할 것이다. 앗수르 유물들은 정복자가 어떻게 땅에 엎드려 있는 피정복자들 위로 밟고 지나갔는지를 보여 준다.[26] 시온은 잔인한 압제자의 요구에 응하도록 강요를 받았었다. 틀림없이, 이 뜻은 바벨론인들이 그들의 교만으로 인하여 스스로 하나님의 분노의 잔을 마실 것이라는 것이다. 그러나 칼빈은 보다 깊은 의미로 파고 들어가 다음과 같이 말한다, "여호와께서는 그 무거운 고통들으부터 교회를 구원하실 뿐만 아니라, 그가 고통당한 그 재앙들을 그의 대적들 위에 두실 것이다."

52장

1절, 시온이여 깰지어다 깰지어다 네 힘을 입을지어다 거룩한 성 예루살렘이여 네 아름다운 옷을 입을지어다 이제부터 할례받지 않은 자와 부정한 자가 다시는 네게로 들어옴이 없을 것임이니라

---

25) 히필형에서 야가(יָגָה)는 '비탄 혹은 슬퍼하게 하다'를 의미한다. 1Q는 역시 ומעניך, 즉 '그리고 너를 괴롭히는 자들'(참고. 49:26)을 덧붙인다.

26) *AOTB*, Table VIII, No. 254에 있는 Anu-banini의 바위부조물을 참고하라. Lactantius는 전한다. 페르시아인 사포르가 병거에 오를 때 Valerian으로부터 취해 온 죄수들을 밟고 올라갔다고 설명한다(Gesenius를 보라). Volz는 자신이, 그는 자기를 변명할 때 그리고 부끄러움을 표할 때 "내 얼굴이 당신의 구두 아래 있습니다"라고 말하는 팔레스틴인을 개인적으로 알고 있다고 말한다. Gesenius는 예증을 제시하고 있는데, 예를 들면 아랍 격언에 "나에게 너그러웠던 사람에게 나는 땅이 될 것이다"(*Kun-tu la-hu 'ar-dan*)는 말이 있다.

2절, 너는 티끌을 떨어버릴지어다 예루살렘이여 일어나 보좌에 앉을지어다 사로잡힌 딸 시온이여 네 목의 줄을 스스로 풀지어다

3절, 여호와께서 이같이 말씀하시되 너희가 값없이 팔렸으니 돈 없이 속량되리라

4절, 주 여호와께서 이같이 말씀하시되 내 백성이 이왕에 애굽에 내려가서 거기 우거하였었고 앗수르인은 공연히 그들을 압박하였도다

5절, 여호와께서 말씀하시되 내 백성이 까닭 없이 잡혀갔으니 내가 여기서 어떻게 할꼬 여호와께서 말씀하시되 그들을 관할하는 자들이 떠들며 내 이름을 항상 종일 더럽히도다

6절, 그러므로 내 백성은 내 이름을 알리라 그러므로 그날에는 그들이 이 말을 하는 자가 나인 줄 알리라 곧 내니라

52:1 여호와의 팔을 향하여 사용되었던 것과 같은 명령(51:9)을 사용하면서, 이사야는 이제 시온에게 탄식과 술취함의 무감각으로부터 깨어나라고 명령을 한다. 하나님의 사자로서 그는 시온에게 힘을 입으라고 명령하고 있다. 이 명령은 51:17의 명령보다 더 짧은데, 이는 시온이 그 명령에 즉시 반응할 수 있는 그녀의 능력을 충분히 통제하고 있기 때문이다.

시온은 그녀의 백성들이 거룩으로 옷입기를 바랄 때 아름다운 옷들을 입을 것이다. 주님의 눈에 예루살렘은 거룩한 성읍이될 것이며, 또다시 사람들에게도 그렇게 보일 것이다.

시온이 힘으로 옷을 입어야 할 이유가 주어져 있으니, 곧 앞으로 다시는 할례 받지 않은 자가 그리로 들어오지 못하게 하기 위한 것이다.[1] 시온은 더럽혀져 왔었는데, 이는 부정한 사람들이 그들 중에 들어와서 하나님께 대한 순수한 예배를 타락시켰고, 칼빈이 말한 대로 포악으로 말미암아 양심이 시달림을 받아왔기 때문이다.

시온은 스스로의 힘으로 행할 수 없는 일을 하도록 명령을 받고 있다. 주님의 말씀에 순종하는 가운데 시온은 하나님 자신의 일하심을 본다. 그는 낙심으로부터 나와서 힘을 입고 무감각으로부터 나와 아름다운 옷을 입고 부정한 자가 더 이상 그 가운데 들어오지 않을 것이라는 약속으로 용기를 얻는다.

---

1) 요씨프(יוֹסִיף) – 더하다, 보충적인 동사 개념이 첨가된 미완료형 동사가 뒤따라온다. 참고. 사 47:1, 5.

52:2 예루살렘을 향한 명령이 계속된다. 첫 번째 명령형은 재귀형으로 "너는 너 자신을 흔들어 티끌을 털어버리라"이다. 이것은 아마도 슬퍼하는 자가 자기 머리에 뿌린 재일지도 모르지만, (참고. 욥 2:12), 그가 앉아 있었던 티끌일 것이다. 이와 유사한 명령이 바벨론에게 주어져 있는 바 47:1과 본문이 대조되어 있는 점에 주의를 기울여야 할 것이다. 그러나 바벨론과 달리 예루살렘은 일어나 앉아야 한다. 이것은 일어선 다음에 다시 앉는 것을 의미하지 않고, 그가 스스로 처해 있었던 엎드러진 위치에서 일어나서 그가 참 예루살렘으로서 행동할 수 있는 의자에 앉으라는 것을 의미한다. '너의 보좌에 앉을지어다' 라고 번역하는 것도 나쁘지 않을 것이다. 포로된 자로서 예루살렘은 앉을 자리가 없다. 그러나 이제는 자유인으로서 앉을 수 있다.

예루살렘은 또한 그 목에 있는 줄을 스스로 풀어야 한다. 그를 포로로 묶었던 족쇄가 풀어질 때 그는 영예롭고 존경받는 인간이 될 것이다. 그의 품위를 떨어뜨리는 노예상태로부터[2] 영예와 위엄의 지위로 회복되어야 한다. 이 어투는 포학과 압제로부터 하나님의 백성의 구출을 상징한다.

52:3 1절에서 깨라는 명령이 시온으로 다시는 더러운 자가 들어오지 못할 것이라는 사실에 근거되어 있는 것처럼, 여기서도 역시 시온이 구원받을 것이라는 선언은 주님 자신의 확언에 근거를 두고 있다. 형식적이고도 엄숙한 서론과 함께 확언이 제시된다. 백성이 값없이 팔렸으므로 그들은 값으로 속량되지 않을 것이다. 이 사상은 새로운 것이 아니고, 최소한 45:13에서 이미 제시된 내용의 후속이다. 이사야는 합법적인 상거래의 표상으로 하나님께서 자기 백성의 주권적 소유자이심을 분명히 해 주고 있다. 그들은 값없이 팔렸다. 그리고 그들을 위하여 어떤 돈도 지불되지 않았으므로, 그들은 여전히 주님에게 속한 것이다. 이러한 이유로 인하여 그들은 은이나 혹은 다른 어떤 것으로 구속되지 않을 것이다. 그 이유는 주께서 그들로 인하여 어떤 사람에게 아무것도 빚지지 않으셨기 때문이다. '너희가 팔렸다' 와 같은 동사가 나타나는 50:1과 비교하라.

'속량하다' 라는 동사는 하나님으로부터 멀어진 백성이 합법적으로 주님에게 되돌아온다는 사실을 가르치고 있다. 그 백성을 소유했었던 자들은 그들을 되돌려 주어야 한다. 하나님께서는 자기 백성을 위하여 보상을 받거나 주지 않으신다. 두 구절

---

[2] 직역하면 '오 시온의 딸 포로된 자여.' 쉐비야(שְׁבִיָּה)는 명사이며, 형용사가 아니다.

의 관계는 조건절과 귀결절이다. "너희가 값없이 팔렸던 것처럼 너희는 또한 은으로 속량되지 않을 것이다."

52:4 이사야는 앞 절보다 더 강한 도입어로 이스라엘이 당했던 고난의 역사를 진술하고 다음 절의 선언을 준비하고 있다. 그는 주 여호와란 강한 용어를 사용하고 있으니, 이는 파이퍼가 생각하는 바와 같이, 선포된 말씀을 통하여 아도나이는 이루실 수 있고, 야웨는 이루어 가실 것이라는 사실을 보여 준다.

방향의 대격으로써(애굽을 향하여) 애굽이 강조의 위치인 맨 앞에 위치해 있다. 하나님의 백성은 바로의 초청에 따라 스스로 내려갔었다(참고. 창 45:18이하; 47:5, 6). 그리고 그들의 목적은 단순히 체류하기 위한 것이었고 체류자의 특권들을 누리기 위한 것이었다. "이왕에"(at the first)란 단어는 분명히 이스라엘 역사 초창기를 가리킨다. 간과되지 않아야 할 내용은 "내 백성"에 강조가 주어져 있다는 것이다. 애굽으로 내려가라는 말을 들은 것은 하나님의 계획에 따른 그 나라 전체이다. 이것은 지파들의 일부분만이 애굽에 있었다는 사상과 상충된다.

이사야가 말하는 방법은 생략법이며, 첫 번째 주장의 결론은 빠져 있다. 우리는 "그리고 애굽인들이 그들을 학대하였다"(참고. 신 26:5, 6)는 뜻으로 가정해야 할 것이다.

연대기적으로 이스라엘에게 닥친 그 다음 고난은 앗수르에 의한 것이었다. 애굽이 문장의 초두에 있는 것처럼 앗수르도 그러하다. 베에페스(בְּאֶפֶס)에 대해 다양한 해석이 제시되었으나, 단순히 '이유 없이' 혹은 '부당하게'를 의미할 수 있다. 앗수르는 이스라엘에게 고통을 가하였으나, 그렇게 행할 권리가 없었다. 그들의 압제는 부당한 것이었으니, 이는 그들이 본래 자신의 것이 아니었던 대권을 스스로 가로챘기 때문이다. 애굽과 앗수르는 매우 짧게 취급되어 있는데, 이는 선지자의 시야가 바벨론 포로의 노예상태에서 고통 당하고 있는 백성들의 고난에 머물러 있기 때문이다.

52:5 도입어 "그리고 이제"를 통하여 선지자는 애굽과 앗수르에 의한 고난과 현재의 고난을 대조시키고 있다. "여기서 나에게 무엇이냐"라는 문구는 아마도 '여기서 내가 할 일이 무엇이냐?'를 의미할 것이다. '여기서'는 이스라엘의 포로 상태를 가리킬 수도 있고 혹은 현재의 상태를 가리킬 수도 있다. 지금 처한 상황에서 무엇

을 해야 할 것이냐? 이러한 질문에 대해서 예상된 대답은 이렇다, "내가 백성을 구해야 한다. 그들의 노예상태는 더 이상 계속되지 않을 것이니, 이는 구원의 때가 왔기 때문이다."

그리고 그 백성에게 닥쳤던 비극적 상황에 대한 상세한 설명이 뒤따라온다. 포로됨을 가까이 와 있는 것으로 묘사하고 있고, 바벨론 포로의 실제 행위를 완료형으로 된 동사로 묘사하고 있고, 통치자들의 행동을 현재형 동사로 묘사하고 있다. "내 백성이 까닭없이 잡혀갔고", "그들을 관할하는 자들이 떠들고 있다."[3] 어떤 의미에서 이 동사를 사용했는지 정확하게 파악하기 어렵다. 그것은 관할하는 자들의 행동을 가리키며, 그들이 포로를 다룰 때 내는 거친 소리지름을 가리킬 수 있다.

어쨌든 그것은 관할하는 자들은 떠들면서 여호와의 이름을 계속 모독하고 있다.[4] 계속을 나타내는 어투가 두드러져 있다. "언제나, 항상." 그 백성이 노예상태로 있는 한 하나님의 이름은 모독을 받게 되는데, 이는 그 관할하는 자들이 이스라엘의 하나님을 존경하지 않고 다른 열방의 신들에게 하는 것처럼 경멸하기 때문이다.

52:6 이사야는 본 절에서 결론에 들어간다. 하나님의 이름이 너무나 계속하여 이방인 가운데서 모독을 받기 때문에 주님 자신의 백성은 주의 이름을 알 것이다. 암미(עַמִּי, 내 백성)와 쉐미(שְׁמִי, 내 이름)란 두 단어의 병치에서 어떤 예술적 의미가 들어 있다. 언급된 지식은 단순히 지적일 뿐만 아니라 주님이 자신을 이스라엘의 참 구원자요 구속자로서 나타내 보이시는 한은, 하나님의 자기 계시에 대한 경험으로 구성된다. 요약 기능을 가지고 있는 '그러므로' (לָכֵן)를 반복하고 있다. '그날에는' 이란 문구는 백성들이 알 때 즉 하나님께서 자기의 능력을 나타내시는 그날을 말한다.

키(כִּי)가 이끄는 문장을 '나는 말하는 자라는 것' 으로 번역해야 할지 아니면 '이는 내가 말하는 그분이기 때문이다' 로 번역해야 할지는 결정하기 어렵다. 어느 경우이든 의미는 본질적으로 같다. 첫 번째 경우, 백성의 앎의 대상이, 하나님이 말하는

---

3) 예헤일릴루(יְהֵילִילוּ) – '그들이 떠들다.' ה의 보유를 유의하라. 1Q는 יהולו.
4) 민노아츠(מִנֹּאָץ) – '신성모독 당하였다.' 이 형태는 미트노아츠(מִתְנֹאָץ)에서 ה가 흡수되어 있는 **히트폴렐**이다. **홀렘**이 근개음절에 나타나는데, 이는 **알렙**이 **다게쉬**를 취하지 않기 때문이다.

자라는 것이고, 후자의 경우는 그들이 알게 될 것을 확신하고 있는데, 이는 하나님 자신이 확신을 주셨기 때문이라는 것이다. 본 절 끝에 나오는 "곧 내니라"는 탄성은 '여기에 내가 있느니라'는 말과 같다. 이것은 단순한 반복이 아니고, 하나님의 임재를 상기시켜 주는 새로운 의미를 담고 있다.

7절, 좋은 소식을 가져오며 평화를 공포하며 복된 좋은 소식을 가져오며 구원을 공포하며 시온을 향하여 이르기를 네 하나님이 통치하신다 하는 자의 산을 넘는 발이 어찌 그리 아름다운고
8절, 들을지어다 너의 파수꾼들의 소리로다 그들이 소리를 높여 일제히 노래하니 이는 여호와께서 시온으로 돌아오실 때에 그들의 눈이 마주 봄이로다
9절, 너 예루살렘의 황폐한 곳들아 기쁜 소리를 발하여 함께 노래할지어다 이는 여호와께서 그 백성을 위로하셨고 예루살렘을 구속하셨음이라
10절, 여호와께서 열방의 목전에서 그 거룩한 팔을 나타내셨으므로 모든 땅 끝까지도 우리 하나님의 구원을 보았도다
11절, 너희는 떠날지어다 떠날지어다 거기서 나오고 부정한 것을 만지지 말지어다 그 가운데서 나올지어다 여호와의 기구를 메는 자여 스스로 정결케 할지어다
12절, 여호와께서 너희 앞에 행하시며 이스라엘의 하나님이 너희 뒤에 호위하시리니 너희가 황급히 나오지 아니하며 도망하여 행하지 아니하리라

52:7 앞의 단락과의 어떤 형식적인 연관은 존재하지 않으나, 사상의 내적인 관련성은 존재한다. 앞 단락에서 약속된 내용이 여기서 성취된 것으로 나타나 있다. 파이퍼가 말하는 바와 같다. "여호와께서 마침내 참된 자신의 힌네니(הִנֵּנִי, 내가 여기 있다!)를 실현하셨다." 신속한 사자들을 통하여 시온은 자기의 구원 소식을 전달받는다. 나우(נָאוּ, 개역에는 '아름답다'는 의미로 번역됨—역자주)란 단어는 본래 호라이오스(ὡραῖος, 때에 잘 어울리는)와 같이 '시기 적절한' 혹은 '시기에 알맞은' 어떤 것을 의미한다.[5] 필요한 시기에 그 사자들은 좋은 소식을 가지고 나타났다. '시기 적절한'이란 개념은 아름다움이란 개념과 멀지 않다. 저자는 발에 대해 말하면서 pars pro toto(전체를 위한 부분)를 사용하고 있다. 그가 의미하는 바는

---

5) **나아우**는 대한 **나아**의 피엘완료형. 참고. 아 1:10. 완료형은 그 결과가 지금까지 남아 있는, 오래 전에 실현된 사실을 나타낸다. '그것들이 지금까지 아름다웠고, 그래서 지금 아름답다.'

사자들이 산 위에 출현한 것이 아름답다는 것이다. 산은 외관상 예루살렘 주위의 산이겠지만, 그러나 이 공고가 포로들의 바벨론으로부터의 귀환과 관계된 것이라고 가정할 이유는 없다. 그보다는 일반적 구원과 구출의 선포를 가리키며, 바울은 그것을 복음의 선포로 해석하였다(롬 10:15). 분사는 좋은 소식들의 메시지를 선포하는 것을 가리킨다.

세 개의 분사구문은 이 좋은 소식들의 선포의 성격을 설명한다.[6] 첫째, 사자는 듣는 자에게 평화를 가져다 준다. 말하자면 그가 전달하는 메시지가 그 장엄한 주제 평화를 가지고 있다는 것이다. 우리는 세 개의 다른 메시지들로 생각해서는 안 될 것이니, 이는 각 메시지가 같은 복된 구원의 주제에 대한 일면이 되기 때문이다. 우리는 평화라는 단어를 어원을 통하여 이해해서는 안 되고 이 예언 가운데서 사용되는 용법을 통하여 이해해야 할 것이다. 이것은 이사야가 애호하는 단어들 중의 하나이며, 단지 싸우고 있는 나라들간의 적대감의 중지를 가리키지 않고 여호와께서 자기 백성에게 주시는 평화를 가리킨다. 선포해야 할 평화가 있으니, 이는 여호와께서 더 이상 자기 백성과 적대관계에 있지 않으실 것이기 때문이다.

둘째로, 사자는 '좋은' 것을 공포하고 있는데, 이것은 메시지 내용의 특성을 설명하는 단어다. 이 메시지는 하나님에게서 기원되었으며, 유일하게 좋은 복, 곧 죄악된 인류의 구원을 가리킨다. 마지막으로, 사자는 듣는 자에게 구원을 가져다 준다. 이 단어는 이사야 선지자의 이름 자체를 상기시켜 준다. 구원은 하나님에게서 기원된 것이고 그분으로부터 오는 것이다. 주님은 이 구원을 나누어 주시는데, 이는 그것이 인간들 위에 하나님의 진노를 퍼붓게 하는 모든 것들로부터의 구원이기 때문이다. 그것은 바벨론 포로로부터의 단순한 구출 이상의 것이다. 그것은 영적 구원이니, 좋은 것으로 그리고 평화로도 설명된다.

메시지 내용은 시온의 하나님이 통치하신다는 사실이다. 우리가 '너의 하나님이 통치하신다'로 번역해야 할 것인가 아니면 '너의 하나님께서 왕이 되신다'로 번역해야 할 것인가? 이 문장의 사상은 신약에서 하나님의 나라가 가까웠다고 공포된 그것과 본질적으로 같다. 비록 이스라엘에게 때때로 그것이 그렇게 보일 수는 있었을지라도, 하나님께서 바벨론 포로 동안에 보좌를 포기하셨다는 뜻은 없다. 사자가 공포하고 있는 것은 이스라엘의 하나님께서 이제 자신이 보좌 위에 앉아 계시다는 사실

---

[6] 나 2:1(히)은 본 절을 반영하고 있다. 이사야서와 후기 예언들의 관계에 대해서는 나의 논문 "Isaiah 34 and Its Position in the Prophecy," *WThJ*, Vol. 27, No. 2, 1964, pp. 93-114를 참고하라.

을 드러내실 것이라는 것이다.

만약 우리가 동사를 기동동사(inchoative)로 취급한다면, 비록 이스라엘에게는 주님이 통치하기를 시작하시는 것으로 보일 수는 있을지라도, 그 뜻은 단순히 하나님께서 통치하고 계신다는 사실을 이제 이스라엘에게 분명하게 나타내고 계신다는 것을 의미할 것이다. 어떤 경우든 우리는 여기서 매년 즉위식에 대한 반영을 보게 된다고 하는 본 절에 대한 현대 해석은 피해야 한다(참고. 부록 2, "너의 하나님이 통치하신다").

52:8 본 절은 시적 생략부호 혹은 감탄사로 시작하고 있어서 마치 "들으라! 내가 한 목소리를 듣는다"고 말하는 것과 같다(이러한 잘 알려진 구문에 대해서는 아 2:8을 참고하라). 그것은 시온의 파수꾼의 음성인데, 그는 선지자가 아니라 시온의 성벽을 지키는 자들이다. 이 때에 성벽이 서 있지 않았다고 가정할 필요는 없으며, 선지자가 임시로 재건된 성벽을 이상화하거나 혹은 상상하고 있다고 상상할 필요도 없다(놀트). 접근해 오는 사자들이 평화의 복음을 가지고 산 위에 설 때, 예루살렘의 파수꾼들은 자신의 목소리를 높여 일제히 노래한다. 만약 우리가 문자 그대로의 형태를 고집한다면—그리고 그렇게 하지 않아야 할 이유가 없는 것으로 보인다—그것들은 파수꾼이 이미 목소리를 높였음을 가르치고 있으며, 이제 함께 소리쳐 노래하고 있음을 가르치고 있다. 아마도 이 노래는 단순히 사자들의 접근에 대한 즐거운 반응일 것이다. 파수꾼 자신들이 좋은 소식을 취하여 그것들을 예루살렘 거민들에게 반복해 주고 있는 것으로 보는 것이 더 나을것 같다.

"눈이 마주 봄"이란 문구는 어떤 일에 의견이 일치한다는 일반적인 영어 표현과 같은 것을 의미하지 않고 민수기 14:14에 묘사되어 있는 바와 같이, 두 백성이 너무나 가까이 있어서 그들이 서로의 눈을 바라볼 수 있는 상태를 의미한다. 그들의 바라봄은 직접적이고도 분명하다.

부정사 연계형 앞에 있는 전치사 (ㄹ)는 시간적으로 해석해야 할 것이며, 부정사 그 자체는 자동사적으로 취급되어, '여호와께서 시온으로 돌아오실 때'로 해석되어야 할 것이다. 모든 육체가 보게 될 영광스러운 하나님의 나타나심은 시온의 파수꾼들에게 분명히 보여질 것이다. 이스라엘이 시온을 버리셨다고 생각하였던 그 야웨께서 이제 자기의 거룩한 도성으로 돌아오실 것이고 거기서 평강과 선함과 구원 가운데서 다스리실 것이다.

52:9 이사야는 때때로 무생물 대상에게 호소를 하고 있는데, 여기서는 예루살렘의 황폐한 곳을 향해 호소하고 있다(참고 44:23; 49:13; 55:12). 그러나 선지자는 통상적인 명령형과 명사를 사용하지 않고(말하자면, '소리쳐 노래하라'. 참고. 14:7; 44:23; 49:13; 54:1 그리고 55:12), 보다 강조를 위하여 두 개의 접속사 없는 명령어인, '발하라, 노래하라'를 사용하고 있다(참고. 시 98:4, 이곳에 같은 구조가 나타나 있다). 폐허된 곳은 함께, 곧 모두 동시에 노래해야 할 것이다. 그들은 일치된 목소리로 노래를 발해야 할 것이다.

하나의 이유, 즉 위로의 약속이 이제 현실화되었다는 것이다. 델리취는 말씀이 행위가 되었다고 설명한다. 우리는 아마도 이 동사를 40:1에 있는 것과 같은 의미로 이해해야 할 것이다. 하나님께서는 자신이 구속하신 예루살렘을 위로하셨다.

"예루살렘의 황폐한 곳들"이란 표현은 반드시 파수꾼들에 대한 언급과 상충되지는 않는다. 이사야는 성령을 통하여 그 성읍이 버림을 당할 때를 바라보면서 그렇게 묘사하고 있다. 그런 까닭에 그는 파수꾼에 대해 말할 수 있고 또한 그 도성이 마치 황폐되었던 곳인 것처럼 말할 수 있는 것이다.

52:10 기쁨으로 노래해야 할 이유가 있는데, 이는 이스라엘의 하나님 야웨께서 큰 승리를 얻으셨기 때문이다. 주님은 자신의 거룩하신 오른팔을 나타내셨고, 그것을 가로막고 있는 모든 것은 하나님의 능력을 시행하심으로써 물리치셨다. 그 팔은 흉배 안에 있는 것으로 이해된다. 흉배로부터 그것이 이제 나타나 드러났다. 그것은 "거룩한 팔"이며, 이 거룩과 힘의 관계는 그 구원의 성격을 가리킨다. 이 능력이, 열방으로 하여금 야곱의 하나님께서 유일한 참 하나님이시며, 반면에 그들 자신의 신들은 아무것도 아님을 배울 수 있도록 모든 열국 앞에 나타났다.

하나님의 거룩한 팔이 나타난 결과 모든 땅의 끝이 이스라엘의 하나님께서 이루신 구원을 볼 것이다.[7] '우리 하나님의 구원'은 우리 하나님께서 이루신 구원이다.

그 나라가 포로라는 흑암 속으로 떨어졌을 때, 신정국가는 더 이상 존재하지 않게 되었고, 구원의 첫 번째 희미한 빛은 고레스가 노예상태로부터 귀환을 허락하였

---

7) '그리고 그들이 볼 것이다' — 예언적 완료형 다음에 나오는 와우연속법을 가진 완료형은 미래를 나타낸다.

을 때 보여졌다. 이러한 행위를 통하여 거대한 동상의 첫 번째 왕국, 메소보다미아 세력이 일시적이고도 지역적이었다는 사실이 이미 나타났다. 어떤 의미에서 이스라엘은 여전히 인간의 거대 제국이라는 세력의 지배아래 있었으나, 그 제국이 절정에 도달하였을 때, 영적 이스라엘은 고레스의 행동이 전조가 되는 구원을 받을 것이다. 로마가 세력을 잡고 있었을 때, 하나님께서는 자기 아들 예수 그리스도의 사역을 통하여 자기 백성을 구원하였다. 이것이 이사야가 여기서 선포하고 있는 메시지의 핵심이다.

52:11 이사야는 복음을 선포하고 나서 이제 백성에게 믿고 바벨론으로부터 떠남으로써 그들의 믿음을 보이라고 명령하고 있다. "거기서"라는 문구는 바벨론을 가리키는 것처럼 보이며, 또한 이 명령은 바벨론에 있지 않은 사람에 의하여 말해진 것으로 보인다.[8] 베그리히(Begrich)는 선지자가 바벨론 성읍 자체가 아닌 바벨론의 다른 어떤 장소에 있을 수도 있다고 주장하고, 그가 자기 자신의 위치에서 유대인들에게 바벨론의 성읍으로부터 나오라고 명령하고 있다고 주장한다.[9] 이것은 설득력이 없는 견해이다. 학대자는 바벨론 성읍이 아니고, 그 나라 자체였다. 이 명령은 포로의 땅으로부터 나와서 약속의 땅으로 돌아오라는 것이다. 우리는 첫 번째 명령을 '옆으로 비켜나라'로 번역할 수도 있으나, 부사인 '떠나서'에 대한 게세니우스의 번역의 의미를 주시해야 할 것이다. 이 명령이 반복되어 있다. 세 번째 명령형은 백성이 있었던 장소로부터 나오라 혹은 떠나가라는 것을 의미한다. 그것은 모든 죄로부터 떠나라는 명령이다. 그러나 이 떠남은 그들이 애굽으로부터 출애굽할 때 하였던 것처럼 사람이 자신을 위하여 물질적 소유를 얻었던 그것과는 다르다. 그보다는 그들이 있었던 그 지점을 떠나면서 그들이 부정한 것을 만지지 말아야 한다는 것이다. 이 세상에 속한 것들은 부정한 것이며, 이 세상으로부터 떠나는 하나님의 백성을 부유하게 하지 않는다.

그들은 부정한 것들을 만지지 않아야 할 뿐만 아니라, 자기 스스로 정결케 해야 하는데(1:16, 17에 있는 것들과 같은 의미를 가지고 있는 명령형), 이는 그들이 여

---

8) 이것은 사실은 선지자가 예루살렘에 있는 것처럼 상상하고 있다고 하는 Muilenburg의 주장에 의하여 지지를 받는다.
9) *SZD*, p. 96: "… So ist durchaus vorstellbar, dass der Prophet von einem anderen Ort Babyloniens aus dieses Wort gesprochen hat."

호와의 기구를 메고 나가야 하기 때문이다. 이것은 아마도 여호와를 섬기는 데 사용되는 도구를 가리킬 것이다. 이것을 메는 자들은 하나님이 택하시는 장소에서 또다시 여호와를 섬길 수 있도록 이 일을 하였다. 주님을 섬기는 자들은 스스로 정결케 하여야 하며, 이방의 부정한 소유물로 인하여 부유하게 해서는 안 되었다. 바벨론으로부터 떠난다는 것은 분명히 이 예언의 기초가 되어 있으며, 어떤 의미에서 그 성취는 고레스가 금과 은그릇들을 포로민에게 되돌려주라고 지시하였던 사실 가운데서 발견된다(참고. 스 1:7-11). 동시에 이 예언은 그러한 사실에서 완전히 성취되지 않았다. 보다 넓고 깊은 의미에서 그것은 하나님의 백성이 죄의 노예상태로부터 떠나감에 대한 예언이다. 칼빈은 이 말씀이 근본적으로 하나님을 섬기는 직책을 가지고 있는 제사장들과 레위인들에게 대한 것이며, 그들은 모든 백성의 고위층에 서 있다고 생각한다. 이것은 옳을 수도 있다. 여기서 염두에 두는 것은 분명히 하나님을 공식적으로 섬기는 면에서 고려되는 백성이다.

52:12 도입어 "이는"은 아마도 앞 절의 사상의 한 특별한 면을 가리킨다기 보다는 전체 사상을 가리킬 것이다. 그러므로 "너희가 떠남에 있어서 너희는 어떤 부정한 것도 만지지 않아야 하고, 스스로를 정결케 해야 하는데, 이는…"이다. 떠남의 이유와 그 방법은 새 출애굽이 애굽으로부터의 출애굽 그것과는 전혀 다르다는 것이다. 그 떠남에 있어서 그 백성은 황급히 유월절 양을 먹었었다(직역하면, 떨면서, 근심하는 두려움으로. 참고. 출 12:12; 신 16:3). 그때에는 두려움과 전율이 있었으나, 이 새로운 떠남에서는 그러한 것이 나타나지 않는다. 선지자는 아마도 '도망하다' 는 단어와 함께 하나의 점층법을 소개하고 있는 것 같은데, 이는 또다시(비록 다른 어근이 사용되었을지라도) 옛 출애굽을 상기시켜 주기 때문이다("애굽 왕이 그 백성이 도망하였다는 것을 들었을 때…" 출 14:5). 첫 출애굽의 황급함 및 도망과는 대조적으로 새 출애굽은 조용하고도 위엄을 가지게 될 것이다. 이사야가 사용하고 있는 여러 부정어들은 상당한 효과를 자아낸다. "황급히 나오지 아니하며 도망하여 행하지 아니하리라."

본 절의 상반절이 "이는"으로 시작하는 것처럼, 하반절도 그러하다. 그리고 하반절은 상반절의 진술의 이유를 나타내고 있다. 분사는 "뒤에 호위하시니"에서 그러하듯 군대 개념을 가진다(참고. 민 10:25; 수 6:9, 13). 또다시 언약궤가 그 백성들 앞서 행하였고(민 10:33-36) 여호와 자신이 구름과 불기둥으로 그들 앞에 나아가셨던(참고, 출 13:21; 14:19, 20 등) 옛 출애굽을 상기시킨다.

"너희 뒤에 호위하시리니"는 "나간다"와 함께 취급될 때 그 떠나가는 과정에서 백성들이 그들 앞에와 뒤에 하나님을 모시고 갈 것이라는 것을 보여 주는 역할을 한다. 그 어떤 대적도 그들을 잡을 수 없었으니, 이는 하나님의 임재가 그들 모든 주위에 있었기 때문이다. 하나님의 임재가 두드러져 있다. 만일 백성이 그분 없이 나간다면 그들은 전혀 나갈 수가 없을 것이다.

13절, 여호와께서 가라사대 보라 내 종이 형통하리니 받들어 높이 들려서 지극히 존귀하게 되리라
14절, 이왕에는 그 얼굴이 타인보다 상하였고 그 모양이 인생보다 상하였으므로 무리가 그를 보고 놀랐거니와
15절, 후에는 그가 열방을 놀랠 것이며 열왕은 그를 인하여 입을 봉하리니 이는 그들이 아직 전파되지 않은 것을 볼 것이요 아직 듣지 못한 것을 깨달을 것임이라 하시니라.

52:13 선지자는 말할 수 없이 강력하고도 아름다운 어조로 교회의 커다란 구원을 묘사하여 왔다. 하나님의 은혜가 백성들을 죄의 노예상태로부터 구출해 내었다. 이제 선지자가 구원을 이루신 자의 승귀를 묘사하고, 그가 자기 백성을 구출하기 위하여 당해야 하였던 대리적 고난을 지적하여야 할 것이라는 것은 당연하다. 13-15절은 여호와의 종에 관한 네 번째 구절에 대한 서론을 이루고 있으며, 실상은 53장에 속해 있으며, 그 시작은 52:13이다.[10]

이사야가 애호하는 도입어인 '보라!'를 통하여 선지자는 하나님의 종의 모습에 주의를 집중시키고 있다. 동사는 여러 개념을 함축할 수 있으나, 그 핵심에는 기민하고도 지혜로운 처신이라는 사상이 있다. 지혜롭게 처리하는 그는 성공을 거둘 것이다. 그 종은 가장 고상한 목적을 달성하기 위하여 가장 좋은 방식을 사용한다. '번성할 것이다'라는 번역은 정확한 것이 못된다. 그 이유는 이 동사가 지혜롭고도 효과적인 행동의 사상을 포함하기 때문이다.[11] 성공은 노력의 결핍으로부터 나타나

---

10) 동시에 이 구절들은 40:1-12에 근거하고 있다.
11) 이 동사는 지도자들(수 1:7, 8; 삼상 18:5, 30)과 왕들(왕상 2:3)에 대해 사용되었다.

지 않고 효과적인 행동으로부터 나타날 것이다. 지상에서 자기의 사명을 완수함으로써 그 종은 성공할 것이다. 이러한 사상은 그 종이 언급되기 이전에 소개되어 있으며, 다음 장의 10절에 이르기까지는 다시 나타나지 않는다. 최초부터 그 종의 지혜로운 행동을 강조할 필요가 있는 이유는 이어지는 구절에서 그 종을 사람들이 자기 자신의 죄로 인하여 징벌을 받은 자로 간주하기 때문이다.

그 종을 소개하고 그 종의 정체가 하나님께 속하고 하나님을 섬기는 자라고 밝히시는 분이 하나님이시다. 이사야는 42:1-4에서 이미 그가 성취할 사명을 가진 자이며, 또 그가 그 사명을 성공적으로 완수할 자임을 설명한 바 있다. 49:1-7에서 그가 또다시 소개되었으나, 이번에는 자기 사역을 시행하심에 있어서 커다란 난관이 있다. 50:4-9에서 그가 당면해야 할 고난을 언급하면서 그 종 자신이 말했었다. 그러나 이러한 고난에 대한 이유는 제시되지 않았으니, 이는 그것이, 왜 그 종이 그렇게 극심한 고난과 비하를 당해야 하는지 본 절에 이르기까지 감추인 채 간직되어왔기 때문이다.

본 절 하반절의 세 동사들은 그 종의 지혜로운 행동의 결과들을 개진하고 있다.[12] 세 번째 동사의 상태를 나타내는 의미에 유의하고, 승귀의 마지막 지점을 나타내는 수식부사(modifying adverb)를 유의하라. 그는 비하의 상태에서 머물러 있지 않고 일어설 것이다. 그는 스스로 일어서서 눈에 드러날 것이며, 모든 것 위에 높이 들려 승귀된 상태에 있을 것이다. 빌립보서 2:9-11과 사도행전 2:33에 묘사된 그리스도의 승귀를 상기하지 않고서는 이 글들을 읽을 수가 없을 것이다. 또한 사도행전 3:13, 26을 주시하라.

어떤 주석가들은 이 세 구절들 가운데서 우리 주님의 승귀의 단계들, 곧 그의 부활, 승천, 아버지의 오른편에 앉으심의 암시를 본다.[13] 그러나 선지자의 의도는 그

---

12) 룸(םור, 승진하다)과 나사(אשׂנ, 올라가다)의 결합, 그리고 자동사이자, 같은 주어를 가리키는 것은 사 33:10에서 발견되나, 다른 예언서들에서는 어느 곳에서도 발견되지 않는다. 6:1에서 이 어근들이 결합되어 있는 점을 주시하라. North(*The suffering Servant in Deutero-Isaiah*, London, 1956, pp. 165-69)는 이 구절(52:13-53:12)에 들어 있는 특별한 단어들을 열거하면서도, 그 어휘들에만 근거해서 이사야 40-55장 저자의 저작권을 부인하는 것은 위험천만한 것이라고 주장한다. 주제가 이 특별한 어휘에 대한 사용을 설명한다.

13) 예를 들면 Stier가 그렇게 한다.

러한 고난 당하는 종의 모습을 나타내는 데 대해서 우리 주님의 생애의 실제적인 세부사항들을 나타내려는 것은 아닌 것으로 보인다. 인간의 나라가 망하고 그 우상들이 멸망하고, 벨은 엎드러지고 느보는 구부러지는 반면에, 구속받은 인류의 통치자인 그 종은 높이 올리어 질 것이다. 완전하고도 지극한 승귀가 그 종에게 올 것이다. 그러므로 그 종의 정체를 밝힘에 있어서 우리는 이러한 요소를 계산에 두어야 할 것이다. 이스라엘, 선지자들, 혹은 그리스도 이외의 어떤 다른 인물이 전에 구약성경 가운데서 그렇게 지혜롭게 처신하여 그 결과 비교할 수 없이 높아진 자를 생각할 수 있는지 매우 합법적으로 물어볼 수 있다.[14] 스스로 영광스럽게 승귀되실 오직 그분만이 방금 묘사된 백성의 구원을 가져다 주실 수 있다.

52:14 그 종의 지극한 승귀를 묘사하고 나서 선지자는 이제 그 종을 객관적인 어조로 말하면서 하나의 대조를 소개하고 있다. 이어지는 문장들의 구조는 난해하지만, 그러나 그것들을 다음과 같이 해석하는 것이 가장 좋을 것 같다:

조건절: 많은 사람들이 그를 보고 놀랐었던 것처럼
  삽입구: (그와 같이 그의 외모가 사람들보다 상하였고, 그의 모양이 사람들의 아들들보다 상하였다)
  두 번째 삽입구: (그와 같이 그가 많은 나라들을 뿌릴 것이다)
귀결절: 왕들이 그에게 대해서 입을 막을 것이다, 등.

그러므로 그 종에 대한 많은 사람들의 행동과 왕들의 그것 사이에 대조가 나타나 있다. 즉 많은 사람들이 놀라고 왕들이 자기들의 입들을 닫는다.

선지자는 즐겁게 대조하고 있다. 종의 승귀에 대한 진술로부터 그는 즉시 그의

---

14) 분명히 이 구절은 다윗을 반영하고 있다. 참조. 삼상 18:14, 15; 왕상 2:3; 시 101:2; 왕하 18:2-7(히스기야). 그의 조상 다윗처럼 메시아께서는 자기 나라를 지혜롭게 다스리실 것이다. 이 어근이 말라크(מלך)와 평행관계로 되어 있는 렘 23:5을 참고하기 바라는데, 이 구절은 지금의 구절을 반영하고 있을 수도 있다. 그 종은 지혜롭게 행할 것이니, 이는 그가 하나님의 종이기 때문이고, 지혜의 원천이요 근원이신 하나님께서 그 종의 지혜로운 행실들과 동반되는 축복들을 공급할 것이다. '그가 그 씨를 보게 되며'(53:10)는 그 종의 행위들과 연결되어 있다.

깊은 비하에 대한 묵상으로 몰두해 나간다. 사실, 이사야는 이러한 목적으로 그의 승귀를 언급해 온 것이다. 그의 승귀와 영광이 가장 높은 것이었던 것만큼 또한 그의 비하는 가장 깊은 것이었다. 그 종의 고난에 대한 우리의 묵상(contemplation)은 쉽게 우리로 하여금 그 종을 멸망시켰고 그는 단지 자기의 죄로 인하여 고통을 당하고 있었다는 결론으로 이끌어 갈 수도 있었다. 선지자는 우리를 이러한 오류로부터 막기 위하여 그 종에게 참으로 닥쳐올 승귀를 처음부터 강조하고 있는 것이다.

"놀랐거니와"라는 동사는 혼란과 마비가 될 정도의 놀라움에 의하여 일어난 당황을 시사한다. 그 종의 두려울 정도로 상한 모습을 바라본 자들은 두려움으로 인하여 간담이 서늘해지고 충격을 받았는데, 이는 그들이 그 상함을 그 종 자신의 죄들로 인한 징벌로 간주하였기 때문이다.[15] 그처럼 에스겔 27:35에 의하면 사람들은 그들이 두로의 폐허가 된 성읍을 보았을 때 반응하였던 것이다. 그들은 두려움의 충격을 받게 될 것인데, 이는 그들이 하나님의 징벌의 손이 그 성읍을 보응하셨다는 사실을 깨달을 것이기 때문이다.

"많은"과 "너"(개역은 '그') 사이에 어느 정도의 대조가 있으니,[16] 이는 자주 메시아 예언들의 특징을 나타낸다. 한 개인으로서 그 종은, 이 대조를 통하여 너무나도 완고하게 그의 고난과 목적과 성격을 오해하여 온, 즉 그가 대신하여 고난 당하였던 많은 사람들과 대조되어 있다.

첫 번째 삽입구절에서 선지자는 많은 사람들의 오해의 이유를 설명한다. 즉 '그 모양이 인생보다 상하였다' 란 말 속에 표현되어 있다. 이것은 그가 다른 사람들보다 더 상한 자로 나타나 보였다는 것을 의미하는 것이 아니고, 그의 상함이 너무나 컸으므로 그가 더 이상 하나의 인간으로 보이지를 않았다는 것을 의미한다. 그의 나타나 보이는 것, 즉 그의 얼굴은 상하였다. 이러한 사상과 평행이 되는 내용이 두 번째 삽입구절인데, 곧 그의 모양이 사람의 아들들과 달랐다는 것, 말하자면 그의 모양이 너무나 상하여서 그가 더 이상 하나의 인간을 닮지 않았다는 것이다. 이것은 그의 고난이 얼마나 심하였는가에 대해 말하는 지극히 강력한 표현방법이다.

---

15) משחת – 연계형. 구체성을 위한 추상명사. 상함. 1Q는 משחתי로 읽는다. 참고. *BASOR*, No. 134, 1954, pp. 27, 28.

16) 1Q도 그러하다. 3인칭으로 수정되지 않아야 할 것이다. 15절에 있는 3인칭으로의 전환은 그 종이 3인칭으로 묘사되어야 하는 선지자의 삽입구로 인한 것이며, 그 이유는 여기서 그 종이 3인칭으로 묘사되어야 하기 때문이다.

흥미로운 것은 마지막 행의 교차적인 배열이며, 또한 인간에 대한 두 단어들이다. 그는 이쉬(אִישׁ 인간들의 더 나은 계층)보다 더 상하였고, 그의 외모는[17] 사람들의 아들들(평범한 인간들)보다 더 상하였다.

52:15 두 번째 삽입구절을 통하여 선지자는 왜 그가 상하게 되었는지를 설명하고 있다. 이러한 상한 상태에서 '그가 열방에 뿌릴 것이다.'[18] 상한 자로서 그 종은 타인을 위하여 정결케 하는 의식을 행하는 어떤 일을 한다. 그러므로 그의 상함은 그 자신의 죄로 인한 징벌로 잘못 간주되었었으나, 사실 이것은 그가 열방을 정결하게 할 상태이다.

'그가 뿌릴 것이다'는 동사는 모세 율법에서 씻거나 정화시킬 때 기름이나 물, 혹은 피를 뿌리는 데서 발견되는 전문용어이다. "문둥병에서 정결함을 받을 자에게 일곱 번 뿌려 정하다 하고"(레 14:7상), "그 제사장의 손가락에 그 피를 찍어 여호와 앞 곧 성소 장 앞에 일곱 번 뿌릴 것이며"(레 4:6), "또 그 단에 일곱 번 뿌리고 또 그 단과 그 모든 기구와 물두멍과 그 받침에 발라 거룩하게 하고"(레 8:11).

뿌림의 목적은 정화가 아니라, 의식적 청결을 얻기 위한 것이었다. 그런 까닭에 뿌리는 자 자신이 정결해야 하고 죄가 없어야 한다.[19] 여기서 제시된 일은 제사장의 사역이며, 이 사역의 목적은 타인을 정하게 하고 씻기 위한 것이다. 인간들은 그 종 자체를 부정하고 정결케 되어야 할 필요가 있는 사람으로 간주하였고, 반면에 그 종 자신은 한 사람의 제사장으로서 물과 피를 뿌려서 많은 열방을 정결케 할 것이다. 그는 고난 당하는 자로서 이 일을 하였으니, 그의 고난들은 속죄적인 정화를 위한 것이었고, 그를 바라보는 자들의 태도에 심각한 변화를 가져다 주었다. 이

---

17) **웨토아로**— '그리고 그의 외모.' 우리는 삼상 28:14에서처럼 토오로를 기대한다.
18) 1Q는 יזה로 되어 있다. 본인은 이러한 번역의 이유들을 *SII*, pp. 199-206에서 논의하였다. 참고. T. C. Vriezen, *OTS*, Vol. 7, 1950, p. 204.
19) 그러나 참고. North, *in loc*. 그러나 외적 물리적 정화는 자주 내적 영적 씻음을 나타냈다. 예를 들면, 시 51:9; 겔 36:25. 외적 부정에 대해 행해진 일은 죄에 대해 행해졌고, 그러므로 뿌리는 것은 죄로부터의 씻음을 가리켰다. 신약의 언급들, 벧전 1:2; 히 10:22; 12:24; 9:13, 14을 참고하라. 기름을 뿌리는 것과 물을 뿌리는 것은 피를 뿌리는 것을 근거로 한다. 출 29:21(기름)과 붉은 암송아지의 속죄제에서 나온 재가 담긴 물만이 뿌려졌다는 사실을 유의하라. 히 9:13, 14은 이 모두를 포함한다. 모형적 희생제사 가운데서 분리되어 있었던 것이 원형 가운데서 통합되었다.

것은 그가 현명하게 시행할 사역이며, 이로 인하여 그는 너무나 크게 승귀될 것이다.

선지자는 마지막 문장에서 그 종의 사역의 성공적인 결과를 강조하기 위하여 '그를 인하여'란 문구를 맨 앞에 두면서 진술한다. 입을 봉함은 충격으로 벙어리가 되는 말을 못하는 경악을 상징한다. 입을 봉함은 두려움과 영예의 표시로 이해되어야 한다. 이 왕들은 많은 사람들이 전에 그를 경멸하고 거절하였던 것처럼, 이제 그 종 앞에서 조용한 두려움에서 일어설 것이다. 선지자는 열왕들을 묘사함으로써 의도적인 대조를 나타내 보이고 있다. 평범한 지위에 있는 인간들을 포함하여 많은 사람들이 그 종을 경멸하였다. 그러나 그의 구원 사역의 결과로 인간들 가운데 가장 높은 자까지 그분 앞에서 존경심으로 일어설 것이다. 놀란 그들은 최소한 외적으로 언약 공동체 일원이다. 그러나 경건한 자들은 이방인들이다.

이사야는 이러한 태도의 이유를 설명한다. 즉 미래 구원의 지극히 고상함 때문이다. "주 외에는 자기를 앙망하는 자를 위하여 이런 일을 행한 신을 예로부터 들은 자도 없고 귀로 깨달은 자도 없고 눈으로 본 자도 없었나이다"(사 64:4). 그 고상함은 그 종이 자기들을 대신하여 죽고 다시 살아나서 모든 그의 자손들에게 생명을 가져다 주었다는 진리를 왕들이 경험하게 되었다는 사실에 나타난다.[20] 이 메시지는 그들에게 결코 말해지지 않았으며, 그들이 전에 들을 적도 없었으나, 이제 그들은 모두 보고 그것을 깨닫는다. 메시아에 대한 앞의 예언들 가운데서 구원의 메시지가 가려진 형태로 제공되어 왔으나, 그러나 이제 그것이 처음으로 아주 투명하게(with glorious clarity) 진술된다. 그것은 타락한 인간의 마음에서 기원되었을 가능성이 없으니, 이는 인간의 모든 종교는 모든 문제에 대한 답변을 발견한 인간 자신 가운데서 그 기원을 가지고 있지만, 그러나 이 메시지는 그 여호와의 종을 인간들의 유일한 소망으로 지적하고 있기 때문이다.

---

20) B에 근거하여 어떤 사람은 "그것이 전달된 적이 없는 자들이 보고 듣지못한 사람들이 이해했다"고 번역하려고 한다.

53장

1절, 우리의 전한 것을 누가 믿었느뇨 여호와의 팔이 뉘게 나타났느뇨
2절, 그는 주 앞에서 자라나기를 연한 순 같고 마른 땅에서 나온 줄기 같아서 고운 모양도 없고 풍채도 없은즉 우리의 보기에 흠모할 만한 아름다운 것이 없도다
3절, 그는 멸시를 받아서 사람에게 싫어 버린 바 되었으며 간고를 많이 겪었으며 질고를 아는 자라 마치 사람들에게 얼굴을 가리우고 보지 않음을 받는 자 같아서 멸시를 당하였고 우리도 그를 귀히 여기지 아니하였도다.

53:1 종에 관한 네 번째 본문의 본론은 수사학적인 질문으로 시작하고 있는데, 파이퍼가 이를 바르게 관찰한 바와 같이, 하나의 질문 이상의 감탄이다. 그것은 부정적 답변을 요구하고 있지 않고 단순히 이 세상에 있는, 특히 유대인 안에 있는 참 신자들의 소수에 주목하기 위하여 고안된 것이다. 우리는 이방인을 화자로 보려는 사람들에게 동의할 수 없으니, 이는 그러한 입장이 너무 많은 난점을 수반하기 때문이다. 선지자가 자기 백성의 대표로서 너무나 적은 수가 믿는다는 사실에 놀라움을 말하고 또 표현하고 있다고 생각하는 것이 더 낫다. 복수는 이방인이 화자(話者)가 되어야 한다는 것(Edelkoort)을 요구하지 않는데, 이는 그것이 자기 백성을 위하여 말하는 자로서의 선지자에게 잘 적용되기 때문이다.

해석학적 문제는 대략 '우리의 전한 것'에 대한 해석에 걸려 있다. 그 단어 자체가 단지 '들은 것'을 의미한다. 이것이 우리 자신들이 들어온 메시지인가[1] 아니면 우리가 선포하는 메시지인가? 루터는 이 후자의 입장을 취하면서 '우리의 전한 것' (preaching)으로 번역하였다. 이것이 신약의 입장이며(참고. 요 12:38과 롬 10:16), 그것은 또한 문맥에도 더 잘 어울린다.

---

1) 이 해석은 (Hengstenberg)에 의하여 COT에서 잘 옹호되어 왔다. 최근에는 본 장이 죽고 부활하는 구속자-신을 닮은 고대 신화에 그 근거를 두고 있다고 주장되어 왔다. 그런 까닭에 '우리의 전한 것'은 "우리가 받은 전승"을 의미한다. 참고. H. S. Nyberg, "Smärtornas man. En studie till Jes. 52, 13-53, 12," *Svensk Exegetisk Årsbok*, Vol. 7, 1942, pp. 5-82; Ivan Engnell, "Till Frågcon om Eded. Jahve-sångera och den indande Messias hos 'Deuterojesaja'," *Svensk Exegetisk Årsbok*, Vol. 10, 1945, pp. 31-65; E. T. in *Bulletin of the John Rylands Library*, Vol. 31, Jan. 1948.

열왕들로 하여금 그 입을 닫게 하였던 것은 그들이 듣지 않았던(샤므우, שָׁמְעוּ) 것이었고, 우리가 듣게 한(셰무아테누, שְׁמֻעָתֵנוּ) 내용은 많은 사람들에 의해 무시되었다.

평행적 표현 또한 이 해석을 지지한다. '여호와의 팔'은 여호와의 힘에 대한 환유(換喩)로 사용되었다. 여호와의 힘의 계시와 우리가 선포한 것을 믿는다는 것은 같은 사실의 두 면이다. 한 인간에 대한 하나님의 팔의 계시는 능력의 계시이며(참고. 렘 17:5), 그런 까닭에 선포된 보고를 믿는다는 것은 여호와의 능력이 나타났다는 증거이다. 그 나라를 애굽으로부터 이끌어 내신 것은 여호와의 팔이었으며(참고. 51:9-10; 63:12), 이 능력의 팔은 사람들로 하여금 믿게 만든다. 이 구절은 믿음이 하나님의 선물이고 인간 자력의 사역이 아님을 분명하게 가르치고 있다. 그것은 또한 하나님께서 자기의 능력을 나타내 보이지 않으신다면, 인간들은 회심하지 못할 것이라는 사실을 가르치고 있다. 우리는 항상 그의 나라가 확장될 수 있도록 언제나 하나님께서 일하시도록 의지해야 한다.

53:2 믿는 자들의 적음에 대해 놀라움을 표시하고 나서 선지자는 이제 그 종의 삶을 진술하고 있다. 맨 앞에 나오는 접속사(와우 ו)는 '그리고'나 아니면 '이는'으로 번역될 수 있다. 그것은 과거형으로 되어 있는 하나의 동사(와우 연속법)를 이끌고 있으며, 본문 가운데 주어진 묘사 전체가 과거형으로 되어 있다. 이것은 예언적 완료로 이해해야 할 것이다. 자기가 묘사하고 있는 일이 일어날 것이 화자의 마음에 너무나 생생하고도 확실하므로 그는 그것을 이미 일어나고 있는 일로 말하고 있다. 분명한 것은 선지자가 선지자 자신의 시대 이전에 이 지상에 이미 살았었던 어떤 사람에 대해서 말하고 있는 것이 아니다.

첫 동사 '그리고 그가 자라났다'는 그 종의 지상에의 출현과 그의 삶의 과정을 가리키며, '주 앞에서'란 문구는 당연히 하나님을 가리키는 것으로 취급되어야 할 것이다. 그 종은 자기의 지상에서의 전 생애를 하나님의 존전에서 살았다(참고. 벧전 2:4). 이 문구는 그 종의 생애가 하나님의 능력 안에서 유지되었고 그분 앞에서 살았다는 사실을 본질적으로 보여 주는 것이다.

그러나 인간들에게는 그 종이 그루터기와 한 나무의 가지로부터 자라나서 거기서부터 그 생명과 힘을 빨아내는 순하고 연한 가지로 보였다.[2] 인간들은 그 새로 나온

---

2) 분사는 직역하면 '젖 빠는 자'를 의미한다. 참고. 욥 14:7; 겔 17:22. B는 παιδίον,

가지들이 나무로부터 생명을 빼앗아가기 때문에, 그리고 인간의 눈에는 잘라버려야 할 것으로 보이기 때문에, 잘라버린다.

두 번째 비유는 그 종을 마른, 단단한 땅 혹은 흙에서 자라난 뿌리로 설명한다. 여기에 이사야 초창기 예언에 대한 반영이 나타나 있는 것 같다. "그리고 이새의 줄기에서 한 싹이 나며 그 뿌리에서 한 가지가 나서 결실할 것이요"(사 11:1). '마른 땅'은 그 종이 나타나야 했던 신분이 천한 상태와 배경을 가리킨다. 그것은 그 종이 살아가야 했던 상황의 비참한 성격을 말해 준다. 그것이 베들레헴이나 동정녀 마리아를 가리키는 것이라고 확실히 말할 수 없다.[3] 바짝 메마른 땅에 있는 뿌리는 생명을 보존하기 위하여 투쟁해야 한다. 그래서 사람들은 그 종을 키가 큰 백향목과 비교하지 않고 천한 뿌리로 비교하였다. 다윗은 준수한 사람이었으니, 이는 그가 아름다운 인물이었다는 뜻이다(삼상 16:18). 그러나 그 종은 풍채도 없었고 영광받을 만한 점도 없었다. 많은 사람의 눈에는 지도력에 있어서 없어서는 안 될 그러한 것들이 그에게서는 발견되지 않았다. 그러나 그것이 외적인 기질들이나 용모에만 국한 된 것이 아니었다. 다른 곳에서도 결합되어 사용된 두 개의 명사(참고, 창 29:17)는 그 종의 굴욕 전체를 나타낸다. 우리가 그 종을 바라볼 때, 우리는 우리가 그에게서 바라는 어떤 아름다움도 발견하지 못한다.[4] 다시 말하면, 우리의 판단은 외모를 따라 하는 것이지, 정당하고도 참된 것이 아니라는 것이다. 그것은 슬픈 모습이다. 그 종은 자기 백성 가운데 거주하셨으며, 믿음의 눈은 그의 육체적인 모양 배후에 있는 참된 영광을 보게 될 것이다. 그러나 그의 외모를 바라보는 이스라엘은 그 눈을 기쁘게 하는 그 어떤 아름다움도 발견하지 못하였다.

Peshitta도 그렇게 되어 있다. Engnell, *op. cit.*, E. T., p. 31은 우리가 담무스(Tammuz) 사상의 문맥을 보고 있다고 생각한다. North(*in loc.*)는 효과적으로 이 견해의 부적절성을 지적한다. 한 좋은 논의가 V. de Leeuw, *op. cit.*에서 발견된다. 어근(שרש)은 그 소산, 곧 그것으로 말미암아 나타나게 되는 그 싹을 나타낸다.

3) Ernst Sellin(*Serubbabel*, Leipzig, 1898, pp. 153, 154)은 마른 땅을 바벨론을 가리킨다고 말한다.

4) 약 와우와 단축명령형은 다음절을 구성한다. '우리가 그를 바랄.' 이사야는 '우리가 그를 본다'고 하는 현재형을 사용하고 있는데, 이는 그가 그 광경을 그의 눈앞에 나타나는 것으로 보기 때문이다. "아무런 영광도 우리는 그에게서 보지 못할 것이다"(즉 그를 호의를 가지고 보지 않는다)라는 해석은, 물론 sellin에 의하여 옹호되는데, 그 해석은 라아(ראה)가 전치사 브(ב)와 함께 해석될 때에만 가지는 의미를 더해준다.

본 절은 그리스도의 육체적인 외모를 묘사하고 있지 않다. 그러한 주제에 대해서는 성경 전체가 침묵하고 있다. 그보다는 그 종의 외모가 잘못된 접근방법으로 판단하는 인간이 완전히 그를 잘못 판단할 그러한 외모라는 사실을 보여 주려는 것이 그 의도이다.[5]

53:3 선지자는 2절에 주어진 굴욕에 관한 일반적인 진술로부터 보다 세부적인 묘사로 나아간다. 본 절은 일련의 술어로 구성되어 있고, 주어는 표현되어 있지 않다. 이를 번역함에 있어서 우리는 다음과 같이 그 사상을 나타낼 수도 있을 것이다.

(그는) 멸시를 받았다,
　　　 사람에게 싫어버린 바 되었다,
　　　 슬픔의 사람, 등.

첫 번째 술어는 2절에 있는 "우리가 그를 흠모하지 않았다"에 대한 사상의 점층법을 나타낸다.[6] 그곳에서 표현은 부정적이었고, 이곳은 긍정적이다. 전체적 개념은 분명하다. 예를 들면 에서는 자기의 장자권을 경멸하였고(창 25:34), 사울은 왕으로서 경멸을 받았다(삼상 10:27). 미갈은 다윗을 경멸하였으며(삼하 6:16), 골리앗도 그러했다(삼상 17:42). 예레미야 22:28과 다니엘 11:21은 경멸을 받았던 왕들에 대해 말하고 있다. 이 단어는 자주 나타나며, 단순히 사람들이 그 종을 거절하고 그렇게 멸시하였다는 것을 의미한다. 이 단어가 또다시 소개되어 있으니, 이것은 이사야의 스타일임을 설명하고 있다. 그리고 그것은 전체 구절에 슬픈 가락을 더한다.

"거절하였다"(개역은 '싫어버린 바 되었다')로 번역된 히브리어는 실제로 '그치는' 혹은 '결핍되는'이란 형용사이며, 그 축어적 형태는 욥기 19:14에 나타난다. 우리는 '사람들로부터 그치는'(즉 그들로부터 피하는 의미에서)이란 능동적 의미로 번역해서는 안 되고, 수동형으로 번역해야 한다. 그래서 '사람에게 싫어버린 바 되었

---

5) 칼빈은 이 묘사를 그 머리(그리스도)뿐만 아니라 몸인 교회에도 적용한다.
6) 그러므로 비록 앞 절과의 문법적인 관계는 아닐지라도(예를 들면, V. de Leeuw), 사상에 있어서 연관성은 있다.

다'는 통상적인 번역이 만족할 만하다. 인간들에게 저버림을 당하고 사랑을 받지 못하는 사람은 사람들이 거절한 사람이다. 이쉼(אִישִׁים 사람들)이 사람들의 아들들(베네 아담 בְּנֵי אָדָם)과 동의어가 아니고 인간들 중의 더 나은 부류를 지칭한다는 사실을 유의하는 것이 중요하다.[7]

이쉬(אִישׁ 사람)와 이쉼(אִישִׁים 사람들)의 병치는 의미심장하다. 비록 인간들의 가장 상류층이 거절하였을지라도 그도 역시 한 사람의 인간인데, 그의 특징은 간고(고통) 가운데서 발견된다.[8] 그 종의 전 생애는 고통들로 가득 찼다. 이것들은 육체적인 고통을 포함하고 있지만, 그러나 영적인 고통도 포함한다.

영역 '질고(아픔)를 아는 자'는 정확한 번역이니, 이는 수동태 분사 구문이 유지되기 때문이다.[9] 이 뜻은 그 종 자신이 질고를 알도록 되어져 있었다는 것이다. 또다시 이 모습은 그 몸이 육체적인 질병으로 인하여 쇠약해진 자에 대한 묘사가 아니니, 이는 질고라는 단어가 여기서 죄를 표상하기 때문이다. 이사야는 자기가 일찍이 채용했었던 것과 같은 표상을 사용하고 있다(1:5하, 6).

그 다음에 나오는 술어는 두 가지 해석을 할 수 있으니, 곧 '그리고 우리에게서 얼굴들을 숨기는 것같이' 혹은 '그리고 그로부터 얼굴들을 숨긴 것같이'이다.[10] 첫번째 문장에 의하면 그 뜻은 그가 자기 얼굴을 우리들로부터 가렸다는 것이다. 두

---

7) De Leeuw는 이 비정상적 복수형은 특별한 의미를 가지지 않는다고 주장한다("*geeft elders niets bijzonders aan*"). Muilenburg는 예를 들면 애 1:1-3; 3:7, 14, 17; 욥 19:13-19에 호소하면서 고독의 비극을 아름답게 드러낸다. 비록 문둥병자들이 인간들로부터 격리되어 살기는 하였을지라도, 이 호칭은 반드시 문둥병자를 나타내지는 않는다. 참고. 왕하 15:5; 대하 26:21; 시 88:5.

8) 직역하면 '고통들', Vulg.은 *virum dolorum*. De Leeuw는 본 구절과 담무스(Tammuz) 신화들과의 있을 법한 관계에 대해 훌륭한 논의를 개진한다.

9) יָדַע는 여기서 아랍어 *wadu'a*(*wd'*), '굴욕을 받은'과 어원이 같을 수도 있다. 이것은 D. Winton Thomas in *Record and Revelation*, 1938, pp. 393ff., 그리고 *JTS*, Vol. 38, 1937, pp. 404-405에 의해서 논의되어 온 바다. 또한 참고. G. R. Driver in *JTS*, Vol. 38, 1937, pp. 48, 49. 이것은 가능하지만 그러나 의심스럽다. 또한 참고. J. Reider, *JBL*, Vol. 66, 1947, p. 317. 질고라는 단어는 단순히 상징적인 것이 아니니, 이는 10절에 있는 헤헬리(הֶחֱלִי)가 여기에 나타나 있는 홀리(חֳלִי, 질고, 고통)라는 단어를 반영하고 있는 것으로 보이기 때문이다. 질고(아픔)는 상처에서부터 오는 고통을 포함한다. 참고. 왕상 22:34; 렘 6:7; 10:19. 슬픔은 그것과 함께 질병을 가져올 수도 있는데, 이는 고통 당한 심령이 약함과 상한 육체를 동반할 수도 있기 때문이다.

10) 직역하면 '숨기'. '숨는 행동'. 이 단어는 명사이지만 그러나 참고. 1Q의 מסתיר.

번째 문장에 의하면, 우리가 우리의 얼굴을 그로부터 가렸다는 것이다. 두 번째 문장이 더 나을 것 같은데, 이는 문맥이 그 종에 대한 인간들의 반응을 묘사하고 있기 때문이며, 그 종이 사람들을 향하여 얼굴을 가리는 것이 아니기 때문이다. 우리는, 그의 특징을 이루었던 간고와 질고로 인하여 그를 바라보기에 너무나 반감이 일어나서, 우리가 마치 그가 어떤 혐오감을 일으키는 질병으로 죽임을 당한 것처럼 그로부터 얼굴을 돌려버렸다는 것이다.

본 절이 시작한 것처럼 종결짓고 있다. 그런 까닭에 이사야는 또다시 '멸시를 당하였다'는 단어를 사용하고 있으며, 그것에다 비극적 진술인, '그리고 우리도 그를 귀히 여기지 아니하였도다' 라는[11] 말을 덧붙인다. 아마도 그 의도는 다음절에서 강력한 대조를 더 뚜렷하게 하기 위한 것이다.

이사야가 여기서 묘사하고 있는 불신은 오늘날 우리 모든 주변에서 발견되는 것과 같은 불신앙이다. 사람들은 영광의 주님에 관하여 기분 좋고 칭찬하는 일을 말한다. 그들은 그분의 윤리와 그분의 가르침을 찬미하고, 그분이 훌륭한 사람이요 위대한 선지자이며, 그분이 오늘날 세상이 직면하고 있는 사회문제들에 대한 유일한 답변이 되신다고 선언한다. 그러나 그들은 자기들이 영원한 징벌을 받아야 할 죄인들임을 인정하지 않으며, 또한 그리스도의 죽음이 하나님의 공의를 만족시키고 죄인을 향하여 진노하신 하나님과 화목하게 하기 위하여 고안된 대리적 희생제사였다고 인정하지 않는다. 사람들은 하나님께서 그 아들에 관하여 말씀하시는 내용을 받아들이지 않을 것이다. 오늘날도 역시 그 종은 사람들에게 멸시를 받고 사람들에게 싫어버린바 되시고 있으며, 사람들은 그를 귀히 여기지 않고 있다.

　4절, 그는 실로 우리의 질고를 지고 우리의 슬픔을 당하였거늘 우리는 생각하기를 그는 징벌을 받아서 하나님에게 맞으며 고난을 당한다 하였노라
　5절, 그가 찔림은 우리의 허물을 인함이요 그가 상함은 우리의 죄악을 인함이라 그가 징계를 받음으로 우리가 평화를 누리고 그가 채찍에 맞음으로 우리가 나음을 입었도다
　6절, 우리는 다 양 같아서 그릇 행하며 각기 제 길로 갔거늘 여호와께서는 우리 무리의 죄악을 그에게 담당시키셨도다

---

11) **와우**는 결과를 나타낸다, 즉 '그래서 우리는 그를 귀히 여기지 않았다.'

53:4 선지자는 본 절과 함께 사건의 진상을 진술하고 있다. 그 종은 사실상 간고와 슬픔으로 특징지어진다. 그러나 그것은 그의 것이 아니었다. 그런 까닭에 본 절은 긍정적인 불변화사인 '실로'로[12] 시작하고 있으며, 그리하여 어떤 위엄이 소개되어 있다. 교차적 배열이 흥미롭다. 앞 절의 순서, 즉 '간고, 질고'와 대조되어 여기서는 '질고와 간고'로 되어 있다. 유의해야 할 점은 '우리'와 '그'가 병치되어 있다는 점이다. 우리는 다음과 같이 번역할 수도 있다. '우리의 질고를 그가 짊어졌다.' 이 대조는 본 장 가운데서 이 단락의 특징을 나타내는 대속의 개념을 드러낸다. 한 사람과 많은 사람 사이의 대조가 단순한 양적 대조가 아니고 질적인 것이라는 사실을 지적한다. 한 사람은 의인이다. 많은 사람은 질고와 간고를 가지고 있다.

마태복음 8:17에 있는 언급은 적절한 것이다. 그 이유는 비록 여기서 사용된 질고라는 표상이 죄 그 자체를 가리킬지라도, 이 구절은 또한 죄의 결과들을 제거하는 사상을 포함하고 있기 때문이다.[13] 질병은 죄와 분리될 수 없는 동료이다.

강조가 '그'라는 대명사에 주어져 있다. 나사(נָשָׂא, 짊어지다)란 동사는 '가져가다' 이상의 의미를 가지고 있다. 그 뜻은 들어올려 옮기는 것을 의미한다.[14] 이것은 다음 절과의 평행 그리고 일반적인 문맥에 의하여 뿐만 아니라 동사의 용법에 의해서도 나타난다. 그 종은 우리에게 속한 질고(sicknesses)를 취하시고 그것들을 우리들로부터 들어올리시고 가져가신다. 두 번째 동사는 아마도 점층법을 나타내고 있는 것으로 보이는데, 이는 그것이 명확하게 질고와 간고를 스스로 짊어지는 것을 가리키기 때문이다. 베드로는 이 구절을 그리스도에게 적용하면서 그 의미를 바르게 드러내고 있다, "친히 나무에 달려 그 몸으로 우리 죄를 담당하셨으니(짊어지셨으니-역자주)"(벧전 2:24).

---

12) B에는 빠져 있다. 때때로 이 불변화사는 반의적 접속사이며, 그것이 여기서 대조적 내용을 이끌고 있는 것도 사실이다.

13) 그런 까닭에 Hengstenberg는 그 종이 그 죄와 결과들을 짊어진다는 사실을 진술하고 있으며, 죄의 결과들 가운데 질고와 고통이 두드러진 위치를 차지하고 있다고 정확하게 진술한다. 참고. 렘 10:19. 그리스도께서 실제로 우리의 질고를 짊어지셨다는 사실을 강조하기 위하여 마태가 의도적으로 τὰς ἁμαρτίας ἡμῶν으로 읽고 있는 B로부터 이탈하고 있다는 사실이 주시되어야 할 것이다.

14) 참고. 레 5:1, 17; 10:17; 민 14:34; 겔 18:20. 함무라비 법전에서 인상적인 용법을 참고하라. '그가 짊어질 그 재판의 죄책(a-ra-an di-nim šu-a-ti it-ta-na-aš-ši)', Law 4(vi. 3-5). 또한 참고. Law 13(viii. 23, 24).

죄 자체가 아니라 죄의 결과를 언급하고 있는 점이 주시되어야 할 것이다. 그럼에도 불구하고 그가 우리의 질고를 짊어지셨다고 말했을 때, 그것이 의미하는 바는, 그가 우리와 함께하는 동지 고난자(a fellow sufferer)가 되신 것이 아니라, 그가 악한 결과의 원인인 죄를 짊어지셨고 그래서 우리 대속이 되셨다는 것이다.

마지막 행에서 선지자는 '우리'에게 강조를 주고 있으니, 이는 우리가 그의 고난들의 참 이유를 이해하지 못하고, 그를 혐오스럽고도 염증나는 질병으로 하나님에게 징벌을 받은 사람으로 간주하였기 때문이다. 실제로는, 그 반대였다. 우리는 죄책을 가진 자인, 우리 스스로에 대해 공포를 느껴야 할 것이고, 죄없이 죄를 담당하신 그분을 향해서는 사랑스러운 감격으로 채워져야 할 것이다. 나구아(נגע, 맞은)를 많은 사람들에 의하여 문둥병으로 심판하는 것을 가리키는 것으로 해석하였다. 열왕기하 15:5에서 우리는 "여호와께서 왕을 치셨으므로 그는 죽는 날까지 문둥이가 되어"라는 말씀을 읽는다. 유대인 안에 메시아가 문둥이가 되어야 한다는 한 전승이 있었고,[15] 이러한 사상은 어떤 고대 헬라어 역본에도 표현되어 있다.[16] 둠(Duhm) 역시 그 종은 그 질병으로 죽은 문둥병자였다고 주장하였다. 그러나 그것은 히브리어 단어가 당연히 문둥병을 가리킨다는 사실을 주장하기 위하여 너무 지나쳐 나간 것으로 보인다. 분명한 것은 그것이 혐오스러운 질병의 부과를 시사하는데, 예를 들면 창세기 12:17에서 "여호와께서 바로와 그 집에 큰 재앙을 내리신지라"고 되어 있다. 질고의 정확한 성격은 언급되어 있지 않으나, 우리는 아마도 그것이 구타로 인하여 생겨난 혐오스럽고도 창피스러운 질병이었다고 말하는 것이 안전할 것이다.

히브리 모음의 약간의 변경으로 다음의 두 단어들(하나님에게 맞으며)은 '매맞은 하나님'(a smitten God)으로 읽혀지게 만들 수도 있다. 그러나 이것은 객관적인 본문의 지지가 없고, 문맥은 그것과 반대가 된다.[17] 그 종을 바라보았던 사람들은[18] 그를 하나님으로 생각지 않고[19] 오히려 하나님에게 극렬하게 징벌을 받은 자로 보

---

15) 참고. Sanhedrin xi (Soncino Edition, p. 664). 참고. 시 73:4. Hengstenberg는 레위기 13장에서 נגע는 문둥병에 대한 *nomen proprium* (본래 이름)이라고 주장한다.
16) Aq는 ἀφήμενον; S는 ἐν ἀφῇ ὄντα; T는 μεμαστιγωμένον; Vulg.은 *quasi leprosum*.
17) 어떤 히브리어 사본은 체레 대신에 세골로 읽는다.
18) '그러나 우리는' – 인칭 대명사는 상황절의 주어를 이루고 있으니, 여기서 '비록 우리가'라는 양보를 나타내는 의미를 가진다.
19) '우리가 그를 생각하였다' – 모양을 짓는 혹은 어떤 것을 만드는 준비를 나타내는 동사들이 일반적으로 그러하듯이, חשב는 이중 목적어를 취하는데, 첫 번째 것은 간접목적어가 되고 두 번째 것은 그 생산물을 나타내는 대격이다.

았다. 마지막 단어는 인간들이 그 종에 대해 가졌던 잘못된 견해의 절정을 나타낸다. 그것은 천대하고 학대하는 것을 시사하며, 또한 앞의 두 구절들을 포함하는 일반적인 용어로 취급해야 할 것이다.

53:5 본 절과 앞 절 사이의 관계를 규정하기는 어렵다. 우리는 초입부의 접속사를 '그러나'로 번역할 수도 있으며, 그래서 그 종을 바라보았던 자들의 잘못된 견해와 그의 고난의 실질적 이유를 강하게 대조시킨다. 또 다른 강조는 '그'라는 대명사가 맨 앞에 위치한다는 데에서 발견되는데, 실제로 마땅히 징벌을 받을만한 사람들과는 달리, 그가 죄악을 담당하셨다는 사실을 보여 주기 위한 것이다.

술어를 '상한'으로 번역해서는 안 되고 '찔림당함'으로 번역해야 하며, 사상은 보통 죽음을 당하도록 찌르는 것을 동반한다.[20] 아마도 폭력에 의한 죽음의 개념도 포함하고 있는 것 같다. 이 뜻은 우리가 범죄함으로 인하여 그가 찔림을 받아 죽었다는 것이다.

평행적 표현 "그가 상함은 우리의 죄악을 인함이라"는[21] 우리가 사악하게 행하였기 때문에 그가 부서지고 상하였다는 것이다. 분사는 연관된 인간의 완전한 멸망을 시사한다. 본 절의 첫 부분에 있는 이 두 표현은 4절에 있는 그 종에 관한 진술과 함께 취급해야 할 것이다. 허물과 죄악은, 그 단어들의 본래 의미가 무엇이든, 여기서는 인간 법률에 대한 허물이 아니라 하나님의 법에 대한 허물을 가리킨다. 만일 그 죄악들이 단지 우리가 만든 불운한 오류들이라면, 그래서 우리 모두가 그렇게 되지 않을 수도 있는 인간의 표준에 비추어 본다면, 그것은 한 가지 것이다. 그렇다면 어찌하여 이제까지 살아온 우리의 실패 혹은 인간의 법 준수에 대한 우리의 실패가 우리 대신 그 종의 죽음으로 귀결되어야 하는지 이해하기가 어렵다. 다른 한편, 만일 선지자가 보다 심각한 어떤 일을 말하고 있다면, 즉 하나님이 그러한 것으로 간

---

20) 메홀랄(מְחֹלָל) – '찌름을 당한'. 참고. 아랍어 *halla*, '꿰뚫다, 찌르다.' 참고. 사 51:9; 욥 26:13. 분사는 완전히 실현된 하나의 사실을 나타낸다. 그 종은 죽었다, 그리고 단순히 고난 속으로 떨어진 것만이 아니다. 그리고 그의 죽음은 난폭한 것이요 고통스러운 것이었다. 참고. 슥 12:10.

21) מדכא – '부서진, 조각들로 깨어진, 박살난.' 참고. 사 19:10; 욥 22:9; 렘 44:10.

주하시는 죄악과 허물들에 대해서 말하고 있다면, 이 구절의 심오함은 즉시 명백해진다.

우리가 범했던 죄악을 그 종이 담당하셨다. 그러나 죄가 비물질적인 어떤 것이므로 사람이 어떻게 그것을 짊어질 수 있다는 것인가? 그 대답은 죄가 단순히 마음의 내적인 부패만을 포함하지 않고, 또한 하나님 앞에서의 죄책(guilt, 즉 죄의 자각)도 포함한다는 것이다. 그러므로 이사야는 그 종이 우리의 죄악을 담당하셨다(짊어졌다)고 말하면서, 실제로 그가 우리의 죄악의 죄책을 담당하셨다고 선언하고 있는 것이다. 그러나 죄책(죄의 자각, 유죄)은 유형의 실체가 아니다. 그럼에도 죄책은 비난과 징벌 모두에 대한 책임을 포함하며, 이와 함께 우리는 문제의 핵심에 이르게 된다. 그 종이 우리 죄악의 죄책을 짊어지셨다고 했을 때, 우리는 그가 그 죄악으로 인하여 우리에게 돌려졌던 징벌을 짊어지셨다고 말하고 있는 것이며, 그가 우리를 대속하셨다고 말하는 것이다. 그분의 징벌은 대리적 징벌이었다.[22] 우리가 범죄하였으므로 그는 찔림을 받아 죽었다. 그 찔림과 상함은 우리 대신 그가 담당하신 징벌이었다. 사용된 표상의 격렬성에서 십자가의 실질적인 죽음에 대한 이차적인 언급이 들어 있을 수도 있지만, 그러나 주된 사상은 마땅히 우리 것이었던 그 형벌을 우리 대신 그가 담당하셨다는 것이다.

그러나 만일 이 말이 의미를 가져야 한다면, 그 종 자신이 허물과 죄에 대해서 지극히 자유로우신 분이셔야 한다. 그렇지 않다면, 그의 대리적 고난은 유익된 것이 될 수 없었을 것이다. 만일 스스로 부정한 사람이 다른 사람의 죄악들을 담당했었다면, 공의를 하나의 우스꽝스러운 것으로 만드는 것이다. 이럴 경우 그 죄악을 짊어지는 자의 죄악을 또 다른 사람이 짊어져야 할 필요가 있기 때문이다. 대리적 고난이 하나님의 거룩한 율법을 범한 자들을 위한 것이므로, 대리적 징벌이 실제로 거룩한 하나님의 존전에서 우리를 자유케 하므로, 이 말씀이 오직 그분, 예수 그리스도에 대해서 말씀하고 있다고 우리는 확신을 가지고 말할 수 있다.

그 다음으로 내리 누르는 무거운 짐과 같이, '우리의 평화의 징계'(즉, 우리의 평

---

22) 동시에 만일 우리가 단순히 그 종이 우리 죄악들의 징벌을 짊어지셨다고 말한다면, 우리는 성경의 가르침에 공평을 기하지 못한 것이다. 우리는 그가 충만한 의미에서 우리의 죄악들을 짊어지셨다고 주장해야 한다. 참고. J. Hein, *Sünde und Erlösung, nach biblischer und babylonischer Anschauung*, Leipzig, 1930.

화를 가져다 주었던)가 그분에 내려졌다고"[23] 진술되어 있다. 무싸르(מוּסָר)는 '교정, 훈련, 징계'이며, 보복적 징벌은 가리키지 않고, 자주 치료 혹은 교정의 사상을 담고 있다. 아마도 징계란 번역이 가장 만족할 만한 것일 것이다. 평화가 확보되려면 징계가 있어야 한다. 그리고 그 징계가 그 종에게 떨어졌다. 우리는 샬롬(평화)이란 단어를 하나님께서 인간을 향하여 유지하시는 평화로 이해해야 할 것이다.[24] 이 단어는 번영 혹은 안녕 이상의 의미를 내포한다. 우리의 죄로 말미암아, 그래서 그 뜻은 하나님께서 우리와 평화관계에 있지 않다고 바꾸어 말할 수 있다. 만약 주님이 우리와 평화관계를 맺으려 한다면, 징계가 있어야 한다. 우리는 그 징계를 받아 마땅한 위치에 있으나, 그것이 우리에게 떨어지지 않고 그 종에게 떨어졌다. 우리 대신에 그가 징계를 받았다. 그리고 그가 징계를 받았으므로 하나님께서는 우리와 평화를 이루셨다. 만약 그 종 위에 떨어진 징계가 달램(propitiation)의 목적이었다고 어떤 이가 주장한다면 그 사람은 그 본문을 자세히 읽고 있지 않은 것이다. 그 종의 징계로 말미암아 우리의 깊은 평화의 욕구가 채워졌다. 만일 평화가 번영이나 혹은 물질적 번영만을 가리킨다면, 어찌하여 그 종의 죽음이 그 평화를 가져다 주기 위하여 필요했는지를 이해하기가 어렵다. 오히려 이 평화는 이해를 초월하는 하나님의 평화이다.

마지막으로, 이사야는 우리를 위한 치유가 있다고 선언하고 있으며, 이 고침은 그의 맞음으로 말미암아 얻게 되었다. 우리에게는 이제 그 종을 죽게 하였던 그 모든 죄책으로부터 완전한 자유가 있다. 그 동사는 실제로 비인칭적이며, 우리는 '그리고 그의 맞음으로 말미암아 우리에게 치유가 있다' 혹은 '치유가 우리에게 나누워졌다'라고 번역할 수 있다.

53:6 선지자는 본 절과 함께 묘사에 새로운 요소를 주입하고 있는데, 말하자면 어찌하여 그 종이 고난을 당해야 했느냐 하는 이유이다. 목자를 잃은 양의 무리처럼

---

23) מוּסָר는 이 문맥 가운데서 교훈을 의미하지 않는다. 그보다는 하나의 악이 그 종에게 가해졌던 징계, 그리고 그 결과로 하나님의 평화를 우리에게 가져다 주었다. "…그분이 우리의 죄책 가운데로 들어오시는 것처럼, 우리는 이제 그분의 보상 가운데로 들어간다" (Hengstenberg).

24) Hengstenberg는 말한다. "평화는 구원의 개인화 된 호칭으로 되어 있다. 투쟁의 세계에서 평화는 가장 고차원의 축복이다."

우리 모두는 각기 제 길로 나아갔다.[25] 본 절은 쿨라누(כֻּלָּנוּ, 우리는 다, all of us)로 시작하고 마친다. 헹스텐베르크는 그 사상을 다음과 같이 개진한다, "…우리는 생애 전체를 통하여 고독하고, 저버리고, 비참하고, 하나님과 선한 목자로부터 분리된 채, 그리고 그분의 목양적 돌보심을 박탈당한 채 살았었다." 우리는 동사를 과거 완료로 번역하여, "우리는 제 길로 갔었었다"로 하는 것이 가장 좋을 것이다.

본 절의 상반절은 종의 고난의 이유를 말하고, 하반절은 여호와 자신이 우리 모두에게 속했던 죄를 그분 위에 두심(담당시킴)으로써 그 종으로 하여금 고난을 당하게 하셨다고 말한다. 이 후자의 행동을 묘사하고 있는 동사는 사역형 어간으로 되어 있고, '때리다' 혹은 '격렬하게 치다'를 의미한다. 우리가 죄책을 지고 있는 그 죄가 마땅히 예상할 수 있듯이 우리에게 되돌아와서 우리에게 임하고 우리를 치지 않고 우리를 치는 대신 그를 쳤다. 여호와께서는 우리의 죄로 인하여 그를 쳤으며, 그의 영혼뿐만 아니고 전인을 쳤다. 폭력의 개념이 완전히 없는 것은 아니다. 우리에게 속해 있던 죄가 하나님으로 하여금 그를 치게 하였으니, 곧 우리의 대속자로서 우리의 죄가 받아야 할 징벌을 담당하였던 것이다. 결과적으로, 우리는 더 이상 목자가 없지 않다. 이는 목자가 양을 위하여 자기 생명을 내주었기 때문이다. 그를 대속자로 섬겼던 그들은 "우리 모두"('우리는 다'-개역)라고 지칭하고 있다.[26] 이 문구에 선지자는 자신을 포함하여 그가 말하고 있는 모든 사람을 포함하고 있다. 그러나 이 문구에서 보편속죄의 교리를 이끌어 내는 것은 타당하지 못하다.

7절, 그가 곤욕을 당하여 괴로울 때에도 그 입을 열지 아니하였음이여 마치 도수장으로 끌려가는 어린양과 털 깎는 자 앞에 잠잠한 양같이 그 입을 열지 아니하였도다

---

25) 이것은 우상숭배에 한정되지 않고 어떤 특별한 포로 상태를 반영하고 있지도 않다. 이것은 구원의 가망이 없는데 대한 언급이다. 참고. 시 119:176. 우리는 스스로 흩어졌다. 참고. 왕상 22:17; 민 27:17; 겔 34:4-6; 마 9:36. 아마도 여기서 강조는 그들의 죄 자체보다는 흩어진 백성의 참상에 더 주어져 있는 것 같다. '무리'는 백성의 결속을 시사한다. 강조는 각각의 양에 있지 않고 올바른 길로부터 그릇가게 하는 자를 따르는 양떼에 있다. 렘 50:6은 거짓 목자들이 그 백성을 그릇가게 하였다고 가르치고 있다. 참고. 요 10:8.

26) 언약 공동체의 일원들은 일반적인 인류의 운명을 나누어 가지는 것으로 여겨지며 반드시 나머지 인류와 반대의 위치에 있지 않다.

8절, 그가 곤욕과 심문을 당하고 끌려갔으니 그 세대 중에 누가 생각하기를 그가 산 자의 땅에서 끊어짐은 마땅히 형벌받을 내 백성의 허물을 인함이라 하였으리요

9절, 그는 강포를 행치 아니하였고 그 입에 궤사가 없었으나 그 무덤이 악인과 함께 되었으며 그 묘실이 부자와 함께 되었도다.

53:7 비록 여호와께서 그 종의 고난의 궁극적 원인이셨을지라도 그 종은 인내심을 가지고 그 고난을 견디어 내셨다. 그 고난이 대리적이고 자원적이었으므로 고난은 자연스러운 것이었다. 그런 까닭에 그 종은 그것을 끈기 있게 짊어지셨다. '그가 곤욕을 당하였다'는[27] 문구는 주절을 이루고, 이어지는 두 개의 절은 그 종이 고난을 당했던 상황을 묘사하는 상황절이다(참고, 출 3:7; 삼상 13:6; 14:24). 애굽인들은 이스라엘을 고통스럽게 하면서 간고를 당하게 하고 부르짖게 하였다. 비슷하게 그 종은 마치 잔인한 감독관에게 시달리듯이 고통을 당하였다. 그러나 그는 부르짖지 않았다. 뒤따라오는 상황절은 '그리고 그가 자신이 고통을 당하도록 고난을 당하였다'로 번역할 수도 있다. 고통을 당할 때 그는 자원하여 당하고 있었다. 같은 사상이 두 번째 상황절, '그리고 그가 그의 입을 열지 않았다'에도 표현되어 있다. 이스라엘은 자기의 노예됨을 인하여 부르짖었으나 그 종은 그러하지 않았다. 그 어떤 자기 변호나 저항이 그의 입에서 나오지 않았다. 예수께서 빌라도 법정에서 한 말씀도 대답지 아니하셨다고 한 이 말씀의 성취를 생각하지 않고서는 이 예언을 읽을 수 없을 것이다. "욕을 받으시되 대신 욕하지 아니하시고"(벧전 2:23).

이사야는 그 종을 양과 비교함으로써 '그 입을 열지 아니하였도다'는 말씀을 확장하고 있다. 사람들은 양을 희생제물로 드리기 위하여 그것을 도살장으로 끌고 가며, 사람들이 그 양의 털을 깎을 때 말없이 서 있다. 이사야는 이 문장을 불필요하게 반복하고 있지 않는다. 그 이유는 여호와의 종이 자기의 고통 가운데서 놀라운 그리고 이상한 행위를 강조하기 위한 것이다. 어린양에 대한 언급은 아마도 출애굽기 12:3의 희생당할 어린양을 반영하고 있는 것 같다. 그리고 세례자 요한이 우리 주님을 하나님의 어린양으로 지칭할 때, 본 구절에 있는 이 표현을 근거로 하고 있다(또한 참고, 벧전 1:18, 19; 행 8:32-35). 여기서 강조된 것은 그 어린양의 인내

---

[27] 이 문구는 6절의 내용을 요약한다.

이며, 그래서 어린 암양이 그 털 깎는 자 앞에 잠잠한 것으로 언급되어 있다. 그러나 마지막 문장은 어린양을 가리키지 않고 그 종을 가리켜 말한다(참고. 마 27:12-14; 막 15:5; 눅 23:9; 요 19:9).

53:8 그 종이 고난을 당할 때, 그의 인내를 강조하고 나서, 선지자는 이제 그 고난에 대한 세부적인 묘사로 들어간다. 전치사는 독립적 의미인 '감옥으로부터' 로[28] 번역하는 것이 가장 좋다. 오체르(עֹצֶר, 압제?)란 단어의 정확한 의미는 명확하지 않으나, 포박 혹은 감금을 시사한다.[29] 재판과 관련하여 그것은 부당한 감금 혹은 압제와 관련된 심판을 암시한다. 예수 그리스도와 관련하여 실제적으로 성취된 것과 같이, 그 종의 대적들의 증오는 재판 절차의 영역과 한계 내에서 작용하였다. 그러나 인간의 심판은 그 자체가 그 종에 대해 질적인 효력을 가지고 있지 않았으니, 이는 그 배후에 자기 백성을 대신하여 고난을 당했던 자로서의 그 종을 징벌하였던 하나님의 심판이 있었기 때문이다(참고. 렘 1:16; 겔 5:8; 시 143:2). 하나님께서 진정 자기 백성들 가운데서 심판을 행하시며, 주의 심판의 최고의 현시는 그 종에게 떨어진 그것이었다. '그가 끌려갔다' 는 것은 부당한 재판을 통하여 사형에 넘겨진 것을 가리키는 것으로 이해해야 할 것이다. 이것은 '그가 산 자의 땅에서 끊어짐' 이라는[30] 평행구에 의하여 입증된다(참고. 잠 24:11). 그는 자기의 고난의 한 가운데서 죽음에 의하여 취하여감을 당했다.

뒤따라오는 문구에 대해 다양한 해석들이 제공되어왔으나, 우리는 불변화사 에트(אֵת)를 전치사로 취급하여 '함께'나 혹은 '중에' 로[31] 번역할 수도 있다. "그 종 당시 사람들 가운데서 누

---

28) H. H. Rowley는 이 전치사를 다른 의미로 취급하여 '그는 압제에 대해서 불공평하게 취급되었다' 로 번역하였다(*The Biblical Doctrine of Election*, Naperville, Ill., 1950, p. 116). 이 전치사는 분리의 의미로, '탄압으로부터,' 혹은 이유로, '탄압의 이유로 인하여,' 또 혹은 결핍으로, '탄압 등이 없이', 즉 '어떤 법적인 공판 등이 없이' 를 표현할 수도 있다. 동사 힉카(הֻקַּח)는 강탈하다, 즉 *abreptus est*를 시사한다. 참고. 52:5; 겔 33:4.
29) 명사 오체르(עֹצֶר)는 네 번 나타난다. 삿 18:7; 시 107:39; 잠 30:16 그리고 사 53:8. 각 경우 '감금' 혹은 '탄압' 이란 번역은 적절한 것으로 보인다. '구속하다, 감금하다, 지키다' 는 동사는 자주 나타난다. 왕하 17:4; 렘 33:1; 39:15에서는 '감금하다' 가 적절한 번역이다.
30) נִגְזַר은 언제나 격렬한 죽음에 대해서 사용된다.
31) אֵת란 단어는 새로운 시작을 가리킬 수도 있으며(GKC, §117 i-m), 부사적 대격(구체화)이다. 다른 한편, KJV의 번역은 허용할 수 있다.

가 생각하기를…"[32] '생각하기를'이란 동사는 어떤 일에 대한 묵상 혹은 진지한 생각을 의미한다. 그 종이 산 자의 땅에서 끊어졌다는 사실이 그 당시 사람들 편에서 묵상의 대상이 되지 않았다는 것이다. 그들은 숙고하여야 했으나, 그렇게 하지 않았다.

마지막 문구는 '내 백성의 허물을 인하여 그에게 타격이 있었다'로 번역할 수 있다.[33] 말씀하시는 이가 하나님이시다. 그 타격은 모든 사람 대신에 떨어진 것이 아니고 '내 백성' 대신에 떨어진 것이다. 또다시 그의 죽음에 대해서 말할 때, 이사야는 그 죽음의 이유, 곧 대속적 화해적 성격을 진술해야 했다.

53:9 8절이 그 종의 죽음에 대해서 말한 바와 같이, 9절은 그의 장사되심에 대해 말한다. 첫 번째 동사(개역은 '함께 되었으며'임—역자주)는 여호와를 주어로 생각할 수도 있고, 그렇지 않으면 비인칭 주어로 취급하여 영어로 수동형으로 번역할 수도 있다. 이 후자의 구조가 더 나은데, 이는 실제로 이중적 주어가 존재하기 때문이다. 인간들로 말미암아 그 종에게 주어진 것은 불명예와 치욕이었다. 하나님께서 그에게 주시려고 한 것은 그의 장사에 있어서 명예였다. 이 의미는 '지정하다'이며, 아마도 이 동사는 조동사적 의미를 내포하고 있다, 곧 "사람이 지정하기를 원했다"(one wanted to appoint)이다. '악인'은 악하게 행한 범죄자들이다. 사람들은 그 종의 무덤을 범죄자들과 함께 정하였다.[34] 그가 고통스러운 죽음을 당한 다음에 그

---

32) 본 절의 구조는 지극히 난해하며, 우리는 난점이 가장 적은 입장을 진술하고 있는 것이다. V. de Leeuw는 목적격조사(*nota accusativi*)로 해석되는 불변화사로 주장하고, 그리고 도르(דור)의 의미에 사 38:12에서 발견되는 '생명'이란 의미를 부여한다. '그리고 누가 여전히 그의 생명에 관하여 생각하고 있느냐?' B는 τὴν γενεὰν αὐτοῦ τίς διηγήσεται; 그리고 Hengstenberg가 이것을 따른다. 내 생각에는 그것이 합법적 번역이다. M이 יְשִׂיחַ(예쇼헤아흐)에 **아트나**를 붙이고 있는 점을 주시하라.

33) 시 11:7과 욥 22:2에 비추어 우리는 그 접미사를 단수로 말할 근거를 가지게 된다. 참고. 창 9:26, 27; 신 33:2; 사 44:15.

34) רשע는, 비록 가끔 그러하기는 하지만(잠 11:28; 미 6:12), 반드시 악한 부자들을 암시하고 있다고 가정할 필요는 없다. 그리고 본문을 수정할 필요가 없다. 어찌하여 본문이 말하고 있는 그것을 의미할 수 없는가? 아리마대 요셉(마 27:57)을 부자로 지칭한 것은 이 구절에 대한 의도적인 반영처럼 보인다. 단수는 아마도 하나의 개념적 인간, 즉 부유층의 대표자를 가리킬 것이다. 유대인들 중에서 범죄자들은 불명예스러운 매장을 당했다. 전치사 에트(אֵת)는 충분히 반영해야 한다. 죽음 가운데 어떤 긴밀한 연합이 있었으니, 곧 부유한 사람이 여호와의 종에 속했었거나 혹은 범죄자들에 대항하는 사람으로서 그 종의 편에 있었다는 것을 암시하는 것으로 보인다는 것이다.

는 부자와 함께 하였다. 무덤과 죽음(개역은 '묘실')이란 두 단어는 함께 취급되어야 할 것이다. 죽음과 장사되심에 있어서 그 종은 부자와 그리고 악인과 함께 하셨다. 동시에 그의 승귀와 영광은 어떤 의미에서 그의 죽으심과 함께 시작되었다고 말할 수도 있으니,[35] 이는 그의 죽음이 영예스러운 것이었고, 악인들이 의도한 것이 아니기 때문이다. 본 절 하반절에서 이사야는 그 종의 운명이 바뀌어 지는 이유를 진술한다. 그 종은 불명예스러운 죽음 이후에 그의 완전한 무죄함으로 인하여 영예스러운 매장을 당하였다.[36] 그가 범죄를 행하는 대적들처럼 행동하지 않았으므로 그는 그들과 함께 치욕스러운 매장을 당하지 않고, 부자와 함께 영예롭게 매장될 것이다.

10절, 여호와께서 그로 상함을 받게 하시기를 원하사 질고를 당케 하셨은즉 그 영혼을 속건제물로 드리기에 이르면 그가 그 씨를 보게 되며 그날은 길 것이요 또 그의 손으로 여호와의 뜻을 성취하리로다
11절, 가라사대 그가 자기 영혼의 수고한 것을 보고 만족히 여길 것이라 나의 의로운 종이 자기 지식으로 많은 사람을 의롭게 하며 또 그들의 죄악을 친히 담당하리라
12절, 이러므로 내가 그로 존귀한 자와 함께 분깃을 얻게 하며 강한 자와 함께 탈취한 것을 나누게 하리니 이는 그가 자기 영혼을 버려 사망에 이르게 하며 범죄자 중 하나로 헤아림을 입었음이라 그러나 실상은 그가 많은 사람의 죄를 지며 범죄자를 위하여 기도하였느니라 하시니라.

53:10 그 종이 죄가 없음에도 불구하고 여호와께서는 그로 하여금 치시기를 기뻐하셨다. 그분의 죽음은 악인들의 손에 달려 있었던 것이 아니라, 주님의 손에 달려 있었다. 이것은 그를 죽게 하였던 자들의 책임을 해소하지 않으나, 그들이 그 상

---

35) 죽음 – 이 히브리어는 강의형 복수이다. '사는 중에'와 대조되는 '죽음의 상태에서'
36) יְ는 가끔 양보를 나타내는 의미로 취급된다. 그러나 그러한 용법은 기껏해야 드물다 (참고. 욥 10:7; 34:6). B는 원인을 나타내는 의미를 가지고 있다, ὅτι ἀνομίαν οὐκ ἐποίησεν. 참고. 왕상 16:7; 시 44:22; 69:7; 렘 15:5; 욥 34:36. 성취에 대한 참고문으로 벧전 2:22을 참고하라. 베드로는 강포 대신에 죄(ἁμαρτίαν)로 대치하고 있다.

황을 주장하지 못했었다. 그들은 여호와께서 그들에게 행하도록 허락한 것만을 행하고 있었다. 강조가 여호와에게 있으니, 이는 달성되어야 할 목적, 곧 평화가 하나님의 성품에서 발견되기 때문이며, 이로 말미암아 달성되어야 할 것이 하나님의 성품과도 일치되어야 하고 하나님이 지정하신 것이어야 하기 때문이다. 여호와의 원하심이 하나님의 뜻의 성취를 가능케 했다. 그런 까닭에 지상에 유토피아를 건설하려는 모든 죄악된 인간의 노력들은 악할 뿐이요 어리석은 것이다.

주님의 원하심에는 변덕이 없으며, 또한 그 어투가 주님이 다른 사람들 편에서 그 종이 상하는 것에서 기쁨을 취하셨다는 것을 의미하지도 않으며 주님 자신이 그 종을 상하게 하시기를 기뻐하셨다는 것이다. 뒤따라오는 동사를 '그가 그로 하여금 질고를 당하게 하셨다' 라고 번역할 수도 있다.[37] 그것은 그 종에게 닥쳤던 총괄적인 비하에 대한 간결한 호칭이며, 이 동사와 함께 그 종의 비하와 고난에 대한 묘사가 끝난다. 그 다음에 따라오는 단어들은 그분의 승귀에 대해 묘사하기 시작한다.

만일 우리가 히브리 본문을 있는 그대로 인정한다면, '그의 영혼' 이란 문구는 '둘 것이다' 란 동사의 주어로 해석해야 할 것이다. 어떤 사람은 그 동사를 2인칭 남성으로 취급하여 '너는 둘 것이다' 로 번역한다. 그러나 이러한 해석은 본 절에서 하나님께서 말씀하시지 않으시고, 이 동사의 앞 뒤가 3인칭으로 말해진다는 사실에 의하여 반대에 부딪친다. 더 나아가서 희생제물들은 하나님에 의해서가 아니라 하나님께 드려졌다. 비록 여호와께서 그 종이 죽음을 당하게 하셨을지라도, 그분은 제사를 드리는 자가 아니다. 12절에서 그 종은 자기 사역에 대한 보상을 받는데, 이는 그 종 자신이 희생제사를 드렸다는 것을 증명하는 것이다. '그의 영혼' 은 단순한 그 자신의 대용이 아니고, 그 생명 자체가 드려져야 했다는 것을 보여 준다. 선지자는 그 영혼이 실제로 그 영혼 자체에 대하여 행하여진 것을 수행하는 것으로 말하고 있으나,[38] 실제로 드려진 것은 영혼이다(참고. 히 9:14). 이 드려짐은 아삼(אשם)으로 지칭되어 있으니, 이는 근본적으로 침해 혹은 범함을 가리키며, 그리하여 속건제(속건제는 남의 것이나 하나님의 것에 대한 침해를 하였을 경우 드리는 제사이며 그러므

---

37) יחלה 히필완료형. 1Q는 ויחללהו, 즉 '그가 그를 찌를 수 있도록' 로 읽는다. 참고. 각주 20. 히필형은 '고통스럽게 만들다' 를 의미한다. 참고. 미 6:13. 그것은 앞 절과 함께 이사일의로 해석될 수도 있다. 즉 '그가 그를 고통스럽게 상하게 하셨다.'

38) 참고. 요 10:11, 18; 15:13. 또한 레 17:11을 유의하라.

로 보상을 해야 하는 제사이다. 그래서 영어로 trespass offering 혹은 reparation offering이라고 한다—역자주)를 가리키게 되었다.[39] 본 구절에서 **아삼**의 정확한 성격은 일차적으로 관심사가 아니다. 다만 그 단어가 종류상 화목제사를 대표한다. 조건절의 의미는 그 종의 생명 자체가 화목제사로 되어질 것이라는 사실이다. 그래서 신약에서 예수 그리스도가 우리의 유월절(어린양)이 된다고 말한다. 욥기 17:3에서 보증물의 줌에 대해서 사용된 심(שׂים, 두다)이란 동사는 그 제사가 화목제라는 개념을 한층 강화한다.

그러므로 묘사된 결과는 오직 그 종 자신이 화목제물을 가져옴으로써만 일어나는 것으로 이해될 수 있다. 이 결과들 중의 첫째는 그가 그 씨를, 곧 그 자신의 씨를 볼 것이다. 그가 자기의 대속적 고난과 화목제로 그들의 죄의 죄책과 세력으로부터 구속하셨던 자들, 곧 아무도 셀 수 없는 무수히 많은 무리들을 볼 것이다. 이들은 그가 자기의 영혼을 봉헌물로 제공하는 자들이며, 그가 뿌리는 많은 열방들이자, 그가 의롭다고 한 많은 자들(11절)과 그가 죄를 담당했던 자들(5절), 그리고 그에게 돌려진 자들과 중보기도를 하는 자들이다. '씨'라는 단어는 분명히 창세기 6:2; 잠언 4:20; 19:27 그리고 전도서 12:12에 있는 '하나님의 아들들'과 같은 영적 의미로 사용되었다. 또한 마태복음 9:2; 요한복음 13:33; 고린도전서 4:17; 디모데전서 1:2; 베드로전서 5:13을 유의하라.

헹스텐베르크는 그 종의 죽음에서 생기를 주는 능력이 있을 것이며, 그로 인하여 그는 자기의 교회를 세울 것이라고 말한다. 조건절의 첫 불변화사 임(אִם, 때에)은 만일 하나의 씨가 있으려면 그 종의 화목제사가 일어나야 한다는 사실을 보여 준다. 대속이 없이는 구속받은 백성도 교회도 있을 수 없다. 그런 까닭에 그리스도의 십자가를 떠난 교회를 증가시키고 선전하려는 그 어떤 시도들도 헛되고 실패할 것이다. 다른 한편, 그리스도의 속죄 교리가 성경적으로 선포되는 곳에서 참된 교회는 발전해 나간다.

또한 그 종 자신이 그 씨를 볼 것이라는 사실을 유념하는 것은 중요하다. 만일 그

---

39) 참고. 마 20:28. λύτρον은 분명히 본 절의 אָשָׁם을 가리킨다. אָשָׁם의 본질적인 개념에 대해서는 민 5:5이하를 참고하라. 두드러진 사실은 진 빚의 개념이니, 이는 죄가 하나님의 것을 도적하는 것이기 때문이다. 참고. 레 5:14-16; 7:17; 14:14-31; 19:20-22. 전반적인 논의에 대해서는 Hengstenberg, *Dissertations on the Genuineness of the Pentateuch*, Vol. II, pp. 174-179을 참고하라.

가 죽어서 죽은 채로 남아 있어야 한다면, 이것은 불가능할 것이다. 그런 까닭에 이 동사는 그 죽음이 그 종을 붙잡고 있지 못하고 그가 죽음 후에 다시 살아나서 산 자로서 자기의 씨를 보게 될 것이라는 사실을 밝혀주고 있다.

'그날은 길 것'이라는 것은 오랫동안 산다는 것이다.[40] 그는 많은 날 동안 오래 살 것이다. 이 문구는 그 종이 영원히 살 것임을 보여 주고 있으니, 이는 그것이 분명히 하나님께서 다윗과 그의 씨에게 주셨던 약속을 가리키기 때문이다(참고. 시 21:5; 삼하 7:13, 16; 시 89:4 그리고 132:12). 헹스텐베르크는 올바르게 지적하고 있듯이, "그것은 자기의 씨와 교제하며 하나님의 뜻을 이루면서 사는 하나님의 종의 삶이며," 고립된 삶이 아니다.

이사야는 본 절을 종결지으면서 그 종의 사역에 대한 해석을 요약하고 있다. 그 종의 손길을 통하여, 즉 그의 중보를 통하여, 여호와께서 원하셨던 일, 곧 죄인들이 구속을 받고 의롭다함을 얻을 것이라는 목적이 성취될 것이다. 하나님께서 성취하시기로 결정하셨던 모든 일들을 충만하게 이루고 또 이룰 자는 그 종이다. '손'이라는 단어는 예를 들면 민수기 36:13에 있는 '모세의 손으로'처럼 사역을 나타낼 수 있다.

그러므로 그 종의 고난은 하나님의 뜻이며, 헛된 것이 아니다. 더 나아가서 이 죽음을 통하여 구속의 축복과 하나님의 소원 성취가 이루어질 것이다.

53:11 맨 앞에 나오는 전치사는 사역의 의미를 지니며, 승귀를 유효케 하는 혹은 초래케 하는 원인을 나타낸다. 그러므로 그것은 10절에 언급된 것과 같은 사상을 나타내고 있다. 그 종이 그렇게도 큰 영혼의 고통을 겪었음으로 인하여 그는 풍성한 만족을 소유할 것이다. 아마도 뒤따라오는 두 개의 동사들은 이사일의로 취급되어야 할 것이다. '그는 풍성한 만족을 가지고 볼 것이다.' 목적어가 주어져 있지 않으나, 우리는 메시아의 고난의 모든 열매들과 보상들을 목적어로 이해해야 할 것이다.[41] 이 봄은 만족스러운 것이 될 것이다. 창조시에 하나님께서 자신의 작품에 만족감을 나타내 보이셨던 것처럼, 그 종은 굴욕적인 죽음의 결과를 보시고 크게 만

---

40) 이것은 그 종의 왕권에 대한 반영일 것이다. 참고. 신 17:20; 왕상 3:14.

41) 1Q는 אוֹר를 목적어로 삽입한다. B도 그와 같이 δείξαι αὐτῷ φῶς로 되어 있다. 만약 이것이 옳다면 그것은 그 종이 그가 다시 살아난다는 의미에서 빛 즉 생명을 본다는 것을 의미한다. 그것이 구원의 빛을 가리킬 수 없는데, 이는 그 종이 다른 사람들에게 그 빛을 가져다 주기 위하여 죽지만, 그 자신은 그것을 필요로 하지 않기 때문이다.

족하실 것이다. 화목적 고난은 성공을 거두었다. 그의 백성은 구속을 받고 의롭다 함을 얻었다. 이르에 제라(יִרְאֶה זֶרַע, 10절)와 이르에 이스바(יִרְאֶה יִשְׂבָּע, 11절) 사이의 유음을 주시하라. 49:4에 비추어 이 선언은 얼마나 영광스러운가!

맛소라 엑센트 부호에 따라서 뒤따라오는 베다토(בְּדַעְתּוֹ, 그의 지식으로)는 앞에 있는 것과 함께 해석되지 않고 뒤따라오는 것과 함께 해석해야 할 것이다.[42] 그러나 접미사가 주격으로 취급되어야 하는가 아니면 목적격으로 취급되어야 하는가? 이사야가 그 종 자신이 가지고 있는 지식을 말하고 있는가 아니면 다른 사람들 편에서의 그 종에 대한 지식을 말하고 있는가? 이러한 두 입장들에 대해 각기 충분한 옹호자들이 있어 왔다.[43] 만약 그 접미사가 주격이라면, 우리는 그 종이 자기 자신의 지식을 통하여 그의 칭의 사역을 실행하신다는 사실을 배우게 된다. 지혜와 지식의 성령이 그에게 임하였고(사 11:2), 그래서 그는 궁핍한 자를 의로 판단하신다(11:4하). 다른 한편 만일 그 접미사가 목적격이라면(이럴 경우, 번역은 '그에게 대한 지식으로'가 된다—역자주) 그 문구는 다른 사람들 편에서 그 종에게 대한 실제적인 지식, 즉 믿음에 접근하는 지식에 대해 말하고 있는 것이다. 그러므로 알렉산더가 말하기를, "만족할 만한 유일한 구조는 다른 사람들 편에서의 '그에 대한 지식으로 말미암아'를 의미하는 문구가 되게 하는 수동적인 것이다. 그리고 이것은, 전체 문맥에서 믿음과 메시아의 의에 대한 자가적 수용(self-appropriation)을 포함하는 실제적 경험적 지식을 의미하는 것으로 결정되고, 그 지식의 효과가 후속 문구에 표현되어 있다."[44] 이 문맥에서 그 종은 하나의 교사가 아니라, 구세주로 나타난다. 그가 사람들을 그의 지식으로 의롭게 하는 것이 아니라, 그들의 죄를 짊어지심으로 의롭게 하신다.

우리는 다음 문장을 "의로운 자로서의 나의 종이 의롭게 할 것이다"라고 번역할

---

42) 그러나 North는 '그리고 지식의 충만함을 가지고'로 번역한다.

43) 속격이 주격이라는 입장에 대한 최근의 가장 훌륭한 변호는 John Murray, *The Epistle to the Romans*, Vol. I, Grand Rapids, 1959, pp. 375-383에 개진되어 있다. 또한 Delitzsch의 논의를 참고하라.

44) 참고. *the love of God*, Luke 11:42. 많은 사람을 의롭게 하는 것은 그 종의 지식이 아니라 그분께서 그들의 죄악들을 담당하심 때문이다. 어떤 경우이든 '그의 굴욕으로 말미암아'(참고. 주 9)란 해석은 만족스럽지 못하다.

수도 있다.⁴⁵⁾ 동사는 법정적 칭의를 가리키고 칭의된 사람의 상태를 가리키지 않는다. 그것은 iustitia infusa(의의 주입)를 가리키지 않는다.⁴⁶⁾ 하나와 많은 사이의 질적인 구별이 날카롭게 드러나 있다. 한 사람은 의를 소유하고 있다. 많은 사람은 죄악을 소유하고 있다. 그럼에도 불구하고 거기에는 영광스러운 상호 교환이 있으며, 이러한 사실이 야츠띠크(יַצְדִּיק, 그가 의롭게 할 것이다)란 동사의 개념을 결정한다. 그 종은 자기가 속죄할 수 있는 그 많은 사람들의 죄악을 담당하고, 그 반대로 그들은 그의 의를 받는다. 그는 그들을 의롭다고 판결한다. 만일 동사가 법정적인 것으로 취급되지 않는다면, 그리고 만일 그것이 iustitia infusa(의의 주입)를 가리키는 것으로 생각된다면, 그 종이 많은 사람들의 죄악을 담당하면서, 이 죄악이 자신에게 주입되고 그 자신이 죄인이 되게 될 것이다.

그 종이 많은 사람의 죄악을 담당하고 이 죄악의 죄책으로 인하여 징계를 받을 때, 그 죄악을 담당하는 행위 자체가 그 죄악이 제거된 자들의 성품을 변화시키지 않았다.⁴⁷⁾ 그 죄악이 담당되었을 때, 즉 그들의 죄악이 포함하고 있는 죄책이 징벌을 받았을 때, 그 종은 그 많은 사람이 하나님과 바른 관계를 가지고 있다고 선언할 수 있다. 그들의 죄악은 더 이상 일어서 그들을 정죄할 수 없으니, 이는 저들의 죄악의 죄책이 징벌을 받았기 때문이다. 그러므로 그들은 의롭다고 인정되는 것이다. 그들은 의인들로 선포되는데, 이는 그들이 그 종의 의를 받았기 때문이고 하나님 자신에게 받아들여졌기 때문이다. 하나님께서는 그들에 대하여 더 이상 죄악들을 가지고 있지 않다고 말씀하시고, 그들이 그 종의 의를 가지고 있다 말씀하신다. 이것은 오직 법정적 칭의만이 될 수 있다.

53:12 도입어 '그러므로'는 빌립보서 2:9의 '그러므로'를 상기시켜 준다. 그 종이 자원하여 그렇게 고난을 당했으므로, 여호와께서 일하실 것이다.⁴⁸⁾ 어떤 사람은

---

45) 형용사와 명사의 동격의 관계가 자주 나타나는 것이 아니라는 것은 사실이지만, 그러나 여기서의 그러한 구조는 훌륭한 의미를 만들어낸다. 실제로 צַדִּיק(차띠크)는 실체를 가진 명사로 기능한다. 참고. 렘 3:7, 10. צַדִּיק(차띠크)의 이러한 위치로 인하여 그 종의 의와 그의 칭의의 사역이 나란히 서 있는 것이다.

46) 이 점에서 Delitzsch는 본문에 너무 많은 것을 집어넣어 읽는다. 강조는 죄악들을 담당하는 것에 있다.

47) 우리는 칭의와 성화 사이의 구별을 유지해야 한다.

48) 어떤 사람은 '그러므로'를, 11절에 대한 귀결절을 이끄는 구절이 아닌, 12절c의 원인과 연결시켰다. 이것은 가능하다.

'많은 사람' 을 '그가 나눈다' 란 동사의 목적어로 취급하였으나 이것이 정확하게 원본을 나타내고 있는지 아닌지는 의심스럽다. 당연히 전치사를 인정해야 한다.[49] 그 뜻은 그 종이, 다른 정복자들이 자신의 정복하는 일에 승리하듯, 자기의 사명에 있어서 성공하고 승리하게 될 것이라는 것이다. 많은 승리자들이 있고, 그들은 자신의 승리의 전리품들을 받을 것이다. 그들 중에 그 종이 들어있다. 아마도 여기서 많은 사람은 위대한 자들 혹은 존귀한 자들을 의미할 것이지만, 그러나 이에 대해서는 확신할 수 없다.[50] 화자는 하나님이시다.

뒤따라오는 전치사를 '함께' 로 번역해야 한다. 그 종은 영적 승리들과 그 열매들(즉 탈취물)을 존귀한 자와 함께 나누는 주 대행자로 나타난다(참고. 잠 16:19). 여기서 '많은 사람' 과 '강한 자' 로 말해지고 있는 자들은 10절에 언급된 영적 씨이다. 그의 백성은 그의 승리의 탈취물들을 나누는데 참여할 것이다.

본 장은 왜 그 종이 그렇게도 영광스럽게 승귀되는지의 이유를 요약함으로써 마감한다. 그는 자기 영혼을 죽음에 내어 주었다. 그는 자원하여 그것을 죽음에까지도 내어 주었다. 아무도 그로부터 생명을 취할 수 없지만, 그는 스스로 그것을 내어놓았다. 두 번째 문장에서 동사가 재귀적 의미를 가질 수도 있다(그는 자기 자신을 헤아림을 당하도록 허락하였다). 비록 이 구절이 그 사건에서 완전히 실현된 것은 아니지만, 강도들 사이에서 십자가에 못박히시는 우리 주님의 모습에서 우리는 이 예언의 성취를 보게 된다.[51]

비록 그가 스스로 범죄자들 중 하나로 헤아림을 받도록 허락하셨을지라도 그는 많은 사람의 죄를 담당하셨다.[52] 이 범죄자들은 단순한 행악자들이 아니고 범죄인

---

49) 욥 39:17에서처럼, אחלק는 ב와 함께 '분깃을 나누어 주다, 가운데서 나누다' 를 의미한다. B는 διὰ τοῦτο αὐτὸς κληρονομήσει πολλοὺς는 부정확하고, 벌겟의 ideo dispertiam ei plurimos도 그러하다.

50) Hengstenberg는 이를 반대한다. Delitzsch는 그것을 평행절을 입증하는 것으로 지지한다. 어떤 것에 있어서 분깃을 나눈다는 것은 위대한 사람들 가운데서 하나의 분깃을 가진다는 것이다. 그러나 11절과 12c에 있는 라빔(רבים)과 비교할 때 이 견해는 논박된다. 그러나 De Leeuw는 "Samen met machtigen duidt het op overwinnars in de strijd"라고 말한다.

51) 이들은 단지 죄인들일 뿐이지, 실제로 범죄자들은 아니었다. 우리 주님께서는 이 문구들을 그렇게 이해하셨다(눅 22:37; 또한 참고. 막 15:28).

52) והוא - '그러나 그는'. 접속사와 대명사는 다음에 뒤따라오는 문구가 문법적으로 תחת אשר (타하트 아쉐르)를 문법적으로 의존하고 있지 않다는 것을 보여 준다.

들이다. 신약은 그 구절을 그렇게 해석하고 있다(참고, 눅 22:37; 마 26:54, 56; 막 15:28). 이것은 고난 당하는 그 종의 사역에 대한 분명한 선언이다. 마지막으로, 그 종은 범죄자들을 위하여 중보기도를 할 것이다. 접속사는 하나의 점층법을 나타낸다. 그 종은 사람들의 죄들을 담당할 뿐만 아니라, 그 범죄자들을 위하여 중보기도를 할 것이다.[53] 여기서 또다시 그 종의 제사장적 사역에 대한 반영이 나타나 있는데, 곧 그는 하나님 앞에서 그가 대속적으로 죽은 범죄자들을 받아들이시는 유일한 근거로써 그의 대속사역의 공로와 효력을 탄원한다. 중보의 기초는 그 종의 대리적 속죄이다. "죽임을 당하신 어린양이 능력과 부와 지혜와 힘과 존귀와 영광과 찬송을 받으시기에 합당하도다"(계 5:12).

54장

1절, 잉태치 못하며 생산치 못한 너는 노래할지어다 구로치 못한 너는 외쳐 노래할지어다 홀로 된 여인의 자식이 남편 있는 자의 자식보다 많음이니라 여호와의 말이니라

2절, 네 장막터를 넓히며 네 처소의 휘장을 아끼지 말고 널리 펴되 너의 줄을 길게 하며 너의 말뚝을 견고히 할지어다

3절, 이는 네가 좌우로 퍼지며 네 자손은 열방을 얻으며 황폐한 성읍들로 사람 살 곳이 되게 할 것임이니라

4절, 두려워 말라 네가 수치를 당치 아니하리라 놀라지 말라 네가 부끄러움을 보지 아니하리라 네가 네 청년 때의 수치를 잊겠고 과부 때의 치욕을 다시 기억함이 없으리니

5절, 이는 너를 지으신 자는 네 남편이시라 그 이름은 만군의 여호와시며 네 구속자는 이스라엘의 거룩한 자시라 온 세상의 하나님이라 칭함을 받으실 것이며

54:1 52장에서 속량과 구원이 시온과 예루살렘으로 소개된 하나님의 백성들에

---

53) 중보기도와 죄 담당은 여기서 밀접하게 연결되어 있다. 중보기도는 기도뿐만 아니라 죄를 짊어짐도 포함한다. 참고, 롬 8:34; 히 9:24; 요일 2:1.

게 약속되어있다('시온'은 네 번, '예루살렘'은 네 번, '내 백성'은 세 번, '그의 백성'은 한 번 나타난다). 53장에서 구속의 사역을 영적인 것으로 묘사하였다. 그러므로 본 장에서는 선지자가 구속받은 자들, 교회에게로 눈을 돌려 그 영광과 승귀를 말한다. 이 지점부터 57장까지, 즉 본 예언서의 보다 큰 단락(40-66장)의 두 번째 부분의 결론에 이르기까지, 백성들은 더 이상 시온이나 예루살렘으로 불리우지 않는다. 상징적으로 교회를 나타냈던 그 성읍의 이름은 이제 사라진다. 선지자는 하나님의 백성을 기다리는 영적 영광을 말한다. 이사야는 교회로 관심을 돌려, 우리가 보다 깊이 그 종의 대속사역의 가치와 효력을 이해하도록 만들어 준다. 그 종의 고난들은 그의 몸인 교회를 위한 것이요 그 자신을 위한 것이 아니었다.

교회는 잉태치 못한 자, 메마른, 곧 생산치 못한 자로 소개된다.[1] 그러한 이중적 묘사, 곧 첫 번째 것은 긍정적, 그 다음은 부정적인 묘사는 시온의 불임을 강조하고 있다.[2] 그녀는 '노래하라'는 명령을 받는다. 즉 불임 여성이 하지 않는 행동을 하라는 것이다. 아이가 없음에 대해서 비통해 하고 슬퍼하는 대신 백성들은 노래를 불러야 한다. 또 다른 두 개의 동사들, 즉 기쁨의 노래를 '외쳐 부르라' 그리고 '감음하라'는 그 개념을 강화시켜 주고 있으니, 이 후자의 동사는 아마도 그녀가 강렬한 기쁨의 부르짖음을 해야 한다는 것을 의미할 것이다. 시온은 구로하지 못한 여인으로 소개하고 있으며, 히브리어로는 3인칭을 사용하고 있고, 반면에 영어는 2인칭을 사용하고 있다.[3] '구로하지 못한 여인'이란 문구는 '생산치 못한 너'와 평행을 이루지만, 그러나 '잉태치 못한'이란 호격에는 평행구가 없다. 백성이 그렇게 지칭되는 것은 그들의 죄악으로 인하여 황폐함이 시온에 닥쳐왔기 때문이다. 교회가 비참한 노예상태 아래서 신음하는 한, 그리고 그 자체 안에 불순물이 있는 한, 그로부터 그 어떤 자녀도 기대할 수 없는 것이다. 주께서 그를 구속하지 않는다면 그는 번성하지 못한다.

그러나 이제, 영광스러운 변화가 일어났다. 그 종은 죽음을 정복하고 자기 백성

---

1) עקרה - 관사가 없는 호격은 불확정을 의미할 수도 있다.
2) 사라의 불임이 역시 강조되어 있다. 또한 한나의 불임을 비교하라. 그러한 불임은 수치였다.
3) 호격 다음에 말씀이 3인칭으로 계속될 수도 있다. 참고. 민 16:6; 왕상 22:28; 욥17:10; 18:4; 사 10:5; 22:16; 48:1.

을 구속하였고 그의 몸인 교회에 새생명을 불어넣으셨다. 교회가 황폐되어 왔으나 (참고, 삼하 13:20과 사 6:13), 그러나 그럼에도 불구하고 그가 여호와와 결혼한 아내였을 때 보다 더 많은 자녀를 가질 것이다. 황폐되도록 버림을 당한 만큼[4] 그는 자녀들을 가질 것이니, 아니 그 이전보다 더 가질 것이다. 신정국가의 오랜 기간을 통하여 여호와께서는 자기 백성을 돌아보셨으며 영적 씨가 있었다. 그러나 포로됨과 더불어 중단되었다. 시온은 과부가 되었다. 세 개의 명령형은(이는 아마도 점층법을 나타내는 것으로 보인다) 축복의 새로운 시대가 시작되었음을 보여준다. 전체가 '여호와의 말이니라'는 말씀에 의하여 강화된다.

54:2 자녀들이 크게 증가하는 일에 대비하기 위하여 교회는 그 거처를 넓혀야 할 것이다. 이사야는 장막이라는 표상을 사용하고 있으며, 이것은 시온이 그녀의 장막에 거하는 한 여인으로 생각되어 있기 때문이며(참고, 창 24:67; 31:34) 그 장막을 넓힐 책임을 지고 있기 때문이다. 이 표상은 교회가 이 세상에 영구적인 거처를 가지지 못하고 그가 최종적이고도 영원한 거처인 하늘의 도성에 도달하기까지 이곳에서 저곳으로 여행하는 방랑자와 같다는 것을 암시하기 위하여 의도했다고 할 수 있다.

오늘날 아라비아에서 그러하듯 장막의 일은 대개 여인들이 세운다.[5] 장막 터는 장막 안의 공간이거나, 아니면 그 보다는 장막을 세우는 장소일 수 있다. '휘장'은 장막 그 자체를 이루기 위하여 말뚝과 말뚝 사이에 펼쳐지는 천이다. 이것들은 일반적으로 염소 털로 짜여져 있으며(참고, 출 26:7), 처소들(복수형을 유의하라)을 형성하였다. 이 동사는 남성형이며, 그런 까닭에 비인칭적으로 취급되어야 할 것이다. '그것들로 하여금 펼쳐지게 하라' (용법에 대해서는 삼하 16:22을 참고하라).[6] '줄'은 장막을 땅에 박힌 말뚝에 매는 끈이다.

명령형들이 인상적이다. 먼저 교회는 그 장막이 자리잡은 장소를 넓혀야 한다. 휘장을 넓히는 자들은 장막 그 자체가 더 커지도록 휘장을 더 길게 만들어야 한다.

---

4) שׁוממה에 **체레**를 유지하고 있는 점을 주시하라. 이는 예외적 형태인 것으로 보인다. 본 절의 문체는 사 12:6; 14:7; 44:23; 49:13; 23:4; 56:7, 8; 26:18과 유사성들을 가지고 있다.

5) 참고, 렘 10:20, 여기서는 그것이 다르게 적용된다.

6) 이 동사는 하나의 장막을 세우는 것에 사용되며, 그것이 단순히 '넓힌다'를 의미하는 예는 없는 것 같다. 그럼에도 불구하고 여기서 문맥은 그러한 용법을 요구한다. 논의에 대해서는 North, *in loc.*,를 참고하라. 시온에 대한 묘사에서 장막과 말뚝을 함께 사용하는 것이 다른 곳에서는 사 33:20에만 나타난다.

교회는 이 명령을 순종함에 있어서 노력을 아끼지 말아야 한다. 그는 축소시킬 필요가 없으며 큰 자손들을 위하여 방을 만들어야 한다. 그는 줄을 지금의 그것보다 더 길게 만들어야 하며, 말뚝을 땅에 더 단단히 박아서 그것들이 더 길어진 줄들을 지탱할 수 있게 하여야 한다. 그 장막을 넓힘에 있어서 너무 지나침이 있을 수 없으니, 그처럼 여호와께서는 크게 번성케 하신다는 약속에 은혜로우시다.

54:3 선지자는 이제 왜 교회의 거처가 넓혀져야 하는지 그 이유를 제시하고 있으니, 곧 교회가 사방으로 퍼져 나가려 한다는 것이다. 그녀의 씨는 열국을 기업으로 받을 것이며 황폐한 성읍들은 다시 거주하게 될 것이다. 만일 '우'와 '좌'가 남과 북을 가리킨다면, 교회는 동쪽을 향한 것으로 생각된다. 이것은 가능한 생각이지만 불필요하며, 사방 모든 편을 의미하는 것으로 보인다. 퍼짐은 창세기 28:14을 상기시켜 주며, 펜나가 지적하는 바와 같이, 평화로운 침투를 암시할 수도 있다(또한 출 1:12 참고). '좌우'는 부사적 의미를 가지며, 그 침투가 범세계적이 될 것임을 암시한다. 교회는 선교적 노력을 열심히 하면서 나가고 있다. 이 단어가, 동편에 있는 모압 족속과 암몬 족속의 땅과 서편으로 불레셋 땅과 같은 지역국가들을 가리킨다고 말하는 것은, 이사야가 복음의 범세계적 전파를 통해서 열방들에 대한 위대한 영적 정복을 묘사하거나 상징화하기 위하여 구약적 표상을 사용하고 있다는 사실을 무시하는 것이다.

그 종이 얻은 씨는 열방을 얻을 것이다(참고. 신 2:12; 9:1; 11:23). 그것은 이 열방을 정복할 것이고 소유할 것이다. 그래서 그들 역시 씨가 되어, 믿음의 식구로 입양될 것이다. 세 번째 동사(남성 복수)의 주어는 표현되어 있지 않으며, 아마도 태어날 자손들일 것이다. 이 표상들은 성읍이 황폐화되었던 바벨론 포로기로부터 취해 온 것이다. 그러나 이제 이 황폐된 성읍이 교회의 씨로 인하여 다시 주민으로 채워질 것이다. 이 구절들에 대해 논의하면서 놀트가 실지 회복정책주의(revanchism)와 민족통일주의(irredentism)와 같은 용어를 사용할 때, 여기에 묘사된 정복을 물리적인 것이 아니라 영적인 것으로 이해할 때에만 동의할 수 있다. 아마도 바벨론 포로 이후 유다의 성읍들의 재거주에 대한 간접적인 언급일 것이지만, 그러나 이 예언의 핵심은 훨씬 더 영광스러운 것이다. 사도회의에서 야고보는 아모스 9:12을 "내 이름으로 일컬음을 받는 모든 이방인들"(행 15:17)로 해석함으로써 그 참 의미를 드러내었다.

54:4 구속이 성취되었으므로 교회는 더 이상 두려워할 필요가 없다. 그는 다시는 좌절을 당하거나 수치를 당하지 않을 것이다. 놀트는 '수치를 당하지 아니하리라'는 번역이 만족스럽지 못한 것이라고 지적한다. 갑작스러운 수치로써 좌절을 당한다는 의미로서의 '무안을 당하지 않을 것이다'가 더 낫다는 것이다. 수치는 단지 좌절된 희망으로 인한 것일 뿐만 아니라, 알렉산더가 주장하는 바와 같이, 이전의 비행으로 인한 것이기도 하다. '두려워 말라'와 평행이 되는 구절이 '수치를 당하지 않는다' 즉 '당황하게 되다', '굴욕을 당한다'이다. 그리고 수치를 당치 않는 이유는 '네가 난처하게 되지 않는다'는 것이다. 이 마지막 동사는 수치를 나타내는 것을 의미한다. 놀트가 이 모든 세 개의 단어가 열등감을 나타낸다고 주장한 것은 옳다.

키(כִּי, 이는)가 (히브리 본문은 '놀라지 말라(이는) 네가 부끄러움을…'로 되어 있다—역자주) 이유를 말하는 것인지 아니면 긍정적인 것인지 결정하기가 어렵다. 파이퍼는 그것을 후자의 의미로 취급하고 '그러나, 진실로, 정말' (sondern, ja, vielmehr)로 번역한다. 그러나 원인적인 의미도 받아들일 수 있으며 어쩌면 이것이 보다 나을 수도 있다. 만일 그렇다면 하반절은 첫 행의 명령에 대한 이유를 나타낼 것이다. 교회는 그의 청년의 때의 수치를 잊을 것이며 더 이상 과부 때의 치욕을 기억하지 않을 것이다. 많은 주석학자들은 청년 때를 애굽에서의 노예상태, 즉 하나님의 백성들이 아직 알마(עַלְמָה)였던 때, 말하자면 결혼하지 않았던 때, 그리고 하나님께서 아직 그들을 자기 신부로 약혼하시지 않으신 때를 가리킨다고 말한다. 이와 같이 그들은 과부 때의 치욕을, 교회가 자기 남편에게 버림받은 것처럼 보였고 그래서 치욕을 담당해야 했었던 때인, 바벨론 포로 시기를 가리키는 것으로 말한다. 이 해석에 의하면, 과부의 표상은 단지 그 백성이 버림을 당한 것처럼 보였다는 사실을 진술하는 강력한 방식일 뿐이며, 남편이 실제로 죽지는 않았다는 것이다. 어느 해석이 옳은지는 결정하기 어렵다. 분명한 것은 청년 때부터 내려온 그 나라의 이전의 죄악들은 그 나라를 과부의 상태가 되도록 만들었으나 잊혀질 것이고 이전 시기의 수치는 물러갈 것이다.

54:5 선지자는 이제 왜 교회가 두려워할 필요가 없는지 그 이유를 제시하고 있는데, 말하자면, 그녀의 남편이 그녀를 지으신 자이시라는 것이다. 처음 두 단어는 두드러진 유사음조화 현상을 제공한다. 첫 단어는 복수 분사형이며 아마도 ('너를

지으신 자'처럼) 장엄복수일 것이다.⁷⁾ 교회의 남편이신 그분은 또한 교회를 만드신 분이시다. 이것은 이스라엘을 하나님의 백성으로 조성하신 것을 가리킬 것이다. 첫 번째 문구와 평행되는 문구는 '네 구속자는 이스라엘의 거룩한 자시라'이며, 이 각 표현들은 하나님께서 자기 백성을 유지시켜 주시는 자라는 관계를 지적한다. 이스라엘은 한 남편, 한 구속자를 가지고 있으니, 비록 그가 외관상으로 이러한 사실을 잊었을 지라도 그러하다. 그녀는 자신의 남편이요 구속자가 전능하시고 그분 스스로 약속하신 바를 이행하실 수 있다는 사실을 기억해야 한다. 그는 만군의 여호와이시며 이스라엘의 거룩한 자이시다. 여기서 또다시 이사야의 소명환상에서 두드러졌었던 이 두 개념이 함께 나타난다. 만군의 여호와께서 그분의 이름인 것처럼, 인간들이 그가 온 세상의 하나님이시라는 사실을 인정하고 그분을 그렇게 부를 때가 올 것이다. 만군의 여호와와 온 세상의 하나님이라는 이 두 표현은, 비록 본 절에서 평행적 구조로 되어 있을지라도, 단순한 동의어는 아니다.

호세아와 예레미야는 달리, 이사야는 결혼관계의 표상을 자주 사용하지 않는다. 오히려 그는 하나님의 거룩을 강조한다. 거룩하신 하나님 앞에서 인간은 죄를 자각한다. 그런 까닭에 이사야는 결혼의 결속이 수반하는 밀접한 관계보다는 분리를 강조하고 있다. 그러나 그가 결혼의 결속 개념을 소개하고 있는 여기서 그는 교회의 남편이 이스라엘의 거룩한 자이시라는 사실을 주장하고 있다. 교회는 그분의 신부이지만, 여전히 그는 거룩한 자이시며, 교회는 불결함을 버리고 그분이 거룩하신 것처럼 거룩해져야 한다.

6절, 여호와께서 너를 부르시되 마치 버림을 입어 마음에 근심하는 아내 곧 소시에 아내 되었다가 버림을 입은 자에게 함같이 하실 것임이나라 네 하나님의 말씀이니라
7절, 내가 잠시 너를 버렸으나 큰 긍휼로 너를 모을 것이요
8절, 내가 넘치는 진노로 내 얼굴을 네게서 잠시 가리웠으나 영원한 자비로 너를 긍휼히 여기리라 네 구속자 여호와의 말이니라
9절, 이는 노아의 홍수에 비하리로다 내가 다시는 노아의 홍수로 땅 위에 범람치 않게 하리라 맹세한 것같이 내가 다시는 너를 노하지 아니하며 다시는 너를 책망하지

---

7) בֹּעֲלַיִךְ (보알라이크) – 이 단어는 분명히 עֹשֵׂיךְ (오사이크)와 유사하게 형성되어 있는데, 이는 그것이 하나님의 속성을 나타내고 있으므로 복수일 것이다.

아니하기로 맹세하였노니

10절, 산들은 떠나며 작은 산들은 옮길지라도 나의 인자는 네게서 떠나지 아니하며 화평 케하는 나의 언약은 옮기지 아니하리라 너를 긍휼히 여기는 여호와의 말이니라.

54:6 선지자는 결혼관계의 비유를 계속해 나간다. 시온은 그 청년시절에 약혼을 하였고, 그리고 나서 그녀의 죄로 인하여 잘렸고, 후에 또다시 아내로 불림을 받는 한 여인으로 진술되어 있다. 강조가 첫 말인 '마치 버림을 입어…에 주어져 있다. 그 여인은 버림을 입은 자요 마음에 근심하는 자(직역하면, '영의 슬픔에 잠긴')이 다. 아주바(עֲזוּבָה, 저버림 받은)와 아추바트(עֲצוּבַת, ~으로 슬픔에 잠긴) 사이에 재 담이 있는 것 같으나, 그럼에도 불구하고 '마음에 근심하는 자'란 문구는 '여인'과 평행이다. 부름은 하나님과 백성 사이에 언젠가 존재하던 관계로의 부름이다. 그러 나 그것을 오래 전에 그분의 신부로의 부르심으로 이해하는 것은 가능하다. 폴즈는 '그가 너를 간주한다'로 번역함으로써 너무 멀리 나가고 있는데, 이는 동사가 하나 님의 구체적인 행위를 지칭하기 위하여 나타나기 때문이다.

우리는 두 번째 행에 있는 '여인' 앞에 '처럼'(as)이 있는 것으로 이해해야 하며, '그 리고 소시의 아내처럼'으로 번역해야 한다. 이 문구는 나이가 어린 아내를 가리키는 것 이 아니라 그 남편이 소싯적에 결혼하였던 자를 가리킨다. 한 남편이 그 소시의 아내를 다시 부르는 것처럼, 이제 여호와께서 자기가 거절하였던 백성을 다시 부르실 것이다.

'이는 그녀가 버림을 받을 것이라' 란 문장은 난해하다. 이 뜻을 다음과 같이 고쳐 쓸 수 있을 것이다. '여호와께서 가라사대 내가 너를 불렀다, 한 소시의 아내처럼, 이는 그녀가 버림받을 것이기 때문이다.' 내포된 뜻은 소시에 결혼했던 여인이 버림 받을 것이라는 뜻이지만, 그러나 그럼에도 불구하고 여호와께서는 그녀를 불렀다는 것이다. 동사가 미완료형이며, 순식간에 일어날 수 있지만 그러나 끝나거나 성취되 거나 영구적 상태가 되지 않는 것을 나타낸다. '네 하나님 여호와의 말씀이니라' 는 문구는 단정적인 의미를 갖는다.

54:7 언젠가 중단되었던 하나님의 사랑은 더 이상 중단되지 않을 것이다. '잠시' 란 문구는 기간의 대격(accusative of duration)일 수 있으며,[8] 그 저버림이 일시

---

8) 이와같이 재앙의 짧은 기간을 나타내기 위하여 사용되듯이 이 표현은 이사야적이다. 참 고. 26:20.

적인 것이었음을 보여 주는 역할을 한다. 하나님께서는 이스라엘 국가를 저버리셨으나 그의 교회는 그렇게 하시지 않는다. 주님은 이 땅에 구원을 베푸시려는 자기의 목적을 버리지 않으셨다. 칼빈은 참 의미를 다음과 같이 개진하였다: "그러므로 선지자가 이 구절 가운데서 말하는 것은 우리의 감정과 외적인 현상을 가리킴에 틀림없으니, 이는 우리가 하나님의 임재와 보호를 느끼지 못할 때, 하나님에게 거절을 당하는 것으로 보이기 때문이다." 백성의 죄로 말미암아 하나님께서는 자기의 임재를 거두어 들이셨으며, 그들의 죄악들은 그를 숨도록 하여, 자기들을 버려진 자로 저버림을 당한 자로 간주하였다.

그러나 그 거절은 잠시뿐이니, 이는 하나님께서 그 나라를 큰 자비로 다시 모으실 것이기 때문이다. 그분의 부드럽고 은혜로운 사랑은 영원히 지속될 것이다. 복수형은 하나님께서 자기 백성을 모으실 자비의 풍성함을 시사한다.

본 절 가운데서 이스라엘의 하나님께서는 백성들의 운명에 대한 주권적인 수여자, 자기의 손에 그들의 운명을 붙잡고 계시는 자로 나타나신다. 만일 주께서 뜻하신다면 주님은 그들로부터 자기의 임재의 빛을 거두어 떠나가게 하시며, 또한 그가 원하신다면, 주님은 그들을 자신에게 다시 영접하실 수 있으시다.

54:8 이사야는 이제 같은 사상을 보다 풍성하게 표현한다. 흥미로운 언어착란현상(Paronomasia)을 이루고 있는 첫 두 단어는 강조의 위치에 있으며, 동사를 부사적으로 수식하고 있다. 하나님께서는 넘치는 진노로 자기 얼굴을 가리시고, 백성들 위에 모든 것을 삼키는 홍수처럼 퍼부으셨다.[9] 그럼에도 불구하고 그것은 짧은 기간의 홍수였으니, 이는 잠시 후에 지나갔기 때문이다. 하나님의 얼굴을 상실한 고통을 받는 사람들에게 그분의 진노는 오랫동안 지속되는 것처럼 보일 수도 있다. 그러나 만일 그들이 "영광의 영원한 위압(weight)"을 바라본다면 그분의 분노가 실제로 잠시 동안만 지속한다는 것을 그들은 알 것이다.

그러나 하나님께서 나타내 보이실 부드러운 사랑은 영원하다. 그리고 그렇게 말씀하시는 자는 이스라엘의 구속자이신 하나님이시다. 구속자라는 호칭은 그 자비가 실제로 나타났음을 시사한다. 이사야는 그 약속을 반복하고 있으니, 이는 하나님의 진노의 기간 동안에(즉, 바벨론 포로) 하나님의 임재를 감지하기가 어려웠기 때문이

---

9) שֶׁצֶף – 홍수, 여기서만 발견됨. 이 독법은 1Q의 지지를 받는다.

었으며, 그래서 포로민들은 이 약속으로 격려를 받을 필요가 있었다. 그러나 그러한 교훈은 우리의 죄로 인하여 하나님께서 자기의 임재를 우리에게서 거두어 가실 각 시기마다 진리인 것이다.

54:9 본 절은 앞 절의 진리를 보증한다. "내가 다시는 노아의 홍수로 땅 위에 범람치 않게 하리라." 키(כִּי, 이는)라는 불변화사는 진노와 홍수의 부으심의 정체를 말한다. "이것이 노아의 홍수이다", 즉 "나는 이 진노의 부으심을 노아의 홍수로 간주한다. 그런 까닭에 나는 전에 했던 나의 맹세를 다른 경우에도 지킬 것이다."

우리는 관계사를 '처럼'(as) 혹은 '대로'(in that)로 번역할 수도 있으며, 그럴 경우 전체 문장을 "노아의 홍수가 다시는 땅을 범람치 않게 하리라고 내가 맹세한 대로, 그렇게 내가… 맹세하였다"로 번역할 수 있다. 하나님께서 노아의 홍수가 결코 다시 일어나지 않을 것이라고 맹세하였던 것처럼, 또한 주께서 그의 백성들에게 결코 노하거나 책망하지 않을 것이라고 맹세하셨다.[10] 언급된 사건들 중 어느 것도 한번이라도 반복될 수 없는데, 하나님의 맹세에 의하여 보장된 하나의 진리이다. 책망은 단순히 말만의 책망이 아니고 하나님의 진노를 퍼부으시는 행동의 책망이다.

이것은 하나님의 교회가 결코 다시는 고난을 당하지 않는다거나 하나님의 호의를 받지 못하는 일이 없을 것이라는 약속은 아니다. 그러나 그것은 그의 진노의 시기였던 그러한 보응이 결코 다시는 교회에 또다시 닥치지 않을 것이라는 하나의 약속이다. 바벨론 포로의 비극은 신정국가를 끝나게 하였던 사건이었으며, 그래서 다윗 왕조가 멸망하고 하나님의 약속은 물리친 것으로 보였다. 다른 그리고 두려운 재앙들이 교회에 닥칠 것이지만, 교회가 또다시 이와 같은 어떤 것을 결코 경험 하지는 않을 것이었다.

54:10 은혜로우신 하나님의 약속의 안정성과 불변성을 이제 산들과 작은 산들과의 비교를 통해 보인다. 인간의 눈에는 산보다 영구적인 것은 아무것도 없는듯 했

---

10) מִגְּעָר־ (믹그오르) — 책망으로부터. 이 형태는 칼 부정사 연계형이며, 우 모음은 엑센트가 없는 폐음절에서 **카메츠-하툽**으로 기록되었다.

다. (참고, 창 49:26; 신 33:15; 합 3:6; 시 90:2). 불변화사 '키' (כִּי, 이는)를 양보를 나타내는 '~일지라도'로 번역할 필요는 없으니, 이는 정상적인 번역 '이는'이 훌륭한 의미를 낳기 때문이다. 그렇다면 이 말은 다음과 같은 우리 주님의 말씀과 같은 예언이 된다, "천지는 없어지겠으나 내 말은 없어지지 아니하리라"(마 24:35). 첫 번째 동사는 떠나가는 것 혹은 사라지는 것을 의미하며, 두 번째는 흔들림 혹은 미끄러짐을 의미한다. 산들이 그 장소에서 떠나가고 미끄러지는 것이 하나님의 인자가 떠나가는 것보다 더 속히 일어날 것이다.

선지자는 하쓰디(חַסְדִּי, 나의 인자, 불변의 사랑, 언약적 신실성)를 강조하고 있으며, 접속사는 반의 접속사, '그러나'이다. 산과 작은 산들로부터 구별되어, 하나님의 인자는 자기 백성에게서 떠나지 않을 것이며[11] 주님의 평화의 언약은 옮겨지지 않을 것이다. 이것은 인간에게 평화를 가져다 주는 언약이며, '나의 인자'와 동등한 표현이다. 이것은 하나님께서 죄인에게 생명과 구원을 거저 주시는 은혜언약을 가리킨다. 하나님의 축복을 나타내기 위하여 평화(개역은 '화평')란 단어를 선택한 것은 전형적으로 이사야적이다. 여기서 그 뜻은 하나님께서 인간과 언약을 체결하신다는 것이며, 이 언약은 인간에게 평화를 가져다 주는 그러한 성격의 것이라는 것이다. 이 진리는 '너를 긍휼히 여기는 자', 즉 백성에게 긍휼과 인자를 보이시는 자 곧 야웨 자신의 말씀에 의하여 확증된다.

11절, 너 곤고하며 광풍에 요동하여 안위를 받지 못한 자여 보라 내가 화려한 채색으로 네 돌 사이에 더하며 청옥으로 네 기초를 쌓으며
12절, 홍보석으로 네 성첩을 지으며 석류석으로 네 성문을 만들고 네 지경을 다 보석으로 꾸밀 것이며
13절, 네 모든 자녀는 여호와의 교훈을 받을 것이니 네 자녀는 크게 평강할 것이며
14절, 너는 의로 설 것이며 학대가 네게서 멀어질 것인즉 네가 두려워 아니할 것이며 공포 그것도 너를 가까이 못할 것이라
15절, 그들이 모일지라도 나로 말미암지 아니한 것이니 누구든지 모여 너를 치는 자는 너를 인하여 패망하리라
16절, 숯불을 불어서 자기가 쓸 만한 기계를 제조하는 장인도 내가 창조하였고 파괴하

---

11) 정상적인 אִתָּךְ (이타크) 대신에 אִתָּךְ (이태크)로 되어 있는 접미사의 구두점을 유의하라.

며 진멸하는 자도 내가 창조하였은즉

17절, 무릇 너를 치려고 제조된 기계가 날카롭지 못할 것이라 무릇 일어나 너를 대적하여 송사하는 혀는 네게 정죄를 당하리니 이는 여호와의 종들의 기업이요 이는 그들이 내게서 얻은 의니라 여호와의 말이니라

54:11 주님은 그 백성에게 닥쳤던 화의 깊이를 드러내는 3중적 발언을 통하여 예루살렘에 말씀하신다. 그러므로 그것은 신자의 슬픔을 달래기에 아주 적절한 발언이니, 이는 칼빈이 말한 바와 같이, "그러므로 우리가 폭풍에 의하여 예루살렘이 심하게 흔들리고 고통의 무거운 짐에 의하여 눌리고 모든 위로를 박탈당하는 것을 볼 때마다, 우리는 이것들이 하나님께서 도움을 주시도록 이끄는 상황임을 기억하도록 하자." 이 부분을 '너는 곤고한 자'로 혹은 '너는 불쌍한 자', '너는 광풍에 요동한 자', 그리고 '너 안위를 받지 못한 자'로 번역할 수 있다. 그런 까닭에 '곤고한 자, 광풍에 요동한 자', 그리고 '자비가 없는(개역-안위를 받지 못한) 자'로 번역한다. 이 세 개의 부르는 말은 그 백성의 상태를 말하고 있다.

초두의 '보라!'는 그 성읍의 돌들을 푸크(פּוּךְ, 개역은 청옥으로 되어 있음-역자 주)로[12] 놓게 하려고 하신다는 사실을 선언하시는 주님 자신에게로 시선을 집중케 한다. 이 단어는 번역하기 어렵다. 그것은 검은 미네랄 가루를 가리키는데, 이는 눈에 그리는 물감(eye pigment)으로 사용되었다(참고. 왕하 9:30). 놀트는 그것이 아랍 여인들이 사용하는 알코홀(al-cohl)과 유사한 것일 수도 있으며, 그것이 세멘트 혹은 반죽으로 만들기 위하여 액체와 혼합되었을 것이라고 생각한다. 이 문맥에서 주님은 그 성읍을 재건하는 건축자로 묘사되어 있다. 분명히, 하나의 건축자가 푸크로 돌들을 붙이지는 않았을 것이며, 그래서 우리는 전체를 주님의 신부인 하나님의 백성들을 아름답고 영광스러운 상태로 회복시키는 사역에 대한 상징적인 묘사로 이해해야 한다. 파이퍼는 그것이 단지 성벽의 돌들만을 가리키지 않고 그 성읍의 모든 돌들을 가리킨다고 말하고 있는데, 이는 옳은 것이다. 그러나 모든 각 돌들이 한 여인의 장식한 눈처럼 보일 것이라고 주장하는 것은 너무 멀리 나가고 있다.

뿐만 아니라 우리는 그 성읍을 문자적으로 청옥으로 재건하는 것으로 이해해서는 안 된다. 이 묘사는 상징적이며 회복된 시온의 아름다움을 설명하고 있다. 델리취는

---

12) פּוּךְ – (보석들을 장식하는 검은 세멘트의) 안티몬. B는 ἄνθρακα; Aq S T는 εν ατιμει.

푸른 청색은 하늘과, 계시록, 그리고 언약의 색깔이라고 주장하는데 이는 옳은 것이다. 새롭게 된 시온이 받는 아름다움은 하나님으로부터 주어진 것이다. 그녀는 자기 자신의 아름다움으로 세워지지 않고 하나님만이 주실 수 있는 하늘의 아름다움으로 세워질 것이다.

54:12 이사야는 이제 앞 절에서 시작된 아름다운 묘사를 계속하고 또 완성하고 있다. 사용된 단어들 중 몇몇은 알려지지 않았으나, 전체 묘사는 반짝이는 찬란한 모습을 부여해 주는 역할을 하고 있다(알렉산더). '내가 지을 것이며' 란 문구는 단순히 '내가 만들 것이다' 혹은 '내가 이룰 것이다' 즉 "내가 홍보석으로[13] 네 성첩들을[14] 만들고, 너의 문들을 석류석으로 만들 것이다(부싯돌, 홍옥?)." 아마도 이 돌을 하나님 백성의 매력적이고도 아름다움뿐만 아니라 대적들에게도 놀라움을 주는 것으로 간주해야 할 것이다. '지경' 은 아마도 벽들에 대한 시적 표현일 것이다. 그러므로 시온은 환희의 돌들, 즉 외모가 기쁨을 드러내는 돌들로 둘러쳐질 것이다. 델리취는 "보석들의 다양한 색깔들과 투명이라는 여러 등급들에 예표론적으로 반영하고 있는 신적 영광 자체의 자기 전개 과정"이라고 말한다(요한계시록 21장과 비교하라).

54:13 시온의 외적인 영광에 상응하여, 시온에 의하여 양육받고 장성함으로 말미암아 시온에게 속해 있는 그 자녀들의 내적 영광이 나타나있다. 이 자녀들은 여호와의 가르침을 받을 것이다(직역하면, 여호와의 제자들). 요한복음 6:45에서 우리 주님께서는 이 구절을 언급하면서 말씀하셨다, "선지자의 글에 너희가 다 하나님의 가르침을 받으리라 기록되었은즉 아버지께 듣고 배운 사람마다 내게로 오느니라." 그 거민들이 아름다운 이유는 그 가르침의 원천이, 각 신자들에게 비밀스런 하나님의 계시를 통하여가 아니라, 진리의 선포를 통하여 가르치시는 하나님 자신이시기 때문이다. 그럼에도 불구하고 진리의 선포 자체만으로는 그 자체가 충분치 못하다.

---

13) כדכד – 나는 BH의 정자법을 이해할 수가 없다. 두 번째 **카프**(כ)에 **다게쉬**가 있어야 하는데, 곧 כַּדְכֹּד(카드코드, 이것이 BH의 철자이다—역자주)가 아니라, כַדְכֹד(카드코드)라는 것이다. 이 단어는 보석을 지칭한다. 참고. 아랍어 kad-ka-dah, 밝음, 붉음. B는 ιασπιν.

14) 직역하면 너의 태양들, 즉 흉벽들, 성첩들(pinnacles).

왜냐하면 그 진리를 듣는 많은 사람들이 거절하기 때문이다. 이와 더불어 성령의 내적 사역이 있어야 한다. 하나님의 성령이 자원하여 믿도록 만들지 않고서는 믿지 않을 것이다. 우리는 하나님의 성전 건물로서 살아 있고 가치 있는 보석들이 되는데, "주께서 자신의 성령으로 우리를 조성하시고 단련하셨을 때, 그리고 외적인 말씀의 전파에 내적인 성령의 효능을 더하셨을 때"라고 칼빈은 말한다. 그 결과 시온의 자녀들은 풍성한 평화를 소유할 것이며(빌 4:7; 참고. 골 3:15), 그러한 것은 오직 여호와를 아는 자들과 주의 제자인 자들에게만 올 것이다.

54:14 이사야는 이제 진리의 또 다른 면을 진술하고 있으며, 그렇게 진술을 다양화함으로써 미래 구원의 진리를 보다 강조하고 있다. 그는 의를 맨 앞에 두어 강조한다. 그 말씀의 의미의 범위안에 포함된 것은 그 백성의 구원에서 분명히 드러나고, 일부 백성의 내적 의의 표현과 함께 동반되며, 주님에 대한 신실한 복종으로 표현되는 하나님의 의이다. 동사는 '세워진'으로 번역될 수도 있다. 그러므로 시온의 기초는 의이다.

그 결과 시온은 스스로 학대로부터 멀리 떠날 것이다. 즉 시온이 의 위에 세워질 것이므로 그는 대적의 학대로부터 멀리 옮겨질 것이다. 시온 자체가 이 일을 실현시킬 수 없고 하나님께서 단순한 명령만으로 그것을 이루신다.[15] 뒤따라오는 구절은 명령의 이유를 말하고 있는데, 말하자면 두려워할 이유가 없다는 것이다. '공포'와 '학대'라는 용어 사이에 하나의 점층법이 들어 있다. 하나님의 백성에게 학대가 접근하지 못할 뿐만 아니라, 공포까지도 그들에게 접근할 수 없다.

54:15 만일 대적들이 시온을 치러 모인다면 그것은 하나님의 명령에 의해서가 아니며, 따라서 그들은 시온을 이기지 못할 것이다. 첫 번째 단어는 '보라!'로 번역할 수도 있다. '만일'로 번역할 필요가 없으며 그러한 번역은 심지어 의심스럽기까지 하다. 부정사 절대형이 생동감과 힘을 그 동사에 준다. 동사의 뉘앙스는 시편 56:6과 59:4에 나타나는 것과 유사한 것으로 생각되며, 그곳에서 '모이다'의 의미를 가지는 것으로 보인다. 그런 까닭에 그것은 여기서 적대적 의도를 가지고 함께

---

15) 직역하면 근심으로부터 멀리 떨어지다. 미래를 묘사하는 일련의 동사들의 한가운데 나타나는 명령형은 명확한 확신을 표현하는 역할을 한다.

모이는 것을 가리킨다. 이 문맥에서 그것은 '~와 싸우다'의 의미를 가질 수도 있다. 우리는 이것을 '그들이 확실히 모일 것이다'로 혹은 '그들이 확실히 싸울 것이다'로 번역할 수 있다. 그러나 그러한 모임 혹은 싸움은 하나님의 선동에 의한 것이 아닐 것이다(직역하면, '나로 말미암지 아니한').[16] 이것은 하나님께서 일어나는 모든 일들을 미리 정하셨다는 사실을 부인하는 것이 아니라, 단순히 자기 백성들을 치러 원수들이 모이는 것을 하나님께서 교사(敎唆)하지 않으신다는 것을 지적하는 것이다.

이 선언의 진실성을 지적하기 위하여 저자는 '누가 너를 대항하여 모였느뇨?' 라고 묻는다. 마지막 두 단어는 외관상으로 하나의 관용어를 이룬다. '그는 너에게 엎드러질 것이다', 즉 그가 너에게 도망할 것이다, 너의 편으로 넘어올 것이다. 그것은 대적들이 완전히 정복당할 것이라고 진술하는 회화적 표현방식이다(참고. 삼상 29:3; 왕하 7:4; 렘 21:9; 37:13, 14). 파이퍼는 41:1이하에서 진술되었던 내용에 하나의 부가 내용이 여기에 덧붙여져 있다고 지적한다.

54:16 하나님의 약속이 참되다는 것은 그가 전능하시다는 사실을 통하여 보여진다. 주님은 자기 백성을 대항하여 사용되었던 전쟁 무기들을 만드실 뿐만 아니라 그러한 무기들을 만드는 사람들도 만드신다. 메시지의 장엄성으로 인하여 '보라!'는 단어가 사용되었다. 인칭 대명사가 강조되어 있다. 즉 "그는 나요 다른 이가 아니라." '내가 창조하였노라'는 문장의 반복과 더불어 인칭 대명사의 반복은 장엄성의 인상을 주고 효과를 두드러지게 한다.

이 바라(בָּרָא, 창조하다)라는 동사는 처음 창조에 대해서와 새 하늘과 새 땅에 대해서 뿐만 아니라 당시의 사건들에 대해서도 사용된다. 동시에 그 뜻은 무기를 만드는 기술자체도 하나님께서 있게 만드셨다는 뜻일 수도 있다. 장인은 숯불에 바람을 불어넣는 자이다(장작불과는 구별됨). 수식하는 문장은 어떤 의미에서 그 사람이 장인이라는 것을 지적한다. '제조하는'은 파괴 목적으로 계획된 무기를 불로 만들어내는 것을 가리킨다. '숯불을 불어서'와 그것으로부터 무기를 완성하는 '제조하는' 사이의 구별을 유의하라.

주님은 장인을 창조하셨을 뿐만 아니라 진멸시키기 위하여 무기를 사용하는 자, 곧 용사도 창조하셨다. 용사는 자기가 비록 스스로 행동하고 있다고 생각할지라도

---

16) 이 단어는 '나의 표시에 의하지 않고'로도 번역될 수 있다.

그 역시 하나님으로부터 떠나 행동하지 못한다. 본 절은 하나님의 섭리를 배우는 데 있어서 매우 교훈적이다. 본 절은 하나님 자신을 떠나서는 아무것도, 곧 하나님의 백성의 원수들의 진멸하는 행동까지도 일어나지 않는다고 가르친다. 동시에 우리는 인간들이 행하는 악에 대해서(앞 절의 진술을 참고하라) 하나님을 비난해서는 안 되며, 하나님께서는 당신의 신비적 섭리 가운데서 인간들의 수고들과 행동들을 다스리시고 그들을 자신의 분노의 도구들로 사용하신다.

54:17 하나님께서 무기를 만드는 자뿐만 아니라 그것을 사용하는 자들까지도 창조하셨으므로 그 어떤 무기도 시온을 성공적으로 공격할 수 없다. 히브리어는 "너를 치려고 제조된 모든 무기는 성공하지 못할 것이다"라고 말하고 있는데, 영어로는 "너를 치려고 제조된 그 어떤 무기도 성공하지 못할 것이다"로 번역된다. "너를 치려고 제조된"이란 문구는 무기들이 시온을 대항하고 진멸하려고 제조되었다는 그러한 목적을 표현하기 위하여 나타나 있다. 이 무기들이 성공하지 못할 것이라고 말하는 것은 단지 그것들이 계획되고 의도된 대로 성공하지 못할 것이라는 사실을 의미할 뿐이다.

더 나아가서 시온을 대적하여 심판하라고 송사하는 모든 혀들은, 시온에게 거짓된 것으로 정죄를 당할 것이다. 이것은 무책임한 수군거림이라기 보다는 법정으로 가져온 공식적인 고발을 가리킨다. 혀는 고발자를 나타낸다. "너를"이란 문구는 아마도 '너를 대항하여'란 의미로 취급되는 것이 가장 좋을 것이다. 고발이 일어날 때, 시온 스스로 그것들이 거짓이라고 선언할 수 있을 것이다. 이러한 모든 형태의 대적에 대해서 하나님의 교회는 승리할 것이다.

본 절의 하반절에 있는 "이는"은, 여호와의 종들의 기업이 안전하다는 것과, 그들의 의가 하나님으로부터 그들에게 온다는 사실을 밝혀 주고 있는 앞의 내용을 가리킨다. 여호와의 종들은 국가 전체가 아니라, 언급된 축복을 참으로 확언 받을 수 있는 하나님의 참 백성이다. 본 문맥에서 의가 구원과 동일한 것으로 보이는데, 이는 이 의가 백성들을 무기와 혀의 공격으로부터 안전함을 얻게 할 상태이기 때문이다. 하나님으로 말미암지 않은(15절) 대적들의 모임과는 대조적으로, 이 기업과 의는 주님으로부터 온 것이다. 마지막 '여호와의 말이니라'는 하나의 강력한 확증, 곧 이 단언의 진리성에 대한 아멘이다. 여호와의 종들은 오직 여호와의 종이 그들을 위하여 대속적인 고난을 당하였음으로 인하여, 그리고 그가 씨를 볼 수 있도록 속죄제사를 드렸음으로 인하여, 하나님의 은혜로 거저 주시는 선물로써 여기에 묘사된 그 놀라운 구원을 받는다. 이 여호와의 종들은 그 씨다.

55장

1절, 너희 목마른 자들아 물로 나아오라 돈 없는 자도 오라 너희는 와서 사 먹되 돈 없이 값없이 와서 포도주와 젖을 사라
2절, 너희가 어찌하여 양식 아닌 것을 위하여 은을 달아 주며 배부르게 못할 것을 위하여 수고하느냐 나를 청종하라 그리하면 너희가 좋은 것을 먹을 것이며 너희 마음이 기름진 것으로 즐거움을 얻으리라
3절, 너희는 귀를 기울이고 내게 나아와 들으라 그리하면 너희 영혼이 살리라 내가 너희에게 영원한 언약을 세우리니 곧 다윗에게 허락한 확실한 은혜니라
4절, 내가 그를 만민에게 증거로 세웠고 만민의 인도자와 명령자를 삼았나니
5절, 네가 알지 못하는 나라를 부를 것이며 너를 알지 못하는 나라가 네게 달려올 것은 나 여호와 네 하나님 곧 이스라엘의 거룩한 자를 인함이니라 내가 너를 영화롭게 하였느니라

55:1 구속이 성취되었다. 네 번째 종의 노래의 서론과 결론에서 이방이 그 종에게 속할 것이라고 묘사되었다. 그 종이 자기 백성을 위하여 획득한 축복을 풍성하게 진술하고 있으며(54장), 이제 초청해야 할 그리고 여호와께서 제공하시는 구원에 참여할 필요가 있는 모든 자들에게 확대한다. 맨 앞에 나오는 불변화사 호이(הוֹי)는 주로 주의를 집중시키는 명구이지만, 그러나 그것은 경미한 연민의 어조를 나타낸다. 선지자는 사람들의 영혼에 대한 관심을 가진, 그리고 그 종이 획득한 축복들을 가지지 못한 그들의 비참한 상태에 대해 관심을 가진 복음 전도자이다. 진술된 내용은 일상생활에서부터 취해 온 표상으로 묘사되어 있다. 물이 부족한 동양의 나라들에서, 물장수들이 소리치면서 자기의 물 그릇에 관심을 갖게 하면서 물을 팔았다. 그러나 이사야가 말하는 것은 물리적 물이 아니다. 젖과 포도주처럼 물은 영적 축복의 상징으로 특히 물은 제공된 영적 소생을 상징한다.[1]

---

1) 신 8:3; 시 42:2; 63:1; 잠 9:5, 6; 요 4:10이하; 계 22:17. 참고, *JTS*, Vol. 36, 1935, p. 404.

비록 주어가 단수여서 '목마른 자' 일지라도[2] 명령형은 복수인데, 아마도 범세계적 범위를 가진 것 같다. 이 명령은 우리 주님의 "내게로 오라 내가 너희를 쉬게 하리라"(마 11:28이하)는 말씀과 본질적으로 같다. 말들을 듣는 대상은 목마른 자일 뿐만 아니라 그 목마름을 만족시킬 수 없는 자이기도 한다. 신학적 용어로, 우리는 그가 전적으로 부패되어 그 부패성을 전혀 제거할 수 없는 자라고 말할 수 있다.

다섯 개의 명령형이 뒤따라온다. '오라, 사서 먹으라, 오라, 사라.' 첫 번째 것은 필요한 자가 구입할 수 있는 장소에 와 있지 않다는 사실과 그 장소로 나와야 한다는 사실을 암시한다. '사다'라는 단어는 특히 음식을 사는 것에 관해 사용하였다(참고, 창 41:57; 42:2, 5; 잠 11:26). 그러나 사람이 어떻게 돈 없이 살 수 있는가? 어투는 분명히 물과 포도주 그리고 젖(milk)이 인간의 구매에 의하여 얻어지는 것이 아니라 하나님의 은혜, 곧 하나님의 거저 주시는 선물에 의하여 얻어지는 것임을 지적하기 위하여 고안된 것이다. 그럼에도 불구하고 선택된 표현의 형태가 거래의 적법성을 강조하려는 의도일 수도 있다. 사실상, 물과 포도주와 젖을 얻기 위해서 값을 지불했었다. 그리고 그 값은 우리 평화를 위한 응징이 우리 주님 위에 떨어졌다는 사실에 존재한다. 그러한 거래의 결과로 사람은 먹을 수 있고 그 영혼이 채워질 것이다.

세 번이나 '오라'는 명령을 사용하고 있으며, 또다시 그 구입이 은 없이 값없이 된다는 사실에 강조가 주어져 있다. 물이 소생을 상징한 것처럼, 포도주 역시 유쾌함과 즐거움을 가리키고, 젖은 영양공급을 가리킨다. 본 절은 복음 메시지에 대한 하나님의 명령과 동일한데, 그것(복음)으로 말미암아 잃어버려진 인간들이 그리스도에게 와서 그분 안에서 그들이 그렇게도 처절하게 필요로 하는 축복들을 발견하고 그분만이 주실 수 있다는 사실을 깨달으라는 명령을 받고 있는 것이다. 이 초청을 굶주리고 목마른 자로서의 바벨론에 있는 포로민들에게 한정시키는 것은 깊은 영적 의미를 심각하게 벗어나는 것이다.

55:2 하나의 질문을 통하여, 선지자는 아니 그보다도 하나님께서 선지자를 통하여, 거저 주시는 구원의 선물을 인간들이 거절하고 스스로의 노력으로 그것을 얻으

---

[2] צָמֵא (차메)를 하나의 명사로 사용하는 것은 이사야의 특징으로 보인다. 또한 참고. 21:14; 29:8; 32:6; 44:3.

려고 힘쓰는 것이 헛되다는 사실을 그들이 깨닫도록 하고 있다. 그러한 무익하고도 힘든 시도가 '너희가 달아 준다'는 동사에 의하여 표현되어 있는데, 이는 값을 지불하는 데 있어서 돈을 세어서 주거나 달아 주는 것을 나타낸다. 양식을 구입하기 위하여 노력함에 있어서 그들은 속고 있으니, 이는 그들이 얻은 것이 '양식'이 아니기 때문이다.[3] 이것은 유배지에서 물질적인 축복을 얻기 위해서 과도한 몰두를 하는 것을 가리키지 않는다. 그보다 이것은 죄의 노예가 된 모든 사람들에게 주어진 것으로 일반적인 수고를 가리킨다. 또한 그것들은 단순히 일상생활에 필요한 것들을 얻기 위하여 수고하는 것을 가리키지도 않는다. 그보다, 그들의 모든 수고는 죄악된 인간들의 노력으로 얻어질 수 없는 생명의 풍성함을 획득하려는 것이다.

'너희의 수고'는 아마도 '너희가 달아 주는' 대상으로도 이해해야 할 것이다. 그런 까닭에 이 문구는, 수고를 통하여 얻어진 것, 아마도 너희 기름진 것(참고. 렘 20:5; 호 12:8), 즉 수고의 결과 혹은 성과를 가리킨다. 말씀을 듣는 저들은 만족을 주지 못할 것을 위하여(직역하면, '만족이 되지 못하는 것을 위하여') 수고로 얻어진 것을 달아 주고 있었다. 어근의 이중적인 출현은 '참으로 들으라'(직역, '들음으로 들으라')로 번역할 수도 있다. 알렉산더는 그 의미를 드러내려고 '들으라, 들으라'고 하였는데, 이는 어근의 이중 출현을 유지하는 장점이 있다. '내게'라는 문구가 두드러져 있다. 이제까지 백성들은 하나님을 제외한 모든 사람에게 귀를 기울여 왔다. 그러나 하나님께 듣는다는 것은 모든 다른 음성들에 귀를 닫는 것이며 순종하여 듣는 것이다. '좋은 것을 먹는다'는 내용이 접속사를 통하여 앞의 내용과 직접적으로 연결된다. 만일 백성이 들었다면 그리고 먹었다면, 그들의 영혼은 그 마음이 기름진 것으로 즐거움을 얻었을 것이다. 마치 양식 아닌 것과 대조하여 '좋은 것'이 진짜로 좋은 것임을 의미하는 것처럼, '기름진 것'은, 백성들이 얻으려고 애쓴 박하고 무익한 것과 대조되는, 풍성한 음식 중 가장 좋은 것을 의미한다. 네페쉬(נֶפֶשׁ, 영혼, 마음)를 여기서 '맛' 혹은 '식욕'으로 번역해야 한다는 것은 의심스럽다. 이 말은 신을 나타내는 것으로 보인다. "만일 너희가 듣고 먹는다면, 너희는 기름짐으로 너희 자신을 기쁘게 할 것이다."

55:3 이사야는 약간 다른 어조로 앞 절의 사상을 반복하고 있다. 귀를 세운다거

---

[3] 이 부정어는 부정어 합성어, '양식이 아닌 빵'으로 이루어져 있다.

나 기울인다는 것은 명령을 내리시는 분이 발언한 그것만을 듣기 위하여 그 귀를 세운다는 것이다. 귀라는 단수는 집합적이다. 본 절의 상반절에 있는 것과의 평행적 표현 방식이 간과되지 않아야 할 것이다.

너희의 귀를 기울이라…그리고 내게 나아오라
들으라…그리고 너희의 영혼이 살 것이다.

비록 놀트가 여기에 몸과 구별되는 것으로서의 영혼에 대한 강조가 없다는 이유에서, 여기서의 네페쉬의 용법과 전 절에서의 용법사이에 차이가 있을 수 있다고 생각할지라도 네페쉬(영혼)를 여기서 '식욕'으로 할 수는 없다. 이것은 사실 그러하다. 그러나 비록 네페쉬가 여기서 인격이나 자아를 암시하는 역할을 하고 있을지라도, 영혼에 대한 반영이 있을 가능성은 있다. 전인(全人)이 살아가지만, 이 특별한 단어의 선택은 영적 생명을 암시할 수도 있다. 어미 소실에 의하여 짧아진 형태는 하나의 미래형 혹은 명령형의 의미를 가질 수도 있음을 유의하라.

본 절의 후반절에서 여호와께서는 언약을 체결하려는 자기의 은혜로운 의향을 알리신다.[4] '너희를 위하여' 혹은 '너희와'는 이익의 심성적 여격, 즉 '너희의 유익을 위하여'로 번역해야 한다. 하나님이 주도적임을 유의하라. 언약을 맺음으로 인간에게 접근하시는 분은 하나님이시다. 올람(עוֹלָם)이란 단어를 때때로 '지속되는'으로 번역할 수도 있지만, 그러나 여기서 문맥은 그것을 배제한다. 구원은 우주적이고 영적이다. 그것은 한 때만 지속된다고 하는 것은 생각조차 할 수 없다. 언약은 영원한 것이며, 그런 까닭에 시내 산에서 맺은 것과 같지 않다. '다윗에게 허락한 확실한 은혜'가 언약과 대조를 이루고 있다. 헤쎄드(חֶסֶד)는 언약에 속하는 자들의 특성이 될 확고부동한 신실성을 지칭한다. 사무엘하 7장을 반영하고 있는 본 문맥에서 이 단어는 다윗에게 언약을 주심에서 나타난 하나님의 신실성을 주목케 한다. '은혜'란 번역은, 만일 우리가 그 언약의 본질이 인간에게 나타난 은혜요 이 은혜가 계속적이란 사실을 기억한다면, 전적으로 부적당하지는 않을 수도 있다. 이 은혜는 신실하니, 곧 확실하고 변치 않으며 실패하지 않는다.

---

4) 연장 명령형(chortative)어미를 가진 미완료형에 붙은 약 **와우**는 결심을 나타낸다.

55:4 본 절에서 가장 중요한 해석학적 문제는 '내가 주었다' 는 동사의 목적어 에 대한 것이다. 펜나는 '내가 너에게 주었다' 라고 번역하고, 그 목적어를 이스라엘게 적용한다. 이것은 본문의 지지가 없다. 다른 사람들은 접미사 '그'를 방금 언급된 역사적 다윗을 가리키는 것으로 취급한다. 그래서 델리취는 다윗이 그의 말의 권능으로 증언한다고 주장한다. 즉 "그의 시편들의 압도하는 능력, 그의 전형적 삶의 매력적 힘"이 그것이다. 그러한 해석에는 대단히 어려운 난점이 있다. 그 한가지는, 도입어 헨(הֵן, 보라!)은 주로 미래를 가리킨다. 그러나 보다 중요한 것은, 언젠가 하나님께서 역사적 다윗을 위하여 행하셨던 일에 대한 언급이, 다윗 자손의 영적 나라의 소개와 관계되어 있는 이 시점에서 이상한 것으로 보인다는 사실이다. 또한 이 묘사를 정확하게 역사적 다윗에게 적용하는 것으로 보이지 않는다.

아마도 그 대답은 3절에 있는 '다윗에게 허락한 확실한 은혜' 란 문구 가운데 암시되어 있는 것 같다. 이것들은 다윗에게 약속하셨던 은혜, 즉 그의 자손이 그의 보좌에 영원히 있을 것이라는 약속이다. 사도행전 13:34에서 이 문구를 직접적으로 그리스도에게 적용하였다(참고, 사 9:6; 눅 1:32, 33). 동사 '내가 그에게 줄 것이다' 에 있는 접미사는 '다윗에게 허락한 확실한 은혜' 라는 문구에서 전면에 부각되어 있는 다윗의 자손을 가리킨다. 문맥은 본 절 가운데서 접미사가 다윗의 자손, 곧 메시아를 가리킨다는 사실을 요구한다. 다음 절에서 행동하고 알지 못하는 이방인들을 자기 왕국으로 불러들이는 이는 다윗의 자손이다. 양 구절에서 주어는 같다.

하나님께서 임명하신 자의 지위를 강조하고 있다. 그는 증인이나, 법정에서의 증인이라는 의미가 아니라, 자기의 생애와 말씀을 통하여 열국들에게 진리를 선포하는 자로서의 증인이다. 그는 죄인에 대항하고(말 3:5) 진리의(요 18:37) 증인이 될 것이다. 그 진리는 열방들에게 이스라엘에게 알려진 만큼 알려지지 않았으며, 그런 까닭에 메시아가 바로 그들에게 증인이 되는 것이다. '만민' 의 반복은 이사야적 특징이며, 그들이 본 절에서 점유하고 있는 중요성을 보여 준다. 그들은 진리를 전파받아야 할 자들이다. 그들은 다윗에게 허락한 확실한 은혜를 배워야 한다. 다른 두 기능을 역시 언급하고 있다. 그 메시아는 나기드(נָגִיד, 즉 왕자, 지도자, 동일인들 중의 첫째)가 될 것이라는 것이다. 다니엘서 9:25에서 이 호칭을 메시아에게 적용하고 있다(행 3:15; 히 2:10; 계 1:5에 있는 신약의 용법을 참고하라). 세 번째 호칭인 '명령자' 는 나기드와 본질적으로 동일하다. 아마도 나기드는 위치 상으로 권위를 가진 인물이고 메차웨(מְצַוֵּה, 명령자)는 사역상의 인물인 것으로 보인다. 이 세 개의 칭호들 가운데 메시아의 두 개의 주 기능들인 선지자와 왕 사역이 나타나 있다.

55:5 4절에서처럼, 첫말 헨(הֵן, 보라!)은 증언적 단어이며, 여기서는 분명히 미래를 가리킨다. 이것은 이스라엘 나라만을 가리키지 않고 앞 절의 다윗의 자손도 가리킨다. 고이(גּוֹי, 나라)의 첫 번째 출현에서 단수인지 아니면 집합적인지(열국들) 결정하기 어렵다. 수식하는 동사가 단수이며, 반면에 두 번째 출현에서는 그것이 복수이다. '부르다'는 여기서 그 부름을 통하여 그 나라로 들어오게 하는 '효과적으로 부르다'를 의미한다. 메시아가 말씀을 듣는 자이며, 그의 사역은 그가 알지 못하는 나라를 불러서 그 나라가 믿음의 권속, 곧 그의 백성이 되게 하는 것이다. '네가 알지 못하는'이란 표현은 메시아가 이 나라들의 존재를 몰랐다는 것이 아니고 그가 이제까지 자기 자신의 백성으로 알지 않았었다는 것을 의미한다. 여기에 그 사역의 경이로움이 있다. 다윗의 자손이 자기가 알지 못했던 백성을 구속하고 다윗의 위에 앉아서 다스릴 뿐만 아니라, 알지 못한 나라들을 자기에게 불러서 자기의 범세계적인 나라의 일원이 되게 하고 그들을 다스린다.

두 번째 경우에서 고이(גּוֹי, 나라)는 집합적인 것임에 틀림없다. 왜냐하면 그것이 복수 동사와 함께 사용되었기 때문이다. 메시아를 알지 못했던 나라들이 이 효과적인 증언을 들을 때(이는 그가 증인이요 인도자이므로) 그에게 달려올 것이다. '달려온다'는 동사는 부르심의 효력을 드러낸다. 알지 못하는 나라들이 다윗의 자손의 이 부르심을 들을 때, 그들은 있는 힘을 다해서 그에게 올 것이다.

본 절의 결론부는 이러한 행위의 이유를 제시한다. 그들은 이스라엘의 하나님으로 인한 것이다. '위하여'(לְמַעַן, 레마안)와 '위하여'(לְ, 레)이란 두 전치사는 여기서 그 의미가 실제적으로 동일하다. 여호와께서는 그 종의 모든 화목사역에 걸쳐 내내 그와 함께 하시는 메시아의 하나님이시다. 그는 또한 이스라엘의 거룩한 자이시니, 곧 그는 이제 자기의 의의 나라 안에 다른 사람들을 포함시키려 하신다. 그분은 메시아를 영화롭게 하셨다(참고. 요 17:1, 5; 행 3:13). 이 하나님께서 유대인이나 이방인들이 모두 함께 참여하는 우주적이고도 영원한 축복의 나라의 왕으로 이 다윗의 자손을 세우셨다.

6절, 너희는 여호와를 만날 만한 때에 찾으라 가까이 계실 때에 그를 부르라
7절, 악인은 그 길을, 불의한 자는 그 생각을 버리고 여호와께로 돌아오라 그리하면 그가 긍휼히 여기시리라 우리 하나님께로 나아오라 그가 널리 용서하시리라
8절, 여호와의 말씀에 내 생각은 너희 생각과 다르며 내 길은 너희 길과 달라서
9절, 하늘이 땅보다 높음같이 내 길은 너희 길보다 높으며 내 생각은 너희 생각보다 높으니라
10절, 비와 눈이 하늘에서 내려서는 다시 그리로 가지 않고 토지를 적시어서 싹이 나게 하며 열매가 맺게하여 파종하는 자에게 종자를 주며 먹는 자에게 양식을 줌과 같이
11절, 내 입에서 나가는 말도 헛되이 내게로 돌아오지 아니하고 나의 뜻을 이루며 나의 명하여 보낸 일에 형통하리라
12절, 너희는 기쁨으로 나아가며 평안히 인도함을 받을 것이요 산들과 작은 산들이 너희 앞에서 노래를 발하고 들의 모든 나무가 손바닥을 칠 것이며
13절, 잣나무는 가시나무를 대신하여 나며 화석류는 질려를 대신하여 날 것이라 이것이 여호와의 명예가 되며 영영한 표징이 되어 끊어지지 아니하리라 하시니라

55:6 전 단락의 영광스러운 구원의 선포 후에 바로 선지자는 모든 사람들에게 여호와를 찾으라고 명령한다. 이 초청을 유대인의 역사에서 어느 특정한 시기로 제한시키거나 혹은 일반적으로 유대인들에게 제한시킬 이유가 없다. 오히려 이방인들이 믿음의 권속 안에 포함될 것이라는 사실(4, 5절)과 이 초청이 우주적인 초청이라는 사실에 비추어, 악한 자들과 죄인들 모두를 향한 것으로 보인다. '찾으라' 는 희생제사나 혹은 기도 그리고 이 둘의 결합으로 제한되어서는 안 될 것이다. 근본적인 의미는 '걷다' 이며, 찾는 행위는 아마도 하나님에게 발걸음을 옮겨놓는 것, 혹은 단순히 그분에게 오는 것일 것이다. 그러나 이것은 하나님께서 자신을 찾도록 허락하셨을 때 일어난다(이러한 의미가 니팔형 어근의 의미이다). 주권적 은혜가 이 단어들 속에 두드러져 있다. 하나님께서는 어느 때나 찾을 수 없고, 오직 주께서 원하셨을 때에만 찾을 수 있다. 암시된 뜻은 이 명령이 주어지는 그때가 구원의 때라는 것이다. 이러한 사상은 고린도후서 6:2과 요한복음 12:35에 나타나 있는 사실과 유사하다.

찾으라는 말씀과 평행이 되는 것이 '그를 부르라'이다. 이 두 표현은 함께 믿음과 순종의 회개를 의미한다. 그것들은 옛적 생활방식, 악인의 길 그리고 죄인의 길을 버리는 것을 포함하며, 겸손히 회개함으로 참되신 하나님에게 전심으로 돌아서는 것을 포함한다. 그리고 이 일은 '그가 가까이 계실 때에' 이루어져야 한다. 이 표현은, 주님이 자기 뜻에 따라 한 장소에서 다른 장소로 움직이실 수 있는 지역적인 하나님이라는 것을 의미하는 것이 아니라, 평행절인 "만날 만한 때"와 같이, 지금이 바로 구원의 날이라는 강력한 진술방식이다.

55:7 비록 명령형들이 단축 명령형(jussive)으로 단어들로 대치되어 있기는 하지만, 회개하라는 명령이 계속된다.[5] 더 나아가서 6절이 긍정적인 반면에 여기서의 명령은 부정형이다. 그러므로 이 명령은 단순히 악한 것으로부터 돌아서는 것만이 아니고 하나님께로 돌아설 것과 주님의 구원 약속을 전심으로 붙들기를 요구하는 온전한 것이다. '악인'은 하나님께 죄책을 가진 자이며, '그 길'은 그가 따르고 걸어왔던 악한 생활 방식이다. 그는 이것을 버려야 하고 더 이상 그 길을 걷지 않아야 하고, 그 대신 여호와께로 돌아서야 한다. 이와 같이 '불의한 자', 즉 생활 가운데 모든 선이 결핍되어 있는 부정한 사람은 그 '생각들', 즉 그의 마음속에 가득한 악한 계획과 의도를 버려야 한다.

선지자가, 아니 보다 정확하게 말하자면 하나님께서 선지자를 통하여 백성의 두 계층에게 말하고 있는 것은 아니다. 그러나 '악인'과 '불의한 자'라는 용어는 실질적으로 동의어이고, 이 명령은 모든종류 악, 즉 외적인 삶과 기질의 악, 그리고 내적인 마음의 악을 완전히 버릴 것을 요구하고 있다. 이는 만약 사람이 드러난 악한 길에서 떠났지만 여전히 마음속에 악을 존중한다면 그는 진정으로 회개하지 않았으며 본 절의 요구를 이행하지 않은 것이다.

불의한 자는 이 악한 길을 버리고 여호와께로 돌아서야 한다. 동사는 그 불의한 자가 한 때는 하나님과 함께 하였었으나 주님으로부터 떠나가서 악한 길을 걸어갔으며 악한 계획들에 자신을 내어주었다는 것을 의미한다. 그런 까닭에 '돌아 오라'는 동사의 의미가 주시되어야 한다. '그리하면 그가 긍휼히 여기시리라'는 '아마도 돌아오라'의 결과로 이해해야 할 것이다. 이 뜻은 하나님께서 긍휼을 베푸시도록 하

---

[5] 이 단축 명령형은 신 15:3에서처럼 명령의 의미를 가진다.

기 위하여 사람이 먼저 돌아와야 하는 것이 아니다. 왜냐하면 돌아오는 행위 자체가 주님의 긍휼의 현시이기 때문이다. 그보다도, 사람은 돌아와야 하고, 그리고 그 돌아온 다음에 하나님이 긍휼히 여기신다는 것을 발견할 것이다.

여러 주석가들은 '우리 하나님'이란 단어가 주님 자신에 의하여 선포된 말씀 가운데 잘못 놓여 있다고 생각한다. 그러나 하나님께서 자기 선지자를 통하여 이 말씀을 하시고 있으므로, '우리 하나님'이란 말은 실질적으로 선지자의 입에 있는 하나의 전문용어이다. '우리'라는 접미사는 청중들에게 야웨께서 언약관계에 있는 그들 자신의 하나님이심을 상기시켜 준다. '네가 알지 못하는 나라'까지도 이 용어가 표현하고 있는 부드러움으로부터 위로와 확신을 얻을 것이다.

제공된 긍휼은 인색하게 주어지지 않는다. 오히려 하나님은 널리 혹은 풍성하게 혹은 큰 용서를 하시는 분으로 말하고 있다. 용서에 있어서 풍성한 긍휼을 보이실 것이다. 이는 "죄가 더한 곳에 은혜가 더욱 넘쳤기" 때문이다(롬 5:20). 폴츠는 한 애굽인의 시를 상기시킨다, "만일 그 종이 죄를 지으려 한다면, 주님께서는 긍휼히 여기실 준비가 되어 있다."[6] 그러나 이것과 이사야에 의하여 선포된 은총의 약속은 얼마나 다른가.

55:8 뚜렷한 교차 대구법이 본 절과 앞 절을 특징지어 주고 있다. 그곳에서 선지자는 '길'과 '생각'에 대해서 말하였고, 여기서는 '생각'과 '길'에 대해서 말한다. 그 목적은 하나님께서 생각(즉, 목적과 계획)과 길을 가지시고 계신다는 것과 이것들이 인간의 그것들과 같지 않다는 점을 진술하려는 것이다. '나의 생각'과 '너희 길' 앞에 강조되어 있는 부정어는 어떤 동일화도 충분하고도 완전하게 부정하려는 것이다.[7] 접미사들의 교차적 배열이 간과되지 않아야 할 것이다. 나의 생각, 너희 생각, 너희 길, 나의 길. 결론적 진술인 '여호와의 말씀에' 의하여 강조가 전체에 주어져 있다.

55:9 어떤 면에서 하나님의 생각과 길이 인간의 그것들과 같지 않다는 것인가? 본 절은 그 질문에 답하고 있다. 우리가 정확하다고 믿는 견해를 보다 잘 이해하기

---

6) Volz, *Jesaia II*, p. 144.
7) B는 ὥσπερ를 삽입함으로써 본 절을 약화시킨다.

위하여 몇몇 다른 입장을 간략하게 검토하는 것이 좋을 것이다. 한 입장은, 사람은 악인이 용서받을 수 있다고 결코 생각하지 않지만, 그러나 하나님께서는 다르게 생각한다는 것이다. 이 입장에서의 차이점은 하나님과 인간이 구원에 대해서 생각하는 것이 다르다는 것이다. 그러나 사실상 유대인들은 구원자가 올 것을 바라보았고, 구원의 약속이 그들에게 실제로 알려졌었다. 이 입장의 보다 일반적인 진술은 인간에게 있어서 구원은 불가능한 것처럼 보인다는 것이다. 반면에 하나님에게는 그것이 불가능한 것이 아니라는 것이다. 그러므로 이러한 해석은 우리 주님께서 마태복음 19:26에서 말씀하신 내용의 실례이다. 그러나 왜 유대인들이 하나님께서 구원에 관하여 그렇게도 많은 약속을 주셨음에도 불구하고 불가능하다고 생각했어야 하는가? 또하나의 입장은, 유대인들이 이방인들의 부르심에 대해서 편견을 가졌었으며, 이 약속이 그 편견을 교정하기 위하여 의도된 것이라고 주장되어 왔다. 그렇지만 이것이 분명히 본 절을 읽는 자의 마음에 다가오는 자연적인 결론은 아니다.

  7절의 악인의 길과 불의한 자의 생각이라는 표현과 8절에 있는 '생각과 길'이라는 표현 사이에 어떤 관계가 있는 것으로 보인다. 죄인은 자기의 길을 버려야 하는데, 이는 그의 길이 하나님의 길이 아니기 때문이다. 이것이 최소한 바른 해석의 형식적 기초를 가져다 준다고 알렉산더가 말할 때 우리는 그가 옳다고 생각한다. 그러나 이것은 그 자체가 본 절의 어투에 대해 충분히 공평하게 대하지 않는 것이다. 하나님의 길과 생각은 악인의 그것들과 달리 의롭다. 그리고 그러한 이유로 악인은 자기의 길과 생각을 버려야 한다. 하나님의 긍휼과 은혜는 특별계시를 떠나서는 절대로 악인의 마음속으로 들어올 수 없으며, 그런 까닭에 악인은 자기의 생각을 버려야 한다. 하나님의 길과 생각은, 그것들이 성취되기로 계획된 모든 것을 이룸에 있어서 지극히 효과적이다.

  그러나 악인의 생각과 대조되는 그 생각은 하늘이 땅에서 높음같이 인간의 생각보다 높다.[8] 강조가 높음의 개념에 있으며, 각 문장의 초두에 동사가 위치해 있는 점이 특이하다. 암시된 뜻은 하늘이 땅보다 너무나 높아서 인간이 그 높이를 측량할 수 없는 것처럼 하나님의 길과 생각도 인간의 그것들보다 너무나 높아서 인간들에 의하여 완벽하게 파악될 수 없다는 것이다. 다시 말해서 하나님의 길과 생각은 인간

---

8) 완료형은 물리적 상태(상태를 나타내는)를 암시한다.

에게 불가해 하다는 것이다. 비록 하나님께서 인간에게 생각을 나타내실지라도 그 인간은 충분히 이해할 수 없다는 것이다. 인간에 있어서 그것들은 불가해 한 것이다. 하나님의 길이 인간의 길과 같지 않다는 것은 이러한 이유에서이다.

55:10 하늘과 땅에 대한 언급은 본 절이 소개하고 있는 또 다른 비교를 암시해 준다. 본 절은 또한 조건절을 이루고 있고 11절은 귀결절을 이루고 있다. 강조가 은혜의 요소들이 돌아옴보다는 그것들이 보냄을 받은 목적을 나타내고 이룬다는 점에 더 많다. 앞의 두 동사를 현재형으로 '내린다—돌아간다'로 번역하는 것이 가장 좋다.[9] 문장의 첫 부분의 교차적인 배열을 유의하라. 그러나 이어지는 동사들을 과거형으로 해석해야 할 것이다. 비와 눈이 효력을 발휘한다는 사실이 "적시어서"와 "싹이 나게 하며" 그리고 "맺게 하며" 그리고 "주며"라는 동사들을 통하여 나타나 있다. 주어가 비와 눈이다. 그것들이 의도된 목적을 이루지 않고 다시 하늘로 돌아가지 않고,[10] 그것들은 하나님께서 보내시는 목적들을 이룬다. 하늘로부터 떨어지는 비와 눈 가운데서 우리는 자연 가운데서 자기의 목적들을 이루시는 하나님의 능력을 보게 된다.

55:11 만일 그렇게 일시적인 일들 가운데서 하나님의 능력이 효과적이라면, 주님의 입으로부터 나오는 말씀에 대해서는 얼마나 효과적이겠는가? 첫 단어 '그러므로' (כִּי, 켄)는 방금 진술된 내용을 가리킨다. '말'은 하나님의 입으로부터 나오는 모든 것이며, 단순히 어떤 구체적인 예언이나 혹은 구술이 아니다. 실제로 하나님의 입으로부터 나오는 그분의 말씀은 계시의 매개자를 통하여 인간에게 알려진다. 이 사상은 성경이 하나님의 감동(θεόπνευστος)으로 된 것이라고 되어 있는 디모데후서 3:16과 같다. 이것은 명제적 계시(propositional revelation)를 가리키며, 이 명제적 계시의 기원(딤후 3:16에서도 역시)이 하나님 자신에게 있음을 가리킨다. 말씀은 하나님의 마음으로부터 기원되어, 그의 입으로부터 나가서, 계시의 매개자로서 하나님에 의하여 임명된 자를 통하여 구술을 통해서나 혹은 기록을 통해서 인

---

9) 미완료형은 습관적 혹은 관례적인 것을 나타낸다.
10) 선지자가 증발작용의 사실에 대해 모르고 있었다고 가정할 이유는 없다.

간에게 온다. 이 말씀에는 주술적 힘이나, 초자연적인 힘과 유사한 능력이 부과되지 않는다. 그것이 보내어진 목적을 실패 없이 이루는 이유는 그것이 하나님의 말씀이기 때문이다. 그것은 진리 자체에 대한 표현 그 자체이며, 그런 까닭에 실패할 수 없다. 그것은 "살았고 운동력이 있어 좌우에 날선 어떤 검보다도 예리하여 혼과 영과 및 관절과 골수를 찔러 쪼개기까지 하며 또 마음의 생각과 뜻을 감찰"한다(히 4:12). 그 말씀은 하나님의 말씀이다. 그것은 그분께 속해 있으며, 그런 까닭에 그 임무를 성취한다.

말씀은 헛되이 하나님에게로 돌아가지 않고, 주님이 원하신 그 일을 이루며 주님이 보내신 목적을 실현시킨다. 강조된 것은 주님이 보내신 목적을 이루시는 데 있어서 하나님의 말씀의 절대적 효력이다. 이 특별한 문맥 가운데서 축복의 요소가 우위를 차지하고 있는 것처럼 보인다(참고. 1-6절). 그러나 그 뜻은 그 정도로 제한되어 있지 않다. 말씀이 믿는 자들에게 유효한 것처럼 또한 악인을 책망함에 있어서도 효과적이다. "나의 한 그 말이 마지막 날에 저를 심판하리라"(요 12:48; 참고. 렘 23:29이하; 롬 1:16).

본 절은 미래형으로 되어 있으니, 이는 하나님의 종말론적인 나라를 세우려 하고 또 심판과 구원을 가져올 하나님의 말씀이 이사야 당시에는 아직 하나님의 입으로부터 나가지 않았기 때문이다. 마지막 세 단어를 "나의 보낸 일에 성공하리라"로 번역해야 한다. 동사가 실제로 두 개의 대격을 취한다.[11]

55:12 머리말 '키'(כִּי, 이는)는 원인을 나타내지 않고 단순히 여호와께서 말씀하셨다는 것을 확언한다. 강조가 '기쁨'과 '평안'이란 두 명사들에게 주어져 있는데, 그 이유는 전치사와 함께 사용될 때 부사적 의미를 가져서 백성들이 나가는 태도를 묘사한다. 기쁨 혹은 즐거움은 두려움이 없을 것임을 말하고, 구원이 왔다는 사실을 기뻐하는 것이다. 그러므로 메이첸(Machen)은 천로역정의 어투를 나타내면서 사람들의 회심에 대한 자기의 소망을 다음과 같이 기록하고 있다. 그 장면에서 "어느 인간의 손도 제거할 수 없는 죄책감의 무거운 짐이 그들의 등으로부터 그 길 옆에 있는 무덤 속으로 떨어지고, 그리고 나서 놀라운 빛과 자유와 기쁨을 가지고

---

11) 행동의 도구가 여기서 제2 목적어로 간주된다. 직역하면 "내가 그것을 보낸 그것," 즉 "내가 그것을 위해 보낸 일을 위하여."

그들이 크리스천의 길을 걸어가는 것을 보는 것이다."[12] 여기서 평안은 백성을 인도하시는 자에 대한 충만한 신뢰와 확신 그리고 만족과 함께 대적들에 의하여 방해를 받지 않는 상태를 말한다. 두 개의 동사를 강조하고 있다. '너희는 나아가며'는 아마도 그 어근이 출애굽에 대한 반영을 나타내고 있는 것 같고, 백성들이 노예로 갇혀 있었던 죄악의 노예상태로부터 하나님의 백성들이 떠나가는 것을 상징한다. 만약 여기에 바벨론으로부터의 탈출을 반영하고 있다면, 그러한 떠나감은 이것이 의미하는 구출의 한 실례일 뿐이다. 두 번째 동사 "너희는 인도함을 받을 것이다"는 행진을 반영할 수 있다(참고. 시 45:14이하). 둠(Duhm)이 이 단어를 축제와 같은 것으로 말하고 있는 점에서 옳다고 본다. 그것은 그 탈출이 영광스러운 것임을 암시하는 데 기여한다.

그 길에 그 어떤 장애물도 없을 뿐만 아니라, 건너가는 길에 있어서 통상적인 장애물인 산과 작은 산들 자체도 스스로 갑자기 기쁨의 소리를 내기 시작하며, 그리하여 하나님의 백성의 귀환의 영광에 참여하게 되는데, 이는 구속이 만물의 구속이기 때문이다. 여기에, 인간의 죄로 인하여 "피조물이 다 이제까지 함께 탄식하며 함께 고통한다"(롬 8:22)는 바울에 의해서 묘사된 모습과의 대조가 나타나 있다. 나무들의 손들은 그 가지들이지만, 이러한 모습을 문자적으로 이해하지 않아야 할 것이다.

55:13 영광스러운 상태를 한층 더 자연 그 자체의 변화로 묘사하고 있다. 가시나무(낙타 가시?)는 오직 이곳과 이사야 7:19에만 언급되어 있다. 그 장소에서 잣나무가 날 것이다. 씨르파드(סרפד, 쐐기풀? 개역은 '질려')를 대신하여 화석류 나무가 날 것이다. 이러한 고급스러운 나무가 쓸모 없고 해를 끼치는 식물들을 대신하여 날 것이며, 놀트는 '날 것이라'는 동사를 급속한 성장을 암시한다고 생각하였는데, 이는 옳을 수도 있다.

'그것이 있을 것이다'의 주어는 영광스러운 변화 그 자체이다. 여호와 앞에 있는 전치사를 '위하여'으로나 아니면 '에게'로 번역할 수가 있다. 아마도 후자가 더 나을 것 같다. 선지자는 지금 상징적인 언어를 사용하면서, 그것을 지으신 자의 영광을 위하여 그 변화가 있을 것임을 진술하고 있다. 그것은 그것을 만드신 자의 이름

---

12) J. G. Machen, *What Is Faith?* New York, 1933, p. 142.

을 언제나 상기시켜주고 높여드림으로 명예 혹은 기념이 될 것이다. 그것은 또한 하나님께서 구속자이시라는 사실을 언제나 증거하는 '영영한 표징'이 될 것이다. 영원을 그 표징이 '끊어지지 아니하리라', 즉 '멸하여지지 않으리라'는 진술을 통해 강조하고 있다.[13] 어투가 위엄있는 왕적어조를 가질 수도 있다. 인간 왕들과 정복자들은 자기들의 능력 있는 행실을 증거하기 위하여 기념비들을 세운다. 왕 중의 왕 역시 피조물의 구속이라는 기념비를 가지신다. 인간 왕들의 비문은 자주 파괴되거나, 혹은 글자들이 수리아의 견강(Dog River)의 입구에 있는 비문처럼 불분명해 진다. 그러나 그 후에 나타나는 그 어떤 왕도 이스라엘의 왕의 업적을 지우지 못할 것이며, 그 후에 일어나는 어느 정복자로 주님의 말씀을 지울 수 없을 것이다. 주께서는 자기 백성을 구속하셨고, 죄의 노예상태로부터 자기에게로 이끌어 내셨고 그들을 하늘의 생명 가운데 세우셨으며, 또한 새 하늘과 새 땅에 들어가게 하셨다. 그의 표징은 결코 끊어지지 않을 것이다.

56장

특주

버나드 둠(Bernard Duhm)에 의하면 56-66장은 그 땅에 주민들이 거주하고 성읍을 세웠을 때인 포로 후기에 팔레스틴 땅에 살았던 한 사람인, 제3이사야의 작품이다. 그러나 그때는 비참하였고, 상황을 개선할 만한 고레스와 같은 인간 대행자도 없었다. 뿐만 아니라 예루살렘 성전과 대립이 될 성전을 건축하기를 원했던 거짓 형제들 같은 대적 자들이 있었다. 그러나 보복의 날이 왔을 때 예루살렘의 성벽을 다시 세울 것이었다.

둠은 문제에 있어서 56-66장이 제2이사야보다 열등하다고 주장하였다. 소위 제3이사야는 자기 임무가 백성에게 그들의 죄를 지적하고 다가올 진노의 날을 선포하며, 가

---

13) לא יכרה – 즉 멸할 수 없는. 미완료형이, 그것에 속하여 있는 일반적 속성을 나타내기 위하여 관계사의 생략과 함께 명사에 붙여질 수도 있다. 그래서 그것은 실질적으로 형용사의 의미를 가진다. 참고. 40:20; 51:12.

난한 자들에게 복음을 전하는 것이라고 믿었다는 점에서 그의 임무는 제2이사야의 것과 같지 않았다.

둠은 56장에서 어떤 상황을 발견한다고 주장하는데, 곧 백성의 지도자들이 아무 일도 하지 않고, 부자가 가난한 자를 압제하며, 참으로 경건한 자들이 사라져 가고 있다는 것이다. 56:1-8은 고자와 이방인들이 제사에 참여하도록 허락하는 것과 관련되는 교리(토라)이고, 그것은 제3이사야와 피상적인 관계를 가지고 있는 반면에, 뒤따라오는 내용들과는 관계가 없다고 한다.

둠이 56-66장을 한 사람의 작품이라고 주장한 반면 다른 사람들은 그것들이 여러 사람들의 작품이라고 주장하였다. 본 주석에서 우리는 본 장들과 이사야서의 나머지 장들과의 긴밀한 관계를 지적하는 데 힘을 쓸 것이다. 본 장의 마지막 부분에, 특히 56-66장의 특성을 다루고 있는 연구서들의 목록이 들어 있다.

1절, 여호와께서 이같이 말씀하시되 너희는 공평을 지키며 의를 행하라 나의 구원이 가까이 왔고 나의 의가 쉬 나타날 것임이라 하셨은즉
2절, 안식일을 지켜 더럽히지 아니하며 그 손을 금하여 모든 악을 행치 아니하여야 하나니 이같이 행하는 사람, 이같이 굳이 잡는 인생은 복이 있느니라
3절, 여호와께 연합한 이방인은 여호와께서 나를 그 백성 중에서 반드시 갈라내시리라 말하지 말며 고자도 나는 마른 나무라 말하지 말라
4절, 여호와께서 이같이 말씀하시기를 나의 안식일을 지키며 나를 기뻐하는 일을 선택하며 나의 언약을 굳게 잡는 고자들에게는
5절, 내가 내 집에서, 내 성 안에서 자녀보다 나은 기념물과 이름을 주며 영영한 이름을 주어 끊치지 않게 할 것이며
6절, 또 나 여호와에게 연합하여 섬기며 나 여호와의 이름을 사랑하며 나의 종이 되며 안식일을 지켜 더럽히지 아니하며 나의 언약을 굳게 지키는 이방인마다
7절, 내가 그를 나의 성산으로 인도하여 기도하는 내 집에서 그들을 기쁘게 할 것이며 그들의 번제와 희생은 나의 단에서 기꺼이 받게 되리니 이는 내 집은 만민의 기도하는 집이라 일컬음이 될 것임이라
8절, 이스라엘의 쫓겨난 자를 모으는 주 여호와가 말하노니 내가 이미 모은 본 백성 외에 또 모아 그에게 속하게 하리라 하셨느니

56:1 여호와로부터 엄청난 축복을 받은 자들은 그의 뜻을 신실하게 행해야 할

의무를 가지고 있으며, 구약시대에는 이것이 율법을 지키고 안식을 준수함으로써 이루어졌었다. 스마트(Smart)가 지적한 바와 같이, 본 절 가운데 스타일의 반전이 들어 있다. 선지자는 "내 구원이 가까웠으니, 그러므로 귀를 기울이라"고 말하고 있지 않고, "공평을 지키라, 이는 나의 구원이 가까웠음이라"고 선언하고 있다. 강조가 인간의 책임에 주어져 있다. 맨 앞에 등장하는 문구는 이사야 56-66장에서 오직 다섯 번만 등장하지만 40-55장에서는 최소한 14회(변형과 함께)나 등장하며 1-39장에서는 수차례 등장한다. 이와 같은 '공평'과 '의'의 결속은 전 이사야 예언의 특징이다.[1]

선지자는 55:6이하의 사상을 다시 붙잡고 있으며, 펜나가 56:1, 2이 그 구절에 대한 언급이요 확장이라고 생각될 수도 있다고 가정한 점에서 옳다. 인간들은 공평을 지키고 의를 추구함으로써 하나님을 찾아야 한다. 55장에서 그들은 그분이 가까이 계실 때에 주님을 찾아야 했고, 이제 그분의 구원이 실지로 가까이 와 있다고 선언되어 있다.

공평은 51:4에서처럼 실질적으로 토라(율법)와 동일하다. 공평을 지키는 사람은 계시된 하나님의 뜻에 순종하려는 사람이다(참고. 렘 5:1). 본 절의 의가, 둠이 말하는 것처럼, 행위의 의라고 주장하는 것은 요점을 벗어난 것이다. 스마트(Smart)는 또한 본 절이 다가올 하나님의 구원이 그 나라가 율법을 지키느냐의 여부에 달려 있다는 후기 유대교의 방향으로 움직이고 있다고 주장한다. 그러나 본 절이 가르치고 있는 것은 그것이 아니다. 인간들은 의를 행해야 하는데, 하나님의 구원이 올 수 있도록 하기 위해서가 아니라 그것이 이미 가까이 왔기 때문이다. 구원이 가까이 와 있기 때문에 그들은 주님을 찾아야 한다. 베드로가 고넬료에게 이와 같은 사상을 말한 바 있다: "내가 참으로 하나님은 사람의 외모를 취하지 아니하시고 각 나라 중 하나님을 경외하며 의를 행하는 사람은 하나님이 받으시는 줄 깨달았도다"(행 10:34, 35). 백성들은 스스로 의를 행하면서 하나님의 의를 위해 준비를 할 것이다.

이런 이유로 회개하라는 명령이 본 절의 하반절에 주어져 있으며, 이 이유가 51:5에서 발견되는 말씀과 유사한 말로 진술되어 있다. '가까이 왔다'를 초두에 위치시켜 강조하고 있다. 이것이 바로 "회개하라 천국이 가까웠으니라"의 구약 선포이다. 하나님의 구원이[2] 아직 나타나지 않았으나 가까이 와 있으니, 곧 머지 않아 온

---

1) 참고. 1:27; 5:7, 16; 28:17; 32:16; 58:2; 59:14.

다는 것이다. 그리고 주님의 의가 곧 나타날 것이다. 바울이 "복음에는 하나님의 의가 나타나서"라고 말한 바와 같이, 의는 구원에서 드러날 것이다. 하나님의 구원이 올 때 그분의 의도 나타난다. 이 두 용어는 메시아의 구원을 가리킨다. 그것은 의로운 구원이다. 확실히 선지자는 바울의 말을 예시하고 있으며, 그가 말하고 있는 의는 하나님에게서 기원되어 그분으로부터 인간에게 오며, 그의 안에서 인간은 그분 앞에 설 수 있게 되는 것이다.

56:2 회개한 자들의 복된 상태를 선포함으로써 선지자는 사람들에게 실제로 하나님에게 나오라고 권고하고 있다. 첫 머릿말 "오! 복되도다"(אַשְׁרֵי, 아슈레)는 30:18과 32:20에서 발견되며, 여기서 에노쉬(אֱנוֹשׁ, 사람)와 벤 아담(בֶן־אָדָם, 인자, 개역은 '인생'으로 되어 있음)의 결합을 51:12에서처럼 사용하고 있다. 에노쉬란 단어는 약하고 깨어지기 쉬운 인간을 가리키고,[3] '이' 는 아마도 뒤따라오는 내용을 가리킨 것 같다. 인생(인자)은 단순히 사람과 동의어이며, '굳이 잡는' 이란 문구는 '끊기 있는' 을 의미한다. 다음에 표현되어 있는 일들을 행하는 사람과 그것들을 굳게 붙잡는 사람은 복된 사람이다.

이러한 의무 중 첫 번째 것은 안식일을 지켜서 그것을 더럽히지 않는 것이다. 참 경건이 이 속에 표현되어 있는 이유는, 이는 이 안식일 준수가 진리에 대한 정규적인 되새김과 인정임과 동시에 신앙에 대한 지속적인 고백이 되기 때문이다. 매 주마다 안식일을 지키는 일은 이스라엘의 하나님께서 하늘과 땅의 창조주이시라는 사실과[4] 그분이 자기 백성을 애굽의 노예상태에서 구출하셨고 그들을 그분 자신에게 특별한 나라로 구별지으셨다는 사실을 인정하는 것과 동등한 것이다. 성실과 진실로 안식일을 준수한 사람은 참으로 이스라엘의 신앙에 헌신한 사람이었다. 이는 할례 다음으로 그 안식일이 언약의 핵심 증표였기 때문이다(참고. 출 31:13이하; 겔 20:12이하). 안식일은 사람을 위하여 제정된 것이며, 안식일 준수는 사람에게 기쁨

---

2) '나의 구원' 이란 문구는 명확하게 이사야적이다. 참고. 12:2; 49:6; 56:1 그리고 참고. 51:6, 8.

3) 이사야서 내에서 인간에 대한 일반적인 칭호이다. 참고. 8:1; 13:7, 12; 24:6; 33:8; 51:7, 12; 56:2; 또한 렘 20:10. 이 단어는 다른 예언서에는 발견되지 않는다. **에노쉬**와 **아담**의 결합(13:12; 51:12; 56:2)은 다른 예언서에 나타나지 않는다.

4) 안식은 창조 법령이다. 창세기에서 안식일이 창조의 행위에 뒤따라오듯이 여기서도 그것은 새 하늘과 새 땅의 창조 선언 이후에 뒤따라오고 있다.

과 안식을 가져다 주었다. 동시에 칼빈이, 그 안식일을 제유법(synecdoche: 일부러 전체를 나타내는 표현법)으로 사용되어 있으며 하나님께서 규정하신 모든 것의 준수와 같은 것이라고 주장한 점에서 옳다고 생각된다. 그렇지만 매 주마다의 회상은 하나님께서 자기 백성을 위하여 행하신 모든 일과 주님과 자기들과의 관계 안에 내포된 모든 일을 상기하는 것이었다.

본 절의 마지막 문장으로부터 단순한 종교적인 예배의 형식만으로 충분하지 않다는 것이 명백해졌다. 인간은 안식일을 적극적으로 준수해야 하며 그것을 더럽히지 않아야 한다. 부정적으로 그는 자기 손을 모든 악에서 멀리해야 한다.[5] 둠은 이것을 천박한 이상이라고 불렀지만, 그러나 인생들 가운데 누가 그것을 실천할 수 있었던가? 하나님께서 여기서 요구하시는 것은 절대적 완전이다. "모든 악"이란 표현을 유념하라.

56:3 선지자가 자기의 주제를 이끌어가면서 사용하고 있는 주제의 다양성이 두드러져 있다. 외적인 불구때문에 그 나라로부터 외국인들이 배제되지 않을 것이라는 것을 적극적으로 선언하지 않고, 선지자는 부드러운 명령으로 말하고 있다. 이방인들(직역하면, 이방의 아들)은 하나님께서 자신들을 하나님 자신으로부터 분리시켜 버리셨다고[6] 말하지 않아야 한다.[7] 왜냐하면 그 이방인 자신이 주님과 연합하였기 때문이다.[8] 이 이방인은 이방나라 혹은 타국에 속해 있다는 점에 있어서 나그네(גֵּר, 게르)와 구별되어져야 하며, 아마도 이들은 개종자인 것으로 보인다. 선지자는 이방인들을 언급하면서 자기가 이미 44:5에서 소개하였던 자들을 회상하고 있다. 여호와의 구원이 가까우므로 모든 인종적 국가적 구별과 자격이 사라질 것이다.

자손을 낳을 수 없는 고자들까지도 이러한 사실이 그를 실망시키지 않는데, 이는

---

5) 이 문구와 평행적 구조가 다른 곳에서는 오직 33:15에만 나타난다.
6) 얍딜라니(יַבְדִּילַנִי) - נִי (아니)라는 어미와 접미사를 유의하고 63:16에 있는 약키라누(יַכִּירָנוּ)를 참고하라. 이 형태는 יִקְטֹל 완료형일 수도 있다. 참고. J. Friedrich, *Phönizisch-Punische Grammatik*, Rome, 1951, pp. 14, 53. 그러나 아 모음이 미완료형과 연결하는 모음으로써 역할을 하는 실례들이 있다. 참고. 창 19:19; 29:32; 출 33:20 등.
7) 33:24에 있는 이와 어느 정도 유사한 구조를 참고하라.
8) 니팔완료형에 있는 관사를 유념하라(1Q에는 **알렙**과 함께 있다). 참고. 수 10:24; 삿 13:8; 대상 26:28; 29:17; 대하 1:4; 창 21:3; 18:21; 46:27 등.

그가 하나님의 나라로부터 제외되지 않을 것이기 때문이다. 신명기 23:1에 따르면 고자들은 하나님의 총회에서 제외되었다. 이사야는 이것을 모르고 있지 않았고 고의적으로 그것을 무용화시키려고 힘쓰고 있지도 않다. 어쨌든 메시아 시대를 가리키면서 그의 예언은 이스라엘 백성들의 시민법이 지웠던 제한들을 초월한다. '이방인'과 '고자'라는 표현은 그것들이 표현하고 있는 그것보다 구체적인 것들을 나타내기 위하여 의도된 것이다. 하나님의 나라에서 제외시킬 만한 그 어떤 인간적 부적격들도 없을 것이다.

56:4 본 절은 앞 절의 확증이며, 또한 조건절로서의 역할을 하고 있으며 5절에 결론 혹은 귀결절이 뒤따라온다. 만일 그가 하나님의 안식일을 지킨다면, 즉 하나님께서 정하신 매주마다 있는 안식일과 모든 안식해야 할 날을 지킨다면 고자는 하나님의 나라에서 제외 당할까 두려워할 필요가 없다. 그러나 주된 강조점이 안식일 그 자체를 지키는데 주어져 있다. 그러나 외적인 준수만으로 충분하지 않으니, 이는 고자가 하나님이 기뻐하시는 일들, 즉 하나님의 명령을 순종하여 겸손히 행하는 일을 선택해야 하기 때문이다. 그리고 하나님의 언약을 준수하는 자가 되어야 하기 때문이다. 다시 말해서 그들이 하나님의 언약 백성 각자에게 귀속되어 있는 책임들을 이행해야 하기 때문이다. 요구된 내용은 하나님에게 나아오는 모든 사람들에게 요구된 것과 같은 것으로 곧 순종의 마음이다. 표현의 다양성이 눈에 띤다. 하나의 미완료형 다음에 와우 연속법을 가진 완료형이 뒤따라오고 마지막으로 분사가 나온다.

56:5 하나님의 집과 성산들은 구체적으로 예루살렘에 있는 성전을 가리키지도 않고, 또 본 절이 고자가 성전에서 물질적인 기념물을 가질 것이라고 가르치지도 않는다.[9] 고자가 언급된 것은 특별한 계층, 말하자면 의를 가질 자격이 없는, 도움이 없고 약한 자의 대표로 언급된 것이다. "마른 나무"와 같은 무가치한 사람까지도(3절) 하나님으로부터 오는 축복을 받을 것이니, 이는 그들이 주의 집에 영원히 거할 것이기 때문이다. 여호와의 영광스러운 구원과 그의 다가올 나라는, 그 고자가 기껏

---

9) '그리고 내가 주리라' — 와우연속법을 가진 완료형은 대개 4절의 일반적 진술 가운데 포함된 조건절에 뒤따라오는 귀결절과 동등하다. 그러므로 '만일 고자들이 나의 안식일 등을 지킨다면, 내가 주리라.'

해야 성전 뜰에서 그의 기념을 위하여 세워진 돌비를 가지는 것만을 의미하는가? 이것이 무슨 위로가 될 것인가? 더 나아가서 고자가 성전의 경내에서 그들을 위하여 기념비들이 세워진다고 선포하는데 대한 어떠한 보장을 선지자가 가지고 있는가? 이것은 사실상 하나의 혁신이었을 것이며, 어떤 사람은 무엇이 선지자가 이러한 약속을 할 권리를 가졌다고 생각하게 했는지 알고 싶어한다. 만약 이것이 본 예언이 의미하는 모든 것이라면(그리고 둠과 폴츠가 이러한 해석을 주장한다), 그것은 얼마나 삭막한 것인가!

고자들에게 주시는 축복은 하나님께서 그들에게 주신 은혜로운 것이다. '집'과 '성안'은 시편 23:6에 있는 '집'과 같은 의미를 가진다는 것이니, 다시 말하면 그것들이 하나님의 가솔(household) 혹은 가족을 가리킨다는 것이다. '기념물'(히브리어는 손〈hand〉을 의미한다)과 '이름'은 해석하기 어렵다. 그것들은 분명히 기념비를 가리킬 것이지만(참고. 삼상 15:12; 삼하 18:18), 그러나 일반적인 문맥에서 볼 때 이 용어를 그 이름의 영원성을 가리키는 상징으로 이해해야 할 것이다. 이것은 자손의 긴 족보가 가져오는 명예 혹은 자녀들로부터 오는 위로보다도 더 좋은 것이다. 이것이 뜻하는 바는 고자가 자녀들이 주는 것보다 하나님으로부터 받는 것이 더 좋다는 것이다. 이 축복은 너무나 커서 선지자는 그것을 하나님의 말씀이 가져다 주는 결과에 비유하고 있다. 이는 하나님의 말씀이 결코 끊어지지 않을 영원성의 상징인 것처럼(참고. 55:13), 고자가 결코 끊어지지 않을 이름을 받을 것이기 때문이다. 마이클리스(J. D. Michaelis)가 지적한 바와 같이, 회심한 에디오피아의 내시가 교회에서 "빛나는 후손들의 긴 가문을 통하여 얻을 수 있는 그것보다"(알렉산더) 훨씬 더 영광스럽게 되어지는 이름을 가지고 있다.

56:6 본 절 전체가 지연된 문장구조(casus pendens)로 되어 있는데, 그 본질적 주장은 7절에 뒤따라온다. 앞의 두 구절들이 고자에 대해서 말했던 것처럼, 이 구절과 다음 구절은 이방인에 대해 말한다. 교차적인 배열을 유념하라. 이방인(3절)과 고자(3절); 고자(4, 5절)와 이방인(6, 7절). 여호와께 연합은 성격상 영적이니, 곧 호세아의 "긍휼히 여김으로 장가들며 진실함으로 장가드는 것"(2:19, 20)이다. 이방

---

10) '종들' 다음에 1Q는 '그리고 여호와의 이름을 찬양하기 위하여 그리고 안식일을 지키는 자들'로 번역될 수 있는 부가적 문구를 덧붙이고 있다.

인이 주님을 섬기려는 목적으로 주님에게 연합하였다.[10] 이 단어는 제사장과 레위인의 섬김에 적용되며(참고. 61:6) 그러므로 이방인이 여호와를 주님이 합법적으로 임명하신 종들이 하는 것처럼 섬길 것임을 보여 준다. 주님의 이름을 사랑한다는 것은[11] 주님을, 주께서 자신의 모든 사역들과 길들 가운데서 자신을 나타내 보이셨던 분으로서, 자기 개인의 인격적 하나님으로 사랑하는 것을 의미한다. 그들은 또한 안식일을 준수하는 자로[12] 또 언약을 굳게 지키는 자로 묘사한다. 외식이 제거되고, 섬기는 자들은 하나님을 사랑해야만 한다.

56:7 첫 번째 동사는[13] 이방인들이 역사적 예루살렘 성과 성전으로부터가 아니라 믿음의 권속으로부터 멀리 떨어져 있다는 사실을 암시한다. 하나님이 친히 그들을 자기의 성산으로 모으시고 주님의 기도하는 집에서 그들을 기쁘게 할 것이라는 것을 암시한다. 어투가 역사적 성전을 암시한 것은 거의 분명하다. 그러나 그 의미는, 둠이 진술한 바와 같이, 스스로 할례를 행하면서 유대교에 귀의한 이방출신의 사람들이 성전에서 기도하도록 허락 안할 것이다. 그보다는 하나님께서 이방인을 신앙의 권속으로 모으실 것이고 거기서 그들로 하여금 기쁘게 하실 것이다.

고자와 이방인의 예배가 받아들여질 것이다. 이는 그들이 이스라엘 출신의 하나님 참백성들이 하는 것처럼 하나님을 예배할 것이기 때문이다. 이 예배는 구약시대의 용어, 곧 희생제사로 묘사되어 있다. 여기서 번제와 희생은 그러한 제사를 가리키기 위해 여기 있다. 이스라엘의 모든 합법적인 제사 즉, 주님께 대한 예배로 기록된 것들은 하나님의 제단 위에 있는 하나의 즐거운 것으로 받아들일 것이다.[14] 마지막 문장은 그 이유, 즉 하나님의 기도하는 집을 만민을 위한 것이라는 사실이 진술하고 있다.[15]

---

11) ולאהבה – 엑센트들과 평행절이 보여 주는 바와 같이, 부정사는 '그를 섬기기 위하여' 보다는 '스스로 연합하는 자들'과 함께 해석되어야 한다.
12) '그것을 더럽히는 것으로부터' – 불변화사 민(으로부터)이 부정적 의미로 부정사와 함께 사용되었다.
13) '그리고 내가 그들을 모을 것이다' – 와우연속법을 가진 완료형은 귀결절을 이끄는 실제적인 힘을 가진다.
14) 1Q는 라촌(רצוי) 앞에 יעלו (올라갈 것이다)가 삽입되어 있다.
15) 참고. 마 21:13; 막 11:17; 딤전 3:15; 렘 7:11.

이 예언은 미래와 관계되어 있다. 이사야가 말하고 있을 당시에 그것은 아직 만민의 기도하는 집이 아니었지만, 그러나 이것은 하나님께서 고자와 이방인을 자기의 나라에 들어오게 하실 때 얻게 될 상태이다. 구약시대에는 하나님께서 성전 안에서 한 나라에 의한 예배를 받으셨다. 그러나 주님의 영광스러운 종말론적 나라가 올 때, 경계선들이 무너지고 모든 민족과 나라들 그리고 방언이 그분을 섬길 것이다. 이 진리가 다가올 일에 대한 예표였던 율법의 의식 아래서 개진되어 있다. 기도에 대한 강조는, 성전의 거룩이 거기서 계속 드려지는 기도로 이루어진다는 사실을 보여 준다. 여기에 거룩의 아름다움이 있다. 주권적 은혜로 말미암아 주님의 권속으로 모아진 모든 열방으로 온 사람들이, 사랑하는 그의 이름으로 그의 거룩하신 이름에 기도의 제사를 올리고, 그의 이름으로 하나님을 그분의 집에서 섬긴다.

56:8 여호와를 사랑하는 이방인들이 제외될 것이라고 상상할 이유가 없을 뿐만 아니라, 더욱 더 그들을 그의 나라 가운데로 모으는 것이 주님의 목적이다. 그런 까닭에 본 구절을 "주 여호와가 말하노니"라는 엄숙한 문구로 소개하고 있다. 이러한 표현이 결코 여기를 제외하고는 한 문장의 시작부분에 전혀 등장하지 않는다는 점에서 그 엄숙성이 나타나 있다.[16] 그것은 "그러므로 여호와께서 가라사대"라는 통상적인 문구 대신에 사용되어 있다. 그 사상은 49:6에 그 사상의 뿌리를 가지고 있다. 말씀하시는 여호와 하나님은 이스라엘의 흩어진 자들을 모으시는 분이시다.

우리는 마지막 문장을 직역하여 "내가 그의 모아진 자들에게(즉 더하여) 그를 모을 것이다"라고 번역할 수도 있다. 이 뜻은 이미 모아진 이스라엘 백성들에게 덧붙여서 하나님께서 더 많은 이스라엘 백성들을 모으실 것이라는 뜻일 수도 있고, 혹은 그렇지 않으면 이스라엘의 모아진 자들에 덧붙여서 그가 다른 자들을 모으실 것이라는 뜻일 수도 있다. 이 후자의 견해에 의하면 이스라엘의 추방당한 자들을 모으는 일과 다른 열국들 가운데 있는 그들 사이에 대조가 나타나 있다. 아마도, 56-66장에서 이스라엘이란 나라가 두드러져 있고 49:6과의 유사성을 고려하여, 우리는 이 두 번째 견해를 채택하여야 할 것이다. 그런 까닭에 이사야는 그리스도께서 후에 선언하신 진리를 내다 보고 있는 것이다. "또 이 우리에 들지 아니한 다른 양들이 내게 있어 내가 인도하여야 할 터이니 저희로 내 음성을 듣고 한 무리가 되어 한 목자

---

16) 슥 12:1에서 첫 문구 다음에 그것이 진술되어 있다.

제3장 예루살렘의 죄가 용서받다 *435*

에게 있으리라"(요 10:16). 이사야는 '그에게'라는 문구를 통하여 일어날 엄청난 증가를 지적하고 있다. 그의 택함 받은 자의 마지막 사람까지 그 우리 속으로 들어오기까지 주님의 모으시는 사역은 그치지 않을 것이다.

9절, 들의 짐승들아 삼림 중의 짐승들아 다 와서 삼키라
10절, 그 파수꾼들은 소경이요 다 무지하며 벙어리 개라 능히 짖지 못하며 다 꿈꾸는 자요 누운 자요 잠자기를 좋아하는 자니
11절, 이 개들은 탐욕이 심하여 족한 줄을 알지 못하는 자요 그들은 몰각한 목자들이라 다 자기 길로 돌이키며 어디 있는 자이든지 자기 이만 도모하며
12절, 피차 이르기를 오라 내가 포도주를 가져오리라 우리가 독주를 잔뜩 먹자 내일도 오늘같이 또 크게 넘치리라 하느니라

56:9 여기에 묘사된 내용은 예레미야 12:9과 에스겔 34:5, 8에 진술되어 있는 그것과 본질적으로 같다. 양무리를 보호하고 위험을 알고 있어야 하는 목자와 파수꾼은 잠들어 있고 알아차리지 못하고 있다. 가혹한 이리들이 양무리 속으로 들어와서 그것을 먹어치울 것인데(행 20장), 여기서 하나님의 백성의 원수에게 명령의 형식으로 예언되어 있는 것이 이러한 사실이다. 이들은 '들의 짐승들'과 '삼림 중의 짐승들'로 지칭되어 있다. 본 절이 보여 주는 바와 같이 그 배열이 특이하다. 원수들이 두 번 지칭되어 있고, 이 두 호칭 사이에 하나의 명령이 있는데, 이 명령은 양 호칭과 관련되어 있다.[17] 델리취는 또 다른 배열을 선호하는데, 말하자면 '너희 모든 들의 짐승들아 가까이 오라! 삼키라, 너희 모든 삼림의 짐승들아.' 마지막 호칭을 '삼킨다'는 부정사의 목적어로 만들어 "너희 모든 들의 짐승들아 모든 삼림의 짐승들을 삼키기 위하여 오라"로 읽을 가능성도 있다. 이 문장에 의하면 들의 짐승들은 원수들이고, 삼림의 짐승들은 이스라엘이다. 그러나 어찌하여 이스라엘이 그렇게 지칭되어야 하는가? 본 절의 구조는 난해하나 우리는 첫 번째 해석과 문장 구조를 더 낫게 생각한다.

---

17) אחיו에 **요드**가 보유되어 있는 점을 유의하라. 이 형태는 21:12; 56:9, 12에 나타나고 성경 그 어느 곳에도 나타나지 않는다.

56:10 원수들이 양무리 가운데 들어와서 양을 삼키는 이유는 이스라엘의 파수꾼들이 잠들어 있어서 원수들의 접근을 알아차리지 못하고 있기 때문이다. '그 파수꾼들'이란 단어에 붙어 있는 접미사 '그의'(its)는 8절에서 이미 언급된 이스라엘을 가리킨다. 그리고 이것은 여기서 새로운 시작이 되고 있지 않다는 사실을 보여 준다. 게세니우스(Gesenius)는 저자가 단순히 숨을 쉬기 위하여 휴지를 하고 있다고 말한다. 그러므로 여기서 우리가 보고 있는 내용은 앞의 내용과 관련되어 있다. 우리는 파수꾼을 포로기 동안 그리고 그 다음에 자주 불신실하였었던 선지자들로 이해해야 할 것이다(참고, 렘 29:1-32; 겔 34:1-8 그외 여러 구절들). 소경이 된 결과 파수꾼들은 깨닫지 못한다는 것이다. 그들이 전혀 알지 못했다는 것이 아니라, 그들이 언제나 교활하게 들어오는 원수의 본질과 접근을 인식하지 못하였다는 것이다. 그들은 위험의 성격도 깨닫지 못했다. 이사야는 육체적 소경 됨에 대해서 말하고 있는 것이 아니라 영적 소경 됨에 대해서 말하고 있다. 파수꾼은 그 성의 망대나 혹은 성벽들 위에 서서 원수가 접근해 오는지 어떤지를 살펴야 하는 자였으며, 혹은 이 단어를 목자들에게 적용한다면, 그들은 들짐승들이 양떼들에게 접근해 오지 못하도록 줄곧 지켜보는 자였다. 이로 보건대, 예언적 사역의 한 부분은 그 나라에 그 원수들에 대해 경고하고 닥쳐오고 있는 위험과 재난을 말해 주어야 하는 것이었음이 분명해진다. 눈먼 선지자는 그 위험의 본질을 알 수가 없었다. 비극적인 것은 이러한 소경된 상태가 모든 선지자들에게 해당되었던 것이었다. 이사야는 본 절에서 '모든'이란 단어를 두 번 사용한다.

선지자는 표상을 바꾸어서 선지자들을 개들에 비유하고 있다. 양을 지키는 개(욥 10:1)는 들짐승들이 접근할 때 계속 짖어대야 했으나, 이스라엘의 선지자들은 짖을 수 없는 벙어리 개들과 같았다. 원수들이 접근해 올 때 그들은 경고의 목소리를 드높이지 못하였다. 이 어투는 강력한 것이다. 그들이 목소리를 드높이지 못하였을 뿐만 아니라, 그렇게 할 수도 없었으니, 이는 그들이 우둔(dumbness)에 사로잡혔기 때문이었다.

이사야는 뒤따라오는 세 개의 불변화사들 가운데서 이러한 불신실성의 이유를 개진한다. 꿈꾸는 자—아마도 '헛소리하는 자'. 선지자들은 하나님의 계시를 똑바르게 선포하지 않고, 자기들의 환상(vision)에 관련된 것을 꿈꾸며 시간을 보냈다. 그렇지만 이 뜻은 단순히 능동적이고도 활기찬 생활로부터 초연한 무활동일 수도 있다. 누운 자—능동적으로 자기들 본래의 사역을 이행하지 않음. 잠자기를 좋아하는 자—그들 자신의 즐거움과 안일에만 관심을 두고 하나님의 백성의 상태에 대해서는 관심을 두지 않음. 전체의 모습은 자기 즐거움과 만족과 직무 태만에만 몰두해 있는 자이다.

특주

주석에서 우리는 10절에서 가리키는 것이 선지자들이라는 입장을 채택하였다. 만약 이것이 너무나 제한적인 것이라면, 그리고 게세니우스가 생각하는 바와 같이 선지자가 마음 가운데 거짓 선지자들을 포함하여 그 나라의 통치자들과 지도자들을 품고 있었다면, 이것은 본 사상에 실질적으로 영향을 주는 것은 아니다. 분명한 것은 어떤 경우이든 선지자들이 두드러져 있다는 것이다.

여기서 분명하게 가르치고 있는 것은 하나님께서 자기 백성을 돌보아서 그 백성들에게 위기가 닥쳐온다는 사실을 선포하도록 임명하신 자들의 필요성이다. 현대 용어로 해석한다면 이것은 복음 사역자가 자기 백성들 주위에 언제나 도사리고 있는 이단과 거짓된 이론들의 본질에 대해서 엄중하게 경고해야 할 의무를 가지고 있다는 것을 의미한다. 교회의 평화를 깨뜨리기를 원치 않는다는 구실하에 이러한 일들에 대해서 침묵을 지키는 자들은 불신실한 목자이다. 여러 시대를 통하여 시온에 경고를 하여왔던 자들은 문제를 일으키고 교회의 발전을 저해하며 그 프로그램 등을 파괴한다는 비난을 받아왔다. 그러나 그럼에도 불구하고 하나님께서는 본질을 잃어버린 교회를 경고하였던, 즉 아다나시우스, 어거스틴, 루터, 칼빈, 최근에는 메이첸과 같은 사람들에 의하여 자기의 교회를 세워 오셨다. 목회자가 거짓된 교리에 대해 양무리에게 경고하지 않는다면, 그는 양에 대해 신실한 목자가 되기를 포기하는 것이며, 그 대신 그는 짖지 못하는 벙어리 개가 되는 것이다.

56:11 선지자는 앞 절의 표상을 채택하여 이제 새로운 용도로 사용하고 있다. 그가 방금 전에 말하였던 개들은 짖는 방법을 알지 못할 수도 있지만 그러나 그들은 네페쉬에 대해 강하다, 즉 그들은 탐욕적이요 그들의 목구멍은 그들이 잡은 모든 것을 삼킬 수 있는 그러한 것이었다.[18] 사실 그들의 욕망은 너무나 커서 만족감을 알

---

18) עזי נפש — 직역하면 '영혼', '생명', '욕망의 강함', 즉 '탐욕스러운', 만족할 줄 모르는.

지 못했다. 그들은 스스로를 만족하게 하기 위하여 사로잡거나 혹은 삼키기를 결코 그치지 않았다. 그리고 나서 선지자는 아이러니컬하게도 "그리고 그들은 목자들이라"는 말을 덧붙인다. 그렇지만 목자들로서 그들은 깨닫는 방법을 알지 못하였다. 즉 사려분별 있게 행동할 줄을 몰랐다. 그들은 목자들이 마땅히 행동해야 할 그러한 행동을 할 영적 통찰력을 가지지 못하고 오히려 그들은 깨닫는 데 있어서 어리석고, 개와 같이 행동한다. 선지자는 53:6을 상기시켜 주는 언어로 이스라엘의 목자들의 이기심을 지적한다. 그들 자신의 길이 그들의 관심을 완전히 장악하였는데, 이것은 자기들의 이익을 얻는 길이다. 마지막 문구는 직역하여 '그것의 끝으로부터'로 번역될 수도 있는데, 곧 '그것의 끝까지', '그 극단에까지'란 뜻이다. 거짓 목자들은 할 수 있는 한 모든 이익을 얻기 위하여 힘썼다. 폴츠는, 10절은 목자들의 능력의 결핍을 묘사하였고 본 절은 그들의 성격을 묘사하고 있다고 주장하는데 이는 옳은 것이다. 그들은 지켜주는 개가 되는 대신 "탐욕스러운 욕망에 있어서 그 주둥이를 모든 것에게 쑤셔 넣는" 거리의 개가 되었다. 탐욕스러운 이익이 목회자들의 마음을 가득 채울 때, 재난은 반드시 따라올 것이다. 하나님을 섬김에 있어서 그들의 유익이 그 끝에 이르렀다.

56:12 목자들의 방종이 탐욕스러운 것일 뿐만 아니라, 육욕적인 것이기도 하였다. 12절은 하나의 절정을 이루고 있다. 이제 목자들 가운데 하나가 정체가 밝혀지지 않은 채, 다른 목자들에게 취함과 방탕으로 초대하고 있다. 이 장면이 복수와 단수 사이에 교대에 대해 설명해준다. "너희는 오라, 내가 가져오리라 등." 세 번째 동사는 하나의 절정을 이루고 있다. "우리가 독주로 스스로 취하자"는 것이다.[19] 이 초청은 이스라엘의 번영에 대한 관심과 생각을 완전히 지워버리는 것을 포함한 철저한 방탕에로의 초청이다. 더 나아가서 이 방탕은 계속될 것이다. "그리고 그것이 내일도 오늘같을 것이다", 즉 내일의 방탕이 우리가 취하기 시작한 오늘의 그것처럼 넘치는 것이 될 것이다. 마지막 세 단어들은 한 개의 형용사와 두 개의 부사들, '큰, 풍성하게, 넘치게'로 되어 있다. 펜나는 여기에 마시도록 선동하기 위하여 노래로 불러지는 시적인 구절이 있다고 생각하고, 23:16과 비교한다.

---

19) 웨니쓰베아(וְנִסְבְּאָה) – '마시다', '심하게 마시다'. 참고. sabû, 참께 포도주. Aq ST에는 유지되어 있을지라도 B는 그것을 빠뜨리고 있다.

❖ 특별 참고 서적 ❖

Bernard Duhm, *Jesaia*, 2nd ed., Göttingen, 1902, pp. 379-384.
Karl Elliger, *Die Einheit des Tritojesaia*, Stuttgart, 1929.
Edward J. Young, *Studies in Isaiah*, Grand Rapids, 1954, pp. 39-61; *WThJ*, Vol. 10, No. 1, Nov. 1947, pp. 23-45.

57장

1절, 의인이 죽을지라도 마음에 두는 자가 없고 자비한 자들이 취하여 감을 입을지라 도 그 의인은 화액 전에 취하여 감을 입은 것인 줄로 깨닫는 자가 없도다
2절, 그는 평안에 들어갔나니 무릇 정로로 행하는 자는 자기들의 침상에서 편히 쉬느 니라

57:1 1절과 2절은 앞 장의 사상의 연속을 나타내고 있다. 앞 장은 이스라엘의 목자들의 술취하는 방탕을 지적하면서 하나의 절정으로 종결되었었다. 그렇지만 의인들은 어떤가? 그들의 종말이 본 절에 언급되어 있다. 의인이 맨 앞에 위치해 있음으로써 앞 장과 두드러진 대조를 이루고 있다. 이 문맥에서 의인은 불신실한 목자들과 대조되는 자로 생각되어야 할 것이며, 그런 까닭에 언약에 신실한 사람은 자기의 하나님과 바른 관계에 있으므로 그의 삶과 행실에 있어서 의로운 자이다. 그는 백성의 거짓 지도자들이 하는 것처럼 자기 자신의 이익을 추구하지 않으므로, 그는 언약의 약속들에 신실하게 행한다. 그러나 그는 조기에(untimely) 죽는다(참고. 전 7:15). 이 진술은 간결하다. 어떤 사람도 그러한 죽음을 마음에 두지 않는다. 즉 그는 의인이 죽었다고 깨닫지도 못하고, 또한 그러한 죽음의 의미가 무엇인지도 생각하지 않는다. 의인의 죽음은 주의를 끌지 못한다.

의인과 평행이 되는 단어가 '자비한 자'(men of steadfast love), 즉 언약의 규정과 의무에 헌신한 사람들이다. "취하여 감"이란 용어는 구약에서 그의 열조, 즉 죽은 자(참고. 창 49:20)에게로 취하여 감을 받는 것에 대해 사용되며, 여기서는 '죽는다'(perishes)와 평행으로서 역할을 하고 있다. 이것은 일상적인 자연사가 아니고 수명을 다하지 못하여 죽는 갑작스러운 죽음이다. 그러한

죽음은 불경건한 사람들에게는 이해가 되지 않는데,[1] 이는 그들이 하나님께서 어떤 닥쳐오는 재앙으로부터 그들을 구원하시기 위하여 그 의인을 자기에게로 데려가신다는 것을 깨닫지 못하기 때문이다. 언급된 화액(evil)은 일반적인 것이다. 그리고 그것이 닥치기 전에 의인은 취하여 감을 받는다. 칼빈은 이 점을 루터의 죽음을 언급함으로써 예증한다.

…그는 오래 전부터 복음의 멸시와 도처에 만연해 있는 사악과 방종에 대해서 심하게 외치면서 독일에 떨어질 무서운 재앙을 예고해 왔었는데, 그 재앙이 닥치기 바로 직전에 이 세상으로부터 취하여 감을 당한 사람이다. 그는 자주 자기가 무서운 징벌, 곧 그 무서운 징벌을 예상만 해도 전율과 공포로 가득하였던 바, 그 재앙을 보기 전에 이 세상으로부터 자기를 데려가 달라고 기도하였다. 그리고 그는 그것을 주님으로부터 받았다. 그가 죽자마자, 보라, 갑작스럽고도 예기치 않았던 전쟁이 터졌고, 이로 인하여 그러한 재앙의 혹독함을 전혀 생각하지 않았던 독일은 극심한 고통을 받았었다.[2]

본 절은 의인이란 단어로 시작하고 마친다.

57:2 선지자는 의인에 대한 묘사를 계속해 나간다. 평안은[3] 이 생을 떠나는 것에 대한 호칭이다. 악인에게는 평안이 없으나, 의인의 종말은 평안이다. 그리고 여기서 이 단어는 그것에 속하는 모든 충만함을 가진다. '침상'은 임종이며, 그러나 그곳은 안식의 자리이다. 마지막 문장은 의인에 대한 보다 세밀한 묘사인데, "정로로 행하는 자", 곧 그가 자기 앞에 세웠던 똑바른 길에서 행하는 자이다.

3절, 무녀의 자식, 간음자와 음녀의 씨 너희는 가까이 오라
4절, 너희가 누구를 희롱하느냐 누구를 향하여 입을 크게 벌리며 혀를 내미느냐 너희는 패역의 자식, 궤휼의 종류가 아니냐
5절, 너희가 상수리나무 사이, 모든 푸른 나무 아래서 음욕을 피우며 골짜기 가운데 바위 틈에서 자녀를 죽이는도다

---

1) באין – ב는 아마도 '로부터', 즉 '알아차리지 못함으로부터'로 번역되어야 할 것이다.
2) William Pringle 역, Grand Rapids, 1956, p. 196.
3) 동작의 동사는 그것이 즉각적으로 관련되어 있는 장소를 그 목적어로 취할 수 있다.

6절, 골짜기 가운데 매끄러운 돌 중에 너희 소득이 있으니 그것이 곧 너희가 제비뽑아 얻은 것이라 너희가 전제와 예물을 그것들에게 드리니 내가 어찌 이를 용인하겠느냐

7절, 네가 높고 높은 산 위에 침상을 베풀었고 네가 또 그리로 올라가서 제사를 드렸으며

8절, 네가 또 네 기념 표를 문과 문설주 뒤에 두었으며 네가 나를 배반하고 다른 자를 위하여 몸을 드러내고 올라가며 네 침상을 넓히고 그들과 언약하며 또 그들의 침상을 사랑하여 그 처소를 예비하였으며

57:3 의인과 대조하여 이제 악인에게 말이 주어진다. 그런 까닭에 문장의 초두에 있는 "그리고 너희"는 1절의 초두에 있는 의인과 대조를 이루고 있다. 선지자를 통하여 말하면서 악인에게 가까이 즉 주님이 말하고 있는 장소로 나오라고 말하고 있는 분은 하나님이시다. 이 명령은 법정에서 재판과정을 상기시켜 준다 (참고. 41:1; 45:20; 48:14이하). 두 개의 칭호가 악인의 정체를 밝혀주고 있다. 그들은 "무녀의 자식들"인데, 이는 점술로써 일반적인 우상숭배를 나타내는 제유법의 경우이다. 비록 그 단어 자체로 이 점술의 정확한 의미를 결정하기는 어렵고 그렇다고 해서 불가능한 것은 아니지만 그것은 분명히 우상숭배의 일부분이었다. 어떤 경우이든 그것은 악인의 어미를 가리킨다.

두 번째 호칭에는 구문상의 어려움이 있다. 처음 두 단어를 우리는 '한 간음자의 씨'로 번역할 수도 있다. 마지막 단어는 하나의 동사이며, 우리는 그것을 '그리고 너 자신이 간음을 행하였다', 아니면 '그리고 그녀에 대해서 간음을 범하였다'로 번역할 수 있다.[4] 간음과 점술(예언)은 우상숭배에 대한 두 호칭이다. 우상숭배는 창조주로부터가 아닌 피조물로부터 정보를 얻는 것을 수반하며, 그 결과로 피조물에게 엎드려 예배하였다; 그런 까닭에 그것은 예배를 받으셔야 하는 유일하신 분에 대한 불성실이다. "자식"과 "씨"라는 단어를 영적으로 이해해야 할 것이다.

---

4) 연계상태로 되어 있는 하나의 명사에 의하여 지배를 받은 이 문장에서 관계사가 빠져 있다. 그리고 와우연속법에 의하여 앞의 분사와 연결되어 있다, 즉 '한 간음자의 씨와 창기 역할을 한(자의) 씨. 즉 한 간음자와 한 창기의 씨. 하나의 정형동사가 뒤따라오는 연계형상태의 명사 구조는 우가릿어에서 잘 입증된다. 참고. Gordon, *Ugaritic Textbook*, 1965, § 8.16, p. 56.

57:4 그들의 악한 인상을 보다 강하게 심어 주기 위하여 선지자는 몇 개의 웅변적인 질문을 던진다. 첫 번째 동사는 어떤 사람에 대한 심술궂은 오락을 하거나 혹은 다른 사람의 손실에 대해 재미있어 하는 것을 암시한다. 이러한 조롱의 대상은 1절과 2절의 경건한 자들이었다. 입을 크게 벌리며 혀를 내미는 것은 조소의 표시들이다(참고. 시 22:8; 35:21; 애2 :16). 그러한 행위들은 이 선포의 대상이 패역의 자식들이었다는 것을 보여 준다. 여기에만 나타나는 일데이(ילדי, 자녀들)의 모음형태는 아마도 멸시의 의미가 의도되어 있는 것 같다. 악인은 참된 씨가 아니고 거짓된 것이다. 여기서 이 단어는 그들이 진짜가 아니라는 사실을 암시하는 것으로 보인다.

57:5 본 절은 분사를 통해서 악인에 대한 묘사를 계속한다. 첫 번째 분사는 재귀형인데, '스스로 음욕을 피우다'(즉 성적 욕망을 일으키다)이다.[5] 의미하는 바는 상수리 나무들 사이에서 일어났던 우상숭배 행위에 대한 강한 욕구이다(참고. 신 12:2; 왕상 14:23; 렘 2:20; 3:6, 13; 17:2; 호 4:13이하; 겔 6:13). 푸른 나무들 가운데서도 상수리 나무는 우상숭배 의식에서 중요한 역할을 하였다. 이러한 의식에서 우상숭배뿐만 아니라 자주 부도덕한 행위들이 있었다. 이러한 행실 중에 가장 나쁜 것은 힌놈(게헨나. 참고. 렘 32:35; 겔 20:26-31)의 아들들의 골짜기에서 이루어졌던 유아 희생제사였다. 신명기에서 이러한 행위는 한 아들의 아들을 불 가운데로 지나가게 하는 것으로 묘사되어 있다. "골짜기 가운데"는 팔레스틴의 와디(우기에만 물이 흐르고 건기에는 물이 흐르지 않는 시내-역자주)를 암시한다. 이러한 묘사는 분명히 메소보다미아에는 적용될 수 없다. "바위 틈"도 마찬가지인데, 팔레스틴 지역에게는 어울리고 메소보다미아에게는 어울리지 않는다.[6] 아

---

5) הנחמים – 한네하밈 (הַנֶּחָמִים). 안티피널트가 개음절 ih〉ē가 되었으며, 그러므로 **쉐와**로 떨어질 수 없다. 그래서 그것이 **메텍**을 동반하고 있는 이유이다. 이 형태는 니팔분사형이다. B는 οἱ παρακαλοῦντες. 이 어근이 우가릿어에 나타나는데, 예를들면 *ḥpn išrr*, '습관에 사로 잡힌'을 의미한다. (*CMAL*, p. 82, line 33). 한 바벨론 문서는, 창기 혹은 신전 매춘부, 고급 매춘부와 결혼함에 대해 도덕적 혐오감을 보이지 않는 반면에, 그럼에도 불구하고 실제적인 이유에서 그러한 행위에 대해서 충고한다. 참고. *DOTT*, p. 106.

6) 이 문구는 다른 곳에서 2:21에만 나타나는 이사야적 표현이다. 이 단어가 변형되어 나타나는 삿 15:8, 11를 참고하라.

마도 이 문구는 이 의식이 때때로 비밀리에 행해졌었음을 시사하고 있는 것 같다. 유아 희생제사는, 푸른 나무 아래에서 있었던 의식이 풍요의 의식이었을 가능성이 있었던 것처럼, 자손을 위하여 관련된 신들을 달래기 위한 목적이었을 수 있다. 이 모든 행위는 이스라엘의 거룩하신 하나님의 눈에는 가증스러운 것이었다.

57:6 본 절은 타락한 우상숭배자들에 대한 묘사를 계속해 나가고 있는데, 이는 집합적 의미로서 여성형 단수로 표현되어 있으며, 이는 아마도 이스라엘이 부정한 여인이라는 것을 시사하고 있는 것으로 보인다. 어쨌든 본 절은 난점들이 많다. 첫 단어가 '몫'을 의미하는가 아니면 '매끄러운 것들'을 의미하는가?[7] 이 단어의 어근은 '너의 몫'(헬켁, חֶלְקֵךְ)의 어근과 같지만, 그러나 모음부호는 다른 개념이 의도되었음을 보여 준다. 아마도 이 단어는 '매끄러운 것들'로 번역되어야 할 것 같고, 이 매끄러운 것들이 골짜기(즉 와디)에 속해 있으므로 일반적으로 수년동안 물이 닳게 만들었던 둥근 돌들인 것으로 생각된다. 아마도 힌놈의 골짜기에서 있었던 몰록 숭배에 대한 상징적인 언급이 있는 것 같다. 어쨌든 그들은 자기 백성의 소득이 되시는 여호와가 아니라 골짜기의 매끄러운 것들에서 그 분깃을 찾아냈다. 어희(語戲)가 의미심장하다. '저희가, 저희가'라는 대명사의 반복을 강조하고 있다. 시편 기자(16:5하)는 "당신은 나의 분깃(제비)을 지키시나이다"라고 말할 수 있었다. 그러나 악한 이스라엘 백성들의 몫[8] (즉, 운명)는 골짜기의 매끄러운 것들(죽은 자) 가운데 있었다.

타락한 이스라엘은 매끄러운 것들에게 술을 쏟아 부었다(렘 7:18; 19:13; 32:29; 44:17-19, 25). 이와 같이 백성들은 그들에게(그 제단들 위에) 소제물을 가져왔다.

---

7) **다게쉬**가 분리성을 가지고 있으므로, 분명히 **쉐와**의 소리의 성격이 보다 뚜렷하다는 것을 나타낸다. 우가릿어에 나타난 사실에 근거하여 W. H. Irwin("The Smooth Stones of the Wady, Isaiah 57.6," *CBQ*, Vol. 21, No. 1, Jan. 1967, pp. 31-40)은 어근 חלק, '죽다, 사라지다'와 이 חלק과 동일시하는 개연성이 높은 경우를 입증한다. 그렇다면 이것은 와디에 있는 죽은 자를 가리킨다. 이 말을 듣는 자들은 배교자들로 묘사되어 있으며, 그 골짜기는 그들의 멸망의 장소이다. 이러한 표상은 힌놈 골짜기의 표상일 것이다. 그리고 만일 그렇다면, 이것은 본 장의 팔레스틴 기원을 입증한다.

8) חלק (분깃)과 고랄(גּוֹרָל, 제비)의 결합에 대해서는 또한 17:14을 참고하고 34:17의 각주를 참고하라.

하반절의 첫 문구인 "그것들에게"는 이스라엘의 우상숭배의 어리석음을 지적하고 있다. 그러한 천한 추행을 볼 때 하나님께서 평안하시겠으며, 보응하지 않으시겠는가? 웅변적인 질문을 통하여 표현된 사상은 이스라엘의 우상숭배에 대해서 하나님께서 만족을 하시겠는가, 즉 긍휼을 보이시고 위안을 받으시겠는가, 그렇지 않으면 오히려 보응을 하지 않겠는가 하는 것이다.

57:7 이사야는 40:9을 생각나게 하는 어투로써 팔레스틴의 높은 산 위에서 시행되었던 가증한 행위들을 묘사하고 있다. 이것은 바알과 아스다롯에 대한 희생제사와 예배를 가리킨다. 그들의 가나안 이웃들과의 접촉을 통하여 이스라엘 백성들은 이러한 행위들을 배웠다. 아마도 기초를 이루고 있는 사상은 그러한 예배가 신에게 보다 가까운 장소로 생각되었던 높은 산꼭대기에서 있었다는 것이다. 동시에 칼빈이, 그러한 예배의 장소는 창기들과 같은 예배자가 부끄러워하지 않고 오히려 모든 사람들이 볼 수 있도록 공개적으로 대담하게 행하였다는 것을 암시한다고 지적한 점에서 그가 옳다고 할 수도 있다. 이것은 '네가 네 침상을 베풀었고', 즉 너의 매춘행위의 침상을 베풀었다고 하는 진술에 의해서 입증된다. 이스라엘은 이 모든 우상숭배 행위에 있어서 주도권을 잡았다. 그들은 자신을 가나안의 우상숭배자들과 동일시하였고 스스로 희생제사를 드리기 위하여 높은 산으로 올라갔다.

57:8 앞 절처럼 본 절도 역시 난점들로 가득 차 있다. 첫 문장은 눈에 뜨이지 않는 장소에 어떤 것을 두는 행위를 가리키는 것으로 보인다.

문과 문설주가[9] 개인 집을 가리키는가 아니면 가증스러운 일을 시행하였던 신전을 가리키는가? 폴츠는 그것들이 공공 예배처에 속하여 있는 것이라고 주장한다. 아마도 이 질문에 대해서는 절대적으로 확실하게 답변할 수는 없을 것이지만, 우리는 그 문과 문설주가 개인 집을 가리킨다는 해석을 선호한다. 신명기 6:9에 따르면 이스라엘 족속들은 자기들의 집 문설주 위에 야웨께서 하나님이시라는 선언문을 기록해야 했었다. 이제 이스라엘은 너무나도 방탕하게 되었으므로 그들이 더 이상 이 기념표를 문설주 위에 두지 않고 그것 뒤에 두어서, 그들은 야웨께서 자기들의 하나님이시라는 사실이 생각나지 않을 것이다. 또한 이것은 그 거민이 숭배하였던 우상들

---

9) 메주자 (מְזוּזָה) — 문설주, נזז (움직이다)로부터 파생됨.

을 기념하도록 기회를 내 주었다. 그렇지만 이러한 해석은 상당수의 주석가들에게 채택되었을지라도 난점을 가지고 있다. 만일 이스라엘 족속들이 그렇게 타락하였다면, 그들이 그 문 뒤에 기념표를 두기를 귀찮아 하지 않았겠는가? 그들이 단지 그것을 던져 버리고 그것을 모두 없애 버리지 않았을까?

그러므로 아마도 기념물은 그들이 당시에 예배하였던 우상을 생각나게 하는 것이었을 것이다. 그것이 본 절의 하반절에 있는 손(개역은 '처소')과 동일시 되어야 한다는 주장은 전혀 분명하지 못하다(참고. 펜나). 아마도 그것은 우상 자체였을 것이다. 뒤따라오는 표현 "네가 나를 배반하고 다른 자를 위하여 몸을 드러내고"는 그 기념물이 참되신 하나님을 생각나게 하는 것이 된다는 사실을 요구 하지 않는다. 이에 반하여 우리는 다음과 같이 고쳐 쓸 수도 있다. "네가 이방의 기념물을 두었던 이유는 곧 네가 스스로 나로부터 떠나 있었다(uncovered)는 것이다." 비록 "네가 드러냈다"는 동사의 목적어가 언급되지 않지만 우리는 '너의 벌거벗음'(참고. 겔 16:26; 23:18)과 같은 것을 이해해야 할 것이다. 따라서 우상숭배를 음란한 성관계로 묘사하고 있다. 그것은 단순한 방종이나 음란이 아니라 실제적인 음행이니, 이는 이스라엘이 자기와 약혼관계에 있었던 그분에게 불성실하였고 이스라엘의 하나님과 강력한 적대관계에 있었던 열방의 신들과 영적 간음죄를 범했기 때문이었다. 남편의 친구와 간음하는 것은 악한 일이다. 그 남편을 파괴할 원수와 그러한 행위를 한다는 것은 파렴치한 죄악의 절정이다. 이스라엘은 스스로 벗은 몸을 드러냈으나, 그러한 행위는 그가 주님으로부터 얼마나 멀리 떠나갔는가를 드러내 보여 주는 것이다. 이어지는 두 개의 동사는 "네 침상"을 목적어로 취한다. 아마도 "네가 올라가며"란 문구 안에는 그 침상에 들어갈 뿐만 아니라 높은 장소로 올라가는 것을 가리키기도 한 것 같다. "침상을 넓힌다"는 것은 단순히 그가 택한 자와 함께 음란한 행위를 하기 위하여 그것을 준비하는 것을 의미한다. 이 모든 행위에서 이스라엘은 주도권을 쥐고 행동한다.

이어지는 문장의 목적은 이스라엘이 이방적인 예배와 자신들을 동일시하는 친밀성을 지적하기 위한 것이다. '그리고 너는 네 자신을 위하여(즉 네 자신의 유익을 위하여) 그들과 언약을 체결하였다.[10] (역주. '끊다'는 언약체결을 가리키는 히브리적

---

10) 성(gender)에 어떤 특별한 강조가 없으므로 남성 동사가 사용되어 있다. 이것은 또한 7ל(라크, 네 자신을 위하여)의 근접에 의하여 영향을 받았을 수도 있다.

동사표현) '언약' (ברית, 베리트) 이란 단어가 생략 된 것으로 이해되어야 할 것이며, 전체 문구는 실제적인 언약이 이루어졌다는 것이 아니고 단순히 이스라엘과 우상숭배와의 밀접한 관계를 보여 주고 있다. 이스라엘은 스스로 자기의 연애하는 자를 위하여 침상을 준비한 음란한 여인과 같이 되었으며, 반대로 이스라엘은 이방 연인들의 침상을 사랑하였다. 그들은 그녀에게 왔을 뿐만 아니라 그녀가 자원하여(네가 사랑하였다) 그들에게로 갔다. 하나님의 은혜로운 언약 대신 이스라엘은 스스로 그 나라를 멸망시킬 우상을 숭배하는 그가 연애하는 자들과 조약 맺는 것을 선택하였다.

마지막 문장은 56:5, 사무엘상 15:12, 사무엘하 18:18의 의미로 이해해야 할 것이며, 앞에서 언급된 기념물을 가리키는 것으로 이해해야 할 것이다. 에스겔 16:25과 23:20 같은 구절들은, 아랍어로부터 유추된 사실들과 마찬가지로, '손'이란 단어가 남근을[11] 암시할 수도 있음을 암시한다. 그러나 동사는 첫 번째 견해를 더 지지한다. 그것은 준비의 의미로 바라봄을 의미한다. 그리고 이것은 자연히 기념물 혹은 우상을 준비하는 것에 적용되었을 것이다.

9절, 네가 기름을 가지고 몰렉에게 나아가되 향품을 더욱 더하였으며 네가 또 사신을 원방에 보내고 음부까지 스스로 낮추었으며
10절, 네가 길이 멀어서 피곤할지라도 헛되다 아니함은 네 힘이 소성되었으므로 쇠약하여 가지 아니함이니라
11절, 네가 누구를 두려워하며 누구로 하여 놀랐기에 거짓을 말하며 나를 생각지 아니하며 이를 마음에 두지 아니하였느냐 네가 나를 경외치 아니함은 내가 오랫동안 잠잠함을 인함이 아니냐
12절, 너의 의를 내가 보이리라 너의 소위가 네게 무익하니라
13절, 네가 부르짖을 때에 네가 모은 우상으로 너를 구원하게 하라 그것은 다 바람에 떠 가겠고 기운에 불려 갈 것이로되 나를 의뢰하는 자는 땅을 차지하겠고 나의 거룩한 산을 기업으로 얻으리라

57:9 표상이 다소 변한다. 이스라엘은 우상들의 총애에 대한 음란스러운 갈망을

---

11) Gesenius의 논의를 참고하라. H. L. Ginsburg는 우가릿어에서 אהבה, ד의 평행을 상기시킨다. cf. Gordon, *Ugaritic Textbook*, p. 253; *JBL*, Vol. 69, 1950, p. 59.

나타내 보였고, 이제 백성들은 이방국가라는 세상 세력과 놀아났다. 우리는 첫 동사를 '그리고 네가 여행하였다'로[12] 번역할 수도 있다. 이것은 역사적인 어떤 것을 가리키며, 그런 까닭에 현재의 우상 숭배의 행실에 대한 일반적인 묘사가 아니다. 하나의 실례로써 우리는 아하스가 디글랏 벨레셀 3세에게 사신을 보낸 것을 기억할 수도 있는데, 그때 그는 "나는 왕의 신복이요 왕의 아들이라"(왕하 16:7이하)고 말했었다. 여기서 언급된 기름은, 비록 이스라엘이 자기의 요염함을 드러내기 위하여 자기 몸에 기름을 발랐을 수도 있겠으나, 이는 분명히 어떤 선물이었을 것이다. 그렇다면 "네가 향품을 더욱 더하였으며"란 이스라엘이 많은 향품들을 선물로 가져왔다기 보다는 스스로 기름을 넘치게 발랐다는 것을 의미한다.

본 절의 첫 문장이 상징적 언어로 그 사상을 표현하고 있는 반면, 이 문장은 그 실상에 대해 말한다. 이스라엘은 아하스가 앗수르 왕 디글랏빌레셀 3세에게 사신들을 보냈던 것처럼 자기 사신들을 멀리 보냈다. 이방 세계의 호의를 얻어내기 위한 이스라엘의 노력에 있어서 거리가 장애물이 되지 못했다. 그 나라는 스스로 음부까지 낮추었다(즉 내려갔다). 이 나중 문장은, 이스라엘이 마치 그것의 하나님에게 문의할 목적으로 스올에 내려갔듯이, 문자적으로 이해되어서는 안 되며, 단순히 이스라엘이 자기의 목적을 이루기 위하여 수단과 방법을 가리지 않았다는 것을 가리킨다.

57:10 "네 길"은 단수이고 집합적 의미를 가진 것 같다. 그것은 이스라엘이 그 목적을 이루기 위하여 행하고 있었던 모든 노력들을 가리킨다. 그것은 그 나라의 우상숭배에 대한 충분하고도 완전한 헌신이다. 이스라엘이 거짓 신들과 우상들을 섬김에 있어서 무슨 일이든지 행할 준비가 되어 있었다. 분명히 너무나 커서 못할 일이나 봉사는 없었다. 우상을 숭배하려는 욕망을 지치게 할 것은 아무것도 없었다. 이 모든 노력에 있어서 이스라엘은 '그것은 쓸모 없다'고 결코 말하지 않았다. 동사의 형태가 비인칭적이다. 우상숭배에서 이스라엘 백성들은 그들의 '손'의 '생명'을 발견하였다. 즉 그들의 손이 살

---

12) 엑센트는 **밀렐**이다. 수르(שׁור) – 여행하다. 참고. 아랍어 *sāra*와 *siy-yâ-rah*, 대상(隊商). Irwin(*op. cit.*, p. 34)은 어근이 שׁור, '꾸미다' 즉 '쾌락의 대상이 되다'라고 주장한다. 그는 9절 상반절의 나머지 부분을 '네가 네 자신 위에 향품들을 퍼부었다'라고 번역한다.

아나 힘을 얻었던 것이다. 이러한 이유로 그들은 쇠약하여 가지 않았던 것이다. 선지자가 말하고 있는 것은 우상숭배가 이스라엘 족속들에게 생명을 주고 소생하는 것으로 입증이 되었고, 그런 이유로 인하여 그들이 약해지거나 지치지 않았다는 것이다.

마음이 하나님으로부터 멀리 떠난 사람들이 하나님의 계시된 말씀과 모순되는 신학체계에서 생명력을 발견하고 열정을 발견하는 일은 흔히 있는 일이다. 진리에 대해서는 복종하기를 원치 않는 자들이 그러한 오류에 대해서는 환호하고 그래서 옛날 이스라엘처럼 스스로 속는다.

57:11 주님은 웅변적인 질문을 통하여 이스라엘로 하여금 자신의 행실의 실상을 깨닫도록 만들고 있다. "네가 누구를 두려워하며 누구로 하여 놀랐기에 나에게 거짓을 말하느냐?"[13] 이스라엘은 인간을 두려워하였고 인간의 호의를 얻기 위하여 힘쓰고 있었으며—이는 우상숭배가 결국은 단순히 피조물의 호의를 얻어내는 것이기 때문임—또한 그 결과 그 나라는 주님에게 거짓되게 행동하여 왔었다. 첫 번째 동사는 근심이나 관심, 어떤 것에 대한 편견을 암시하는데(참고, 삼상 9:5; 10:2; 렘 42:16), 아마도 단순한 아첨이 되는 것을 가리킨다. 두 번째 동사는 주님 자신에게 드려져야 할 경외심에서 우러나오는 두려움을 가리킨다. 이스라엘의 모든 관심은 인간들의 인정에 있었고, 그래서 그것 자체가 하나님에게는 거짓을 나타내 보여 주었다.

이 주님을 향한 거짓된 행동은 그 백성이 하나님을 기억하지 않았다는 데 나타나 있다. 그들 생각에 하나님은 계시지 않았다. 인칭 대명사가 강조를 위하여 맨 앞에 위치해 있다. "**나를** 너희가 마음에 두지 아니하였다." 이스라엘은 자기의 마음 가운데 하나님에 대한 생각을 두지 않았었다. 이스라엘은 그분에 대해 무관심하였다. 그것은 그리스도가 없는 인간의 삶에 대한 생생한 모습이다. 근심과 인간에 대한 두려움이 그의 삶에 가득한데, 그럼에도 불구하고 그는 하나님에 관해서 결코 생각하지 않는다.

우리는 본 절의 남은 문장을 "내가(강조됨) 침묵을 지키고 있는 자가 아니냐, 그리고 옛날부터(혹은 오랫동안), 그래서 나를(또다시 강조됨) 너희가 경외하지 않느

---

13) 직역하면 '너희는 두려워하였고 두려워하였다', 즉 '현인에게', '너희가 놀랬다.'

냐?"라고 번역할 수도 있다. 이 질문은 이스라엘 족속들이 어찌하여 하나님을 경외하지 않는지를 보여주고 있는데, 말하자면 오랫동안 주님은 잠잠해 오셨고 그래서 그들은 그분을 죽은 자로 간주하였던 것이다. 하나님께서 진노와 분노로 개입하셨다면 그들은 그분에 대한 생각을 가졌을 것이다. 하나님께서 잠잠하심으로 인하여 이스라엘은 그분에게 불성실하였고 주님을 경외하지 않았던 것이다.

57:12 하나님께서는 영원히 잠잠하지 않으실 것이며, 그 나라의 의가 무엇인지를 알게 하실 것이다. "내가 보이리라"는 문구는 앞 절에 있는 "내가 잠잠함"과 대조되어 있다. 양 경우에 인칭 대명사를 강조하고 있다. 이스라엘의 의를 알게 함에 있어서 하나님께서는 타락한 인간의 마음으로부터 나온 모든 의가 그러하듯 거짓된 의라는 것을 보여 주실 것이다. 하나님의 말씀은 당연히 비꼬는 말이 아니다. 주께서 이스라엘의 의가 실질적으로 무엇인지를 알게 하실 때가 올 것이라고 선언하시면서 주님은 진지하게 말씀하신다. 이스라엘이 우상숭배를 사랑하고 불성실에 깊이 빠져 있지 않았더라면, 그 나라는 자기의 의가 더러운 옷에 지나지 않았다는 사실을 깨달을 수 있었을 것이다.

본 절은 두 부분으로 구성되어 있고, 두 번째 부분이 "너의 소위"라는 문구로 시작한다. 이 문구는 "내가 보이리라"의 직접 목적어가 아니고 "그것들이 네게 무익하니라"는 문구에 의해서 완성되는 하나의 자연적 구조(casus pendens)를 이루고 있다. 또한 교차적 배열을 주시하라. "너의 소위"는 "너의 의"의 설명이 되는 문구다. 이스라엘이 의로 간주한 것은 그 나라가 행했던 일들이었다. 그렇지만 이러한 행위들이 우상숭배였다. 그리고 하나님의 심판대 앞에서 그것들은 쓸모가 없을 것이다. 마지막 문장을 '그것들이 너에게 유익이 되지 못할 이유'로 번역할 수도 있다.

57:13 이스라엘이 자신의 행실이 아무 소용이 없으리라는 것을 볼 때 절망 속에서 부르짖을 것이다.[14] 그렇게 부르짖으면서, 그 나라가 모은 것들이 그 나라를 구원하게 하라. 이것은 첫마디의 뜻이다. 그러나 네가 모은 것이 무엇을 의미하는

---

14) בזעקך – 칼부정사 연계형. 제오케크(זעקך)의 근개음절에 있는 **홀렘**은 **쉐와**로 떨어진다. 후음문자로 인하여 이 **쉐와**가 복합**쉐와**이며, 그래서 그것과 동질인 모음을 가진 앞의 음절을 강조해 준다, 즉 **파타흐**가 된다는 것이다(그래서 히브리 MT본문은 자아케크(זעקך)이다-역자주). 참고. 접미사를 가진 이러한 형태가 유일하게 출현한 곳이 30:19이니 참고하라.

가?[15] 이 단어의 난해성으로 인하여—이 단어가 여기에만 나타난다—어떤 사람은 본문을 고치려고 하지만, 그러나 그 단어의 희귀성이 그것의 진정성의 증거다. 어근은 '모으다'를 의미하며(참고. 잠 28:8; 대하 24:5), 여기서는 이스라엘이 모았고 보물로 쌓아 놓았던 우상숭배의 대상들을 묘사하고 있는 것으로 보인다. 게세니우스가 그것을 판테온(모든 신들), 즉 신들과 우상들의 수집으로 설명한 것은 옳을 수도 있다. 만일 이것들이 그 나라가 부르짖을 때에 이스라엘을 구출하여야 한다면, 분명히 구출은 없을 것이다. 이 수집물들은 죽었고 무능해서 바람이 그것들을 불어갈 것이다. 한번 불기만 해도 날아갈 것이다.

본 절의 하반절은 여호와를 의뢰하고 있는 사람에게 일어나는 일을 묘사하면서 하나의 대조를 이루고 있다. 그는 구원받을 뿐만 아니라 하나님께서 옛적에 하신 약속에 따라서 그 땅을 물려받을 것이다. 또한 그는 하나님의 거룩한 산을 소유할 것이다(참고. 49:8; 60:21; 65:9; 시 37:11; 69:25, 36; 마 5:5). 이 구절을 56:7, 8과 비교해야 할 것이다. 이것은 델리취가 생각하는 바와 같이, 여기서 모은 것들에 관하여 말해진 것은 '내가 또 다른 것들을 이미 모여 있는 것들 이외에 더 모으리라'는 문구와 대조되어 있을 수도 있다. 그 바람이 그들이 의뢰하였던 헛된 우상들을 불어가 버리는 반면에, 소망을 가지고 하나님을 앙망하는 자는 약속의 기업과 하나님과 함께 하는 생활의 충만함이라는 풍성한 축복을 받을 것이다.

14절, 장차 말하기를 돋우고 돋우어 길을 수축하여 내 백성의 길에서 거치는 것을 제하여 버리라 하리라
15절, 지존 무상하며 영원히 거하며 거룩하다 이름하는 자가 이같이 말씀하시되 내가 높고 거룩한 곳에 거하며 또한 통회하고 마음이 겸손한 자와 함께 거하나니 이는 겸손한 자의 영을 소성케 하며 통회하는 자의 마음을 소성케 하려 함이라
16절, 내가 영원히는 다투지 아니하며 내가 장구히는 노하지 아니할 것은 나의 지은 그 영과 혼이 내 앞에서 곤비할까 함이니라
17절, 그의 탐심의 죄악을 인하여 내가 노하여 그를 쳤으며 또 내 얼굴을 가리우고 노하였으나 그가 오히려 패역하여 자기 마음의 길로 행하도다

---

15) 킵부차이크(קִבּוּצַיִךְ) – 너의 쌓은 것들. 1Q는 קובצך. B는 ἐξελέσθωσάν σε ἐν τῇ θλίψει σου. 예를 들면 BH에 제시된 바와 같이 쉬쿠차이크(שִׁקּוּצַיִךְ)로 수정하는 것은 불필요하다.

18절, 내가 그 길을 보았은즉 그를 고쳐 줄 것이라 그를 인도하며 그와 그의 슬퍼하는 자에게 위로를 다시 얻게 하리라

19절, 입술의 열매를 짓는 나 여호와가 말하노라 먼 데 있는 자에게든지 가까운 데 있는 자에게든지 평강이 있을지어다 평강이 있을지어다 내가 그를 고치리라 하셨느니라

20절, 오직 악인은 능히 안정치 못하고 그 물이 진흙과 더러운 것을 늘 솟쳐내는 요동하는 바다와 같으니라

21절, 내 하나님의 말씀에 악인에게는 평강이 없다 하셨느니라.

57:14 델리취는 본 예언의 첫 단락을 구성하고 있는 앞 구절을 위협으로 차 있고 약속의 간결한 진술로 종결한다고 바르게 관찰하고 있다. 본 절과 다음 절들은 축복과 약속으로 가득차 있고 그리고 위협이라는 강력한 진술로 마감하고 있는 점에서 대조를 이루고 있다(21절). 맨 앞에 등장하는 "그리고 장차 말하기를"이란 문구는 고의적으로 모호하며 40:6절처럼 신비적인 분위기로 가득하다. 본 예언의 두 번째 부분의 세 개의 주된 각 단락들에 이 같은 호소가 주어져 있다(참고. 40:3, 4; 57:14 그리고 62:10). 주어가 의도적으로 모호하고 막연한 채 남아 있다. 주어진 명령은 하나님이 백성들이 주님께 돌아오는 길을 예비하라는 것이다. 이 명령의 대상들을 언급하고 있지 않은데, 이것은 이제 회복의 때가 왔고, 모든 장애물들이 치워져야 한다는 사상이다.

명령의 반복을 주시하라. 첫 번째 동사는 하나님의 백성이 여행해야 할 길을 쌓아 올리거나 혹은 준비하는 것을 가리킨다. 40:3에서 메실라(מְסִלָּה, 대로)라는 명사가 나타난다. 이 단어 다음에 "길을 수축하다"가 따라오는데, 이것은 40:3에도 나타난바 있다. '돋우라'는 명령형은 40:9에 여성 단수로 되어 있는 같은 표현을 상기시켜준다. 믹솔(מִכְשׁוֹל)은 거치는 이유 혹은 거치는 것이며, 여기서는 하나님의 백성으로 하여금 넘어지게 하여 여행을 못하게 만드는 것으로 하나님의 백성의 길에 서 있는 어떤 장애물을 나타내기 위하여 상징적으로 사용되었다. 그것을 바벨론으로부터의 귀환에 제한시키는 것은 앞 절과 잘 어울리지 않는다. 이 뜻은 일반적이다. 큰 종말론적 귀환에서, 하나님께서 흩어져 있는 (그들의 죄로 인하여) 자기 모든 백성

Torrey는 이 단어가 쉬쿠츠(שִׁקּוּץ)에 근거한 "맛소라 학자들의 창작"이라고 주장한다.

들을 모으실 때, 주님의 목적들을 성취하는데 장애물은 없을 것이다.

57:15 이사야는 이제 방금 전에 진술된 약속이 신뢰할 만하다는 이유를 개진하고 있다. '그러므로'는 뒤따라오는 내용을 가리킨다. "너는 이 명령에 들어 있는 약속을 믿는 데 주저할 필요가 없으니, 이는 지존하시고 거룩하신 자께서 다음과 같은 엄숙한 선언을 하셨기 때문이다"(알렉산더). 지존하시고 올리우신 자께서 말씀하셨으므로, 그 약속은 확실하고 믿을 만한 것이다. 어투가 이사야의 소명을 반영하고 있는 것으로 보인다. 람(רם, 높은)과 니사(נשא, 올리우신)를 6장에 있는 보좌에 대해서 함께 사용하였으며, 이 결합은 성경의 다른 어느 곳에서도 발견되지 않는다 (6:2의 해석을 보라).

이어지는 문장 "영원히 거하며"는 영원히 거주한다는 의미, 즉 '영원히 거주하시는 분'의 의미로 이해해야 할 것 같다. "영존하시는 아버지"(9:6)와 비교하라. 또다시 소명환상을 반영하면서 이사야는 하나님의 이름이 거룩하시다고 선언한다(참고, Vol. I, p. 242, note 19). 비록 그것이 "높은 곳"이라는 하나의 실명사일지라도, 이어지는 단어를 부사적으로 취급되어야 할 것이다.[16] "거룩"을 높음을 수식하는 것으로 해석해야 할 것이다. 그러므로 "내가 높고 거룩한 곳에 거하며." 하나님을 가리키는 것으로서의 이 "거하다"와 "높음"의 연결은 33:5에서도 발견되며 성경의 다른 곳에서는 발견되지 않는다. "높음"이란 단어와 함께 여호와의 실질적인 말씀을 시작한다.

본 절의 상반절과 하반절 사이에 두드러진 대조가 드러나 있다. 첫 부분에 있는 형용사들은 하나님의 높으심을 강조하였고 반면에 하반절에서는 인간의 천함과 약함을 강조한다. 그것은 주시할 만한 흥미가 있으니, 펜나가 지적하는 바와 같이, 가난한 자에 대한 특징을 나타내는 호칭을 사용하지 않았다(즉 에브요님, אביונים, 아나윔 ענוים, 달림 דלים). 본 절의 하반절을 이끌고 있는 불변화사 에트(את)는 '함께'로 번역하는 것이 가장 좋다. 그런 까닭에 그 뜻은 "높고 거룩한 곳에 내가 거하리라 그리고 또한 통회한 자, …와 함께 거하리라"이다. '내가 거하노라' 보다는 '내가 거하리라'로 번역하는 것이 보다 효과적일 것이니, 이는 비록 하나님께서 상한 자와 함께 거할지라도 주님은 자신의 초월된 위치를 유지할 것이기 때문이다. 상한 자는

---

16) 와우가 중복적이다.

죄의 짐들로 인하여 압제 당하고 삶에 지쳐 있는 자들이다. '마음이 겸손한 자'는 재앙들과 생활의 참사들로 인하여(참고. 시 34:19; 51:17) 마음(애정의 좌소)이 상한 자이다. 그들의 심령을 소생시키실 목적으로 하나님은 그러한 자들과 함께 거하실 것이다. 효과적 교차배열을 주시하라: "마음(영)이 겸손한 자"와 "겸손한 자의 영", 그리고 또한 "통회한"과 "마음이 겸손한 자"와 "겸손한 자의 영"과 "통회하는 자의 마음". 본 절의 예술적인 구조가 훌륭하다. 하나님께서 그들과 함께 거하실 때, 상한 자의 마음은 마치 다시 생명을 되찾은 것처럼 새로워질 것이다. 죄로 말미암아 압제 당한 심령에 닥치는 그 어떤 축복도 살아 계신 하나님의 임재만 같지 못하다.

57:16 맨 앞에 나오는 키(כִּי, 이는)를 반드시 원인을 나타내지는 않고, 강한 긍정이나 설명적인 것으로 취급할 수도 있고, 단순히 하나님의 계시에 있어서 부가적인 요소를 이끄는 역할을 할 수도 있다. 강조가 부정어 '아니'에 주어져 있다. 여기서 리브(רִיב)는 하나님의 분노의 외적 현시, 공적 법적 스타일로 나타난 이스라엘에 대한 주님의 문책을 가리킨다. 다른 한편 카차프(קָצַף)는 분노의 내적 타오름을 나타낸다. 두 번째 키(כִּי, 이는)를 원인을 나타내는 것으로 취급하는 것이 가장 좋을 것이니, 이는 그러한 의미로 할 때 좋은 의미를 산출하기 때문이다. 즉 하나님께서 영원히 분노하시지 않으실 이유, 즉 피조물의 덧없음을 설명한다. (참고. 시 78:38, 39). 만일 하나님께서 영원히 분노하신다면, 그때에는 주님이 만드신 (인간의) 영과 혼이 곤비할 것이기 때문이다. נְשָׁמוֹת(네샤모트, 직역하면, 숨결들)는 혼과 동등한 것으로 사용되며(참고. 잠 20:27) 여기서는 רוּחַ(영)와 동일한 표현으로서의 역할을 한다. 이것은 창조를 가리킨다. 하나님께서 인간의 영혼들의 창조주이시므로 주님은 그들에게 자비를 베푸실 것이다. 43:1에서 창조가 하나님의 자비를 베푸심과 연관되어 소개되어 있다. '내 앞에서'는[17] 인간의 영들이 설 수 없는 살아계신 하나님의 존전을 가리킨다.

57:17 비록 하나님께서 영원히 노하지 않을 것이지만 그럼에도 주님은 이스라엘의 죄악을 응징하셔야 한다. 그리고 본 절은 그 이유를 개진하고 있으니, 곧 "그

---

17) 멜이 전접어로 사용될 수도 있으며, 그러한 경우 우리는 본문을 **루아흐-멜파나이** (רוּחַ מִלְּפָנַי) 로 읽어야 할 것이다(원래 본문대로라면 'רוּחַ מִלְּפָנַי'이다―역자주).

의 탐심의 죄악을 인하여" 즉 그 탐욕스러운 죄악으로 인하여서이다. 베차(בֶּצַע)는 부당한 소득 혹은 불법으로 얻은 소득이다. 이스라엘은 부당하게 혹은 불법을 통하여 소득을 얻는 죄악을 범하였다. 그런 까닭에 하나님께서는 노하시고 그 나라를 치실 것이다. 동사들이 미래형이니, 이는 그 징벌이 아직 나타나지 않았기 때문이다. 뒤따라오는 부정사 절대형은 정형동사와 동등할 수도 있다: "내가 내 자신을 가리우고 내가 노할 것이다." 이사야는 마지막 문장에서 이스라엘이 징벌을 받아야 하는 또 다른 이유를 제시하면서 과거형으로 전환하고 있다. 이스라엘은 변절자로 혹은 배반자로서 나아갔으며,[18] 이러한 일을 그 마음의 길에서 행하였으니, 말하자면 자신의 마음과 경향에 따라 행하였다.

57:18 이스라엘이 배교자로서 방황하였던 이 길들은 하나님에게 알려지지 않은 것이 아니다. 주께서 자신이 그것들을 보았다고 선언하시기 때문이다. 자기 마음의 길로 행하였던 사람은 영적으로 병들어 있다. 그런 까닭에 여호와께서는 그를 고치실 것이라고 선언하시는데, 이는 사죄와 하나님의 은총에로의 회복에 대한 상징적인 표현이다. 그와 같이 인도하리라는 약속은 자기 백성에 대한 하나님의 섭리적 통치와 보호를 가리키는 일반적인 약속이다. 덧붙여서 하나님께서는 자기 백성에게 위로를 다시 얻게 하실 것이다. 이 동사는 이러한 위로들이 이전에 누려졌다가 박탈당했었다는 것을 암시한다. 이 뜻은 주어질 위로가, 위로가 없었던 시기까지 보충해서 채우실 것이라는 사상이다. "위로들"이라는 복수는 위로의 다양성을 암시하거나 아니면 약속된 위로의 충만함을 가리키는 강의형일 수도 있다.

폴츠와 다른 사람들에 의하면, '그리고 슬퍼하는 자들에게'라는 문구의 첨가는 17절에 표현된 통일체와는 반대로 백성들 가운데 있는 그룹들을 가리킨다. 그러나 이것은 17-19절의 문맥에서 그 나라 안에 있는 하나의 분열을 암시하는 유일한 단어이며, 그런 까닭에 그것은 그러한 해석이 옳은지에 대해 의문의 여지가 있다. 아마도 가장 쉬운 해결책은 그 단어를 부가적 설명으로 취급하여 '그 슬퍼하는 자들에게까지도'로 번역하는 것이다. 이 슬퍼하는 자들은 자기들의 죄들을 슬퍼하고 하나님의 사죄를 바라면서 회개한다.

---

[18] 소바브(שׁוֹבָב)는 '배반하는'(변절)이라는 형용사다.

57:19 본 절은 하나님께서 그 나라를 어떻게 고치실 것인지를 진술하고 있다. "입술의 열매를 짓는"[19]은 입술로 하여금 말하게 하는 것을 의미한다. 이것은 인간의 입술을 가리키지만, 그러나 이 입술이 말하는 내용이 그 다음의 "평강이 있을지어다, 평강이 있을지어다" 인지, 그렇지 않으면 그것이 일반적 찬양을 드리는 것인지 결정하기가 어렵다. 열매로 번역된 단어는 오직 이곳과 말라기 1:12에만 나타난다.[20] 창조된 것의 완전한 새로움을 주목하는 것은 중요한 일이다. 이는 '짓는' (create)이란 단어가 하나님의 능력이 놀랍도록 새로운 결과를 도출하기 위하여 사용되었다는 것을 암시하기 때문이다.

본 절은 문장의 구조가 어렵지만, '짓는'과 함께 시작되는 문장을 상황절로 취급하고, 주된 진술은 이어지는 '내가 그를 고치리라'에 따라나오는 것으로 이해하는 것이 가능하다. 만일 이 구조가 옳다면, 입술의 열매는 "먼데 있는 자에게든지 가까운데 있는 자에게든지 평강이 있을지어다[21] 평강이 있을지어다"라는 메시지이다. 그 입술은 인간의 입술일 뿐만 아니라, 주님으로부터 하나님의 메시지를 받은 하나님의 사자들의 입술이다. "여호와가 말하노라"는 문장은 삽입구이며, 본 절 가운데 있는 모든 것을 포함하는 여호와의 실제적인 말씀이거나 아니면 단순히 뒤따라오는 "내가 그를 고치리라"를 이끌고 있다.

"가까운데 있는 자"들은 언약에 속한 자들을 가리킬 수도 있으며 반면에 "먼데 있는 자"들은 이방인들일 수도 있다. 이 어투는 사도행전 10:36과 에베소서 2:17에 있는 신약의 약속들을 미리 말하고 있으며, 일반적으로 이스라엘을 포함시키고 있는 것 같다. 이 구절은 18절의 첫 문구를 상기시켜 주는 하나님이 고치신다는 진술로 끝마친다.

57:20 방금 발표된 약속은 모든 사람들을 위한 것이 아니다. 이것은 그 백성들 속에 있는 악인은 참여하지 못할 것이기 때문이다. 이 악인들은 이방인들이 아니고 그 나라 가운데 있는 불신앙적인 자들, 즉 약속을 거절하고 자기의 길을 따라 살아

---

19) 제2술어로서 주어를 수식하는 이 분사형은 상황절을 이끄는 역할을 한다.
20) 1Q는 בני라고 읽는다.
21) 이 단어에 두 개의 동일한 단어들을 분리하는 역할을 하는 **파섹**이 뒤따라온다.

가는 자들이다. "그리고 악인"이란 문구는 지연완성구조(casus pendens)로서의 역할을 하고 있으며 동시에 앞 절과 날카로운 대조를 이루게 한다. 56:9-57:21의 세 개의 주된 단락에서 마감하는 사상은 각 단락의 핵심을 이루었던 메시지와 날카로운 대조를 나타내고 있다. 그러므로 57:1, 2을 앞의 56:9-12과 비교하고, 57:13 하반절을 57:3-13 상반절과 비교하고, 또한 57:20, 21을 앞의 57:14-19과 비교하라.

악인은 요동하는 바다와 같다고 말하고 있다(니그라쉬〈נִגְרָשׁ〉는[22] 악인이 아니라 바다를 가리키는 니팔 분사형 단수이다). 비교의 초점이 뒤따라오는 진술 가운데 있다. 강조가 부정사 절대형인 '안정'에[23] 있다. 언제나 사납고 안정치 못한 것이 바다의 물결이다, 칼빈이 말한 바와 같이, 비록 바람이나 폭풍에 의하여 흔들리지 않는다고 할지라도 그 물결이 서로 간에 무서운 격동으로 서로 공격하고 몰려간다. 악인도 이와같다. 그들의 양심은 그들을 끊임없이 산만하게 몰아간다. "그들은 양심 때문에 두려워하고, 경고를 받는데, 그 양심은 모든 고통 중에 가장 고통스럽고, 모든 사형 집행인 중 가장 잔인한 존재이기 때문이다"(칼빈). 악인은 바다의 물결들이 잔잔해질 수 있는 것 이상으로 더 양심의 고통을 잠재울 수 없다. 더 나아가서 바다의 물결들은 "진흙과 더러운 것을[24] 솟쳐낸다." 그래서 불경건한 자의 마음으로부터 더럽고 불경건한 생각들, 말들, 행실들, 즉 안식 없는 양심의 더러운 것과 진흙이 나온다.

57:21 요동하는 바다의 물결이 잠잠해지고 안정될 수 없는 것처럼 악인의 양심도 요동한다. 그래서 악인에게는 "평강이 없다." 언약 백성의 구성원이라는 명분이 평강에 대한 충분한 특권이 되지 못하는데 이는 언급된 악인이 약속들을 거절한 이스라엘 족속들이기 때문이다. 앞 절과, 또한 말씀하시는 분이 "내 하나님"이란 사실에 비추어 볼 때, 이 발언에 48:22의 경우보다 더 애처로운 어조가 들어 있는 것 같다. 이 비극적인 기록과 함께 본서의 두 번째 대 단원의 두 번째 단락을 종결한다.

---

22) 참고. 우가릿어 ygrš. ygrš. grš ym grš ym lkš h; "야그루쉬여, 야그루쉬여, 얌(바다)을 쫓아 버려라. 얌(바다)을 너의 보좌로부터 쫓아버려라"(CMAL, p. 80).
23) 직접목적어로써 부정사 절대형은 부정어와 정형동사 앞에 나온다. 참고. 렘 49:23.
24) 레페쉬 (רֶפֶשׁ) – 참고. 아랍어 rafat a, '모호하게 말하다. 혹은 행동하다.'

제 4 장

예루살렘이 그 모든 죄를 인하여 여호와의 손에서 배나 받다
(58:1-66:24)

58장

1절, 크게 외치라 아끼지 말라 네 목소리를 나팔같이 날려 내 백성에게 허물을, 야곱 집에 그 죄를 고하라
2절, 그들이 날마다 나를 찾아 나의 길 알기를 즐거워함이 마치 의를 행하여 그 하나님의 규례를 폐하지 아니하는 나라 같아서 의로운 판단을 내게 구하며 하나님과 가까이 하기를 즐겨하며

58:1 비록 본 절이 이사야 예언의 후반부의 세 번째 단락의 시작부분을 이루고 있을지라도 이 절은 방금 진술했던 메시지의 연속이기도 하다. 어투가 40장의 몇몇 구절들을 상기시켜 준다. 여기서의 메시지는 징벌의 메시지이지만 그곳에서는 위로의 메시지였다. 여기에는 야곱 집이 언급되어 있지만 거기에는 예루살렘이 언급되어 있다. 이 두 구절에서 "외치라"와 "내 백성"이란 단어가 사용되어 있다. 그리고 또한 "네 목소리를 높이라"는 명령이 양쪽에서 모두 발견된다. 말씀하시는 분은 하나님이시지만, 그러나 주님이 선지자에게 말씀하고 있는지 아니면 단순히 일반적인 명령을 발설하고 있는지 결정하기가 어렵다.

"크게 외치라"(즉 '목구멍으로 외치라')는 것은 그 사람의 목소리를 최고조로 하여 외치라는 것을 의미한다.[1] 금지는 절대형이 아니고 부정어 알('al, 말라)과 함께

---

1) B는 올바르게 ἐν ἰσχύι로 해석한다.

사용되어 있다. '너는 아끼지 말라'로 번역할 수도 있다. 그렇다면 여기서 속삭이지 말고, 즉 단순히 대화적인 어조로 말하지 말고 백성의 위선이 백일하에 드러나도록 힘찬 목소리로 크게 외치라는 것이다. 그 뜻을 아주 분명하게 하기 위하여 '네 목소리를 나팔같이 날려'가 덧붙여져 있다. "나팔"을 강조하고 있다.

본 절 하반절에 메시지의 내용이 진술되어 있고, '내 백성에게…고하라'를 명령으로 소개하고 있다. "내 백성"이란 표현과 평행이 되는 문구가 "야곱 집"이다. 사자는 하나님의 백성에게 그들의 죄가 무엇인지 지적하는 일에 있어서 신실해야 한다. 그리고 이러한 일을 하는데 실패한 하나님의 사자는 누구든지 하나님의 명령에 신실하지 못하다.

58:2 "그리고"라는 첫 마디는 그 외침이 강해야 되는 이유를 진술한다. 말하자면 그 백성들이 매일 자기들이 의로운 나라인 것처럼 하나님을 찾고 있기 때문이다. 접속사는 아마도 '이는'으로 번역될 수도 있을 것이다. 한정 목적어 "나를"이 강조되어 있다. 그 예배는 모욕을 주는 것이며, 강조어 "나를"은 그 모욕을 당한 자가 거룩하신 하나님이심을 드러내고 있다. '나로부터 그들이 떠나가서, 그들이 매일 예배 중에서 나를 찾는다.' 그것은 날마다 날마다 즉 매일 지속적인 찾음이다. '찾는다'는 단어는 헌신함으로 하나님에게 나아오는 것을 암시한다(참고. 55:6). 더 나아가서 인간들은 하나님의 길을 알기를 즐거워한다. '즐거워한다'는 동사는 강력한 단어이며 기뻐하는 것을 의미할 것이다.

이스라엘은 이러한 일들을 의를 행하였던 나라처럼 행한다. 따라서 담긴 의미는 이스라엘 그 자체가 그러한 나라가 아니라는 것이다. 본 절에 대한 두 개의 주된 해석이 있다. 하나는 오늘날 일반적으로 지지를 받고 있는 것으로써, 백성들이 언제 하나님께서 행동하실지, 어떻게 주님이 행동하실 것인지 알아내려고 행동하는 것처럼 행동하고 있다고 주장한다. 그들은 주님의 더디심에 대해 만족하지 못하고 주님이 무엇을 행하실 것인지에 관심을 갖는다. 그들 편에서의 그러한 욕구가 하나님께 대한 참된 예배보다 더 큰 관심이다. 또 다른 해석은 백성이 하나님에게 나아감에 있어서 단순히 외식적이었다는 것이다. 그들은 실제로 의를 행하고 하나님의 규례를 저버리지 않은 나라처럼 행동하였지만, 사실에 있어서 그들 자신은 의를 행하지 않고 하나님의 규례를 저버렸다는 것이다. 이 후자의 해석이 보다 자연스럽다. 마지막 문장은 시작과 끝에 하나의 동사를 가지고 교차적 배열을 하고 있다. 의를 행한 나라는 하나님께 의로운 판단을 구할것으로 기대할 수 있으며, 그 나라의 하나님의 규례들을 저버리지 않은 자는 하나님과 가까이서 즐거워할 것을 기대할 수도 있다. 각 동사들은 눈(ŋ)이라는 어미음 첨가로 끝나며, 마지막 음절을 강조하고 있다. 델리취는 흥미롭게도 이것이 백성의 자기 의에 대한 위선에 대해 답변하는 것이라고 생각한다. 하나의 이사야적 특색이 '그들이 즐거하며'의 반복을 통하여 나타난다.

3절, 이르기를 우리가 금식하되 주께서 보지 아니하심은 어찜이오며 우리가 마음을 괴롭게 하되 주께서 알아 주지 아니하심은 어찜이니이까 하느니라 보라 너희가 금식하는 날에 오락을 찾아 얻으며 온갖 일을 시키는도다
4절, 보라 너희가 금식하면서 다투며 싸우며 악한 주먹으로 치는도다 너희의 오늘 금식하는 것은 너희 목소리로 상달케 하려 하는 것이 아니라
5절, 이것이 어찌 나의 기뻐하는 금식이 되겠으며 이것이 어찌 사람이 그 마음을 괴롭게 하는 날이 되겠느냐 그 머리를 갈대같이 숙이고 굵은 베와 재를 펴는 것을 어찌 금식이라 하겠으며 여호와께 열납될 날이라 하겠느냐

58:3 본 절의 상반절에서 우리는 외식적인 예배자들의 불평을 보게 되며 하반절에서는 하나님의 응답을 보게 된다. 질문의 구조가[2] 5:4과 50:2에 있는 그것과 유사하다. 그 의미는 '우리가 금식하되 주께서 보지 아니하심은 어찜이니이까?' 혹은 '어찌하여 주께서는 우리가 금식할 때 보지 않으셨는가?' 이다. 금식은[3] 대속죄일에 하도록 규정된 것일 수도 있다(참고. 레 16:29이하; 23:17이하; 민 29:7). 후에 다른 금식일들이 지켜졌었다(슥 7:3; 8:19). 이러한 구절들을 볼 때, 그 다음 문장 '우리가 마음을 괴롭게 하되'가 금식에 대한 전문 용어인 것으로 보인다(또한 참고. 스 9:5, 이곳에서는 다른 단어가 사용되었다). 이 문맥 가운데서 네페쉬 (נֶפֶשׁ)는 인간의 혼을 가리키지 않고, 전인을 가리키는 것으로 보이는데, 이는 언급된 고통, 즉 금식이 육신적인 성격을 가지고 있기 때문이다. 백성들은 하나님께서 보지도 않으시고 자기들의 행위들을 알지도 못하신다고 불평하였으며(시제가 전환된 것이 의미심장하다), 그래서 그들은 그분께서 무관심하다고 힐책한다. 실제로는 하나님께서

---

2) 의문사는 두 개의 등위적 질문들을 지배하지만, 그러나 한 번만 기록되어 있다.
3) **차데** 가운데 있는 분리성의 **다게쉬 포르테**를 주시하라.

그들의 행위를 보시고 아신다. 그러나 주님은 그것을 호의를 가지고 보시지 않고, 그것을 받아들이는 의미로 알고 계시는 것이 아니다. 왜냐하면 그들의 예배가 주님에 대한 헌신하는 마음으로부터 나오지 않고 단지 외적인 것뿐이었기 때문이다. 그들은 종교적 행사들의 외적인 유익들을 의지하고 있었고, 살아 계신 하나님을 의지하지 않았다. '어찌하여'란 질문은 또한 교만을 드러내고 있으니, 결국 그들은 '하나님께서는 우리의 예배를 기뻐하셔야 하지 않는가? 우리가 주님의 율법이 규정하고 있는 모든 것을 행하지 않았는가?'라고 묻고 있는 것이다. 그들은 하나님의 섭리에 대해서 수군거리고 자기들의 예배를 받으시지 않은데 대해서 불평하고 있다. 그런 까닭에 그들은 하나님 자신보다 예배 자체를 더욱 신뢰하고 있는 것이다.

본 절의 하반절에서 주님은 어찌하여 자신이 그들의 예배를 보지 않으시며 알아주지 않으시는지를 말씀하신다. 그들은 예배를 자기들의 쾌락(오락)과 결합시켰다. 마음이 하나님께 대한 묵상으로 기울어져 있어야 할 그들의 금식일에 그들은 그들 자신의 쾌락을 얻을 기회를 찾았다. 더구나, 그들은 자기들의 '일꾼들'에게 '일을 시켰다'.[4] 이 동사의 어근이[5] 이티오피아 왕 네구스의 암하라어(Amharic) 호칭에서 발견된다. 그리고 이 어근을 애굽에서의 이스라엘 족속들에 대한 압제에 사용하였다. 이 위선적인 예배자들은 금식일을 평상시의 사역하는 날로 간주하였다. 하나님에 대한 봉사가, 그들이 자기들의 의무라고 느꼈던 일을 어떤 방법으로든 가로막지 않게 만들었다. 그들은 예배할 수 있었고 그들 자신의 오락과 일을 동시에 이루어 나갈 수가 있었다(이사야가 일 앞에 오락을 언급하고 있는 점을 유의하는 것이 좋을 것이다). 또한 주시되어야 할 점은 동사의 의미인데, 이는 이 고용주들이 요구할 수 있는 모든 일들을 일하는 자들에게 요구하였다는 것을 말해 주고 있다.

58:4 본 절은, 전치사 레(ל, 에게로, 위하여)가 목적을 나타내는 것처럼 보이기는 하지만, 금식의 목적보다는 금식의 결과를 말하고 있는 것 같다. 금식의 비극적 결과를 '보라!'와 함께 소개하고 있는데, 이것은 마치 "이것이 너희의 금식의 결과

---

4) עַצְבֵּי (아츠베) – **차데** 안에 있는 **다게쉬**는 **쉐 와**의 음의 특성을 보다 독특하게 나타내는 역할을 한다.
5) נָגַשׂ (틴고수) – **눈**이 흡수되지 않았다는 사실을 유의하라.

들이다"라고 말하는 것처럼 보인다. "다투며"와 "싸우며"란 단어를 강조하고 있다. 위선자들의 금식은 하나님에게 기도하기 위하여 마음을 준비하는 것이 아니라 다툼과 싸움을 낳고 있다. 금식하는 자들은 진심으로 하나님을 바라보지 않고 흥분하고 화를 냈다. 그리고 이것이 틀림없이 만연되어 있었다. 사실 이 싸움은 주먹을 불끈 쥐고 싸우는 데로, 즉 직역하면 '악함의 주먹으로' 격투하는 데로 나아갔다. 교차적 배열이 흥미롭다. 금식의 이유를 부정어로 사용하여 진술하고 있다. 이스라엘 족속들은 자기들의 목소리가 하늘에서 들리도록 이 일에 열중하지 않는다. 만일 그들이 그렇게 했더라면, 그들이 금식하는 모든 것이 달라졌을 것이다. 교리적으로 말할 수는 없지만, "높은 곳에"라는 문구는 하늘을 가리키는 것임에 거의 틀림없다.

58:5 수사학적인 질문을 통하여 여호와께서는 예배자들이 주님을 온전하게 예배하지 않았다는 사실을 지적하신다. 세부적인 사항들은 난해하지만, 본 절의 일반적인 의미는 명확하다. 질문의 핵심은 이렇게: "하나님께서 겸손과 굴욕의 날로써 택하신 금식은 단지 외적인 금식과 같은 그런 것이냐?" 이와 같은 것(즉 방금 전에 묘사된 것)이 내가 기뻐하는 금식이 되겠느냐? 다시 말하자면, '내가 기뻐하는 금식이 이와 같은 것이 되겠느냐?' 이 질문은 '사람이 그 마음을 괴롭게 하는 날'이란 표현, 즉 '사람이 자신을 괴롭게 하는 날'이란 표현과 평행을 이룬다. 이 표현은 금식과 동의어다.
의문사에 의하여 소개된 두 번째 질문은 거짓된 회개가 주님에게 받아들여지지 않는다는 사실을 지적하고 있다. 꼿꼿한 갈대는 쉽게 구부려지는데, 허리를 구부리는 예배자들에 대한 아주 적절한 모습을 나타내 준다. 이러한 거짓 겸손으로 예배자는 굵은 베와 재로 자기의 자리를 만들고 있다. 외적인 겸손의 극치가 묘사되어 있다. 굵은 베와 재는 회개의 표식들이 될 수 있는 것은 사실이지만(참고. 욘 3:5-9; 왕상 21:27-29), 그러나 내적인 회개가 동반되지 않는다면 그것들은 쓸모가 없다. 우리는 마지막 질문을 다음과 같이 번역할 수도 있다: 너는 이것을 금식이라고 부를 수 있으며, 여호와께 열납될 날이라고 할 수 있겠느냐? 만일 사람이 이러한 타입의 예배를 여호와께 받아들여질 수 있는 것으로 간주한다면, 그는 크게 오해한 것이다.

6절, 나의 기뻐하는 금식은 흉악의 결박을 풀어 주며 멍에의 줄을 끌러 주며 압제당하는 자를 자유케 하며 모든 멍에를 꺾는 것이 아니겠느냐

7절, 또 주린 자에게 네 식물을 나눠 주며 유리하는 빈민을 네 집에 들이며 벗은 자를 보면 입히며 또 네 골육을 피하여 스스로 숨지 아니하는 것이 아니겠느냐

58:6 어쨌든 여호와께서 기뻐하는 금식이 있으며, 그 금식을 이제 부정어를 사용하여 묘사한다. 이 질문은 긍정적인 대답을 요구하며, 하나님께서 인정하시는 내용에 대한 이 단순한 언급은, 그 반대의 내용이 주님에게 인정받지 못한다는 사실을 명백히 해주고 있다. 비록 촘(צוֹם, 금식)이 정관사가 없을지라도, 뒤따라오는 동사가, 관계사의 기능을 가지므로, '내가 기뻐하는 금식'으로 번역해야 할 것으로 생각한다.

참된 금식의 특징을 부정사들로 진술하고 있다는 것은 하나님의 요구들의 불변성을 시사하고 있으며, 이 문장을 종결짓고 있는 미완료형은 표현의 형태에 다양성과 활기를 불어넣고 있다. '흉악의 결박을 풀어 주며'(직역, 열다)[6]라는 것은 한 사람이 다른 사람에게 지워 준 악한 결박들 혹은 속박들을 치워버리는 것이다. 이 문구와 다른 문구들이 부당한 노예 속박을 풀어 주는 것을 가리킬 수도 있다. 율법에 의하면 이스라엘 자손의 노예들은 매 7년마다 석방을 해야 했다. 예레미야 34:8-22은 이러한 원칙에 대한 야비한 위배의 한 실례를 제공해 주고 있다.

두 번째 문장은 '멍에의 줄을 끌러주다' 혹은 '벗기다'로 번역할 수도 있다. 이것은 첫 문장처럼 부당한 압제에 대한 일반적인 모습이다. 델리취는 모타(מוֹטָה)가 멍에의 주된 부분을 이루었던 가로지른 나무(cross wood)였다고 지적한다. 이러한 줄들이 풀어질 때 멍에를 진 동물은 자유를 얻는다. 같은 사상을 세 번째 문장에서 다른 어투 '압제 당하는 자를 자유케 하며'로 표현하고 있다. 이 압제 당하는 자들은 부당하게 그리고 강압적으로 압제 당해 왔다. 결론적인 진술로써 미완료형으로 되어 있는 '그리고 모든 멍에를 그들이 꺾을 것이다'는 문구가 나타나 있다. 이 표상은 압제의 도구의 완전한 파괴에 대한 것이다.

이사야는 여기서 상징적 언어로 참된 금식을 하는 사람들의 특성을 묘사해 줄 행동들을 그리고 있다. 이것들은 압제당한 자들을 향한 전체적인 태도를 망라하고 있다. 만일 한 사람이 다른 사람을 어떤 방식으로 압제하였다면 그는 그 압제를 제거

---

[6] 부정사 절대형은 정형동사로 사용된다. 참고, 5:5. 어근 פתח와 נתק의 결합이 다른 곳에서는 오직 5:27에만 나타난다.

하고 그가 해쳤던 사람을 자유케 할 것이다. 이것은 대략 사회적 측면을 가리킬 수 있지만, 그러나 거기에만 한정되지 않는다. 더 나아가서 여기에 언급된 묘사들은 그 마음이 여호와 안에서 기뻐하고 거짓 없이 주님을 섬기는 자의 태도를 나타내고 있다는 사실을 명심해야 할 것이다. 사실 마음으로부터 우러나오는 하나님께 대한 참된 사랑이 없다면 실제로 압제 당한 자들에 대한 참된 봉사도 있을 수 없다. 인간이 먼저 주님으로부터 인류의 참 본성을 배우지 않는다면 그들의 병폐를 올바르게 진단할 수 조차도 없다. 우리가 부당하게 압제하였던 자들에 대한 해방은 우리 자신의 마음이 하나님의 사랑으로 가득할 때만 일어난다.

58:7 진정한 금식의 날에 대한 묘사가 계속되면서 본 절에서는 그 묘사의 적극적인 면이 두드러져 있다. 부정사들이 여전히 앞 절에 있는 "이것이 나의 기뻐하는 금식이다"를[7] 수식하고 있다. 첫 번째 문장은 자신의 음식을 없는 자들에게 나누어 주는 것을 의미한다. 의복은 기본적인 삶의 본질적 요소들을 구성하는 것으로 자주 음식과 결합되었다. 여기서 이 둘을 아름다운 교차를 이루면서 연결하고 있으니, 첫 번째 것은 부정사 절대형이고 두 번째 것은 미완료형 단수이다. 유리하면서 고통을 당한 자도 자신의 집의 안식처로 맞아 주어야 한다. 이것은 분명히 압제나 혹은 희생으로 인하여 집을 빼앗긴 자들을 가리킨다.

이와 같이, 사람이 또 다른 헐벗은 자를 볼 때 그는 그에게 덮을 것을 주어야 할 것이다. 그리고 그는 자신의 골육 즉 친척을 피해서는 안 될 것이다(참고. 창 29:14; 37:27; 삼하 5:1). '골육'(육체)은 단지 총체적 인류를 나타낼 수도 있으니, 이는 모든 사람들이 육체이기 때문이다. 그러므로 사람이 육체로부터 피한다는 것은 곤궁한 어떤 사람을 향하여 인도주의적으로 행동하기를 거절하는 것이다. 모든 인류에 대한 사랑이 주님께 속한 자들의 표지이며, 이 사랑이 그들의 복지에 대한 진정한 관심으로 나타날 것이다.

8절, 그리하면 네 빛이 아침같이 비칠 것이며 네 치료가 급속할 것이며 네 의가 네 앞에 행하고 여호와의 영광이 네 뒤에 호위하리니

9절, 네가 부를 때에는 나 여호와가 응답하겠고 네가 부르짖을 때에는 말하기를 내가

---

7) 부정사 절대형의 사용에 대해서는 각주 6을 참고하라.

여기 있다 하리라 만일 네가 너희 중에서 멍에와 손가락질과 허망한 말을 제하여 버리고

58:8 첫말 "그리하면"은 중대한 의미를 가지고 있으니, 이는 그것이 영광스러운 변화가 일어나고 하나님의 백성들이 방금 전에 묘사한 그 일들을 행할 때를 지적하고 있기 때문이다.[8] 이 두 문장에서 강조가 '급속'에 있다. 이사야는 다른 곳에서 알들을 부화시키는 것(59:5)과 물이 솟쳐나옴(35:6)에 대해서 이 '비친다' (역, 원래 의미는 "터지다")는 동사를 사용한다. 이 단어는 갑작스러움, 급속함, 그리고 신기함을 시사하는 것으로 보인다. 근동에서는 낮의 빛이 밤의 어두움 직후에 뒤따라 나온다. 그런 까닭에 빛이 갑작스럽게 비쳐서 밤을 물리치는 것처럼 백성의 빛, 즉 그들의 번영의 지복 곧 구원이 갑자기 나타날 것이다(참고. 9:2; 60:1, 3).

명사가 앞에 오고 동사가 문장 끝에 오는 교차적 순서로 두 번째 구절을 소개한다. 아루카(אֲרֻכָה)란 단어는 상처받은 사람을 치료하는 것을 의미하며, 혹은 만일 상징적으로 사용되었다면, 어떤 것의 회복을 의미한다. 이 치료를 빨리 받아하여 나오는 하나의 식물과 비교하고 있다. 이 두 구절에서 강조가 빛과 생명 그리고 그것들의 출현의 신속함에 있다.

본 절의 하반절 역시 두 개의 교차적으로 정리된 구절들로 구성되어 있는데, 하나의 진전을 암시하고 있다. '의'와 '여호와의 영광'이 평행적 표현으로 나타나 있으며, 그러므로 첫 번째 단어의 의미를 후자에 의하여 결정해야 한다. 백성의 '의'는 예레미야가 말하는 바와 같이 그들의 여호와 자신이다(참고. 렘 23:6; 33:16 그리고 사 54:17). '여호와의 영광'은 그분의 말씀에 나타난 주님의 선포적 영광이요, 또는 영광스러운 현시 가운데 나타난 여호와 자신이다. 광야에서 주님이 구름과 불기둥 가운데서 백성을 앞장 서 가셨던 것처럼, 이제도 주님은 생명의 새롭게 하심으로 들어가는 그들의 행열의 뒤를 호위하실 것이다. 그러므로 구속받은 자는 하나님의 보호로 둘러싸여 있다. 그들의 의가 되시는 주님께서 그들 앞서 나가시며 주의 영광이 그들의 뒤를 호위하실 것이다.

58:9 본 절은 2절과 3절에서 발설된 불평과 관련되어 있는 것으로 보인다. 선지

---

8) 문장구조가 유사한 구절에 대해서는 35:6을 참고하라.

자는 계속해서 백성들 각각에게 선포하여, 그들이 기도로 부르짖을 때 주께서 응답하실 것이라는 확신을 주면서 하나님의 가까우심을 나타난다. 평행동사는 '도움을 위하여 부르짖다'를 의미하며, "내가 여기 있다"는 표현을, 점호 때와 같이 사람이 출석해 있음을 알리기 위하여 사용하였다.[9]

첫말 아즈(אָז, 그때에)는 그들이 악한 길에서 돌아서서 회개한 다음에야 하나님께서 자기 백성의 부르짖음에 응답하신다는 사실을 지적하고 있다. 만약 하나님께서 우리가 계속 범죄함에도 불구하고 우리에게 축복을 부어 주신다면, 우리는 주님의 축복을 당연한 것으로 취급할 것이고, 그것들을 위하여 구하지 않을 것이다. 궁핍의 때에 우리가 하나님을 부르는 것은 우리가 우리의 죄로 죽은 상태에서 살아난 후이다.

본 절의 하반절은 압제를 제하여 버림에 대해 말하고 있으니, 먼저 요약된 스타일로, 그 다음에는 두 개의 특별한 사항들을 말하고 있다. "멍에"는 일반적으로 압제의 상징이다. 손가락질(즉 가리키는 일)은 분명히 경멸의 손짓이었으며,[10] 허망한 말은, 비록 4절의 "다툼"과 "싸움"과 아주 유사하기는 하여도, 거짓을 말하는 것이었다(참고. 슥 10:2).

10절, 주린 자에게 네 심정을 동하며 괴로워하는 자의 마음을 만족케 하면 네 빛이 흑암 중에서 발하여 네 어두움이 낮과 같이 될 것이며
11절, 나 여호와가 너를 항상 인도하여 마른 곳에서도 네 영혼을 만족케 하며 네 뼈를 견고케 하리니 너는 물 댄 동산 같겠고 물이 끊어지지 아니하는 샘 같을 것이라
12절, 네게서 날 자들이 오래 황폐된 곳들을 다시 세울 것이며 너는 역대의 파괴된 기초를 쌓으리니 너를 일컬어 무너진 데를 수보하는 자라 할 것이며 길을 수축하여 거할 곳이 되게 하는 자라 하리라
13절, 만일 안식일에 네 발을 금하여 내 성일에 오락을 행치 아니하고 안식일을 일컬어 즐거운 날이라, 여호와의 성일을 존귀한 날이라 하여 이를 존귀히 여기고 네 길

---

9) 9절 상반절의 구조는 흥미롭다. 미완료형 다음에, 여호와께서 동사 앞에 등장하는(강조됨) 미완료형이 뒤따라온다. 평행절에서는 미완료형 다음에 와우 연속법이 뒤따라오고 미완료형이 나온다. 이 후자는 행동의 확실성을 표현하는 것처럼 보인다.
10) 아랍인들 사이에서는 이러한 손짓이 다른 사람들에게 재난을 가져다 주는 의미였다. 참고. König in loc.

로 행치 아니하며 네 오락을 구치 아니하며 사사로운 말을 하지 아니하면
14절, 네가 여호와의 안에서 즐거움을 얻을 것이라 내가 너를 땅의 높은 곳에 올리고
네 조상 야곱의 업으로 기르리라 여호와의 입의 말이니라

58:10 본 절은 9절의 중간부 조건적 불변화사로 시작된 앞의 사상을 계속 이어 가고 있다. 선지자는 요약된 형태로 자기가 7절에서 진술했던 내용의 핵심을 모아 놓고 있다. '만일 너희가 주린 자에게 네 심정을 동하며'는[11] 다른 사람들을 도와야 하는 태도를 요약하고 있다. 그것은 단순히 물질적인 공급해 주는 것이 아니고 궁핍한 가운데 있는 자에게 자신을 주는 것이다. 왜냐하면 "주는 자가 없는 선물은 빈 것이기 때문이다." 사람은 결핍한 자들의 궁핍을 위하여 그들을 향한 사랑의 마음으로부터 나오는 물질 제공을 해 주어야 하며, 먼저 마음에 하나님의 참 사랑이 없다면, 그들을 향한 참된 사랑도 있을 수 없다.

"네 심정"과 "마음"이란 단어들의 병렬배치가 두드러져 있다. 이사야는 처음 두 문장을 교차적인 배열을 함으로써 강세를 더해 주고 있다. "괴로워하는 자의 마음"은 "주린 자"와 평행을 이루고 있으며, 또한 아마도 부당한 압제로 고통을 당하는 자들을 지칭하는 것 같다. 그러한 영혼들을 만족하게 해 주어서 그들의 필요를 사랑으로 공급해 주는 것이 하나님의 백성의 의무이다.

하나님의 백성들이 이러한 일들을 행한다면 그들의 빛이 흑암 가운데서 비추어서 어두움이 낮과 같이 될 것이다. 이러한 표상들은 슬픔 이후에 다가오는 축복을 가리키며, 하반절의 두 번째 단어 아펠라(אֲפֵלָה, 어두움)는 아마도 첫 번째 단어인 호쉐크(חֹשֶׁךְ, 흑암)보다 더 강렬한 것으로 보인다.

58:11 선지자는 분명한 어투로 미래의 축복의 성격이 어떠한 것일지, 즉 여호와께서 언제나 자기 백성을 인도하실 것이라는 사실을 진술하고 있다. 그보다 더욱(점층법이 있다) 마른 지역에서도 그들의 영혼을 만족하게 하실 것이다.[12] 하나님께서는 57:18에서 이미 인도하심을 약속하셨었으며, 이제 그 인도의 풍성함을 묘사하고

---

11) פָּקִים – '낳다,' '공급하다,' פּוּק의 명령을 나타내는 히필형. 1Q도 그렇게 읽고 있다. 위 선적 상태의 조건 절은 명령을 나타내는 단어와 미완료형으로 표현되어 있고, 반면에 귀결 절은 와우 연속법을 가진 완료형을 담고 있다.

12) 착호착호트 (צַחְצָחוֹת) – 1Q는 צחצחות, 메마른 지역들.

있다. 여기에 하나님의 거저 주시는 풍성한 은혜의 모습이 있다. 음식의 결핍으로 인하여 소멸될 수 밖에 없는 장소에서 그 영혼은 하나님 그분으로 말미암아 만족을 얻을 것이다. 그러한 복은 그 사람이 주님을 의존하게 하는데, 이는 그 외에는 돌이킬 그 어느 곳도 없기 때문이다. 세 번째 진술은, 주께서 그들의 뼈를 견고케 하시거나 기운나게 하심을 통해 그의 백성에게 주실 힘의 원기회복과 소생을 나타낸다. 복에 대한 각각의 진술은 앞의 것보다 한 단계 더 나아간다.

하나님의 행동의 결과는 이스라엘이 물댄 동산과 같이 될 것이라는 것이다. 이 물은 축복과 풍요의 상징이다. 근동에서 물은 풍성하지 못하였고, 그래서 물댄 동산을 발견한다는 것은 즐거움을 주는 회복과 기쁨의 장소를 발견하는 것이다. 이사야는 자주 이 표상을 사용했었다(참고. 30:25; 33:21; 35:6, 7; 41:17; 43:20; 44:4; 48:21; 49:10). 선지자는 1장에서 영적 황폐함이 다가올 것을 묘사하면서 "물 없는 동산 같이 될" 것이라는 반대적인 말을 했었다.

더 나아가서 백성들은 물이 끊어지지 않는 샘처럼 될 것이며(직역하면, 물을 솟쳐내는 장소처럼), 이 샘은 너무나 풍성하고 풍부하여(메마른 지역에서는 있을 수 없는 모습이다) 그 물이 결코 끊어지지 않고 또 실망시키지도 않을 것이다. 이와같이 언제나 풍성하고도 지속적인 은혜가 모든 것에 풍성하신 하나님에게서부터 인간에게로 올 것이다. 칼빈이 지적하는 바와 같이 오직 인간의 죄만이 그 물결을 그치게 할 수 있다. 이 표상의 독특성은 근동의 메마른 상태를 아는 사람들에 의해서만 깨달을 수 있을 것이다. 그러나 독특한 것은 하나님의 은혜이다. 인간에게 불가능한 것이 하나님에게는 가능하며, 그리고 너무나 좋아 사실이라고 믿을 수 없을 정도의 이 복된 사실은 구원을 가져다 주시는 하나님의 은혜가 나타났다는 것이다.

58:12 선지자는 본 절에서 예루살렘의 무너진 성벽들의 재건이라는 표상으로 구원을 묘사하고 있다. 앞 절이 하나님의 행동을 진술하는 하나의 동사로 시작했던 것처럼, 본 절도 백성들의 행동을 진술하는 하나의 동사로 시작한다. 그렇지만 주어가 무엇인가? 난점은 "네게서"라는 단어로 인하여 발생한다. 그것들이 이스라엘로부터 나와서 다른 땅으로 들어가서 이방인의 회심을 가져오는 것을 가리키는가? 만약 그렇다면 우리는 '그리고 너에게서 나온 그들이 선교사로서 역대의 파괴된 폐허들을 건설할 것이다'라고 바꾸어 써야 할 것이다. 이것은 가능하다. 그러나 또 다른 가능성도 있는데, 말하자면 "네게서 나온"이라는 단어가 후손들을 가리킬 수도 있

다. 이러한 해석에 의하면 그것은 예루살렘의 무너진 성벽들을 재건할 이스라엘 족속들의 후손들을 가리킨다. 만약 이 해석이 옳다면, 팔레스틴으로 돌아와서 스스로 예루살렘, 성벽들 재건에 일익을 담당할 포로민들에게 말하고 있는 소위 '제2이사야'의 사상과는 잘 어울리지 않는다. 그렇지만 그것은 제8세기의 이사야 시대와는 아주 잘 어울린다. 황폐된 곳들에 대한 묘사는 그곳들이 잘 알려져 있었으며 그래서 그 성읍 자체의 그것들이었음을 암시하는 것으로 보인다. 만일 예루살렘의 성벽들에 대한 어떤 실제적인 물리적 재건을 가리킨다면 이것은 그리스도를 통한 보다 큰 회복의 첫 단계일 뿐이다. 이러한 사상은 아모스 9:11이하에서 발견되는 사상과 같다.

'오래 황폐된 곳들'은 오랫동안 존재해 온 황폐된 곳들, 즉 '영구적으로 황폐된 곳들'이다. 그리고 '역대에 파괴된 기초들'은 대대로 존속하여 온 것들이다. 이 두 호칭은 그 기초들의 오랜 시대를 강조한다. 동사('너는 쌓으리니')는 기초들이 파괴되어 있다는 사실을 보다 생생하게 만든다.

다시 세우는 일이 하나님의 풍성한 은혜를 받은 자들의 중심적인 활동이므로 그들은 무너진 데(이 단어는 집합적 의미를 가지고 있다)를 수보하는 자들(직역하면, 한 벽을 건축하는 자들)이라고 불리울 것이다. (이 단어는 비한정적이다). 마지막 문장은 그 백성들을, 길을 수축하여 거할 곳이 되게 하는 자들로 지칭하고 있다. '거할 곳이 되게'라는 문구는 그 땅이 다시 거할 곳이 되도록 그 길들을 회복할 것을 의미하는 것처럼 보인다. 이 뜻은 사람들이 어느 날 또다시 그 땅에 거주하기 위하여, 지금은 흔적이 지워진 이 길들로 걸어 다닐 수 있을 것이라는 것이다.

13-14절에 대한 특주

13-14절에서 이사야는 만일 백성들이 안식일을 지킨다면 여호와 안에서 즐거움을 얻을 것이라고 가르치고 있다. 둠(Duhm), 엘리거(Elliger) 그 밖의 다른 사람들은 이 구절이 유대교의 매우 늦은 시기, 즉 느헤미야 시대의 것임에 틀림없다고 주장하는데, 이는 그때에 안식일을 강조하였는데, 그때가 바로 외적인 의식을 강조하던 시기였기 때문이라는 것이다. 그렇다면 안식일을 귀하게 여기는 구절은 어떤 것이든 초창기의 책들 가운데서 발견될 때는 언제나 후기의 것으로 가정한다. 만일 안식일이 이스라엘 역사에서 후기에만 강조되었다고 선입견을 가진다면 이 구절을 이사야에게(혹은 40-66장

과 관계된 것으로 생각되는 우아한 인물들인 "제2이사야"나 아니면 "제3이사야"에게까지도) 돌리는 것을 부인할 만한 어떤 유리한 근거들이 될 수도 있다.

그러나 스마트(Smart)는 선지자가 사랑과 자비의 행위에 대한 대치로 금식하는 것을 거부하도록 요구하고, 동시에 사람이 오직 안식일을 지키기만 하면 모든 것이 다 잘 될 것이라고 주장하는 설교는 한마디로 말이 안된다는 근거에서 제2이사야설은 부정한다. 그런 까닭에 그는 이 구절들이 제2이사야에게서 나온 것이 아니라 안식일에 열정을 가졌었던 후기 정통 공동체로부터 나온 것이라고 결론짓는다. 이러한 서론과 함께 우리는 본문 그 자체를 검토할 수 있으며, 그리고 나서 논리적으로 어찌하여 안식일을 이 특별한 시점에서 강조하고 있는지 그 이유를 발견할 것이다.

58:13 이사야는 분명히 첫 문장을 상징적으로 이해하도록 의도하였을 것이다. 안식일에 자기의 발을 금하는 것은[13] 안식일이 마치 사람이 걷는 장소라는 사실을 암시하는 것처럼 보인다. 이 뜻은 안식일이 거룩한 땅이며 그래서 거룩하지 못한 발은 그 위를 걸어서는 안 된다는 것이니, 이는 사람이 이 거룩한 날을 더럽히지 않아야 한다는 상징적 언어방식일 것이다. 그렇지 않다면 안식일을 짓밟는다 혹은 억압한다는 개념이 나타나 있을 수도 있다. 이 두 개념은 멀리 떨어져 있지 않으며, 근본적인 사상은 그날을 더럽히는 것을 자제한다. 즉 네 자신의 오락(쾌락)을 행치 아니한다는 것이다. "네 오락"은 하나님을 기쁘시게 하지 않고 인간을 기쁘게 하는 것이다. 이 단어가 마치 기뻐하는 것을 의미하는 것으로 해석하여 이것으로부터 결론짓기를 선지자의 유일한 관심은 안식일이 기쁨의 날이 아니라 어두움의 날이 되는 것이라고 생각하는 것은 심각한 오해이다.

그보다도 전면에 부각되어 있는 것은 하나님의 기쁨과 대조되어 있는 인간의 기쁨이며, 이러한 사실 가운데서 우리는 위에서 언급했던 스마트의 입장에 대한 답변의 발단을 볼 수 있다. 이사야는 금식이 사랑과 자비를 대치할 수 없다고 말하는 반면에 안식일은 그럴 수 있다고 말하고 있지 않다. 그보다도 그는 안식일의 잘못된 준수와 함께 그것에 대한 무관심에 대해서 심하게 꾸짖고 있다. 안식일의 온당한 준수는 사랑과 자비가 있다는 사실에 대한 하나의 예증이다. 이 명령의 이유는 그날이

---

13) 민이라는 전치사가 단 한번 기록되어 있을지라도, 그것은 두 개의 등위절들을 지배하는 역할을 한다.

여호와께 속해 있다는 것이며 거룩하다는 것이다. 창조시에 주님은 그날을 구별하시고 거룩하게 하셨으며, 그러므로 그것은 오직 주님을 기쁘시게 하는 방식으로 준수되어야 한다.

본 절의 첫 부분에서 강조가 부정어에 있지만, 그러나 이제 강조가 긍정에 있다. 그 안식일을 자신의 오락을 행하는 날로 간주하는 대신, 사람들은 그것을 즐거운 날(직역하면, 더할 나위 없는 즐거움, 맛좋음)이라고 말해야 한다(즉, 간주해야 한다). 이사야는 안식일이라는 단어를 반복하지 않고 그 평행어로 거룩, 즉 거룩한 날이라는 하나의 형용사를 사용하고 있으며, 이 단어는 또다시 이 거룩한 날이 여호와의 날이라는 사실을 강조하기 위하여 여호와와 결합되어 있다. 이스라엘이 여호와의 성일에 붙여 주어야 할 호칭은 '존귀한 날'이다. 그렇게 이스라엘은 그날을 존귀한 날로 간주해야 하고 존귀한 것으로 간주해야 한다. 그러나 안식일을 즐거운 날과 존귀한 날로 단순히 인정하는 것으로 충분하지 않다. 인정이 행동으로 전환되어야 하며, 안식일을 마땅히 존귀한 날로 받아들여야 한다.

이사야는 세 가지 방법으로 안식일이 어떻게 존귀히 되어야 할 것인지를 지적하고 있다. 이들 중 첫째 것인 '네 길로 행치 아니하며'는 앞의 '오락을 행치 아니하고'와 사상적으로 평행을 이룬다. 이 문구를 사업상의 일에 제한시킬 필요는 없다. '길'은 행위의 과정이며, 인간들이 하나님의 명령보다 더 좋아하여 선택하는 모든 과정과 행실을 가리킨다. 이 과정과 행실은 다른 날에는 옳고 합법적일 수도 있지만, 그러나 그 즐거운 자리(역주-안식일), 즉 안식일의 준수로 표현되는 그 자리에 끼어들 때는 삼가고, 억제되어야 한다. 둘째로, "네 오락을 행치 아니하며"는[14] 역시 하나님을 기쁘시게 하는 것과는 구별된 자기 자신의 오락을 가리킨다. 그리고 세 번째 표현 "사사로운 말을 하는 것"(명사는 당연히 집합적으로 이해되어야 할 것이다)은 아마도 하나님을 기억치 아니하고 무시하는 무익한 말이나 헛된 말을 가리킬 것이다. 언급된 내용은 마음을 하나님으로부터 멀리 떠나 자기 개인의 일을 생각하게 하는 경향이 있다. 이것은 거룩한 안식일에는 잘못된 행실이다.

그렇지만 어찌하여 이 시점에서 안식일이 언급되어 있는가? 안식일이 어느 때에나(특별히 배교의 시기나 바벨론 포로시기에) 다른 어떤 것보다도 백성을 하나로 묶

---

14) 오넥(ענג)은 다른 곳에서 13:22에만 나타난다. B는 τρυφερά.

는 결속하는 제도가 아니었던가? 안식일은 단순한 모세 율법의 제도가 아니었다. 그것은 그보다 훨씬 더했다. 창조 때에 제정했으며, 구속받은 자가 그들의 영원하신 하나님의 존전에서 누리는 하늘 안식의 모형이다. 그들에게 다가올 바벨론 포로라는 대 재앙 가운데서 이사야는 안식일을 어떤 의미에서 하나님에 대한 참된 헌신의 핵심으로 강조하고 있다. 마땅히 지켜져야 할 방식대로 안식일을 지키는 사람은 안식의 여호와 안에서 행복할 것이다.

58:14 '그때에는 너희가 안식일 그 자체 안에서가 아니라 여호와 안에서 최고의 즐거움을 얻을 것이다.'[15] 이스라엘은 하나님 안에서 즐거움을 누릴 것이니, 이는 사람들이 구속받은 심령을 가지고 하나님의 뜻을 행하기를 즐거워할 것이기 때문이다. 그리고 주님의 율법은 무거운 짐이 되는 대신 그들에게 기쁘게 하는 것이 될 것이다. 이스라엘이 받을 영적 번영과 풍요를 나타내기 위하여 선지자는 "그리고 내가 너를 땅의 높은 곳에 올리고"라는 하나의 표상을 사용한다. 승리의 정복자들처럼 백성들은 타고 행진한다. 팔레스틴의 산당들에 대한 암시가 있는 것으로 보이지만 그러나 이것은 의문스럽다.

마지막으로 그 나라의 조상 야곱에게 약속된 기업이 이제 그 백성의 소유가 된다. 그리고 그들은 그것이 가져다 주는 모든 충만함과 풍요로움 가운데서 그것을 누려야 한다. 이 기업을 먹음으로써 그들은 그 안에서 즐거움을 발견할 것이며 또한 그들의 생존을 누릴 것이다. 그들은 진정으로 이 기업 위에서 살 것이다. 그러나 회개가 있어야 한다. 현재의 우상숭배에 대한 사랑과 거짓된 회개는 악에 대한 진정한 혐오로 바꾸어져야 하며, 이스라엘에게 유일하게 축복을 가져다 주실 수 있고 승리의 나라로 만드실 수 있는 하나님에게로 진정으로 돌아서야 한다.

---

15) 팃트안나그(התענג) — 오넥 (ענג, 13절)과 같은 어근에서 파생됨 (앞의 각주를 참고하라).

59장

1절, 여호와의 손이 짧아 구원치 못하심도 아니요 귀가 둔하여 듣지 못하심도 아니라
2절, 오직 너희 죄악이 너희와 너희 하나님 사이를 내었고 너희 죄가 그 얼굴을 가리워서 너희를 듣지 않으시게 함이니
3절, 이는 너희 손이 피에, 너희 손가락이 죄악에 더러웠으며 너희 입술은 거짓을 말하며 너희 혀는 악독을 발함이라
4절, 공의대로 소송하는 자도 없고 진리대로 판결하는 자도 없으며 허망한 것을 의뢰하며 거짓을 말하며 잔해를 잉태하여 죄악을 생산하며

59:1 선지자는 성질상 앞장과 유사하게 말한다. 만일 어찌하여 약속된 구원이 오지 않았느냐고 묻는다면, 그 대답은 그 백성의 죄악에 놓여 있다는 것이다. 50:2에서 사용된 표상을 사용하면서 선지자는 강조하여 하나님께서 자기의 구원하시는 능력을 잃어버리신 것이 아니라고 선언하고 있다.[1] 이사야는 그것을 지적하면서 마치 그것이 모든 사람 앞에 보여졌던 것처럼 이 사실(הן, 헨)에 주의를 집중시키고 있다. 만약 한 손이 짧아졌다면 그것은 목표물에 뻗쳐도 닿을 수 없다. 하나님의 '손'(즉 능력)은 구원할 수 없을 정도로 짧아지지 않았고, 그분의 귀는 인간들이 주님에게 부르짖을 때 들을 수 없을 정도로 둔하여지지 않았다. 그러므로 어찌하여 이스라엘에게 구원이 오지 않는지에 대한 다른 이유가 있음에 틀림없다.

59:2 여기에 본 이유가 나타나 있으며 이사야는 그것을 본 절에서 제시하고 있다. 단수 접미사의 위치에서 복수형을 사용하면서 그는 "너희 죄악"이라고 말하고, 그것들을 창세기 1:6을 상기시켜 주는 어투로 설명하고 있다. 폴 폴츠(Paul Volz)는 그림 같은 스타일로 죄악들은 하늘과 땅 사이를 분리시키는 궁창과 같다고 말한다. 언젠가 공간이 윗물과 아래 물을 나누었던 것처럼, 그 백성의 죄악이 그 백성과 그들의 하나님 사이(또다시 창 1:6과의 유사성을 주시하라)를 나누고 있었다(과거 시대와 계속적인 행위가 분사로 처리됨).

첫 행의 초두에 선지자가 "너희 죄악"이란 강조어를 두었던 것처럼, 두 번째 행의

---

1) B는 본 절에 대해 두 질문들을 하고 있지만, 그러나 Aq ST는 M을 따르고 있는 것으로 보인다.

초두에 "너희 죄"를 두고 있다. 뒤따라오는 "그 얼굴을 가리워서 너희를 듣지 않으시게 함이니"라는 문구는 죄악이 하나님의 얼굴을 흐리게 하여 이스라엘로 하여금 보지 못하게 한다는 것을 의미한다. 이 어투는, 폴츠가 생각하는 것처럼, 제의로부터 유래된 것이 아니고, 하나님께서 얼굴을 가지셨다는 진리를 나타낸다. 이것은 하나님께서 육체를 가지셨다는 것을 주장하는 것이 아니라 하나님이 인간들이 하는 모든 것을 보시고 들으시고 아신다는 것을 시사하고 있다. 이 단어는 무관사이지만, 그러나 분명히 하나님의 얼굴을 가리키고 있으며 '그 얼굴'로 번역할 수 있다. 이 표현을 아마도 하나님의 임재와 상호 교차할 수 있는데, 이는 우리의 죄악이 하나님의 얼굴을 가릴 때 그것은 마치 그분과 우리 사이에 벽이 있는 것과 같다는 것이며 주님의 얼굴의 빛이 우리로부터 숨겨지는 것과 같다는 것이다.

59:3 선지자는 이사야적 특징을 가지고 있는 이 구절에서[2] 자기가 말한 내용의 신실성을 예증하고 있으며, 몸의 부분들을 죄악의 대리자로써 지적함으로써 그 백성이 면피할 길을 제거해 버린다. 이사야가 선언하고 있는 것은 대담한 메시지이며, 선지자는 그것을 선포하면서 비록 자신이 죄인이지만 자기가 백성을 정죄하고 있는 그 죄의 죄책이 없다는 것을 보이고 있다. 그는 자기가 지적하고 있는 정죄하는 손가락을 두려워하지 않고서 담대하게 말할 수 있다. "만약 우리가 우리의 가르침을 우스꽝스러운 것으로 만들기를 원치 않는다면, 우리는 우리가 책망하는 사람들과 같지 않아야 하며, 다른 한편, 우리가 순수한 양심으로 하나님을 섬길 때, 우리의 가르침은 무게와 권위를 얻게 되며, 적대자들까지라도 보다 충분하게 정죄를 받게 만든다"(칼빈).

사람들이 기도하면서 하나님에게 펼친 손은 피로 더럽혀 있었다.[3] 여기서의 사상은 1:15과 유사하다. "손가락"은 죄악과 피가 백성들의 행실들에 내포되어 있었다는 사실을 지적하기 위한 것으로 "손"과 평행적 표현이다. 피와 죄악 앞에 있는 정관사는 이것들을 잘 알려져 있는 것으로 나타내고 있다. 내적이고 외적인 모든 것이

---

2) 참고. 1:15; 33:15.
3) 네고알루(נְגֹאֲלוּ) = 니그알루(נִגְאֲלוּ) — forma mixta(GKC § 51f.)가 아니고 아랍어 제3 어간 'in-fa-ʻi-la의 수동형이다.

죄악에 물들어 있었다.

59:4 여기에 한층 그 나라의 부패성에 대한 묘사가 뒤따라오고 있다. "공의대로 소송하는 자도 없고"는, 마치 아무도 다른 사람을 의롭게 법정으로 소환하여 재판하지 않는다는 사실을 암시하는 것처럼, 법정적 의미로 이해되어왔다. 루터는 그것을 의를 선포하는 것과 동등하게 생각하였다. 이 문구를 의 안에서 기도하는 것(즉 하나님을 부르는 것)으로 해석할 수도 있다. "공의대로"란 문구를 분사와 함께 그 부름이 이루어지는 태도를 나타내는 것으로써 부사적으로 해석해야 할 것이다.

"진리대로"를 부사적으로 '그리고 그것이 진리대로 판결되지 않았다' 로 해석해야 한다. 구조가 비인칭적이며, 58:2, 3에 비추어서 하나님에게 진실된 마음으로 호소하는 자들이 아니라 외식하는 자들을 가리키는 것으로 보인다. 그렇다면 처음 두 문장은 인간들과 다른 사람들과의 관계를 가리키는 것이 아니라, 하나님을 향한 인간들의 태도를 가리키고 있으니, 이는 이 구절이 앞선 내용의 결론을 이루고 있지 다음 구절을 소개하고 있지 않기 때문이다.

이사야는 분사형들로부터 부정사 절대형을 사용하는 데로 전환하고 있으며, 그래서 강조를 주고 효과를 주고 있는 스타일로 변화를 추구하고 있다. 백성들은 공의대로 부르짖지 않고 "허망한 것을 의뢰하고" 있다(부정사 절대형은 계속적 행동을 나타내는 현재로 번역되어야 한다). 토우(תהו)란 단어를 창세기 1:2에서 사용했는데, 그곳에서 그 단어는 땅이 본래 거주할 수 없었다는 사실을 나타내고 있다. 여기서 그것을 무존재로 번역할 수도 있다. 왜냐하면 백성들의 의뢰가 아무것도 없다는 것이다. 그것은 쓸모가 없고 유익되는 것이 아무것도 없다. 그들이 말하는 것은 헛된 것이니, 이는 그들의 금식들이 하나님에게 받아들여질 수 없고 그들의 기도가 텅 비었기 때문이다. 이사야는 자기의 언어를 잠언적 표현이었을 가능성이 있는 내용을 사용하면서 욥기 15:35로부터 빌려온다(시 7:14에서 거의 그대로 나타난다). 백성들은 잔해를 혹은 재난을 잉태하며 죄악을 생산한다. 두 번째 명사는 첫 번째 것보다 더 강하다. 그들은 다른 사람들을 향한 악한 고안들과 계획들로 고민하고 있으며, 스스로 자기들의 행실들 가운데서 죄악을 생산해 낸다.

5절, 독사의 알을 품으며 거미줄을 짜나니 그 알을 먹는 자는 죽을 것이요 그 알이 밟힌 즉 터져서 독사가 나올 것이니라

6절, 그 짠 것으로는 옷을 이룰 수 없을 것이요 그 행위로는 자기를 가리울 수 없을 것 이며 그 행위는 죄악의 행위라 그 손에는 강포한 행습이 있으며

7절, 그 발은 행악하기에 빠르고 무죄한 피를 흘리기에 신속하며 그 사상은 죄악의 사상이라 황폐와 파멸이 그 길에 끼쳐졌으며

8절, 그들은 평강의 길을 알지 못하며 그들의 행하는 곳에는 공의가 없으며 굽은 길을 스스로 만드나니 무릇 이 길을 밟는 자는 평강을 알지 못하느니라

59:5 백성들은 여호와께 반역하여 행동하였을 뿐만 아니라, 다른 사람들을 향해서도 그렇게 행동하였다. 이 진리는 그들을 독사와 거미에 비교함으로써 표현되어 있다. '그들이 품었다'는 언젠가 행했었고, 지금도 일반적으로 행해지는 것을 표현하는 완료형으로 되어 있다. 치프오니(צִפְעוֹנִי, 독사)의 정확한 의미는 알려져 있지 않다. 그것은 독사이며,[4] 그것의 알로부터 보다 맹독을 가진 독사가 나올 것이다. 더 나아가 그들이 덫을 놓는 것을 '거미줄(직역하면, 거미들의 실들)을 짤 것이다'(계속을 나타내는 미래형을 주시하라)로 표현하고 있다. 깐 알들은 음식으로 사용될 수 없다. 만일 사람이 그것을 먹는다면 죽을 것이다. 악인의 계획에 참여하는 사람은 누구나 멸망할 것이다. 악인은 자기 자신에게 그 영향을 미칠 뿐만 아니라 그와 접촉하는 사람들에게도 미친다. 만일 이 알들 중의 하나가 밟힌다면,[5] 하나의 독사가 나올 것이다. '뱀에 대한 두 번째 단어는 구체적이고,[6] 반면에 첫 번째 것은 일반적인 것이다. 그렇게 인간들의 악한 행실들은 그들 자신의 부패성을 드러내고 좋지 않은 열매를 낳는다.

59:6 본 절의 일반적인 의미는 명백하니, 말하자면, 이스라엘의 악한 행실은 축복을 낳지 못할 것이다. 이사야는 자기가 앞 절에서 거미줄들에 관하여 말했던 내용으로 되돌아간다. 그는 거미줄과 옷이라는 두 개의 표상을 뒤섞는다. 거미줄이 옷을 만드는 데 도움이 되지 못하는 것처럼, 악한 사람들의 행실도 자기 자신들을 덮기에

---

4) 참고. 11:8. B는 ἀσπίδων.
5) 주레(זוּרֶה) – 주르(זוּר, 누르다, 짜다)의 수동분사. 참고. 1:4. 슥 5:4에서 라나(לִינָה) 대신 라네(לִין)가 사용된 것처럼, 여성형 어미 대신에 남성형 어미가 사용되었다. 참고. 왕상 2:36, 42에 있는 아네(אָנֶה).
6) Koehler and Baumgartner(*Lexicon in Veteris Testamenti Libros*, Grand Rapids, 1951, p. 78)는 그것을 echis colorata로 간주한다.

충분하지 못하는데, 이는 그것들이 무익하며 선을 낳지 못하기 때문이다.
본 절의 두 번째 부분에서 이사야는 방금 말한 진술의 이유를 개진한다. 그 행실들은 "죄악의 행위"이며, "그 손에는 강포한 행습이" 있다.

59:7 "발"을 의인화하고 있다. 삶은 자주 사람이 걸어가는 길로 묘사된다. 그러나 이 사람들은 빨리 달리며(동사가 그들이 악에 참여를 예상하는 열정을 보여주고 있다), 그들이 달려가는 목적은 악을 위한 것이니, 특별히 다른 사람들을 해치려는 것이다. 그들이 급히 달려가는 것은 혐오스러운 무죄한 피를 흘리려는 것이기도 하다. 악행에 대한 억제가 없다. 그것은 그들의 즐거움이요 그들은 완전히 자원하여 그것을 행하는 것이다. '사상들'(즉 의도들, 계획들, 고안들)은 죄악 중 태어나서, 죄악으로 인도하고, 그리고 그들 스스로 죄된 본성을 가진 것들이다. 사람이 자기들의 길들을 걸어간다면 그는 오직 황폐와 파멸만을 당할 것이었다.[7]

59:8 악한 인간들에 대한 이러한 묘사가 바울에 의하여 전 인류의 타락을 진술하기 위하여 로마서 3장에 사용되었다. 인간이 걸어가는 길(즉 그들의 삶의 과정)은 평화를 사랑하는 행위가 아니다. 그들의 마음 가운데는 하나님의 평강이 없다. 그들이 하나님과 적대관계에 있고 인간들과도 그러하므로 그들은 평화를 바라지 않는다. 그들은 이 길을 알지 못한다. 그들은 그것에는 완전히 이방인들이다.
그들이 행하는 길(참호, 상투적 방식)에는 공의가 없다. 이 문구를 앞의 문구와의 평행으로 생각해야 할 것이다. 따라서 여기서 공의는 58:2의 의로운 판단과 유사할 것이다. 백성들이 하나님의 규례를 행하지 않으므로 스스로 그것을 대함에 있어서 올바른 판단이 없음을 나타내 보이고 있다. 그보다 더 '그들은 자기들의 길을 굽게 만들었다' 혹은 그릇되게 하였다. 그들은 그것으로 유익을 얻을 것이라고 믿으면서 자신들을 위하여 이 일을 하였으나, 실제로 그 행동은 자신의 손해만 되었다. 더 나아가 이 길을(즉, '이 길 가운데서', 접미사가 비한정적이다) 밟는 자는 평강을 알지 못한다. 이사야는 특유한 스타일로 본 절을 마감하는 자리에서 또다시 "평강"이란 단어를 사용한다.

9절, 그러므로 공평이 우리에게서 멀고 의가 우리에게 미치지 못한즉 우리가 빛을 바

---

[7] 본 절의 마지막 행에 있는 두드러진 두운법을 주시하라.

라나 어두움 뿐이요 밝은 것을 바라나 캄캄한 가운데 행하므로
10절, 우리가 소경같이 담을 더듬으며 눈 없는 자같이 두루 더듬으며 낮에도 황혼 때같이 넘어지니 우리는 강장한 자 중에서도 죽은 자 같은지라
11절, 우리가 곰같이 부르짖으며 비둘기같이 슬피 울며 공평을 바라나 없고 구원을 바라나 우리에게서 멀도다

59:9 그러한 행위의 나쁜 결과들이 있을 것임에 틀림없는데, 실제로 그 결과들이 여기에 나타나 있다. 방금 묘사되었던 죄악의 결과로(알-켄, עַל־כֵּן, 그러므로) 다음과 같은 재앙들이 나타났다. 공평(즉 하나님이 선언하시는 것으로서 의로운 판단)이 멀어졌다(그리고 이러한 상태가 지금까지 계속하고 있다). 하나님께서 자기 백성을 구원하시기 위하여 공평 가운데서 오시지 않으신다. 이와 같이 의(즉 구원)가 우리에게 미치지 못할 것이다(미래형이 보여 주는 바와 같이 이러한 상태가 계속 변하지 않는다). 백성들이 구원의 빛을 바라고 있을지라도, 그들은 어두움만 경험한다(즉 그들의 지금의 죄악 되고 악한 상태가 제거되지 않고 계속된다). "밝은 것" 혹은 빛이 백성들이 바라는 것일 수도 있지만, 그들은 여전히 깊은 흑암 가운데서 헤매인다. 인간들이 주님이 규정하신 것과 다른 방식으로 구원을 추구할 때, 혹은 그들이 그들의 죄 가운데서 계속 행할 때, 그들은 구원을 발견하지 못할 것이다.

이 단락의 적절한 이해를 위하여 우리는 8절에 있는 평강과 공평은 빛, 의, 밝음, 구원과 마찬가지로 모두 다른 측면에서 바라본 하나님의 구원을 가리킨다.

59:10 이사야는 단수형으로, 언제나 자신의 상황으로부터 도피하려고 하나 오직 거기에 점점 더 빠져 들어가고 있는[8] 죄인들의 연약성을 묘사하고 있다(참고. 롬 7:14). 첫 행은, 같은 단어('가쇠쉬', נְגַשֵּׁשָׁה, 피엘형이 여기에만 나타난다)로 시작하고 마치는 충격적인 교차 대구법으로 이루어져 있는데, 두 번째 출현이 휴지를 가지고 있다는 점에서만 다르다. 권고형 어미는 길을 발견하기 위한 노력들을 묘사한다.

---

8) 파이퍼는 루터의 찬송을 인용한다.
  Ich fiel auch immer tiefer drein,
  es war nichts Gut am Leben mein,
  die Sünd' hatt' mich besessen.

즉 "우리가 더듬으며."⁹⁾ 소경들이 감옥으로부터 도망할 길을 찾으면서 자기들 손으로 벽을 더듬는 것처럼, 사람들은 자신의 죄에서 구원을 얻기 위하여 더듬어 찾으나 결코 발견하지 못한다. "그리고 눈 없는 자같이"(직역하면, 없는 눈들처럼)라는 문구는 자신의 눈을 사용하기를 박탈당한 자들을 의미한다.

우리는 '태양이 가장 밝은 정오라고 할지라도 우리는 그것이 마치 황혼녘 처럼 넘어진다. 비록 힘이 아주 강한 강장한 자들일지라도¹⁰⁾ 우리는 죽은 자와 같다' 로 풀어 쓸 수 있다. 이사야는 이러한 사상들을 백성들로 하여금 말하게 한다. 이는 백성들이 실제로 그러한 말을 하였기 때문이 아니라 그 나라가 계속하여 죄 가운데서 살아가고 있는 한 그 나라에 소망이 없다는 것을 지적하기 위하여 말하고 있는 것이다.

59:11 표상을 바꾸어 묘사를 계속한다. 이사야는 백성들의 좌절을 곰들의 으르렁거림과 비둘기의 울음에 비교하면서 고전적 작가들이 사용했던 상징으로 묘사하고 있다.¹¹⁾ 본 절 상반절의 구조는 교차적이지만, 그러나 부정사 절대형이 마지막 동사 앞에 나온다. 이 두 비교는 소망이 없는 비극을 지적하고 있다.

"의와 구원을 찾고자하는 그들의 모든 행위들은 계속하여 수포로 돌아가고 자기기만이 될 뿐이니, 그것들이 닥칠 때가 아주 가까운 것으로 보인다"(델리취). 그들이 기다리고 있는 하나님의 공평은 다가오지 않고, 그들의 구원에 대한 소망은 (예슈아〈יְשׁוּעָה〉가 여기서 체다카〈צְדָקָה〉 대신 사용되어 이 모든 단어가 구원을 가리킴에 틀림없다는 점을 주시하라) 그들로부터 멀리 떠났다.

---

9) 아마도 우리는 느껴야 한다. 권고를 나타내는 동사 어미는 숙명적으로 태어난, 즉 마지 못해 하는 동의를 나타낼 수 있다.

10) אֲשַׁמַּנִּים(아슈만님, 강한?)의 단수형은 아랍어 'k-bar처럼 왕성한 자일 수도 있는데, 그렇다할지라도 이중 점을 가진 눈은 설명하기 어렵다. RSV는 "원기가 가장 왕성한 중에 있는 우리가 죽은 자들과 같다"라고 번역한다.

11) 참고. Horace *Epodes* xvi. 51, *nec vespertinus circumgemit ursus ovile*; Ovid *Metamorphoses* ii. 485, *mens antiqua tamen facta quoque mansit in ursa: assiduoque suos gemitu testata dolores*; *Fasti* ii. 186. *Et gemuit, gemitus verba parentis erant*. 바벨론 인들 사이에 있는 이와 유사한 표현들을 참고하라. "나는 밤낮으로 비둘기처럼 탄식한다." 참조를 보다 더하려면 Stummer, "Einige Keilschriftlische Parallelen zu Jes. 40-66," *JBL*, Vol. 45, 1926, p. 186. 그리고 Muilenburg, *com. in loc.*를 참고하라.

제4장 예루살렘이 그 모든 죄를 인하여 여호와의 손에서 배나 받다 **479**

12절, 대저 우리의 허물이 주의 앞에 심히 많으며 우리의 죄가 우리를 쳐서 증거하오니 이는 우리의 허물이 우리와 함께 있음이라 우리의 죄악을 우리가 아나이다
13절, 우리가 여호와를 배반하고 인정치 아니하며 우리 하나님을 좇는 데서 돌이켜 포학과 패역을 말하며 거짓말을 마음에 잉태하여 발하니
14절, 공평이 뒤로 물리침이 되고 의가 멀리 섰으며 성실이 거리에 엎드러지고 정직이 들어가지 못하는도다
15절, 성실이 없어지므로 악을 떠나는 자가 탈취를 당하는도다 여호와께서 이를 감찰하시고 그 공평이 없는 것을 기뻐 아니하시고

59:12 본 절과 앞의 문맥과의 관계를 정확하게 설명하기가 어렵다. 여기에 발설된 호소는 진실된 것처럼 보이지 않는다. 따라서 선지자가 지금 자기 백성의 대표로서 말하고 있으며 하나님 앞에서 그들의 죄들과 그들의 소망 없는 상태를 고백하고 있는 것처럼 보인다. 이 고백 가운데서 그는 그 허물들, 즉 주님에 대한 배교와 지속적인 반역이 심히 많아졌다(숫자에 있어서와 또한 그 흉악함에 있어서)고 주장한다.[12] 계속 반복하여 백성은 마치 하나님께서 존재하지 않으시는 것처럼 범죄한다. 그러나 이 모든 일이 주님 앞에서 행해지고 있으니, 이는 모든 것을 보시는 주님의 눈에서 피할 곳이 없기 때문이다. 더 나아가서 그 백성들의 죄는 그들을 쳐서(정죄하면서) 증거하였다.[13] 죄의 이러한 의인화를 통하여, 그 죄를 존재하도록 한 자들에게 대하여 정죄하도록 부름 받은 정죄자로 죄를 나타낸다. 본 절의 하반절은 그 죄와 죄악들(iniquities)이[14] 그 백성들과 함께 존재하고 있으며, 그 백성들이 그것들을 알고 있다고, 즉 그들이 그것들이 어떤 것인지를 인지한다고 선언한다.

59:13 이사야는 부정사 절대형으로 방금 고백한 죄를 열거하고, 그렇게 함으로써 자신의 묘사에 밀집성과 간결성을 부여해 주고 있다. 문제의 핵심으로 들어가면

---

12) 랍부(רבב) - 엑센트가 **밀라**이다. 반면에 **아인-아인** 동사들에서는 주로 그것이 어간 음절에 있는 경향이 있으며, 언제나 휴지에서는 그러하다.
13) 안타(ענתה) - 앞의 복수형은 집합적으로 이해되기 때문에 단수이다.
14) '그리고 우리의 죄악들에 대해서는' - 하나의 자연완성구조(casus pendens)

서 그는 '허물들'과[15] 하나님께 한 거짓말을 열거하고 있다. 백성들이 예배 중에는 여호와를 믿는다고 고백하지만, 그러나 행동이나 생각으로는 그분에게서 멀어 있었다. 그들이 예배를 외적으로는 하나님께로 드리고 있으나 실제로는 우상숭배를 하고 있어서 결국 거짓되어 있다. 그들의 예배 행위는 이스라엘의 거룩한 자에 대한 거짓이다. 두 번째 문장 역시 "우리 하나님을 좇는 데서 돌이켜"는 배교를 나타낸다. 그것은 우리 주님께 대한 허물과 주님을 배반하는 것을 하나의 표현으로 나타내는 것이다. "포학과 패역을 말하며"는 포학을 일으키는 방법으로 말한다는 것이며 주님을 배반하여 말한다는 것을 의미한다. 마지막 문장에서 타락의 깊이가 백성들이 거짓말을 마음에 잉태하며[16] 발하는 데까지 미친다.

59:14 첫 문장은 앞 절의 '우리 하나님을 좇는데서 돌이켜'란 표현을 상기시켜 준다. '공평'이 마땅히 있어야 할 그 자리에서 '물리침이 되고 있다'. 여기서 '공평'은 공의로운 혹은 의로운 판단을 가리키는데 이것이 이 백성의 죄로 인하여 결핍되어 있다. 이와 같이 '의가 멀리 서 있으니', 이는 인간들이 계속 죄 가운데 있는 한 의를 행할 여유가 없기 때문이다.

이사야는 3장에서 말했던 내용을 상기시켜 주는 어투로 '성실(truth)이 거리에 엎드러지고'라고 선언한다. 성실(truth)은 더 이상 공적 장소에서 사람들에게 보이도록 공개될 수가 없다. 재판이 진행되는 시장에서 진리(성실)가 발견되지 못하는데, 이는 성실이 거리에 걸려 엎드러지기 때문이다. 진리가 있다고 할지라도, 단순히 목적없이 방황하고 있을 뿐, 그 나라의 심장부에는 존재하고 있지 않다. 그러므로 '정직(올바름, 공정)이[17] 들어가지 못한다.' 유다가 불공정에서 수위를 차지하고 있었던 것으로 보인다. 백성들이 포로 기간에도 지속적으로 불공정을 당하고 있었다고 한다면 이는 이상할 것이다.

---

15) 파소아(פָּשֹׁעַ) – '허물지는' 12절의 '우리가 그것들을 아나이다'에 의하여 지배를 받는 일련의 여섯 개의 부정사 절대형들 중 첫 번째 것이다. 두 번째 것과 함께 그것은 '여호와'를 목적어로 가진다.

16) 호로(הֹרוֹ) – '를 잉태하고 있는'. 이러한 형태들은 자주 칼 수동형의 부정사 절대형들로 간주된다. B는 각기 1인칭 복수로 번역하고 있다.

17) 본 절의 독특한 구조에 대해서는 32:16을 참고하라. 또한 오직 이 두 구절들 가운데서만 공평(מִשְׁפָּט)과 의(צְדָקָה)가 인간의 기질들로 되어 있다는 사실을 유념하라.

59:15 진리(성실)가 뒤로 물러갔다. 혹은 결핍되었다.[18] 그리고 '악을 떠나는 자'가 '탈취를 당하는 자'가 되었다. 악을 떠난 자로 욥을 묘사하였고(욥 1:1), 솔로몬을 의인을 악을 떠난 자로 묘사하고 있다(잠 14:16). 칼빈은 "인간들 가운데서 살기를 바라는 사람들은 누구나 악에 있어서도 그들과 함께 경쟁을 하여야 한다"고 말함으로써 정곡을 찌르고 있다. 사람이 그들처럼 악하지 않는다면 그는 손해를 당할 것이다. 그러므로 유다의 악한 성격이 편만하게 되었던 것이다.

하반절과 함께 우리는 선지자의 사상 가운데서 새로운 국면으로 들어간다. 비극적인 상황이 그것을 보셨던 하나님에게 알려지지 않은 바가 아니었다. 그리고 그것은 주님이 보시기에 악했다(즉 주님은 그것을 악한 것으로 간주하셨다).

16절, 사람이 없음을 보시며 중재자 없음을 이상히 여기셨으므로 자기 팔로 스스로 구원을 베푸시며 자기의 의를 스스로 의지하사
17절, 의로 호심경을 삼으시며 구원을 그 머리에 써서 투구를 삼으시며 보수로 옷을 삼으시며 열심을 입어 겉옷을 삼으시고
18절, 그들의 행위대로 갚으시되 그 대적에게 분노하시며 그 원수에게 보응하시며 섬들에게 보복하실 것이라.

59:16 본 절과 앞 절과의 긴밀한 관계가 "그리고 그가 보셨다"는 문구의 반복 가운데 나타나 있다. 하나님께서는 그분의 진리와 의를 대변할 사람이 없음을 보셨으며, 중재자가 없음을 이상히 여기셨다. 온 이스라엘 사람 중에서 죄로 인해 하나님과 인간 사이에 만든 갈라진 틈으로 들어간 자는 아무도 없었다. 아무도 주님을 대신하여 개입하지 않았다. 아무도 주님의 소송을 변호하거나 혹은 주님의 진리를 선포하지 않았다. 선지자는 하나님께서 이상히 여기셨다고 말하고 있는데 이는 하나님께서 그것을 보시기 이전까지는 그 상황을 알지 못하고 있었고 그래서 그것을 보셨을 때 그것이 주님을 놀라게 하였다는 것을 의미하지 않는다. 그보다도 이 말은 진정한 놀라움에 대해 말하고 있으며, 그것은 불쾌함으로, 그러나 하나님 자신이, 행동에 나설 정도로 강한 그의 소유된 백성을 향한 긍휼에서 나타난다. "이러한 묘

---

18) 와우연속법을 가진 미완료형은 일종의 예언적 완료형으로서의 역할을 한다. 즉 "그리고 그것이 있을 것이다. 즉 진리가 없어진" 실질적인 미래는 18절과 함께 시작된다. 17절에 있는 완료형을 주시하라.

사의 독특한 특성, 그리고 하나님의 성품에 대한 우리의 통상적인 개념에 특별함을 더해주는 듯한 강렬함은, 불가피하게 바벨론 포로로부터의 귀환 이상의 어떤 것, 혹은 로마에 의한 예루살렘의 멸망 이상의 어떤 것에 대해 마음을 준비시켜 주고 있다"(알렉산더). 그런 까닭에 하나님께서는 "자기 팔로 (즉 주님의 전능하신 능력) 스스로" 백성들을 구원하셨다. 그리고 주님 "자신의 의가 그분을 지탱"하셨다.[19] 구원 사역이 묘사될 때마다 자주 그러하듯, 여기서도 하나님의 능력과 의를 결합하고 있다. 강조가 인칭 대명사 히(הִיא, 그것)를 통하여 의에 주어져 있다.

59:17 이제 이사야는 계속 여호와께서 이스라엘을 대신하여 행동하셨다는 사상을 세부적으로 묘사해 나가며, 이 일을 상징적 언어로 처리한다. "의"는 주님이 자기 백성을 위하여, 그리고 심판은 악인을 향하여 펼치셨던 하나님 자신의 의를 가리킨다. 이 의는 하나님의 몸 혹은 호심경(breast armor)이다.[20]

본 절의 상반절이 "그리고 그가 입으셨다"로 시작한 것처럼 하반절도 그 문구로 시작한다. 의와 구원 모두가 하나님의 백성에 대한 구원과 관계가 있지만, 그러나 하반절은 대적들에 대한 보응의 사상으로 좀 더 전환하고 있다. 의복(틸보셰트)에 대해서는 하나님께서 보수의 옷을 입으신다 (즉 주님으로 하여금 보응을 시행하실 있도록 하는 의복). 마지막으로, 주님이 자신을 "열심"으로 겉옷을 삼아 입히시는데, 이 단어는 주님의 백성에 대한 지대한 관심과 또한 그들의 대적을 멸망시키겠다는 주님의 결심을 가리킨다. 언급된 무기는 보호적이거나 방어적인 것인데 이는 주님을 공격하여 멸망시키려 하는 많은 대적들이 있음을 암시한다. 이 모든 상징적 언어들은 하나님께서 자기 백성의 구원에 전심을 다하신다고 말하는 강한 방법이다.

59:18 본 절의 전체적인 의미는 분명하지만, 그러나 세부사항에 있어서는 난해하다. 사상은 분명히 하나님께서 인간들의 행동에 따라서 보수하실 것이라는 사실이다. 주님의 대적들에 대해서 주님은 분노로 갚아 주실 것이고 원수들에게는 보응하실 것이다. 주께서 섬들에게는 받아야 할 것을 보복하실 것이다. 게물라(גְּמֻלָה)란 단어는 보수, 공적(deed), 혹은 처사를 의미할 수도 있다. 여기서는 후자의 의미가

---

19) 3인칭 여성 단수 동사와 결합된 완전한 형태의 남성 접미사를 유념하라.

20) שִׁרְיָן - 참고, 아카드어 širiyam, 애굽어 tu-ira-na, 수리아어 šer-yo-no'. 우가릿어에서 (CMAL, p 99; Baal ii. 6, 19, 21) šryn은 Anti-Lebanon(레바논 반대편)에 대한 호칭이다. B는 θώρακα.

더 좋을 것이다. 알(עַל, 위에)이란 전치사의 두 번째 출현은 목적어가 없이 이루어져 있으면, 이는 성경에서 유례 없는 현상이다. 우리는 '~에 따라서'(직역하면, '에 비슷하게'〈like upon〉)로 번역하고 있으나, 우리는 이것이 옳은지 확신할 수 없다. "대적들"과 "원수들"이 이스라엘 가운데 있는 악인들인지 아니면 이방인 가운데 있는 악인인지는 결정하기 어렵다. 앞 절에 비추어 이 두 단어들은 주님께 줄기차게 저항하여 스스로 하나님의 원수임을 드러내었던 택함 받은 백성 중 일부 구성원들을 가리키는 것은 가능하다. 만약 이것이 그렇다면 섬들에 대한 언급을 하고 있는 마지막 문장은 이방인들을 가리키는데, 그들의 보복은 이스라엘 가운데 있는 악인들에 대한 그것과 긴밀히 연결되어 있다(참고. 렘 25:29; 겔 9:6; 벧전 4:17).

반복은 이사야서의 특징이다. 이러한 간결성 자체를 통하여 선지자는 하나님께서 얼마나 풍성하게 구원하시고 심판하실 수 있는지를 분명하게 해 주고 있다.

19절, 서방에서 여호와의 이름을 두려워하겠고 해 돋는 편에서 그의 영광을 두려워할 것은 여호와께서 그 기운에 몰려 급히 흐르는 하수같이 오실 것임이로다
20절, 여호와께서 가라사대 구속자가 시온에 임하며 야곱 중에 죄과를 떠나는 자에게 임하리라
21절, 여호와께서 또 가라사대 내가 그들과 세운 나의 언약이 이러하니 곧 네 위에 있는 나의 신과 네 입에 둔 나의 말이 이제부터 영영토록 네 입에서와 네 후손의 입에서와 네 후손의 후손의 입에서 떠나지 아니하리라 하시니라 여호와의 말씀이니라

59:19 본 절은 세상의 모든 사람이(그것이 두 방향이 언급된 의미이다) 여호와를 경외할 것이라는 일반적인 진술로 시작한다. 이것은 주님의 기이한 "이름"(즉 주님 자신)과 그분의 "영광"(두 단어들은 의미상 본질적으로 같다. 참고. 30:27; 35:2; 40:5; 42:12)에 대한 지식안에서 경건하고, 존경하며 어린아이 같은 주님 앞에서의 경외심이다. 땅의 가장 먼 나라들이 여호와를 예배할 것이다.

하반절에서 이러한 범세계적 예배의 그 이유를 기술하고 있다. כִּי(이는)란 단어를 그 자연적 의미로 해석하는 것이 가장 좋을 것으로 보인다. 그렇다면 그것은 어찌하여 여호와께 대한 범세계적 예배가 있을 지에 대한 이유를 진술하고 있다.

잘 알려진 바와 같이, 본 절의 하반절은 많은 다른 구문들의 주제였다. 그리고 약간의 주저함을 가지고 사람이 자신의 견해를 제시하려고 시도한다. 내포된 난점들

을 충분히 이해하면서 우리는 주님에게 향한 범세계적 예배의 이유는, 어떤 대적이 하나님의 백성을 압제할 때 하나님께서 그들 가운데 계시므로 하나님께서 자기 백성을 구원하시는 것을 막을 수 없게 되기 때문이다. 맛소라 엑센트 부호를 버릴만한 타당한 이유가 있다고 보지 않는다. 그런 까닭에 우리는 차르(צַר)를 주어로 분리시켰고 (다른 어떤 주어를 표현하고 있지 않다), '이는 대적이 하나의 하수처럼 다가온다' 고 번역하였다. 나하르(נָהָר)를 좁은 와디 강바닥으로 밀려들어와서 그 앞에 있는 모든 것을 삼켜버린다. 그 '나하르' 는 사납고도 쇄도하는 시내를 가리키는 것으로 간주하는 것이 옳을 것이다.

만일 루아흐 야웨(רוּחַ יהוה)가 힘찬 바람(a mighty wind)으로 이해된다면, 이 동사형을 '그것을 몰아가는' 을 의미하는 것으로 이해할 수 있다. 비록 광범위하게 받아들여지기는 할지라도, 이것이 난점으로부터 완전히 벗어난 것은 아니다. '여호와의 영이 그 안에서(즉 강 안에서) 하나의 기를 세우신다' 로 번역할 수도 있다. 이사야서에서 루아흐 야웨란 문구는 메시아께서 자기의 사역을 이행하시기 위하여 필요로 하는 자격을 구비시켜주는 주의 성령을 가리킨다(참고. 11:2이하). '기를 세운다' 는 번역도 하나의 좋은 사례일 수 있다. 그렇다면 본 절의 뜻은, 대적이 좁은 와디를 완전히 범람하는 물의 홍수같이, 하나님의 백성에게 다가올 때마다 그 홍수의 한 가운데에 하나님께서 한 기를 세우시고 그 상황을 통괄하고 계시다는 것을 보이신다는 것이다. 그런 까닭에 그 어떤 대적도 주님의 백성을 정복할 수 없다. 주께서 언제나 그러한 대적을 복종시키시고 자신의 주권을 나타내 보이시려고 임재해 계신다. 이러한 이유로 동방과 해지는 곳으로부터 온 인간들이 주님을 예배하는 것이다.

59:20 "구속자"는 여기서 자기 백성을 자유하게 하기 위하여 대가를 지불하시는 자로서 그 충만한 의미를 가진다. 시온이란 단어와 함께 하나의 전치사가 나타나는데 이는 근본적으로 '~에게로' 나 '을 위하여' 를 의미한다. 그것은 동작 전치사가 아니고, 그러므로 70인경의 번역 '시온을 위하여' 가 아주 적절하다. 로마서 11:26에서 바울이 "시온으로부터"로 번역하고 있고, 이러한 번역은 문법적으로 옳다. 왜냐하면 전치사가 이 의미를 가질 수도 있기 때문이다.[21] 알렉산더는 이 문구가 "엄밀하게 지역이든, 시간이든, 혹은 또 다른 성격의 것이든 어떤 특별한 세부사항을

---

21) 1Q는 צִיּוֹן עַל. B는 ἕνεκεν Σιων, 롬 11:26은 ἐκ Σιων.

결정함이 없이, 약속된 큰 구원자의 오심이, 시온 혹은 택함 받은 백성과 관련되었다는 것 이외에 다른 것을 의미하지 않는다"고 말함으로써 근본적 요점을 밝혀냈다. 아마도 "죄과를 떠나는 자들을 위하여"란 평행적 표현에 비추어 '시온을 위하여'로 번역하는 것이 가장 좋을 것 같다.

"죄과를 떠나는 자들"은 그들의 허물들로부터 돌이키는 자들이다(참고. 살전 1:9 "너희가 어떻게 우상을 버리고 하나님께 돌아와서…"). 이 문구는 시온의 정체를 밝혀주는 역할을 하는데, 이는 이사야가 물리적 성읍에 대해서 말하는 것이 아니라 자기의 참 백성에게로의 주님의 오심을 말하고 있기 때문이다. 이 죄과를 떠나는 자들은 언젠가 배교했었으나, 이제는 그러한 배교의 죄로부터 돌이켰다. 그러므로 이것은 그 나라 전체를 가리켜 말하는 것이 아니고 선택을 따라 난 자손, 즉 참 이스라엘을 가리킨다. 결론을 짓고 있는 "여호와의 말"이라는 문구를 통하여 승인의 도장이 그 약속에 찍혀 있다.

59:21 여호와께서는 자기들의 허물로부터 떠난 자들과 영원한 언약을 맺으실 것이다. 머리말 '그리고 내가'는 화자가 주님이심을 밝혀주고 있다. 그것들은 창세기 9:9에서 사용된 언약적 공식의 일부이기도 하다. 또한 창세기 17:4을 주시하라. 그러므로 이 어투 자체가 하나님께서 이스라엘과의 언약 체결을 통해서 알려 주시는 그 은혜에 주의를 집중케 한다. "이러하니"는 뒤따라오는 내용을 가리키며, "나의"란 접미사는 그 언약이 하나님의 것임을 암시해 주고 있으니, 그 기원이 주님에게 있다는 사실과 이스라엘을 향한 주님의 소원들(desires)을 나타내고 있다. 여기에 어찌하여 하나님께서 그렇게 전적으로 반역하고 배교한 나라를 완전히 저버리지 않으시는지 그 이유가 나타나 있다. 이들 가운데 참 이스라엘이 들어 있으며 약속을 따라 난 택하심을 받은 남은 자가 있다. 사실상 이것은 새 언약이 아니고 언젠가 조상들과 맺은 언약에 대한 새로운 경영(administration)이다. 어투가 특별히 강조적이라는 사실은 "여호와께서 가라사대"의 이중적 사용에서 드러난다. 주께서 시온을 위하여 오시는 것은 하나님께서 언젠가 아브라함과 언약을 맺으셨기 때문이다.

약속의 내용은 위로부터 오시는 성령과 이스라엘의 입에 둔 말씀을 결코 그들로부터 떠나지 아니하리라는 사실에서 발견한다. 그렇게 말씀하심에 있어서 주님은 여호수아에게 말씀하셨던 말씀과 유사한 어투를 사용하신다(참고. 수 1:8). 그처럼 백성들은 자기들의 영광스러운 유산에 대해 일깨움을 받고 약속에 대한 특별한 선포를 의지하도록 격려를 받는다. "네 위에 있는"이란 말은 성령이 위로부터 내려서 지금 하나님의 선물로서 이스라엘 위에 있음을 암시하고 있다. 성령의 선물과 평행을 이루고 있는 내용이 하나님께서 자기 "말"을 이스라엘의 "입"에 두셨다는 사실이다. 이사야는 의도적으로, 그것들이 신적 기원을 가지고 있다는 것을 보여 주기 위하여, 하나님께서 이스라엘의 입에 이 말씀들을 두셨다는 사실을 강조하고 있다. 이와 같이 교회는 그 말씀이 하나님에게로부터 온 것이며 인간에게서 나온 것이 아님을 결코 잊지 않을 것이다. 이 어투는 선지자의 영감을 생각나게 한다(참고. 신 18:18; 30:14; 롬 10:8). 교회를 모든 진리로 가르치시고 위로하시고 하나님께서 그에게 주신 구원의 말씀들을 가르쳐 주실 성령의 은사는(참고. 요 16:13) 그와 그의 후손과 함께 영원히 거할 것이다. 주께서는 말씀으로 인간에게 계시해 주신 자기의 영원한 진리가 자기 백성 고유의 소유임을 선언하고 계신다. 구약 시대에는 이것이 조상과 선지자들에게 주셨던 계시들로 이루어졌었다. 오늘날 교회의 보화는 성경, 곧 폐할 수 없고 무흠하며 오류가 없고 영원하신 하나님의 진리 자체인 말씀이다. 이 말씀과 성령은 결코 교회로부터 떠나가지 않을 것이니, 이는 그 머리의 몸으로서의 교회가 하나님의 구원하시는 치유력이 모두에게 나타나 보여지도록 온 열방에 그 진리를 선포해야 할 것이기 때문이다. 이사야는 메시아의 나라의 영원성을 묘사하기 위하여 사용된 언어(9:7)와 동등한 언어로 이 독특한 장을 마무리하고 있다. 주님의 백성의 지속적인 죄와 배교에도 불구하고 주님께서는 여전히 신실하시다. 약속은 성취될 것이며, 구속자는 주님의 성령과 말씀이라는 충성한 선물을 가져다 주시면서 오실 것이다. 이 은사들이 주님의 교회와 영원히 거할 것이다. 오직 하나님에게만 모든 영광이 있어지이다.

60장

1절, 일어나라 빛을 발하라 이는 네 빛이 이르렀고 여호와의 영광이 네 위에 임하였음이니라

2절, 보라 어두움이 땅을 덮을 것이며 캄캄함이 만민을 가리우려니와 오직 여호와께서 네 위에 임하실 것이며 그 영광이 네 위에 나타나리니

3절, 열방은 네 빛으로, 열왕은 비취는 네 광명으로 나아오리라

제4장 예루살렘이 그 모든 죄를 인하여 여호와의 손에서 배나 받다 *487*

4절, 네 눈을 들어 사면을 보라 무리가 다 모여 네게로 오느니라 네 아들들은 원방에서 오겠고 네 딸들은 안기워 올 것이라

5절, 그때에 네가 보고 희색을 발하며 네 마음이 놀라고 또 화창하리니 이는 바다의 풍부가 네게로 돌아오며 열방의 재물이 네게로 옴이라

6절, 허다한 약대, 미디안과 에바의 젊은 약대가 네 가운데 편만할 것이며 스바의 사람들은 다 금과 유향을 가지고 와서 여호와의 찬송을 전파할 것이며

60:1 본 장은 앞장의 사상을 이어가고 있다. 본 장은 그 자체가 두 개의 주요 단락으로 나뉘어 지는데, 곧 1-12절과 13-22절이다. 파이퍼는 교차적 배열을 상기시켜 주고 있는데, 곧 첫 단락은 내적 승귀로부터 외적인 승귀로 나아가고 있고, 두 번째 단락은 외적인 것으로부터 내적인 것으로 나아가고 있다. 이사야는 두 개의 효력 있는 명령형, 즉 '일어나라', '빛을 발하라'로 시작하고 있다. 그는 예루살렘 혹은 시온에게 말하고 있으나, 물리적 성읍을 가리켜 말하고 있지 않음이 분명하다. 알렉산더는 '로마'란 단어가 로마 카톨릭 교회를 나타내는 것과 같은 용법이라고 지적하고 있다. 시온은 죄로 인하여 티끌과 재 가운데 앉아 있고 좌절된 한 여인으로 의인화되어 있다. 델리취는 이 두 단어들 가운데 있는 독창적인 의미에 대해서 올바르게 말하고 있다.

"일어나라"는 명령은 그 명령을 실현할 힘을 동반한다. 예루살렘 스스로 일어날 수 없었으니, 이는 그들의 죄가 하나님으로부터 갈라냈기 때문이다. 그리스도께서 문둥병자에게 "깨끗함을 받으라"고 명령하실 때, 그 문둥병자는 순종할 힘이 없었으나, 그리스도께서 그 문둥병자에게 말하실 때 깨끗함을 받았다. 하나님께서 선지자를 통하여 "일어나라"고 외치실 때 주님은 예루살렘으로 하여금 일어나도록 힘을 부여하신다. 그것이 곧 베드로가 다비다에게 일어나라고 명령하였을 때의 능력의 말씀이다(행 9:40). 두 번째 명령은 "빛을 발하라"이며 뒤따라오는 "네 빛"과 유사음 조화 현상을 이루고 있다. 주님으로부터 완전하고 거룩한 빛, 그의 참된 구원을 받은 시온은 그 빛을 비추어야 한다. "일어나라"가 외적 인간을 지향하듯, "빛을 발하라"는 내적 인간을 가리킨다. 그 마음 가운데 구원의 빛이 없었다면, 시온은 일어날 수 없었을 것이다.

그 명령의 근거는 예루살렘의 빛이 그에게 임하였다는 것이다. 이사야는 예언적 완료형을 사용하고 있다. 이 약속의 성취가 너무나 그에게 확실하였으므로 그는 그

것을 이미 일어난 것으로 묘사하고 있는 것이다. 구원은 빛이니, 이는 그것이 무지, 죄, 그리고 악이라는 어두움을 쫓아내기 때문이다. 빛은 시온의 구원이다. 왜냐하면 그것이 언약을 따라서 시온에게 약속되어 왔기 때문이다.

"네 빛이 이르렀고"와 "여호와의 영광이 네 위에 임하였음이니라" 사이에 있는 교차적 표현을 주시하라. 타오르는 태양처럼, 여호와의 영광이 시온을 충만하고도 눈부신 빛에 굴복하게 하면서 예루살렘 위에 떠오른다.[1] 이 영광은 피조된 우주 전체 가운데 나타났으며, 쉐키나(שכינה)와 구름과 불기둥에서처럼 특별히 구속의 역사 가운데 나타났다. 그것은 구원을 동반하며, 이것은 구원이 여호와의 영광의 현시이기 때문이다.

60:2 선지자는 본 절과 함께 방금 전에 언급한 일반적 진술을 확대하고 약간 세부적으로 다루어 나가기 시작한다. 그러므로 כִּי(키)라는 머리말은 1절의 발언을 구체화하는 역할을 한다. "보라!"는 진술하려는 내용의 중대성에 주의를 집중케 한다. 강조가 무지, 죄, 슬픔, 멸망, 그리고 지옥의 상징인 "어두움"에 주어져 있다. 그러한 어두움이 "땅을 덮을 것이며"(단순히 팔레스틴 땅만이 아님), 그리하여 땅이 완전히 뒤덮이고 그 어떤 빛도 비추지 못한다. 이와 같이 빽빽한 구름, 즉 두터운 "캄캄한 어두움"이 땅의 만민을 가리울 것이다. 우리는 구원이 미래에 올 것이고, 또 이스라엘에게 주어진 이 구원이 열국들을 어두움 밖으로 이끌어 낼 것이므로 동사들을 미래형으로 번역하였다. 어쨌든 세상을 덮고 있는 어두움은 미래에 구원과 함께 다가올 어떤 것이 아니다. 그것은 이미 현존해 있다. 이 뜻은 비록 어두움이 땅을 덮고 있을지라도 여호와께서 시온 위에 태양처럼 나타나실 것이라는 것이다.

"네 위에" 앞에 '와우'란 첫 말은 반의 접속사이다. 어쨌든 시온 위에 어두움이 지속되지 않고 빛이 비추일 것이다. 앞 절에서는 여호와와 그의 영광을 동사의 주어로 결합하고 있었다. 여기서는 "여호와"가 주어이고 "그의 영광"을 분리된 문구로 취급해야 한다. 이사야가 땅이 어두움에 여전히 덮히어 가리워 있다고 말하고 있을 때, 하나님의 약속이라는 새벽 별만이 있었다. 그러나 그리스도께서 오셨을 때, 태

---

1) 기초가 되는 이 아름다운 모습은 이른 태양이 모압의 언덕들 뒤로부터 갑자기 지평에 떠올라 오고 있는 이미지이라는 것은 가능하다.

양은 나타났고 빛이 비추었다. 이 구원의 빛은 열국들을 그것으로 이끌어들일 것이며, 여기에 왜 시온이 영광스러운지 그 이유가 있다. 하나님의 빛이 나타나지 않은 곳마다 그곳에는 흑암이 있다. 그러나 우리는 그분의 영광을(요 1:14, 16; 참고. 요일 1:2이하), 그리고 위엄을(참고. 마 17:2; 벧후 1:16이하) 바라보았다. 시온은 열방에 빛이 될 것이니, 이는 그가 참 빛이신 예수 그리스도를 통하여 비추는 세상의 빛이기 때문이다.

60:3 이사야는 자기의 첫 번째 구원예언을 상기시키는 말들로 열방이 시온의 빛으로 나오리라고 선언한다. 열방에 정관사가 빠져 있으니, 이는 여기에 거짓된 보편주의가 들어 있지 않기 때문이다. 시온은 태양 빛을 반영하는 달처럼 빛을 발산한다. 그것은 시온 자신의 빛이 아니니, 이는 그 자신의 빛은 어두움이기 때문이다. 그것은 그의 주님이 그에게 주시는 빛이다. 전치사는 '에 관하여'의 의미를 가지고 있으며, 알렉산더가 시사한 바와 같이, '안에서' (in)로 번역할 수도 있다. 파선을 두려워하는 선원들이 등대로부터 나오는 빛에 의하여 인도를 받듯이, 열방도 시온으로부터 나오는 빛 가운데서 다닐 것이다(즉 자기들의 삶을 영위해 나갈 것이다).

열방뿐만 아니라 열방의 머리들인 왕들도 시온이 비추는 밝은 빛을 따라 행할 것이다. 이사야가 일반 백성들뿐만 아니라 높은 지위에 있는 사람들까지 구원하는 진리 지식으로 나아올 것임을 보이기 위하여 아마도 열방들을 언급한 것 같다. 시온을 떠오르는 것으로, 그리고 떠오르면서 밝은 빛을 비추는 자로 생각하고 있다. 칼빈은 아름답게 논평하고 있다. "그는 여명에 비유한다. 이는 새벽 별이 하늘의 한쪽 구석만을 비추기 시작하여, 그리고 그 다음에는 즉시 태양이 모든 세상을 비추는 것처럼, 먼저 새벽이 유다 가운데 있었고, 그로부터 빛이 떠올라 그 다음에는 온 세상을 둘러 비추었다. 이는 여호와께서 땅의 어느 한 구석도 이 빛으로 비추시지 않았던 곳이 없기 때문이다."

60:4 이사야는 명령을 계속해 나가면서, 축자적으로 첫 번째 대귀에서 49:18의 언어를 반복하고 있으며, 두 번째 대귀는 49:22을 반영하고 있다(또한 참고. 43:5-7; 49:12; 57:14; 62:10; 신 28:64). 싸비브(סָבִיב, 사면을 돌아)를 세이(שְׂאִי, 들

어)와 함께 해석해야 한다.[2] 쿨람(כֻּלָּם, 그들 모두)은 왕들을 가리키지 않고 두 번째 대구에 언급된 아들들과 딸들을 가리킨다. 남성형은 아들들과 딸들 모두를 포함한다. 예루살렘이 다시 자신에게로 모여드는 자녀들을 사랑과 부드러움을 가지고 사방을 둘러보는 한 어머니로서 의인화되어 있다. 마지막 문장을 '그리고 네 딸들은 옆에 안기어 올 것이라'로 번역해야 한다.[3] 이사야는 비록 이것을 독단적으로 주장될 수는 없을지라도 분명히 엉덩이 위에 안고 가는 표상을 사용하고 있다. 여인네들까지도 어린아이들처럼 옮겨진다. 아들들을 걷는 자로 묘사하고 있고 딸들을 안겨 오는 것으로 하고 있다. 여기서 선지자는 배교자인 이스라엘 족속을 가리켜 말하지 않고 회심하고 먼 사방으로부터 오고 있는 이방인을 가리켜 말하고 있다. 이 표상은 본질적으로 2:2-4에 있는 것과 같다. 이방인이 한 분 참되시고 영원하신 하나님의 거처인 시온을 찾는다.

60:5 이 커다란 유입의 결과로 시온에 놀라고도 두려움이 넘치는 기쁨이 있을 것이다. 우리는 처음 두 동사를 '네가 보고 환해질 것이다'라고 번역한다. 이것은, 비록 그것이 마음이 행복 혹은 즐거움으로 불타오르는 것을 가리킬 수도 있지만, 아마도 얼굴이 기쁨으로 밝아지는 것을 가리킬 것이다. 그러나 뒤따라오는 문장이 마음에 대해서 말하고 있으므로, 외모의 밝아짐을 가리킬 것이다. 그 마음은 '떨릴' 것이며(직역하면, 두려움에 떨다) '팽창할' 것이다(직역하면, 넓어지다). 자기의 진정한 아들들과 딸들인 이방인이 믿음을 가지고 자기에게 오는 것을 볼 때, 엄청난 감정이 시온을 사로잡을 것이다.

이사야는 두 번째 대구에서 시온의 감정의 이유를 개진한다. 하몬(הֲמוֹן)이란 단어를 일반적으로 '풍성'으로 번역하지만, 그러나 이것이 백성의 물품을 가리키는지 아니면 그들 자신을 가리키는지는 말하기 어렵다. 여기서 "바다"는 열방을 나타내고 있는데, 이는 다니엘이 이어받는 표상이다(참고. 단 7:1이하). 그리고 "바다의 풍부"는 바다가 소유하고 있는 풍성함일 것이다. 언젠가 이방 열방들에게 속해 있었던 것 모두가 이제는 시온으로 돌아오게 될 것이다. 왜냐하면 백성들과 그들이 가진 모

---

2) 동사와 목적어 사이에 등장하는 부사는 이사야 특성을 가지고 있다. 참고. 37:23; 40:23; 40:26; 49:18; 51:6.

3) 테아마나(הֵאָמַנָה) — '보모 에 의하여 옮겨지다.' 휴지 상태에서 **다게쉬는 눈**(נ)으로부터 생략될 수도 있다. 아들들과 딸들의 언급은 전체성을 표현한다. 참고. 3:1; 16:6; 43:6; 49:22.

든 것이 예루살렘에 바쳐질 것이기 때문이다. 마지막 문장은 "열방의 재물이 시온으로 올 것이라"(동사가 비인칭적이다)고 확언함으로써 방금 논의한 구절과 평행을 이룬다. 여기서 '힘'(재물)은 비록 이 단어가 자주 군대의 힘을 가리키기는 하지만 이 방의 부를 가리키는 것 같다. 시온이 올리우는 것은 놀랄 일이 아니니, 이는 시온이 전에 전혀 꿈꾸어보지 못한 축복을 볼 것이기 때문이다. 열방들과 그들의 부가 그에게로 오는데, 이는 하나님의 영광을 위하여 사용이 될 수 있는 '모든 것들이 너희의 것'이기 때문이다.

60:6 먼 열방들로부터 오는 상인들은 자기들의 보물들을 여호와께로 가져올 것이다. '약대들의 풍부(제롬은 이를 미술적으로 'inundatio', 즉 홍수로 번역한다. 개역은 "허다한 약대")가 그 땅을 덮을 것이니,' 그것들이 있어서 마치 홍수가 그 땅에 넘쳐서 어디에나 모든 것을 덮어버리듯 할 것이다. 같은 동사가 11:9에서 바다를 덮는 물에 대해 사용되었다. 베케르(בֶּכֶר)의 정확한 의미는 알려져 있지 않지만, 우리는 그것을 어린 단봉 낙타로 번역할 수 있을 것이다. 이것들은 미디안과 에바에게 속한 것인데, 미디안과 에바는 부족을 가리키지 않고 부족의 조상을 가리킬 것이다. 창세기 25:4에 의하면 에바는 미디안의 아들이었고 셉나의 아버지 욕산의 조카였다. 이 모든 것들(즉 낙타들과 단봉 낙타들 모두)이 스바로부터 올 것인데, 이곳은 오늘날 예멘으로 알려져 있는 곳과 동일시될 수 있는 아라비아에 있는 한 지역일 것이다. 이 문맥에서 강조가 시온으로 오는 데 있음을 유념해야 할 것이니, 이러한 사실에서 복음의 끄는 힘이 드러나 있다.

동물들은 빈 채로 오지 않고 값진 선물들, 즉 고대인들에게 대단히 값나가는 물품들인 금과 유향을 짊어지고 올 것이다. 우리 주님이 탄생하셨을 때, 박사들이 황금과 유향과 몰약을 가지고 왔다(마 2:11). 이 선물들을 가지고 오는 자들은 그들의 하나님에게 가장 좋은 것을 드리기 원한다. 여기에 감동적 헌신의 표현이 나타나 있다.

이 헌신은 선포되는 하나님에 대한 찬송으로 나타난다. 복수형('찬송들')은 아마도 강렬함 때문일 것이다. 우리는 "찬송들"을 동사의 목적어로 하여 '그리고 그들이 여호와의 찬송을 전파할 것이다' 로든, 아니면 '그들이 다른 자들이 여호와를 찬양하고 있는 것을 전파할 것이다' 로 번역할 수 있다. 후자의 번역에 의하면 그 뜻은 그들이 찬송이 여호와께 드려지고 있다는 사실을 복음으로 전파할 것이라는 것이다. 그 주어를 방금 전에 언급한 동물들이 되어야 할 것이고, 그래서 동물들이 시온으로 값진 선물들을 가져옴으로 말미암아 여호와께 찬송을 드린다는 해석도 가능하다.

> 7절, 게달의 양무리는 다 네게로 모여지고 느바욧의 숫양은 네게 공급되고 내 단에 올라 기꺼이 받음이 되리니 내가 내 영광의 집을 영화롭게 하리라
> 8절, 저 구름같이, 비둘기가 그 보금자리로 날아오는 것같이 날아오는 자들이 누구뇨
> 9절, 곧 섬들이 나를 앙망하고 다시스의 배들이 먼저 이르되 원방에서 네 자손과 그 은금을 아울러 싣고 와서 네 하나님 여호와의 이름에 드리려 하며 이스라엘의 거룩한 자에게 드리려 하는 자들이라 이는 내가 너를 영화롭게 하였음이니라
> 10절, 내가 노하여 너를 쳤으나 이제는 나의 은혜로 너를 긍휼히 여겼은즉 이방인들이 네 성벽을 쌓을 것이요 그 왕들이 너를 봉사할 것이며
> 11절, 네 성문이 항상 열려 주야로 닫히지 아니하리니 이는 사람들이 네게로 열방의 재물을 가져오며 그 왕들을 포로로 이끌어 옴이라
> 12절, 너를 섬기지 아니하는 백성과 나라는 파멸하리니 그 백성들은 반드시 진멸되리라

60:7 열방이 또한 제사로 여호와를 섬기기 위하여 자신의 짐승을 가지고 올 것이다. '게달의 양무리'는 아마도 게달의 부를 나타내는 것으로 보이며, '느바욧의 수양'은 느바욧이 드릴 수 있는 가장 좋은 것을 나타내는 것으로 보인다. 게달은 이스마엘의 둘째 아들이었는데(창 25:13), 그의 후손들이 수리아와 메소보다미아 사이의 사막에 살았었다. 느바욧은 이곳과 창세기 25:13, 28:9 그리고 역대상 1:29에만 언급되어 있으며, 언제나 게달과 혹은 이스마엘의 후손들과 관련되어 언급된다.[4] 이 호칭은 아라비아의 페트리아(Petrea)의 거민들인 나바티아인(Nabateans)들을 가리킬 것이다. 게달의 양무리가 시온의 유익을 위하여 모아질 것이며, 나바티아 수양들은 시온을 도울 것이다.[5] 이 단어는 강제 노역과 반대되는 자원적 봉사를 시사한다.

본 절의 하반절은 어떻게 이 봉사가 시행되는지, 즉 야웨의 제단에 올라 받아들

---

4) 참고. "Ashurnanipal's Campaign against the Arabs," *ANET*, pp. 298-300. and Pliny *Natural History* v. 12.
5) 예샤르투넥 (יְשָׁרְתוּנֶךְ) — 접미사가 '-우운(ה)으로 되어 있는 미완료형 어미에 덧붙여지는데, 여기서는 연결모음과 함께 덧붙여져 있다. 참고. 60:10.

여지는 것을 지적한다. 주께서는 이렇게 주의 영광의 집, 즉 그의 아름다운 집을 아름답게 하실 것이다. 이 아름다운 상태에 있는 하나님의 집은 회심한 이방인이 가져오는 제물로 말미암아 더욱 아름다울 것이다.

이 문맥의 일반적인 어조를 유지하면서, 우리는 본 절이 구약시대의 표상을 통하여 여호와의 종의 희생으로 인하여 하나님에게 받아들여질 만한 예배를 나타내고 있는 것으로 해석한다. 다시 말해서 선지자는 구약에 속하는 표상으로 신약 진리를 나타내고 있는 것이다. 그렇다면 본 절이 동물 희생제사의 회복이나 혹은 재설립을 가르치고 있는 것으로 해석하는 것은 옳지 않을 것이다. 기독교 사역자들이 이방인들로부터 취할 것이 하나도 없음을 보여 주기 위하여 요한삼서 7절에 호소하는 것은 실질적으로 요점에서 벗어나는 것이다. 여기에 주어진 그림은 자기가 가진 모든 것을 가지고 와서 주님을 섬기기 위하여 그것을 드리는 그리스도에게 회심한 이방인들의 모습이다.

60:8 다양성은 이사야 스타일의 두드러진 특성 중의 하나이다. 그는 이제 이방인의 유입을 표현하기 위하여 하나의 질문을 한다. 그는 바다(지중해)를 바라보고 거기서 구름과 같이 나르는 것처럼 보이는 희미한 형체들을 본다. 이 서방을 바라보는 것은 교회의 미래가 서방에 달려 있다는 것을 시사하고 있는가? 그리고 서쪽으로부터 교회에 들어오는 자들이 들어올 것인가? 이사야는 "저 구름 같이… 날아오는 자들이 누구뇨?"라고 묻는다.[6] 표상을 바꾸어 그는 그들을 자기들의 창문들, 즉 자기들의 어린것들이 있는 곳들로 날아오는 비둘기들과 비교한다. 선지자는 아마도 자기 질문을 시온 자체에게 하고 있는 듯하고 다음절에 주어질 대답을 준비하고 있는 것 같다.

60:9 알렉산더가, 본 절이 방금 제시된 질문에 형식상의 대답은 아닐지라도 실질적인 대답을 담고 있다고 주장하는 것은 옳다. 시온은 배들이 접근해 오고 있는 것에 대해서 놀랄 필요가 없는데, 이는 전 세계가 시온의 아들들을 그 시온으로 데려오도록 하시는 하나님의 명령을 기다리고 있기 때문이다. 그런 까닭에 '그 이유

---

6) '이들이 누구뇨?'라는 질문은 지연완성구조(casus pendens)로서의 역할을 한다. 그러므로, '이들이 누구뇨? - 구름처럼 그들이 날아 오도다.'

는' 혹은 '이는', 즉 8절에서 묘사된 이유를 개진하고 있는 것으로 번역하는 것이 가장 좋을 것이다. 급히 오는 자들의 마음속에 살아 있는 신앙이 있다. 그리고 시온은 이러한 서두름을 보는데, 이는 섬들이 하나님을 앙망하고 있었기 때문이다. "나를"이란 문구를 강조하고 있다. 섬들(즉 지중해 연안의 나라들)이 '다시스의 배들을[7] 먼저' 가지고 멀리서 그들의 아들들을 시온으로 데려오려고 기다리고 있다. 진실로 그들이 자기들의 은과[8] 금도 싣고 여호와의 이름에 바치려올 것이다. 그들은 누구에게 시온의 아들들을 데려오고 있는지 알고 있는데, 이는 그들이 주님의 이름을 알기 때문이다. 주님은 시온의 여호와 하나님이시요, 동시에 이스라엘의 거룩한 자이시기 때문이다. 마지막으로 이러한 행동의 이유를 진술하고 있다. 곧 하나님께서 시온을 아름답게 하셨고 그래서 주님을 앙망하는 섬들을 감동시키셨기 때문이다.

60:10 이사야는 묘사를 계속해 나가면서 이방의 아들들(즉 이방인들)이 시온의 성벽들을 쌓을 것이라고 주장한다. 49:16에 이 성벽들이 언급되어 있으며, 62:6에서 또다시 언급된다. 이 건물은 미래에 있을 건물이다. 이와 같이 이방의 왕들이 예루살렘을 위하여 봉사할 것이다. 이는 하나님께서 시온에 진노하셨을 때는 그를 치셨지만, 그러나 주께서 그에게 은총을 베푸실 때에는 그에게 자비를 베푸실 것이기 때문이다. 그러므로 본 절의 하반절은 상반절에 진술된 내용의 이유를 말하고 있다. 어떤 이는 이 예언의 성취를 고레스, 다리우스, 그리고 아닥사스다 롱기마누스의 사역에 적용하였다. 그러나 그들의 행실은 예수 그리스도 안에서 있었던 실질적 성취와 이방인에 대한 복음전파의 서곡에 지나지 않는다(참고. 행 15:14이하). 여기서 다윗의 천막을 세우는 일을 이방인들을 불러모음과 동일하고 있다. 이 예언은 예루살렘 성벽의 문자적 복구를 말하고 있지 않고, 이방인을 불러모으는 일을 통한 하나님의 나라의 건설을 말하고 있다.

칼빈은 왕들이 시온을 봉사할 때 왕으로서의 지위를 상실하지 않고, 그 반대로 하나님에게 영광을 돌리고 자신의 통치를 통해 의를 나타내도록 한다. 그래서 그들의 본래의 기능을 이루어 나가도록 힘을 얻는다고 잘 지적하고 있다. 통치자가 자시

---

7) 다시스에 대해서는 1권 128쪽, 주52를 참고하라.
8) '그들의 은' – **와우** 없이 상황절을 이끌고 있다.

신의 문제를 해결하기 위하여 인간을 바라보지 않고 여호와의 빛 가운데 행하는 그 나라는 복이 있다.

하나님의 분노가 그 나라의 죄를 통하여 왔으며, 그래서 주님은 시온을 치셨다. 그 성벽들은 이제 그것을 세우고 있는 동일한 이방인에 의하여 파괴되지 않았다. 그 백성들의 죄악 자체가 하나님의 진노를 가져오게 하였다. 그리고 이제 시온의 성벽들을 쌓고 있는 자들은 회심한 이방인이다. 주님은 당신의 구원 약속에 신실하시므로 또다시 시온에 호의를 베푸실 것이며 은혜를 베푸실 것이다. 이 진리가, 유대인으로 하여금 자신의 재앙의 반전을 우연히 일어난 것이나 세상에서 일어나는 일반적인 일로 생각하지 않도록 진술하고 있다. 비록 이 예언을 포로민에게 제한하지는 않는다고 할지라도, 그 은총의 첫 단계는 포로민들이 본국으로 귀환한 사건 가운데서 드러났다.

60:11 이방인은 행동을 계속하고 있다. 왜냐하면 시온의 문들이 언제나 열려 있기 때문이다. 이러한 모습은 방어의 모습이 아니다. 문들이 대적들이 더 이상 들어올 수 없기 때문에 열려 있는 것이 아니다. 들어오고자 하는 자들이 들어올 수 있도록 열려 있다.

이사야는 문이 열려 있는 이유를 말하고 있는데 곧 이방인들이 시온으로 힘(재물)을[9] 가져오도록 하기 위한 것이다. 열방의 왕들도 인도를 받아 올 것이다. 이 단어("포로로"를 가리킴)는 그들이 그 성으로 호위를 받으며 온다는 것을 시사하며, 그들의 의지에 반해서가 아니라 스스로 자원하여 온다. 이는 그들이 내적으로 정복을 당하여 주님의 참된 종들(douloi)이 되었기 때문이다.

요한은 하늘의 성읍에 대해서 말하면서 본 절의 언어를 사용한다. "성문들을 낮에 도무지 닫지 아니하리니 거기는 밤이 없음이라"(계 21:25). 이 용법은, 비록 그것이 맛소라 엑센트 부호와는 일치하지 않을지라도, 적절하다. 이는 예수 그리스도께서 자기 백성을 하늘로 그리고 하늘에 있는 영생으로 이끌어 들이신 것은 자기 백성이 지금 누리고 있는 천국의 삶의 계속일 뿐이기 때문이다. 그런 까닭에 구원받은 시온의 특징을 설명하고 있는 묘사들이 하늘의 시온의 특징들을 표현하는 데 놀랍게도 잘 적용된다.

---

9) 위의 5절에 대한 해석을 참고하라.

60:12 시온의 문들은 언제나 열려 있을 것이다. 이는 많은 사람들이 그리로 들어올 것이기 때문이다. 그러나 들어오지 않는 자들은 멸망할 것이다. 이 예언이 바벨론 포로로부터의 귀환 시대에 적합하지 않다는 것은 명백하다. 그때 당시의 어떤 나라들이 지상의 시온을 섬기지 않았음으로 인하여 멸망당했던가? 이사야는 자기 진술에 강도를 더 높이기 위하여 부정사 절대형을 사용한다. 예루살렘을 섬기지 않는 자는 확실한 열망을 차지할 것이다.

13절, 레바논의 영광 곧 잣나무와 소나무와 황양목이 함께 네게 이르러 내 거룩한 곳을 아름답게 할 것이며 내가 나의 발 둘 곳을 영화롭게 할 것이라
14절, 너를 괴롭게 하던 자의 자손이 몸을 굽혀 네게 나아오며 너를 멸시하던 모든 자가 네 발 아래 엎드리어 너를 일컬어 여호와의 성읍이라, 이스라엘의 거룩한 자의 시온이라 하리라
15절, 전에는 네가 버림을 입으며 미움을 당하였으므로 네게로 지나는 자가 없었으나 이제는 내가 너로 영영한 아름다움과 대대의 기쁨이 되게 하리니
16절, 네가 열방의 젖을 빨며 열왕의 유방을 빨고 나 여호와는 네 구원자, 네 구속자, 야곱의 전능자인 줄 알리라

60:13 시온은 레바논이[10] 가져다 줄 영광으로 아름다울 것이다. 이 영광, 즉 레바논의 나무는 그 영원한 소유가 되도록 시온으로 올 것이다. 41:19에서 가져 온 (나무들의 특성에 대한 논의에 대해서는 이 구절에 대한 해석을 보라) 세 개의 나무 종류를 언급하고 있다. 하나님의 성소 곧 성전을 아름답게 하기 위하여 한번에(함께) 각기 다른 종류의 나무들이 올 것이다. "하나님의 발 둘 곳"은 성전에 대한 또 다른 호칭인데, 이것을 자주 하나님의 발등상으로 언급하였다(예를 들면, 대상 28:2). 칼빈이 지적하는 바와 같이, 이러한 언어를 통하여 하나님께서는 우리를 발 치로부터 머리라는 중요한 위치에까지 올려주신다. 여기에 아름다움의 이중적 사역이 있다. 레바논이 그 영광을 줄 때, 그것은 그 성읍을 아름답게 할 것이다. 그리고 하나님 자신이 또한 시온을 영화롭게 하실 것이다. 시온은 진리에로 회심한 자들이 자기들의 가진 모든 것을 여호와께 바칠 때 아름다워진다. 하나님에게 깊이 헌신하

---

10) 레바논의 영광 — 다른 곳에서는 35:2에서만 발견됨.

고 주님에게 그 모든 소유를 드린 마음은 그 사람의 소유가 예배하는 장소를 아름답게 만드는 마음이다.

60:14 2:2-4의 선지자의 초창기 예언을 반영하면서, 이사야는 이전에 시온을 괴롭게 하던 자의 자손들이 그에게 나올 것이라고 선언하고 있다. 괴롭게 하던 자의 아들들을 언급하고 있는데, 이들은 아마도 괴롭게 하던 자 자신을 가리킬 것이다. 그 이유는 평행적 표현에서 멸시하던 자를 괴롭게 하던 자들의 자손들과 같은 방법으로 행동하는 것으로 설명하고 있기 때문이다. 그들이 오는 상태는 애원하는 자들처럼 몸을 굽히는데,[11] 곧 겸손하다. 경멸하던 모든 자가 시온의 발바닥에 엎드리는데, 이는 완전한 헌신과 애원을 암시하는 표현이다. 이러한 예배와 경배는 시온 그 자체를 향한 것이 아니고 그들 가운데서 통치하시는 하나님께 향한 것이다. 그와 같이 주님의 대적들을 적대감으로부터 진리를 열정적으로 받아들여 주님의 진리에로 변화시킬 수 있는 것은 이스라엘의 하나님의 은혜이다.

참된 회심이 있었다는 사실이 시온으로 오는 자들이 그를 '여호와의 성읍'(독특한 의미에서 야웨에게 속하는 성읍이니, 이는 주님의 임재가 거기에 있기 때문이다)으로 말하고 있는 사실 속에 나타난다. 두 번째 명칭은 "이스라엘의 거룩한 자의 시온"이다. 이 구절은 45:14과 49:23을 반영하고 있다.

60:15 우리는 첫 번째 단어를 '대신에' 혹은 '반면에'로 번역할 수 있다. 전자의 번역은 대조를 나타내기 위한 것이다. 이전의 저버림의 상태 대신에 영원한 축복이 있을 것이다. 후자의 번역도 본질적으로 다르지 않다. 네가 저버림을 당했던 반면에 영원히 복을 받을 것이다. 아마도 첫 번째 것이 더 나을 것 같다. 시온이 포로가 되어 있었던 것처럼 그리고 하나님께서 당신 얼굴을 숨기실 때마다 그러했던 것처럼, 시온이 저버림을 받거나 버림받는 대신 새로운 상황을 전개할 것이다. '미움을 당하였다'는 단어는 사람들이 교회를 증오하였다는 것을 가리킨다. "그리고 네게로 지나가는 자가 없었으나"는 시온에 거주자가 없었다는 것을 암시한다. 이 문장은 (우리가 다음과 같이 표현할 수도 있는데) '아무도 지나가는 자가 없는 동안 버림을 입고 미움을 당하였다'는 상황을 나타낸다.

---

11) 쉐호아흐(שְׁחוֹחַ) – '엎드러진' 외적 상태를 나타내는 부정사 연계형의 부사적 용법.

귀결절이 와우로 시작하는 1인칭 진술인데, 여기서의 접속사는 번역하기가 어렵다. 하나님께서 그 성읍을 숭귀와 기쁨을 위하여 두실 것이다. 즉 주께서 그것을 그러한 곳으로 만드실 것이다. 멸시의 대상이 되는 대신 그것이 올리울 것이다. 그리고 버림당하고 미움을 당하는 대신 그것은 기쁨의 대상이 될 것이다.[12] 이 상태를 영원히 지속할 것이다. '영영한'이란 단어 자체가 오랜 시간의 시기를 가리킬 수 있으나, 문맥은 하나님의 구원 사역이 영원한 구원이 되어야 할 것을 요구한다. 마지막 표현의 아름다움을 간과하지 않아야 할 것이다. 또 교회는 영원히 하나님께서 사로잡은 모든 자들에게 기쁨의 대상이 될 것이다. 칼빈은 말한다. "…선지자는 몇 년을 말하거나 어떤 단기간을 말하고 있지 않고 포로의 말기로부터 복음 전파에 이르기까지, 그리고 최종적으로는 그리스도의 통치의 끝에 이르기까지 구속의 전 과정을 포함한다." 그리고 또다시 말한다. "…십자가 아래서 그리스도의 영광은 비치고 있어서 하나님의 이름이 영원히 존속하고 있고, 믿음으로 그를 찾는 백성이 존재한다."

60:16 이사야는 신명기 33:19로부터 하나의 표상을 차용하여 회심한 이방인들로부터 시온으로 들어올 부와 권세의 대 유입을 개진한다. 어머니가 자기 유방의 젖을 자기 아기에게 주는 것처럼 열방들은 자신의 생명과 생명력 넘치는 에너지를 교회에게 주어서 교회는 건강한 성장을 위하여 자양분이 풍부한 음식을 소유하게 된다. 시온이 받는 음식의 풍부한 질과 풍요로움을 나타내 보이기 위하여, 그가 열왕들의 유방을 빨 것이라고 진술되어 있다.

교회가 숭귀된다는 사실은 그가 지식을 소유하고 있다는 사실을 통하여 나타나 있다. 그(교회)가 미움과 저버림을 당했을 때, 버려진 상태에서 그를 구원하시고 그에게 외적인 영광과 기쁨을 갖도록 영광스럽게 하신 분이 그의 구세주이시요 구속자, 곧 야곱의 전능자 여호와이심을 구속의 경험을 통하여 알게 될 것이다(참고. 1:24의 해석). 그러나 단순한 경험은 충분한 가르침이 되지 못한다. 시온이 통과해야 할 경험의 의미를 가르칠 도구가 될 말씀을 동반해야 한다.

17절, 내가 금을 가져 놋을 대신하며 은을 가져 철을 대신하며 놋으로 나무를 대신하며

---

12) 기쁨이란 단어 메소스(מָשׂוֹשׂ)는 이사야서의 중요한 낱말이다. 참고. 8:6; 24:8, 11; 32:13, 14; 62:5; 65:18; 66:10.

철로 돌을 대신하며 화평을 세워 관원을 삼으며 의를 세워 감독을 삼으리니
18절, 다시는 강포한 일이 네 땅에 들리지 않을 것이요 황폐와 파멸이 네 경내에 다시 없을 것이며 네가 네 성벽을 구원이라, 네 성문을 찬송이라 칭할 것이라
19절, 다시는 낮에 해가 네 빛이 되지 아니하며 달도 네게 빛을 비취지 않을 것이요 오직 여호와가 네게 영영한 빛이 되며 네 하나님이 네 영광이 되리니
20절, 다시는 네 해가 지지 아니하며 네 달이 물러가지 아니할 것은 여호와가 네 영영한 빛이 되고 네 슬픔의 날이 마칠 것임이라
21절, 네 백성이 다 의롭게 되어 영영히 땅을 차지하리니 그들은 나의 심은 가지요 나의 손으로 만든 것으로서 나의 영광을 나타낼 것인즉
22절, 그 작은 자가 천을 이루겠고 그 약한 자가 강국을 이룰 것이라 때가 되면 나 여호와가 속히 이루리라

60:17 하나님께서 어떤 방법으로 자신이 시온을 아름답게 하고 안정되게 할 것인지, 즉 좋은 물질을 보다 좋은 것으로 바꿈으로써 시온을 아름답게 하고 안정되게 할 것을 선언하신다. 시온을 아름답게 할 물질들로 시작하여 그 열거사항들은 눈에 안 띄게 공격으로부터 시온을 안전하게 지켜줄 것들을 언급하는 쪽으로 나아간다. 이제까지 놋이었던 모든 것이 이제부터는 금으로 만들어질 것이다. 강조가 하나님의 행동에 주어져 있으니, "내가 가져"란 문구가 두 번이나 나타난다. 외적 아름다움과 안정은 그와 같은 내적 상태를 반영할 것이다. "화평"은 "너의 관원"의 술어이니, 이는 하나님께서 화평을 시온의 관원이 되게 하실 것이기 때문이다. 이와 같이 "의"도 "감독"의 술어가 된다. 이것은 단순히 정부가 평화롭고 통치자들이 의롭게 될 것을 강력하게 표현하는 방식이 아니고, 화평 자체가 여호와의 대리인으로써 관원이 되고 의가 감독이 된다는 것이다. 더 이상 인간 통치자들이 필요치 않을 것이다.

60:18 이사야는 첫 번째 싯구에서 자기가 방금 긍정의 언어로 진술했던 내용을 부정의 언어로 말한다. "다시는 강포한 일이 네 땅에 들리지 않을 것이요"란 말은 인간들이 더 이상 강포를 알지 못할 것을 의미하는 것이다. 이는 거기에 강포가 없을 것이기 때문이다. 하나님께서 홍수로 땅을 멸하시기로 의도하셨을 때, 그 땅에 강포가 가득했었다. 그러나 구속받은 시온에는 강포와 그 친구인 "황폐와 파멸"이 다시는 없을 것이다. 시온을 하나의 땅과 경계들을 갖는 것으로 간주하고 있고, 화평과 의가

존재하지 못하도록 하는 요소가 그곳에서 완전히 사라질 것이라고 되어 있다. 그 대신 시온은 그 자체의 성벽들이 구원이고(직역하면 '너는 구원을 너의 성벽들이라고 부를 것이다,' 즉 '너의 성벽들을 구원으로 간주할 것이다') 그의 문들이 찬송이라는 것을 알 것이다. 그러므로 성벽들은 구원을 낳을 것이니, 이는 그것들이 원수로부터 보호할 것이기 때문이다. 문들은 찬송의 근거가 될 것이다. 이방인들이 시온을 이스라엘의 거룩한 자의 성읍이라고 곰곰이 생각할 때, 그 찬송이 나타나게 될 것이다.

60:19 이사야는 본 장을 시작했었던 사상 즉 시온이 빛이 될 것이라는 사상으로 되돌아가서 이 사상을 장엄하게 펼치고 있다. 델리취가 말하는 대로, 그 사상을 그 모든 종말론적 깊이로 전개하고 있다. 그는 충만한 의미에서 신약시대와 영원의 시대를 모두 포함하여 미래의 구원을 바라보고 있다. 예수 그리스도의 초림과 함께 이 예언들은 성취를 보았지만, 그러나 그 성취는 죄가 사라지고 영원이 도래하기까지는 가장 커다란 범위에까지 실현되지는 않을 것이다.

"다시는 네게 있지 않을 것이다"는 첫 말은 '나 외에 다른 신을 네게 있게 말지니라'는 첫 계명을 생각나게 한다. 아마도 이러한 유사성은 의도적인 것 같으며, 심지어 하나의 명령을 암시한다. 즉 주님 이외의 다른 빛은 우상숭배임을 보여 주기 위한 것이다. '네게'는 유익에 대한 심성적 여격으로, '너의 유익과 사용을 위하여'이다. 이 구절은 실지로 태양이 사라질 것이라고 말하지 않고 단순히 그것이 더 이상 낮에 시온에 빛을 주지 않을 것이라고 말하고 있다. '태양과 달 대신 여호와께서 너에게 빛이 되실 것이다' 즉 여호와께서 영원히 시온의 빛이 되실 것이다. 요한 계시록 21:23과 22:5에서 이러한 표상을 영원한 도성에 적용하였다. 마지막 문장을 '그리고 네 하나님께서 네 영광이 되실 것이다'로 번역해야 할 것이다. 죄의 결과인 어두움은 물러가고 순수한 창조되지 아니한 그 빛이 시온을 비칠 것이다.

60:20 시온은 다시는 질 태양이나 사라질 달을 갖지 않을 것이다. 강조가 끊어지지 않는 불변성에 주어져 있으며 반면에 앞 절에서는 강조가 끝없는 지속성에 주어져 있었다.[13] 이 불변성은 여호와께서 시온에 영원한 빛이 되실 것이라는 사실에 기인한다. 앞 절을 "그리고 네 하나님이 네 영광이 되니"라는 문구의 갑작스러운

---

13) 20절 상반절에 있는 교차적 표현을 주시하라. 부정동사, 주어. 주어, 부정동사.

등장으로 끝난 것처럼, 본 절도 "그리고 네 슬픔의 날이 마칠 것임이니라"는 문구와 함께 종결하고 있다. 이 슬픔은 하나님의 임재의 빛이 알려지지 않았던 때, 죄와 무지의 시기였다. 주님의 임재가 가까이 있을 때, 슬픔과 탄식은 물러간다. 시온의 모든 구성원에게 슬픔의 시기가 끝날 것이다.

60:21 이사야는 시온에 관하여 말하고 나서 이제 그 거민들에게로 향하여 그 모든 백성이 "의롭게" 될 것임을 선포하기 시작한다. 이 단어를 4:3에 있는 "거룩"과 완전히 같은 의미로 사용하였다(참고, 35:8; 52:1 그리고 계 21:7, 27). 지금 보여지는 것은 완전한 상태에 있는 교회이지, 어떤 한 특별한 시간에 존재하고 있는 교회를 말하는 것은 아니다. 이는 현 교회 안에 의와 함께 위선도 있기 때문이다. 그리스도께서는 최후에 추수 때가 올 때까지 자기의 교회를 매일 정화시키신다. 시편 73:1의 "하나님이 참으로 이스라엘 중 마음이 정결한 자에게 선을 행하시나니"가 정확한 개념을 드러내고 있다.

의로운 자들은 영영히 땅, 즉 아브라함에게 약속되었던 팔레스틴을 차지할 것이다 (창 12:1, 7; 13:15; 15:18, 등). 어떤 의미에서 팔레스틴의 기업은 땅을 물려받는 것이다(롬 4:13; 참고, 사 49:8). 분명히 문자적 의미로 이 말을 이해해서는 안 될 것이다. 의인이 영원히 팔레스틴에서 살아야 할 것인가? 그 땅의 기업은, 그리스도를 통하여 인간에게 다가올 미래의 영적 축복의 상징이다.

본 절의 하반절에서 백성을 "나의 심은 가지"과 "나의 손으로 만든 것"으로 설명되어 있다. 하나님이 친히 심으신 식물의 표상은 성서에 자주 나타난다(참고, 시 92:14; 마 15:13; 요 15:1, 2; 사 5:1이하). 그것은 그 기원과 영적 생명을 유지함에 있어서 시온의 하나님에 대한 의존을 표현한다. 교회가 하나님의 만드신 것이라는 사상 역시 다른 곳에서 발견된다(참고, 엡 2:10; 요 15:8). 이 문구들은 교회인 시온이 하나님의 피조물이라는 의미심장하고도 필수적인 진리를 가르치고 있다. 그것은 인간의 기구가 아니며, 또한 그것이 하나님의 교회이므로 그를 조성하신 자의 명령들을 순종하면서 사역을 이루어 간다. 마지막으로 교회의 목적은 하나님께서 영광을 받으시게 하는 것이다. 우리는 '나 자신을 영화롭게 하기 위하여' 혹은 '영광을 받도록'으로 번역할 수 있다. 시온 백성으로서 우리는 어떤 방법으로든 주님의 이러한 목적을 가로막지 않도록 하자.

60:22 본 장은 교회의 증가에 대한 진술과 함께 끝난다. "작은 자"는 이스라엘 안에 있는 개인을 가리킨다. 그것을 비록 최상급으로 번역하는 것이 불필요할지라도, 가장 작은 자로 번역할 수도 있다. 분명히 지금 작은 자가 많은 후손들을 가짐으로써 천을 이루고, 약한 자가 강국을 이루는 것으로 이 뜻을 묘사할 수가 있다는 것이다. 때가 되면(즉 하나님이 정하신 적절한 시기, 곧 때가 차면; 참고, 갈 4:4) 하나님께서 친히 이를 속히 이루실 것이다. 각 지파와 족속과 나라들로부터 나온 시온의 아무라도 셀 수 없는 숫자로의 주목할 만한 성장을 다만 하나님이 친히 그것을 이루시기 때문이라는 사실에 의해서만 설명할 수 있다. 비록 하나님의 사역이 우리에게는 느리게 보일지라도, 때가 되면 주께서 그것을 속히 이루실 것이다(즉 주님께서 인간들이 예상하지 못하는 시기에 갑자기 행동하실 것이다).[14]

델리취는 51:17-23과 절정을 이루고 있는 본 장 사이에 연설들의 상승 등급이 있으며, 전체 단락은 48장에 있는 바벨론의 딸에게 하는 말씀과 대조를 이루고 있다고 지적한다.

61장

1절, 일어나라 빛을 발하라 이는 네 빛이 이르렀고 여호와의 영광이 네 위에 임하였음이니라
2절, 보라 어두움이 땅을 덮을 것이며 캄캄함이 만민을 가리우려니와 오직 여호와께서 네 위에 임하실 것이며 그 영광이 네 위에 나타나리니
3절, 열방은 네 빛으로, 열왕은 비취는 네 광명으로 나아오리라

61:1 본 장과 앞 장 사이에 밀접한 관계가 있다. 시온의 미래 축복을 묘사하고 나서 이사야는 그 축복을 가져다 주실 분에 대해서 소개하는 데로 나아간다. 머리말은 화자가 부름 받고 선지자직을 부여받았음을 시사한다. 성령의 부으심은 단순한 기름 부으심을 의미하는 것이 아니라 그 기름 부으심 통해 풍성한 은사들이 수여되었음을 의미한다. "주 여호와의 신"은 방금 묘사된 시온의 승귀를 성취할 수 있는

---

14) 참고, 벌겟역, *Ego Dominus, in tempore eius subito faciam istud.*

전능하신 하나님의 성령이다. 파이퍼는 정확하게, 이 구절이 11:2; 42:1; 49:8 그리고 50:4, 5의 혼합이라고 지적한다. 즉 이러한 구절들에서 약속된 내용이 이제 일어나고 있다는 것이다. 49:1과 50:4에서처럼, 신비에 싸인 인물을 말씀하고 있는 자로 소개하고 있다. 우리 주님께서 가버나움 회당에서 이 구절을 읽으셨고 "이 글이 오늘날 너희 귀에 응하였느니라"고 해석하셨다(눅 4:21). 비록 그리스도께서 자신이 화자라고 명백하게 말씀하지 않았으나, 그것을 다르게 해석하기는 어려우니, 이는 묘사된 사역이 오직 하나님만이 성취하실 수 있는 그런 것이기 때문이다. 그것은 메시아적 말씀이다. 그런 까닭에 이 말씀을 이사야에게 제한시키거나 혹은 일반 선지자들에게 제한시키는 것은 타당하지 못하다. 화자가 메시아이시다. 그러나, 칼빈이 이 구절을 선지자들이 주님의 기름 부으심을 받았다는 면에서 그리고 주님의 권위 아래서 주님의 말씀들을 말씀한다는 의미에서 선지자들에게도 적용할 수 있다고 지적하였을 때 그가 옳다. 그리스도께서는 그들의 신실한 선포를 통하여 본 구절에 진술한 목적을 이루신다. 동시에, 두드러지게 그 종 자신을 강조한다. 선지자 자신은 결코 전면에 나서지 않는다. 그는 언제나 자기 자신을 배후에 숨긴다. 여기서 말해진 내용은 다른 곳에서 그 종의 사역에 대하여 말해진 내용과 놀랍게 일치하며, 이전의 종에 대한 구절들은 이 구절을 준비하고 있다.

우리는 불변화사 야안(יַעַן)이 방금 진술된 내용의 이유를 개진하고 있으므로 '이는', 혹은 '왜냐하면'으로 번역할 수 있다. 다른 말로 표현하면, "여호와께서 내게 기름을 부으셨으므로, 여호와의 성령이 내 위에 있다." 기름 부으심을 통하여 화자에게 부어진 것은 하나님의 성령이다(11:1에 대한 해석을 보라). 델리취가 이 단어(기름 붓다)의 선택은 화자와 메시아가 같은 인물이라는 사실에 힌트를 제공하고 있다고 말한 것은 틀린 것이 아니다. 첫 번째 문장의 맨 앞에 위치한 "신"과 두 번째 문장의 마감부분에 있는 "내게" 사이에 두드러진 대조가 나타나 있으며, 각 문장에 여호와께서 언급되어 있다. 이것은 간과되지 않아야 할 삼위일체의 기미이다. 또 간과되지 않아야 할 것은 "내게"를 강조하고 있다는 것인데, 이는 화자가 아주 의미심장한 인물이라는 것을 시사한다(기름부음에 대한 예증들에 대해서는 왕상 1:34; 19:16; 레 8:12을 보라). 여호와께서는 42:1에서 "내가 나의 신을 그에게 주었은 즉"이라고 말씀하시고, 여기서는 그 종이 여호와의 신이 자기에게 임했다고 선언한다. 이 성령으로 기름 부으심을 묘사한 사역이 이행될 수 있도록 하는 데 필수적이며 또 지속적인 것이다.

여기에 묘사된 내용은 부분적으로 바벨론 포로를 반영하고 있으나 또한 신약을 묘사하고 있으며 영원한 관계들을 묘사하고 있다. 그것은, 그 어떤 선지자도 자신을 통하여 성취할 수 없었던 바, 메시아의 사역이다. 그런 까닭에 화자는 단순히 말로만 선포하지 않고 하나님의 위대한 선물들을 나누어 주고 있다. 그는 '가난한 자에게 아름다운 소식을 전파' 한다. 다시 말해서 그는 그들에게 노예상태로부터의 구출을 선포함으로써 복음을 전파한다. 그러나 그는 자기 스스로 말하지 않고 하나님의 보내심을 받은 자로서 말한다. 그의 목적은 마음이 상한 자를 고치기 위함이다. 그들의 죄악이 그들을 내리 눌러서 마음이 상하였고 성한 곳이 없었다. 포로된 자에게 자유를 선포하여 고침을 이룬다. 이사야는 일곱 안식년 후 매 오십 년마다 있었던 희년법에서 사용된 문구를 사용한다(참고. 레 25:10, 13; 27:24; 렘 34:8-10; 겔 46:17). "마음이 상한"이란 문구는 고통 당한 자의 내적 상태를 나타내는 반면에 "포로된 자"와 "갇힌 자"란 문구는 그들의 외적 상태를 가리킨다. 바벨론 포로를 반영하고 있을 수도 있지만, 보다 깊은 의미에서 하나님의 참 이스라엘이 처했던 포로를 반영하고 있다. 그 백성들은 죄에 사로잡혀 있었으며, 죄악의 족쇄에 묶여 있었다. 그러한 자에게 놓임과 열림의 축복이 있을 것이다. 이사야는 물리적 감옥으로부터의 구출을 말하고 있지 않고 백성들이 갇혀있었던 영적 어둠으로부터의 구출을 말하고 있다. 그 영적 어둠으로부터의 구출은 백성들이 처해 있었던 어둠과 대조되는, 눈의 열림이다.

그리스도께서 "이 글이 오늘날 너희 귀에 응하였느니라"고 말씀하셨을 때, 이 예언이 특별한 날에 모두 이루어졌다는 것을 의미하는 것이 아니고, 이사야가 말했던 그때가 이제 왔다는 것이며, 그 예언이 지상에서 교회의 진행 과정을 통하여 성취될 것이라는 것이다. 이 구절은 메시아가 성취하신 큰 구원의 사역과, 주님과 주님의 권위 아래 있는 제자들이 이루고 있는 복음의 선포를 전면에 부각시키고 있다.

61:2 첫 문장은, 비록 어떤 이들이 전치사를 "여호와의"라는 소유격을 의미하는 것으로 취급할지라도, '여호와와 관련하여 은혜의 해를 선포하도록'으로 번역될 수도 있다. 이사야는 "해"를 사용하고 있으니, 이는 그가 방금 전에 암시한 희년을 가리키는 것으로 보인다. 그러므로 이 단어는 "날"과 실질적으로 동등하다. 어떤 이는 그 은혜가 한 해에 나타났고, 보응은 한 날에 나타났다고 주장하였다. 이사야는 다른 곳에서도 이 두 단어를 평행적으로 사용한다(참고. 34:8; 63:4, 그리고 49:8을

주시하라). 이것은 어떤 특별한 해나 날을 가리키는 것이 아니고 하나님께서 자기 백성에게는 은혜를 나타내시고 고집스럽게 악한 길을 가는 자들에게는 "보응"[1] (개역은 "신원")을 나타내시는 때를 가리킨다. 너무나 자주 이사야는 "여호와"와 "우리 하나님"을 함께 사용한다. 이 구절은 49:8, 9로 거슬러 올라간다(참고, 고후 6:2). 이 선포의 목적은 '모든 슬픈 자를 위로하기' 위한 것이다(참고, 49:13; 57:18). 이 짧은 문장은 다음 절의 주제를 이룬다.

61:3 이 문맥 가운데 있는 첫 번째 부정사를 '씌우다'로 번역해야 가장 좋다. 왜냐하면 선지자가 재 대신 관을 씌우는 것을 말하고 있기 때문이다. 이 문장은 두 번째 부정사에 의하여 중단되는데, 이 역시 이사야의 글의 사상과 특성을 요약하고 있다. 이사야는 자신의 말을 정정하지 않고 방금 말한 내용에 단순히 덧붙이고 있다. 첫 번째 부정사는 관을 씌운다는 사상을 표현하기에 적합하지만, 그러나 두 번째 것은 하나님께서 슬퍼하는 자들에게 주시는 좋은 선물들의 풍성함을 보여 주는데 필요하다. 페에르(פְּאֵר)와 에페르(אֵפֶר)의 자음들의 순서를 바꿈으로써 이사야는 관과 재를 대조한다. 시온의 슬퍼하는 자들은 시온에서 슬퍼하는 자들을 가리킬 수도 있고 아니면 시온을 위하여 슬퍼하는 자들을 가리킬 수도 있다. 그렇지만 아마도 이 양자가 모두 포함되어 있으므로 이 두 개념들을 결합시키는 것이 가장 좋을 것 같다. 자기 자신의 죄와 그 결과로 자기들의 죄가 시온에 가져다 주는 해들로 인하여 상심해 하는 시온에 있는 자들만 슬퍼한다.

"희락의 기름"이란 문구는 다른 곳에서 오직 시편 45:7에만 나타난다. 기뻐하는 경우에 사람들은 스스로에게 기름을 부었던 것으로 보인다(참고, 전 9:8; 아 4:10; 삼하 12:20; 14:2; 시 23:5). 이제부터 모든 일들이 기쁠 것이다. 그리고 지금의 슬픔 대신에 기쁨과 즐거움을 동반하는 기름으로의 기름부음이 있을 것이다. "찬송의 옷"은 그들을 바라보는 자들 편에서의 탄성과 찬송을 불러일으키는 것들이다. 이 뜻은 역시 그 찬송이 하나님의 백성이 입게 될 옷이라는 것일 수도 있다. 약한 심령 대신에 하나님께 향한 담대한 찬송을 열정적으로 부를 것이다. 그러한 찬송은 약한 심령과 정반대이다. 진실로 하나님에 대한 찬양은 약한 심령을 정복하는 가장 좋은 길이다.

인간들이 구속받은 자에게 있는 기쁨의 표식들을 봄으로 '그들은 그들을 의의 상

---

[1] נָקָם – 아마도 '보답, 보응.'

수리나무라고 일컬을 것이다(혹은, 그들이 일컬음을 받을 것이다).' 상수리 나무는 힘과 내구성의 상징이며, 이 표상은 구속받은 자에게 적용될 수 있으니, 이는 하나님의 의를 통하여 그들이 강하고 견고하게 되었기 때문이다. 그들은 하나님으로부터 오는 그리고 주님께서 받으실만한 의를 나타내는 나무이니, 이는 그들이 주님 자신의 아름다움을 나타내기 위하여 주님에 의하여 심기웠기 때문이다(이 마지막 문구의 의미에 대해서는 60:21의 해석을 보라).

4절, 그들은 오래 황폐하였던 곳을 다시 쌓을 것이며 예로부터 무너진 곳을 다시 일으킬 것이며 황폐한 성읍 곧 대대로 무너져 있던 것들을 중수할 것이며
5절, 외인은 서서 너희 양 떼를 칠 것이요 이방 사람은 너희 농부와 포도원지기가 될 것이나
6절, 오직 너희는 여호와의 제사장이라 일컬음을 얻을 것이라 사람들이 너희를 우리 하나님의 봉사자라 할 것이며 너희가 열방의 재물을 먹으며 그들의 영광을 얻어 자랑할 것이며

61:4 "다시 쌓을 것이며"란 동사의 주어는 "시온에서 슬퍼하는 그들"이다. 사람들은 슬픔과 탄식으로 세월을 보내는 대신에, '오래(즉, 고대 시대의) 황폐하였던 곳들'과 고대시대에 있었던 '무너진 곳'을 세우는 강한 활동에 참여한다. 이것은 단순히 바벨론 포로 이후 예루살렘의 재건만을 가리키지 않으니, 이는 어투가 그것에 적용될 수 없고 죄가 때문에 여러 시대를 통하여 황폐하게 된 파괴로부터 교회의 건축을 가리키기 때문이다(본 절의 일반적인 의미에 대해서는 49:8; 54:3 그리고 58:12에 대한 해석을 보라). 상반절의 교차적 배열을 보라. "중수"는 수리의 의미로 사용된다(참고. 대하 15:8; 24:4). 그 성읍들은 존재하지만 황폐되어 있으며, 이 황폐된 성읍들은 한번 더 세워져서 그것들이 다시 그 이전의 영광을 소유할 것이다.

61:5 이사야는 아름다운 동양적 상징으로 회심한 이방인들이 어떻게 참 시온인 하나님의 교회를 섬길 것인지를 보여 주고 있다. 외인(זָרִים, 자림)은 자주 대적의 의미를 가지지만 그러나 여기서는 전혀 적대감의 의미가 없다. "서서"의 정확한 의미를 결정하기는 어렵다. 그것은 섬김을 가리킬 수도 있으나, 그것은 동시에 동양의 목자들의 행습에 대한 묘사일 수도 있다. 이스라엘의 생활의 농경적 측면에서 볼

때, "이방 사람"들(이방의 아들들, 60:10의 해석을 보라)은 농부와 포도원 지기가 될 것이다.

본 절은 유대인이 이방인에 의하여 밀쳐냄을 당한다는 사실을 가르치지 않는다. 메시아 왕국에서는 유대인이나 이방인이 모두 함께 일할 것이니, 이는 양자 사이의 구별이 없어질 것이기 때문이다. 외인은 유대인들과 대립되어 있는 이방인이 아니고 이들 모두가 언젠가 자신의 죄로 인하여 이스라엘이라는 국가에는 외인들이었다. "목자, 농부, 포도지기"이란 용어는 언젠가 소외된 자들이었던 자들이 행할 사역을 묘사하기 위한 표상이다. 그것들은 아마도 이 땅에서 하나님의 교회를 유지하기 위하여 필요한 모든 사역을 지칭할 것이다.

61:6 5절과 본 절 사이에 대조가 드러나 있다. 5절은 새로 회심한 자들이 시온을 위하여 할 사역을 강조하였고, 본 절은 그 반대로 시온 백성이 이 새로운 회심자들을 위하여 할 일을 강조하고 있다. 그들이 시온의 세상적 필요들을 공급해 주는 것처럼, 그가 그들의 영적 필요들을 공급해 줄 것이다. 출애굽기 19:6에 있는 약속을 반영하면서 선지자는 "오직 너희", 즉 시온의 거민들과 교회의 구성원들이 "여호와의 제사장이라 일컬음을 얻을 것이라"고[2] 선언한다. 새 언약의 교회는 외적인 제사장직을 얻지는 않지만 모든 구성원이 하나님 앞에서 제사장이며 하나님이시며 사람이신 예수 그리스도 이외의 어떤 다른 인간 중보자도 필요로 하지 않는다. 각 제사장이 가져오는 제물들은 영적이니, 이는 각 사람이 산 제물로 나타날 것이기 때문이다(참고. 롬 12:1). "봉사자들"이란 용어(메샤르테, מְשָׁרְתֵי)는 아마도 영광스럽고 구별된 봉사를 가리킨 것 같다. 하반절은 '너희'로 시작하여 '너희에게'로 마친다.

마지막 두 문구는 교회가 교회로 회심한 자들의 물품에 의하여 번영할 것을 보여 준다. 알렉산더는 본 절과 앞 절 사이의 대조를 예증하면서 로마서 15:27을 지적하고, 하나님의 이스라엘이 없는 자들에게 영적인 것들을 나누어 줄 의무를 가지고 있으므로 그 반대로 그들의 일부가 되는 자들의 물품들을 통하여 세력(물질)이 보다 풍부해질 자격이 있다고 해석한다. 헬(חַיִל, 힘, 재물)의 의미에 대해서는 60:5의 해

---

[2] "불신 세계를 변화시키는 교사들과 교화시키는 자들이 이 성스러운 지위를 누릴 뿐만 아니라, 또한 그들의 큰 대제사장의 유일한 대리자들처럼, 그리스도 안에서 그를 통하여 구원의 샘과 은혜의 보좌로 거저 나아감을 얻게 된다"(히 4:4-16) (알렉산더).

석을 보라. 이 재물을 먹음으로써 시온은 영양을 공급받을 것이다. 마지막 문장은 동사(개역의 '할 것이며'를 가리킴)로 인하여 해석하기 어렵다. 만일 그것이 야마르 (יָמַר, 교환하다)란 어근으로부터 파생되었다면, 그것은 시온이 교환을 통하여 이방인의 영광으로 들어갈 것, 즉 이방인의 영광 속에서 자신을 바꿀 것임을 의미한다. 다른 한편 만일 그 어근이 히트파엘로 사용된 아마르(אָמַר, 말하다)라면 스스로 에게 말하다. 즉 '자랑하다'를 의미한다. 이 둘 사이에 결정하기가 어려우나 어떤 경우이든 그 뜻은 시온이 이방인의 영광, 즉 그들의 부와 소유물을 얻을 것이라는 사실을 나타낸다.

7절, 너희가 수치 대신에 배나 얻으며 능욕 대신에 분깃을 인하여 즐거워할 것이라 그리하여 고토에서 배나 얻고 영영한 기쁨이 있으리라
8절, 대저 나 여호와는 공의를 사랑하며 불의의 강탈을 미워하여 성실히 그들에게 갚아 주고 그들과 영영한 언약을 세울 것이라
9절, 그 자손을 열방 중에, 그 후손을 만민 중에 알리리니 무릇 이를 보는 자가 그들은 여호와께 복받은 자손이라 인정하리라

61:7 여기에 지금의 황폐 상태 대신에 영광을 얻게 되리라는 한층 발전된 선언이 존재한다. 그 백성 위에 닥쳐 있는 수치 대신에 그들은 두배나 명예와 영광을 얻을 것이며(참고. 40:2), 그들의 "능욕 대신에"(이사야서 안에 인칭의 변화가 상당히 자주 나타난다) 그들은 "분깃을 인하여"(즉 그들이 하나님으로부터 받을 은혜의 분깃) 즐거워 할 것이다. 접속사 탁하트(תַּחַת, 대신에)는 '능욕'이란 단어 앞에서 생략되었는데, 이는 상승된 스타일에서 전치사의 지배하는 힘이 때때로 평행구의 두 번째 요소들 가운데서 발견되는 그와 상응하는 실명사에까지 확장될 수도 있기 때문이다. 덧붙여 말하자면 이러한 현상이 이사야서에 상당히 자주 나타난다(참고. 15:8; 28:6; 40:19; 42:22; 48:9, 14; 58:13; 61:7).

"그리하여" 즉 이 놀라운 변화가 일어날 것이므로, 그들은 "배나 얻을 것이다." "고토에서"란 문구는 그들에게 약속된 땅 즉 가나안 땅을 가리키며, 하나님께서 메시아 안에서 약속하신 축복의 상징으로 사용되었다. "배"의 의미에 대해서는 40장 해석의 각주 8을 보라. 마지막으로, 그들에게 "영영한 즉 영원한 기쁨이 있을 것이다." 이러한 표상은 문자적인 성취가 얼마나 불가능한지를 보여주고 있다. 모든 구

속받은 자들이, 그들의 이전의 수치에 비하여 정확하게 배나 받아 영원한 기쁨을 소유하면서, 팔레스틴 땅에서 영원히 살 것인가? 그 질문을 묻는 것은 그것을 대답하는 것처럼 자명하다. 하나님께서는 자기의 택하신 자를 위하여 팔레스틴이라는 지상의 땅에서 영원히 사는 것보다 훨씬 더 큰 어떤 것을 가지고 계신다.

61:8 키(כִּי, 이는, 개역은 "대저")라는 첫 말은 앞의 내용을 가리키지 않고 8절 하반절을 가리키는 것으로 보이며, '왜냐하면' 혹은 '이므로'로 번역될 수도 있다. 여호와께서는 사랑하시고 미워하시나, 공의를 사랑하시며 '불의의 강탈을' 미워하신다. 그런 까닭에 하나님의 절대적 공의는 주께서 원수를 멸망시키시고 자기 백성을 구출하시도록 요구한다. 하나님은 그들의 삯(즉 그들의 행위의 결과)을 성실히 갚아 주실 것이다, 즉 그것을 안전과 안정 가운데 두실 것이다. 하나님께서 자기 백성을 그들의 수치에 대한 보상으로 그들의 소유 가운데 두신 후에 그들은 영원히 이 기업을 누릴 것이다. 그들이 다시는 지금처럼 불의의 먹이가 되지 않을 것이다. 그들의 행위의 열매가 불의한 희생을 당하지 않고 안전하게 될 것이다. 이러한 축복의 보증은 하나님께서 자원하여 자기 백성과 영원한 언약을 세우실 것이라는 것이다. 비록 주께서 그들에게 빚을 지지 않았을지라도 주께서는 그들을 돕고 보호하시기 위하여 언제나 임재해 계실 것이다.

61:9 본 절은 하나님의 구원 사역의 결과를 진술한다. 하나님 백성의 자손은 여호와께서 구원으로 풍성하게 복 주신 자로서 열방 중에 알려질 것이다. 불완전한 교차 평행을 완성하면서 이사야는, 본질적으로 같은 사상을 이번에는 자손 혹은 후손을 언급하면서 진술한다. 이 모습은 열방들 가운데 있는 참 이스라엘의 모습과 그 자녀들의 모습인데 그들은 자신이 구별되었다는 것을 인식하고 있다. 알렉산더가 진술하는 바와 같이, 그들은 "유대인들이 베드로와 요한이 예수님과 함께 있었다는 것을 알아냈던 것처럼(행 4:13), 분명히 구별된 표지를 통하여 하나님의 특별한 백성으로" 인지된다.

모든 사람이 하나님께서 그들을 축복하셨다고 인식하고 인정할 경건한 자들을 구별하는 것은 너무나 간단할 것이다. '인정하다'로 번역된 동사는 히필형 어간으로 나타나며, 그리고 우리의 '분명히 인정하리라'는 번역을 통하여 나타낼 수 있는 강한 개념을 나타낸다. 접미사인 '그들'에게 주의를 기울여야 할 것이다. 그리고 이 문장의 의미는 "그들은…이라 그들을 인정하리라"로 번역함으로써 가장 훌륭하게 드러나게 된다. 이러한 문장은 창세기 1:4에 있는 것과 같다. 그러므로 '인정하리라'의 목적어는 '그들을'이지 '그들이 …인'이 아니다. 그들이 그 자손을 하나님의 복받은 자로 인정하는 것은 사람들이 그 자손 자체와 그 자손의 후손을 볼 때이다. 이것은 훨씬 더 강력하며, 그것이 지적하는 교훈은 하나님의 모든 각 자녀가 언제나 앞 가림을 해야 한다는 것이다. 사람들이 우리를 볼 때, 그들이 하나님께서 우리를 축복하셨다고 인정하는가? 우리는 "뭇사람이 알고 읽는"(고후 3:2) 살아있는 편지이다.

10절, 내가 여호와로 인하여 크게 기뻐하며 내 영혼이 나의 하나님으로 인하여 즐거워하리니 이는 그가 구원의 옷으로 내게 입히시며 의의 겉옷으로 내게 더하심이 신랑이 사모를 쓰며 신부가 자기 보물로 단장함 같게 하셨음이라

11절, 땅이 싹을 내며 동산이 거기 뿌린 것을 움돋게 함같이 주 여호와께서 의와 찬송을 열방 앞에 발생하게 하시리라

61:10 본 절에서 화자는 메시아로 볼 수 없다. 왜냐하면 성경에서 메시아를 결코 구원의 옷을 입는다고 기록하고 있지 않기 때문이다. 여기서 하나님을 찬양하고 있는 자는 여호와로부터 의와 구원을 받았다. 다른 한편 메시아는 구원을 가져다 주신다. 그는 그것을 받지 않는다. 그런 까닭에 여기서 구원으로 인하여 하나님 안에서 즐거워하는 존재는 하나님의 교회, 선민, 참 이스라엘이다. 이 즐거워함을 부정사 절대형과 정형동사를 통하여 '기뻐함을 기뻐하리라'고 강조적으로 표현하고 있다.

"내 영혼이"는 그 즐거움이 내적인 것임을 가리킨다. 기쁨의[3] 원천은 "여호와"요 "나의 하나님"이다. 그리고 이 문구는 언약의 크신 하나님께서 그에게 구원의 옷으로 옷입혀 주심을 깨닫고 있는, 언약을 의식하고 있는 사람(covenant-conscious person)의 중심으로부터의 헌신을 표현하고 있다. 하나님의 행위를 교차적 방식으로 표현하고 있다. "구원의 옷"과 "의의 겉옷"은 실질적으로 같은 표현이다. 구원은 의이니, 이는 인간의 구원 가운데 하나님의 의가 드러나 있기 때문이다. 구원은 하나님과 바른 관계가 된 상태를 가리킨다. 하나님께서는 기뻐하는 신자를 이 의의 겉

---

3) 단축 명령형(jussive) תָּגֵל(타겔)은 명령의 의미를 가진다.

옷으로 옷 입히셨다.

하반절은 하나님께서 어떻게 교회를 구원으로 감쌌는지 지적한다. 신랑이 제사장이 썼던 것과 같은 사모(터어반)를 쓰는 것과 비교되어 있다(직역하면, 그는 터어반과 관련하여, 그것을 제사장화(化)시킨다). 페에르(פְּאֵר)란 용어를 출애굽기 39:28과 에스겔 44:18에서 제사장의 임명에 대해 사용하였다. 고운 옷과의 비교는 마지막 문장에 나타나 있으니, 이는 신부가 자신을 꾸미는 장식물들은 신부의 의복을 입음으로 가지는 자존감을 가리키기 때문이다. 그와 같이 교회는 여호와께서 그에게 입혀주신 하늘의 의의 옷을 자랑한다.

예수여, 당신의 보혈과 의는
나의 아름다움이니, 나의 영광스러운 옷이나이다.

61:11 형식에 관한 한 본 절은 55:10을 상기시켜 준다. 그 사상(thought)에 대해서는 45:8과 시편 85:11, 12을 보라. 이사야의 의도는 다가올 구원의 확실성을 증명하기 위함이며, 이를 위하여 그는 이 구원의 싹이 트는 것과 땅에서 자라는 것의 싹틈을 비교하고 있다. 상반절에 있는 접미사들을 주시하라. "그 싹을 냄(its growth), 그 뿌린 것"(its plants). 움돋게 함과 싹은 성장하도록 땅에게 위탁되었다. 처음 두 문장은 각기 "땅이…같이"와 "동산이…함같이"로 시작한다. 두 문장의 나머지 부분은 각각 교차적 배열로 되어 있다. "땅이 싹을 내며… 거기 뿌린 것을 그것이 움돋게 함."(causes to go out its growth…its plants it causes to spront forth.)이사야는 창세기 1:11, 12과 또한 2:9 그리고 8:22에 있는 창조에 대한 기록을 반영하고 있다.

하반절에서 비교를 완료한다. 아마도 첫 말 "같이"(so)는 창세기 1장을 반영하는 것으로 보인다. 또한 의미심장한 것은 하나님과 결합된 이름이다. 즉 주님이신 그분은 주권자이시고 전능하신 분이시며, 그분은 "의와 찬송을 발생하게" 하실 것이다. 땅 그 자체는 이것들을 발생하게 할 수 없으며 사람도 그렇게 못하고, 전능하신 하나님만 하실 수 있으시다. 여기서 "찬송"은 아마도 "의"에 대한 반응을 의미한다. 사람들이 하늘의 의를 받을 때, 그들은 10절처럼 찬송을 발한다. 그리고 이 일이 열방 앞에서 일어날 것이다. 왜냐하면 이는 복음 안에 하나님의 의가 나타나기 때문이며, 믿는 자의 심령은 구원을 이루신 하나님을 찬양하기 때문이다. 이사야는 예언적 관점에서 말하고 있는데, 이는 묘사된 축복들이 아직 실제로 일어나지 않았기 때문이다.

62장

1절, 나는 시온의 공의가 빛같이, 예루살렘의 구원이 횃불같이 나타나도록 시온을 위하여 잠잠하지 아니하며 예루살렘을 위하여 쉬지 아니할 것인즉
2절, 열방이 네 공의를, 열왕이 다 네 영광을 볼 것이요 너는 여호와의 입으로 정하실 새 이름으로 일컬음이 될 것이며
3절, 너는 또 여호와의 손의 아름다운 면류관, 네 하나님의 손의 왕관이 될 것이라
4절, 다시는 너를 버리운 자라 칭하지 아니하며 다시는 네 땅을 황무지라 칭하지 아니하고 오직 너를 헵시바라 하며 네 땅을 뿔라라 하리니 이는 여호와께서 너를 기뻐하실 것이며 네 땅이 결혼한 바가 될 것임이라
5절, 마치 청년이 처녀와 결혼함같이 네 아들들이 너를 취하겠고 신랑이 신부를 기뻐함같이 네 하나님이 너를 기뻐하시리라

62:1 본 장에서 이사야는 60장에서 주신 내용 앞의 상황을 제공하고 있다. 거기서 존재하는 것으로 묘사했던 내용을 여기서 준비 중인 것으로 진술한다. 대부분의 주석가들은 화자가 선지자 자신이라고 생각하지만 그러나 여호와일 수도 있다. 첫 문장의 동사들은 하나님을 주어로 하고 있는 18:4; 42:14 그리고 57:11에서 발견된다. 그러나 이것 자체만 가지고는 화자가 여호와이시라는 것을 보여 주기에 충분하지 못하고, 6절이 문제를 해결해 주는 것으로 보인다. 만일 여호와께서 화자라면, 이 구절은 하나님께서 여기에 묘사된 일을 실현하기까지 쉬지 않으실 것이라는 사실을 가르치고 있다. 두 번째 동사는 첫 번째 것보다 더 강하다. 하나님께서 잠잠하지 않으실 뿐만 아니라 쉬지도 않으실 것이다. 강조가 시온과 예루살렘에 주어져 있다.

하나님께서는 그들을 위한 그분의 구원이 이루어지기까지 계속하여 활동하실 것이다. 주님은 시온과 언약적 약속을 하셨다. 그런 까닭에 주님은 그 약속이 이루어지는 것을 보실 것이다. 이러한 과정에서 주님은 자신의 사역자를 위한 길을 준비하신다. 그들의 모든 수고는 교회를 위한 것이며, 그 어떤 반대나 방해도 그들을 지체

하게 하지 못할 것이다.

어투가 42:4에 있는 여호와의 종에 관한 문구를 상기시켜 준다(참고. 42:14; 57:11; 65:6). 이 말씀은 말하고 있을 당시 시온은 숨겨지거나 혹은 최소한 주목을 받지 못한 것으로 보이지만, 그러나 그의 의가 빛같이 나타날 것이다. 50:10과 60:19에서처럼 단어 노가흐(נֹגַהּ)를 가끔 부드럽고 순한 빛에 대해 사용된다. 아마도 그 단어는 여기서 빛이 처음으로 비치는 새벽을 가리키는 랍피드(לַפִּיד, 등불)와 대조를 이루는 것 같다. 마지막 문장을 문자적으로 '타오르는 하나의 등불처럼', 즉 타고 있는 등불(등잔)로 번역할 수도 있다. 미완료형은 관계사 없이 "횃불"이란 명사와 연결되어 있으며, 그리하여 그 명사에 속하는 일반적인 속성을 나타낸다. 이러한 구조는 이사야서에 여러 번 나타난다.[1] 교차적인 형태가 그 진술의 효과를 극대화 시켜준다.

62:2 시온의 의가 나타날 때, 열국이 그것을 볼 것이다. 동사는 그들이 볼 뿐만 아니라 주목하여 볼 것이라는 것을 의미한다. 그들은 시온이 의와 영광을 소유하고 있다는 것을 잘 알게 될 것이다. 왕들만 포함되어 있지 않고 모든 왕이 포함될 것이니, 이는 시온의 영광 가운데서 모든 다른 영광과 왕권이 무의미하게 빛이 바랠 것이기 때문이다. 칼빈이 지적하는 바와 같이, 왕들은 자기 자신의 것 이외의 그 어떤 지위도 기꺼이 보려하지 않는다. 그러나 시온의 영광과 의는 너무나 커서 모든 왕들이 그것을 인정하지 않을 수 없을 것이다.

아마도 신약 시대가 왔을 때 이루어질 변화를 지칭하는 '새 노래'와 같은 의미로 "새 이름"을 이해해야 할 것이다. 존재하던 하늘은 땅으로 내려오고, 옛 시온은 구속받은 자들이 거할 하나님의 시온으로 대치되고야 말 것이다. 그들이 새 노래를 부르는 것처럼, 그들은 또한 "여호와의 입으로 정하실" 새 이름을 가질 것이다. 하나님께서는 자기 백성을 그들과 어울리는 호칭, 즉 의롭고 거룩한 자로 지칭하실 것이다. 이러한 이름의 변화에 대한 암시는 하나님께서 족장들인 아브라함과 야곱에게 새 이름을 주셨을 때 이미 있었다.

62:3 이 문구 안에서 이사야는 시온이 구속받았을 때, 그의 큰 아름다움을 묘사한다. '아름다움의 면류관' (직역)은 아름다운 면류관을 의미하며 '왕국의 관' (직역)

---

1) 30:14; 40:20; 42:14; 51:12; 55:13; 61:10, 11.

은 왕관을 의미한다. 이 호칭들은 지상의 가장 큰 아름다움을 나타내기 위하여 의도된 것이며, 그러므로 교회를 모든 세상이 신기함과 놀라움으로 하나님의 사역을 바라볼 수 있도록 여호와의 손에 붙들려진 여호와의 걸작품으로 전시한다(참고, 51:6; 65:17). 이 면류관과 왕관을 주님의 손과 손바닥이 아니라 여호와의 머리에 씌어져 있는 것으로 묘사했다면 그 설명은 어울리지 않는 묘사일 것이다. 왜냐하면 이 면류관이 시간 속에서 만들어졌고, 하나님이 창조하신 것으로 모두에게 보여질 하나님의 작품이기 때문이다.[2] 델리취는 말하기를 "전 구원의 역사는 그 나라를 택하시고 여호와에 의하여 그 나라를 완전케 하는 역사이다. 다시 말해서 이 면류관을 이루어 가시는 역사이다"고 했다. 아마도 이러한 상징적 표현은 교회가 하나님의 신부임을 시사하고 있는 것으로 보이는데, 이는 "어진 여인은 그 지아비의 면류관"(잠 12:4 상)이기 때문이다. 이 표상은 사랑과 애정의 대상을 표현하는 데 놀랍게 응용된다. 바울은 신자들을 그렇게 말한다(참고, 빌 4:1; 살전 2:19).

62:4 선지자는 미래에 성읍과 땅들이 지금의 경우와는 전혀 다른 관점에서 보일 것이라고 지적하면서 성읍과 땅 사이에 구별을 하고 있다. 이 호칭들 안에서 둘을 실제로 고유명사로 사용하였다. 아수바는 여호사밧의 모친이었고(왕상 22:42), 헵시바는 므낫세의 모친이었다(왕하 21:1). 시온은 더 이상 아수바(버리운 자)로, 그 땅은 황무지로 불리지 않을 것이며, 도리어(이것은 불변화사 키(כ)의 의미로 보인다) 시온은 헵시바(חֶפְצִי־בָהּ, 나의 기쁨이 그녀에게 있다)로, 그 땅은 뿔라(בְעוּלָה, 결혼한 여자)로 불릴 것이다. '칭함을 받을 것이다'와 '불릴 것이다' 사이에 점층법이 있는 것으로 보이는데, 후자가 보다 더 강하다. 이것들이 주어질 새로운 이름이라고 말할 수도 있다. 최소한 그들은 하나님께서 이루신 커다란 변화를 나타내고 있다. 또한 '너를'이 동사 앞에 나타남으로써 어떤 강조가 드러나 있다.

그러나 이름의 변화는 시온의 상태에 어떤 인간의 단순한 개발을 첨가하는 것이 아닌 오직 하나님께서 은총을 나타내 보이신 사실로 인한 것이다. 주님은 그녀를 기

---

2) Stummer(*JBL*, Vol. 45, 1926, p. 186)는 한 본문을 인용한다. "오! 벨이여… Borsippa는 너의 왕관(*agûku*)이로다." 이사야가 그러한 어떤 개념에 영향을 받았다고 가정할 필요는 없으니, 이는 하나의 면류관으로서 시온이 여호와를 아름답게 하지 않으나, 반면에 Borsippa는 하나의 왕관으로서 Marduk을 아름답게 만드는 것으로 생각되기 때문이다.

뻐하셨으며, 그리하여 그 땅은 결혼한 자 즉 취한 바 된 자가 될 것이며, 돌보심과 보호를 받고 다시는 버림당하지 않을 것이다. 거민들의 증가로 말미암아 과부라고 하는 비난이 사라질 것이다.

62:5 이사야는 하나의 비교를 통하여 방금 진술한 내용을 확증하고 있다. 첫 단어 키(כי)는 비교(생략됨)의 불변화사가 아니고 "왜냐하면"으로 번역해야 한다. 상반절에 있는 브라는 글자의 두운법을 주시하라. 각 어근은 이 자음으로 시작한다. 난점이 한 어미와 결혼하는 아들들이라는 사상에서 발견되는데, 만일 '소유하다' 라는 개념이 주시된다면 그 난점은 해결될 것이다. 한 젊은 남자가 처녀와 결혼하는 것처럼 시온의 아들들은 하나님의 은혜로 말미암아 시온을 점령하고 소유할 것이다. 그때에 그녀는 더 이상 황폐되거나 버림을 당하지 아니하고 영적 자녀들로 가득할 것이다. 여호와의 신부로서 시온은 또한 인정을 받을 것이며, 주님은 지상의 신랑이 신부를 기뻐함같이 그를 기뻐하실 것이다. 지극한 기쁨을 표현하기 위하여 이 표상을 고안하였다. "기쁨"은 내포된 집적 목적격이다. '그리고 신랑의 기쁨으로….' 하나님께서 교회를 자기 신부로 받아들이시고 그 자녀들의 증가를 기뻐하실 때, 교회는 참으로 복되다.

- 6절, 예루살렘이여 내가 너의 성벽 위에 파수꾼을 세우고 그들로 종일종야에 잠잠치 않게 하였느니라 너희 여호와로 기억하시게 하는 자들아 너희는 쉬지 말며
- 7절, 또 여호와께서 예루살렘을 세워 세상에서 찬송을 받게 하시기까지 그로 쉬지 못하시게 하라
- 8절, 여호와께서 그 오른손, 그 능력의 팔로 맹세하시되 내가 다시는 네 곡식을 네 원수들에게 식물로 주지 아니하겠고 너의 수고하여 얻은 포도주를 이방인으로 마시지 않게 할 것인즉
- 9절, 오직 추수한 자가 그것을 먹고 나 여호와를 찬송할 것이요 거둔 자가 그것을 나의 성소 뜰에서 마시리라 하셨느니라

62:6 하나님께서 자기의 구속받은 시온에게 그가 필요로 하는 모든 것을 주실 뿐만 아니라, 그가 지극한 보호를 받도록 그 성벽 위에 파수꾼을 세워주실 것이다. 말씀하시는 분은 하나님이신데, 이는 오직 그분만이 여기에 진술된 내용을 실현시

키실 수 있기 때문이다. 이미 성벽들이 서 있으므로 이 구절은 이 예언을 바벨론 포로기의 것으로 주장하는 근거가 될 수 없다. 하나님이 "파수꾼"을 세우시는 곳은 지금 존재하고 있는 예루살렘의 '성벽들' 위이다. 물론 예루살렘이 영적으로 재건되기까지 즉, 5절에 예고된 일이 사실이 되기까지는, 실질적으로 이 예언의 성취가 일어나지 않았다.

그러므로 그 파수꾼은 구약시대의 선지자들이 아니고, 신앙의 변증을 위하여 세워진 복음의 신실한 사역자들이다. 한 사람의 사역자가 시온에 복음을 전파할 임무와 목회 상담을 통하여 시온에서 슬퍼하는 자들을 위로하는 임무를 가지고 있는 반면에, 그는 또한 잘못되고 거짓된 교리에 대항하여 그것을 경고하면서 양무리를 보호할 엄숙한 책임을 가지고 있다. 어느 상태에서든지 교회는 그것을 파괴하는 모든 자들로부터 양무리를 보호할 파수꾼을 필요로 한다. 이단과 거짓된 교리라는 탐욕스러운 이리들은, 오늘날까지도 그러하듯 광명의 천사로 나타나면서 언제나 교회를 나누고 파괴하려 하고 있다.

이 파수꾼들을 문지기들(느 3:29)과 성내의 파수꾼들(아 3:3; 5:7)로 구별 짓는 파이퍼가 옳을 수도 있다. 파수하는 사역은 밤낮으로 하는 지속적인 사역이다. 그들의 부르짖음은 언제나 닥쳐오는 위험을 경고하고 신실하도록 격려한다.

본 절의 하반절에서 함마즈키림(הַמַּזְכִּרִים, '기억하시게 하는 자들'을 호격으로 취급해야 한다. 그것은 아마도 파수군의 호칭일 것이다. 분사형은 어떤 것에 하나님의 관심을 불러일으키는, 즉 귀찮게 하는 기도에 종사한다는 사상을 표현한다. 이 마지막 문장을 '너희에게 그침(즉 멈춤, 조용함, 쉼)이 없게 하라'로 번역할 수도 있다. 하나님께서 자기 교회에게 주시는 가장 좋은 선물들 중의 하나는 그 교회에게 오류를 지적하고 그들을 대신하여 끊임없이 기도하는 신실한 사역자(목사)이다. 신앙을 방어하는 사역과 중보기도의 사역은 아름다운 조화를 이루며 나란히 나아간다. 교회가 그러한 사역자들을 가질 때 그 모임은 행복하다!

62:7 열정적으로 기도하는 자들에게 그침이 없어야 할 뿐만 아니라 주님이 예루살렘으로 하여금 땅에서 하나의 찬송으로 세우실 때까지 하나님께서도 쉬시는 일이 없도록 해야 할 것이다. 이 마지막 문장의 형태에 대해서는 42:4에 있는 해석을 보라. 하나님께서는 예루살렘을 이 땅에서 하나의 찬송으로 세우실 것이다.

62:8 더 나아가 약속의 진리를 확증하기 위하여 선지자는 여호와께서 주님의 능력과 힘의 상징인 "오른손, 그 능력의 팔로(직역, 그 능력 있는 팔로) 맹세하셨다"고 진술한다. 맹세의 형태에 대해서는 22:14에 대한 해석을 보라.[3] 맹세의 내용은 주님께서 시온의 곡식을 대적들의 손으로 넘겨 주신, 다시 말해서 주님의 섭리 가운데서 주께서 대적들로 하여금 당연히 시온에게 속한 것을 그로부터 탈취하고 강탈하여 가도록 허락하신 하나님의 심판 사역을 전제하고 있다. 그렇지만 이러한 진술 방식은, 열방의 행위들까지도 하나님의 손 안에 놓여 있고 또 그들이 주님의 뜻과 허락 없이는 행동하지 않는다는 사실을 사람이 유념하도록 하기 위하여 필요하다.

62:9 시온의 소산들은 이제부터는 그것들을 가질 권리를 가진 사람들만 누릴 것이다. 접미사 '그것'은 '먹는다'와 '마신다'란 동사들에 의하여 보여진 바와 같이, 방금 언급된 곡식과 새 포도주를 가리킨다. 본 절의 의도는 곡식에 대해 권한을 가진 자들이 그것을 먹으며 새포도주에 대한 권한을 가진 자들이 그것을 마실 것이라는 사실을 보여주기 위한 것이다. 어투가 고대 이스라엘에서 있었던 생활 모습을 나타내는 상징이다. 본 절이 행함에 의한 구원을 가르친다고 주장하는 것은 사용된 표상을 오해한 것이다. 먹음은 이스라엘의 언약의 하나님에 대한 찬양으로 그 결과가 나타나고, 마심은 '나의 거룩의 뜰에서' 즉 '나의 거룩한 뜰에서' 일어날 것이다. 율법에 의하면 음식은 여호와 앞에서 먹어야 한다(즉 성소에서. 참고. 신 14:22-27). 이러한 사상은 분명히 예언에 기초해 있다. 이러한 형태와 상징의 의미는 구속받은 시온에서 사람들은 하나님의 임재를 풍성하게 누리고 주님의 규례를 따라 주님을 섬기고 예배할 것이라는 것이다.

10절, 성문으로 나아가라 나아가라 백성의 길을 예비하라 대로를 수축하고 수축하라
    돌을 제하라 만민을 위하여 기를 들라
11절, 여호와께서 땅 끝까지 반포하시되 너희는 딸 시온에게 이르라 보라 네 구원이 임
    하느니라 보라 상급이 그에게 있고 보응이 그 앞에 있느니라 하셨느니라

---

3) אִם אֶתֵּן – 직역하면 '내가 만일 준다면.' '그렇다면 내가 하나님이 아니다'와 같은 어떤 귀결절이 예상된다. 그런 까닭에 우리는 '정녕 내가 주지 않을 것이다'라고 번역할 수도 있다. B는 εἰ ἔτι δώσω로 직역한다.

12절, 사람들이 너를 일컬어 거룩한 백성이라 여호와의 구속하신 자라 하겠고 또 너를
일컬어 찾은 바 된 자요 버리지 아니한 성읍이라 하리라

62:10 웅변적 명령형들과 강조적 반복을 통하여 선지자는 사람들에게 시온의 승귀와 구원의 나타남을 준비하라고 명령한다. 어투가 40:3과 57:14을 반영하고 있다. 첫 번째 명령 "너희는 성문으로 나아가라"는 그 방향을 언급하지 않았다. 그러나 이 명령이 "백성의 길을 예비하는" 것에 앞서 나오므로, 그것을 세상 이방나라의 성읍들의 문들을 통과하여 예루살렘으로 가는 길로 출발하는 것을 가리킨다고 생각하였다. 이것은 가능하다. 그러나 이 명령은 예루살렘 입구를 가리키며 그 문을 통과해 나가는 것을 가리킬 수도 있다. 다음에 이어지는 해석에 대해서는 40:3과 57:14에 대한 해석을 보라.

주어진 내용은 시온으로 들어가는 모든 자들로 하여금 그 들어갈 길을 준비하라는 명령이다. 그들은 돌들을 제해야 하고 열방들로 하여금 승리하여 시온으로 들어가도록 하기 위하여 기를 들어야 한다. 이것은 지상의 시온을 가리키지 않고 하나님의 시온을 가리키며 이 모습은 백성들이 대대적으로 유입해 들어오는 시온의 승귀의 모습이다. 만일 여기에 바벨론 포로로부터의 귀환에 대한 어떤 반영이 있다면, 그것은 다만 이러한 대귀환의 본보기일 뿐이다. 포로민들과 열국들은 바벨론으로부터 올 뿐만 아니라 그들이 흩어졌던 먼 사방으로부터 올 것이다. 그들은 하나님으로부터 소외된 상태로부터 신앙의 가족으로 들어올 것이다.

62:11 처음부터 우리는 해석학적 문제에 봉착한다. 무엇이 동사 히슈미아 (הִשְׁמִיעַ, '들도록 하였다')의 목적어인가? 뒤따라오는 단어가 잘 어울리므로 아마도 그것을 목적어로 이해해야 할 것이다. 그것들은 여호와께서 땅의 끝까지 들려지도록 하셨던 내용이다. '시온의 딸들'은 그 구원이 이르렀다. 즉 실현되었다는 소식을 들어야 하는 성읍 그 자체를 가리킨다.

하반절은 40:10과 평행이다(각 단어들에 대한 해석에 대해서는 40:10을 참고하라). "그의 상급"(שְׂכָרוֹ, 세카로)에 들어 있는 접미사는, 만일 이 단어가 하나님께서 들려지도록 하셨던 내용의 일부분이라면, "너의 구원"을 가리킬 것이다. 그렇다면 이것을 어떤 고대 역본들처럼 구세주로 번역할 수도 있다. 그러나 만일 이 문구가 인용의 일부분이 아니라면, 그 접미사는 야웨를 가리킬 것이다. 어느 경우이든 의미

는 본질적으로 다르지 않다. 여호와께서 시온으로 오셨고, 큰 무리가 그분과 함께 하고 있으니, 이는 교회가 크게 확장됨으로 말미암은 주님 자신의 수고의 보상이다.

62:12 우리는 첫 동사를 비인칭적으로 해석해야 하며, 이것을 영어로는 수동형으로 '그리고 그들이 거룩한 백성으로 불릴 것이다'로 번역할 수도 있다. 출애굽기 19:6에서 백성들은 거룩한 나라가 될 것이라고 했고, 이제 그 약속이 성취될 것인데, 이는 시온의 승귀와 그 구원의 도래가 인간의 사역이 아니라 오직 그 하나님 여호와의 사역이기 때문이다. 인간들이 교회를 세속적인 기구로 볼 때 그리고 주님을 중심으로부터 강제로 밀쳐내는 세상적인 일들로 둘러싸인 교회를 볼 때, 교회는 더 이상 거룩한 백성이 아니고 여호와의 구원받은 백성도 아니다. 교회의 엄숙한 책임은 인간들이 교회를 하나의 인간적인 기구가 아니고 거룩한 백성으로 간주하도록 하는 것이다.

이제부터 시온은 "데루솨"(דְּרוּשָׁה, 찾은)가 될 것이니, 이 수동 분사는 시온이 열정적으로 특별히 주님에 의하여 그리고 사람들에 의해서도 찾은 바 된 자라는 것을 암시한다. 이 단어는 "아주바"(עֲזוּבָה, 저버림 받은)와 대조되는데, 이 단어는 더 이상 거룩한 성읍에 적용되지 않을 것이다(참고, 렘 30:14). 이사야 49:14에서 시온은 하나님께서 자기를 버리셨다고 불평한 바 있다. 그 불평은 다시는 일어나지 않을 것이다.

63장

1절, 에돔에서 오며 홍의를 입고 보스라에서 오는 자가 누구뇨 그 화려한 의복, 큰 능력으로 걷는 자가 누구뇨 그는 내니 의를 말하는 자요 구원하기에 능한 자니라
2절, 어찌하여 네 의복이 붉으며 네 옷이 포도즙 틀을 밟는 자 같으뇨
3절, 만민 중에 나와 함께한 자가 없이 내가 홀로 포도즙 틀을 밟았는데 내가 노함을 인하여 무리를 밟았고 분함을 인하여 짓밟았으므로 그들의 선혈이 내 옷에 뛰어 내 의복을 다 더럽혔음이니
4절, 이는 내 원수 갚는 날이 내 마음에 있고 내 구속할 해가 왔으나
5절, 내가 본즉 도와주는 자도 없고 붙들어 주는 자도 없으므로 이상히 여겨 내 팔이 나를 구원하며 내 분이 나를 붙들었음이라

6절, 내가 노함을 인하여 만민을 밟았으며 내가 분함을 인하여 그들을 취케 하고 그들의 선혈로 땅에 쏟아지게 하였느니라

63:1 시온의 승귀와 이방인들의 유입을 통한 시온의 확장을 묘사하고 나서 선지자는 시온의 대적들의 멸망을 묘사하는 데로 돌아선다. 자기가 사용하는 표상을 계속해 나가면서 그는 시온이 어떻게 에돔과 같이 적대적이고도 심술 사나운 대적들과 안전하게 관계를 지속해나갈 수 있는가에 대한 문제를 다루고 있으며, 그들의 멸망을 여호와의 철저한 승리로 묘사한다. 그것은 마치 선지자가 아주 붉은 옷을 입고 당당하게 머리를 들고 에돔과 그 주요 성읍인 보스라로부터 오시는 자를 바라보면서, 그분이 누구인가를 묻고, 에돔으로부터 오시는 자로 하여금 그 문제에 대답하도록 허용하고 있는 것처럼 보인다. 두 번째 질문에서(2절) 그는 어찌하여 그 옷이 그렇게도 붉은지를 묻고, 시온의 구세주이신 이분이 유일하게 시온의 대적들을 정복하고 멸망시켰던 분이라는 대답을 듣는다(2절 이하).

첫 질문은 놀라움을 표현한다. '그렇다면 이분이 누구인가?' 이사야는 관계사를 생략한다. '이분이 누군고―그가 에돔으로부터 오도다?' 이러한 생략은 표현에 생동감을 더해 준다. 그것은 마치 보는 자가 에돔에서 시온으로 오는 길로 행하고 있는 신비로운 인물을 보고 있는 것 같다. 출발 지점을 진술하기에 앞서 선지자는 의복을 [1] 묘사하고 그리고 나서 보스라가 이분이 오신 정확한 장소였음을 덧붙인다. 이사야는 또다시 "이"라는 대명사를 사용하고 있는데, 마치 '주님의 의복으로 꾸민 이 이상한 분'이라고 말하고 있는 듯하다. '그 큰 능력으로 구부리는'(개역은 '걷는 자')[2]이란 문구를 통하여 선지자는 오시는 자가 완전한 승리를 거두는 자임을 밝히기를 원하고 있다.

이에 답하여 보스라로부터 오는 자는 자신을 "나"라는 단어와 함께 소개하는데, 이는 40장 이하의 장들에 등장하는 이 대명사의 여러 용법을 상기시켜 준다. "말하는"은 아마도 '선포하는, 알리는'이란 충만한 의미로 사용되었을 것이다. 전치사 ב는 여기서 '~의 범위 안에서'란 의미를 가진다. 그런 까닭에 화자는 그가 의의 범위 안에서 선언하고 있음을 진술하고 있다. 이 의는 구원 가운데 나타나 있으니, 이

---

1) חמץ ― '날카로운, 찌르는, 작렬하는.' "작렬하는 색깔들의 옷을 입고."
2) 초에 (צעה) ― 구부리는. 참고. 51:14.

는 주께서 구원하기에 능하시기 때문이다. 요한은 분명히 이 구절을 반영하고 있다: "또 그가 피뿌린 옷을 입었는데, 그 이름은 하나님의 말씀이라 칭하더라"(계 19:13). "하나님의 말씀"과 "말하는" 사이의 관계를 주시하라.

보스라는 고대 에돔의 수도였다. 에돔인은 에서의 자손이며(창 36:1, 8, 9), 이스라엘 족속과 친척관계였다. 그들의 역사 대대로 그들은 이스라엘을 향하여 적대감을 나타내 보였다(참고. 예를 들면, 암 1:11-12). 시편 기자는 그들의 태도에 주목한다(시 137:7). 에돔을 하나님을 대적하는 세력 대표로 언급하고 있고, 에돔의 멸망에서 우리는 그 세력의 멸망을 본다. 이것은, 비록 때가 되면 그 나라(에돔)가 사라질지라도, 물리적 에돔 국가의 멸망을 가리키지 않고, 지상에서의 하나님의 나라 건설을 방해하는 모든 자가 심판을 받아 사라질 것이라는 사실을 가리킨다.

63:2 1절에서 승리자가 선지자가 묻는 곳으로부터 멀리 있었다. 그러나 본 절에서는 그분이 너무나 가까이 있어서 그분이 선지자의 말을 들을 수 있게 된다. 선지자는 자기의 첫 번째 질문에 대한 대답을 듣고 나서 이제 두 번째 질문을 한다. "어찌하여 네 의복이 붉으며 네 옷이 포도즙 틀을 밟는 자 같으뇨?" 이 질문은 그 붉음이 의복의 자연적 색깔이 아니었음을 암시한다(특히 "네 의복" 앞에 라메드가 있음). 사실상 질문을 야기시킨 것은 미처 예상하지 못한 붉은 색깔이 들어 있다는 것이다. 이 붉음은 아주 진한데, 이는 그것이 피로 물들여졌기 때문이다. 그것은 붉음에 대하여 질문하는 자에게 포도즙 틀에서 포도를 짜는 자의 의복에 묻은 그붉음을 상기시켜 준다(5:2에 대한 해석을 참고하라).

63:3 본 절은 선지자의 두 번째 질문에 대한 대답을 진술한다. 포도틀에 대해 다른 단어를 사용하였는데, 이것은 이곳과 학개 2:16에만 나타나며, 포도들이 으스러지고 깨어진 장소를 지칭한다. 화자는 포도틀을 홀로 밟았고, 백성 중에 그분과 함께 한 자가 아무도 없었다. 이 어투는 44:24을 생각나게 한다. 창조사역에서 구원과 심판의 사역에서처럼, 하나님은 홀로 행동하신다. 그분과 함께 한 자가 없었으니, 이는 이 사역들 가운데서 아무도 주님을 도울 수 없기 때문이다.

주석가들은 주로 그 다음의 세 동사를 마치 와우 연속법에 의하여 도입되는 것처럼 번역한다. 그보다는 약 와우에 의하여 도입되는 일련의 미완료형들이 있는데, 이는 이사야서에 여러 번 나타나는 현상이다(참고. 12:1; 27:5; 42:6; 51:2; 57:17). 이 동사들을 미래로 번역하는 것은 포도즙 틀을 밟음이 아직 일어나지 않았다는 사실을 시사하는데, 이는 이 사건이 이미 일어났다고 명백히 진술한 것과 상충된다. 미래의 의미를 보존하기 위하여 두 개의 별개의 밟음이 있었다고 가정할 수도 있는데, 그 중의 하나는 아직 일어나지 않았다는 것이다. 열방들 가운데 아무도 화자와 함께 하기 위하여 오지 않았으므로 그분은 그들을 밟을 것이다. 이것은 자연스러워 보이지 않으니, 이는 접근해 오는 화자의 모습은, 주의 심판의 사역이 이미 완료되었다는 것을 시사하기 때문이다. 그 동사들을 이미 일어난 내용에 대한 설명적인 것으로써, 그러나 그 사실을 현재형으로 표현하고 있는 것으로 취급하는 것이 가장 좋을 듯하다.[3] 그러므로 "내가 노함을 인하여 무리를 밟았고"는 주께서 이미 행하신 행동에 대한 화자의 묘사이다. 열방들은 화자의 진노의 대상들이었고, 그분은 분노로 그들을 마치 포도즙 틀에 있는 포도들처럼 밟았다. 그는 분노로 그들을 밟았고 그들을 극단적으로 부수기로 결심하였다. 그 결과 그것들의 '즙'(이 단어는 피나 엉긴 피의 상징으로 사용된다)이 그의 옷에 튀었고 그의 옷이 얼룩졌다.[4]

여기에 제시된 모습은 부인할 수 없이 극적이며 생동적이다. 화자는 자신의 옷에 살육당한 자의 피를 묻혀 가지고 예루살렘으로 오는데, 이는 그가 자기 대적들에 대한 자기 분노를 행사하였기 때문이다. 이 분노는 악과 부정이 무엇이든 상관이 없다. 죄인을 그의 죄로 인하여 징벌하시려는 결정은 하나님의 공의이다. 62장에서 묘사한 축복들 중 어느 것도 심판이 없이는 누릴 수 없다.

63:4 선지자는 여기서 어찌하여 하나님께서 그러한 행동을 하셨는지 그 이유를 제시하고 있으니, 곧 "원수 갚는 날이"(즉 보응을 취할 날) 주의 마음에 있고(즉 그의 계획들과 의도들 가운데) 그의 구속할 해가 왔다는 것이다. 여호와의 은혜의 해가 있었던 것처럼 또한 그의 구속의 해도 있으며(참고. 61:2), 이 해가 도래했으므

---

[3] 그것이 마치 지금 일어나고 있는 것처럼 여겨지는 과거를 나타내기 위해 이렇게 미완료형을 사용한 것은 시적인 특성이고 고상한 스타일이다. 참고. 시 51:2; 시 18:7; 78:15, 29, 45 등.

[4] אגאלתי는 아마르나 편지들 가운데서 잘 입증된 형태이며 그래서 수정되어서는 안 될 것이다. 참고. WThJ, Vol. 14, No. 1, 1951, p. 54.

로 여호와께서는 열방에 대한 보응을 떠맡으신 것이다. '날'과 '해'라는 단어는 단순히 때를 의미한다.

63:5 본 절은 분명히 59:16에 근거해 있다(각 단어들에 대한 논의에 대해서는 59:16을 참고하라). 약 와우에 의하여 도입된 미완료형 동사로 말이 이어지고 있다. 아마도 시제의 상호교환은 심판의 사역이 완료되지 않았고, 화자가 자기 대적들의 최후의 멸망을 바라보고 있다는 사실로 인한 것일 것이다. 어쨌든 본 절은 화자가 홀로 밟아야 했다는 사실을 강조한다. 그분이 비록 그들을 찾았지만 아무도 도울 자가 없다. 비록 그분이 놀랐을지라도 아무도 붙들어 주지 않았다. 오직 주의 팔이 자신을 위하여 구원하였고 주의 분노가 그분을 붙들었다.

63:6 약 와우에 의하여 도입된 미완료형으로 말이 계속된다. '밟음'은[5] 아마도 3절에서 사용된 단어만큼 강하지 못하나 그러면서도 3절에 있는 다락(דרך, 밟다)보다는 더 강하다. 약 와우는 3절에서처럼 설명적인 것으로 취급하는 것이 가장 좋을 것이다. 진노와 분노에 대한 두 개의 단어가 또다시 나타난다. 점층법을 간과하지 않아야 할 것인데, 곧 '밟다, 취하게 하다, 쏟아지게 하다'이다. 하나님께서는 분노로 열방들을 취하게 하여 그들이 그것으로 가득하게 하였다. '그들의 선혈로 땅에 쏟아지게 하였느니라'는 것은 그들의 피로 하여금 땅에 흐르게 하였고 그리하여 그들을 살육하였다는 것을 의미한다. 본 절에 있는 다섯 개의 단어들이 알렙을 첫 자음으로 가지고 있다.

> 7절, 내가 여호와께서 우리에게 베푸신 모든 자비와 그 찬송을 말하며 그 긍휼을 따라, 그 많은 자비를 따라 이스라엘 집에 베푸신 큰 은총을 말하리라
> 8절, 여호와께서 말씀하시되 그들은 실로 나의 백성이요 거짓을 행치 아니하는 자녀라 하시고 그들의 구원자가 되사
> 9절, 그들의 모든 환난에 동참하사 자기 앞의 사자로 그들을 구원하시며 그 사랑과 그 긍휼로 그들을 구속하시고 옛적 모든 날에 그들을 드시며 안으셨으나
> 10절, 그들이 반역하여 주의 성신을 근심케 하였으므로 그가 돌이켜 그들의 대적이 되

---

5) 웨아부쓰(וַאֲבוּס) — 약 **와우**를 가진 미완료형의 지속적인 사용을 주시하라.

사 친히 그들을 치셨더니
11절, 백성이 옛적 모세의 날을 추억하여 가로되 백성과 양 무리의 목자를 바다에서 올라오게 하신 자가 이제 어디 계시뇨 그들 중에 성신을 두신 자가 이제 어디 계시뇨
12절, 그 영광의 팔을 모세의 오른손과 함께 하시며 그 이름을 영영케 하려 하사 그들 앞에서 물로 갈라지게 하시고
13절, 그들을 깊음으로 인도하시되 말이 광야에 행함과 같이 넘어지지 않게 하신 자가 이제 어디 계시뇨
14절, 여호와의 신이 그들로 골짜기로 내려가는 가축같이 편히 쉬게 하셨도다 주께서 이같이 주의 백성을 인도하사 이름을 영화롭게 하셨나이다 하였느니라
15절, 주여 하늘에서 굽어 살피시며 주의 거룩하시고 영화로운 처소에서 보옵소서 주의 열성과 주의 능하신 행동이 이제 어디 있나이까 주의 베푸시던 간곡한 자비와 긍휼이 내게 그쳤나이다
16절, 주는 우리 아버지시라 아브라함은 우리를 모르고 이스라엘은 우리를 인정치 아니할지라도 여호와여 주는 우리의 아버지시라 상고부터 주의 이름을 우리의 구속자라 하셨거늘
17절, 여호와여 어찌하여 우리로 주의 길에서 떠나게 하시며 우리의 마음을 강퍅케 하사 주를 경외하지 않게 하시나이까 원컨대 주의 종들 곧 주의 산업인 지파들을 위하사 돌아오시옵소서

63:7절 이하와 그 앞 절과의 관계는 심각한 해석학적 문제가 있다. 하나의 주장이 독단적이 될 수는 없지만, 우리는 다음과 같은 사항을 고려할 가치가 있어 제안한다. 61-63:6에서 이사야는 전체 예언 중 두 번째 대단원(40-66장)의 결론을 짓는다. 우리는 대략적으로 61-63장이 시온의 승귀를 나타내고 있다는 점에서 35장과 일치한다고 말할 수 있다. 다른 한편 63:1-6은 시온의 대적들의 멸망을 말하고 있는 점에서 34장과 일치하며, 이 양자에서 에돔을 그 대적들의 대표로서 부각하고 있다. 그러나 심판은 에돔에만 떨어지지 않고 모든 열방에 떨어진다. 구원이 종말론인 것처럼, 심판도 그러하다. 비록 구원과 심판이 그리스도의 초림과 더불어 나타나기는 하지만, 구원의 충만한 누림과 실현은 주의 재림 때까지는 없을 것이다. 그리고 주의 초림 때에 도끼가 나무 뿌리에 놓여졌으나, 대 심판의 날은 주의 재림 때까지는 있지 않을 것이다.

63:7-64:11에서 자기 백성의 대표자로서 선지자는 자기 백성들에게 자비를 베푸실 것을 구함과 동시에 감사와 고백을 표하는 기도를 하나님에게 드리고 있다. 65장과 66장은 사실상 이 기도에 대한 응답이다. 배교하는 이스라엘은 거절당할 것이며 오직 헌신된 남은 자들만 보존할 것이다.

63:7 하나님의 구속받은 교회를 위하여 선지자는 자기의 목소리를 높여 기도하고 있는데, 즉시 자기의 기도의 주제, 곧 '여호와의 자비'를[6] 소개하고 있다. 이 단어는, 주께서 자신의 언약에 신실하셔서 자기 백성을 위하여 행하신, 하나님의 분에 넘치는 은혜의 행위를 가리킨다. 이 단어는 또한 본 절을 마감하고 있기도 하다. 만일 이것이 인간들을 향한 것이라면, 그 의미는 선지자가 사람들이 자비를 기억하도록 축하할 것이라는 것이다. 그러나 알렉산더가 지적하는 바와 같이, 이 내용 가운데 하나님께서 그분의 자비들을 새롭게 하시라는 기도가 들어 있으며, 그래서 그 행위가 하나님의 행위를 가리키는 것이다. 만약 그렇다면, 그 의미는 선지자가 하나님으로 하여금 그분의 자비들을 기억하시도록 하고 있는 것이다(복수형은 그것들의 풍성함을 시사할 수도 있다). 이것들이 여호와의 찬송이다(즉, 여호와께서 찬송을 받으시게 될 일들이다). 이 찬송은 여호와께서 자기 백성들을 위하여 행하신 모든 일과 일치하여 드려져야 하며(문장의 구조에 대해서는 59:18에 대한 해석을 참고하라), 이 뜻은 하나님께서 이스라엘을 위하여 그렇게 많은 일을 하셨으므로 하나님 찬송이 참으로 크다는 것이다.

하반절에서 선지자는 이스라엘 백성을 3인칭 복수로 말하면서 객관화하고 있다. '그리고 큰 은총, 등'을 아마도 '~에 따라서'의 지배를 받는 것으로 해석해서는 안 되고 하나님에게 찬송을 드리는 두 번째 이유로써 독립적으로 소개해야 할 것이다. '선하심의 크심'(개역은 '큰 은총')은 '자비들'과 '찬송들'에 대한 또 다른 지칭이다. 시행되어 온 일이 하나님의 긍휼에서 기원한다. 주께서 자비가 풍성하시므로 자기 백성에게 그것을 베풀어 오셨다.

63:8 본 절과 함께 우리는 한 국가로서 이스라엘의 초창기로 거슬러 올라간다.

---

6) 맛소라 본문에 있는 **파섹**을 주시하라.

맨 처음 등장하는 불변화사를 '오직'으로 번역하는 것이 가장 좋을 것이며, 또 비록 그것이 "내 백성"의 바로 앞에 등장할지라도 그것은 '그들'과 함께 해석해야 한다 (이것이 히브리어에서는 합법적이다). 그렇다면 그 의미는 '오직 그들만'이 하나님의 백성이라는 것이다. 주께서 이스라엘만을 자기 백성이라고 인정하시는 점에서 이런 호칭은 여호와의 자비의 특별한 표현이다. 너무나 자주 이사야는 이스라엘 백성들을 그들이 아들들이므로 거짓되게 행동해서는 안될 "아들들"로 지칭하기 시작한다. 부정사는 강한 금지의 의미를 가지며, 우리는 '그들이 거짓되게 행해서는 안될 것이다'로 번역할 수도 있다. 여호와께서는 자기 택하신 자들이 거짓되게 행하지 않을 것이라는 헛된 바램을 말하고 있는 것이 아니고, 그들이 그렇게 행해서는 안될 것이라고 선언하고 있는 것이다.

마지막 문장은 앞의 내용과 인과관계를 가지지 않고, 단순히 또 다른 사실을 덧붙이는 것 뿐이다. 이사야는 출애굽기 15:2의 어투를 풍기면서(12:2에서처럼) 하나님께서 그들의 구세주가 되셨다고 선언하고 있다.

63:9 이 구절은 본 예언서 가운데 가장 주목할 만한 구절 가운데 하나이며, 가장 논란이 많은 구절 중 하나다. 본문을 약간 수정할 필요가 있으며 케티브 보다는 케레의 독법을 채택할 필요가 있다.[7] 그렇다면 우리는 '그들의 모든 환난 가운데 환난이 그에게 있었다'는 번역문을 얻는다. 이 뜻은 아름답고도 하나님의 백성에 대한 커다란 위로로 가득해 있다. 칼빈은 하나님께서는 이런 방식으로 말씀하시면서 자기 백성들을 향한 비할데 없는 그의 사랑을 선언하신다고 말한다. "보다 힘있게 우리를 감동시키시고 우리를 자기에게로 이끌기 위하여 여호와께서는, 한 아버지가 가지는 모든 애정과 사랑과 긍휼을 자신에게 돌림으로써, 자기를 인간들의 방식에 적응시키신다." 사용된 어투는 하나님께서 우리의 짐을 지시고 우리의 슬픔을 가져가신다는 사실을 강하게 지적한다. 환난이 우리에게 닥쳐와서 우리가 그분으로 인하여 고난을 당해야 할 때 우리는 주님 역시 그 환난과 고통을 짊어지고 계신다는

---

7) 즉, 비록 1Q가 부정어를 보유하고 있을지라도, 부정어 לא대신 לו로 해야 한다. B는 이 문구를 앞의 내용인, '그리고 그가 그들에게 그들의 모든 고난으로부터 구원이 되셨다'와 연결시킨다. B는 차르(צר)를 마치 그것이 추(ציר)인 것처럼 πρέσβυς로 번역한다. Muilenburg(*IB*)는 "사신도 아니고 사자도 아니고—오직 자신의 임재로—그들을 구원하셨다."

것을 기억해야 한다. 이러한 해석을 입증하기 위하여 사사기 10:16에 호소할 수가 있을 것이다. 하나님께서는 자기 백성의 고통을 자기의 고통으로 느끼신다. 이것은 어떤 특정한 재난을 가리키지 않고, 그분의 백성이 마땅히 되어야 할 그러한 존재가 되기 위하여 힘쓰는 데에 있어서 당해야 하는 재난들, 환난들, 고통들을 가리킨다.

그들을 향한 하나님의 사랑이 너무나 커서 주님은 자기 앞의 사자를 보내셨고 그는 이 모든 환난과 고통들로부터 그들을 구원하였다. 이 "사자"를(이 사자는 messenger를 의미한다) 하나님께서는 자기 백성에게 보내기로 약속하셨고, 또 그들에게 실제로 보내셨다(출 14:19; 민 20:16). 그는 여호와의 사자이며(출 33:14, 15), 실제로 여호와 자신이시다(출 33:12). 그분의 얼굴의 사자(angel)는 그분의 얼굴과 동일시 되는 사자이거나 또는 그분의 얼굴이 분명히 나타나 있는 사자이다.[8]

이어지는 문구 "그 사랑…"에서 접미사는 사자를 가리키지 않고 하나님을 가리키며, 강조가 인칭 대명사에 주어져 있다. "그분"께서 그들을 구속하셨다. 주님은 이 일을 자기의 사랑과 자기의 용서하시는 긍휼을 통하여 하셨다. 신명기 32:11을 반영하는 것으로 보이는 문구를 통하여 이사야는 이스라엘의 생애의 과정이 전적으로 주님의 손안에 있었음을 보여 주는 두 개의 동사들을 사용하고 있다. 그들 스스로 하나의 국가로 만들지 않았고, 주님이 마치 어미가 자기 아기를 전 생애 동안 안고[9] 생애의 전 과정을 인도하는 것처럼 안으시고 인도하셨다.

63:10 하나님의 선하심과는 반대로 백성들은 반역하였다. 그런 까닭에 '그러나 그들이'란 문구를 강조하고 있다. 백성들 편에서의 감사와 더 큰 신뢰 대신 하나님의 은혜에 배은망덕하고 반역하였다. 뒤따라오는 두 개의 동사들을 이사일의로 이해해야 할 것이다. "그들이 반역하여 근심케 하였으므로" 즉 '그들이 근심케 한 면에서 반역하였다.'

출애굽 당시에 그들 앞서 나아갈 사자에 관하여 명령이 백성들에게 주어졌다. "너희는 삼가 그 목소리를 청종하고 그를 노엽게 하지 말라. 그가 너희 허물을 사하

---

8) 참고. 고후 4:6. Muilenburg는 Tanit 여신이 "바알의 얼굴"임을 주목하게 한다. 참고. Cooke, *Text-Book of North-Semitic Inscriptions*, pp. 131-132. *DOTT*, p. 115는 위대한 신들은 사람보다 "앞서 가도록" 보호하는 수호신을 보냈다고 지적한다.

9) 1Q는 동사들의 순서가 거꾸로 되어 있다.

지 아니할 것은 내 이름이 그에게 있음이니라"(출 23:21). 그러나 출애굽기 17:1이
하와 32:1이하에 따르면, 백성들은 출애굽 당시부터 반역하였고, 그들의 모든 역사
는 반역의 역사였다. '그의 거룩의 성령'이란 문구 자체가 하나의 인격적 존재를 나
타낼 필요는 없다. 그러나 이 문구가 이러한 특정 문맥 안에서 나타날 때, 그 의미
라는 결론을 피할 길이 없다. 이스라엘이 성신을 근심케 하였다는 사실은 성신이 하
나의 인격임을 보여 준다. 어떻게 사람이 비인격인 존재를 근심케 할 수 있겠는가?
여기서 성령은 백성의 행동의 대상으로 나타나 있다. 더 나아가서 여기서 성신을 하
나님과 결합된 것처럼, 앞 절에서도 사자(angel)를 주님과 결합하였다(참고. 시
78:17, 40). 그렇다면, 여기서 거룩의 신은, 앞 절에서 사자가 그러했듯이, 그 인격
적 존재에 있어서 여호와와는 구별되어 있다. 그 신은 여기서 그분이 근심케 함을
받을 수 있고 근심을 느낀다는 사실로 말미암아 한 인격으로 구별되어 있다. 이 구
절에 근거하여 바울은 하나의 독특한 진술을 말한다. "하나님의 성령을 근심하게 말
라"(엡 4:30).[10] 그러므로 이 두 구절에서 삼위일체 하나님의 세 분 인격을 구별하
고 있다. 그분(야웨), 그분의 임재의 사자, 그리고 그분의 거룩의 신(성신). 선민의
역사 가운데서 삼위일체 하나님 각 위께서 활동하셨다.

이 반역의 결과 하나님께서는 전에 없이 대적이 되셨다. 그들의 환난 가운데서 함
께 고통하셨던 분께서 원수로 돌아서서 그 백성을 치셨다. 하나의 강한 대조가 본 절
의 마지막 문장 가운데 있는 후(הוא, 그)의 용법과 9절의 마지막 문장 가운데 있는
후(הוא) 사이에 나타나 있다(또한 마 12:31; 행 7:51 그리고 히 10:29을 참고하라).

63:11 본 절은 난점들로 가득하다. 첫 번째 문제는 첫 번째 동사 가운데 놓여
있다. 하나님이 주어인가 아니면 백성이 주어인가? 펜나(Penna)는 하나님이 자비
로우시고 긍휼이 크시므로 그리고 이스라엘의 과거의 큰 인격들을 잊지 않으시므로
그분은 자비를 나타내 보이시기를 그치지 않으신다고 주장하면서, 하나님을 주어로
취급한다. 그러나 분명히, 두 번째 문장에서 그 백성이 말하고 있다. 그런 까닭에
백성을 첫 번째 동사의 주어로 간주하는 것이 보다 일관성 있는 것으로 본다. 그러

---

10) 여기서 성신이 삼위일체 중 한 분이 아니고, 단순한 의인화라고 가정할 만한 근거가 없
으며, 또 여호와의 신이 근심하게 한다는 것은 단순히 여호와를 근심하게 하는 것을 의미한다
고 가정할 근거가 없다.

므로 첫 번째 문장에서 이사야가 백성의 회개를 묘사하고 있고 두 번째 문장에서 그들 스스로 이전의 상태와 지금의 상태 사이에 대조를 이루고 있고 축복을 받은 상태에서 그 백성들 자신의 말들을 진술하고 있다.

첫 번째 동사를 복수로 수정할 필요가 없으니, 그것을 비인칭적으로 '사람이 기억했다'로 이해할 수도 있기 때문이다. 그리고 이것을 영어에서 수동형으로 번역하는 것이 가장 좋다. 그러므로 '그리고 옛적의 날들이 기억되었다. 심지어 모세와 그의 백성까지도'이다. "모세, 그의 백성"[11]이라는 문장 구조는 난해하지만 그러나 이 문구는 '말하자면'으로 도입될 수 있고, '모세, 그 백성'이란 두 단어는 '옛적의 날들'과 동격으로 이해될 수 있다. 영어에서 '모세'와 '백성' 사이에 접속사를 삽입하여 접미사 '그의'를 모세를 가리키는 것으로 해석할 필요가 있다. 그리하여 우리는 백성들이 옛적 곧 모세의 날과 모세의 백성의 날을 기억한다는 뜻으로 이해하게 된다. 이러한 문장 구조는 난점이 없지는 않지만, 그러나 어떤 반론을 피하게 될 것이다.

"어디 계시뇨?"란 말로 시작하는 옛적의 날을 추억하는 백성들의 탄식이 여기에 있다. 지금 하나님께서는 주님이 과거에 그러하셨던 것처럼 도움이 되시고 구원하기를 기뻐하시지 않은 것처럼 보이고, 그들은 주께서 이전에 행동하셨던 것처럼 이제도 역사하시기를 원하고 있다. 백성들의 질문은 해석하기 어렵지만, 아마도 '바다로부터 자기들을[12] 이끌어 내시고, 주님의 양 무리의 목자를 이끌어 내신 이가 어디 계시뇨?'일 것이다. 이 구조에 의하면 이것은 홍해로부터의 그 나라의 구출을 암시한다. 또한 불변화사 에트(אֵת)를 유지하여 "그의 양무리의 목자"란 문구를 주어로 해석할 수도 있다. 그렇다면 우리는 다음과 같은 구조를 가지게 된다. '바다로부터 백성을 올라오게 하신 자, 그의 양 무리의 목자를 올라오게 하신 자가 어디 있느뇨?' 어느 경우이든 목자는 모세이다. 한 입장에서 보면, 백성을 구출하시며, 또 그들과 함께 자기 양 무리의 목자를 구출하신 분은 하나님이시다. 다른 입장에서 보면, 목자로서 백성을 홍해로부터 올라오게 한 자는 모세이다. 비록 이 두 구조가 문법적으로는 가능하지만 문맥은 첫 번째 구조를 편들고 있으니, 이는 백성의 슬픔이 모세가 아니라 하나님께서 이제 그들에게 자비를 보이시지 않고 있다는 사실에 있

---

11) B에는 삭제되었으나 1Q와 Aq S T에는 유지되어 있다.
12) 이 접미사가 B와 1Q에는 빠져 있는데, 이 두 사본은 로에(רעה)를 분사의 목적어로 하고 있다.

기 때문이다. 마지막 질문은 또한 이 해석을 지지하고 있으니, 이는 그것이 분명하게 하나님을 가리키기 때문이다.

하나님께서 언젠가 그 나라에 주셨던 마지막 축복은 그의 성신을 그 백성 가운데 두시는 것이었다. 그러므로 성신(10절에서처럼 여기서 인격적인 영이시다)은, 주께서 모세와 아론, 미리암, 70인, 그리고 선지자들 가운데 함께 계셨다는 점에서, 그 분의 복을 보이셨고, 그 나라에는 하나의 선물이셨다. (예를 들면, 민 11:17을 참고하라. 또한 출 31:3과 35:31을 주시하라). 알렉산더는 "중"이란 단어가 열왕기상 17:22에서처럼 사용되었다고 지적한다. 주께서 가져다 주시는 모든 축복과 함께 성신께서 언젠가 이스라엘 자체 안에 계셨었다.

63:12 정관사가 없는 분사를 통하여 묘사를 계속하고 있다. "오른손" 앞에 있는 전치사는 일반적인 관계를 의미하며, '~에 관하여'로 번역할 수도 있다(참고. 시 16:8). 그리고 알렉산더가 여기서 시사한 바와 같이, '~에 의하여'(by)란 특정한 의미는, 비록 반드시 포함되어 있지는 않지만, 문맥에 의하여 암시되어 있다. 야민(ימין)이란 단어는 모세의 '오른손' 혹은 '팔'을 의미하며, 힘의 좌소의 상징이다. 많은 학자들은 "그 영광의 팔"을 목적어로 취급하여, 전체를 '모세의 오른편에 계신 자가 그 영광의 팔로 하여금 가게 하셨다'로 번역하였다. 접속사 '그리고'를 삽입하고, 전치사의 상관 목적어로써 "그 영광의 팔"을 이끌도록 하여, '모세의 오른손으로 (그리고) 그 영광스러운 팔로 그들(백성)을 나아가게 하시는'으로 해석 할 수도 있다. 그렇게 풀어 본다면, 의미는 광야에서의 방랑 혹은 애굽으로부터의 탈출을 가리키며, 모세의 사역과 모세를 사용하신 여호와의 사역을 강조하고 있는 것이다. 어떤 사람은 "모세의 오른손에서" 자기 지팡이를 사용하는 것과 같은 일반적인 힘에 대한 암시에 지나지 않는 것을 볼 뿐이다. 어떤 사람은 또한 '그의'라는 대명사를 모세를 가리키는 것으로, 즉 '그의(모세의) 영광의 팔'을 가리키는 것으로 본다.

하반절에서 이사야는 명확하게 홍해의 건넘을 가리켜 말한다. 분사는 물의 갈라짐 혹은 쪼갬을 시사한다(참고. 출 14:16, 21이하; 이 주제는 자주 축제의 시들, 예를 들면 시 77:16; 106:9; 114:3 가운데 나타난다). 하나님께서는 이 기적을 백성들 앞에서 행하시어(그들 앞에 있었던 이전의 장애물이 그렇게 사라졌었다는 사실을 암시하고 있음) 주님의 능력이 그들의 눈에 분명하게 나타나 보였었다. 목적에 대한 진술 안에 해석학적 문제가 있는데, "그를"이란 대명사가 모세를 가리키느냐 아니면 하나님을 가리키느냐는 것이다. 한편은 어투가 모세를 영화롭게 하려는 것을 진술하고 다른 한편은 하나님에게 영광을 돌리게 하려는 것을 진술하려 한다. 홍해의 기적은 백성들이 언제나 하나님께서 행하신 일을 기억하게 하였고 그분의 능력과 권세를 영화롭게 하였다.

63:13 묘사를 계속해 나가면서 선지자는 명사 접미사를 가진 사역형(히필)분사를 사용하고 있는데, 접미사는 엄밀하게 의미하면 소유를 표현하여 '그들로 하여금 나가도록 하셨던 그들의 그분', 즉 백성들로 하여금 깊음을 통과하여 나가게 하셨던 하나님이 되어야 한다. 시편 106:9(아마도 77:16도 역시)에 비추어 그것은 홍해의 통과를 가리키는 것으로 보인다. 그러나 문맥에 나타난 사상의 발전은 요단강의 통과를 가리킨다. 그리고 여러 주석가는 이 입장을 채택한다. 우리가 진술의 순서를 강요하지 말아야 할 것이다. 구원사건의 핵심 기적이 되는 홍해의 통과를 실제로 강조하고 있을 수도 있다.

광야를 장애물이 없는 것으로 생각하고, 말이 넘어지지 않고 가로질러 나갈 수 있다. 하나님께서는 그렇게 자기 백성으로 하여금 바다의 깊음을 통과해 나가게 하셨다. 마지막 문장은 상황절이고, 그래서 말들의 행진을 가리키지 않고 백성의 행진 방법을 가리킨다. 그것을 문법적으로 '그들로 하여금 행하게 하시는' 과 함께 해석하여, '넘어지지 않고'로 번역할 수 있다. '광야에 있는 말과 같이'(히브리어에서는 정관사가 일반적 의미임)란 비유를 아마도 독립적으로 취급해야 할 것이며 반드시 문법적으로 분사를 수식하지는 않는다. 그러므로 '그들을 가게 하시고—광야에 있는 말과 같이—그들을 넘어지지 않게 하시는' 이다. 하나님의 능력은 자기 백성으로 하여금 확신과 고결함 가운데 나가게 하시고, 그 길에 서 있는 장애물로 인하여 정복당하거나 넘어지게 하지 않으신다.

63:14 첫 번째 문장은 '골짜기로 내려가는 가축 같이'로 번역되어야 할 것이다. 직역하면 '가축같이, 골짜기로, 그것들이 내려갈 것이다' 이다. 이 두 경우 모두 관사가 일반적 의미를 나타낸다. 이 아름다운 표상은 가축이 풍성한 목초가 있는 골짜기로 내려가는 평안함을 예증하고 있으며, 동물들이 이전의 위치와는 달리 필요로 하는 것들이 풍성하게 공급되는 다른 모습을 나타내고 있다. 이런 방식으로 '여호와

의 신'(여기서 또다시 문맥은 신이 한 인격으로 이해되기를 요구한다)은 이스라엘로 하여금(대명사의 접미사는 가축을 가리키지 않는다) 젖과 꿀이 흐르는 땅인 가나안 안식으로 이끌어 '안식'[13]으로 들어가게 하신다(신 11:9; 시 95:11). 하늘의 가나안의 예표인 가나안 땅에서 백성들은, 마치 가축들이 안식과 소생함을 얻는 장소인 골짜기로 내려가는 것처럼, 기나긴 사막 여행을 마친 후에 안식하고 소생함을 얻는다. 그러므로 그 나라를 가나안으로 이끄시는 사역이 하나님의 성신의 사역으로 나타나 있다(참고. 시 143:10).

마지막 문장과 함께 하나님께 3인칭 목적격에서부터 직접 말하는 2인칭으로 전환하고 있다. 맨 앞에 나오는 켄(כִּי, 그래서)은 하나님께서 자기 백성을 약속의 땅으로 인도하시는 전 과정을 요약하고 있다. 알렉산더(Alexander)가 말하는 바와 같이, 선지자는 여기서 역사 회고에 대한 어조를 다시 이어가고 있다. "주께서 인도하사"라는 동사가 전체를 요약하고 있는 반면에 또한 그것은 자기 양떼를 인도하는 목자라는 사상을 암시하고 있다. 시편 78; 105; 106; 107편들을 비교하라.

63:15 옛 백성을 향한 하나님의 은혜를 전술한 진술에 근거해서, 선지자는(아마도 자기 백성을 위하여 그리고 그들의 대표격으로 말하는 자로서) 하나님에게 새로운 자비를 구하고 있다. "굽어 살피시며"와 "보옵소서"라는 두 명령형들은 구약에서 일반적으로 이 순서로 나타나는 동사들이다. 만약 개념상의 어떤 구별을 해야 한다면, 그것은 곧 "굽어 살피고" 그 결과로 우리의 상태를 "보신다"는 것이다. 그것은 마치 여호와께서 하늘로 철수하시고 자기 백성을 더 이상 알아 주지 않으신다는 것과 같다. '주의 거룩하고 영화로운 처소'는 '당신의 거룩하고 아름다운 처소'를 의미한다. 자기 거처인 하늘에 이러한 속성들을 부여하는 것은 하나님의 임재이다. '처소'로[14] 번역한 단어는 한 지역에 제한된 하나님 개념을 시사하지 않고, 열왕기상 8:49에서 솔로몬이 기도한 것과 같은 의미로 사용되고 있다.

"어디 있나이까?"가 이끌고 있는 질문을 통하여 선지자는 하나님의 자비를 부정하고 있는 것이 아니라, 단순히 언젠가 놀라우신 그분의 자비를 그가 다시 인간에게

---

13) 그러나 벌겟역은, 그 어근이 נחה이기라도 한 것처럼, *spiritus Domini ductor eius fuit*로 번역한다.

14) זבל - '통치'. 참고. 우가릿어 zbl, '다스리다?' B는 ἐκ τοῦ οἴκου.

나타내 보이실 것을 암시하면서, 자비가 나타났던 곳을 묻고 있는 것이다. "열성"에 대해서는 9:7에 있는 해석을 보고 59:17을 주시하라. 그 열성은 언젠가 자기 백성에 대한 하나님의 힘있는 보호와 통치 안에서 나타났었는데, 지금은 어떻게 되었느냐는 것이다. 능하신 행동들을 동반하는 열성이란 사상이 복수형(참고. 왕상 15:23; 16:27; 22:45)에 암시되어 있을 수도 있다. 자기 백성을 위한 하나님의 열성은 주께서 자기 백성을 이끌어내어 약속의 땅으로 들어가게 하실 때 행사하셨던 능하신 기적들과 구속의 행위들 가운데서 나타났었다.

마지막 문장을 통하여, 선지자는 그가 하나님의 열성과 능하신 행동의 존재를 질문한 이유를 개진하고 있다. '주의 베푸시던 간곡한 자비와 긍휼이 내게 그쳤나이다.'

우리의 서방 문명에 충격이 되는 표현인 첫 번째 문구 *strepitus viscerum*은 단순히 깊은 사랑, 관심, 그리고 동정을 표현한 것이다(16:11 해석을 보라). "내게"란 문구를 아마도 마지막 동사와 함께 해석해야 할 것이다. 그래서 하나의 질문이라기 보다는 하나의 사실에 대한 진술을 언급하고 있는 것이다. 이 자비들이 선지자에게 제지되었으며, 이러한 이유로 인하여 그는 그 질문을 하고 있는 것이다.

여러 주석가들은 루터의 독특한 해석을 주목한다. "*deine grosse herzliche Barmherzigkeit hält sich hart gegen mich*"(주의 큰 자비가 나를 거칠게 취급하나이다). 또한 간과하지 않아야 할 것은 칼빈의 심도 깊은 관찰인데, 곧 불신자와 신자 사이에 차이가 있다는 것이다. 곧 신자들은 하나님의 자비의 표식을 인지하지 못할 때에라도 능하시고 친절하신 하나님을 인정하고, 주께 부르짖는다는 것이다. 왜냐하면 그분은 언제나 자기 백성을 돌보아 주시고(벧전 5:7) 끊임없이 세상의 각 부분에서 통치하시기 때문이다.

63:16 '왜냐하면'이란 첫말은(개역은 생략되었다) 선지자가 하나님께 기도하는 이유를 나타낸다. 그 의미를 다음과 같이 고쳐 쓸 수 있다. "당신은 우리의 아버지이시므로 우리는 당신에게 자비를 가지고 우리를 내려다보시라고 간청하나이다." 여기서 "아버지"는 그 나라를 존재하게 하신 분이심을 의미한다(참고. 신 32:6). 하나님께서는 사랑으로 주님의 피조물이었던 그 나라를, 이방에 빛을 비추고 자기의 구원을 땅끝까지 알리는 백성으로 세우셨다. 이사야는 8절에서 이스라엘 족속들을 아들들로 말씀하셨다(참고. 64:8; 렘 3:4; 말 1:6). 구약성경에서 하나님을 아버지

로 부르는 것은 비교적 드물며 신약성경에서 "우리 아버지"가 가지고 있는 풍성한 개념은 가지지 않은 것으로 보인다. 그럼에도 불구하고 부드러운 위로를 주는 단어이며, 이 신정국가가 하나님의 만드신 바이며 인간의 작품이 아님을 보여 주고 있다. 그렇다면 만일 아들들, 곧 이스라엘을 낳은 아버지가 자기의 사랑과 축복을 거두어 가신다면, 그 아들들은 멸망하지 않을까? 그래서 선지자의 그 나라를 위한 끈질긴 탄원이 이어지고 있는 것이다.

하나님만이 이스라엘의 아버지시라는 사실을 강조하기 위하여 아브라함과 야곱이 도울 수 없다는 설명적 진술을 덧붙인다. 이는 그들이 신령한 몸의 조상들이 아니기 때문이다. 이 두 고유명사를 강조하고 있다. 아브라함은 그가 우리를 알지 못하고, 또한 이스라엘은 우리를 인정치 않았다.[15] 두 동사를('알다'와 '인정하다'를 의미함—역자주)은 그것과 함께 도움이 될 능력을 가져다 주는 지식과 인정을 의미하는 것으로 이해해야 할 것이다(참고. 신 33:9; 룻 2:10, 19). 이 두 사람처럼 위대하고 영광스러운 그들도 그 백성을 도울 수 없었다. 이삭이 여기에 언급되지 않은 이유는 아마도, 비록 약속이 그에게 주어지기는 하였을지라도 그 약속에 대한 보다 충만하고 영광스러운 선포가 이 두 사람에게 주어졌기 때문일 것이다. 이 발언 가운데 족장들에 대한 경시가 들어 있지는 않다. 왜냐하면 오직 하나님만이 영적 자녀들의 신령한 아버지가 되시기 때문이다. 실질적으로 본 절은 하나님의 참된 교회와 구약시대에 있었던 이스라엘이라는 외적인 나라가 같은 실체가 아니었다는 것을 암시한다. 여기서 묘사되어 있는 것은 신령한 몸이다.

하반절에서 여호와께서 직접적으로 이스라엘의 아버지로 불려진다. 마지막 문장의 단어들을 '상고부터 우리의 구속자는 당신의 이름'으로 해석해야 한다. 여호와께서는 언제나 이스라엘의 구속자였던 분으로 알려져 있다.

63:17 이사야는 이 기도에서 보다 대담해진다. 두 동사는 아주 강한 사역형인

---

15) 야키라누(וְכִּרָנוּ) —1Q는 הכירנו. B는 ἐπέγνω. 이 형태는 주로 하나의 **아** 연결 모음을 가진 미완료형으로 간주되어 왔는데, 앞의 ידענו의 영향으로 인한 것이다. 그러나 그것은 페니키아어 안에서처럼 약틸 사역 완료형이다. 히브리어에서 이 형태는 페니키아어에서는 분명히 정상일지라도 흔적이 남아 있다. **아** 연결 모음은 그 형태가 완료형이고, 그래서 수정되어서는 안 된다는 것을 보여 준다.

데, 특히 두 번째 동사가 '강퍅하다'(קָשָׁה 카사 대신에 קָשָׁח 카사흐)에 대한 정상적인 단어보다 더 강한 표현으로 나타난다는 점에서 이는 사실이며, 이러한 현상이 다른 곳에서는 오직 욥기 39:16에만 나타난다. 이 뜻은 하나님께서 백성으로 하여금 주님의 길로부터 떠나게 하고 마음들을 강퍅케 하여 그들이 주님을 경외하지 않을 것이라는 것이다. 그러나 이 기도는 인간의 책임을 풀어주는 것이 아니다.

이는 백성들에 대한 축복의 결핍이 그들 자신들의 죄악으로 말미암은 것이기 때문이다. 그러므로 이 기도의 내용은 하나님께서 버리셨지만, 그러나 그 잘못은 그 백성 자신에게 있다는 고백 혹은 인정이며, 그래서 그들에 대한 하나님의 보응과 행위가 의롭다는 것이다.[16] 칼빈은 "…신자들은 비록 자기들의 죄로 말미암아 마땅히 고통을 당한다고 인정할 때에라도 하나님의 선하심을 언제나 바라본다"고 말한다. 하나님 경외는 참된 헌신과 경건에 대한 용어이며 그 뜻은 '주를 경외함으로부터'(접미사가 목적격적 소유격이다)이다. 동사들은 아마도 '주께서는 어찌하여 우리의 마음을 강퍅케 함으로 방황케 하시나이까?'를 의미하는 것으로 해석되어야 할 것이다.

"돌아오시옵소서"라는 명령형에 암시된 뜻은 오랫 동안 없었다는 뜻이다. 그 돌아오심은 하나님께서 한 번 더 자기 백성에게 축복을 나타내 주실 때에 성취될 것이다. 선지자는 "종들"을 하나님의 산업의 지파, 즉 하나님의 산업이며 지파인 그 백성을 가리키는 것으로 분명하게 말하고 있다. 이 지파가 그렇게 하나님의 소유이므로 선지자는 그들을 위하여 즉 그들의 유익을 위하여 하나님께서 그들에게로 돌아오시도록 기도하고 있는 것이다. 이 기도는 성인들의 이름으로나 혹은 성인들을 위하여 기도한다는 사상을 지지하지 않는다.

> 18절. 주의 거룩한 백성이 땅을 차지한 지 오래지 아니하여서 우리의 대적이 주의 성소를 유린하였사오니
> 19절. 우리는 주의 다스림을 받지 못하는 자 같으며 주의 이름으로 칭함을 받지 못하는 자같이 되었나이다.

63:18 여러 해석학적 난제가 본 절에 나타나 있다. 첫 번째 단어(오래지 아니하

---

16) 1권 pp. 259-261에 있는 유기와 인간의 죄에 대한 논의를 참고하라.

여)를 문자적으로 '한 작은 것에 관하여는'으로 번역할 수도 있다. 문맥을 볼 때, 이것은 시간을 가리키는 것으로 보인다. 그런 까닭에 우리는 '잠시 동안'으로 번역할 수 있다. 두 번째 문제는 백성이 동사의 주어인가 아니면 목적어인가 하는 점에 있다. 우리가 '그들이 주의 거룩한 백성들을 차지하였다'로 번역해야 할 것인가 아니면 '주의 거룩한 백성이 차지하였다'로 번역해야 할 것인가? 첫 번째 문장은 대적들이 잠시 동안 하나님의 거룩한 백성을 소유하였음을 암시하고 있으며, 그렇다면 동사는 창세기 22:17; 24:60; 신명기 9:1; 11:23에서처럼 사용되고 있는 것이며, 주어는 그 다음 문장의 "우리의 대적"을 예상하고 있다. 그러나 "백성"을 주어로 취급하는 것이 아주 자연스럽다. 그리고 만일 이렇게 된다면 '땅'과 같은 것을 그 목적어로 이해해야 할 것이다(델리취).

본 절의 두 문장(상반절과 하반절) 사이에 반의 접속사를 도입할 필요는 없다. "오래지 아니하여서"란 문구는 두 부분을 모두 지배할 수도 있다. 그렇다면 그 뜻은 '잠시동안, 백성들은 그 땅을 차지하였으니, 이는 잠시동안 우리 대적들이 하나님의 성소를 짓밟았기 때문이다.' 비록 재난이 내포되어 있기는 하지만, 우리는 그것을 바벨론 포로 사건에 제한시킬 필요가 없다. 영원에 비추어 여기에 묘사된 사건들은 매우 잠간일 것이다.

63:19 본 절을 이끄는 단어들을 해석하는 여러 방법이 있다. 첫 번째 문구가 함께 취급되어 '우리는 오래 전부터 있는 자들이다' (We are from of old)일 수도 있고, 그래서 그 문구는 하나님의 백성이 어떤 고대의 사람들인 반면에 대적들은 비교적 새로운 민족임을 시사한다. 하나님께서는 대적들을 자기 백성을 다스렸던 것처럼 다스리지 않으셨다. 이스라엘의 왕으로서 하나님 개념과 그분의 소유로서의 이스라엘 개념은 이사야서에 자주 나타난다(참고. 33:22; 41:21; 43:15; 44:6). 하나님의 섭리적 통치가 모든 민족에게 미친다는 것을 부정하는 것은 아니고, 다만 신정 통치에서 나타난 하나님의 왕권이 이스라엘 이외의 다른 나라에는 부여되지 않았다는 것이다. 하나님의 이름이 한 나라에 대해서 불려질 때 그것은 그 나라가 영적으로 하나님에 의하여 정복당했다는 것을 의미한다. 이스라엘 이외의 그 어떤 나라도 그의 이름을 부를 수 있을 정도로 그렇게 하나님을 알지 못하였으며, 또한 그분의 이름으로 칭함을 받지도 못했다(참고. 48:1). 그러나 불평은 이러한 축복들이 이제 존재하지 않는 것처럼 보인다는 것이다. 그러므로 선지자는 열정적으로 하나님께

옛적에 당신께서 하셨던 것처럼 주님의 백성에게 오셔서 복을 주시도록 불타는 호소를 하고 있다.

이 부르짖음을[17] 다음과 같이 번역할 수도 있다. '오, 주님은 이미 하늘을 가르셨나이다.'[18] 이사야가 구하고 있는 것은 하나님의 직접적 개입을 위한 것이다. 언젠가 시내 산에서 나타난 것과 같이 대적을 멸하시고 또다시 택하신 백성을 축복하시는 목적을 위하여 다시 한번 진정한 신현이 있을 수는 없는가? 또다시 지금은 하늘에 감추어져 있는 것같이 보이는 하나님의 권능의 갑작스럽고도 능력 있는 계시가 있을 수는 없는가? 15절에서 하나님께서 하늘로부터 내려다보시라는 요청을 받는다. 그리고 이제는 주께서 그분의 귀환의 장애물로써 간주되는 하늘들을 가르시고 자기 백성들의 사건들 가운데 또다시 개입하기 위하여 강림하시도록 하는 소원을 표출한다.

하나님께서 그렇게 강림하신다면 산들은 주님의 임재에 진동할 것이니, 이는 심판하시는 주께서 땅으로 하여금 떨게 하실 것이기 때문이다(참고. 2:19). 자포자기한 불평을 통해서 선지자는 자기백성을 대표해서 하나님께서 다시 행동하시도록 간청하고 있다.

어떤 사람은 생각하기를 이러한 소원은 앞장의 첫 절을 이루어야 하며, 그래야 뒤따라오는 내용과 잘 어울린다. 그것은 또한 선지자의 불평을 자연스럽게 싹트게 하는 앞의 내용과 잘 어울리며, 알렉산더가 지적하는 바와 같이 고도로 효과적이다.

64장[1])

2절, 불이 섶을 사르며 불이 물을 끓임 같게 하사 주의 대적으로 주의 이름을 알게 하시며 열방으로 주의 앞에서 떨게 하옵소서
3절, 주께서 강림하사 우리의 생각밖에 두려운 일을 행하시던 그때에 산들이 주의 앞에서 진동하였사오니

---

17) 63:19 하반절이 영어(한글 개역)에서는 64:1이다.
18) 48:18에서처럼, 루(לוּ)는 미래에 예상된 어떤 것이 이미 일어난 것일 수도 있는 하나의 소원을 소개하는 역할을 한다.
1) 본 장 구절들의 숫자는 영역본(한글 개역성경)을 따른다. 63장의 각주 17을 참고하라.

4절, 주 외에는 자기를 앙망하는 자를 위하여 이런 일을 행한 신을 예로부터 들은 자도 없고 귀로 깨달은 자도 없고 눈으로 본 자도 없었나이다
5절, 주께서 기쁘게 의를 행하는 자와 주의 길에서 주를 기억하는 자를 선대하시거늘 우리가 범죄하므로 주께서 진노하셨사오며 이 현상이 이미 오랬사오니 우리가 어찌 구원을 얻을 수 있으리이까

64:2 있는 그대로 본 절은 장의 시작으로 보이지 않으며, 우리는 앞 장과 밀접한 관계를 가지고 있는 것으로 이해해야 한다. 비교의 종속절은 삽입구처럼 되어 있고, 마지막 문장은 63:19의 계속이다. 우리는 그 사상을 다음과 같이 바꾸어 표현할 수도 있다. '오! 주께서는 하늘을 가르시고, 강림하사, 불이 섶을 사르며 불이 물을 끓임같이 주 앞에서 산들이 진동하도록-(주께서 강림하사) 주의 대적들에게 주의 이름을 알게 하시도록-열방들이 주 앞에서 떨도록.'

여호와께서는 불이 섶을 사르고 또 그 불이 물을 끓게 하시며 강림하실 것이다. 우리는 '섶의 불이 사름같이' 혹은 '섶을 사르는 불과 같이'로 번역할 수 있다. 다음 문장에서 불이 동사이기 때문만 아니라, 요점이 여호와께서 섶을 사르는 불처럼 효과적으로 행동하실 것을 보여 주기 위한 비교 때문에 후자가 더 낫다. 우리는 두 번째 문장을 '불이 끓이는 물처럼'으로 해석할 수도 있으니, 이는 '물' 앞에 있는 전치사와 '끓이다'란 동사 앞에 있는 관계사를 이해하는 데 필수적이다. 이사야는 심판과 관계된 불을 언급하면서 일반적인 표상을 사용한다(참고. 1:31; 9:18; 10:17; 30:27, 30; 33:14; 65:5; 66:15). 이러한 관계 가운데서 불이라는 표상은 적절하니, 이는 하나님의 강림이 주의 대적들로 하여금 주님의 이름을 알게 할 것이기 때문이다. 하나님께서 강림하시면서 자기 대적들에게 자신과 자신의 속성들을 나타내실 것이며, 그들은 주님이 주권적 능력의 하나님이심을 알 것이다. 이스라엘의 거룩한 자라는 하나님의 이름은 자기 백성에게는 구원을 가져다 주지만, 그러나 그의 대적들에게는 심판을 가져다 줄 것이다. 이 대적들은 바벨론인일 뿐만 아니라 주님을 대적하는 모든 자이다.

마지막 문장은 여호와의 강림으로 말미암아 나타나게 될 결과를 말하고 있는 것으로 보인다. '알게 하사'라는 부정사를 지배하는 전치사는 또한 실질적으로는 '그들이 밟을 것이다'란 미완료형을 지배할 수도 있다(비록 반드시 주장할 필요는 없지만). 산들이 주님의 임재로 인하여 진동하는 것처럼, 주님을 알기를 거절한 우상을

숭배하는 열방도 그러할 것이다. 무신론적 인간 통치 가운데 나타난 모든 인간 세력은 주님의 임재로 인하여 산산조각이 될 것이다.

64:3 본 절은 정확하게 해석하기가 어렵다. 아마도 본 절의 상반절을 1절(맛소라 본문은 63:19하)의 두 개의 목적절을 수식하는 부사절로 간주하고 여전히 불변화사 루(לֹא, '하였던')에 의하여 지배를 받고 있는 것으로 이해하는 것이 반대를 극소화할 수 있는 것이다. 그렇다면 그 의미는 다음과 같이 될 것이다. '오! 주께서 우리가 생각하지 못한 두려운 일들을 행하실 때….' 그리고 나서 이사야는 하반절로 본 절을 완성한다. '주께서 강림하사 산들이 주 앞에서 녹았사오니'(참고. 눅 23:30; 계 6:16, 17). 이사야의 소원은 하나님께서 이 두려운 일들을 행하실 때, 주께서 강림하실 것이라는 것이다.

'두려운 일들'은 주께서 심판하시려 강림하실 때 하나님께서 행하시는 행동들이며, 이것이 그것을 보는 자들의 마음에 두려움을 일으킨다. 하나님께서는 출애굽 당시에 두려운 일들을 행하셨고, 아마도 여기서 그 단어를 사용하고 있는 것은 그 시기를 반영하고 있는 것으로 보인다. 그것들은 하나님의 대 심판을 몰고 오는 종말론적 사건들인데, 인간들은 마음속에 그 사건들을 생각하지도 않았고 예상하지도 않았다.

선지자는 또다시 하나님께서 심판하시려 강림하실 때 녹아 내리는 산들이라는 사상을 도입하고 있다. 이러한 어투를 심판하시려 오시는 하나님의 강림이 낳을 격변하는 변화에 대한 상징으로 이해해야 한다.

64:4 본 절에서 선지자는 3절에서 진술되었던 내용의 이유를 말하고 있다. 하나님은 강림하시고 두려운 일들을 행하실 수 있으니, 그 이유는 주님과 같은 신이 없기 때문이다. 이스라엘의 하나님 이외에 신을 앙망하는 자들을 위하여 행하는 다른 어떤 신도 보여지거나 혹은 들려진 적이 없다. 이것이 방금 진술된 강력한 탄원의 이유이다. '그리고 예로부터'라는 문구가 하나님의 유일성을 강조하기 위하여 맨 앞에 위치하였다. 관련되는 내용은 완전히 새로운 것, 즉 전에 결코 들어보지 못한 것이다. 대적들이 동사들의 주어라고 가정할 필요가 없다. 왜냐하면 그 동사들을 비인칭적으로 해석할 수도 있기 때문이다. '그들이 듣지 못하였다'는 단지 아무도 듣지 못하였다는 것을 의미한다. 본 예언의 시작 부분에 나타났던(1:2) '듣다'에 대한 두

개의 동사들의 결합을 주시하라. 인간은 그것을 듣지도 못했고, 귀를 기울이지도 않았는데, 이러한 행위는 듣는 자들 편에서의 행동을 암시한다.

"눈으로 본 자도 없었나이다"라는 문구와 함께 어떤 점층법이 나타나 있다. 듣는 것은 중요하지만 눈으로 보는 것은 확신있는 증거를 준다. 그러나 어떠한 눈도 선지자가 여기서 주의를 기울이라는 내용을 보지 못했다. 엘로힘(אלהים 하나님)이 호격이기보다는 목적어로 해석하는 것이 가장 좋을 것이다. 듣는 것과 보는 것은 주님의 사역을 통하여 얻은 하나님에 대한 지식을 가리킨다. "귀로도 눈으로도 주님, 여호와로 말미암지 않고서는 주를 앙망하는 자들을 위하여 혹은 그들의 유익을 위하여 행하시는 (같은 어근이 앞 절의 '두려운 일들을 행하시는 그 때'에서처럼 사용되었으므로) 하나님에 대하여 알지 못하였나이다." 이것은 소망과 확신과 인내가 결합된 앙망이다. 참되신 하나님께서는 그렇게 우상과 구별해 계신다. 그 이유는 그 어떤 우상도 자기들에게 헌신한 자들을 위하여 두려운 일을 행할 수 있거나 행했던 적이 없다. 반면에 이스라엘의 하나님 야웨, 참되신 하나님은 모든 피조물을 다스리실 수 있으며 주님이 심판하러 강림하실 때 모든 피조물을 주님의 원하시는 바대로 두려워 떨게 하실 수 있기 때문이다.

고린도전서 2:9에서(또한 참고, 마 13:17) 바울은 본 절의 정확한 인용구를 제공하려 하지 않고 다만 복음의 새로운 점과 독특성에 대해 자기의 사상들을 표현할 때 같은 어투를 사용하지만 그것을 다르게 사용하고 있다. 칼빈은 말하기를, "그 구절에서 그(바울)는 복음의 교리를 다루고 있는데, 곧 그는 복음이 인간 이해력의 수용성을 능가한다는 것을 논증하고 있다. 왜냐하면 복음이 우리 육신의 인지와는 너무나 다르고 거리가 멀기 때문이다. 말하자면 '감추인 지혜' 로서 바울은 놀라움을 갖고 보도록 정확히 인도하기 때문이다. 진실로, 하나님께서 자기 백성에게 유익하도록 행하시는 일을 우리가 관조하든지 또는 "두려운 일들"의 행사를 보고 있든지, 아니면 우리가 돌이켜서 바울이 그러한 것처럼 복음의 탁월성에게로 우리의 생각들을 돌리고 있든지, 우리는 하나님의 사역의 놀라움에 대해서 경탄할 수밖에 없다. 그 이유는 어떤 마음도 그 자체로는 그러한 고상함에 도달할 수 없기 때문이다.

64:5 "이사야서나 혹은 구약 성경에서 이 구절 보다 더 해석자들을 나뉘게 하고 당혹케 하고, 현대 저작자들의 재간과 학식이 전혀 빛을 발휘하지 못하는 문장은 없을 것이다"(알렉산더). 사정이 이러하므로 우리는 본 절의 올바른 문장이라고 우리

가 믿는 바를 간략하게 진술할 것이다. 앞 절의 기도가 계속되고 있다. 첫 번째 동사는 돕기 위하여 만남의 개념을 담고 있다. 그런 까닭에 그 뜻은 하나님께서 의를 행하기를 기뻐하는 모든 자를 호의를 가지고 만나시고 도우신다는 것이다. 의를 행함은 하나님이 도우시는 자들의 주된 즐거움이다. 이 첫 번째 문장은 하나의 대조를 소개하고 있다. 모든 이스라엘이 하나님의 축복을 받지 않는다. 사실상, 하나의 국가로서 이스라엘은 거절을 당했다. 오직 기뻐한 자와 의를 행한 자만을 하나님은 만나셨다. 주도권은 하나님 편에 있다.

두 번째 문장에서 "주의 길"은 인류에 대한 하나님의 다루심을 가리키며, 특별히 주의 미래의 길을 가리킨다. 이 길들 가운데서(즉 하나님께서 인간들 가운데서 역사하실 때), 주께서 호의를 가지고 만나시는 자들은 그분을 기억할 것이다. 그러한 기억은 하나님의 선하심에 대해 감사로 표현될 것이다.

세 번째 문장에서 우리는 어찌하여 하나님께서 진노하셨던가에 대한 이유를 회상하는 것을 보게 된다. 이 이유를 불변화사 헨(הֵן, 보라)으로 소개하고 있으며, 그렇게 하여 진술할 내용에 주의를 돌리게 하고 있다. 대명사 역시 강조하고 있는데, 이는 진노하시던 분이 바로 하나님 자신이시기 때문이다. 하나님의 진노에는 이유가 있는데, 이는 백성들이 범죄하였기 때문이다.[2] 이사야는 이 짧은 진술 가운데서 지체하지 않고 사건의 핵심으로 나아가 하나님의 진노를 인간의 죄의 탓으로 돌린다.

마지막 문장은 하나의 대조로서의 역할을 한다. '그것들 가운데서' (개역에는 생략되었음—역자주)는 하나님의 길들을 가리킨다. 올람(עוֹלָם)이란 단어를 명사(영원)로 취급하여 '그것들 가운데서'와 함께 해석할 수 있다. 그렇다면 그 뜻은 하나님께서 인간들을 다루심에 있어서 영원성 혹은 영원이 있다는 것이며 그리고 그러한 이유로 인하여 우리가 구원을 받을 것이라는 것이다. 본 절의 이러한 문장 구조에 난점이 있다는 것은 부정할 수 없으나, 다른 견해보다 난점이 더 해소되는 것으로 보인다.[3]

6절, 대저 우리는 다 부정한 자 같아서 우리의 의는 다 더러운 옷 같으며 우리는 다 쇠

---

2) וַנֶּחֱטָא – 창 43:9에서와 같다. '그때 우리가 죄인들로서, 죄책을 가진 인간들로 서 있다. 미완료형은 실제적인 결과를 나타낸다.

3) 특주. "이사야 64:4-5의 본문"을 보라.

패함이 잎사귀 같으므로 우리의 죄악이 바람같이 우리를 몰아가나이다
7절, 주의 이름을 부르는 자가 없으며 스스로 분발하여 주를 붙잡는 자가 없사오니 이는 주께서 우리에게 얼굴을 숨기시며 우리의 죄악을 인하여 우리로 소멸되게 하셨음이라
8절, 그러나 여호와여 주는 우리 아버지시니이다 우리는 진흙이요 주는 토기장이시니 우리는 다 주의 손으로 지으신 것이라
9절, 여호와여 과히 분노하지 마옵시며 죄악을 영영히 기억하지 마옵소서 구하오니 보시옵소서 보시옵소서 우리는 다 주의 백성이니이다
10절, 주의 거룩한 성읍들이 광야가 되었으며 시온이 광야가 되었으며 예루살렘이 황폐하였나이다
11절, 우리 열조가 주를 찬송하던 우리의 거룩하고 아름다운 전이 불에 탔으며 우리의 즐거워하던 곳이 다 황무하였나이다
12절, 여호와여 일이 이러하거늘 주께서 오히려 스스로 억제하시리이까 주께서 오히려 잠잠하시고 우리로 심한 괴로움을 받게 하시리이까

64:6 백성들은 확신을 표현한 직후에 자기들의 진정한 본 모습을 진술하고 있다. 화자는 그 나라 전체가 아니다. 왜냐하면 이스라엘의 불신앙적인 자들은 자신의 속성에 대한 참 지식을 가지고 있지 않을 것이기 때문이다. 과거형으로 된 동사로 함께 시작되는 그 고백은 미래형 동사를 포함하고 있는데, 이는 그 백성의 참 속성이 과거에도 그랬고, 만일 하나님의 개입이 없다면 앞으로도 그럴 것임을 보여 주고자 했기 때문이다. 53장에서처럼 여기서도 강조가 쿨라누(כֻּלָּנוּ, 우리 모두), 즉 이 고백을 하는 모든 사람에게 주어져 있다. "부정한"(טָמֵא, 타메)은 율법적인 부정을 가리키는 전문용어이며(참고. 레 5:2; 7:19 등), 그 백성들은 율법의 명령에 따라 "부정하다!"하고 외쳐서 다른 사람들이 자기들로 인하여 부정하게 되지 않도록 해야 하는 자들과 같다는 것을 인정하고 있는 것이다.

두 번째 비유, 곧 직역하면 '시기(times)들의 옷과 같이'는 한 여인의 월경 기간을 가리킨다. 이 두 비유들은 오염으로서의 죄의 성격을 강조하고 혐오스러운 성격을 지적하기 위하여 의도되었다. 백성들이 하나님 앞에 제시할 수 있었던 의로운 행위들은 그들 자신의 눈에도 여인의 월경 때의 의복처럼 혐오스럽고도 부정한 것이었다. 칼빈은, 그것이 우선적으로 유대인 전체에 대한 진술이 아니고, 하나님의 진

노를 경험한 자들, 곧 자기들의 의의 참 실상을 인정하고 있는 자들만을 가리키고 있다고 생각하였으므로, 이 구절을 전적인 부패 교리를 입증하기 위하여 사용하는 것을 반대한다. 이것은 사실이지만, 그러나 이 비유는 우리 모든 의로운 행실의 참 성격에 대한 적절한 묘사이다. 유대인들이 그랬던 것처럼, 사람이 자신의 행위를 혐오할 때, 하나님께서 예수를 믿는 자들에게 심어 주시는 순수한 의를 향해 돌아설 희망이 있는 것이다.

첫 문장과 평행관계에 있는 것이 세 번째 문장이다. 네 번째 문장과 함께 세 번째 문장은, 백성들의 상태 때문에 그 결과가 어떠했는지 그리고 어떻게 될 가능성이 있는지를 지적한다. 잎사귀같이 시든다는 것은 단순히 모든 생명의 기운을 잃는다는 것을 의미한다. 마지막 문장에서 '우리의 죄악'은 지연완성구조(casus pendens)역할을 한다. 사용된 표상과 문장의 형태에 대해서는 시편 1:1과 욥기 27:21을 보라.

64:7 백성들이 떨어졌던 상태를 묘사하고 나서 이제 선지자는 하나님께서 자기의 얼굴을 가리셨음으로 백성들이 빠진 절망적 상태를 지적하면서 묘사를 계속한다. 죄는 하나님을 쉽게 잊도록 만든다. 아무도 기도와 중보로 주님의 도우심과 축복을 요구하며 하나님의 이름을 부르지 않았다. 백성의 무감각이 너무나 커서 그들은 하나님을 끈질기게 붙잡기 위하여, 전력을 강하게 쏟아야 했고 주께서 다시금 그들에게 축복하시기까지 놓아 주지 않았어야 한다. 그러나 아무도 그렇게 힘쓰는 자가 없었다.

하나님께서 자기 백성으로부터 얼굴을 숨기셨으므로 그들은 주님에게 나올 수가 없었다. 이러한 사상을 마지막 문장인 "우리로 소멸되게 하셨음이니이다"에[4] 의하여 입증한다. 백성은 전혀 힘이 없는 촛밀과 같이 되었다. 이는 하나님께서 백성의 죄악들을 징벌하신 결과이다.

64:8 '그리고 이제'라는 첫말을 통하여 선지자는 주제의 전환을 시도한다. 이 모든 것에도 불구하고 야웨께서는 '우리의 아버지'이시다는 사실을 시사한다(참고. 43:1). 부정하고 더러운 넝마와 같은 백성에게 어떻게 하나님께서 자비를 베푸실 것이라고 생각할 수 있겠는가? 그렇게 혐오스러운 것들은 던져 없애버려야 할 것이

---

4) 와트무게누(וַתְּמוּגֵנוּ) — **니팔** וַתִּתְמוֹגְגֵנוּ가 비정상적으로 축약된 것임. 1Q는 ותמגנו.

다. 그러나 이것이 고백이고, 하나님께서 그 백성을 죄로 인해 초같이 녹여 버리셨을 지라도 그들은 주님께서 자신들의 아버지라고 부르고 있다. 기도하는 자의 상태에 만족해 하시는 아버지는 아니시지만 그들이 그러한 상태임에도 불구하고 자비를 베푸실 것이다. 백성의 악행이 실로 크지만, 그들은 야웨께서 자기들의 아버지이심을 알고 그분의 은혜를 기다리고 있다.

이어지는 문장들에서 "아버지"의 의미가 두드러져 있다. "주"와 "우리" 사이의 대조를 주시하라. 알렉산더는 정확하게 지적하기를, 원어의 표현은(직역하면, '우리를 조성하시는 자') 영어의 '토기장이'에 들어 있는 것보다 더 위엄성이 들어 있다고 한다. 이 은유를 앞에서 이사야에 의하여 29:16(의심할 여지도 없이 이사야가 기록한 구절〈델리취〉)에서 그리고 45:9에서 사용하였다. 이사야는 또다시 63:16의 사상을 언급하고 있는데, 여기서는 인간의 창조 같은 것에 대해서 말하지 않고 구속, 구약 시대의 교회의 조성, 영적 이스라엘의 창조를 말하고 있다. 따라서 진흙은 하찮고 저급한 것을 가리킨다. 그리고 토기장이로서의 하나님은 그 진흙에 대해 주권을 가지셨다. 주님은 이 진흙 상태로부터 지금 주님을 자기들의 하나님이라고 부르고 있는 자기 백성을 만들어 내셨다. 마감하는 단어 '우리는 다'를 주시하고, 두 마지막 문장들의 교차적 배열을 주시하라. 자기들의 근원을 돌아보면서 이 탄원자(suppliants)들은 근원을 자기 자신들이 아니라 하나님의 자비 안에서 발견한다.

64:9 백성들은 하나님께 기도할 수도 있고 또 기도하고 있다. 이것은 기도가 여호와가 아버지이신 자들의 특권이기 때문이다. 그들은 주님의 분노가 약화되도록, 과히(직역하면, 힘 있는 대로, 즉 그것이 완전한 힘에 도달할 때까지) 혹은 충만한 분량에까지 확장되지 않도록 주님께 간청한다(과히 분노하지 마옵소서). 평행구에 같은 사상을 약간 다른 어투로 표현하고 있다. 곧 '그리고 주께서 죄악을 영원에까지 기억치 마옵소서.' 이 두 문장들의 관계와 부분 교차 배열을 주시하라. 죄악을 기억한다는 것은 그로 인한 징벌을 가지고 보응하신다는 것이다. 이 기도는 그 기억이 영원하지 않을 것이라는 의미이다(참고, 54:7, 8). 그 백성은 자신을 징벌하시는 하나님을 비난하지 않고 있으며 또한 심판으로부터 완전히 구원받게 될 것을 구하지도 않는다. 그들은 당연히 그 심판이 정당하다는 것을 인정하고 그것으로부터의 완화를 구하고 있다.

선지자는 그들의 기도 이유에 주의를 집중시키는 "보시옵소서!"라는 도입어를 사

제4장 예루살렘이 그 모든 죄를 인하여 여호와의 손에서 배나 받다 *545*

용한다. 그렇게 대담하게 하나님께 보시라는 호소를 하고 있다. 불변화사 나(נָא)는 기원을 나타내는 단어다(즉 '우리가 주께 구하나이다'). 이 탄원은 하나님께서 주시하시고 기도하는 자들이 자기 백성, 곧 주님과 언약적 관계에 서 있는 자들이라는 사실을 생각하시라는 것이다. 이러한 이유로 주님은 그들을 잊지 않으시는데, 이는 주께서 그들과 약속하셨기 때문이다.

64:10 본 절에 진술된 내용을 아마도 하나님께서 영원히 분노하지 않으셔야 하는 두 번째 이유로 이해해야 할 것 같다. "주의 거룩의 성읍들"(즉, 주의 거룩한 성읍들)과 11절에 있는 "우리의 거룩한 집"(즉, 우리의 거룩한 집)과의 대조를 주시하라. 거룩한 성읍들이 광야가 되었고, 그래서 그것들을 개간하는 것은 주님에게 책임지어진 것임을 하나님께서 인식하시도록 하고 있다. 이 성읍들은 예루살렘의 다른 부분들이 아니고, 하나님의 왕 성(城)과 거룩한 나라에 속하여 있는 유다 성읍들이다. 시온과 예루살렘이 선발되었는데, 이는 예루살렘이 모든 거룩한 성읍들의 우두머리였기 때문이다. 마지막 단어 쉐마마(שְׁמָמָה, 황폐)는 6장의 예언을 상기시켜 준다.

동사들의 의미에 주의를 집중해야 한다. 나는 한(Hahn)이 하는 바와 같이, 그것들을 미래로 번역하는데 대해 타당성을 발견할 수 없다. 그러나 더 잘못된 것은 '되었다'는 통상적인 번역이다. 히브리인들은 현재의 상태를 표현하기 위하여 주로 동사를 사용하지는 않는다. 여기서 발견되는 하야(הָיָה, 존재하다)의 형태를 물론 과거형으로, 즉 '주의 거룩한 성읍들이 광야가 되어왔으며', 혹은 '광야가 되었으며'로 번역할 수도 있다. 그렇지만 언급된 징벌이 여전히 계속되고 있으므로 어떻게 이 번역이 정확한 것이 될 수 있을지 알기 어렵다. 더 나아가서 이 번역은 그 성읍들이 언젠가 광야였지만 그러나 지금은 더 이상 그렇지 않음을 시사하는데, 이러한 입장은 역사적 사실과 일치하지 않는다. 동사를 현재 완료로 번역하여 '주의 성읍들이 광야가 되어 왔으며…지금도 그러하나이다'로 하는 것이 가장 좋을 것 같다. 우리는 영어로는 현재형으로 '주의 성읍들이 하나의 광야이나이다'로 번역할 수도 있다. 오랫동안 시온은 광야가 되어 왔고, 예루살렘은 황폐되어 있다.

64:11 기도자는 예루살렘에 속한 성읍들로부터 성전으로, 묘사된 비극적 상황의 심장부로 한 발자국 한 발자국 접근해 간다. 백성은 자존심을 가지고 성전에 대

하여 말하고 있는데, 이는 그 성전이 자신의 생활과 아름다움의 참 영광을 발견할 수 있고 하나님께 대한 예배를 통하여 자신의 존재의 아름다움과 존귀를 발견할 수 있는 장소였기 때문이다. 그 성전이 소각 되었으므로, 즉 불에 탔으므로 하나님의 백성은 자신의 조상이 했던대로 주의 거룩한 집에서 주님을 예배할 수 없다. 사실상, 그들이 바라는 모든 물건은 황폐하게 되었다. 이것들은 아마도 성전에서 하나님의 예배와 결탁된 것을 가리킬 것이다. 본 절의 첫 부분은 이 견해를 지지하는 것처럼 보인다.

만약 이것이 역사상 성전의 소각을 가리킨다면(참고, 렘 52:13), 이 구절을 미래에 대한 예언으로 간주해야 한다. 다른 한편, 선지자가 백성들 가운데 있었던 하나님에 대한 모든 예배가 사라졌던 비극적 상태를 표현하기 위하여 이스라엘의 역사로부터 취해 온 표상을 사용하고 있을 수도 있다.

64:12 '이것들' (개역은 "이러하거늘")은 방금 묘사된 상태, 즉 거룩한 성읍들과 성전이 파괴된 상태를 가리킨다. "주께서는 주님 스스로 자비를 베푸심을 억제하시도록 주님 자신을 냉혹하게 하신 것이 이것들을 위해서입니까?" 세 개의 동사 중에서 오직 세 번째 동사만 접속사로 소개하고 있다. 침묵을 지키는 것은 탄원자들의 기도들을 듣기를 거절하는 것을 암시한다. 하나님께서는 이스라엘을 향한 선하심과 사랑을 시종 나타내셨다. 그러므로 주님이 주시는 현재의 고통이 계속될 것인가?(참고, 49:15, 16; 출 34:6; 렘 31:20) 이 질문은 물론 분명히 아니라고 대답해야 하겠지만 대답은 본 절에 나타나 있지 않다. 동시에 우리 하나님의 백성들이 자주, 주께서 그 기도들을 응답하시기까지 그렇게 끈질기게 기도하는 입장에 서있어야 하는데, 이는 그들이 이와 같이 그렇게 열정적으로 기도할 때, 그들은 참으로 자기들의 죄와 비참함에 대한 깨달음을 가지기 때문이라는 사실을 유념해야 한다.

특주: 이사야 64:4-5의 본문

로젠뮬러(Rosenmüller)는 "*Locus obscurus, si quis alius, qui proinde varie tentatus est ab interpretibus*"라고 해석한다. 어떤 현대 주석가들은 수정을 제안한다. 오세(עשׂה)를 헬라어와 구 라틴역에 일치되게 오세에(עשׂי, '~을 행하는 자들')로

수정해야 한다고 주장하였다. 그러나 이 사본들은 그 히브리어를 단순히 집합적 의미를 가진 것으로 이해하였고 그래서 복수형으로 번역하였다. 수리아어 d^e- $'ô$- b^e-$dîn$도 진정한 것일 수도 있다. "주 앞에 진열된 것들은, 주의 기쁘신 뜻을 행하기를 즐거워하였던 우리 의로운 조상들의 사역들이다."라고 한 탈굼역은 너무도 의역이므로 이 점에서는 진정한 본문을 결정하는 데 거의 도움이 되지 못한다. 비록 1Q에서 그 단어가 충분히 읽기 쉽지는 않을지라도, 단수형 어미는 분명히 식별될 수 있다. 벌겟역 역시 단수형으로 "*facienti iustitiam*"로 번역한다.

둘째로, 그 동사로부터 2인칭 남성 단수를 삭제하고 그리고 나서 단순 휴지 미완료형 이즈코루(יזכרו)로 읽도록 제안하였다. 다시 B의 $\mu\nu\eta\sigma\theta\eta\sigma o\nu\tau\alpha\iota$와 구 라틴어에 호소 되었다. 그러나 1Q는 분명히 접미사를 가지고 있고, 이것이 벌겟역의 *in viis tuis recordabuntur tui*와, 수리아 역 *net-dak-rû-nok*의 지지를 받는다. 탈굼까지도 그 접미사를 반영한다, 곧 "그들은 주의 두려움을 기억하고 있었다" (*dkyryn ldhltk*). *yaḏ-ku-rû-na-ka*라고 한 사아디아는 분명히 그 접미사를 가정하고 있다.

세 번째로 BH는 네 번째 불완전 행을 다음과 같이 읽도록 제안한다. 베카 메올람 와니프쇼아(בָּךְ מֵעוֹלָם וַנִפְשַׁע), 영원부터 당신 안에서 〈그리고〉 우리가 범죄하였나이다), 즉 "우리가 잠시동안 주께 대하여 반역하였나이다." 펜나는 *contro di te da tempo, siamo stati ribelli*라고 번역한다. 단순히 $\delta\iota\grave{\alpha}$ $\tau o\hat{v}\tau o$ $\dot{\epsilon}\pi\alpha\lambda\alpha\nu\acute{\eta}\theta\eta$ $\mu\epsilon\nu$로 읽고 있는 B는 거의 도움이 되지 못한다. 수리아역은 여성 접미사 $b^e h\bar{e}n$을 가지고 있는데, 이는 '주의 길들'을 가리킬 것이다. 또다시 1Q는 벌겟역이 *in ipsis fuimus semper et salvabimur*라고 번역하는 것처럼 M을 지지한다. 이러한 사실에 비추어, 본 절에서 본문 수정을 할만한 정당한 이유가 없을 것으로 보인다.

65장

1절, 나는 나를 구하지 아니하던 자에게 물음을 받았으며 나를 찾지 아니하던 자에게 찾아냄이 되었으며 내 이름을 부르지 아니하던 나라에게 내가 여기 있노라 내가 여기 있노라 하였노라

2절, 내가 종일 손을 펴서 자기 생각을 좇아 불선한 길을 행하는 패역한 백성들을 불렀

나니

3절, 곧 동산에서 제사하며 벽돌 위에서 분향하여 내 앞에서 항상 내 노를 일으키는 백성이라

4절, 그들이 무덤 사이에 앉으며 은밀한 처소에서 지내며 돼지 고기를 먹으며 가증한 물건의 국을 그릇에 담으면서

5절, 사람에게 이르기를 너는 네 자리에 섰고 내게 가까이 하지 말라 나는 너보다 거룩함이니라 하나니 이런 자들은 내 코의 연기요 종일 타는 불이로다

6절, 보라 이것이 내 앞에 기록되었으니 내가 잠잠치 아니하고 반드시 보응하되 그들의 품에 보응할지라

7절, 너희의 죄악과 너희 열조의 죄악을 함께 하리니 그들이 산 위에서 분향하며 작은 산 위에서 나를 능욕하였음이라 그러므로 내가 먼저 그 행위를 헤아리고 그 품에 보응하리라 여호와가 말하였느니라

65:1 여기서 하나님은 이방인들에 대해 이야기 하신다. 유대인들과는 대조적으로 그들이 비록 주의 은혜를 구하지 않았음에도 불구하고 주님의 은혜를 받았다. 첫 번째 동사는 수동형일 뿐만 아니라 재귀형이기도 하다. '나는 나 자신을 즉 신탁을 물을 자로서 물음 받도록 허락하였다'.[1] 그러한 물음은 바라던 지식의 습득을 낳는다. 이 묻는 것을, 요청도 하지 않았고[2] 또한 주님께 문의도 하지 않았던 자들에게 허락하였다. 그럼에도 불구하고 주님을 찾지 않았던 자들이 그분을 발견하였다. 다른 말로 하면 하나님의 거저 주시는 은혜가 주를 알지 못했던 자들과 주를 발견하려 애쓰지 않았던 자들에게 임했다. 그들은 사실상 주님에 의하여 발견된 자들이었다. 이사야의 강력한 언어는 단순히 받을 자격이 없고 은혜에 관심을 가지지도 않았던 죄인에게 주어진 주권적이며 거저 주시는 은혜의 실상을 천명하고 있다.

계시의 능력이 "내가 여기 있노라"는 문구에 드러나 있으며, 반복은 강조를 이끌어 낸다. 하나님께서 이방인들에게 그렇게 말씀하심으로써 그들에게 주님의 임재를 확신시켜 주시고 그분이 누구인가를 보여주시며 그들의 특별한 주의를 자신에게 돌려놓고 있다. 말씀을 듣는 자들은 하나님의 이름이 불려진 적이 없던 나라로 밝혀진

---

1) 니드라슈티 (נִדְרַשְׁתִּי) – 니팔 허용형(tolerativum) '나는 스스로를 문의를 받도록 허락하였다.'
2) 렐로 (לְלֹא) – 즉 '묻지 않은 그들에 의하여.' 여기서 전치사의 목적어가 되는 지시대명사가 생략되었다.

다. 그들은 하나님의 백성으로 알려지지 않았는데, 그 이유는 그들을 하나님께서 자기 이름을 두심으로써 자기 백성이라고 확언하시지 않았기 때문이다. 물론 이스라엘은 여호와의 이름으로 불리웠다. 실로 오직 그 나라만 그렇게 불리웠다(43:7; 렘 14:9). 이 예언이 이방인을 가리킨다는 것은 바울의 해석으로 밝혀지고, 그의 해석에서 두 번째 구절은 유대인에게 적용하는 대조의 방식을 통하여(롬 10:20-21) 암시되었다.

65:2 1절과 2절은 앞장에서 제기되었던 문제 즉 "하나님의 분노에 끝이 있을 것인가?"에 대한 총체적 답변이다. 하나님 자신의 백성들은 영원히 하나님의 얼굴이 감추어지는 고통을 당할 것인가? 대답 형식으로, 하나님께서는 주를 찾지 않았던 백성, 즉 이방인에게 은혜 가운데 진정으로 오실 것임을 선언하고 있다. 그러나 전체 역사가 반역의 역사였던(참고. 63:10) 택한 백성에게는 소망이 없었다. 먼 훗날 그리스도께서 다음과 같이 선언하셨던 것은 진리였다. "그러므로 내가 너희에게 이르노니 하나님의 나라를 너희는 빼앗기고 그 나라의 열매맺는 백성이 받으리라"(마 21:43; 또한 참고. 신 32:5, 6, 21).

손을 펼친다는 것은 하나님의 사랑과 자기 백성을 기꺼이 받으시려는 마음을 나타내는 행위이다. 하나님께서는 이러한 행동을 한 번만 하지 않으시고 "종일"하셨는데, 이 문구는 자기 백성을 향한 주님의 사랑의 일관성을 가리킨다. 그것이 하나님의 이스라엘과의 언약적 관계를 가리킨다고 파이퍼가 말한 것은 옳은 것으로 보인다. 그러나 이스라엘은 패역하였는데, 일찍이 이 형용사를 방백들에게 적용하였다(1:23). 전 역사에 걸쳐 그 나라는 그 하나님의 은혜로우신 제의들에 대해서 계속하여 반역하며 살았다(참고. 출 14:11; 16:2; 32:1 이하 등). 그들은 도덕적으로 악한[3] 길(생활 방식)에서 행했다(삶의 경로에 대한 하나의 상징). "생각들"은 마음의 생각만을 가리키지 않고 악한 의도와 계획을 가리키기도 한다. 이 생각이 악을 낳았고 그것을 고안한 자에게 악한 종말을 가져오게 만들었다. 델리취는 해석하기를, "그들을 인도했고, 그들이 따라갔던 것은 하나님의 뜻이 아니었고, 자기들의 마음의 욕망을 따라 고안된 자기의 의견과 목적이었다. 그리고 여전히 하나님께서는 그들을 홀로 두지 않으셨

---

3) 관사가 부정어로 인하여 토브(טוב)에서 빠졌다.

고, 그들의 구원을 위하여 힘쓰고 이끌고 바랐던 바, 그들은 주님의 사랑의 지속적인 생각과 대상이었다.

65:3 선지자는 방금 언급했던 도덕적으로 악한(不善) 길과 생각을 세부적으로 말한다. 이 악한 길은 "백성"을 수식하는 일련의 분사들을 통하여 묘사되어 있다. 첫 번째 분사 "내 노를 일으키는"은 "내 앞에서"란 부사구와 "항상"이란 부사에 의하여 수식을 받는다. 하나님을 성나시게 하는데 쉼이 없었다. 나아가 이것은 비밀리에 행해지지 않았고 공개적으로 행해졌었다(참고. 3:9; 욥 1:11). 그것은 마치 죄인이 실제로 하나님의 얼굴을 바라보고 그 앞에서 자극적인 일을 하는 것과 같았다. 그러한 행위는 뻔뻔스러운 대담함이다.

백성은 종교적이었고 종교적 행사에 종사한 자들이었다. 그러나 그것은 여호와께 혐오스러운 우상숭배라는 종교행위였다. 두 번째와 세 번째 분사들은 정관사를 가지고 있지 않다. "동산에서 제사하며"(참고. 1:29)는 분명히 그들이 가나안으로 들어간 이후 언제나 그 백성들의 특징이 되었던 가나안 예배를 가리킨다. 그러나 분명히 우상숭배 예배의 한 형태였을 "벽돌 위에서 분향하여"는 그 정확한 의미가 이해될 수 없으므로 난해하다. 어떤 사람은 바벨론에서 벽돌이 풍부하였으므로 그것이 바벨론 풍습을 가리킨다고 말한다. 그리고 다른 사람들은 그것은 제단을 가리키는 것으로 취급한다. 우상숭배가 의도되어 있다는 것은 의심할 수 없다. 그러나 그 정확한 의미는 알려지지 않았다.

65:4 두 개의 분사절에 의하여 묘사를 계속하고 있으며, 각각의 분사절은 평행적 성격을 가진 두 번째 문장에 의하여 완성된다. 각 분사는 정관사에 의하여 도입된다. 그 구절이 분명히 이스라엘의 우상숭배 행위들에 대한 묘사인 반면에, 각 용어의 정확한 의미는 결정하기가 난해하지만 불가능하지는 않다. "무덤 사이에 앉으며"와 "보호된 곳(은밀한 처소)에 지내며"(밤을 보내며)는, 제롬이 지적한 바와 같이, 계책의 실천 혹은 죽은 자에 대한 문의를 가리키는데,[4] 이것은 성경에서 금지한 행실이다(참고. 신 18:11; 삼상 28:3; 사 57:9). 돼지고기를 먹는 것은 레위기 11:7

---

4) 이러한 행위가 고대세계에서 유행했었다. 참고. *Aeneid* vii. 88-91, 그리고 Horace의 *Satires* i. 8, 23-29.

이하와 신명기 14:8에서 금지하였으니, 이것은 돼지를 제의적으로 부정한 것으로 간주했기 때문이다. 그러나 그 정확한 의미는 성서 가운데 나타나 있지 않다.

우리는 마지막 문장을 '그리고 가증한 것들의 조각들이 그들의 그릇들이다' 이든 혹은 '가증한 것들의 조각들이 그들의 그릇들 안에 있다' 로 해석할 수 있다. 에스겔 4:14; 레위기 7:18 그리고 19:7에 의하면 픽굴(פגול)은 레위기 율법상 불결하고 썩은 고기를 의미한다. 여기서 복수형을 아마도 구체적으로 '썩은 조각들' 로 취급해야야 할 것이다. 이러한 역겹고도 불쾌하게 하는 행실은 분명히 이 교제의 관습의 일부이었다. 얼마나 메스꺼운 대조인가! 그들의 전체 역사를 통하여 여호와께서는 사랑의 팔을 펴시고 이스라엘을 복 주시려 하셨다. 그러나 그들은 하나님을 알지 못하는 자신의 지혜를 가지고 여기에 언급된 행실들을 실행하였다. 죄의 힘은 얼마나 철저하게 속이는 것인가!

65:5 방금 진술한 더러운 행실들에 참여한 자들은 이제 말하는 자로 소개되어 있다. 그들은 자기들의 행실들을 통하여 자기들이 거룩하게(즉 다른 자들로부터 분리) 되었다고 믿으면서 스스로 어떤 우월성을 사칭한다. 첫 번째 표현은 문자적으로 '네 스스로에게 가까이하라' 는 '내게 가까이하지 말라' 를 의미한다. 이 명령을 우상을 숭배하는 유대인들에 의하여, 하나님에게 신실하였던 자들에게가 아니라 하나님 자신에게 발설되었다. 그 명령에 풍부함을 더해주기 위하여 역으로 진술하고 있다, "내게 가까이하지 말라." 시내 산에서 있었던 언약의 비준 때, 야웨께서는 주의 거룩한 장소인 하늘로부터, 자기 백성의 한 가운데 그분의 거처를 정하시기 위하여 내려오셨다(참고. 출 3:8, 9). 불신앙적인 이스라엘은 더 이상 그 하나님 야웨의 가까이 오심을 바라지 않았고, 그 결과로 주님에게 언약관계를 깨뜨리도록(즉 결국 주님 자신을 부정하는 것) 그리고 그분이 오셨던 하늘로 돌아가시도록 말하고 있다.

이스라엘은 하나의 이유를 말하고 있는데, 이는 다음과 같이 고쳐 쓸 수도 있다. '나는 너에 대하여 거룩하다.' 사람이 이 문장 가운데 표현된 부패로부터 놀라고 만다. 그 이유는 이 문장이 하나님과 부패된 나라 사이에 대조를 분명하게 암시하고 있기 때문이다. 그 나라는 거룩하다, 즉 분리되어 있다(제1권 242쪽 각주 19를 보라). 그들의 우상숭배 행위들은 그들을 하나님으로부터 갈라놓았으므로 주님께서 그들에게 부정하였고 그들은 "거룩하게" 구별되었고, 그런 까닭에 접근할 수가 없었다. 죄악은 언제나 그 자체를 정당화한다. 죄악은 거룩이요 접근불가능이요 구별된

된 것이다. 다른 한편 하나님께서는 불경하고 세속적이다. 그러나 사실, 이스라엘 하나님께서 요구하셨던 거룩을 혐오하였다. 고대 세계에서 미신적으로 믿었던 단순한 분리로서의 거룩은 유일하게 거룩하신 분이 요구하신 참된 거룩을 대치할 수 없다. 이 말씀들은 죄가 부패시키고 왜곡시키고 속인다는 사실을 얼마나 분명하게 표현하고 있는가!

하나님의 말씀이 하반절에서 간결하게 주어져 있다. 아마도 "이런 자들"을 경멸적인 의미로 사용한 것 같다. 그 뜻은 사람의 코로 들어가는 연기가 그 사람을 괴롭게 하는 것처럼 하나님을 괴롭게 한다는 것이 아니라, 이러한 행위들이 연기와 계속 타오르는 불처럼 하나님의 진노와 분노를 타오르게 하였다는 것이다(참고. 렘 17:4). 그렇다면 연기와 불은 지금 타오르고, 사르고 있는 하나님의 보응하시는 진노에 수반하는 표상들인 것이다.

65:6 파이퍼가 주장하는 바와 같이, 본 절과 7절은 앞의 담화에 아멘으로서의 역할을 한다. 맨 앞에 나타나는 불변화사 힌네(הִנֵּה, 보라)는 그 중대성을 가리키며 동시에 예언될 내용의 확실성을 가리킨다(알렉산더). 하나님 '앞에 기록된 것'에 대해 다양한 의견이 있지만, 그러나 아마도 그것은 백성의 죄악된 행위를 가리키는 것 같다. 이것이 주님 앞에 기록되어 있으므로, 주님은 잠잠하지 않으실 것이다. 인간들의 행실을 기록한 하나님의 책이 있다. 아마도, 재판관이 자신의 소송사건을 기록하였던 사실을 반영하고 있을 수도 있을 것이다. 그 표상의 근거가 무엇이든, 그것의 요점은 백성의 행실이 하나님에게 분명하게 알려져 있다는 것을 보여 주려는 것이다. '내가 잠잠치 아니하고'는 64:12에 있는 "주께서 잠잠할 것이랴"를 반영하고 있다. 하나님께서는 잠잠하지 않으시고 보응하려고 오셨다. 시제들의 엄격한 순서에 집착하는 것이 가장 좋을 것 같다. 그러므로, '내가 잠잠하지 않고 (오히려) 내가 보응할 것이다. 그리고 내가 그 품에 갚아 줄 것이다.' 하나님께서 보응하실 때까지 잠잠하지 않으실 것이다. 그리고 주께서 이미 시행하셨으며, 앞으로 가장 완전하게 보응하실 것이다. 그 보응은 그 심판에 포함된 사람의 품으로 돌아가는 데까지 이를 것이다. 보아스가 가슴을 덮는 겉옷자락에 보리를 되어 주었던 것처럼, 하나님께서도 정확하게 보응할 것이다.

65:7 본 절은 보응의 시행을 나타내고 있다. 소유 접미사의 변화로 말미암아

제4장 예루살렘이 그 모든 죄를 인하여 여호와의 손에서 배나 받다 553

"너의 열조의 죄악"이란 문구를 6절에 있는 "내가 보응하리라"의 목적어로 취급하지 않아야 할 것이고, 또 다른 "내가 보응하리라"의 목적어로 이해해야 할 것이다. 접미사의 변화는 6절에서 선지자가 지금의 죄악된 세대의 후손을 묘사하고 있다는 사실로 인한 것이지만, 그러나 그보다는 이것이 이사야의 특징을 나타내는 여러 특징 중의 하나라는 것이다. 여호와께서는 객관적인 어조로부터 직접적으로 백성들에게 말하는 방향으로 돌아선다. "너희의 죄악과 너희 열조의 죄악을"—이 죄악들의 성격은 산들 위에서 분향하며 작은 산 위에서 하나님을 능욕하는 우상숭배 행위 가운데 나타나 있다. 언어의 교차적인 형태를 주시하라. 아쉐르(אֲשֶׁר)란 단어는 관계사 보다는 원인을 나타내는 불변화사(이는)로 취급하는 것이 가장 좋다. 여기에 언급된 우상숭배 행위는 바벨론 포로 이전 시대의 특징이었다(참고. 57:7; 호 4:13; 렘 2:20; 3:6 이하; 17:2 등).

마지막 문장에는 리소나(רִאשֹׁנָה, 먼저)의 의미에 대해 난해한 점이 있다. 그것을 '첫째', 즉 첫 번째 일의 의미로 취급할 수도 있고, 혹은 부사적으로 '먼저'로 취급할 수도 있다. 그들이 받을 보응은 그들에게 세어서 주어질 것이다. 징벌은 확실하다.

8절, 여호와께서 이같이 말씀하시되 포도송이에는 즙이 있으므로 혹이 말하기를 그것을 상하지 말라 거기 복이 있느니라 하나니 나도 내 종들을 위하여 그같이 행하여 다 멸하지 아니하고
9절, 내가 야곱 중에서 씨를 내며 유다 중에서 나의 산들을 기업으로 얻을 자를 내리니 나의 택한 자가 이를 기업으로 얻을 것이요 나의 종들이 거기 거할 것이라
10절, 사론은 양 떼의 우리가 되겠고 아골 골짜기는 소 떼의 눕는 곳이 되어 나를 찾은 내 백성의 소유가 되려니와
11절, 오직 나 여호와를 버리며 나의 성산을 잊고 갓에게 상을 베풀어 놓으며 므니에게 섞은 술을 가득히 붓는 너희여
12절, 내가 너희를 칼에 붙일 것인즉 다 구푸리고 살륙을 당하리니 이는 내가 불러도 너희가 대답지 아니하며 내가 말하여도 듣지 아니하고 나의 눈에 악을 행하였으며 나의 즐겨하지 아니하는 일을 택하였음이니라
13절, 이러므로 주 여호와가 말하노라 보라 나의 종들은 먹을 것이로되 너희는 주릴 것이니라 보라 나의 종들은 마실 것이로되 너희는 갈할 것이니라 보라 나의 종들은

기뻐할 것이로되 너희는 수치를 당할 것이니라

14절, 보라 나의 종들은 마음이 즐거우므로 노래할 것이로되 너희는 마음이 슬프므로 울며 심령이 상하므로 통곡할 것이며

15절, 또 너희의 끼친 이름은 나의 택한 자의 저줏거리가 될 것이니라 주 여호와 내가 너를 죽이고 내 종들은 다른 이름으로 칭하리라

16절, 이러므로 땅에서 자기를 위하여 복을 구하는 자는 진리의 하나님을 향하여 복을 구할 것이요 땅에서 맹세하는 자는 진리의 하나님으로 맹세하리니 이는 이전 환난이 잊어졌고 내 눈 앞에 숨겨졌음이니라

65:8 첫 번째 문장을 통하여 사상적인 면에서 새로운 전환이 이루어지고 있다. 하나님께서는 악한 나라를 용서하지 않을 것이고, 남은 자를 구원하실 것이다. 선지자는 이 진리를 비유로 소개한다. 우리는 카아쉐르(כַּאֲשֶׁר)를 as when(…때 처럼)으로 번역하였는데, 이는 그 목적이 어떤 상황들 아래서 일어나는 내용을 나타내려는 것이기 때문이다. 티로쉬(תִּירוֹשׁ)는 실제로 포도액 혹은 새롭고 신선한 포도주이다. 이 단어는 예언적으로 사용되어 마치 '포도송이들로부터 나온 포도주들처럼…'이라고 말하는 것처럼 보인다. 이 단어가 포도 안에 있는 쥬스의 원래 상태를 가리킬 수도 있다.

만일 그 송이가 좋은 포도로 되어 있고, 그 쥬스가 그 속에서 발견된다면 어찌하여 누군가가 "그것을 상하지 말라"고 말해야 하는가? 이것은 포도송이가 상하게 되어야 할 적기였다고 보이지 않는가? 그러나 이사야는 일반적인 필치로 묘사하고 있으며, 그래서 우리는 쥬스가 들어있는 좋은 포도송이가[5] 쥬스가 들어 있지 않은 다른 포도송이를 배경으로 눈에 띤다고 가정하여야 한다. 하나의 좋은 포도송이를 위하여, 다른 것들과 더불어 우선적으로 이 좋은 포도송이가 상하지 않아야 한다는 것이다(동사의 접미사가 에스콜, 즉 포도송이를 가리킨다는 것을 주시하라). "그것을 상하지 말라"는 문구가 포도원의 노래에[6] 대한 반영이 있느냐의 여부는 결정하기 어렵다. 포도송이 안에는 축복이 있으니, 이는 그것이 하나님의 축복을 받아왔고 인

---

5) יִמָּצֵא – 미완료형은 일반적 진리를 나타낼 수도 있다. 그러나 그것이 와우연속법을 가진 완료형으로 계속되고 있다는 사실을 주시하라.

6) Martil W. R. Smith가 그렇게 말한다. 시 57: 58; 59; 75의 표제를 참고하라. 그리고 일반적으로 참고 구절이 되는 사 16:10; 렘 48:33을 참고하라.

간에게 축복을 가져다 주기 때문이며, 그래서 멸하여지지 않아야 한다. 주님을 신실하게 섬기는 하나님의 종들을 위하여 주님은 모두 멸하지 않을 것이다(즉 그 나라 전체. 참고. 마 13:29; 왕상 19; 롬 9). 심판의 멸망 가운데서 악인이 징벌을 받을 것이지만, 그러나 남은 자는 구원받을 것이며 주의 이름을 부를 것이다.

65:9 본 절은 하나님께서 어떻게 자기의 약속을 이행하실 지를 보여 준다('그렇게 내가 행할 것이라'). 첫 번째 동사는 와우 연속법에 의하여 도입되고 앞 절의 미완료형 '내가 행하리라'를 뒤따른다. 강조가 백성의 증가에 주어져 있다. 하나님께서 그 나라를 구원하시고 그로부터 하나의 씨가 나타나도록 하기 위하여 행동하지 않으셨다면, 거기에는 씨가 없었을 것이다. 그 씨는 당시의 사람들이 아니라 후손들을 가리키며, 그 의미는 지금의 그 나라로부터 하나님께서 야곱(노예상태에 있는 백성의 호칭) 중에서 한 씨를 내시며(직역하면, 내게 하다), 유다(남방 왕국)로부터 하나님의 산들(즉 팔레스틴의 산악의 땅)을 기업으로 얻을 자를 내리라는 것이다. 미래의 통치자는 유다로부터 나와야 할 것이었다(참고. 미 5:2). "택한 자"는 하나님께서 영원한 구원의 상속자들로 택하신 자들이다. 그들은 그 땅에 거할 것이다. 마지막 단어 샴마(שָׁמָּה, 직역하면, 그곳으로, 거기로)는 운동방향을 의미한다. 그러므로 참 상속자들은 그 땅으로 와서 거기서 영원한 본향을 발견할 것이다. 마땅히 해야 할 강조는 본 절에 있는 '기업으로 얻다'에 대한 문구의 사용에 주어져야 한다. 최종적으로 그 땅에 거주할 자들은 참 상속자들이다. 그 땅은 법적 그리고 합법적인 상속에 의하여 그들에게 내려온다.

이사야가 예언하고 있는 것은 유대인 팔레스틴으로의 물리적 귀환이 아니다. 그 씨가 단순히 유대인뿐만 아니라 이방인으로 구성되어 있기 때문이다(참고. 1절). 지리적 표상은 천상적 가나안의 상징들이다. 하나님의 목적은 옛 신정국가를 영원히 존속시키는 것이었는데, 이스라엘 그 자체의 물리적 국가로서가 아니라 그리스도에게 돌이킨 그 나라의 믿음을 가진 남은 자로서 이루어져 있다. "…그리고 이방인들의 유입으로 말미암아 확장된 그것은, 그 성격과 권리에 있어서 모든 약속들의 상속자인 구약시대의 교회와 동일하다…"(알렉산더). 믿는 자들은 지금 하늘 처소에 있다. 그리고 여호와께서 능력과 영광 중에 다시 오실 때, 그들은 지금은 알 수 없는 약속들과 축복들의 풍성함을 깨달을 것이다.

65:10 칼빈은 본 절의 의미를 잘 드러내고 있다. "비록 그 거민들이 먼 나라로 추방된 결과로, 그 나라는 버림받고 황폐하게 되겠지만, 그러나 그곳은 마침내 거민들이 거하게 될 것이고, 양떼와 가축으로 가득할 것이며, 비옥하고 목축하기에 적절한 땅을 가지게 될 것이며, 인간들의 음식과 생계유지를 위해 필요로 하는 모든 것을 풍성하게 공급할 것이다." 그 땅의 두 끝을 언급하고 있는데, 서쪽과 동쪽에 있는 사론과 아골이다. 사론은 남방 갈멜로부터 야파에 이르는 비옥한 평야이다(참고. 33:9; 35:2). 아골 골짜기는 아간의 사건 이후에 이름 붙여졌다(수 7:24 이하; 참고. 호 2:15). 아름답고 비옥한 사론은 양떼의 우리가 될 것이다(직역하면, '위하여 있을 것이다'). 이사야는 양떼와 가축들을 양육하는 팔레스틴 인들에게 잘 알려진, 번성에 대한 특별한 스타일을 선택하고 있다. 우리는 왜 이 장소를 언급했는지 그 구체적인 이유를 밝힐 수는 없고, 알렉산더가 다음과 같이 해석한 점에서 옳다고 생각한다: "이런 저런 이유로 사론과 아골이 이사야만이 가지는 독특한 방식으로, 온 땅, 혹은 그 목초지의 표본으로, 여기에 언급되어 있으니, 양떼와 가축들이 족장시대의 관습으로부터 파생된, 산업과 부의 상징으로서 사용되었던 것과 같다." 이러한 축복들을 누릴 사람들은 주를 찾은 하나님의 백성이다. 마지막 동사는 본 장의 첫 동사를 반영하고 있다. 하나님의 구속받은 모든자는 주를 찾는데, 이는 주께서 그들을 능동적이며 능한 자들로 만들었기 때문이다.

65:11 이사야는 이제 여호와를 저버린 자들에게로 돌아가서 그들에게 강조적 대명사인 '그러나 너희는'이라고 말하고 있다. 그러나 본 절의 남은 부분은 그들에게 하는 선포가 아니고 배교자에 대한 묘사이다. 이접사와 접속사와 대명사의 강조적 의미를 간과하지 않아야 할 것이다. 우상숭배를 이 백성들이 주님을 저버리는 방법으로 언급하고 있다. 그들은 주께서 그 성전에 거하시는 곳인 주님의 거룩한 산 시온을 기억하지 않고, 그들 자신들이 기뻐하는 산당들과 골짜기들을 찾는다. '거룩한'이라는 단어는 백성들이 행하고 있는 우상숭배의 행실과 날카롭게 대조되어 있는, 하나님의 거처의 참된 성격을 지칭하는 역할을 할 것이다.

"상을 베풀어 놓으며"는 음식의 준비를 가리키며, 아마도 라틴어 *lectisternium*과 일반적으로 정확하게 동일할 것이다(즉 신들에게 드려진 연회. 참고. Livy v. 13;

---

7) 하오르킴 (הֶעָרְכִים) — **아인** 앞에 있는 관사의 비정상적 모음부호를 주시하라.

xxi. 62). 라틴어는 신들이 섬김을 받도록 하나의 침대를 펼쳐놓는것을 가리킨다. '베풀다' 혹은 '펼치다' 로⁷⁾ 번역된 히브리어는 이와 비슷한 의미를 가리킬 것이다. 두 번째 문구는 포도주의 헌주를 가리키는데, 직역하면 '섞은 술을 가득히 채우고 있는 자' 이다. 이사야는 그들이 갓을 위해서만 상을 베풀고 므니에게만 헌주를 한다는 의미로 말하는 것이 아니고, 갓과 므니 모두를 위하여 이 두 가지 일을 하였음을 의미한다. 만일 갓과 므니라는 두 단어들이 신들의 이름들로 취급된다면 갓은 헬라 신화의 티키(Tyche)인 행운(fortune)신을⁸⁾ 가리키고 숙명 혹은 운명을 나타내는 므니는 아라비아 신화의 마낫(Manat) 여신과 관계가 있을 수도 있다. 만군의 주권자 여호와의 지배적 섭리를 행운과 운명의 신에게 드리는 제사로 대치하였다.

65:12 첫 번째 단어(מְנִיתִי, 마니티)와 앞 절에 있는 신의 이름, 므니 사이에 어희를 이룬다. 본 절을 앞 절에 대한 귀결절로 해석하는 것은 불필요하고, 사실상 그것은 의문스럽기까지 하다. 그런 까닭에 맨 앞에 나오는 접속사는 약 와우일수도 있다. 동사를 과거나 아니면 현재로 번역할 수도 있다. '그리고 내가 센다' 혹은 '그리고 내가 세었다.' 하나님이 세시는 의도는 그 백성들을 선발하시기 위함이니, 말하자면 그들이 칼에 살육 당하도록 하나씩 하나씩 세시는 것이다. 이사야는 일찍이 백성들을 삼킬 칼에 대해서 말한바 있다(1:20). 음식상들을 펼침과 살육 당하도록 엎드림 사이에 의도적인 대조가 있는 것 같다.⁹⁾ 유대인들의 나라는 더 이상 하나님의 참 이스라엘이 될 수 없을 것이다. 이때로부터, 즉 그 절단이 일어날 때, 하나님의 이스라엘은 그 씨가 새로 태어날 유대인들과 하나님을 찾지 않았던 백성들인 이방인들로 구성된 새로운 몸이 될 것이다.

하나님의 자기 행위가 충분히 정당하다는 것이, 주님의 선하신 제안을 통하여 주께서 백성을 부르셨을 때, 그들이 반응하기 위하여 고민하지도 않았다는 사실에서 알 수 있다. 주께서 말씀하셨을 때, 그들은 듣지 않았다(즉 주의치 않았다). 하나님께서 말씀이라는 도구, 즉 명제적 계시를 통하여 접근하신다. 그들은 순종하기는 커녕(한번 만

---

8) 이 이름은 바알-갓(수 11:17; 12:7; 13:5)과 믹달-갓(수 15:37)과 같은 이름들 가운데 언급되어 있는 것 같다. Muilenburg(IB)는 성경 이외의 문서에 대한 참조문들을 인용한다.

9) 즉 ערך와 כרע.

이 아니고 계속하여) 주께서 악한 것으로 간주하신 일을 행하였고 주께서 기뻐하지 않으신 것들을 택하였다. 그들은 선택할 자유의지를 가졌었고, 자기들의 본성의 능력안에서 선택하였다. 그들은 악을 택하였다. 본 절의 사상에 대하여는 마태복음 23:37; 22:7; 누가복음 19:27 그리고 사도행전 13:46에 있는 신약성경의 말씀들도 유의하라.

65:13 '이러므로'는 앞의 약속과 심판의 말씀을 가리킨다. 방금 전에 선포된 일들이 참되므로, 하나님께서 주님의 종들과 "너희"로 지칭하는 패역한 나라들을 기다리고 있는 분깃으로 묘사하면서 말씀하신다. 세 개의 대조를 연속하는데, 각기 "보라!"는 말로 소개하고 있다. 여기서 참 하나님의 종들, 주의 이스라엘은 주께서 지금 말씀하고 있는 물리적 이스라엘 나라와는 구별된다. 믿는 자들은 최고의 행복을 맛볼 수 있지만 배교자들은 비참한 분깃을 얻을 것이다. 하나님의 능력과 주권을 상징하는 '아도나이'란 단어는 야웨라는 성호 앞에 나타나는데, 이는 언약의 하나님께서 자기의 약속과 심판을 모두 이행하실 능력을 가지셨다는 사실을 보여 주기 위한 것이다. 먹고 마시고 즐거워함은 하나님의 종들이 받을 축복의 특징을 설명한 것이다. 이사야는 물리적 먹음과 마심을 가리켜 말하지 않고 육신의 필요의 채움을 상징하는 이 용어들을 인간의 영적 필요가 풍성하게 공급됨으로써 사람이 그의 하나님 안에서 영원히 누릴 수 있다는 사실의 상징으로 사용하고 있다. 그러나 불순종하는 사람들은 하나님의 종들에게 오는 그것과 반대 것을 받을 것이다. 그들은 굶주릴 것이니, 이는 그들의 욕구가 결코 채워지지 않을 것이기 때문이다. 그들은 부끄러움을 당할 것이다. 왜냐하면 그들이 하나님의 부르심과 말씀에 불순종하는 어리석은 일을 행하였기 때문이다. 유대국가와 선민은 더 이상 동일한 존재로 생각될 수 없을 것이다. 유대 국가의 이어지는 비참한 역사는 하나님을 모시지 않은 백성이 당하는 그러한 역사였다. 심판의 소리가 마지막으로 울리기 이전에 하나님의 이스라엘인 우리는 하늘의 떡, 생명의 물, 복음의 기쁨을 가지고 유대인에게 접근하려고 모든 노력을 하여야 하지 않겠는가?

65:14 대조를 계속하고 있다. 이 각 대조안에서 "나의 종들"과 '너희'라는 단어들을 지연완성구조(*casus pendens*)를 이루며 강조한다. '마음의 즐거움'(즉 좋음)은 마음 가운데 지배하고 있는 지극한 기쁨이 너무나 넘쳐서 소리쳐 나오는 것을 시사한다. '마음의 슬픔'(근심, 고통)은 배교자로 하여금 부르짖게 만들 것이다. 이

두 번째 문장은 평행구 '심령이 상함'이 덧붙여짐으로써 강도가 높아진다(참고. 61:1과 시 51:7). 절망적인 낙심이 소망의 약속들을 저버린 자들을 사로잡을 것이다. 그것은 부르짖음뿐만 아니라 실제적인 애곡과 통곡을 가져다 줄 것이다.[10]

65:15 불신앙적인 나라의 이름과 하나님의 종들의 이름이 바꾸어질 것이다.[11] 하나님은 그 나라에게 계속 말씀하시면서 그들이 끼친 이름은 하나님의 '택한 자'들에 대한 맹세(즉 저주거리)가 될 것이다(즉, 저주란 이름으로 기억 될 것이다)고 선언하신다. 일반적으로 이 문구를 그 나라의 이름이 선택받은 자들에 의하여 저주의 형태로 사용할 것이며, 그리하여 그 나라가 그러했던 것처럼 다른 사람들이 그들처럼 저주를 받기를 원할 수도 있게 될 것이라는 사실을 의미하는 것으로 이해된다. 즉 다른 사람들에 대한 저주가 그 유대 국가에 닥쳤던 것보다 더 나쁜 것이 될 수 없을 만큼 된다는 것이다. 어떤 사람(예를 들면, 파이퍼)은 그 이름이 저주의 대상이며, 그리하여 선민이 패역한 나라에 대해 자주 생각하는 것처럼 그들이 그것을 저주할 것이라고 생각한다. 또한 그 이름이 선민에게는 이스라엘이라는 역사적인 국가가 하나의 저주가 되었다고 깨닫고 이해하도록 남겨진 것일 수도 있다. 아마도 이 해석들 중 첫 번째 것이 옳을 것이다. 만일 선민이 언제나 하나의 저주를 사용해야 한다면, 저주를 받아야 할 자들이 그것을 응당 받아야 했던 것처럼, 그렇게 해야 할 사유가 있을 것이다(참고. 렘 29:22; 슥 3:2). 그러한 경우, 악이나 혹은 악의가 되지 않을 것이고, 단순히 저주받을 자들이 자기들에게 닥칠 그것을 당연히 받아 마땅했다는 진리에 대한 표현이다. '나의 택한 자'란 문구 안에 의미가 들어 있다. 이것은 지금 그러한 물리적 국가가 하나님의 선민과 동일하지 않다는 것이 나타나 있기 때문이다. 이제 그 나라를 단수로 말하면서(집합적 혹은 이상적 인격체), 선지자는 여호와 하나님께서(또다시 언약적 이름에 앞서는 하나님의 주권에 주의를 상기시키는 형용사 아도나이) 유대 나라를 살육하실 것이라고 말하고 있다. 이 명확한 진술에 비추어 이 나라의 미래 부활을 예상할 만한 어떤 성서적 근거가 있는가?

---

10) 테엘릴루(תְּיֵלִילוּ) – 접두어가 형태에 덧붙여져 있다.
11) 1Q는 תמיד ינרא와 함께 יהוה가 뒤따라오는 15절 상반절만 있다. B는 κληθήσεται. S Aq는 καλεσει.

주께서 하나님의 종들을 또 다른 이름으로 지칭함에 있어서(하나님의 주도권을 유의하라) 하나님의 종들에 대해서도 어떤 변화가 있을 것이다(참고, 계 2:17). 근본적으로 이것은 성격과 본성의 완전한 변화가 있을 것을 의미한다. 거기에 더 이상 옛 이스라엘은 없을 것이며 그것은 하나님의 새이스라엘이 될 것이다. 이 구절은 아마도 62:2-4과 평행을 이룰 것인데, 그곳에서 새 이름이 헵시바('나의 기쁨이 그에게 있다')로 나타나 있다.

65:16 본 절은 이름들이 변화된 결과가 무엇인지 보여 준다. 본 절은 땅 위에 남아 심판에서 멸망 받지 않는 자들의 행동을 가리킨다. 아마도 역시 땅과 유다 사이의 대조를 암시하고 있는 것 같다. 사람이 자기를 축복할 때마다 그는 진리의 하나님(직역하면, 아멘의 하나님)으로 그렇게 할 것이다. 맨 앞에 나오는 아쉐르(אֲשֶׁר)는 '그리하여'(so that)의 의미로 취급하는 것이 가장 좋을 것이다. 이는 여기에 묘사된 내용이 15절에서 진술된 내용의 결과이기 때문이다. 맹세하는 자는 같은 하나님으로 맹세할 것이다. 그는 진리의 하나님이시다. 이는 축복에 대한 주님의 모든 약속과 심판의 위협을 주께서는 성공적으로 이행하여 오셨고 주께서 말씀하신 것이 참되다는 사실을 보이셨기 때문이다(참고, 고후 1:20; 계 3:14).

주님이 진리의 하나님이시라는 사실은 백성이 당했던 이전 환난이 잊혀졌다(그것들의 완전한 사라짐에 대한 강력한 표현)는 사실에서 입증된다. 더 나아가서 그것들은 하나님의 눈앞에서부터 숨겨졌으므로 주님은 더 이상 쳐다보지 않는다. 이 환난들은 재난 이상의 것이다. 그것들은 그 나라의 죄악의 결과다. 죄를 벌할 이유가 사라졌으므로 죄가 가져다 주는 환난도 역시 사라질 것이다.

17절, 보라 내가 새 하늘과 새 땅을 창조하나니 이전 것은 기억되거나 마음에 생각나지 아니할 것이라
18절, 너희는 나의 창조하는 것을 인하여 영원히 기뻐하며 즐거워할지니라 보라 내가 예루살렘으로 즐거움을 창조하며 그 백성으로 기쁨을 삼고
19절, 내가 예루살렘을 즐거워하며 나의 백성을 기뻐하리니 우는 소리와 부르짖는 소리가 그 가운데서 다시는 들리지 아니할 것이며
20절, 거기는 날 수가 많지 못하여 죽는 유아와 수한이 차지 못한 노인이 다시는 없을 것이라 곧 백 세에 죽는 자가 아이겠고 백 세에 못되어 죽는 자는 저주받은 것이

제4장 예루살렘이 그 모든 죄를 인하여 여호와의 손에서 배나 받다 561

리라
21절, 그들이 가옥을 건축하고 그것에 거하겠고 포도원을 재배하고 열매를 먹을 것이며
22절, 그들의 건축한 데 타인이 거하지 아니할 것이며 그들의 재배한 것을 타인이 먹지 아니하리니 이는 내 백성의 수한이 나무의 수한과 같겠고 나의 택한 자가 그 손으로 일한 것을 길이 누릴 것임이며
23절, 그들의 수고가 헛되지 않겠고 그들의 생산한 것이 재난에 걸리지 아니하리니 그들은 여호와의 복된 자의 자손이요 그 소생도 그들과 함께 될 것임이라
24절, 그들이 부르기 전에 내가 응답하겠고 그들이 말을 마치기 전에 내가 들을 것이며
25절, 이리와 어린양이 함께 먹을 것이며 사자가 소처럼 짚을 먹을 것이며 뱀은 흙으로 식물을 삼을 것이니 나의 성산에서는 해함도 없겠고 상함도 없으리라 여호와의 말이니라

65:17 웅장한 엄숙성을 가지고 이사야는 어찌하여 이전의 환난이 잊혀질 것인지에 대한 이유를 소개한다. "보라 내가"라는 머리말은 생각을, 이제 행동하시려는 하나님 자신에게로 향하게 한다. 자주 그러하듯 분사형은 가까운 미래의 의미를 가질 수도 있다. '창조하려 한다.' 선지자가 창세기 1:1에 나타났던 בָּרָא 라는 단어를 다시 사용하는 것은 이유가 없지 않다. 단순형(칼형) 어간에서 그것을 그 주어로 하나님에게만 사용한다. 또한 사용된 물질이 어떤 것인지 전혀 언급하지 않는다. 이 단어는 애쓰지 않음을 의미하며 근본적으로 새로운 어떤 것의 산출을 가리킨다. 선포될 내용은 너무나 격변적이라서 그것은 하나님의 창조행위의 결과이다. 처음창조에서 나타났었던 전능하신 능력이 또다시 새 창조사역 가운데서 나타날 것이다.

또다시 하나님께서는 천지를 창조하시고 그것들은 새로워진다. 그것들이 새로워진 가운데서 자기들의 창조주 하나님의 영광을 너무나 충만하게 나타내며, 피조물인 인간의 모든 필요와 소망을 너무나 완전하게 성취할 것이므로, 이전 하늘과 땅은 더 이상 기억되지 않을 것이며, 그것들이 인간의 마음속에 들어오지도 않을 것이다. 엄밀히 말해서 "이전 것"이란 문구는 이전의 하늘과 땅을 가리킨다.

그러나 하늘과 땅을 현존하는 질서 가운데서 일어난 완전한 혁신 혹은 변혁을 암시하는 상징으로 사용하였다. 메시아의 강림과 더불어 계시될 축복이 모든 면에서 너무나 커서 그것이 오직 새 하늘과 새 땅의 창조로서만 묘사할 수 있을 것이다. 그러나 이것을 초림에만 한정해서는 안 될 것이며 재림을 포함하여 영원한

상태에서의 그리스도의 모든 다스리심까지 포함해야 할 것이다. 그리스도께서 세상을 새롭게 하시며, 히브리서는 그것을 오는 세상으로 말한다(2:5). 고린도후서 5:17과 갈라디아 6:15같은 구절들 가운데서 바울은 새 창조를 어떻게 신자들에게 적용하는지를 보여 주고 있다. 그리고 베드로는 새 하늘과 새 땅을 받을 신자들의 소망을 진술하고 있다(벧후 3:15). 선지자의 개념 안에, 시간과 영원, 신약시대와 영원한 하늘은 날카롭게 구별되어 있지 않다. 그리고 신자는 이미 하늘에 속한 자들이다. 다가올 축복의 예언들 가운데서 두드러진 것은 과거의 잊혀짐에 대한 개념이다(참고. 계 21장).

65:18 이전 일을 기억하지 않고, 백성은 하나님이 창조하실 일을 인하여 기뻐하고 즐거워하라는 명령을 받는다(처음 두 동사를 명령형이며 미래형으로 번역할 필요가 없다).[12] 특별히 새 창조와 하나님 나라의 초점인 예루살렘에는 하나의 즐거움이 창조될 것이며, 그 백성(진정으로 그 성읍에 속한 자들)에게는 기쁨이 창조될 것이다. 본 절과 다음절에서 기쁨의 개념이 최소한 여섯 번이나 표현되면서 강조되어 있다. "예루살렘으로 즐거움을 창조하며"란 그 성읍을 기쁨의 대상이 되도록 창조한다는 것이다. 여기에 진술된 내용은 앞 절에 진술된 내용과 같다. 지금의 예루살렘은 지나가고 하나님 나라의 중심부에 기쁨이 있을 것이다. 인간들은 하나님을 참으로 예배하는 중에 하나님 앞에서 즐거워할 것이다.

65:19 하나님의 백성은 자기들의 환난이 사라진 가운데서 즐거워할 뿐만 아니라, 하나님 역시 그들 안에서 즐거워하실 것이다. 왜냐하면 주께서 더 이상 그들에 대해서 상심할 필요가 없기 때문이다. 칼빈은 적절하게 설명한다. "우리를 향한 하나님의 사랑이 너무나 커서 그가 우리와 함께 즐거워하셨던 것 못지 않게 우리의 행복 속에서 즐거워하신다." "그들의 모든 환난 가운데서 주께서는 고통을 당하셨다." 그러나 우리의 모든 기쁨 안에서 주님은 또한 즐거워하신다. "예루살렘"과 "나의 백성"은 동의어이다. 이 완전한 기쁨이 나타날 때, 더이상 예루살렘에 우는 소리와 부르짖는 소리가 들리지 않을 것이다(참고. 25:8; 35:10; 계 7:17; 21:4).

65:20 묘사는 이제 메시아의 나라에 속할 자들의 수명을 강조하면서 그 나라의

---

12) 명령형은 독특한 보증 혹은 약속을 나타낸다. 참고. GKC §110 c.

특징들을 소개한다. "거기는"은 예루살렘을 가리킬 것이며, 그 뜻은 '날들에 관하여는 유아가[13] 거기로부터 있지 않을 (즉 죽음으로 거기에서 취하여 감을 받지)것이다' 일 것이다. 그러므로 죽음이 순진한 젖먹는 아기를 지금 늘 그렇게 하는 것처럼 거기로부터 취하여가지 않을 것이다. 또한 사람에게 주어진 충분한 수명을 다 살지 않은 나이든 어른도 지금처럼 죽음에 의하여 취하여 감을 받지 않을 것이다.

본 절의 하반절은 그 반대의 진리를 표현하고 있다. 백세에 죽는 자가 젊은 아이일 것이다, 즉 사람이 백세에 죽었을 때,[14] 그는 단순한 하나의 아이로 간주될 것인데, 이것은 그는 살아야 할 훨씬 더 많은 날을 가지고 있다는 것을 암시한다. 이와 같이, 죽음이 죄악된[15] 사람을 끊어버릴 때, 그가 일백 세를 살았을 때 그렇게 할 것이다. 사람들은 죽을 것이며, 그 죽음은 하나의 저주이다. 그리고 그 저주가 죄에 대한 징벌로서 다가올 때, 죄인과 더불어 심지어 하나님의 백성도 그들의 수명은 일백세 정도 일 것이다. 그러므로 새 시대의 축복들 중 하나는 장수이다. 이 약속에 대한 근거는 아마도 창세기 6:3에 이미 표현된 개념일 것이다. 낙원의 상태는 회복될 것이다. 그러나 새 시대는 낙원을 초월한다.

65:21 율법에 이스라엘이 집을 건축하였으나 불순종으로 인해 거기 거하지 못할 것이며 수고하였으나 그 열매를 먹지 못할 것이라고 예언되어 있다(참고. 신 28:30; 또한 참고. 습 1:13; 미 6:15). 그러나 새 시대에는 그 정반대 현상이 퍼질 것이다. 이스라엘은 오랫동안 외부인들의 침입을 받았었다. 그러나 이제 그들은 스스로 자기들의 집을 짓고 어떤 방해도 없이 그것들 속에 거주하게 될 것이며, 그들은 자신들이 재배한 포도열매를 먹을 것이다. 그것은 수고하는 인간, 그리고 그 수고한 열매를 먹는 평화로운 모습이다. 수고의 복은 메시아 시대의 특성을 나타낸다.

65:22 이사야는 위의 반대면을 부정하여 약속을 강조한다. 백성은 다른 사람이 후에 즐거워 할 집을 짓지 않을 것이다. 반면에 그들 자신은 죽음으로 사라질 것이다. 또한 그들은 자신이 취하여 감을 당한 후에 다른 사람이 즐거워 할 포도를 경작하지

---

13) עול – 젖을 빼는 아기, 젖먹이. B는 ἄωρος. Aq는 βρεφος. S는 νηπιον. T는 νεωτερος.
14) 직역하면 '일백 세의 아들.' **벤** (아들)은 상황절로서의 역할을 한다.
15) 분사형은 마치 **라메드-헤** 동사로부터 온 것처럼 **쎄골**로 구두점이 찍어진다.

않을 것이다(참고. 62:8, 9). '나무의 수명(날들)'과의 비교는 팔레스틴인에게 있어서 나무는 영구성과 지속성의 상징이었다는 사실에 근거한 것으로 보인다. 이사야는 당연히 나무가 오랫동안 살았던 것처럼 백성도 그렇게 살 것이라는 사실을 의미하지 않고, 그들의 생명이 나무의 영구성을 가질 것이라는 사실을 의미한다(참고. 시 1:3; 렘 17:1-8). 더 나아가서 하나님의 택한 자가 그들 손으로 일한 것을 충분히 누릴 것이다.

65:23 23절은 21절과 22절을 부정적 방식으로 요약한다. 백성들이 들이는 수고는 헛되지 않을 것이다(즉 헛되이. 참고. 49:4). 타락의 결과 중 하나가 그 수고가 자주 헛되이 돌아온다는 것이다. 메시아 나라에서 사람들은 하나님을 위하여 수고할 것이고, 그런 까닭에 자기들의 수고의 결과를 볼 것이다. 또 그들은 두려움이 생기지도 않을 것이니, 즉 사람들이 소망과 기대를 가지고 바라보는 공의의 시대의 반대가 되는, 큰 두려움이 있고 어린아이들이 처절한 간청과 걱정의 대상들이 되는 때가 일어나지도 않을 것이다(참고. 레 26:16; 시 78:33; 렘 15:8). 어린아이를 생산하는 때는 기쁨과 축복의 때가 될 것이다.

이사야는 본 절을 마감하면서 그 이유를 진술한다. 그들은 하나님께서 축복하신 자들로 구성되는 씨이다. "씨"를 세대의 의미로 취급할 수도 있으나, 자손을 의미할 수도 있다. 만약 이 후자가 옳다면 그 뜻은 그들이 하나님께서 축복하신 자의 계통을 잇는다는 것이다. 그들과 함께 그들의 소생은 시기상조의 죽음으로 잃게되지 않을 것이다(참고. 욥 21:8). 그러므로 구속받은 자는 자신의 소생과 함께 축복 속에서 함께 살 것이니, 이는 그들이 축복받은 자의 씨이기 때문이다.

65:24 64장에서 백성은 자신이 주님께 부르짖어도 듣지 않으신다고 불평했었다. 그러나 메시아 시대에는 주께서 충분히 들으실 것이니, 이는 칼빈이 말하는 바와 같이, 주님을 부르는 자들을 하나님이 들으시는 것은 '믿음의 가장 가치 있는 열매'이기 때문이다. 이사야는 "그리고 그것이 있을 것이다"라는 문구와 함께 약속을 소개하고 있는데, 이 문구는 미래성을 강조하고 있으며, 더욱 그 나라를 특징지을 축복됨을 사실을 나타낸다. 하나님께서는 백성들이 부르기 전에 응답하실 것이다. 테렘(טֶרֶם)을 '아직 아니'로[16] 번역하는 것이 가장 좋을 것이다. 강조가

'나'에게 주어져 있으므로 '아직도 그들이 부르지 않을 때, 내가 응답하리라'가 된다. 두드러져 있는 것은 기도에 대한 하나님의 응답하실 준비태세인데, 이는 주께서 자기 백성에 대한 사랑과 관심을 가지고 있기 때문이다. 사실상, 백성이 아직 발설하지 않는 동안에도, 하나님께서는 친근하게 들으시고 응답하시는 의미에서 들으실 것이다(참고. 마 6:8; 사 30:19; 58:9; 시 145:18, 19). 하나님의 사랑이 너무나 커서 주께서 그를 부르시기 이전에도 응답하시는 그 하나님을 모신다는 것은 얼마나 큰 특권인가!

65:25 선지자는 아름다운 방식으로 자기가 일찍이 하나님의 동산에서 아무 해됨도 없을 것이라는 의미에서 11:6-9에서 사용하였던 예언을 반복함으로써 미래에 대한 축복 예언을 결론짓고 있다. "이리"(히브리어에서 이 단어는 무관사이다)와 부드러운 "어린양"이 "하나처럼" 풀을 먹을 것인데, 이것은 "함께"보다 더 강력한 번역이다. 그들 사이가 너무나 가깝게 될 것이므로 그들은 마치 한 동물처럼 될 것이다. 이어지는 문구를 '그리고 사자가 소처럼 짚을 먹을 것이며, 그리고 뱀에 대해서는 티끌이 그의 식물이다'로나 번역하든지 아니면 '그리고 사자가 소처럼 짚을 먹을 것이며, 그리고 뱀은 자기 음식으로 티끌을 (먹을 것이다)'로[17] 번역할 수가 있다. 이 표상의 의미에 대해서는 11:6-9의 주해를 보라. 여기 있는 것은 헤시오드 (Hesiod, *Works and Days* 90-92)나 혹은 버질(Vergil, *Eclogues* iv. 8ff.)에 나타나 있는 것과 같은 단순한 황금시대의 표상이 아니고, 유토피아에 대한 환상적인 꿈도 아니다. 선지자는 하나님의 거룩한 산(성산)으로 시선을 집중시키고 있으니, 그 장소는 주께서 자기 백성과 함께 거하는 곳이요, 완전한 평화가 발견되는 곳이다. 그 약속은 '여호와의 말이니라'는 마지막 말에 의하여 강화되며 이 여호와란 단어로 본 장은 막을 내린다.

---

16) 미완료형이 뒤따라오는 טרם은 과거보다는 미래를 나타낼 수도 있다. '그들이 부르기 전에' 즉 '그들이 아직 부르지 않았을 때.'
17) 이 문장 구조에서 뱀이 지연완성구조(*casus pendens*)이다. B는 ὄφις δὲ γῆν ὡς ἄρτον.

66장

1절, 여호와께서 이같이 말씀하시되 하늘은 나의 보좌요 땅은 나의 발등상이니 너희가 나를 위하여 무슨 집을 지을꼬 나의 안식할 처소가 어디랴
2절, 나 여호와가 말하노라 나의 손이 이 모든 것을 지어서 다 이루었느니라 무릇 마음이 가난하고 심령에 통회하며 나의 말을 인하여 떠는 자 그 사람은 내가 권고하려니와
3절, 소를 잡아 드리는 것은 살인함과 다름이 없고 어린양으로 제사 드리는 것은 개의 목을 꺾음과 다름이 없으며 드리는 예물은 돼지의 피와 다름이 없고 분향하는 것은 우상을 찬송함과 다름이 없이 하는 그들은 자기의 길을 택하며 그들의 마음은 가증한 것을 기뻐한즉
4절, 나도 유혹을 그들에게 택하여 주며 그 무서워하는 것을 그들에게 임하게 하리니 이는 내가 불러도 대답하는 자 없으며 내가 말하여도 그들이 청종하지 않고 오직 나의 목전에 악을 행하며 나의 기뻐하지 아니하는 것을 택하였음이니라 하시니라

66:1 단정적 언어인 "여호와께서 이같이 말씀하시되"와 함께 마지막 예언이 시작되고 있으며, 즉시 우리에게 하나님의 광대하심을 지적해 주고 있다. 하나님께서는 너무나 크시므로 하늘들의 하늘이라도 그분을 용납할 수 없다(왕상 8:27). 하나님의 보좌로서의 하늘의 표상과 그분의 발등상으로서[1] 땅의 표상으로 선지자는 하나님께서 만물의 왕이시요 모든 것을 통치하신다는 것과 모든 피조물(하늘과 땅. 참고, 창 1:1)은 그분에게 종속되어 있다는 사실을 주장하고 있다. 하나님께서 그렇게 만물의 왕이시므로 이 불순종하는 자들이 주님을 위하여 지을 '이 집은 무엇이냐?' 의문사 에-제(אֵי־זֶה, 가장 좋은 번역은 '무엇이냐?')는 다소 경멸적인 경향을 가지고 있다. 이것은 지상의 성전들에 대한 경멸이 아니라 하나님께서 거기에 한정되실 수 있다는 사상에 대한 경멸이며, 그러한 거주처로 만족하는데 대한 경멸이다. 솔로몬은 여호와를 위한 성전을 건축하였으나, 그러한 일을 하면서 하나님께서 지상의 건물에 매이지 않으신다는 사실과, 상징적인 의미로서만 사람이 성전을 하나님의 거처로 말할 수 있었음을 잘 알고 있었다. 패역한 유대인들은 자기들이 여호와를 위

---

1) 참고, 우가릿어 *hdm*; 애굽어 *hdm.w*.

하여 안식할 장소로서 성전을 건축할 수 있다고 믿었다. 그러나 주께서는 그 성전 안에 안식 처소를 가지지 않으셨고 그것은 하나님의 성소가 되지 못하였다. 그러한 관념의 영향을 받아 집을 지은 사람들은 무한자를 유한자로 생각하려 하였고, 영원자를 일시적인 자로 생각하려 하였으며, 창조주를 단순한 피조물로 생각하려 하였다.

마지막 두 단어를 '한 장소,[2] 곧 나의 쉴 장소'로 번역해야 할 것이다. 여기에 하나님께서 집이나 안식할 처소를 가진다는 사실을 부정하는 것이 아니고 단순히 배교자들이 하나님을 위하여 집을 지을 수 있다고 생각하는 어떤 집을 부정하고 있는 것이다. 만일 솔로몬에게 있었던 것과 같은 헌신하는 마음이 동반되지 않는다면 그것은 전혀 하나의 집이나 안식할 장소가 아니라는 것이다.

어투가 이사야서의 후반부의 나머지 부분을 생각나게 하는 것이다. 포로와 귀환을 예언했던 그는 예언의 영을 통하여 자기들의 땅에 다시 돌아오는 회심하지 않고 불순종하는 백성이 성전예배라는 외관에만 관심을 둘 것을 바라보고 있다. 그러나 그들의 희생제사들과 제사들은 이교적이고 우상숭배적이다. 참 창조주는 그러한 예배를 견딜 수 없으시다.

66:2 어떤 의미에서 우주란 거대한 성전 그 자체도 무시 당하는데, 이는 여호와께서 자기 손이(즉 '그의 능력') 그것을 만드셨다고 선언하시기 때문이다. '이 모든 것'은 하늘과 땅 가운데 포함된 모든 것을 시사한다. '그리고 그들이 존재하였다'(개역은 "이루었느니라"—역자주)는 문구는 창세기 1장의 자주 반복된 '그리고 그것이 있었다'(그대로 되니라)를 상기시켜 준다. 그분의 손이 하늘과 땅을 존재하게 하셨으므로 단순한 지상의 성전이 주님을 안식하게 하는 기뻐하는 장소가 될 것이라고 생각하는 자들은 심령과 마음이 교만한 자들이다. 왜냐하면 그들이 스스로 하나님에게 불순종하는 자들임을 나타내 보여 주었기 때문이다. 그러나 하나님께서 애정과 호의를 가지고 바라보실 자가 있는데, 곧 환난 당한 자(외적인 환난을 통해서가 아니라 심령이 상함으로 말미암아), 심령에 통회하는 자(참고. 57:15; 61:1),[3] 하나님의 말씀으로 인하여 떠는 자이다. 그러한 사람들이 발견되는 곳은 어디나 하

---

2) 그러나 여기서 소유격 앞에 절대형을 가지고 있을 수도 있다. 벌겟역은 1절 하반절을 Qual est ista domus, quem aedificabitis mihi? et quis est iste locus quietis meae?라고 번역한다.

3) נכה – '맞은', '두들겨 맞은', 여기서는 '상한'. 참고. 삼하 4:4; 9:3. 1Q는 נכאי로 읽는다.

나님께서 호의를 가지고 바라보신다. 그러나 종교의 외적인 것들에게만 전적으로 관심을 두는 자는 그러한 사람이 아니다. 사람이 하나님을 참으로 무한자로 보았을 때, 그 자신의 마음이 낮아진다.

66:3 그러나 지상의 성전을 세우기를 원했던 자들 중에는 하나님의 말씀으로 인하여 떠는 자가 하나도 없었다. 오히려 그들은 가증한 희생제물들을 가져왔다. 만일 어떤 역사적 사건에 대한 언급이 있다면, 그것은 포로로부터 귀환하여 그들 자신이 정한 방식으로 하나님을 섬기기를 원했던 자들을 가리킬 것이다. 그것은 부분적으로 제2성전을 건축한 자들을 가리킬 것이지만, 그러나 보다 충만하게는 그것이 헤롯 성전을 건축하고 참된 희생제사가 드려진 이후까지도 계속하여 제사를 드린 자들을 가리킬 것이다. 요한복음 12:38은 분명하게 이사야 53:1을 바리새인들의 불신앙에 적용한다.

특히 흥미로운 것은 선지자가 희생제물들을 비난하는 방식이다. 그는 네 개의 유사하게 구성되어 있는 문구를 사용하고 있는데, 각기 두 부분으로 이루어져 있고, 그 중 첫 번째 것은 모세 율법의 합법적 희생제사를 가리키며, 두 번째 것은 그 율법에 상반되는 행위를 가리킨다. 그러므로 '소를 잡아 드리는 것은 사람을 살인하는 것'이다.[4] 그 사상은 분명히 (희생제사를 위하여) 황소를 죽이는 자가 하나님의 눈에는 사람을 살인한 자와 같다는 것이다.[5] 그렇다면 이 문구는 모세 율법에 대해 비난하고 있으며, 성전에서의 희생제사를 비난하고 있는가? 어떤 사람은 그렇다고 한다. 그러나 그 의미는 실제적으로 모든 희생제사가 거짓된 심령으로 드려진다면 하나님에게 가증하다는 것이다(참고. 1:12 이하에 대한 주석을 보라). 소를 잡아 드리는 것은 살인함과 다름이 없고 – 소는 동물 희생제물을 대표하였고 '죽이는'이란 분사는 율법에 따른 희생제물의 살육에 적용된다.[6] 소를 희생제물로서 살육한다는 것은 헌신의 심령을 동반하지 않을 때, 신앙의 행위가 아니고 사람을 죽이는 것과 같은 살육의 행위라는 것이다. 어린양으로 제사 드리는 것은 개의 목을 꺾음과 다름이 없으며 – 합법적인 동물의 희생제사가, 만일 믿음이 없이 행해진다면, 개의 목을 꺾

---

4) 1Q는 הכמב로 전치사를 삽입한다. 소르(שור)에 정관사가 있으나 이쉬 (איש)에는 없음을 유의하라.
5) 이것이 인간 희생제사를 가리킨다는 것은 불가능하다.
6) 참고. 창 4:15; 출 2:12; 수 20:5; 삼상 17:26.

음과 다름이 없으니, 이는 개가 부정한 동물로 간주되었기 때문이다(참고. 마 7:6; 벧후 2:22). 모세 율법에 따르면(출 13:13; 신 21:4), 부정한 짐승이 여호와께 성별되어 구속받지 못한다면 그 목은 꺾여졌다.

그러므로 희생제사는 그 의미를 잃게 되고, 구속되지 못한, 부정한 동물의 목을 꺾음과 같이 된다. 드리는 예물은 돼지의 피와 다름이 없고—민하(מִנְחָה)란 단어는 피없는 제사를 의미하지만 이제 그것은 돼지의 피이다. 이 비유의 두 번째 부분에는 분사가 없음을 유의하라. 표현의 갑작스러운 끊김은 이러한 희생제물의 드림이 얼마나 혐오스러운가를 지적하는 역할을 한다. 분향하는 것은 우상을 찬송함과 다름이 없이 하는—이 표현의 배경은 제단으로부터 올라간 향과 하나님께 헌제자를 생각나게 하였던 향 개념이다. 알렉산더는 사도행전 10:4에 호소하면서, 거기서 사용된 '기억하신 바(εἰς μνημόσυνον)'란 문구를 바티칸 사본에서 본 절을 번역하면서 사용하였다고 지적한다. 이 단어는 아마도 레위기 24:7의 기념 제사인 아즈카라 (אַזְכָּרָה)와 관련되어 있는 것 같다. 하나님으로 하여금 예배자를 생각나게 하여 주님이 그를 들으시고 받게 하기는 커녕, 실질적으로 그 예배자는 헛되이 찬양하고 있었다. 그의 행위는 무의미했다.

이러한 가증한 행위에 대하여 용서가 없으니, 이는 그렇게 제사를 드리는 자들이 스스로 자기들의 길들을 택하였고 자기들이 행하고 있는 내용 가운데서 기쁨을 찾기 때문이다. 그들은 몰라서 이 길로 돌아선 것이 아니고 그들 자신들의 고의적인 욕망으로 그렇게 하였다. 그리고 이것이 인간의 자유 의지가 그를 인도하는 곳이었다. 죄인은 하나님이 가증히 여기시는 것을 기뻐하여 선택한다.

66:4 본 절을 시작하고 있는 "나도"란 문구는 3절 하반절에 있는 "그들"과 상호 연결이 되어 있다. "그들이 자기 길을 택하며 그들의 가증한 것들을 택한 것처럼, 나도 내편에서 그들의 유혹을 택하여 줄 것이며, 즉 그들의 멸망의 원인을 택하여 줄 것이다. 그리고 그들의 두려움(즉 그들이 두려워했던 것들)을 그들에게 줄 것이다(즉 그들에게 보응 하겠다)." 최고의 주권자 되시는 하나님께서 그 나라를 유혹하는 것들을 택하여 주어서 그로 인하여 멸망을 당하도록 하겠다는 것이다. 백성들이 두려워했던 대상이 실체가 될 것이며, 그 모든 공포 가운데 들어 있는 두려움이 현실이 될 것이다.

그러나 하나님의 행위는 변덕스럽지 않다. 백성들처럼 그분 역시 불평을 가지고 있다. 그들은 하나님께서 듣지 않으신다고 말했었다. 그러나 이제는 주께서 자기가 부를 때 아무도 대답하는 자가 없고, 그가 말할 때 그들이 듣지 않았다고 불평하신다. 더 나아가서 그들은 듣지 않았으니, 이는 그들이 악한 행실에 종사하기로 택하였기 때문이었다. 그가 기뻐하지 않은 것을 그들은 택하였다. 그들의 징벌과 버림은 당연한 것이었다. 변덕이 그들의 행위들의 특성을 나타낼 수 있으나, 전적으로 하나님이 행하시는 일에는 변덕이 결핍되어 있다.

5절, 여호와의 말씀을 인하여 떠는 자들아 그 말씀을 들을지어다 이르시되 너희 형제가 너희를 미워하며 내 이름을 인하여 너희를 쫓아내며 이르기를 여호와께서는 영광을 나타내사 너희 기쁨을 우리에게 보이시기를 원하노라 하였으나 그들은 수치를 당하리라 하셨느니라
6절, 훤화하는 소리가 성읍에서부터 오며 목소리가 성전에서부터 들리니 이는 여호와께서 그 대적에게 보응하시는 목소리로다
7절, 시온은 구로하기 전에 생산하며 고통을 당하기 전에 남자를 낳았으니
8절, 이러한 일을 들은 자가 누구이며 이러한 일을 본 자가 누구이뇨 나라가 어찌 하루에 생기겠으며 민족이 어찌 순식간에 나겠느냐 그러나 시온은 구로하는 즉시에 그 자민을 순산하였도다
9절, 여호와께서 가라사대 내가 임산케 하였은즉 해산케 아니하겠느냐 네 하나님이 가라사대 나는 해산케 하는 자인즉 어찌 태를 닫겠느냐 하시니라

66:5 이제부터 여호와께서는 자기의 택하신 자들을 위로하기 위하여 그들에게로 돌아서신다. 만일 배교자들을 언급한다면 그것은 지나가면서 살짝 언급한 것뿐이고 3인칭으로 언급한다. 영원히 존속될 진정한 남은 자가 들어 있는 그 택한 자들에게 하나님께서는 위로의 보증을 주시는데, 비록 그들의 형제들, 불신앙적 국가가 그들을 미워하여 그들을 추방하면서, 여호와의 영광을 위하여 이 일을 행한다고 선언할지라도, 그들을 미워한 자가 승리하지 못하고 수치를 당할 것이다.

그의 초기 예언에서처럼(1:2), 이사야는 또다시 청중에게 '여호와의 말씀을 들으라'고 명령한다. 이 명령은 보증과 확증을 가져다 주며, 이는 이어지는 약속은 하나님이 주신 것이다. 하나님의 말씀을 인하여 떠는 자들은 그들 자신의 길로 돌이킨 자들과 같지 않고 경외심과 두려운 기대감을 가지고 하나님이 참되게 말씀하신 그 말씀으로

돌아선 자들이다. 이것은 이사야 당시의 사람들을 가리키는 것이 아니라, 패역한 나라가 거절당하였을 때 살아남을 미래에 있을 경건한 남은 자들을 가리킨다.

경건한 자를 미워하는 자들은 "너희 형제"라고 정체가 밝혀져 있으니, 바울은 이 칭호를 사도행전 22:1에서 사용하였으며, 그들이 여호와 안에서 형제들이 아니라 단순히 육체를 따라 난 형제들, 같은 나라의 구성원으로 밝혀져 있다. "이들이 너희와 너희처럼 하나님의 말씀으로 인하여 떠는 모든 자를 미워할 것이다"(참고. 마 10:22; 요 15:18; 17:14; 살전 2:14). 경건한 자의 원수들은 또한 "너희를 쫓아내는" 자로 묘사되어 있다. 여기서 그 뜻은, 비록 이 단어가 곧 파문에 대한 관용어가 되었지만, 단순히 쫓아내고 추방한다는 뜻이다(참고. 마 18:17; 요 16:2 그리고 탈무드의 용어들). 배교자들은 의인을 용인할 수 없고, 자신과 관계하는 것을 원하지 않는다. 오늘날 조직화된 교회 안에서 철저하게 성경을 믿는 기독교인들이 비웃음과 비난의 대상이지 않는가? 그러한 일은 언제나 있을 것이다. 이것은 "내 이름을 인하여", 즉 "너희가 내 이름에 충실한 때문"이다(참고. 마 24:10). 한(Hahn)은 이 문구를 뒤의 문구와 함께 해석하지만, 그러나 보다 나은 의미는 앞의 내용과 함께 해석할 때 얻어진다.

경건한 자를 내쫓으면서 배교자들은 "여호와께서는 영광을 나타내사 너희 기쁨을 우리에게 보이시기를 원하노라"고 말한다. 이 두 문장은 앞의 '너희 형제가 말할 것이다'와 연결된다. 그러한 말을 반어적이고 조롱하는 말로 이해해야 하는데, 마치 "우리가 너희를 쫓아내고 있다. 그러나 너희는 야웨를 예배한다. 그러므로 그분으로 하여금 영광 받으시게 하여 너희가 주님으로 인하여 기뻐하는 것을 보게 하라"고 말하는 것과 같다. 의인의 고통에 대한 그러한 조롱은 매우 심각한 악이다. 마지막 문장에서 "그들" 앞에 있는 접속사는 이접사이며, '그러나'로 번역할 수도 있다. "그들"을 강조하고 있다. 그렇게 반어적으로 말하는 그들은 경건한 자의 기뻐하는 것을 보기보다는, 사건들의 결과가 무엇인지 깨달을 때 수치를 당하거나 혹은 당황할 것이다. 여기에 참 신자들에 대한 위로가 있다. 신앙을 포기하였던 교회의 박해가 최후 승리를 얻을 수 없고 혼란으로 인도할 뿐이다. 하나님의 말씀으로 인하여 떠는 자들은 진실로 기쁨을 소유할 것이니, 이는 그들이 주님의 호의를 받을 것이기 때문이다.

66:6 일반적인 용어로 하나님의 원수들이 수치를 당할 것이라고 말하고 나서 선

지자는 이제, 보다 세밀하게 그 심판을 묘사하는 데로 나아간다. 대적들은 방금 언급된 자들이니, 곧 참된 씨를 쫓아내는 불순종한 나라이다. 3중적 콜(קוֹל, 음성)을 40:3에서처럼 감탄사로 사용한다. 들린 내용은 샤온(שָׁאוֹן, 소동)인데, 이 단어는 전쟁의 소동, 싸움의 소리를 시사하는 단어다. 하나님의 진노의 심판이 주의 대적들에게 돌발하려 하고 있다는 것을 암시하기에 가장 적절하다. 이 소동의 소리는 예루살렘 성읍 자체로부터 나오며 특별히 참되신 하나님의 거처인 성전 자체로부터 나온다. 일찍이 말했던 것처럼, 이사야는 또다시 성전을 헤칼(הֵיכָל, 참고. 6:2)이라고 지칭한다. 주의 대적들의 보수를 완료하시려는 하나님의 보응의 약속한 날이다. 주께서 자기의 커다란 구속의 행위를 시행하실 성읍으로부터 당신의 대적들을 멸하시기 위하여 심판의 호령을 발하신다.

66:7 본 절에 나타나 있지 않은 주어는 시온 자체로 해야 하고, 그 목적은 하나님의 교회에 큰 번성이 있을 것임을 보여 주려는 것이다. 이 번성은 갑작스럽고도 예상 밖에 될 것이다. 이 사실은 여인이 사내아이를 낳는다는 묘사를 통하여 나타나 있다. 어투가 간결하다. 그녀는 '구로하기 전에' [7] 생산하였다. 사실상 그녀에게 고통이 이르기 전에 그녀는 한 사내아이를 낳게 되었다(직역하면 도피하다, 나오다). [8] 그러므로 옛 질서는 지나가고 옛 국가는 멸망하고 구약시대의 시온은 사라진다. 그러나 그 옛 시온으로부터 갑자기 한 씨, 믿음의 권속에 들어갈 이방인들이 나올 것이다(참고. 눅 24:47; 행 3:26; 13:46; 18:6; 롬 1:16; 2:10. 그리고 특별히 행 15:11 이하를 유의하라). 물론 이상적 시온은 멸망하지 않을 것이다. 그러나 육체를 따라난 이스라엘의 배교가 이스라엘의 멸망을 가져온 것으로 보이지만, 이방인들의 유입으로 이스라엘은 생생하게 살아나는 것으로 보인다.

66:8 선지자는 하나의 질문을 통하여 방금 묘사된 사건의 독특성을 보여 준다. 질문들은 부정적 대답을 암시하는데, 말하자면 "아무도 이와 같은 일을 들어보지 못했고 아무도 이와 같은 일을 본 자가 없으니, 이는 이 일들이 정상적인 자연적 과정과 같지 않기 때문이다." 시온에서 일어나는 일은 하나님의 초자연적 사역으로 인한

---

7) תָּחִיל (탁힐) – 조건절에 있는 미완료형, 동시적 완료형을 담고 있는 귀결절은 조건절의 행동을 동반하는 결과의 급작스러운 확실성을 표현한다. 참고. *TT*, p. 176.

8) טֶרֶם (테렘) 다음에 나오는 귀결절 안에서 와우연속법을 가진 완료형(히필).

것이다. 저주의 시대 이후로(창 3:16) 모친은 아이를 낳는 고통을 당하였다. 그러나 이번의 출산은 예외이니, 이는 그것이 자연적 출산이 아니고 이전에는 결코 알려지지 않았던 것이기 때문이다. '한 땅'(개역은 "나라") 즉 그 땅에 거주하는 사람들이 하루에 생길 것이다. 한 나라가 한번에 태어날 것이다. '시온은 구로하였고 순산하였다.' 앞 절이 말했던 내용과 모순이 없다. 그 이유를 그 목적이 단지 시온이 이미 구로하고 아이를 순산한 한 여인으로 묘사하고 있음을 보여 주고자 한 것이기 때문이다. 이것은 출산에 필요한 시기가 짧음을 가리킨다.

66:9 묘사된 사건의 확실성은 질문을 통하여 한층 더 개진된다. 곧 일을 시작하신 하나님께서 그것이 완성된 것을 보실 것을 시사하고 있다. "내가 해산케 할까"라고 주님은 물으신다. 직역하면, '내가 터지게 만들까? 이며, 그리고 해산케 하지 아니하고 그 과정을 중단시키겠느냐? 그러한 행위는 모친의 죽음을 야기시키지만 그러나 여기서 주된 사상이 아니다. 그보다 선하신 역사를 시작하신 하나님께서 그것을 성취하실 것임을, 주께서 그것의 조성자요 마치는 자이시기 때문이다. 이 진리는 "여호와께서 가라사대"란 문구에 의하여 보증된다.

또 하나의 질문을 통하여 같은 사상을 다시 표현하고 있다. 하나님께서는 출산이 더는 없게 하려고 낳게 만드는 것을 하지 않고 태의 문을 닫고 나가지 못하도록 억제하시는 것을 하지 않으시겠다고 선언한다.[9] 또다시 이 진리가 "하나님이 가라사대"란 진술에 의하여 보증된다. 소유를 나타내는 "네"는 시온 자신의 하나님이 말씀하신다는 부드러운 암시를 담고 있다. 참된 시온은 지속될 것이다. 배교의 나라는 사라질 것이다. 그러나 시온으로부터 신약 교회가 확실하게 나타날 것임은, 이 일을 시작하신 하나님께서 당신의 목적들을 중단하거나 변경하시지 않으실 것이기 때문이다.

10절, 예루살렘을 사랑하는 자여 다 그와 함께 기뻐하라 다 그와 함께 즐거워하라 그를 위하여 슬퍼하는 자여 다 그의 기쁨을 인하여 그와 함께 기뻐하라

11절, 너희가 젖을 빠는 것같이 그 위로하는 품에서 만족하겠고 젖을 넉넉히 빤 것같이 그 영광의 풍성함을 인하여 즐거워하리라

---

9) 와우연속법을 가진 완료형(히팔형)은 여기서 질문을 이룬다. **티프하**가 그 단어에 약간의 휴지 강세를 더해 준다.

12절, 여호와께서 이같이 말씀하시되 보라 내가 그에게 평강을 강같이, 그에게 열방의
영광을 넘치는 시내같이 주리니 너희가 그 젖을 빨 것이며 너희가 옆에 안기며
그 무릎에서 놀 것이라
13절, 어미가 자식을 위로함같이 내가 너희를 위로할 것인즉 너희가 예루살렘에서 위
로를 받으리니
14절, 너희가 이를 보고 마음이 기뻐서 너희 뼈가 연한 풀의 무성함 같으리라 여호와의
손은 그 종들에게 나타나겠고 그의 진노는 그 원수에게 더하리라

66:10 예루살렘을 사랑하고 그녀를 위하여 슬퍼하는 남은 자에게 발해진 명령을 통해, 이사야는 다가올 영광스러운 축복을 예언하고 있다. 심후(שִׂמְחָה)와 길루(גִּילוּ)란 두 단어들은 실질적으로 동의어이며, 각기 '기뻐하다' 혹은 '즐거워하다'를 의미한다. "그와 함께"는 아마도 '그에 관해서는' 혹은 '그로 인하여'의 의미로 취급되어야 할 것이다. 그렇다면 예루살렘은 기쁨의 대상이 된다. 그 단어들을 즐거움이 그 성읍 안에서 일어날 것이라는 사실을 의미하는 논리적 이해도 가능하다. 예루살렘을 기뻐하는 것으로 묘사하고 있으며, 그를 사랑하는 자들은 그와 함께 즐거워해야 한다. 예루살렘을 진정으로 사랑하는 자들은 여호와를 사랑하며, 자기의 죄를 회개하고, 매일 하나님의 은혜로우신 명령에 순종하려고 힘쓴다. 이 말은 유대 국가 전체를 가리켜 말하는 것이 아니고 은혜를 따라 택하신 남은 자만을 가리킨다.

하반절은 같은 어원의 대격이 강렬하다. '기뻐함에 관하여는 그녀와 함께 기뻐하라, 등.' 여기서는 그녀(시온)로 인하여 슬퍼하는 자들을 향하여 하는 말이다. 시온을 사랑하는 자들은 그가 당해야 했던 황폐함과 파괴된 자취를 바라볼 때 그를 위하여 슬퍼한다. 이 문구는 하나님의 이스라엘이 나타날 진정한 남은 자들에게 직접적으로 하는 말이며, 불신앙적인 유대 국가를 향하여 한 말이 아니다. 여기에 구체화된 원리는 모든 시대에 유효하다. 어느 시대이든 교회 안에는, 불신앙과 무관심 그리고 부도덕이 그녀(시온) 안에 형성되어 침식해 들어가는 것을 볼 때 시온을 사랑하고 슬퍼하는 자들이 있을 것이다. 그들은 '언제까지니이까?'라고 부르짖는다. 하나님께서는 그들의 슬픔을 아시고 언제나 그들을 '예루살렘과 함께 즐거워하라'는 명령으로 위로하신다. 이것은 어떤 한가한 명령이 아니다. 이는 교회의 미래가 인간에게 달려 있다면 슬퍼할 일이며 아무도 즐거워할 자가 없을 것이기 때문이다. 그러나 교회의 미래가 언약의 하나님에게 달려 있으므로, 슬퍼하는 자들은, 진리의 기둥과 터인 살아 있는

하나님의 교회 안에서 참으로 기뻐할 수 있으니, 이는 하나님 자신이 그 안에 계시기 때문이다.

66:11 예루살렘을 위하여 슬퍼하는 자들은 시온이 제공하는 풍성한 기쁨에 참여자가 될 수 있음을 기뻐해야 한다. 자기의 사랑하는 아이를 만족하도록 젖먹이는 어미의 표상을 계속 사용한다. 사실상, 동사들의 두 쌍은 이사일의로 해석될 수도 있는데, 곧 '젖이 물릴 만큼 빨아라, 그리고 마음껏 기뻐하라.' 그러므로 선지자는, 어린아이가 어미의 젖으로부터 만족할 만큼 빨아 큰 만족을 얻는 것처럼, 슬퍼하는 자들에 대해 아름다운 그림을 그리고 있다. '그녀의 위로하는 가슴'은 단순히 그녀가 그녀의 슬퍼하는 아이를 위로하는 가슴(breast)을 의미한다.

하반절에 하나의 평행 목적절이 있는데, 이것은 같은 진리를 약간 다른 방식으로 표현하고 있다. 여기서 이 목적절은 그녀의 영광의 풍성함으로부터[10] 마음껏 누리고 기뻐하는 것, 즉 다른 곳에서는 발견할 수 없는 그녀의 모든 풍성하고도 놀라운 위로와 만족에 대하여 말하고 있다. 그러한 위로와 위안의 풍성함이 발견될 수 있는 곳은 예수 그리스도의 교회 안에서 뿐일 것이다. 이것은 교회 그 자체 안에 그러한 축복을 줄 수 있는 능력을 가졌기 때문이 아니라 주께서 당신의 교회와 함께 하시기 때문이다. 그리고 바로 그분으로부터 이러한 축복이 자기 백성에게 온다. "볼지어다, 내가 세상 끝날까지 너희와 항상 함께 있으리라"(마 28:20).

66:12 선지자는 '이는'이란 단어로 자기가 방금 진술한 내용의 이유를 도입하고 있다. 하나님께서는 예루살렘에 평강을 강같이 주려 하신다. 이 표상은 물의 공급이 결코 감소하지 않고, 끊임없이 흐르고 넓게 퍼져나가는 넘쳐나는(onrushing) 물의 모습이다. 하나님께서는 그렇게 평강을, 즉 풍성한 번성과 번영을 시온에 주실 것이다. 다시 말해서 예루살렘은 평강에[11] 푹 잠길 것이다. 더 나아가서, '열방의 영광'은 (즉 그들이 자랑할 수 있었던 모든 것) 넘치는 시내같이 시온에 주어질 것이다. 이 표상은 아마도 물로 가득 차서 힘찬 급류가 되어 그 경로에 있는 모든 것을 쓸어

---

10) 지즈(זיז) – '풍성', '충만함.' 참고. 아랍어 ziza, 젖통. 어근은 '풍부하게 되다'를 의미할 것이다. 참고. 아카드어 zizu, 젖통, 우가릿어 zd, 젖가슴.

11) 문장의 끝에 있는 샬롬의 강조적 위치를 주시하라.

가는 와디의 모습일 것이다. 그러므로 시온에 임할 넘치는 축복이 주님의 백성에게 올 것이다. 이 표상은 또한 하나님께서 이방인을 넘치는 시내같이 그에게 나아오게 하시는 바 시온의 열방에 대한 영적 정복을 가리키기도 한다(참고. 9:7; 48:18; 52:7; 54:13; 57:19; 60:17). 이사야는 "보라!"는 말로 이 독특한 예언을 도입함으로써 그 독특성에 주의를 집중시키고 있다. 그는 간략한 방식으로 하나님의 행위의 결과를 진술한다: '그가 젖을 빨 것이다.' 즉 그들이 하나님께서 가져다 주실 열방들의 평강과 영광을 충만하게 누릴 것이다.

본 절의 하반절을 구성하고 있는 두 개의 마지막 문장들은 '너희가 젖을 빨 것이라'는 간단한 진술의 확대이다. 그 모습은 그녀의 아기를 옆에 안아 데려가고(참고. 60:4) 무릎에 놓고 아기를 어루만지는[12] 어머니의 모습이다. 가장 큰 사랑이 남은 자에게 보일 것이다. 이유는 한 어미가 자기의 사랑을 아기에게 모두 쏟는 것처럼 주께서도 자기의 구속받은 자녀들을 사랑하실 것이기 때문이다.

66:13 이사야는 표상을 변형시킨다. 아기가 어미의 젖을 빠는 것처럼 하나님께서 자기 백성을 위로하실 뿐만 아니라 한 어미가 그녀의 성숙한 자녀를 위로하는 것처럼 주께서도 그러하실 것이다. 비록 비한정적이기는 하지만, 사람이란 단어를 강조하고 있다. 카아쎄르(כַּאֲשֶׁר, 그처럼)는 '처럼'(כְּ)과 '것'(אֲשֶׁר, which)으로 나뉜다.[13] 이쉬(אִישׁ)의 충만한 의미에서 무엇을 뺄 필요가 없는 것은 충분히 성장한 남자도 모친의 위로를 자주 필요로 하기 때문이다. 파이퍼는 성인의 마음의 고통은 지상에서 가장 깊고도 가장 격렬하다고 주장한다. 이삭은 자기 신부 리브가를 자기 모친 사라에게로 데려갔고(창 24:67), 미가는 자기 어머니로부터 축복을 받았으며(삿 17:2), 밧세바는 솔로몬에게 충고를 해 주었다(왕상 2:19, 20). 알렉산더는 일리아드에서 테티스(Thetis)와 아킬레스(Achilles) 사이의 애정에 주의를 집중하도록 하고 있다. 자기 자녀를 향한 어머니의 사랑은 전 생애를 통하여 강하게 유지되며 그래서 그것이 자연적으로 하나님의 위로와 비교가 된다(참고. 40:1). 마지막 문장에서 사건을 다소 제한하고 있다. "너희가 예루살렘에서 위로를 받으리니." 그 성읍의

---

12) 테솨오샤우(תְּשָׁעֳשָׁעוּ) – 폴팔(Polpal), '너희가 위로를 받을 것이다.' 1Q는 תשע חסה.
13) 특별한 강조가 비한정적인 단어 이쉬(אִישׁ)에 놓여 있으므로 אֲשֶׁר가 덧붙여 있다. 일반적으로 부정명사 다음에 관계사가 아랍어에서처럼 빠져 있다.

물리적 지경 안이 아니고, 하나님의 예루살렘, 주의 교회에서 하나님의 백성이 위로를 받을 것이다.

66:14 본 절은 말씀을 듣는 자 스스로가 새예루살렘의 축복을 경험할 것이라는 확신을 주고 있다. 그렇다면 그것은 이사야 당시의 사람들을 가리키지 않고 바벨론 포로로부터 귀환한 사람들을 가리키지도 않으며, 지나가 버린 옛 이스라엘로부터 나온 하나님의 참 이스라엘 사람들을 가리킨다. 만일 우리가 그들의 정체를 보다 충분히 알려고 한다면, 그들은 그리스도 당시에 살았던 열방의 바라는 것을 보기를 바랬던 자들이었다. 이들은 보고 (경험의 의미에서) 기뻐할 것이다. 그것은 그들이 보았을 때, 그들의 마음이 기쁨으로 뛸 것이라는 말이다(이것이 본래의 의미인 것으로 보인다). 감정의 자리로 "마음"을 간주하며, 그 뜻은 그들이 예언의 성취를 바라보았을 때 너무나 감동이 되어 그들 스스로 기뻐 뛸 것이라는 것이다. 그러한 광경은 뼈들에게 새로운 활력을 가져다 주는데, 이것을 풀과 같이 돋아나는 것으로 묘사하고 있다(참고. 27:6; 58:11). 그리고 나서 '여호와의 손이 나타날 것이다'. 이러한 일이 일어나는 원인을 하나님의 능력으로 인한 것임을 실제로 인정받을 것이다. 그러나 자기의 원수들에 대해서는 하나님께서 진노하실 것이다. 구약성경의 일관성있는 진술과 일치하여 선지자는 심판과 구원을 동시에 선포하고 있다.

15절, 보라 여호와께서 불에 옹위되어 강림하시리니 그 수레들은 회리바람 같으리로다 그가 혁혁한 위세로 노를 베푸시며 맹렬한 화염으로 견책하실 것이라
16절, 여호와께서 불과 칼로 모든 혈육에게 심판을 베푸신즉 여호와께 살륙당할 자가 많으리니
17절, 스스로 거룩히 구별하며 스스로 정결케 하고 동산에 들어가서 그 가운데 있는 자를 따라 돼지고기와 가증한 물건과 쥐를 먹는 자가 다 함께 망하리라 여호와의 말씀이니라
18절, 내가 그들의 소위와 사상을 아노라 때가 이르면 열방과 열족을 모으리니 그들이 와서 나의 영광을 볼 것이며
19절, 내가 그들 중에 징조를 세워서 그들 중 도피한 자를 열방 곧 다시스와 뿔과 활을 당기는 룻과 및 두발과 야완과 또 나의 명성을 듣지도 못하고 나의 영광을 보지도 못한 먼 섬들로 보내리니 그들이 나의 영광을 열방에 선파하리라

20절, 나 여호와가 말하노라 이스라엘 자손이 예물을 깨끗한 그릇에 담아 여호와의 집
에 드림같이 그들이 너희 모든 형제를 열방에서 나의 성산 예루살렘으로 말과 수
레와 교자와 노새와 약대에 태워다가 여호와께 예물로 드릴 것이요
21절, 나는 그 중에서 택하여 제사장과 레위인을 삼으리라 여호와의 말이니라
22절, 나 여호와가 말하노라 나의 지을 새 하늘과 새 땅이 내 앞에 항상 있을 것같이 너
희 자손과 너희 이름이 항상 있으리라
23절, 여호와가 말하노라 매월삭과 매안식일에 모든 혈육이 이르러 내 앞에 경배하리라
24절, 그들이 나가서 내게 패역한 자들의 시체들을 볼 것이라 그 벌레가 죽지 아니하며
그 불이 꺼지지 아니하여 모든 혈육에게 가증함이 되리라

66:15 이사야는 방금 전에 심판에 관해서 말한 진술을 확장하는 데로 나아간다. 사실상 그는 하나의 예언에 자신의 설교 중에서 두 가지 커다란 사상, 즉 배교자에게는 심판을, 그리고 신실한 남은 자에게는 최후의 영광과 구원이란 주제를 모아 놓고 있다. 그러나 이 마지막 예언에서 특별히 주시해야 할 내용은 이방인에게 복음을 보낸다는 사실을 강조하고 있다는 것이다. 첫 단어 키(כִּי, 이는)와 함께 앞의 주장의 이유를 진술하고, "보라!"는 그 엄청난 중대성에 주의를 집중케 한다. 실제로, "여호와"는 하나의 지연완성구조(casus pendens: 미완성 독립격이라고도 한다-편집주)를 이루고 있으며, 그분에 관한 진술은 그분이 불 가운데서(즉 그것으로 둘러싸여, 참고 29:6; 30:27, 30) 강림하실 것이라는 것이다. 이 강림은 징벌심판을 위한 것이다. "그 수레들"(이는 그분께서는, 말하자면, 여기저기서 주의 목적들을 이루기 위해서 나타나신다)은 "회리바람 같을" 것이다. 예레미야는 같은 표상을 갈데아인들에게 적용시킨다(4:13). 회리바람이 광활한 광야를 가로질러 활기차게 휩쓰는 것처럼, 주의 수레들(chariots)은 여기저기서 주의 목적들을 이룰 것이다.

하반절에 여호와의 강림의 목적을 진술하고 있다. 곧 '타는 분노를 가지고 그의 진노를 되돌려 주도록 하실 것이다.' 즉 진노를 통하여 주의 분노를 '갚아 주실 것이다' 혹은 '노를 가라앉힐 것이다.' 하나님의 분노는 열방의 죄로 인하여 타올라 왔다. 이 분노는 갚아져야 하며, 이것이 이루어지는 방식은 죄인에게 하나님의 진노를 퍼부으시는 것이다. 성경에서 하나님의 견책을 자주 그분의 진노와 연결하여 언급한다(참고. 17:13; 51:20; 54:9). 우리는 이 견책을 그 진노의 현시로 간주할 수도 있으며, 그 진노는 심판의 불로 나타날 것이다. 불의 사용은 모두 태우는 능력과

하나님의 원수들의 완전한 멸망을 암시한다.

66:16 머리말 키(כי, 이는)는 심판을 시행하는 방법, 즉 불과 칼을 통한 심판을 설명한다. 아마도 자연세계에서 하나님은 불을 통하여 심판하시고 역사 가운데서는 칼을 통하여 하신다고 말하는 것이 정당하지만 그러나 너무나 날카로운 구별을 해서는 안 될 것이다. 간과하지 않아야 할 것은 니팔형 동사의 재귀적 의미인, '그가 자신을 위하여 논쟁을 베푸실 것이다' 혹은 '자신을 위하여 싸우실 것이다' 이다. 불은 모두 태우는 심판을 상징하며, 칼은 하나님의 보응의 상징이다. 여호와께서 싸우시는 것은 불을 통해서이며, 그의 칼로 모든 혈육과 싸우실 것이며, 그 결과로 그가 죽이는 자들이 많을 것이다. '모든 혈육'은 여기서, 예를 들면, 스마트(Smart)가 하는 바와 같이, 일반적 의미로 취급해서는 안 되고 다음 절에 의하여 규정된다. 그것은 우상을 섬기기 위하여 여호와를 버린 유대 국가의 사람들, 즉 대다수를 나타낸다. 본 절은 주후 70년 성전의 파괴 때까지 유대인에게 닥쳤던 고난인 심판의 모든 비극적 실제 결과와 함께 그리스도 당시에 유대 국가에 떨어질 심판을 묘사하고 있다. 우리 주님께서 마태복음 24:22에서 말씀신 것이 이것이다(주님의 πᾶσα σάρξ, '모든 육체'란 문구의 사용을 주시하라).

66:17 본 절은 방금 묘사한 자들을 야웨께서 살육한 자라고 밝히고 있다. 단어들의 순서가 65:3 이하를 반영한다. 그리고 여기서 묘사한 자들은 이어지는 구절, 즉 동산들과 돼지고기를 언급하고 있는 구절에 있는 우상숭배자들과 같은 계층과 동일시해야 한다. 본 절을 시작하고 있는 두 개의 분사들은 실제로 모세의 의식법에 쓰인 전문 용어지만, 그러나 여기서는 이방 의식의 예배에 적용된다(참고, 창 35:2; 출 19:22; 민 8:7; 11:18). 스스로 정결케 함으로 백성들은 거룩하게 되었다. 오직 유일하고 참 되신 하나님 앞에서 거룩으로 인도할 그 행위가 악마를 섬기기 위한 준비로 변질된다. 그것은 우상숭배 의식이 거행될 동산으로 들어가는 준비이다(참고, 57:5).

우리는, 본 절의 주 난점을 구성하는, 뒤따라오는 문구를 '가운데 있는 자를[14] 따라'로 번역할 수도 있다. 정확한 의미가 무엇이냐 하는 것은 말하기 어렵다. 케레와 제1 쿰란 사본은 모두 '자'(者)란 단어를 여성형으로 취급한다. 그렇다면 그것은 참

---

14) 어떤 사람은 이를 하닷(Hadad) 신을 가리킨다고 생각한다.

가하는 자들 가운데서 거행되는 특별한 의식을 가리키는가? 어쨌든 의식을 동반하는 가증한 행실을 명백하게 진술하고 있다. 돼지고기(65:4에 대한 주석을 참고하라), 가증한 것(아마도 부정한 짐승들을 가리키는 일반적인 용어일 것임), 그리고 쥐(참고, 레 11:29 이하)를 먹는 자들의 의식은 위에서 자신을 다스리시는 하나님을 향하기보다는 그들의 부정한 의식 그 자체에 의미가 있다.

간략한 결론 문장인 '그들이 다 함께 망하리라'로 결론 짓는다. 그리고 이것은 '여호와의 말씀이니라'는 구절에 의하여 강화된다. 이 영광스러운 단어로 본 절은 마친다. 우리는 가증하고 혐오스러운 것들 한 가운데에서 '여호와'의 깨끗한 정결로 올리었다.

66:18 이 문장은 접속사를 통하여 앞 절과 연결되어 있다. 대명사 "나"를 강조하고 있고 우상숭배를 위하여 스스로 성별케 하고 정결케 하는 자들과 구별하여 하나님께 주의를 집중시키는 이접사이다. 동시에 그것을 지연완성구조(casus pendens)로 이해하여, 다음과 같이 번역하는 것이 가장 좋을 것이다. '그리고 내가-그들의 사상과(소위)과 생각들(사상)을-그것이 이르렀다…' 소위와 사상(즉 배교자들의 악한 계획과 고안들)은 그들의 인격 전체를 나타낸다. 그 뜻은 '내가 그들의 사상과 행위를 알고 있으므로, 내가 모을 때가 오고 있다'는 것이다. '방언들' (개역은 "열방")은 그들이 말하는 언어가 서로 다르다는 면에서 열방들에 대한 호칭이다(창 10:5, 20, 31).

이사야는 2:2-4을 생각나게 하는 사상으로 '그들이 (즉 열방들과 방언들) 여호와의 영광을 와서 보리라'는 사실을 선언한다. 그는 소명 환상에서 친히 여호와의 영광을 보았었고, 지금은 의기 양양하게 모든 열방이 역시 그것을 볼 것이라고 선언한다. 아마도 마태복음 24:31은 이 구절을 반영하고 있는 것 같다($\epsilon\pi\iota\sigma\upsilon\nu\acute{\alpha}\xi\text{ou}\sigma\iota\nu$, '그들이 모을 것이다'의 사용을 주시하라). 주의 영광은 특별히 불순종하는 나라의 심판을 통하여 나타나왔다. 그들 자리에 여호와께로 돌아온 이방인들을 포함하는 참 이스라엘이 있을 것이다.

66:19 본 절의 근본적인 해석상의 문제는 바헴(בָּהֶם, 그들 중에)의 접미사이다. 스마트와 다른 사람들은 그것이 열방을 가리킨다고 말하고, 이 구절은 매우 절망적으로 이해하기 어렵다고 생각한다. 왜냐하면 모인 열방으로 부터 살아남은 자는 아

직 하나님의 영광을 보지 못한 나라를 위해 사자로 보냄을 받기 때문이다. 그러나 그렇게 접미사를 이해하는 것은 불필요하다. 사실, 문맥은 17절에서 묘사한 유대인을 가리키도록 요구하고 있으며, 또 그들의 소위와 사상은 18절에 언급을 하고 있다. 이사야가 하나님께서 모든 열방을 모을 것이고 그 후에 그들로부터 피한 자들이 모든 열방에 보냄을 받게 될 것이라고 주장하려고 했다고 생각하기는 어렵다.

성경의 사상 가운데서 "징조"는 반드시 기적이나 혹은 기사가 될 필요는 없다. 그러나 여기서 사용한 그 정확한 언어가 출애굽기 10:2과 시편 78:43에서 기적에 대해서 사용되었다. 그러므로 비록 그것이 하나의 개별적 기적 행사보다 훨씬 그 이상일지라도, 이 특별한 징조를 기적적인 자연의 동참으로 이해하는 것이 옳은 것 같다. 문맥에 비추어 우리는 이것을 고대 유대 국가가 버림을 당하고 예수 그리스도의 교회가 설립될 때 일어났던 모든 기적적인 일련의 사건으로 해석해야 한다. 다음과 같이 고쳐 쓸 수 있다. "나는 유대 국가의 본성을 잘 안다. 그들의 소위와 그들의 계획들은 내가 알지 못하는 것이 아니다. 그런 까닭에 내가 그들 대신에 열방을 함께 모을 시기가 이르렀다. 이것을 이루기 위해서 나는 아직 나의 이름을 들어보지도 못하고 나의 영광을 보지도 못한 그 열방 가운데서 나의 위대성과 구원하는 능력을 선포할, 이스라엘의 심판 중에서 살아남은 자들을 보낼 것이다." 그런 까닭에 메헴(מֵהֶם, 그들 중에서)의 접미사는 불순종하는 유대 국가를 가리킨다. 이 나라는 멸망할 것이지만, 그 가운데서 도피한 자들(פְּלֵיטִים, 펠레티임)이 있을 것이다. 그래서 한 사람의 도피자로서 베드로는 청중에게 패역한(σκολιᾶς) 세대에서 도망하라고 호소한다(행 2:40). 이 징조 안에 내포된 것은 상당한 유대인이 하나님에 대한 적대감으로부터 새롭게 나타난 메시아를 영접하는 데로 돌아서는 기적적 사역이었다. 이들 속에는 물론 사도들이 있었다. 그러나 이 징조는 그 이상을 포함한다. 그것은 불순종의 국가를 멸망시키는 것과, 메시야의 지상강림을 포함하는데, 그분의 오심과 사역은 초자연적인 것들에 둘러싸여 있다. (참고, "하나님께서 나사렛 예수로 큰 권능과 기사와 표적을 너희 가운데서 베푸사 너희 앞에서 그를 증거하셨느니라"〈행 2:22〉). 알렉산더는 자기의 주석을 특징짓는 훌륭한 진술 중 하나에서 논평하기를, "장차 이 약속의 계속적인 시행에서 하나님의 능력의 유사한 현시가 있지 않을 것이라는 사실은 증명될 수 없고 확인될 필요도 없다. 그렇지만 만일 결코 있지 않을 것이라면, 그것은 유대 백성의 가나안 땅으로의 회복이 잠시뿐인 것과 비교되는 일련의 사건 속에서 여전히 영광스러운 성취를 이룰 것이다"고 했다.

선지자는, 하나님의 명성을 듣지도 않고 그분의 영광을 보지도 않은 먼 열방을 본보기로 여러 곳을 언급한다. 다시스에 대해서는 2:15 해석을 보라. 뿔(Pul)은 성경의 어느 곳에도 언급되지 않았다. 만일 우리가 바티칸 사본을 따라 부드(Phoud)를 붓(Put)으로 읽는다면, 우리는 이 땅을 창세기 10:6에 언급하였음을 보게 되며, 앗수르와 애굽의 자료들에도 언급함을 보게 된다.[15] 붓과 룻은 모두 홍해의 아프리카 해안을 따라 있었던 지역들이었다. 히브리어 본문에서 하나의 형용사구, 즉 '활을 당기는'이란 문구가 붓과 룻에게 덧붙여 있어서 그들이 호전적인 성격을 가진 자들임이 강조되어 있다. 두발은 창세기 10:2과 에스겔 27:13에서 야완과 메섹과 함께 나타난다. 두발과 메섹은 에스겔 32:26; 38:2, 3 그리고 39:1에 언급되어 있다. 두발은 아마도 소아시아 북동쪽에 있는 티바레노이(Tibarenoi)를 가리킬 것이고, 야완은 헬라를 가리킬 것이다(참고, 창 10:2; 단 8:21; 슥 9:13). "먼 섬들"은 지중해 섬이다. 언급된 열방의 선이 남방 경계를 따라 서쪽으로부터 동쪽으로 이어지고 북방 경계를 따라 동에서 서쪽으로 이어진다. 그러므로 이 실례들은 이 선포의 범 세계성을 암시하려는 목적으로서 역할을 하고 있다. '나의 명성'은 그분에 관하여 들어온 내용을 가리킨다. 사자들이 보냄을 받은 이 열방이 이교도라는 흑암과 무지 가운데 처해 있었고 오류의 사슬로 묶여 있었으므로, 그들은 주권자 여호와에 대해서 들어볼 수도 없었고 주의 뛰어난 영광을 볼 수도 없었다. 하나님의 명성을 듣고 그분의 영광을 보고서도 우상숭배의 가증스러움들로 돌아섰던 그 나라와 얼마나 다른가!

마감하는 구절은 성경적 그리고 선교적 설교의 성격을 아주 분명하게 진술한다. 그것은 하나님의 영광을 열방에 알리는 것이다. 이것은 복음, 하나님의 전체 계획의 신실한 선포로 말미암아 실현된다. 그러므로 선교와 모든 설교의 일차적 목적은 청중의 개선이 아니고 하나님의 영광이다. 이 목적이 시야로부터 사라질 때, 교회의 사역은 실패한다. 하나님의 영광을 알리게 될 때, 모든 다른 것들이 우리에게 더 한다. 하나님이 영광을 받으실 때, 인간은 가장 고귀한 축복을 얻는다.

66:20 본 절은 앞의 서술을 계속하고 있는 것으로 이해되어야 할 것이다. 그런 까닭에 '그들이 가져올 것이다'란 첫 동사의 주어는 앞 절에 언급된 도피한 자들로

---

15) 아카드어 *Pûṭa*; 애굽어 *Punt*.

이해하는 것이 가장 좋을 것이다. 하나님의 영광을 알리고 제물을 가져오도록 만드는 것이 이 일들의 목적이다. 선지자는 이방인의 회심자들을 "너희 형제"로 말하는 아름다운 표현을 사용하고 있다. 우리는 또한 '모든'의 의미를 간과하지 않아야 할 것이다. 선민 중 아무도, 육체를 따라난 유대인 출신이든 아니면 이방인 출신이든, 뒤에 남겨지지 않을 것이다. 복음 설교를 통하여 하나님께서는 그들 모두를 자신에게로 이끌 것이다. 여기에 하나님께서 진리 선포 가운데 세상에 제공하시는 외적 소명을 통하여 효력 있는 은혜가 작용한다. 모든 참된 신자들, 오직 참된 신자들만이, 유대인이든 이방인이든, 그리스도 안에서 형제들이다. 이 형제들은 예물(민하, מִנְחָה, offering)로 성격을 규정한다. 이 단어는 피없는 제물을 지칭한다. 그것은 모세법 제사에 대한 전문어이며, 아마도 여기서는 피 있는 제사 속에 내포하고 있는 어떤 잔인성의 의미를 피하기 위하여 그리고 17절에 언급한 가증한 제사행위들과 대조하기 위하여 의도적으로 언급한 것 같다. 그렇지만 어떤 의미에서 이방 형제들이 예물로 설명될 수 있겠는가? 아마도 비트링가의 제안이 유익할 것 같은데, 말하자면 초창기 이방 회심 자들은 우리 복음 시대 제1세기에 지중해 세계에 복음의 선포를 통하여 들어온 기적적인 추수의 첫 열매들이라는 것이다.

선지자는 그림 언어로 이 예물을 운반 하는 방법을 묘사하고 있으며, 그것들을 이끌어올 짐승들, 즉 말 수레 교자(덮어씌운 짐수레, 가마), 노새, 약대들을16) 언급하고 있다. 커다란 유입이 하나님의 거룩한 산, 예루살렘으로 들어올 것이다. 이러한 사상은 2:2-4에 있는 것과 같다. 열방이 오는 것은 단순히 예루살렘으로가 아니라, 특별히 거룩한 산으로인데, 이는 영광의 하나님께서 여기에 거하시기 때문이다. 2:2-4에서처럼, 여기서도 그것은 물리적 예루살렘을 가리키지 않고 영적 예루살렘, 영광스러운 하나님의 교회를 가리킨다. 이 진리를 "여호와가 말하노라"는 진술을 통하여 입증한다.

이사야는 하반절에서 도피한 자들이 가져올 (그의 입장에서) 미래의 예물과 지금 성전에서 드리는 순수한 예물을 비교하고 있다. 이사야 당시 이스라엘 족속들이 의식적으로 정결한 그릇들 안에 민하(מִנְחָה)를 담아 성전으로 가져오곤 했던 것처럼, 그래서 합법적이고도 받아들여질 만한 제물이었던 것처럼, 미래에도 도피한 자들이 하나

---

16) כִּרְכָּרוֹת (키르카롯) – '단봉 낙타들', 카라르(כָּרַר, 반복하다, 선회하다)에서 파생한 단어. 분명히 이 이름은 낙타의 혹이 끊임없이 원형을 이루며 움직이는 것을 시사한다.

님의 영광을 알게 함으로써 합법적인 예물, 즉 이방인들을 데려올 것이다.

66:21 이방인이 믿음의 권속으로 들어올 뿐만 아니라, 또 하나님께서는 그들을 당신의 나라 안에서 가장 높은 사역의 직임에 임명하실 것이다. 율법 하에서는 오직 한 지파만을 제사직분을 행사하도록 허락하였고, 이방인은 희생제사를 드릴 수 없을 뿐만 아니라 성전에 가까이 접근하도록 허락하지도 않았었다. 그러나 복음 하에서는 구별이 없이 모두가 시온으로 들어온다. 이사야는 제사장들과 레위인들 앞에 정관사 접두사를 붙이면서 이 단어들을 언급한다. 그러나 외관상으로 제사장과 레위인 사이에 어떤 구별을 하지 않고 있는데, 아마도 이 단어들을 단순히 완전성을 위하여 언급한 것으로 보인다. 여기에 묘사된 아름다운 진리는, 유대국가에 임할 심판에서 피한 자들이 이방인들 가운데서 그들의 형제들을 믿음의 권속으로 들어오게 하는 사도들로 하나님께 사용될 뿐 아니라, 이 이방의 회심자 자신이 제사장과 레위인, 즉 복음을 전파함으로써 주님을 섬기는 사역자로 주님에 의하여 특별히 취급되어 하나님의 선택을 받을 것이라는 것이다. 칼빈은 적절하게 '복음으로 말미암아 하나님에게 영적 희생제사'를 드린 누가와 디모데 그리고 같은 계층의 다른 사람들을 언급한다.

66:22 선지자는 본 절과 함께 앞의 전체 구절의 사상의 기초를 알려주고 있다. 그는 "너희 자손"과 "너희 이름"을 통하여 마음속에 그가 말하여 오고 있는 영적 이스라엘을 염두에 두고 있다. "자손"은 이 말씀의 주어를 이루고 있는 하나님의 백성의 후손을 가리킨다. 그들의 영속성은 확실할 것이다. "이름"은 명성을 가리킨다. 교회는 영원히 하나님께서 택하신 자기 백성으로 인정받을 것이다. 교회의 영속성과 지속적인 인정을 하나님의 백성에게 확신시키기 위하여 하나님께서는 새 하늘과 새 땅과의 비교를 하신다. 하나님께서 본래 천지를 창조하셨던 것처럼, 이제 주께서는 주 앞에 항상 있을(즉 주님의 지속적인 돌보심과 보호아래 있을. 참고. 48:19; 53:2) 새 하늘과 새 땅을 만드시려 하신다(분사는 가까운 미래를 시사한다).

옛 이스라엘은 사라질 것이다. 그러나 그로부터 심판을 피한 남은 자가 있을 것이고, 또 그와 함께 이방인의 큰 유입이 있을 것이며, 이 둘 모두가 새로운 시대에 하나님의 참 이스라엘을 이룰 것이다. 구약 시대에는 이 하나님의 이스라엘(교회)을 실질적으로 물리적 이스라엘 국가와 동일시하여 왔었지만, 그러나 신약 시대에는 이방인들이 "복음으로 말미암아 그리스도 예수 안에서 함께 후사가 되고 함께 지체가 되고 함께 약속에 참예하는 자가 될 것이다…이는 이제 교회로 말미암아 하늘에서 정사와 권세들에게 하나님의 각종 지혜를 알게 하려 하심이니"(엡 3:6, 10). 이 약속은 '여호와의 말이니라'에 의하여 강화된다.

66:23 맨 앞에 나오는 '그리고 그것이 있을 것이다'(개역은 생략됨—역자주)란 문구를 강조하고 있다. 이 문구는 특별히 방금 진술된 내용의 필연적인 결과를 소개하지 않고 부수적인 사실을 나타낸다. 이 문구를 "모든 혈육이 이르러"와 함께 해석해야 하며, 그래서 그 뜻은 "그리고 모든 혈육(육체)이 예배하기 위하여 올 일이 이루어질 것이다…"이다. 선포될 영광스러운 사실은 모든 혈육이 하나님 앞에 예배하러 올 것이라는 사실이다. 본문이 요구하는 바와 같이 "모든 혈육"을 새 나라에 속하는 모든 백성, 즉 새 하늘과 새 땅의 거민들의 의미로 이해해야 할 것이다. 그것은 어느 정도 요한복음 3:16에서 "세상"의 의미로 사용한, 구속받은 자에 대한 또 다른 호칭이다. "내 앞에"는 제1계명에 있는 동일한 표현을 상기시켜 준다. 구속받은 세상에서의 예배는 오직 하나님에게로만 향해질 것이며 주의 임재 가운데서 시행될 것이다.

이사야는 구약시대의 선지자로 말했으며, 구약 시대에 속한 언어를 사용하면서 새 시대의 영적 진리를 예시하였다. 그런 까닭에 참된 예배의 본보기로 선택된 "월삭"과 "안식일"이란 단어는 그 예배를 하나님의 명령들에 완벽하게 일치할 것이라는 가르침으로 이해해야 할 것이다(참고. 56:6). 문자적 번역은 이렇다. '그 월삭에는 월삭의 풍부함으로부터, 그리고 그 안식일에는 안식일의 풍부함으로부터', 즉 "월삭이 오는 그 월삭 때마다 (그 적기에) 안식일이 오는 안식일 때마다 (그 적기에)." 월삭이 나타나고 안식이 나타날 때마다 백성들은 여호와 앞에 엎드려 경배할 것이다. 다시 말해서 그 예배는 구약시대의 규정된 시기에 따라 또 그에 준수하여 있을 것이다. 선지자는 이 표상들을 사용하면서 새 하늘과 새 땅이 존재할 새 시대에 모든 육체 편에서 하나님에 대한 신실하고, 정규적인, 그리고 합법적인 예배가 있을 것임을 가르치고 있다.

66:24 우리는 처음 두 동사를 앞 절에 있는 '그들이 이르러'와 병존하는 행동을 표현하고 있는 것으로 해석해야 한다. 그리고 세 동사의 주어는 같은데, 즉 참된 신자들이다. 이 사상은 그들이 (예루살렘으로부터) 나갈 때마다 그들이 볼 것이라는

것이다. 이것은 아마도 하나님을 예배한 후에 예루살렘으로부터 가정으로 돌아가는 것을 가리킬 것이지만, 그러나 이것에 대해서는 확신할 수 없다. '그들이 기쁨을 가지고 볼 것이다' 라는 번역은 타당성이 없으며, 그들이 저주받은 자의 시체들을 흡족하게 바라볼 것이라고 하는 스마트의 주석에 대한 타당성도 전혀 없다. 어쨌든 이 바라봄은 그들에게 상기시켜 줄 것이며, 또 우리의 구속의 위대성과 우리가 그리스도로 말미암아 피하게 된 두려운 징벌을 우리에게 언제나 상기시켜 줄 것이다. 하나님께서는 패역한 자들로 그들이 바라보는 자를 묘사하고 있다. 주의 선지자들의 호소와 경고에도 불구하고 그들은 하나님의 계명들에 복종하기보다 우상숭배의 가증함을 더 좋아함으로써 주의 율법들을 깨뜨렸었다. 이들은 마태복음 8:12의 육체를 따라 난 자녀들이다.

고통의 장소는 분명히 힌놈의 아들들의 골짜기 혹은 게헨나인데(참고. 렘 7:32 이하), 이곳은 예루살렘 동남방에 이르는 그 남쪽에 자리잡고 있다. 몸을 갉아먹는 "벌레"는 죽지 않을 것이다. 마치 벌레가 그들에게 적정한 것으로 그들에게 속하여 그들 자신의 것인 양, '그들의 벌레' 로 말하고 있다. 그와 같이 게헨나에서 쓰레기를 태우기 위하여 끊임없이 타오르고 있는 '그들의 불' 은 이들의 몸들을 태우지만 꺼지지 않는다. 그 결과 그것이 그것을 바라보는 모든 육체에게 가증함이 된다는 것이다. 그러므로 이스라엘의 악인들은 버림을 당하여 영원히 멸망하며, 죄악의 비극적이고도 두려운 결과들이 우리의 눈에 보이게 된다.

선지자가 본서를 마감하고 있는 내용은 주목할 만한 가치가 있다. 본서의 후반부의 각 단락을 마치면서 앞에 두 경우 그는 악인에게는 평강이 없다고 단언했었다. 그리고 이제 최후의 마지막 부분에서 또다시 같은 진리를 진술한다. 첫 번째 경우에서 그것은 육체를 따라 난 고대 이스라엘 사람들을 가리켰던 반면에, 여기서는 이 비극적인 운명은 하나님에 대하여 범죄한 모든 자들에게 주어질 것임을 기억해야 할 것이다. 그러한 운명이 우리의 운명이 아니라는 것은 오직 복되신 여호와의 종이 우리의 허물을 인하여 상하셨고 우리의 죄악들을 인하여 묻히셨다는 사실로 인한 것이다. 그분의 이름이 영원히 영원히 찬송과 영예와 영광을 받으시기를!!!

부록 1

이사야서의 저작권

신구약 성경이 언제나 살아 계시고 참되신 하나님의 계시라는 가정에서 본 주석을 기록해 왔다. 그러므로 이 입장을 채택함에 있어서, 이 주석은 성경에 대한 널리 퍼져 있는 견해 특히 "양식 비평"이라고 일반적으로 지칭되는 것과 반대입장을 갖고 있다. 본 예언서의 저작권 문제를 논의하기 위하여 우리는 그것이 하나님의 거룩한 말씀이라는 가정에서 출발한다.

선지자들은 주의 말씀을 그 나라에 선포하였던, 하나님이 세우신 사람이었다. 그들은 자기들의 시대에 속한 사람이었으나, 하나님의 성령에 의하여 감동을 받은 자로서 말하였다. 이러한 이유로 우리는 그들의 메시지 속에서 예견적 요소를 기대할 수 있다. 우리는 선지자들이 오직 자기 당대인들에게만 말하였고 하나님에게로부터 특별한 초자연적 전달을 받지 않은 사람들이었다는 견해를 진심으로 반대한다. 이런 이유로 우리는 저작권 문제에 대하여 성경의 증거를 높게 평가한다.

제8세기 이사야가 그의 이름을 담고 있는 예언서 전체의 저자였다는 것은 다음 사항들로부터 드러난다.

1. 이사야서에 언제나 붙어 왔던 유일한 이름이, 책 전체에 붙어 있던 어떤 부분에만 붙어 있던, 그것은 아모스의 아들 이사야의 이름이다. 전통적으로 거의 만장일치에 가깝게 이 머리말의 주장을 지지하였다. 유대인들 가운데 코르도바의(모제스 이븐 게카틸랴, Spain, A.D. 약 1100), 그리고 이븐 에즈라, 1092-1167)는 본 예언서의 두 번째 부분의 저작권에 관해서 의문을 표시했었다. 그러나 합리주의가 일

어나기까지 기독교회 안에서는 이 전통을 거부하지 않았다.

2. 이사야 저작권에 대한 이러한 전통의 가장 초창기 출현은 주전 2세기의 것인 집회서 안에서 발견된다. 저자가 이사야서를 사용하는 방식은 이사야 저작권의 전통이 그의 시기 오래 전에 잘 수립되었다는 사실을 분명히 해 준다(참고. 누가 이사야서를 썼는가? 27쪽).

3. 제1쿰란 사본의 증거는 가장 중요하다. 이 사본은 주전 125년경의 것인데, 본 예언서의 단일성을 분명하게 증거한다. 이 사본 가운데 39장은 난의 맨 밑으로부터 단 한 행, 약 일곱 글자의 여백을 남겨놓고 끝난다. 40장은 그 난의 마지막 행에서 시작하고 있으며 그 어떤 특별한 들여쓰기(indentation)도 없다. 이 지점에서 어떤 끊어진다는 사상이 없다. 더 나아가서 어떤 주의 깊은 학도에게는 이 사본이 보다 이른 시기의 것으로부터 베낀 것이었다는 사실이 분명하다. 그러므로 집회서와 쿰란 사본의 증거를 함께 취급하면서, 만약 우리가 주전 제3세기에 이사야서 저작권의 전통이 잘 수립되었다고 주장한다면, 그리고 이사야서가 오늘날 우리가 갖고 있는 형태로 그 당시에 존재하였다면, 우리는 안전한 근거를 갖는 것이다.

4. 그리고 그렇게 일찍이 이사야 저작권의 전통이 있었다면, 우리는 가정된 "제2 이사야서"의 정체에 무슨 일이 일어났을까"라고 정당하게 물어볼 수 있다. 어떻게 그렇게도 짧은 기간에 그의 모든 자취를 잃었는가? 우리가 40-55장의 저자가 모든 이스라엘의 선지자 중에 가장 위대한 사람, 다른 사람들보다 높이 서 있는 사람이라는 말을 듣고 있으므로, 이 문제는 특별히 의미심장하다. 어쨌든 우리는 이 장들 자체로부터, 이 특별한 저자의 인격에 관하여 아무것도 배울 수 없다. 우리는 이러한 현상을 어떻게 설명해야 하는가? 문학 비평은 이 문제에 관하여 이상하게도 침묵해 왔다.

5. 저자의 인격과 그의 역사 모두에 대한 완전한 망각을 설명하기 불가능할 뿐만 아니라, 또한 더 나아가서 이 후반부의 장들이 아모스의 아들 이사야의 작품이 아니라면, 우리는 어떻게 이사야의 이름이 후반부에 붙게 되었는지를 설명하기 어렵다. 제8세기의 이사야는 부정적인 비평가들에 의하여 선지자 중의 가장 위대한 사람 가

운데 한 사람으로 간주되지 않는다. 분명한 것은, 만일 우리가 비평을 믿는다면, 그는 포로기의 위대한 제2 이사야와 비교될 수 없다. 그렇다면 어떻게 이 더 큰 선지자의 모든 자취가 완전히 사라졌는가? 그리고 이사야의 이름이 전체 예언에 붙게 되었는가? 가끔 이사야의 이름이 본서 후반부에서 발견되지 않는다고 주장하기도 한다. 그것은 사실이다, 그러나 어떤 다른 이름도 발견되지 않는다.

6. 이사야 저작권의 전통은 무흠하고 무오한 신약에서 가장 강력하고도 고상하게 표현되는데, 신약성경은 살아 계신 하나님의 말씀 자체이다. 만약 신약성경이 그 책의 저자를 이사야에게로 돌린다면 문제는 정리된다. 그리고 신약의 입장에 대해서 의문이 있을 수 없다. 신약에서 대부분이 책에 관해서 말하기 보다는, 선지자 개인 자신의 활동을 강조하고 있다. 이러한 사실은 신약이 본 예언서 저자의 정체를 밝히는데 무관심하다는 생각을 파괴해 버린다. 고대에는 저작권 문제에 무관심하였다는 것은 심하게 오해한 개념이다. 그러므로 독자는 다음의 신약 성경 구절들을 주의 깊게 상고하기 바란다. 마태복음 3:3; 8:17; 12:17; 13:14; 15:7; 마가복음 1:2; 7:6; 누가복음 3:4; 4:17; 요한복음 1:23; 12:38, 39, 41; 사도행전 8:28, 30, 32, 33; 28:25; 로마서 9:27, 29(로마서 9, 10장에 있는 이사야서에 대한 많은 암시들을 유의하라); 10:16, 20(참고. 누가 이사야서를 기록하였는가? pp. 9-14, 그리고 구약총론, pp. 199-222).

7. 이사야 저작권의 전통이 옳다는 것과 본서가 한 단위로 되어 있다는 사실은 그 책의 주제에 대해 간략한 개괄을 해보면 드러날 수 있을 것이다.

이사야 1-39장

제1장과 함께 선지자는 그가 나중에 발전시키려고 의도한 메시지, 즉 하나님 백성의 죄악됨, 여호와의 은혜롭고도 부드러운 호소들, 다가올 심판의 확실성, 그리고 다가올 구원의 축복을 배아의 형태로 진술한다. 이 각 주제를 소개하면서 여호와께서 말씀하시는 자로 나타나신다.

2-5장은 분명히 선지자의 가장 초창기 메시지로 구성되어 있다. 2-4장은 평강의

선포로 시작하고 마치는 하나의 단위를 구성하며, 그리하여 예언서의 근본 주제를 소개한다. 이 평강은 사람들이 주님의 길을 배울 때 그리고 그분으로부터 가르침을 받을 때 하나님으로부터 올 것이다. 이 묘사 다음에 선지자는 유다에게 여호와의 빛에 행하자고 호소하고 자기 나라에 닥쳐온 상태를 설명한다. 현재의 죄악된 상황은 계속되지 않을 것이니, 이는 만군의 여호와께 속한 한 날, 심판의 날이 사람이 의지하고 있는 모든 것에 닥칠 것이기 때문이다. 그리고 나서 선지자는 하나의 가까운 심판이 올 것임을 지적하고(3장), 그 나라의 악한 행실, 특별히 여인들의 교만한 행실을 묘사한다. 그리고 나서 다시 한 번 더 이사야는 평강이라는 주제로 돌아가는데, 그러나 이제는 한발자국 더 나아가 평강이 한 개인, 여호와의 싹 가운데 자리잡고 있다고 지적하고 있다. 이것은 본 예언서 가운데 첫 번째 분명한 메시아 언급이다(4:2).

5장은 앞 장으로부터 다음 장에 나오는 선지자 자신에 대한 소개로 전환시키는 역할을 한다. 이사야는 하나의 비유로 시작하면서 비록 하나님께서 자기 백성을 위하여 모든 일을 해 오셨을지라도 그들은 주님을 거절하는 쓸모 없는 자로 변해 버렸음을 지적한다. 그 다음에 유다의 죄에 대한 분석이 뒤따라오고 또한 다가올 심판 주제에 대해 다시 소개한다. 이사야가 2장에서 주어진 평강에 대한 묘사를 진전시키며 4장을 결론지었던 것처럼, 이제 그는 그 심판을 적대적인 군대의 침입과 함께 묶으면서, 심판에 대한 앞의 묘사를 한 계단 진척시킨다. 그러므로 처음으로 앗수르를 이 예언에 소개하고, 우리는 이제 선지자의 근본적인 메시지로부터 그 선지자 자신에 대한 소개로 전환할 준비를 갖춘다.

6장에서 이사야는 이 서론을 제공하고 있으며, 메시지의 내용을 통하여(말하자면 그는 무감각한 유다에게 설교하려 한다는 것이다) 이어지는 메시아 단락을 준비한다. 우리는 즉시 하나님께서 선지자에게 계시하셨다는 진리, 즉 그의 말들이 귀머거리에게 들릴 것이고 청중들은 마음이 완고하게 될 것이라는 진리를 배운다. 유다 앞에 앗수르의 위협이 닥친다. 세상 권력은 빠르게 일어나고 있었고 그 앞에 있는 모든 것에 그림자를 드리운다.

유다 왕 아하스는 수리아와 에브라임에 의하여 야기된 위기를 모면하기 위하여 앗수르에게 기꺼이 돌아섰다. 이것은 하나님의 약속에 대한 완전한 저버림을 의미했다. 이것은 이는 앗수르가 수많은 다른 나라들을 삼키는 것처럼 성공적으로 유다를 삼켜버림으로써 다윗 왕조가 사라질 것이고 그리스도가 태어나지 못할 것이었기 때문이다. 선지자가 아하스에게 가까이 나가서 아무것도 두려워할 필요가 없다고 경고하고 하나님만을 신뢰해야 한다고 권면해야 했던 것은 이 때문이었다. 이사야는 격려의 방식으로 자기 백성에게 구원을 가져다 줄 참되신 왕의 탄생을 알린다. 우리는 이사야가 소망을 주면서 단순히 지상 왕을 지적하고 있는 것이 아니라, 자기 백성을 참으로 구원하실 수 있는 메시아를 가리키고 있는 것으로 이해한다. 그 시기는 이 예언이 앗수르와 그 나라의 요구들을 배경으로 주어질 때이다. 그러나 아하스는 하나님의 약속을 믿지 않고 앗수르에게 호소한다. 이사야는 그 결과로 황폐가 그 나라에 닥칠 것이라고 지적한다. 그는 날카로운 어조로 그 대적이 먹이를 낚아 채는 하나의 큰 새처럼 그 날개로 임마누엘에게 속해 있는 땅을 덮을 것이라고 지적한다. 이 때에는 오직 하나의 치료약만이 있을 뿐이다. 곧 하나님께서 자기 선지자들을 통하여 약속하셨던 내용에 대한 신뢰이다. 이것은 비록 어두움이 그 땅을 덮을지라도 흑암에 거했던 백성들이 큰 빛을 보았기 때문이다.

그리고 나서 이사야는 자기가 아하스에게 탄생을 알렸던 그 왕에 관해서 말하기 시작한다. 그는 비할데 없는 위엄과 강한 어조로 이 왕을 묘사한다. 그분을 기묘자 모사 전능하신 하나님과 동일시하면서, 그리고 그의 나라의 기적적인 성장과 증가를 말하면서 이 왕을 묘사한다. 그러나 그 백성은 이 왕을 원하지 않고, 자기들의 죄악된 길을 걸어간다. 그러므로 징벌이 와야 하는데, 이는 "악행은 불태우는 것 같으니 곧 질려와 형극을 삼키는 것"과 같기 때문이다(9:18).

하나님께서는 이 징벌에서 대적 앗수르를 그 도구로 사용하실 것이다. 앗수르는 자기의 능력으로 범세계적 제국을 건설한 것으로 생각하였다. 그것은 자기가 뜻한 일을 할 수 있고, 유다와 그 우상들(즉 참되신 하나님)도 다른 열국과 그 우상처럼 앗수르에 취해 감을 받을 것이라는 것이 분명했다. 그러나 실제로 앗수르는 하나님의 손 안에 있는 도구일 뿐이었다. 이사야는 생생한 필치로 예루살렘을 향한 앗수르의 침공을 묘사하고 있으나 결정적인 순간에 하나님께서 그 세력을 꺾어버리실 것이다. 어쨌든 유다는 앗수르가 원했던 대로 멸망하지 않고 주권자 하나님께서 약속하신 바와 같이 그 나라로부터 메시아가 나타나실 것이다. 주의 통치는 어떤 지상의 통치자의 그것과 같지 않을 것이다. 이것은 그가 의로 통치하실 것이며 그의 통치의 결과로 온 세상에 평화가 있을 것이기 때문이다. 유다는 멸망하기는커녕 용감하게 처신할 것이다. 결국 선지자는 구원의 하나님께 찬양을 발한다. 12장과 함께 이사야는 자신의 작은 메시아 예언서를 마감한다. 그는 이제 뒤따라오는 내용을 위한 기초를 놓는다.
 근거를 마련하고 나서 이사야는 이제 하나님의 대적들이고 주님의 백성을 멸망시키기로 결심한 열국들로 예언의 방향을 전환한다. 세상에서 하나님의 구원의 목적들을 이루어 나가는 데 적대감을 가장 심각하게 나타내는 것이 바벨론이다 (다니엘서의 큰 신상의 금 머리). 그런 까닭에 이사야는 바벨론에 대한 경고로 시작한다.
 하나님 자신의 백성들이 심각한 절망에 빠질 필요가 없도록, 그는 소돔과 고모라처럼 바벨론도 무너지고 영원히 황무한 곳이 될 것이라고 지적한다. 특별히 하나님에 대한 도전에 있어서 인간 정신을 대표하는 바벨론 왕은 무너질 것이다. 그는 하늘에까지 올라가려고 하였다. 그러나 그는 음부의 바닥에까지 낮아질 것이다. 바벨론이 무너지는 것처럼 당시 유다의 대적인 불레셋도 분명히 그러할 것이다. 그리고 이사야 당시에 유다를 괴롭힌 앗수르도 그러할 것이다. 다른 한편으로 이 대적들은 정복을 당할 것이고 바벨론의 심장부도 그러할 것이다.
 앗수르의 발흥은 다른 열국의 몰락에서 비롯되었고, 선지자는 어찌해서 이것이 그러한지를 지적한다. 모압은 근심 속에서 부르짖는데, 이것은 그 땅이 소동과 혼란으로 가득하기 때문이다. 모압의 구원은 다윗 집 안에서 발견될 것이다. 다메섹 역시 쇠퇴할 것이다. 그것은 언젠가 하나의 성읍이었으나, 이제는 무더기가 되어 있다. 다메섹, 아로엘, 에브라임 모두가 정복자의 손길을 체험한다. 먼 이디오피아까지도 곤충들의 날개침 같이 심히 동요할 것이다. 이것은 대적이 지평에 떠올라 있기 때문이다.
 애굽은 하나님의 심판을 경험할 것이며 결국 내적인 혼란에 빠질 것이다. 그러나 장차 애굽에 한 제단이 있을 것이고 유다의 하나님 여호와께로의 회심이 있을 것이다. 애굽, 앗수르, 그리고 이스라엘은 여호와께 삼중적 찬양이 될 것이다.
 방금 전달된 심판의 현시로서 이사야는 역사적 상황을 소개한다. 그는 상징적 행동으로 애굽 왕국이 함락되고 앗수르에 의하여 옮겨질 것이라고 가르친다. 그런 까닭에 유다 족속들은 그들이 잘못 의지해 왔었던 그 나라들을 두려워할 것이다.
 원수의 군대는 남방으로부터 오는 폭풍과 같다. 그리고 이 원수는 바벨론을 정복할 것이다. 이러한 사실은 이사야에게 깊은 감정을 유발시킨다. 그러나 무감각한 바벨론은 사치에 흠뻑 취해 있다. 이사야는 바벨론에 관해서 보고할 파수꾼을 배치하라는 명령을 받는다. 그리고 그는 바벨론이 망했다고 선포한다.

선지자는 간략한 필치로 어떻게 메소보다미아 제국의 세력이 세상을 지배하였던 가를 보여 주기 시작한다. 두마는 흑암 가운데 있고, 아랍은 황폐되었다. 예루살렘 역시 원수의 계획의 대상이 되었으니, 이는 앞에 언급된 세 장소들처럼, 그 나라도 육신의 힘을 바라보았기 때문이다. 이 멸망은 만군의 여호와께서 혼돈과 밟음과 혼란의 날을 가져다 주심으로 인하여 일어났다. 유다는 군사적, 외교적 대비를 하였으나 여호와를 찾지 않았다. 그런 까닭에 심판은 오고야 만다. 그 나라의 이기적 삶의 구체적인 한 예로서 국고 맡은자 셉나를 언급한다.

비신정 국가적 나라들 – 유다는 그들 중 하나처럼 행동하고 있었다 – 에 대한 경고들은 적절하게 두로를 포함시킨다. 땅의 세력의 중심부인 바벨론으로 시작하여 그들은 바다의 중심 세력인 두로로 끝난다. 심판은 올 것이지만 하나님의 은혜가 정복할 것이며, 하나님의 원수들까지도 주의 나라를 지지할 것이다. 선지자는 한 계단씩 40장 이하의 범세계주의를 위하여 준비한다. 이사야는 특이한 결론으로 그가 이전에는 개별적으로 생각하였던 하나님의 백성의 모든 원수들을 하나로 통합시킨다. 그는 그렇게 언약을 깨뜨리는 온 세상에 확대될 심판에 대해 말한다. 그러나 전 세계적 구원도 올 것이다. 모압이 하나님의 징벌을 경험할 이방국가의 본보기로 선발되었으며, 땅의 사방으로부터 구원받은 남은 자가 하나님에 대하여 찬송할 것을 언급한다. 여기서 이사야는 이제까지 그에게 계시된 사상에 대해 여러 요소를 설명하고 결론을 내리고 있으며 그들의 참되고도 영속적인 통일성을 그려내고 있다. 이러한 이유로 우리는 심판과 구원에 대한 뒤섞인 강조를 발견한다.

28장과 함께 이사야는 본 예언의 두 번째 부분 중 두 번째 주요 부분을 소개하는데, 이는 역사적인 요소를 담고 있으며(산헤립의 침입과 히스기야의 통치), 그는 저주와 재앙을 말함으로써 그것을 준비한다. 여섯 개의 장들은 "화 있을진저"라는 말로 시작된다. 이제 앗수르의 도움을 구하였던 바 그 앗수르가 왔고, 구원을 받기 위하여 애굽으로 향하는 자들도 있었다. 그러한 어리석은 정책에 대하여 이사야는 경고해야 했다. 사마리아는 멸망당할 것이다. 아리엘은 파멸을 위하여 무르익었으며, 그의 죄를 생생하게 묘사한다. 그러나 하나님의 약속들은 여전히 존속할 것이며, 백성들은 메시아 왕에 대하여 소식을 듣는다.

그가 앞의 단락에 특별한 결론을 덧붙였던 것처럼, 본 단락도 그와 같이 결론짓는다. 두 개의 장들 가운데서 그는 심판과 축복을 전한다. 그리고 앞의 결론에서 그가 모압을 징벌 받을 이방 나라의 본보기로 선발하였던 것처럼, 이제는 에돔을 선발한다. 그리고 나서 그는 아주 아름다운 어조로 40장 이하의 영광스러운 예언들을 위하여 준비한다. 간략한 도표는 이사야가 자기 예언의 후반부를 위하여 준비하고 있는 방식(1-35장)을 보여 줄 것이다.

배 경: 범세계적 제국의 발흥
    메시아(7:14과 이 단락에 근거한 그 다음에 나타나는 메시아 예언들)
열국들

아하스

A. 범 세계적 제국의 편만한 세력
    바벨론은 무너질 것이다
        (모압, 다메섹, 야곱, 에디오피아, 애굽,
        역사적 바벨론, 두마, 아라비아, 예루살렘, 두로)
    결론: 심판(모압)과 구원

히스기야

B. 저주의 책. 사마리아, 다윗 성, 빈약한 동맹국 애굽
    결론: 심판(에돔)과 구원

앗수르 패권의 시기 동안 선포되었을지라도, 이 장들은 분명히 예비적인 것으로 보일 것이다. 바벨론을 언급하고 있고, 하나의 범세계적 전망이 나타난다. 아하스가 도움을 얻기 위하여 앗수르에게 돌아선 결과가 무엇인가? 그 대답에 대한 준비로써,

1-35장과 40-66장을 연결하는 하나의 다리를 소개한다. 이 다리는 36-39장으로 이루어져 있는데, 이것은 또다시 두 부분으로 나뉜다. 36-37장은 산헤립의 침입과 연결되며 그래서 앗수르 시대를 되돌아보고, 반면에 38-39장에서 이사야는 바벨론 시대를 지적하면서 히스기야의 병듦과 므로닥 발라단의 바벨론 사신들을 다룬다. 특히 39장을 마감하는 구절은 바벨론 포로를 위한 준비를 하고 있다(참고, 39:6). 그리고 나서 본 장은 슬픈 기록으로 마감한다. 히스기야 당시에 평화가 있을 것이지만, 그러나 바벨론 포로의 위협이 머리 위에 드리워 있다.

40장은 39장에서 시작된 분위기와 아름답게 들어맞는다. 만약 그것이 앞장으로부터 분리된다면 공중에 매달려 있는 격이 된다. 1-39장은 한 단계 한 단계 40-66장의 메시지를 위해 준비해 왔다. 그리고 바꾸어 40-66장은 1-39장에서 일어난 내용의 전개이며 그 장들 가운데서 일어난 문제의 답변이다. 이 사실은 책 전체의 단일성에 대한 강력한 논증이다. 40-66장이 앞장들로부터 분리된다면 우리는 참으로 그 메시지의 기원과 성격에 관하여 무지하게 된다. 본 주석 가운데서 지적한 바와 같이, 이 장들에 대한 3중적 분석을 직접적으로 소개한다. 이러한 분해를 간단히 살펴만 보아도 선지자가 이 단락을 얼마나 아름답게 정리하였는지가 분명하게 드러난다.

40-66장

40:1-11 서언

I. 40:12-48:22. 시행될 구원은 너무나 커서 하나님만이 그것을 성취하실 수 있다. 그런 까닭에 선지자는 웅변적인 질문으로 하나님의 위대성을 생각하도록 생각을 돌리게 하고 있다. 동방으로부터 정복자와 구원자를 일으키시는 분은 하나님뿐이시다. 그 이유는 이스라엘이 주께서 택하시고 거절치 아니하신 하나님의 종이라는 것이다. 그런 까닭에 그들의 대적들은 수치를 당할 것이다. 그리고 하나님이 공격하시는 그들의 우상들은 아무 일도 못할 것이다.

그러나 고레스보다 더 위대한 한 분이 온 땅에 심판하시고 영적 노예상태에 있는 자들을 구원하시려 오실 것이다. 그분의 나타나심은 만물에 주권적 세력을 행사하시는 여호와의 손에 붙잡혀 있으며, 전쟁의 사람으로서 그는 그분의 대적들을 굴복시키신다. 그런 까닭에 하나님께서 자기의 압제받은 백성에게 자기에게로 다시 이끌어 들이실 것을 약속하시면서 위로의 말씀을 발설하신다. 예루살렘은 재건될 것이니, 이는 하나님께서 한 목자로서 고레스를 일으키실 것이기 때문이다. 고레스는 성공할 것이니, 이는 여호와께서 그를 붙들어 주시기 때문이다. 열방과 그들의 우상들은 수치를 당할 것이지만, 그러나 이스라엘은 영원한 구원을 받을 것이다. 오직 여호와 안에서만 의와 구원을 발견한다. 대적 국가의 우상들인 벨과 느보는 이스라엘을 포로로 취하지 못하고 스스로 포로가 될 것이다. 바벨론의 그 큰 세력은 멸망을 당할 것이다. 구속은 하나님의 백성에게 왔으나, 악인에게는 평강이 없다.

II. 49:1-57:21. 42장에서 소개된 신비로운 인물인 하나님의 종이 여기서 독백을 하는 자로 나타난다. 그는 본 예언서 중 이 단락의 심장이요 중심이니, 이는 그가 선지자가 방금 말하였던 놀라운 구원을 가져다 주시기 때문이다. 그러나 시온은 자기 하나님께서 저버리셨다고 생각하고, 주께서 자기를 그분의 손바닥에 새겨 놓으셨음을 깨닫지 못한다. 하나님께서 그를 버리셨다는 증거가 없다. 하나님께서는 그에게 이혼증서를 보이라고 도전하신다. 그가 내보냄을 받도록 만든 것은 그의 죄이다. 그 종이, 그가 당해야 하는 고난에도 불구하고, 그를 구원할 태세를 갖춘다. 만일 이스라엘이 구원받으려 한다면, 그를 조성하신 여호와를 바라보아야 하고 그 흩어진 중에서부터 나와야 한다. 사람들이 부당하게도 그 자신의 죄로 말미암아 징벌을 받았다고 간주한 하나님의 종은 하나님에 대한 대리적 만족을 통하여 자기 백성을, 그들의 죄악들을 짊어지고 그들을 의롭다 하심으로 말미암아, 그들의 죄로부터 구원하실 것이다.

그런 까닭에 그들은 노래할 것이다. 왜냐하면 교회의 큰 증가가 있을 것이기 때문이다. 목마른 사람들은 생명수를 마셔야 하며, 그분을 만날 만한 때에 여호와를 찾아야 한다. 구속받은 자는 하나님에게 순종해야 하며, 이 순종을 안식일을 지키는 것으로 예증하고 있다. 하나님의 백성들 사이에 국가적 구별과 개인적 차별들이 사라질 것이다. 그리고 참으로 회개한 모든 자는 하나님의 은총을 받을 것이다. 그러나 그들의 죄 가운데서 멸망하는 자들에게는 평강이 없을 것이다.

III. 58:1-66:24. 이사야는 이제 그가 준비해 온 하나의 진리를 전면에 내 놓는다. 하나의 정치적 국가로서 이스라엘은 거절당할 것이다. 하나님에 대한 그 나라의 예배는 위선적이고 받아들여질 만한 것이 못된다. 이 거절은 여호와가 구원하시기에 무능하심으로 인한 것이 아니고 이스라엘 자신의 죄악으로 인한 것이다. 어쨌든 그 이스라엘 나라가 망해야 한다는 것은 하나님께서 자기의 약속들을 버렸다는 것을 의미하지 않는다. 하나님의 참 이스라엘인 교회가 영광스럽고도 축복된 변화를 받을 것이다. 그는 국가와 지역의 굴레에서 자유를 얻을 것이고 모든 열방에 의하여 강화될 것이다.

이 변화는 멸망한 세상에 회복을 가져다 주시는 그 종에 의하여 오게 될 것이다. 그리하여 시온의 의는 온 땅에 인정될 것이다. 많은 사람들이 시온으로 올 것이다. 그러나 에돔으로부터 오시는 하나님께서는 시온의 대적들에 대하여 용맹스럽게 승리하신다. 비록 외적 이스라엘이 멸망할지라도 참 이스라엘은 끝까지 지속할 것이다. 하나님께서는 더 이상 손으로 만든 성전에 거하시지 않으시고 겸비한 신자들의 마음속에 거주하실 것이다. 희생제사를 포함하여 모든 옛 질서는 지나갈 것이다. 이스라엘은 온 땅으로부터 모아진 그 구성원으로 성장할 것이다. 그러나 반역하고 패역한 이스라엘은 시체가 될 것이며, 모든 육체에게 공포를 주는 그들의 벌레들은 죽지 않고 그들을 태우는 불은 꺼지지 않을 것이다.

8. 단락 7항에서 우리가 볼 수 있는 바와 같이, 36-39장의 위치는 앗수르 시대를 되돌아보고 바벨론 포로를 내어다 본다는 점에서 특별히 중요성을 지닌다. 그러므로 그것들은 전체 예언의 두 부분을 효과적으로 함께 묶는다. (Cf. also Franz Delitzsch, "*Schlussbemerkungen, Aechtheit der c. 40-66 und der verwandten Weiss,*" especially pp. 393-395, an Appendix to the commentary of Moritz Drechsler, Stuttgart, 1845; Berlin, 1851.)

9. 고레스에 관한 예언은 이사야 저작권을 받아들이는 데 근본적인 걸림돌이다. 어떻게 하나의 선지자가 자기 시대로부터 100년이나 혹은 60년 후에 살아갈 한 개인의 이름을 예고할 수 있겠는가하고 의문시되고 있다. 미래를 예고하는 예언을 믿는 사람들에게는 문제가 없다. 그리고 우리는 진심으로 윈디슈만(Windischmann, Delitzsch, Vol. II, p. 138에서 인용됨)의 다음과 같은 말에 동의한다, "살아 계시고, 인격이시고 전지하신 하나님과 미래의 사건들을 계시하시는 주님의 능력을 믿

는 사람은 아무도 주께서 미래의 한 군주의 이름을 미리 말하는 능력을 소유하고 계시다는 사실을 언제든 부인하지 않을 것이다." 요시아의 이름은 그가 태어나기 300년 전에 예고되었다(참고. 왕상 13:2). 그 중요성에 대해서는 고레스 예언에 대한 주석 부분을 보라. 그것을 한 당대인에 의하여 발설했다면, 그것은 이해하기 어렵다. 그것이 오래 전에 살았던 어떤 사람에 의하여 발설되었다면 그것은 이사야 사상의 전체 묘사와 아름답게 어울린다.

10. 단락 7항에서 살펴볼 수 있는 바와 같이 본 예언서의 두 번째 부분인 40-66장은 1-39장의 기록 동안에 계속하여 형성되고 있는 상태에 있었다. 이 초창기의 장들 가운데서 선지자는 한 걸음 한 걸음 후반부의 장들 안에 있는 풍부한 표현들을 개진하고자 했던 대 사상을 위하여 준비하고 있었다. 이와 관련하여 예를 들면 포로의 개념의 발전을 눈여겨 볼 수 있을 것이다. 앞 장들에서 가운데서 포로는 처음에는 매우 일반적인 용어들로 나타났고, 그 다음에 한 원수가 그 백성을 포로로 취하여 갈 것이 명백해 졌다. 이 군대는 앗수르가 맨 앞장을 섰었다. 그리고 최종적으로 바벨론 자신이 백성을 포로로 이끌고 갈 세력으로 나타난다. 그러므로 우리는 40-66장의 문 바로 입구까지 도달하게 된다.

11. 한편으로는 40-66장과 다른 한편으로는 초창기의 장들 사이에 하나의 완전한 관계가 유지되어 있다는 사상과 관련하여 우리는 초창기의 예언들 가운데 들어 있는 바벨론에 대한 언급이 40-66장에 대한 준비를 이루고 있다고 해석할 수 있다. 만일 이사야가 이 초창기 메시지들 가운데서 바벨론에 대하여 말할 수 있었다면, 어찌하여 그가 후기에는 그렇게 못하겠는가?(참고. *Who Wrote Isaiah?* pp. 41-43)

12. 후기 예언서들 가운데 40-66장에 대한 반영들이 있으니, 이러한 사실은 결정적으로 이 장들이 포로기에 기록될 수 없다는 사실을 나타낸다. 나는 이러한 논증을 "Isaiah 34 and Its position in the Prophecy"(*WThJ*, Vol. 27, No. 2, May 1965, pp. 93-114)에서 개진하였다. 독자는 다음의 비교들을 검토하기 바란다:

예레미야	이사야
13:18-26	47:1-3
48:18	47:1
31:12	58:11
31:13	61:3
31:22	43:19
31:34	54:13
31:36	54:10
5:25	59:2
3:16	59:9-11
50:8과 51:45	48:20
7:1	64:8
8:6	65:6
2:25	57:10

특히 예레미야가 다른 어떤 문서 선지자의 예언보다도 이사야의 예언을 사용하였다는 사실을 주시해야 할 것이다. 논증의 파괴력을 피하기 위하여 비평가들은 이 단락들을 예레미야의 것으로 돌리는 것도 부정하지 않으면 안되었다.

13. 이사야서 두 부분의 스타일에 관하여 한마디 말해야 할 것이다. 상이점들이 있는 것은 사실이다. 40-49장의 압도하는 스타일의 위엄성은 아주 독특하다. 그러나 이러한 이유가 있다. 주제가 그러한 스타일을 요구한다. 만일 나이가 든 사람으로서 이사야가 이 장들을 기록하였다면, 우리는 얼마나 오랫동안, 그가 성숙해 왔고 그의 신적 계시에 대한 통찰력이 성장하였었는지, 또한 그의 표현 방식도 달라지게 되었는지를 잘 이해할 수 있다. 나이와 함께 이해의 깊이, 환상의 광범위함, 다양한 방식으로 표현할 수 있는 수완도 증가할 것이다. 사실 스타일의 상이함 그 자체는 저작권의 상이성을 요구하지 않는다. 만약 그것이 그러하다면, 우리는 산헤립이 자신의 원정에 대한 기록을 기록했다고 믿을 수 없으며 그것들의 결론부에서 발견되는 건축 비문도 믿을 수 없다. 다른 한편 이사야서에 나타나는 스타일의 상이성들을 과장하는 것은 정당하다고 인정될 수 없다. 같은 저자가 전체를 썼다는 것은

다음과 같은 사실들에서 나타난다.

  본서의 어휘는 분명히 한 저자에게 속한 것이다. 이것은, 이사야서의 어휘에 대한 전반적인 연구를 담고 있는 라헬 마갈리옷(Rachel Margalioth) 부인의 탁월한 작품(The Indivisible Isaiah, New York, 1964)에서 하나의 의심의 그림자도 없이 논증되어 있다. 앞의 주해부분에서 우리는 자주 이사야서의 전반부에 있는 하나의 단어가 후반부에서도 발견된다는 방식에 주의를 상기시켜왔다. 어쨌든 예언서 양 부분에 유사한 단어들이 발견될 뿐만 아니라, 또한 이사야에게 한정되어 있는 이 단어를 자주 조화하여 나타난다. 이러한 현상은 너무나 자주 나타나므로 그 힘은 저항하기 어렵다. 본 예언서의 이사야 저작권에 대하여 마갈리옷 부인의 책 전체를 읽어보기 바란다. 증거의 강력함에 대해 놀랄 것이다.

  위의 사항들을 제시함에 있어서 우리는 어느 정도 대략적으로 개진하였다. 이것은 부분적으로는 지면의 결핍으로 인한 것이며 또한 우리가 'Who Wrote Isaiah?'에서 보다 세부적으로 논증을 진술하였기 때문이다. 어쨌든 위의 사항들은 이사야 저작권에 반대하여 강요되어온 소량의 요점들보다 훨씬 더 무게가 있다. 그러한 요점들은 구약성경에 대한 우리가 받아들일 수 없는 어떤 견해에 근거되어 있다는 사실이 기억되어야 할 것이다. 저작권의 단일성에 대한 믿음은 주로 이 예언이 하나님으로부터 온 초자연적 계시라는 믿음과 함께 묶여 있는데, 이는 신약의 증거의 기초 위에서 설명될 수 있는 사실이다. 이 예언서가 한 사람 이상의 저자들의 작품이라는 입장은 신약의 명백한 가르침의 반대방향으로 나아가는 것이다. 이것 자체만으로 그것을 거절하기에 충분하다. 그리고 이 신약의 증거가 수많은 양에 달하는 제2차적 중복된 증거에 의하여 지지를 받을 때, 본 예언서의 이사야 저작권에 대한 사실은 반박할 수 없을 것으로 보인다.

부록 2

너의 하나님이 다스린다

　최근에 이스라엘 내에서의 하나님의 왕권에 대한 문제가 학자들의 논쟁들 가운데 뛰어난 위치를 차지하여 왔다. 이러한 강조가 구약에 대한 양식 비평적 접근을 따랐을 것이라는 사실은 이해할 만한데, 그 이유는 만약 신적 왕권이 이스라엘 주변국들 사이에서 발견된다면, 이러한 입장의 추종자들은 그것이 이스라엘 가운데 존재해 오지는 않았는지 여부를 물어야 했을 것이기 때문이다. 그러므로 이 문제에 대한 논의를 한 최초의 학자 중 한 사람은 휴고 그레스만(Hugo Gressmann, *Der Ursprung der israelitisch-jüdisch Eschatologie*, Gttingen, 1905, pp. 294ff.; cf. also A. F. von Gall, cited below in bibliography)인데, 그는 수많은 시편들이 야웨께서 세상을 다스리기를 중지하셨다는 사실을 나타내는 "야웨께서 왕이 되셨도다"란 문구로 시작하였다고 주장한다.

　실제로 그 개념을 두드러지게 만든 자가 시그문트 모빙켈(Sigmund Mowinkel)이었다. 그는 "야웨께서 왕이 되셨도다"란 문구가 어떤 새로운 것을 가리켰으며 우주적인 왕권을 나타낸 것이었다고 주장하였다. 이 왕권은 야웨께서 다른 신들을 정복하시고 승리자로 떠오른 창조, 심판, 선택과 언약 맺음으로 이스라엘의 조성하심에 기초한다. 이 문구는 신년 즉위 대축제와 밀접하게 연결되어 있으며, 즉위한 왕으로서의 야웨에 대한 인사로서의 역할을 하였다는 것이다.

　특별히 논의를 필요로 하는 두 가지 점이 있다. (1) 시편들 가운데 있는 이 문구(야웨 말라크 ⟨מָלַךְ יהוה⟩)가 "야웨께서 다스리신다"를 의미하느냐 아니면 "야웨께서 왕이 되셨다"를 의미하는가? (2) 이사야서 52:7에 있는 문구(말라크 엘로하이크

⟨מֶלֶךְ אֱלֹהִים⟩)가 어떤 의미에서 매년 즉위 축제와 관련이 되어 있는 것인가?

최근의 많은 학자들, 즉 게하르트 폰 라드(Gerhard von Rad), 아더 바이저(Artur Weiser), 한스 요아킴 크라우스(Hans Joachim Kraus)를 포함하여 오토 아이스펠트(Otto Eissfeldt)에 이르기까지 이 시편들 속에 있는 문구를 "야웨께서 왕이 되셨다"로 번역해야 하고, 그와 같이 이사야 52:7도 "너의 하나님께서 왕이 되셨다"로 번역해야 한다고 믿는다. 그렇게 번역하는 자들은 동사의 완료형을 공정하게 번역하기를 원하고 있다. 동시에 완료형이 그러한 번역을 요구한다고 주장될 수는 없다. 현재형으로 번역하는 것이 가능하다(참고, 창 14:22; 삼상 17:10; 삼하 16:4; 17:11; 19:30; 왕상 1:35 그리고 대하 2:12에 있는 완료형들, 그리고 Driver, TT, p. 15, No. 10을 참고하라). "야웨께서 왕이 되셨다"와 "야웨가 지금 다스리신다"(그 통치가 최근에 시작되었다는 의미를 가짐) 사이의 구별은 실로 훌륭하다.

만약 우리가 양식 비평(그리고 그것의 적절한 사용은 거절되어서는 안 될 것이다)을 사용할 수도 있다면, 우리는 이사야서에 있는 이 문구가 야웨에 관하여 말하는 3인칭으로 된 진술이며 그분에게 직접적으로 말하는 것이 아니라고 말할 수도 있다. 독일인들은 이것을 *Er-Bericht*(그-보고, 혹은 그-기사)라고 부른다. 이러한 "그-기사"(He-accounts)는 하나님에 관한 환호 혹은 포고가 되는 것이라고 말해진다.

바벨론인의 *Marduk-ma arru*(*Enuma Elish*, 4:28), 즉 "마르둑은 왕이시다"에 호소될 수도 있을 것이다. 이 명사 문장이 표현하고 있는 부르짖음은 마르둑이 왕이라는 사실을 가리키고 있다. 그가 이미 왕으로서 드러났다는 것이다. 애굽인의 문구 'ḥ'm ḥkζ("그는 통치자로 서 있다")는 유사한 의미이다. 그것은 3인칭으로 되어 있으며 호러스(Horus)에 관한 어떤 것을 설명하고 있다. 이러한 예문들 중의 어느 것 안에도 즉위 선포가 들어 있지 않다.

자기의 철저한 연구에서 미첼(D. Michel)은 *Yahweh mālak*(יהוה מֶלֶךְ)과 *mālak Yahweh*(מלך יהוה) 사이에 약간의 차이가 있다고 주장한다. 첫 번째 것은 야웨에 관한 하나의 사실, 즉 그분은 왕권을 행사하시는 분이라는 사실을 진술한다는 것이다. 두 번째 것은 통치를 강조한다. 야웨가 행사하시는 것은 왕권이다.

아마도 이 해석 중에 하나가 다른 것보다 더 옳다는 것을 어떤 의심의 그늘을 너머서 증명하는 것은 가능하지 않다. 어쨌든 이사야의 의도는 열방의 죽은 신들과는 대조적으로 이스라엘의 하나님은 살아 계시고 다스리신다는 사실을 보여주기 위한 것이다. 비록 사람이 "너의 하나님이 왕이 되셨다"는 번역을 주장한다고 할지라도 이것은 야웨께서 방금 권좌에 올라 다스리기 시작했다는 것을 시사하는 것은 아니다. 그보다는, 평강과 구원의 메시지는, 이스라엘이 잘못 믿었던 것처럼 감추어지거나 무능하지 않고, 단순히 그들의 하나님이 통치하신다는 것이다. 문맥은 분명히 "너의 하나님이 다스리신다"는 번역을 편들고 있는 것으로 보인다.

이 문구 가운데서 즉위의 행위에 대한 증거를 보기를 원하는 것이 아니었다면, "너의 하나님께서 왕이 되셨다"고 번역하는 데 대한 열심이 거의 없을 것이다. 만일 우리가 여전히 양식 비평의 역할을 계속할 수 있다면, 이 문구가 2인칭으로 되어 있지 않으므로, 그것은 왕이 되는 실제적인 행위와 관계가 전혀 없다. 그리고 만일 이 문구가 즉위의 어떤 구체적인 역사적 행위를 가리키지 않는다면, 그것을 그렇게 번역하는 것은 의미가 없다. 리핀스키(Lipinski)는 포로들의 해방을 통하여 야웨께서 왕이 되셨다는 사실에 있어서 그러한 역사적 행위를 발견하려고 시도한다. 그러나 이것은 있지도 않는 내용을 본문 속으로 삽입하여 읽는 것이다(51:11; 52:9에 대한 논의와 일반적 해석을 참고하라).

그러므로 문맥은 "너의 하나님이 다스리신다"는 번역을 편들고 있다. 선지자는 이스라엘의 하나님께서 방금 전에 권좌에 올랐다고 주장하고 있는 것이 아니라, 이스라엘의 하나님께서 다스리신다는 훨씬 더 장엄하고 참으로 역동적인 사실을 선포하고 있는 것이다. 얼마나 이 독특한 선포인가! 이방의 신들은 과거를 선언할 수도 없고 미래를 예고할 수도 없다. 죽은 우상들, 그들은 힘이 없다. 그러나 이스라엘의 하나님은 살아 계시고 주권자이셨다. 이것이 문맥이 요구하는 진리이다.

두 번째로, 매년 즉위 축제가 이스라엘 내에서 거행되었다거나 이 문구가 어떤 의미에서 그러한 축제와 연관되어 있다는 지극히 작은 증거도 없다(참고. Vol. I, pp. 494 이하). 오덴달(Odendaal)이 잘 논평한 바와 같다. "어쨌든 야웨의 매년 새로운 제의상의 즉위 개념은 사실에 첨가된 하나의 견해로써 배제될 수 있다"(p. 82; 참고도서 목록을 보라). 지상 왕 혹은 어떤 신의 즉위식에서는, 권세가 다른 존재에 의하여 주어지거나 수여된다. 그러나 아무도 야웨에게 권세를 주거나 그분에게 왕권을 수여할 수 없다. 그런 까닭에 우리는 "너의 하나님이 다스리신다"는 문구가 즉위 축제에 대한 어떤 언급을 하고 있다고 하는 견해를 거절하지 않을 수 없다.

이사야서 주석(III)

605

참고문헌

Abarbanel, Don Isaac; also Abravanel; cf. Rosenmüller.
Abulfeda; cf. H. O. Fleischer, *Historia anteislamica arabice edidit, versione latina auxit.* Lipsia, 1831.
Albright, William F., *Archeology and the Religion of Israel.* 1942.
Alexander, Joseph Addison, *Commentary on the Prophecies of Isaiah.* 1846. Grand Rapids, 1953.
Allis, Oswald T., *Prophecy and the Church.* Philadelphia, 1943.
─────, "The Transcendence of Jehovah God of Israel," *Biblical and Theological Studies,* 1912.
Alt, Albrecht, "Ägyptisch-ugaritisches," *Archiv für Orientforschung,* 15, 1951.
─────, "Galiläische Probleme," *Palästinajahrbuch,* 1937.
─────, *Kleine Schriften,* II. Munchen, 1953.
─────, "Menschen ohne Namen," *Archiv Orientální,* 18, 1950.
Amarna Text. J. Knudtzon, *Die El-Amarna Tafeln.* Aalen, 1964.
Amr el-Quais, *Moallaka;* cf. W. Ahlwardt, *The Divans of the Six Ancient Arabic Poets.* London, 1870.
Anderson, Robert T., "Was Isaiah a Scribe?" *JBL,* 79, 1960.
Annals of Mursilis, text in Sturtevant and Bechtel, *A Hittite Chrestomathy.* Philadelphia, 1935.
Anspacher, Abraham S., *Tilgath Pileser III.* New York, 1912.
Arias Montanus, Benito, *Polyglot Antwerp,* 1569-1573.

Baedeker, *A Handbook of Palestine and Syria.* 1912.
Barnes, A., *Notes on Isaiah.* New York, 1840.
Bea, A., "Ras Samra und das Alte Testament," *Biblica,* 19, 1938.
Béguerie, *La Vocation d'Isaiae,* Études sur les prophètes d'Israel. Paris, 1954.
Behr, J. W., *The Writings of Deutero-Isaiah and the Neo-Babylonian Inscriptions.* Pretoria, Ill., 1937.
Bentzen, Aage, *King and Messiah.* London, 1955.
Berry, G. R., "Messianic Predictions," *JBL,* 45, 1926.
Bewer, Julius A., *The Literature of the Old Testament.* New York, 1940.
Biblia sacra iuxta versionem simplicem quae dicitur Peschitta, II. Beirut, 1951.
Bijbel in Nieuwe Vertaling. Kampen, 1952.
Birkeland, H., *Zum Hebräischen Traditionswesen.* Oslo, 1938.
Blank, Sheldon H., *Prophetic Faith in Isaiah.* New York, 1958.
Böhl, Franz, *Nieuwjaarsfest en Konigsdag in Babylon en Israel.* 1927.
Boutflower, C., *Journal of the Transactions of the Victoria Institute,* 1928.
Breasted, J. H., *Ancient Records of Egypt,* Vol. II.
Bright, John, *A History of Israel.* Philadelphia, 1959.
Briggs, Charles A., *Messianic Prophecy.* New York, 1886.
Brockelmann, *Hebräische Syntax.* Neukirchen, 1956.
Bruno, D. Arvid, *Jesaja, eine rhythmische und textkritische Untersuchung.* Stockholm, 1953.
Bultema, Harry, *Practische Commentaar op Jesaja.* Muskegon, 1923.

Burrows, M., Trevor, J. C., Brownlee, W. H., *The Dead Sea Scrolls of St. Mark's Monastery*, I, *The Isaiah Manuscript and the Habakkuk Commentary*. New Haven, 1950.

Calvin, *Commentarii in Isaiam prophetam*. Geneva, 1570. E. T. Grand Rapids, 1850.
Campbell, Roderick, *Israel and the Covenant*. Philadelphia, 1954.
Cappellus, Ludwig, *Critica Sacra*. 1650.
Caspari, Carl Paul, *Jesajanische Studien*. Leipzig, 1843.
Castellio, Sebastian, *Biblia Sacra*. 1531. Frankfurt, 1669.
Ceriani, A. *Translatio syra Pescitto Veteris Testamenti*. Milan, 1876.
Chafer, Lewis S., *Systematic Theology*. Dallas, 1947-48.
Cheyne, T. K., *The Prophecies of Isaiah*, I. 1868. New York, 1888.
Childs, B. S., *Myth and Reality in the Old Testament*. Naperville, 1960.
Chrysostom, *Hermeneia*, in Migne, *Patrologia*.
Churgin, P., *Targum Jonathan to the Prophets*. New Haven, 1927.
Cocceius, Johannes, *Opera Omnia Theologica*. Amstelodami, 1701.
Condamin, Albert, *Le Livre d'Isaie*. Paris, 1905.
Contenau, G., *La civilisation phénicienne*. 1928.
Cooke, G. A., *A Textbook of North Semitic Inscriptions*. Oxford, 1903.
Cordero, M. Garcia, "El Santo de Israel," *Mélanges Bibliques rédigés en l'honneur d'André Robert*. Paris, 1957.

Dalman, Gustav, *Jerusalem und seine Gelände*. Gütersloh, 1930.
Dathe, Johann August, *Opuscula*, ed. E. F. Rosenmüller. Lipsiae, 1796.
DeBoer, P. A. H., *Second-Isaiah's Message*. Leiden, 1956.
De Fraine, *L'aspect religieux de la royaute israelite*. Rome, 1954.
de Leeuw, V., *De Ebed Jahweh-Profetieen*. Assen, 1956.
Delekat, L., "Die Peschitta zu Jesaja zwischen Targum und Septuaginta," *Biblica*, 38, 1957.
Delitzsch, Franz, *Biblical Commentary on the Prophecies of Isaiah*. 1866. Grand Rapids, 1949.
Dhorme, E., *L'evolution religieuse d'Israel*. Bruxelles, 1937.
Dillmann, August, *Das Prophet Jesaia*. Leipzig, 1890.
Diringer, *Le Iscrizioni Antico-Ebraiche Palestinesi*. Firenze, 1934.
Döderlein, Christoph, *Esaias*. Altsofi, 1825.
Drechsler, Moritz, *Der Prophet Jesaja*. Stuttgart, 1849.
Driver, G. R., *Canaanite Myths and Legends*. 1956.
──────, *Von Ugarit nach Qumran*. 1958.
Driver, S. R., *Isaiah, His Life and Times*. New York.
──────, *A Treatise on the Use of Tenses in Hebrew*. 1892.
Duhm, Bernhard, *Das Buch Jesaia*. 1892. Göttingen, 1922.
Dussaud, R., *Des religions de Babylonie et d'Assyrie*. Paris, 1945.

Eaton, J., "The Origin of the Book of Isaiah," *VT*, 9, 1959.
Edelkoort, A. H., *De Christusverwachting in het Oude Testament*. Wageningen, 1941.
Eichhorn, Johann G., *Die hebräische Propheten*. Göttingen, 1819.
Eissfeldt, O., *Baal Zaphon, Zeus Kasios und der Durchzug der Israeliten durchs Meer*. Halle, 1932.

참고문헌 607

Eitan, I., "A Contribution to Isaiah Exegesis," *HUCA*, 12-13, 1937-38.
Elliger, Karl, *Deuterojesaja in seinem Verhältnis zu Tritojesaja*. Stuttgart, 1933.
─────, *Die Einheit des Tritojesaja*. Stuttgart, 1928.
Engnell, Ivan, *The Call of Isaiah*. Uppsala and Leipzig, 1949.
─────, *Studies in Divine Kingship in the Ancient Near East*. Uppsala, 1943.
─────, "Till frågan om Ebed.Jahve-sångerna och den lidande Messias hos 'Deuterojesaja,'" *Svensk Exegetisk Årsbok*, 10, 1945; E.T. in *Bulletin of the John Rylands Library*, 31, 1948.
Erman, A., *The Religion of the Egyptians*.
Euting, Julius, *Sinaitische Inschriften*. Berlin, 1901.
Ewald, H., *Die Propheten des alten Bundes erklärt*. Stuttgart, 1840-41.

Fahlgren, K. H., *Nahestehende und entgegengesetzte Begriffe im Alten Testament*. Uppsala, 1932.
Feldmann, Franz, *Das Buch Isaias*, I, II. Münster, 1926.
Finkelstein, Louis, *The Commentary of David Kimchi on Isaiah*. 1926.
Fischer, Johann, *Das Buch Isaias*. Bonn, I, 1937, II, 1939.
Frankfort, Henri, *Kingship and the Gods*. Chicago, 1948.
Friedrichsen, A., *Hagios-Qadosh*. Oslo, 1916.
Frost, S. B., *Old Testament Apocalyptic*. 1952.
Fullerton, K., "Studies in Isaiah," *JBL*, 38, 1919.

Gadd, C. J., *Ideas of the Divine Rule in the Ancient East*. 1948.
Galling, Kurt, *Textbook zur Geschichte Israels*. Tübingen, 1950.
Gesenius, Wilhelm, *Der Prophet Jesaia*. Leipzig, 1820, 1821.
Gesenius, Kautzsch, Cowley, *Hebrew Grammar*. Oxford, 1910.
Gill, John, *Body of Divinity*. 1771. Grand Rapids, 1951.
Ginsburg, C. D., *Prophetae posteriores*. London, 1911.
Goetze, A., "The So-Called Intensive of the Semitic Language," *JAOS*, 62, 1942.
Gordon, C. H., *Ugaritic Literature*. 1947.
─────, *Ugaritic Manual*. 1955.
─────, *Ugaritic Textbook*. 1965.
Gray, G. B., "Kingship of God in Prophets and Psalms," *VT*, 11, 1961.
─────, *The Prophecy of Isaiah*. Edinburgh, 1926.
Green, *Hebrew Grammar*. New York, 1898.
Greenberg, "Text of the Hebrew Bible," *JAOS*, Vol. 76, No. 3, 1956.
Grelot, P., "La denière étape de la redaction sacerdotale," *VT*, 6, 1956.
Gressmann, *Altorientalische Texte zum Alten Testament*. 1909.
─────, *Der Ursprung der israelitisch-jüdische Eschatologie*. Göttingen, 1905.
Grotius, Hugo, *Annotata ad Vetus Testamentum*. 1644.
Guillaume, A., "The Dead Sea Scrolls of Isaiah," *JBL*, 76, 1957.
Gunkel, Herman, *Die Schriften des Alten Testaments*, 2. Abteilung, 2. Band. 1921, 1925.

Haller, Max, *Die Schriften des Alten Testaments*, II, 3. Göttingen, 1914.
Hanel, J., *Die Religion der Heiligkeit*. Gütersloh, 1931.
Hattusilis, *Apology*; cf. Sturtevant and Bechtel, *Hittite Chrestomathy*. Philadelphia, 1935.
Heidel, W. A., *The Day of Jahweh*. New York, 1929.

Held, Moshe, *Studies and Essays in Honor of Abraham A. Newman.* 1962.
Henderson, Ebenezer, *The Book of the Prophet Isaiah.* 1840. London, 1857.
Herzfeld, E., *Altpersische Inschriften.* 1938.
Hillers, *Treaty-Curses and the Old Testament Prophets.* Rome, 1964.
Hitti, P. K., *History of Syria.* New York, 1951.
Hitzig, Ferdinand, *Der Prophet Jesaja.* Heidelberg, 1833.
Hölscher, G., *Die Profeten.* Leipzig, 1914.
――――, *Geschichte der israelitischen und jüdischen Religion.* 1922.
――――, *Die Ursprünge der jüdischen Eschatologie.* Giessen, 1925.
Holwerda, B., *De Wijsheid die Behoudt.* 1957.
Honor, L., *Sennacherib's Invasion of Palestine.* 1926.
Hoonacker, A. Van, *Het Boek Isaias.* Brugge, 1932.
Huffmon, Herbert, "The Covenant Lawsuit in the Prophets," *JBL,* 78, 1959.
Hummel, Horace, "Enclitic Mem in Early Northwest Semitic, Epecially Hebrew," *JBL,* 76, 1957.
Hvidberg, "The Masseba and the Holy Seed," *Interpretationes (Mowinckel Festschrift).* Oslo, 1955.
Hyatt, James P., *Prophetic Religion.* New York, 1947.

Ibn Hisham, ed. Wüstenfeld, *Des Leben Mohammeds.*
Ilgen, Karl David, *Die Urkunden des jerusalemischen Tempelarchivs in ihrer Urgestalt, als Beitrag zur Berichtigung der Geschichte der Religion und Politik.* 1798.
Interpreter's Bible. New York, Nashville, 1952ff.
Itkonen, L., *Deuterojesaja [40-55] metrisch untersucht.* Helsinki, 1916.

Jacob, Edmond, *Theologie de l'Ancien Testament.* Neuchâtel, 1955.
Jastrow, *Hebrew-Babylonian Traditions.* 1914.
Jenni, "Das Wort 'ōlām im Alten Testament," *ZAW,* 65, 1953.
Jennings, F. C., *Studies in Isaiah.* New York, 1950.
Johnson, Aubrey R., *Sacral Kingship in Ancient Israel.* Cardiff, 1955.

Keizer, P., *De profeet Jesaja.* Kampen, 1947.
Keilschrifturkunden aus Boghazkeui, 1916, 1921.
Kennett, R. H., *Ancient Hebrew Social Life and Custom as Indicated in Law, Narrative and Metaphor.* 1933.
Kimchi, David; cf. L. Finkelstein.
Kissane, E. J., *The Book of Isaiah.* New York, 1926; Dublin; I, 1941, II, 1943.
Kittel, Gerhard, ed., *Theologisches Wörterbuch zum Neuen Testament.*
Kittel, Rudolf, *Biblia Hebraica,* 3rd ed. Stuttgart, 1937.
――――, *Geschichte des Volkes Israels.* III, 1927.
Kline, Meredith, "The Intrusion and the Decalogue," *WThJ,* 16, Nov., 1953.
――――, *Treaty of the Great King.* Grand Rapids, 1963.
Knight, George, *Deutero-Isaiah.* New York, 1965.
Knobel, August W., *Der Prophet Jesaja.* Leipzig, 1872.
Köhler and Baumgartner, *Lexicon in Veteris Testamenti Libros.* 1953.
Köhler, Ludwig, *Theologie des Alten Testaments.*
――――, "Syntactica, II, III, IV," *VT,* 3, 1953.
König, Eduard, *Stylistik.*
――――, *Syntax.*
――――, *Das Buch Jesaja.* Gütersloh, 1926.

Koppe, J. B., 1779-81, editor of Lowth's commentary on Isaiah.
Koran, ed. Mavlana Muhammed 'Ali. Lahore, 1951.
Kraus, Hans Joachim, *Psalmen*. Neukirchen, 1958.
Kroeker, Jakob, *Jesaia der Altere (Cap. 1-35)*. Giessen, 1934.
Kuyper, L. J., "The Meaning of Isa. XL.6," *VT*, 13, 1963.

Lambert, W. G., "Three Unpublished Fragments of the Tukulti-Ninurta Epic," *Archiv für Orientforschung*, 1957.
Landsberger, Benno, *Sam'al*. Ankara, 1948.
Lindblom, *Prophecy in Ancient Israel*. Oxford, 1962.
————, *The Servant Songs in Deutero-Isaiah*. Lund, 1951.
Lindhagen, C., *The Servant Motif in the Old Testament*. Uppsala, 1950.
Löw, I., *Die Flora der Juden*, I-IV, 1924-34.
Löwth, Robert, *Isaia*. London, 1779.
Luckenbill, D. D., *The Annals of Sennacherib*. Chicago, 1924.
————, *Ancient Records of Babylonia and Assyria*. Chicago, 1926.
Ludwig, Emil, *The Nile*. New York, 1937.
Luther, *Luthers Werke, Deutsche Bibel*, II. Band, I. Hälfte. 1528. Weimar, 1960.
Luzzatto, Samuel David, *Il Propheta Isaia volgarizzato e commentato ad uso degl'Israeliti*. Padova, 1855.

Macadam, M. F. L., *The Temples of Kawa*. London, 1949.
Margalioth, R., *The Indivisible Isaiah*. New York, 1964.
Marti, Karl, *Das Buch Jesaja*. Tübingen, 1900.
Maurer, *Commentarius in Vetus Testamentum*, I. Lipsiae, 1835.
McClain, Alva J., *The Greatness of the Kingdom*. 1959.
Meyer, Ernst, *Der Prophet Jesaja*. Pforzheim, 1850.
Michaelis, J. H., Halle Bible with annotations, 1720.
Moallaka, see Amr 'l-Quais.
Möller, Wilhelm, *Die messianische Erwartung der vorexilischen Propheten*. Gütersloh, 1906.
Mowinckel, Sigmund, *He That Cometh*. Nashville, 1954.
————, *Jesaja Disciplinen*. Oslo, 1926.
————, *Psalmenstudien II, Das Thronbesteigungsfest Jahwäs und der Ursprung der Eschatologie*. Christiana, 1922.
Munch, P. A., *The Expression bajjōm hāhū*. Oslo, 1936.
Murray, J., *Romans, NICNT*. Grand Rapids, 1959.
Musil, Alois, *The Northern Hegaz*. New York, 1926.

Nägelsbach, Carl W. E., *Der Prophet Jesaja*. Leipzig, 1877.
North, C. R., *The Sccond Isaiah*. London, 1964.
————, *The Suffering Servant in Deutero-Isaiah*. London, 1956.
Noth, M., *History of Israel*. London, 1958.
————, *The Old Testament World*. Philadelphia, 1966.
Nöttscher, F., "Entbehrliche Hapaxlegomena in Jesaia," *VT*, 1951.
Nyberg, H. S., *Hebreisk Grammatik*. Uppsala, 1952.

Oesterley, W. O. E., *The Doctrine of the Last Things*. London, 1909.
Oppenheim, A. Leo, "Assyriological Gleanings," *BASOR*, No. 103.
Orelli, Konrad von, *The Prophecies of Isaiah*. Edinburgh, 1899.

Orlinsky, Harry M., "Studies V," *Israel Exploration Journal*, 4, 1954.
―――, "The Treatment of Anthropomorphisms and Anthropopathisms in the Septuagint of Isaiah," *HUCA*, 27, 1956.
Ottley, R. R., *The Book of Isaiah According to the Septuagint*. I, 1904, II, 1906.

Palache, J. L., *The Ebed-Jahweh Enigma in Pseudo-Isaiah*. Amsterdam, 1934.
Pallas, Svend Aage, *The Babylonian 'akitu' Festival*. Kφbenhavn, 1926.
Pap, L. I., *Das israelitische Neujahrsfest*. Kampen, 1933.
Paulus, Heinrich Eberhard Gottlob, *Philologische Clavis über das Alte Testament*. Jena, 1793.
Pedersen, J., *Israel*, I, II. London, 1926, 1947.
Penna, Angelo, *Isaia* (La Sacra Biblia). Torino, Roma, 1958.
Pentecost, J. Dwight, *Things to Come*. 1958.
Perles, *Analecten zum Alten Testament*, 2 vols.
Pfeiffer, *Introduction to the Old Testament*. New York, 1948.
Poidebard, A., *Un grand port disparu: Tyr*. 1939.
Poole, M., *Annotations Upon the Holy Bible*. London, 1688.
Pope, Marvin, "Isaiah 34 in Relation to Isaiah 35; 40-66," *JBL*, 71, 1952.
Pritchard, James, *Ancient Near Eastern Texts*. Princeton University, 1950.
Procksch, Otto, *Theologie des Alten Testaments*. Gütersloh, 1950.

Rahlfs, A., *Septuaginta*, II. Stuttgart, 1935.
Ranke, H., *Die aegyptischen Personennamen*. 1935.
Reichel, Carl Rudolf, *Der Prophet Jesaias*. Leipzig and Görlitz, 1755-1759.
Reider, J., "Etymological Studies in Biblical Hebrew," *VT*, 2, 1952.
Ridderbos, J., *Jesaja in Het Godswoord des Profeten*, 1932.
―――, "Jahwäh malak," *VT*, 4, 1954.
Ringgren, Helmer, *The Prophetical Consciousness of Holiness*. Uppsala, 1948.
―――, *Word and Wisdom*, 1947.
―――, *Messias Konungen*. Uppsala, 1954.
Robinson, *Studies in Old Testament Prophecy*. 1950.
Rosenmüller, E. F., *Scholia in Vetus Testamentum*. Lipsiae, 1791-93.
Rost, P., *Die Keilschrifttexte Tiglatpilesers*, III. Leipzig, 1893.
Rowlands, E. R., "The Targum and the Peshitta Version of the Book of Isaiah," *VT*, 9, 1959.
Rowley, H. H., *The Biblical Doctrine of Election*. Naperville, 1950.
―――, *The Faith of Israel*. 1956.
―――, *The Servant of the Lord*. Oxford, 1965.
―――, *The Relevance of Apocalyptic*. London, 1944.
―――, *The Zadokite Fragments and the Dead Sea Scrolls*. Oxford, 1952.
Rudolph, Wilhelm, "Jesaja 23, 1-14," *Festschrift Friedrich Baumgärtel*. Erlangen, 1959.
―――, "Jesaja 24-27," *Beiträge zur Wissenschaft vom Alten Testament*. Leipzig, 1908.

Saadia; see Gesenius' commentary for Saadia's exposition. Cf. also S. Landauer, *Kitab al-Amanat*. Leiden, 1880.
Sabatier, P., *Bibliorum sacrorum latinae versiones antiquae*, II. Paris, 1751.
Saggs, H. W. F., "The Nimrud Letters," *Iraq*, Vol. 21, Part 2, Autumn 1959.
Schilling, S. Paul, *Isaiah Speaks*. New York, 1958-59.

Schmidt, Hans, *Die Schriften des Alten Testaments*. 1921, 1925.
―――, *Die Thronfart Jahves*. Tübingen, 1927.
Schmidt, Sebastian, *Commentarius super illustres prophetias Jesaeae*. Hamburgi, 1702.
Schräder, *Die Keilschriften und das Alte Testament*. 1883, 1903.
Seeligmann, I. J., *The Septuagint Version of Isaiah*. Leiden, 1946.
Sellin, E., *Israelitische-jüdische Religionsgeschichte*. Leipzig, 1933.
―――, *Serubbabel*. Leipzig, 1898.
―――, *Studien zur Entstehungsgeschichte des jüdischen Gemeinde nach dem babylonischen Exil*. Leipzig, 1901.
Skinner, J., "Isaiah," *Cambridge Bible*. Cambridge, 1925.
Smart, James D., *History and Theology in Second Isaiah*. Philadelphia, 1965.
Smend, R., and A. Socin, *Die Inschrift des Königs Mesa von Moab*.
Smith, George Adam, *The Book of Isaiah*. New York; I, 1888, II, 1890.
Snaith, N. H., "The Exegesis of Isaiah XL. 5, 6," *ExT*, 52, 1941.
Stamm, J. J., "Ein Vierteljahrhundert Psalmenforschung," *Theologisches Rundschau*, 23, 1955.
Steinmann, J., *La Prophète Isaïe*. Paris, 1950.
Stenning, J. F., *The Targum of Isaiah*. Oxford, 1949.
Strachey, Edward, *Hebrew Politics in the Times of Sargon and Sennacherib*. London, 1853.
Stummer, F., *Einführung in die lateinische Bibel*. Paderborn, 1928.
―――, "Einige Keilschriftliche Parallelen zu Jes. 40-66," *JBL*, 45, 1926.
Sukenik, Eleazer, *Otzar Hammegilloth haggenuzoth*. Jerusalem, 1954.

Tadmor, H., "The Campaigns of Sargon II of Assur: A Chronological-Historical Study," *Journal of Cuneiform Studies*, 12, 1958.
Talmon, S., *Annual of the Swedish Theological Institute*, 1, 1962.
Targum; see Stenning, J. F.
Thiele, Edwin F., *The Mysterious Numbers of the Hebrew Kings*. Grand Rapids, 1965.
Thomas, D. Winton, *Documents from Old Testament Timcs*. 1958.
Torrey, C. C., *The Second Isaiah*. Edinburgh, 1928.
Trapp, John, *Commentary on the Old and New Testaments*. London, 1867.

Umbreit, F. W. C., *Jesaja*. 1841.

Van der Flier, A., *De Profeet Jesaja*. Zust, 1931.
Van Dorssen, J. C., *De Derivata van de stam 'mn in het Hebreeuwsch van het Oude Testament*. Amsterdam, 1951.
Van Imschoot, *Theologie de l'Ancien Testament*. Tournai, 1954.
Van Til, Cornelius, *The Defense of the Faith*. Philadelphia, 1955.
Van Zyl, A. H., "Isaiah 24-27; Their Date of Origin," in *New Light on Some Old Testament Problems. Papers read at 5th meeting of Die O. T. Werkgemeenskap in Suid-Afrika*, 1962.
Varenius, August, *Commentarium in Isaiam*, Pars I-III. Rostochi, 1673.
Verhoef, P., *Die Dag van der Here*. Den Haag, 1956.
Vincent, *Jerusalem de L'Ancien Testament*. Paris, 1954.
―――, "La notion biblique du haut-lien," *RB*, Vol. 55, 1948.
Vischer, *Die Immanuel Botschaft im Rahmen des königlichen Zionsfestes*. Zollikon-Zürich, 1955.

Vitringa, Campegius, *Commentarius in librum propheticum Jesaiae.* Leavadre, 1724.
Volz, Paul, *Das Neujahrsfest Jahwes.* Tübingen, 1912.
――――, *Jesaja II.*
Von Rad, Gerhard, *Old Testament Theology,* 2 vols. New York, 1962, 1966.
――――, "The Origin of the Concept of the Day of Yahweh," *JSS,* 4, April, 1959.
Vos, Geerhardus, *Biblical Theology.* Grand Rapids, 1954.
Vriezen, Th. C., *Hoofdlijnen der Theologie van het Oude Testament.* Wageningen, 1954.

Wade, G. W., *Old Testament History.* New York, 1908.
Weinfeld, M., "Cult Centralization in Israel in the Light of a Neo-Babylonian Analogy," *JNES,* Vol. 23, No. 3.
Weiser, Artur, *Einleitung in das Alte Testament.* Göttingen, 1949.
Welch, Adam, *Kings and Prophets of Israel.* London, 1953.
Westermann, C., *Grundformen prophetischer Rede.* 1960.
Winckler, H., *Die Keilschrifttexte Sargons.* Leipzig, 1889.
Whitcomb, J. C., Jr., *Darius the Mede.* Grand Rapids, 1960.
Widengren, George, *Religion och Bibel,* II, 1943.
Wilson, Robert Dick, *A Scientific Investigation of the Old Testament.* Chicago, 1959.
Wiseman, Donald J., *Chronicles of the Babylonian King.* London, 1956.
――――, "Secular Records in Confirmation of the Scriptures," *Victorian Institute,* 1954.
――――, *Vassal Treaties of Esarhaddon.* London, 1958.
Wright, G. E., *Biblical Archaeology.* Philadelphia, London, 1957.
――――, *Isaiah.* Richmond, Va., 1964.
Wright, William, *Arabic Grammar.* Cambridge, 1967.

Young, E. J., *Introduction to the Old Testament.* Grand Rapids, 1958.
――――, *My Servants the Prophets.* Grand Rapids, 1954.
――――, *The Study of Old Testament Theology Today.* London, 1958-59.
――――, *Studies in Isaiah.* Grand Rapids, 1954.
――――, *Thy Word Is Truth.* Grand Rapids, 1957.
――――, *Who Wrote Isaiah?* Grand Rapids, 1958.
――――, "Adverbial *u* in Semitic," *WThJ,* 13, May, 1951.
――――, "Isaiah 34 and Its Position in the Prophecy," *WThJ,* Vol. 27, No. 2, 1965.

Ziegler, J., *Isaias* (Septuaginta Vetus Testamentum graecum). Göttingen, 1939.
Zwingli, *Zwingli's Sämtliche Werke,* 14. Zürich, 1959.

CLC 도서안내

선지자와 그리스도
The Christ of the Prophets
팔머 로벗슨 지음|한정건 옮김|
신국판 양장|584면|

본서에서 저자는 선지자들의 예언 속에 나타난 예수 그리스도를 설명한다. 본서를 통해 예언이 과연 무엇이고 하나님의 계획하심과 그 목적이 무엇인지, 또한 오늘날 우리가 그 계속 진행되는 하나님의 구속역사 가운데 어떠한 위치에 서 있으며 또 어디를 향하여 나아가고 있는지 발견하기 바란다.

이스라엘의 선지자
The Prophets of Israel
레온 우드 지음|김동진 옮김|
신국판 양장|560면|

본서는 우드 박사가 말년에 집필한 저술로 선지자 연구의 최고 걸작으로 꼽힌다. 선지자 이야기를 중심으로 다루고 있는 본서는 자유주의적 비평가들의 공격으로부터 선지자들의 신적 권위와 위치를 확고히 세우고 그들의 사역에 나타난 하나님의 뜻을 분명히 밝혀주고 있다.

CLC 기독교문서선교회

이사야서 주석(Ⅲ)
The Book of Isaiah(Ⅲ)

2008년 4월 15일 초판 발행

지은이 | 에드워드 J. 영
옮긴이 | 장 도 선 · 정 일 오

펴낸곳 | 사) 기독교문서선교회
등록 | 제16~25호(1980. 1. 18)
주소 | 서울시 서초구 방배동 983-2
전화 | 02) 586-8761~3(본사) 031) 923-8762~3(영업부)
팩스 | 02) 523-0131(본사) 031) 923-8761(영업부)
홈페이지 | www.clcbook.com
이메일 | clc@clcbook.com
온라인 | 기업은행 073-000308-04-020, 국민은행 043-01-0379-646
　　　　　예금주: 사)기독교문서선교회

ISBN 978-89-341-1015-6(94230)
ISBN 978-89-341-1016-3(세트)

* 낙장 · 파본은 교환해 드립니다.